司法实务技能培养丛书

桑 涛 ◎著

决战法庭

BATTLE IN COURT

检察官、律师庭审制胜36计

THE THRITY-SIX WAYS TO WIN THE TRIAL FOR PROSECUTOR AND LAWYER

中国法制出版社
CHINA LEGAL PUBLISHING HOUSE

司法实务技能培养丛书
总　序

陈兴良[*]

中国法制出版社即将出版《司法实务技能培养丛书》，该套丛书的策划编辑陈兴邀请我作序，我欣然接受。

美国著名大法官霍姆斯的一句名言流行于法学界，法律的生命不在于逻辑，而在于经验。这句话道出了英美法系司法活动的精髓。在大陆法系国家，司法活动更关注法理，然而司法的技能仍然是不可或缺的工具。可以说，法律理论与司法技能对于司法活动来说，都是必备的构成要素。我国传统上都比较重视法理，对于司法技能未能予以足够的关注。反映在法律出版物上，各种法律书籍可谓琳琅满目，但以法律理论著作为主。即使是司法工作者的作品，也以阐述理论为其追求。在这种情况下，法律理论工作者与司法实务工作者采取的是相同的话语体系和言说工具。由是之故，则道与器无由区分哉。

在司法活动中，司法人员既要有法律理念与法律原理的支撑，同时还要有操作规程与实践理性的指引。因此，我们既要注重司法工作者的法律素质的养成，又要提倡司法经验的总结与提炼。法治不是一句空话，每一个司法工作者都是法治的践行者。因此，司法工作者应当通过日常事务的处理，充分体现法治的精神。在这种情况下，必要的司法技能与技巧就是十分重要的。就以在法庭上公诉人讯问被告人而言，需要事先的精心准备，并且要根据法庭上被告人的回答情况进行现场调整。

* 北京大学法学院教授、博士生导师，中国法学会刑法学研究会副会长、犯罪学研究会副会长。

只有这样，才能达到法庭讯问的目的。而在某些案件中，公诉人的讯问显得十分机械，甚至被被告人牵着鼻子走，这显然是公诉人的讯问能力不足所致。例如，我曾经见到公诉人按照被告人认罪准备讯问提纲。一旦在法庭上被告人翻供，不认罪，公诉人就显得十分被动，乱了自己的阵脚。而且，法庭上的讯问与侦查阶段的讯问，因其目的不同，讯问的方式方法也是完全不同的。侦查阶段的讯问，其目的是查明案件真相，或者对客观证据进行印证。因此，侦查讯问的过程是一个不断地从犯罪嫌疑人那里获得案件真实情况的过程。但法庭上的讯问是一个展示被告人的犯罪事实的过程，作为一个公诉人应当对整个案情了如指掌。因此，法庭上的讯问是明知故问，而且对被告人的每一个回答都应当了然于胸。在这种情况下，公诉人应当掌握讯问的节奏，在被告人翻供或者未能按照预期回答的情况下，就应当及时调整讯问思路。而这些讯问技能与技巧的掌握，并非一日之功，需要以长期的出庭经历和经验为基础。当然，通过培训也能更好更快地掌握这些司法技能与技巧。

中国法制出版社组织出版的《司法实务技能培养丛书》，就是以总结司法实务经验为主要内容，并且为司法工作者进行技能培训提供教材或者参考资料的一套丛书。我认为这个出版创意值得肯定，也为法律书籍的出版开辟了一个广阔的领域。从陈兴编辑提供给我的拟出版的书稿来看，都是与司法实务密切相关的主题。例如，桑涛所著的《公诉语言学》一书，是一部应用语言学著作，将语言学的一般原理运用在公诉活动中，对公诉过程中的语言现象进行了深入的分析。该书既有对公诉语言的理论分析，又有对公诉语言的实际运用的讲解，可以作为公诉人培训的教材。值得说明的是，该书作者桑涛，长期从事公诉工作，具有丰富的公诉经验，而且还曾荣获“全国优秀公诉人”称号。这样一种公诉经历，使得他对于公诉语言具有切身体会，因此论述起来可谓得心应手。除了《公诉语言学》一书具有较强的学理以外，吴克利所著的《镜头下的讯问》一书则将视角投向讯问这一侦查技能。之所以说“镜头下”，是因为讯问时需要全程录音录像。在全程录音录像的条件下，如何对犯罪嫌疑人进行有效讯问，这对职务犯罪侦查人员是一个重大的考验。当然，我也听说过极不规范的讯问，即讯问不是在全程录音录像的情况下做出的，而是时录时断，为我所需。这种讯问就是违反法律的。我甚至还听说过一份全程录音录像讯问的记录资料，与侦查人员所做的笔录完全不同，可以说是你录你的，我记我的。如果律师不听录音、不看录像，根本就看不出文字笔录与实际讯问之间的不同。这一情况被细心的律师发现，成为一个笑柄。从这个事件可以看出，正确的讯问当然不仅仅需要高超的技能，更需要严格的规范与高度的素养。《镜头下的讯问》一书紧密结合职务犯罪的侦查实践，将讯问的技能与技巧讲述得十分透彻。尤其是对于职务犯罪嫌疑人心理的分析十分到位，而对被讯问对象的准确心理把握，是讯问成功的必要保证。该书作者吴克利也是长期从事检察工作的司法实务工作者，并且查办过许多重大疑难案件，潜心钻研调查讯问的奥秘，成功地总结出了一套系统完整实用的审讯方法，并撰写出版了《审讯心理学》等著作。该书结合其丰富的讯问实践经验，对职务犯罪的侦查讯问进行了系统阐述，具有重要的参考价值。

虽然我只是读了《司法实务技能培养丛书》的寥寥数本，但从中可以发现丛书策划者的创意是具有超前性的，这套丛书的出版必将有益于司法实务的培训工作，也将对侦查、公诉等司法实务工作有所裨益。

是为序。

谨识于北京海淀锦秋知春寓所

修订前言

个人专著《决战法庭：检察官、律师庭审制胜36计》于2017年出版，距今已逾五年。这五年，经历了《刑事诉讼法》再修改、国家监察体制改革以及新的刑法修正案的出台，一些新的制度如“认罪认罚从宽制度”等对刑事司法活动产生了重大影响，直接改变或者影响着检察官、律师的法庭活动。与此同时，最高人民法院、最高人民检察院还发布了大量指导性案例。就刑事司法工作来说，无论是实体法还是程序法都发生了重大变化。

基于上述变化，应出版社的要求，我对本书进行了修订，对相关法律规定进行了更新，对相关案例进行了增减，以期适应法律政策的新变化，方便读者站在现行法律规定的视角了解掌握法庭技巧。因时间仓促，可能会有疏漏之处，望读者批评指正。

桑　涛

二〇二二年六月于杭州富阳

前言

2016年5月，我的第二部个人专著《公诉语言学》由中国法制出版社出版。其时，该书的编辑陈兴老师就向我征求意见，可否再写一本专门介绍公诉人出庭技能的书，书名就叫《决战法庭》，我欣然应允。当时，全国检察机关正在讨论如何适应以审判为中心的诉讼制度改革、构建新型检律关系，我因为工作关系，与律师界的朋友打交道也比较多，也给律师学院等做了几次讲座，深深感受到律师朋友们学习刑事辩护技能的热情，于是在书稿提纲写作中，我突发奇想：既然写到庭审技能，检察官也好、律师也罢，都不能不了解他们的对手，而实际上检察官和律师作为公诉人和辩护人，他们在法庭上的活动道理是完全相通的，只不过由于所处的位置不同，所提出的意见也当然不同，但无论是思维方式还是庭审技能，则完全是一致的。加之20多年的公诉工作经历，使我对刑事辩护工作也有了一定的了解，我索性把写作的侧重点再扩展一下，把辩护律师在法庭中应当如何工作也一并写进去。这个想法得到了陈兴老师的支持。

由于我是文科生，又酷爱武术，因而多年来一直对《孙子兵法》保持着浓厚的兴趣，并不断地学习，而且在20多年的公诉办案中经常有意无意地将兵法的原理运用到庭审实践中去，对于《孙子兵法》对庭审活动的指导意义，也颇有心得。实际上早在1997年我就写过一篇论文《兵法在出庭公诉中的运用》，收录发表在当年最高人民检察院刑检厅（公诉厅的前身）张凤阁厅长主编的《出庭公诉新方略》中。借着此次机会，我再次对《孙子兵法》进行了系统学习和研究，从而将《孙子兵法》的基本原理作为本书的理论指导，写就了这本书。

本书以检察官、律师参与庭审活动为中心，使用大量真实案例对检察官、律师进行庭前预测、庭审准备、庭前会议、宣读起诉书、向被告人讯问发问、举证质证、交叉询问、发表公诉意见书与辩护词、法庭答辩等出庭技能进行了全景式展示，系统介绍并传授了检察官、律师参与庭审活动所需要的基础知识与基本技能，这些都是我多年来出庭活动的总结与积累，而在《孙子兵法》的指导之下，相信对一些庭审中的问题，既能够说清其然，又能够说清其所以然，还可以提高我自己的写作兴趣，真可谓一举多得。

当然，由于水平所限，尤其是刑事辩护业务工作的关系我仅是坐在对面欣赏，并未走进研究，本书对这部分内容的写作，难免管窥蠡测、贻笑大方，错误之处，还请大家海涵。

桑　涛

二〇一六年十二月四日于杭州

目　录

Contents

分　论

决战法庭——法庭辩论技能漫谈[①]

今天我想从五个方面跟大家进行交流：第一，绪论；第二，法庭辩论的基本原理；第三，法庭辩论的实战分析；第四，法庭辩论技能的提高方法；第五，法庭辩论需要注意的问题。我在公诉岗位上已经工作了26个年头，这里也只是结合自己的工作，谈谈自己对法庭辩论的一些体会。

一、绪论

（一）法庭辩论与法庭上的辩论

首先需要说明的是，法庭上的辩论和法庭辩论是有区别的，不要认为只有在法庭辩论阶段我们才需要辩论，我的体会是，法庭辩论活动其实基本上是贯穿整个庭审过程的。我想，一位优秀的公诉人或者辩护人一定懂得在什么时机展开自己的辩论，而不一定非要在法庭辩论环节才开始辩论。比如，关于非法证据排除，这个问题怎么来解决？又如，我们在讯问被告人的过程中，被告人提出了自己的辩解，而公诉人对他的辩解可能有其他的一些看法，那么我们在提出异议的时候，可能双方就会展开辩论。再如，在举证质证环节，可能更加会短兵相接，这个时候的辩论反而比法庭辩论阶段更加激烈和精彩。

在这方面，相信很多检察官和律师都深有体会，有的案件开庭十几天、几十天已经不是稀罕的事了，而其主要的争议焦点，就是在法庭的举证、质证阶段展开的。所以说，有时候法庭上的辩论更能发挥一个公诉人或者辩护人的水平，体现他的才能，因为这个阶段是最考验应变能力、处置能力和说服能力的时刻。

---

① 本文是作者于2016年9月11日在中国人民大学律师学院第七期刑事辩护法律业务高级研修班的讲课提纲。

（二）法庭辩论的程序

法庭辩论的程序是由法律规定的，公诉人发表公诉意见，辩护人发表辩护意见，然后双方展开辩论。关于公诉意见书及辩护词的制作方法可以说是一个专门的题目，我在这里就不详细展开了。对于这两“书”，我认为总体的要求是六个字：抓要点，留后手。“抓要点”就是要求我们不能面面俱到，什么都说到，要解决核心的争议问题；“留后手”就是要有所保留，如对方没有注意到的或根本没有提到的我们这一方的薄弱环节，就不要先行暴露。

（三）法庭辩论中的显规则与潜规则

显规则就是纸面上的要求，关于法庭辩论，我们都有相应的规则。比如，公诉人与辩护人或者辩护人与辩护人之间，要一个一个地说；辩论及辩护意见要围绕案件的事实与证据，不能人身攻击，不管带不带脏字都是不允许的。

有些东西虽然没有写在纸面上，但是这些潜规则有时候更加重要。也就是说，法庭上我们说的话，说给谁听，对方能不能接受，能不能被你驳倒。潜规则就告诉我们，辩论的人要坚持听众中心主义，抑制一心打败对方的冲动，或者说抑制自我中心主义。因为法庭辩论的原理是说，法庭辩论具有不可说服性，你不可能在法庭上当场把对方说服。

还有就是，风度比态度重要，道理比技巧重要，大气比聪明重要。因此，不论是公诉人还是辩护人，千万不要在法庭上给人一种巧言令色的印象，要大气，要有风度。

二、法庭辩论的基本原理

（一）法庭辩论的意义

我想法庭辩论的意义有这样几个方面：

1. 通过争辩明确案件争议的焦点

对于一个案件，如何审视，如何判断罪与非罪，需要兼听则明。如果没有对抗，案件是否存在争议就比较难以判断，案件事实也往往难以真正查清，最可怕的是可能会导致法官偏听偏信。那么在争辩中，双方提出的对立的焦点问题，往往正好是罪与非罪、此罪与彼罪、重罪与轻罪的核心问题，法庭辩论的意义也就能够凸显出来。

2. 通过争辩解决争议的焦点或提出解决的路径

法庭开庭的目的是什么？是要解决问题，而不是展示口才。那么案件争议的焦点明确之后，控辩双方都会提出解决的方案。比如，公诉人坚持指控的观点，辩护人提出自己的辩护意见，应当判无罪或轻罪；再如，事实是否清楚，控辩双方都通过举证和质证来阐明案件事实清楚、证据充分的理由，双方会提出观点，看这个案件有没有达到证据确实充分的标准。通过双方各自意见的发表，使得法庭对是否采纳双方的意见，如何采纳，以及谁说的道理更加充分、更加透彻有一个判断。

3. 通过争辩明确错误的观点、澄清模糊的认识

我认为，要辨明控辩双方的观点谁是正确的谁是错误的，一方面肯定要靠辩论技巧，另一方面可能更依靠谁的道理更加正确。我们说，道理不说不清，法理越辩越明，通过这样的激烈对抗，论辩中的正确观点才得以凸显，从而使证据的分析和判断更加符合客观真实，使程序的疏漏和错误得以弥补和更正，也使法律的适用更加准确和全面，使具体的诉讼目的统一到控辩双方的根本目的上来，即正确地适用法律。

4. 通过争辩宣传法律、教育旁听群众

因为辩论本身往往是关于法律正确理解的争辩，往往会使用一些似是而非的刑事法律理论来论证案件，这时候，无论是公诉人还是辩护人在辩论中可能都会出现一些问题，或是一定要指控被告人构成此罪，或是一定要为其开脱罪名。如在受贿罪中，“收受他人财物为他人谋取利益”怎么理解？有人说一定要谋得利益才行，或者没有具体请托事项而收受他人财物也视为承诺为他人谋取利益，其实这两方面的观点都是有问题的。我们通过对这些模糊观点的澄清，把正确的法律内涵告诉大家，才能够起到宣传法律和教育群众的作用。

这就是法庭辩论的意义所在。

（二）法庭辩论的语言特点及价值

1. 语言的辩驳性

我们说，既然是辩论肯定就要辩起来，就要辩驳，它的第一个特点就是语言的辩驳性，这是法庭辩论语言最本质的特征。我们观看法庭辩论经常说这个辩论很精彩，那么究竟精彩在哪里，其实就在于它的语言魅力上，和其他诉讼环节中的交流相比，法庭辩论语言的侧重点是不同的。法庭辩论中的语言形式主要是驳论，侧重于反驳对方的观点，实现在“破”中“立”自己的观点。当然，这种辩驳性并不是说答辩语言只讲驳不讲立，而是在立论的基础上进行辩驳，同时在辩驳中又强调自己立论的正确性。语言的辩驳性要求控辩双方对驳论的方法进行充分研究，掌握“破”中“立”这样的技巧。

2. 发言的即时性

我们都知道，法庭辩论不可能是说，对手提出一个问题，我一下子答不上来，赶紧跟法官建议休庭，先去研究一下，等会儿再来答辩。它是针对对方所提出的问题，在法庭上即刻进行回答和辩驳。这种答辩是不给控辩双方准备的机会，也不能庭下讨论，更没有查资料的时间，在对方发言之后就要立即作答，具有发言的即时性。这就要求控辩双方一方面在庭前要进行充分的准备；另一方面对于没有预测到的问题要有应变能力，能够运用自己的知识储备和机敏反应，去积极地、有力地应对对方的辩论。

3. 语言的多向性

法庭辩论到底是说给谁听的？公诉人说完之后辩护人进行反驳，貌似是说给公诉人听的，实则不是。法庭辩论的目的是通过控辩双方的争论及辩驳明确各方的观点，批驳错误认识，通过争辩实现发现真相这一目的。一方面，我们说事实胜于雄辩；另一方面，我们还要说事实需要雄辩。所以我们要清楚，在辩论当中，表面上是说给对方听的，实则不仅仅是说给对方听，更主要的是说给法庭听，说给旁听人员听。

语言的多向性应当说对我们很重要，因为我经常看到一些年轻的公诉人、辩护人，他们没有掌握语言多向性的规律，只顾对着对方说，对于一些东西他根本没有想到是要说给审判长听的，有的则认为是说给当事人听的，实际上，这对于语言多向性的理解都是有偏差的。

4. 发言的交替性

法庭辩论的方法和辩论会的自由辩论不一样，它是一种完整式的法庭发言，不是你一言我一语的自由辩论，你说完一句话我马上接下句，而是要把完整的意见发表完之后，对方才可以回答问题。发言的交替性就是要求控辩双方组织语言要全面、完整，不能只准备只言片语、三言两语，因为法庭上的时间是有限的，发言的次数也是有限的，不可能说给你们 5 分钟时间自由辩论，也不可能说控辩双方无休止地一次又一次发言。所以我们要注意掌握发言的密度，要把观点或者信息尽可能多地融入一次发言中，而且也不宜太长。同时由于发言的交替性，在对方发言的时候，注意不要浪费时间，在倾听对方意见的同时，要利用好这段时间进行酝酿，思考下一轮答辩该说什么问题，而不是只听不思考，只满足于把对方的话听明白。

5. 发言的针对性

既然是辩论，就要针锋相对。我经常看到有些公诉人或辩护人自说自话，把自己的观点说完之后不理对方说什么，等到对方说完之后，又把自己之前准备的东西再念一遍，这样就没有针对性。法庭辩论必须针对对方的观点来展开，对错误的观点进行批驳，对正确的观点予以肯定，针对性的特征就是要求我们要有的放矢地来发言，法庭辩论不仅仅是对自己观点的重申，更重要的是对对方错误观点的反驳。

那么，我们就要围绕自己的体系，然后看他针对我的发言中有没有错误，对于他的错误进行法理、道理的辩驳。因此，发言的针对性就要求我们针对对方的错误观点而进行，不要只说自己的理，不辩别人的理。

6. 语言的简洁明快性

法庭辩论是针对对方提出的观点，进行有针对性的辩驳，因此控辩双方要掌握好自己答辩语言的风格，要简洁明快，多用短语。不要使用长句，长句的修饰词太多，别人也听不懂，也不要长篇大论，喋喋不休。因此，语言的简洁明快性就要求控辩双方注意语言风格，用最简洁、通俗易懂的语言把观点说清楚。

7. 用语的通俗性

法庭辩论是说给别人听的，不是说给自己听的，而且不仅是控辩双方之间的交流，所以我们的辩论语言就要让所有人都能听得懂，要更多地使用音感比较强的双音词，切忌用故作高深、晦涩难懂的话来表达自己的意思。有时在法庭辩论中，我发现有些人水平很高，掌握的很多名词我们都听不懂，只是知道基本意思。你把这种专用名词说出来，虽然用了法言法语，但没有用通俗易懂的语言来进行展开，别人根本不知道你在说什么，尤其是旁听人员中不懂法律或者法律知识不多的群众，他可能就不知道你在说什么，那么法庭的辩论效果就大打折扣了。

8. 用语的逻辑性

辩论肯定是逻辑之战，符合逻辑是辩论的一般要求。任何人在辩论中，即使是诡辩也不会承认，就要极力坚持自己的观点和方法是合乎逻辑的。当然，只有真正合乎逻辑的方法才能够得出正确的辩论结论，因此我们的辩论用语要合乎逻辑，没有逻辑性的答辩语言是经不起批驳的。所以，用语的逻辑性要求控辩双方在答辩的过程中必须注意运用逻辑方法，如同一律、排中律，不能自相矛盾。

9. 语言的准确性

既然是法庭辩论，对于一个观点、法理的阐述就要准确，不能含糊其词，所以用语要严谨，逻辑要缜密，不要给对方留空子，因为一旦用词不准确，很可能就给对方留了一个攻击的口子。

10. 表达的艺术性

法庭辩论之所以精彩，除了逻辑缜密、论理清楚之外，还有一点就是有艺术性，其实在法庭辩论中，大多数人不是看门道，而是看热闹。当然我们肯定要说出门道来，因为控辩双方和法官是能听出门道的，但在法庭辩论中旁听的大部分人是不懂法律的，所以我们在法庭辩论中除了说出门道之外，热闹也还是需要的。表达的艺术性就是要求控辩双方在语言的表达上注意修辞，讲究语言的文学艺术色彩，要使用生动形象的语言以及各种辩论手法进行答辩，充分展现良好的素质和形象。

三、法庭辩论的实战分析

（一）刑事案件法庭辩论的难点

大家都知道法庭辩论比较难，难在什么地方，我认为有以下五个方面：

1. 知识储备的较量

法庭辩论最终是知识储备的较量，一个人嘴皮子再溜但脑子里空空的也是不行的，法庭辩论辩的是法理、道理，辩的是你的知识积累，以及你对案件的熟悉程度，这些当然肯定要靠你的知识储备。

2. 语言的艺术交锋

刚才前面也说到了辩论需要高超的语言技巧，我们说别人看法庭辩论，既看门道也看热闹，可能大多数人更多的是看你的热闹，那么这个时候你在短时间内能把你的语言表达得很艺术，让人听起来感觉是一种艺术享受，这也是对我们提出的一个比较高的要求。

3. 应变能力的考验

法庭上的局面经常瞬息万变，本来认罪的突然不认罪了，不认罪的突然认罪了，或者传唤的证人突然改变了你预期的证言，这些都可能会发生。在这个时候，对我们的控辩双方，就提出了较高应变能力的要求。

4. 主动权的掌控

法庭上，谁掌握了庭审的主动权，谁就可能在辩论当中占上风。那么主动权怎么把握，这也是需要技巧的，而不是说你想掌握主动权你就能够掌握主动权。

5. 及时处置意想不到的状况

法庭上经常会出现一些意想不到的状况。如我是一个辩护人，突然被害人家属向我扔鞋子，我该怎么办；有人闹庭，在法庭上大骂、大哭大闹该怎么办；有人冲撞审判区，又该怎么办……这些都需要我们及时处置和应对。这突发的状况，虽然不是我们法庭辩论中的问题，但也和我们的辩论效果息息相关，需要我们妥善处理。

（二）当前控辩双方在法庭辩论中存在的问题

我也经常去观摩庭审，感觉在当前的法庭辩论中，无论是公诉方还是辩护方，在答辩中的表现，可能都存在以下几种问题：

1. “慢”

“慢”就是反应慢。有的人在法庭辩论上反应迟钝，对方提出的辩论意见、观点，他没有听懂或者没有听清，没能够立刻领会对方提出的核心焦点问题，更没有作出快速的反应，感觉就是愣住了，半天不知道该怎么说，或者根本答非所问，没有针对性。

2. “断”

“断”就是断断续续。法庭上的语言表达，尤其是法庭辩论中的语言表达需要流畅。有的人语言驾驭能力比较差，答辩中语言不流畅，表达跟不上思维，表现出来就是语言断断续续、结结巴巴，或者长时间冷场，想不起来用什么词，又或者是多余的语气词比较多，淹没了主要的发言内容。

3. “乱”

“乱”就是思维混乱。在答辩中头绪纷乱，层次不清，对于对方提出的相关理论问题答不上，结果越答越慌，显得乱了阵脚。答辩缺乏逻辑性，内在的逻辑关系搞不清，不能冷静、沉着地回答对方的问题，不能及时处置意外的情况，对于没有预料到的问题束手无策、慌了手脚，造成答辩的时候语无伦次。

4. “散”

“散”的表现就是没有自己的体系。对方说到什么问题他就答什么，导致被对方牵着鼻子走，事无巨细地一概答辩，面面俱到，四面出击，结果可能说了很长时间，但是完全没有突出答辩的重点，主次也分不清楚。特别是在一些多被告人、多辩护人的庭审中，有的公诉人就会有这种表现，答辩冗长、重复、散乱无边，根本不知道其重点所在。

5. “软”

“软”是嘴软。“软”和“弱”是紧密相关的，有的人在答辩过程中没有针对性，态度不坚决，语言犹犹豫豫，观点不鲜明。该义正词严的时候没有义正词严，答辩显得拖泥带水，软弱无力，缺乏气势，感觉庭审局面完全被对方掌握，出现一边倒的被动局面。

当然这一点，我发现公诉人可能经常会存在这个问题，而现在的辩护人气势普遍都还是不错的，那么有的公诉人就感觉底气不足，他并不是对案子底气不足，而是个人的自信心不够，所以在这方面，可能还要加强对自信心的训练。

6. “抗”

“抗”跟“软”是相对的。有的人就感觉一定要在法庭上把对方驳倒，这样才算胜诉。这表现在答辩时斗气的思想比较严重，不能冷静地对待法庭辩论，甚至强词夺理，不惜诡辩、说歪理，或者粗暴打断对方的发言，或者一语不合就暴跳如雷、没有风度等。

7. “僵”

有的人虽然有自己的辩论风格，但他就只是一个风格，不能根据对方的风格去调整自己的辩风，只知道义正词严不知道和风细雨。其实，在以审判为中心的刑事诉讼模式中，控辩双方出庭的风格都应当由过去传统的慷慨激昂型转向现在的理性平和型。

为什么有的人僵？我感觉尤其是一些公诉人，由于长期以来受传统的职权主义诉讼模式的影响，在出庭公诉的时候一直没有改变高高在上、居高临下的心态，认为自己代表国家，代表正义，代表公平，而辩护人是代表当事人的。那么在这样错误理念的驱使下，就表现得不够理性、平和。

所以现代的刑事诉讼庭审方式越来越要求控辩平等、理性平和、以理服人和以正治人，这样的风格更能够有助于法官查明案件事实，分清责任，正确裁判。所以说，控辩双方在法庭辩论当中都应当保持客观、公正、理性、平和的风格。只有能够按照法庭上的形势，按照对方的辩论风格，及时调整自己的答辩风格，才不会表现得僵化不灵。

（三）法庭辩论的一般要点

关于法庭辩论的一般要点，我也是根据当前法庭辩论中存在的问题，有针对性地提出来的，有这样六个字：“立”“备”“听”“思”“变”“对”。

1. “立”

“立”就是在法庭辩论中，首先要立足于我，守住阵地。很多人之所以在法庭上被对方牵着鼻子走，就是因为没有自己的主见和观点，忘记了自己的庭审职责。我们的庭审职责，就是立足于案件的事实和证据，来准确判断、处理案件，这是我们庭审活动的根本，只要把这个根本立住了，其他的问题其实都是次要的、枝节的。所以我们在答辩中一定要注意紧紧围绕自己掌握的核心问题，如这个案件证据不足，不足在什么地方，就紧紧抓住这点，不要对方说了一个其他问题，就去抓那个问题，把自己的核心问题丢了，我们不能偏离主题。

2. “备”

做好庭前预测，做好充分准备，这是在法庭辩论中取胜的一个很重要因素。因此在法庭辩论之前，我们就要进行充分的准备，不能轻敌。古人说：“凡事预则立，不预则废。”我们的法庭辩论应当是有备而来，而不是仓促应战，所以在开庭之前我们要熟悉案件情况，准备好答辩提纲，做好答辩的准备。

我想大家应该都知道，接到出庭通知之后，首先要熟悉与案件有关的情况，熟悉证据，熟悉各个证据所证实的内容、证据之间的关系，以及证据有没有问题，熟悉和案件有关的法律、司法解释，以及政策、行政法规，掌握定性、量刑的相关依据。同时，还要了解和熟悉与案件相关的专业知识，如我们经常讨论的鉴定意见问题，案件的背景知识，如有关生命权的案件就要懂法医学，有关股票、期货的案件就要懂股票、期货，有关计算机的案件就要懂计算机。

某网络犯罪案件中，辩护人问公诉人：“你用没用过网络视频?”公诉人说：“没有。”辩护人就说：“那你没有用过，不知道，怎么指控?”公诉人就不知道该怎么回答了。其实这个问题很好回答，没吃过猪肉还没见过猪跑吗，我没有看过不代表我不懂，更不代表其他的专业人员不懂，只要通过专业人士，或者庭前了解，就可以掌握它的基本原理。

再一个就是准备好答辩提纲，要根据阅卷、调查所掌握的情况，把答辩提纲准备好；同时在法庭调查阶段，注意修正答辩提纲；在法庭辩论阶段，根据庭审中的动态、被告人口供的变化、证人证言等，及时地调整、修改答辩提纲，从而使答辩提纲具有针对性，能够有效地实现辩论的目的。

3. “听”

“听”很重要，就是要注意倾听，听出门道来。在法庭辩论中，没有听也就没有说，不知道对方说了什么怎么去答辩，所以我们要实现答辩的针对性，就是要注意倾听，要听出门道。对方的辩论意见可能很多，但是我们可以进行归纳，例如，围绕证据问题，对方可以提出很多问题，但这些问题归纳起来可能就是一个大问题；又如，围绕定性问题，对方会提出很多问题，但归纳起来最终还是一个如何辨明案件性质的问题。很多人就是因为不会听，不会归纳，所以别人说一个问题他就记一个问题，他记一个问题到时候就答辩一个问题，结果辩护人提了30个问题，他在答辩中就要回答30个问题，其实这就是因为他不会听。

4. “思”

“思”就是思考，我们不但要听对方的观点，同时还要在对方发言的时候思考出对策。因此，我们就要训练一心二用的能力，以及迅速找出对策的能力。这就需要训练，要求能够结合他提出的辩论观点和我们前期准备的观点进行提炼，作出一个答辩准备，听和思要结合，不能顾此失彼。

对于这两个问题怎么结合，我的做法是：在法庭辩论中准备一张纸，在纸的中间画一条线，左边是听到的对方的观点，右边是针对这些观点归纳出的答辩的意见。在听和记录的同时，还要注意，这个观点与前面的观点有没有重复的地方，这个观点属于哪一类问题，如这一观点是证据类的，这一观点是适用法律类的，这一观点是量刑情节类的，在听的时候，我就把它们进行归类，然后标个箭头，标到相对应的那一类，这就做到了听和思的结合。

5. “变”

“变”就是我们都要提高自己的应变能力。预测是一回事，在法庭上出现了新的变化，我们就要去应变，掌握主动。那么经常出现的问题是，庭前预测可能很充分，准备得很多，但是突然在辩论过程中，他没有根据我所准备的问题进行答辩、辩论。这个时候怎么办？不能乱了阵脚。遇到变化就要沉着冷静，不能慌乱紧张，要放松，要用积极的心态去应对，根本的问题还是要立足于案件的基本事实，机动灵活地处理庭上的变化。当然这种沉着冷静是以心中有数为基础的，也就是说，关于对方提出的问题，你自己要有一个基本的看法或者观点，能够针锋相对地予以回击，这就要靠我们平时多思考、多积累了。

6. “对”

“对”也就是应对。根据对方的风格，针锋相对地调整、运用答辩语言和方式，有力地应对，有效地实现答辩的效果。在形成自己风格的同时，要根据对方在法庭上的风格，有针对性地运用答辩和辩论的技巧。应该说，每位成熟一点的公诉人或辩护人都会有自己的风格，在此前提下，还要根据法庭上对方的辩风、态度、语言风格，适度调整自己的风格，不能一成不变。

要实现这六个方面，我感觉除了要精通刑法、刑事诉讼法及相关司法解释之外，更多地还要对一些相关的法律知识，如民商法、行政法、刑事侦查、法医学等各个方面，有相当的学习和了解。在这一方面，我们公诉人的知识结构可能会比律师朋友们欠缺很多，要向他们学习。除了具备系统的法律知识之外，还要有其他自然科学、社会学、经济学、哲学、人口学等科学知识，同时还要对一些大政的方针政策、工作大局，以及形势政策的发展、变化、调整，都有所了解。这样才能够在法庭辩论当中掌握主动权。

（四）法庭辩论的方法与技巧

一个公诉检察官在法庭辩论攻防过程中，必须兼具专心、分心、细心、耐心、决心、爱心。

专心，就是专注本案案情，以及在交叉询问当中，必须根据过程的推进而推进，要心无旁骛。

分心，就是不但要专注案情，还必须分心注意被告，注意对方的发问目的何在，以及有无不当之处，注意证人、鉴定人的表情神态，以及回答有无不当的地方，另外还要注意笔录、记录是否翔实，记载的问答内容有无歧义。

细心，就是待证事项建立的摧毁，是点滴所积累而成的，不论是否立于重返结论的地位，不论你是主询问还是反询问，发问者都应当提出逐渐建构的问题、安全无瑕的问题、投石问路的问题，就是要设计好自己的问题。

耐心，就是在案件复杂、牵扯面广，证据材料、被告人、无罪辩论比较多，以及反方的证人比较顽抗等情况下，我们需要有耐心，只有有耐心才能使真相大白。

决心，我们公诉人经常立于举证这方，压力比较大，对于人、事、时、地、物、构成要件等要素，在开庭之前就要准备好，进行一问一答等事无巨细的询问，要有不达目的不罢休的决心。

爱心，就是要讲人文关怀，要有公益人的色彩，不要一味地指控犯罪，不考虑人文关怀，不但要打击犯罪，还要有保障人的权利的观念。

对于答辩当中的技巧，我认为有以下几个方面：

1. 掌握驳论文的写作方法

我们从小考试到参加高考都要写作文，一般都是议论文。我们知道有议论文，还有驳论文，驳论文写作的方法主要是驳论点、驳论据和驳论证方法。驳论点就是先举出对方荒谬的论点，然后用正确的道理和确凿的事实加以驳斥。

这个人用一个错误的事实，来论证他不构成或构成犯罪，那我们就针对他所说的错误的事实，对其进行驳斥；他所使用的证据是错误的，证据存在合理怀疑，或者体系不完善，或者是非法证据，那我们就通过攻击这个非法证据，得出证据体系没有达到排除合理怀疑的证明标准，因此事实就不清楚。通过这种驳论据的方法，来驳倒他的理论。

2. 组织好语言

一场法庭辩论为什么可看性比较强，就是因为双方语言交锋激烈精彩。所以我们要组织好语言，做到沉着、沉稳、大气、观点明确、说理透彻、表达流畅、语言犀利等，那么怎么做到这一点呢？特别是对于初学者，我有这样几点建议：

第一，就是写好发言稿。因为很多新入门的律师或者公诉人感觉可能脱不了稿，脱不了稿怎么办呢？你就把你的答辩提纲写得详细一点，用写发言稿的形式，把一些过渡性的语句也写进去。

第二，就是在写好发言稿的前提下压缩一下发言的内容，有些用脑子里的东西直接组织起来，就可以过去了，这样除了念的成分之外就还有说的成分，显得从容不迫。

第三，列一个提纲，大胆地锻炼我们的脱稿辩论。我经常说，一个公诉人也好或者一个辩护人也好，看他们的水平如何，在法庭辩论中能否脱稿是一个很重要的因素，这很能反映一个人的水平。大家看一些比较优秀的律师，特别是在辩论阶段，除了发表辩护词，他们一般都是脱稿的。他们是怎么训练出来的呢？也是从写发言稿，到列提纲，再把提纲记在脑子里，根据庭审的情况再打好腹稿，而对于比较复杂的问题，就通过一二三四列点的形式说出来。这种脱稿的形式有什么好处呢？就是增强了法庭辩论的气势，给人的感觉，一是对案件很熟悉，二是能够熟练地掌握辩论的技巧，那么辩论效果就会好很多。

第四，我们的答辩要精彩还需要有始有终。怎么做到有始有终呢？就要说好答辩的开场白和结束语，使答辩活动首尾呼应。答辩的开场白虽然不是答辩的具体内容，但是如果开场白说得好的话，会给人耳目一新、精神一怔的感觉，尤其是当对方气势正盛或者混淆视听，其气焰需要打击的时候，你的开场白就显得更加重要了。

第五，在语言表达的同时注意法庭形象。我们说法庭形象可以促进答辩的效果，因为答辩的效果不仅要通过有声语言传递出来，还要通过人的形象、无声的肢体语言来表达。对于这一点，首先要控制语速，吐字清晰。我看到有的辩护人，声音不是非常洪亮，语速也不是非常快，但是他说的每一句话都能让法庭上的所有人听得到、听得清，他所想表达的意思也都能被大家所接受，我认为其原因就在于他能够合理地控制语速，并且吐字清晰。

3. 善于入情入理

语言可以伤人也可以感人，如果用辩论语言来伤人，对法律人来说是不道德的，但是用辩论语言以情感人就是可取的，所以使用语言表达情感的时候要注意这样几个问题：

第一，具体案件的辩论语言要有一个基调，要注意和具体的案件情况结合起来。

第二，作为一个法律人，不能带有当事人的感情色彩，我们的语言情感需要进行理智的处理才能表达出来。古人曾经有一副对联中说道“莫将私意入公门”，就是说不要把自己的私人感情带到案件中去。我办过一个拒不执行判决裁定的案件，对面的辩护人就把当事人的情感带到了法庭辩论中，在辩论中他当场就哭起来，我认为这是不可取的。

当然公诉人这方也是一样的。作为一个法律人，还是应当控制自己的情感，要懂得如何在法庭上发挥自己的情感。

在法庭辩论中，我们情感的措辞应当发而不露、放而不重，用委婉、曲折、含蓄的中性语言来表达。我认为，控辩双方在法庭上更应该像一个说书人，虽然说的内容中带有感情，但是不能把自己变成书里面的人物，变成当事人，这就不可取了。

4. 注意形象

前面我已经说到了，不但要注意语言表达，还要注意肢体表达，不要出现一些有失风度的行为或动作，这里就不再赘述了。

（五）根据对方特点确立辩论策略

一个优秀的辩护人或者公诉人，不但要形成自己的辩风，还应当摒弃僵化的模式。如有的人是理性平和型的，他就只会平铺直叙地讲道理，没有慷慨激昂的时候；有的人则是慷慨激昂型的，他就不会委婉地讲道理，这样都是不行的。

因为我经常看到一个理性平和型的公诉人，他遇到一个比较喜欢煽情的、慷慨激昂的对手，但还是用原来理性平和的套路，这让人感觉整个庭上的气氛一边倒，公诉人就像一个受气的角色，导致庭审效果不佳。因此我认为，一个优秀的公诉人或辩护人，应当把自己培养成一个全攻全守型的选手，把自己的语言风格塑造成“嬉笑怒骂，皆成文章”，当然不是让你去骂人，而是百炼钢成绕指柔，就是你来什么样的风格我都可以应付。

所以说，我们的法庭辩论应当是激情而不失于理性，理性而不流于平庸。那么基于这样一个立足点，我们就要研究每一个对手可能的风格，根据他们的风格来选择我们的应对策略。仔细考虑一下，我认为有这样几种风格：

1. 理性平和型

这也是我们所倡导的一种类型，在辩论中，风格比较稳健、务实。这样的对手，往往作风很扎实、细致，如果你不谨慎就可能会栽在他的手里。所以对待这样风格的对手，你一定要认真再审视一下你的案件材料，是不是掌握得很清楚，有些观点是不是有漏洞，防止被他抓到漏洞。

2. 高傲自满型

可能是执业时间比较长，或者是做公诉人的时间比较长，就像我这样干了 20 多年的，比较有自信，其实这也是有问题的。凭经验去辩护、辩论没有问题，但是不能犯经验主义的错误，而高傲自满型风格的人往往会犯经验主义的毛病，他可能对于一些新的法律规定和司法解释没有掌握，这时就要从这些方面入手，来挫败他高傲自满的做派。

3. 激昂煽情型

他在法庭上情绪比较饱满，富有激情，语言有气势很精彩，喜欢夸大对方的过错或者渲染一些情绪。可是事物往往会走向反面，如果一味地去煽情，那法律的问题他可能就研究得比较少。这个时候，如果你对自己有自信，也可以进行煽情对抗，能在气势上压倒对方那是最好的；如果你感觉自己在这方面可能弱一点，那就诉诸理性，按照你所掌握的道理，用大道理来管他的小道理。若他煽情针对的可能只是小部分人的价值，那你就要从主流价值，从大的方面来对抗他。

还有一种方法叫“搞笑对抗”，你可以在他的慷慨激昂中找出一些可笑的地方，轻轻一点，可能就达到了“挫其锐，解其纷”的目的。

4. 虚于应付型

有的人作风不扎实，工作不认真，态度不细致，虚于应付，责任心不强。对于这种风格就比较好办，你只要认真细致一点，抓住他的毛病，狠狠地去驳倒他。我曾经碰到一个律师，他可能业务也比较多，就稀里糊涂跑来代理，估计会见也都是让助手去的，把被告人名字都弄错了。当时我就说了两句：“辩护人收了当事人高额的律师费用应当认真负责地对待我们的当事人，遗憾的是我们发现辩护人把当事人名字都弄错了，这是很不认真严肃的态度，希望辩护人在今后的工作当中予以注意。”这种类似的情况，对于对方存在的问题我们可以指出来。

5. 咬文嚼字型

这种人喜欢挑你的小毛病，对于这种情况，如果你确实有毛病，如刚才在答辩的时候有口误，你就大胆承认，如果连这个都不承认说明你的态度不积极、不中肯，而且承认的同时也不会影响你的主流问题，因为枝节性问题不会影响主流问题。

6. 强词夺理型

这种人有时候即使错了还一定要坚持，在这个时候我们就要当场指出来。对于你这点前面法庭已经界定为有问题了，就不能再拿这个错误的论据出来，否则得出的结论必然是荒谬的。对于这种强词夺理型的，我们一定要直接指出他存在的问题。

7. 攻其一点型

有些人是攻其一点型的，你有一点什么毛病他就死死抓住，攻其一点，不及其余。这时我们就要全面地说问题，举出已经查明的事实或者法庭调查中已经明确的东西，我其他的问题已经解决了，你不要只关注这一点，不管双方的证据体系是否有问题，都不可能用攻其一点来解决问题。

8. 学术理论型

前面我也说到了，有的人只是说一些高深的概念，也不进行阐明，这个时候我们就要用通俗易懂的话语和道理来破解。而且，我们要紧紧围绕现在已经掌握的案件事实，以及案件中简单的理论，用四两拨千斤的方法来破解。

这是应对不同辩论风格的人所需要采取的不同策略。

（六）答辩提纲的制作与修改技巧

在答辩提纲制作之前，首先要熟悉案情、证据及相关的法律、法规、政策等，要归纳辩点。答辩提纲归纳辩点主要从这样几个方面入手：

第一，根据阅卷的情况来归纳辩点。

第二，通过提审或者会见，见了当事人之后，注意他的供述和他的心态，根据他的要求来归纳辩点。

第三，通过听取对方的意见，或者是与公诉人沟通交流来发现辩点。我们在开庭之前，或在案件交流的时候，经常会听到对方的意见，他很有可能也会在法庭上这么说，因此根据这个来归纳辩点。

第四，针对案件的争议问题来确定辩点，每个案件肯定都会有比较突出的争议问题，我们把这些争议问题理出来，就是我们的焦点问题。

第五，针对起诉书所认定的事实、情节来确定辩点。我们看起诉书中存在什么问题，它的事实认定、证据方面以及适用法律方面等，有哪些问题是我们争议的焦点，这也就是我们在法庭上会产生争议的问题。

答辩提纲是我们在庭前准备的时候写好的，但它不是一成不变的，一定要根据庭审当庭的情况来及时地调整，那怎么来调整呢？

第一，通过当庭的询问或者发问被告人的情况，来调整我们的答辩提纲。如我本来是打算做无罪辩解的，结果他当庭突然认罪了怎么办，有的辩护人措手不及，遇到这种情况，就是要改变我们的辩护策略。当然大部分情况下，我们是跟当事人沟通好了的。

第二，通过对方的询问、发问来调整我们的答辩提纲，就是对方在问的过程中隐含了什么问题，通过这个问题我们可以预测到他在法庭辩论中会提什么观点。也就是根据他所提的问题，我们要深究他隐含在问题背后的观点，根据这个来修改我们的答辩提纲。

第三，通过双方的举证、质证情况来调整，在此过程中，双方的观点又有什么变化，根据其中所出现的问题来调整答辩提纲。

第四，根据证人出庭的情况来调整答辩提纲。随着以审判为中心诉讼制度改革进程的加快，今后证人出庭的情况会越来越多。证人出庭最大的一个问题是可变性，他可能会改变之前作出的证言，或者你掌握的证人会怎么说，而他到了法庭上又不这样说了，这个时候你就不能一成不变，就要根据他当庭所说的证言来调整你的答辩提纲。

四、法庭辩论技能的提高方法

简单地说有这样几个方面：

第一，积累。因为办理刑事案件，无论是公诉人还是辩护人，更多的时候还是一个经验的总结，所以我们要随时总结，同时还要注意经常观摩别人开庭。

第二，学习。当然积累也是学习，这里指的是狭义的学习，就是我们要学实体法和程序法，同时还要学案例、学辩论的方法。

第三，训练。训练很重要。我们说辩论，其实说简单也简单，说复杂也复杂，更多的时候是看你怎么训练。我们经常开展律师辩论赛也好，公诉人与律师的控辩赛也好，应该说都起到了很好的训练作用。因为我们在辩论实训中练得最多的就是案例，无论担任控方还是辩方，拿到一个案例后就要研究怎么去论证，我想对于从事法律工作的律师、公诉人来说，这样的实训都是非常有意义，也是非常实用的。

第四，思考。思考有以下几个方面：

1. 第一时间思考

下庭之后就马上思考我在法庭上、在答辩过程中有什么问题。出庭、辩论永远是一个遗憾的艺术，永远会想到那句话要是这么说就好了。如果你每次下了庭之后，都把这些问题记下来，那你的辩论水平肯定会越来越高。

2. 通过写文章来反思

用笔头来训练你的思维也是一个很好的方法，把这个东西总结出来，既可以供自己学习，同时也可以和别人分享。

3. 通过别人的启发来反思

如跟大家一起交流，一起实训，包括观摩别人的庭审，通过别人的启发来促进你的反思。

第五，准备。准备一个庭审需要反复地思考，把问题想得周密一些，完整一些。

五、法庭辩论需要注意的问题

简单地说有以下五个方面：

第一，功夫在庭外。法庭辩论靠的绝对不是耍嘴皮子和玩弄技巧，靠的是人格魅力和知识的积累与沉淀。简单地说，就是要尊重对手，只有这样才能显示出你的人格魅力，同时要进行广博的知识储备。

第二，充分准备是王道。一个做了充分准备、另一个没做充分准备，在法庭上是高下立判的，所以说不论你的水平怎么样，不论你对案件熟悉得怎么样，准备再准备是最重要的。

第三，莫斗气，莫逞口舌之快。辩护人在法庭上的目的，是为当事人服务的，是来解决问题的，不是来争高低的，所以不要意气用事，要围绕案件事实、证据以及适用法律来进行辩论，不要进行人身攻击，更不要说一些没有依据的话，否则只会自贬人格。

第四，“辞达而已矣”，即说到就可以了，得理且饶人。有的人认为在法庭上就要跟别人争个高低，所以得理不饶人，其实最后受影响的还是自己，会让人感觉你这个人不够大气，不够宽厚。

第五，要说到点子上。并不是说得越长越好，因为法官及听众的耐心是有限的，说得长不一定说得好，一定要突出重点，才能有效地实现辩论的最终目的。

总 论

ZONGLUN

第一章　以审判为中心诉讼制度改革对检察官、律师决战法庭的影响

一、“四个在法庭”——以审判为中心的各方见解

所谓“四个在法庭”，指的是事实调查在法庭、证据展示在法庭、控诉辩护在法庭、裁判说理在法庭。

某群邀请了一些学者、法官、检察官和律师对以审判为中心的诉讼制度改革进行了讨论。

学者认为：“以审判为中心，实际上是‘审判中心主义’的体现。推进以审判为中心的诉讼制度改革，就是要发挥好审判尤其是庭审在查明案件事实、认定证据、保护诉权、公正裁判中的重要作用，确保侦查、起诉、审判的案件事实证据经得起法律检验。综合来看，‘以审判为中心’应当突出以下几方面的内容：首先，在实体意义上，定罪权属于法院，其他机关无权决定被告人是否有罪；其次，在程序意义上，所有关涉犯罪嫌疑人、被告人的重大权利的侦查、起诉行为都必须由法院作出裁决；再次，法院裁决的作出必须以‘审判’的方式进行；最后，由于一审程序是最为完整的诉讼程序，因此应当强调一审程序在整个程序体系中的地位。对以审判为中心的改革要求，必须结合改革的背景进行。当前，制约刑事司法公正的核心要素在于公检法三机关之间关系的失调，无法树立司法权威。司法实践中暴露出的部分冤假错案都与公检法三机关之间的关系失衡，尤其是与侦查强势存在密切联系。由此可见，以审判为中心作为对三机关现状的反思，实际上是要摆正公检法三机关之间的关系，其核心在于构建一个以审判为中心的科学、合理的诉讼构造。与以审判为中心密切相关的另一个概念是以庭审为中心。以庭审为中心，解决的是庭审的形式化、虚置化问题，其强调的是庭审在裁决作出过程中发挥决定性作用，证据调查、定罪量刑等都必须在‘庭审’中进行，法官的裁决必须基于‘庭审’中证据调查、法庭辩论的结果而在‘庭审’中作出。

这就意味着：（1）法庭调查行为必须发生在法庭之上，不能在庭审前也不能在庭审后；（2）裁判基础形成于法庭之上，不能以庭审以外的因素作为裁判的依据；（3）裁判结果形成于法庭之上，不能在庭审之前形成裁决结果。一般认为，以审判为中心与以庭审为中心两者之间既有联系也存在区别。两者的联系在于以审判为中心是以庭审为中心的前提和基础，没有前者也就无所谓后者，前者确立了，后者也就具备实现的必要条件；而后者则对前者具有促进意义。例如，以审判为中心，实际上是对侦查中心主义的否定，对侦查中心主义的否定才有助于我们建立庭审中心主义；而庭审中心主义则通过各种制度的构建避免侦查中心主义，这又有助于确保以审判为中心。两者的区别在于：（1）以审判为中心的侧重点在于解决法院与外部其他机关之间的关系；而以庭审为中心解决的核心问题则是法院裁判权运作机制。（2）尽管后者对于前者有重要意义，但是前者并不必然意味着后者。以审判为中心，要求构建科学合理的诉讼构造，重新配置司法职权，另外也要求切断那些客观上侵蚀以审判为中心的诉讼制度的机制。”

法官认为：“在刑事诉讼中坚持以审判为中心，从根本上讲就是由司法审判的最终裁判性质所决定的。强调以审判为中心，是因为侦查、审查起诉工作的实际成效，最终需要通过，也必须通过法庭审理来检验，法庭审理是确保案件公正处理的最终程序。坚持以审判为中心，并不取决于人为的好恶，也不涉及各专门机关地位高低、作用大小等问题，而是为了更好地落实公检法三机关分工负责、互相配合、互相制约的诉讼原则，更好地实现惩罚犯罪、保障人权的诉讼目的。以审判为中心的诉讼制度改革，其实质是在诉讼全过程中以司法审判标准为中心。一是现行法律已有明确、具体的规定。根据《中华人民共和国刑事诉讼法》（以下简称《刑事诉讼法》）的规定，侦查终结、提起公诉、审判定罪都应当达到‘事实清楚，证据确实、充分’的证明标准。证明标准是刑事诉讼的核心问题，自然也是‘司法审判标准’的核心问题。二是审判程序具有终局性。侦查、审查起诉工作是否符合法律规定、是否达到法定标准，不是由哪个人或哪个部门说了算，最终需要通过，也只能通过公开、公正的审判加以检验和确认。只有通过审判这一最终诉讼程序，才能将统一但抽象的法律标准‘落地’为具体的司法标准。三是证明标准的同一性是诉讼实践所需。尽管法律规定的证明标准是统一的，但在实际执行中，在侦查、审查起诉和审判三个阶段往往是各有各的理解、各有各的把握。审前程序缺乏对审判程序应有的重视，审判程序缺乏对审前程序有效的制约，这是导致有的案件从源头上就出现问题，而后续程序又难以发挥制约、纠错功能的重要原因。推行以审判为中心，统一刑事司法标准，才能有效破解这一妨碍司法公正的突出问题。为此，在庭审中要贯彻直接言词原则，做到事实调查在法庭、证据展示在法庭、控诉辩护在法庭、裁判说理在法庭这‘四个在法庭’，其目的就是要真正通过庭审来查明案件事实。”

律师认为：“以审判为中心，首先要解决认识上的问题。在推进以审判为中心的诉讼制度改革的问题上，现在有一种倾向，就是非常强调审前程序，包括侦查、起诉要按照审判的要求、标准进行办案，不能把‘带病’案件诉到法院。这是一种良好的愿望，也应当下功夫抓好审前程序的工作。但不能指望以此解决以往存在的问题。在我看来这是一种美好的理想，是难以实现的。应当坚定不移地贯彻以审判为中心的诉讼制度改革，不能以加强审前工作，提高办案标准代替以审判为中心的诉讼制度改革。审前程序之所以不能解决问题、不能代替以审判为中心的诉讼制度改革是基于以下两点：其一，侦查、起诉的办案机关和办案人员不具备像审判活动那样认识案件的客观条件。首先，侦查、起诉基本上是封闭性的工作，不具有公开听取意见的机制；其次，对案件的认识是需要过程的，而过程本身不仅需要时间，还需要条件、平台，侦查、起诉的条件、平台远不如审判；最后，出于各种原因，当事人、律师有可能掌握重要的有利证据而不在侦查、起诉阶段拿出来或说出来，有意等到审判阶段才端出来。其二，侦查、起诉的办案机关和办案人员不像审判机关和审判人员那样具有中立的立场和客观、理性认识案件的主观态度。侦查、起诉的工作性质决定了他们是以追诉犯罪、惩罚犯罪为工作目标的。世界各国都是如此，所以，国际上公认的刑事司法准则要求的是公正审判，而不是提出公正侦查、公正起诉。基于上述分析，在重视并严格要求侦查、起诉工作的同时，重点还是应当放在审判活动中。提出以审判为中心的诉讼制度改革，不仅是因为审判处于诉讼程序定罪量刑的最后决定环节，而主要是因为审判活动本身在程序上就能体现出司法的公正，在结果上也能最大限度地保障实体公正，严防冤假错案。因此，应当毫不动摇地推进以审判为中心的诉讼制度改革，其中核心是庭审实质化的改革。现在都在讲以审判为中心就要落实庭审实质化，而庭审实质化就是要保证证人、鉴定人等出庭作证，接受诉讼双方质证特别是控方证人接受辩方的质证。但这并不意味着所有案件的所有证人都需要出庭作证。司法实践中被告人是认罪的案件，只要确保他们认罪是自愿和有事实依据的，就可以简化审理，不需要证人出庭作证。因此，真正需要证人出庭作证、进行庭审实质化审理的案件是有限的，一般包括重大、复杂、疑难、不认罪的案件。其中不认罪案件或者认罪后又翻供的案件应当是庭审实质化审判的重点案件。从已经发现、纠正的冤假错案来看，大多是被告人不认罪或认罪后又翻供的案件。可以说，这部分案件是发生冤假错案的‘重灾区’，应当重点审理，确保庭审实质化。同时，即使属于此类案件也不是需要所有证人都出庭，而是重要证人、关键证人应当出庭。包括三种人：一是案件的目击证人。他所作证言属于直接证据，应当出庭作证。二是鉴定人。与普通证人相比，鉴定人更应当出庭作证。普通证人是因为偶然原因成为某个案件的证人，一辈子可能就做一次证人，而鉴定人是职业证人，是为诉讼案件反复提供鉴定意见证据的人，而且鉴定意见证据对定案又有着特殊的作用，往往容易被相信。以往发生的一些冤错案件就是由于鉴定失误造成的。三是需要出庭作证的有关侦查人员。实践中侦查人员几乎不出庭。应当树立一种观念或认识，侦查工作不是破了案就大功告成了，侦查人员还须出庭作证，支持检察机关指控犯罪，直到案件被法院定案才算完成任务。目前对侦查人员出庭的范围认识上还有误区，一般只涉及非法证据的侦查人员或目击犯罪发生的侦查人员需要作证，这是不够的。侦查人员作证还包括在案发现场发现、提取、保管、移送物证、书证等实物证据的情况，这个过程一旦有错误就可能导致冤错案件。以审判为中心的改革诉讼制度，刑事辩护非常重要。国际上通行的公正审判的标准中律师辩护是非常重要的一个方面。这里面又包含两项要求，首先有律师辩护本身就体现了程序公正，其次要重视律师的辩护作用，通过律师辩护维护、保障实体公正。要解决我国刑事辩护问题，一是充分发挥、保障社会律师参与刑事辩护的作用；二是完善和强化刑事法律援助制度。由辩护律师为犯罪嫌疑人、被告人提供切实有效的辩护，是建立以审判为中心的诉讼制度的重要保障。目前司法实践中还有可能存在犯罪嫌疑人、被告人没有辩护律师的情形。2021年公布的《法律援助法》进一步完善了法律援助制度。首先，扩展死刑案件法律援助的适用阶段，将死刑案件的法律援助向后延伸至死刑复核程序。其次，扩大了法律援助的案件范围。”

检察官认为：“从检察制度的设定来看，各国检察官无不遵循检察官客观义务，也就是‘审判之前的法官’职责，所以以上结论认为侦查、起诉的办案机关和办案人员不像审判机关和审判人员那样具有中立的立场和客观、理性认识案件的主观态度，这一点我不赞成，至少在我国《刑事诉讼法》中就明确规定，侦查、审查起诉、审判任何环节都有排除非法证据的义务。虽说侦查、起诉的工作性质决定了我们以追诉犯罪、惩罚犯罪为主要工作目标，但防止冤假错案发生是所有法律人的职责。说侦查、起诉基本上是封闭性的工作，不具有公开听取意见的机制也是不准确的，现在可以说已经建立了良好的听取各方意见的程序与渠道，尤其是在审查起诉过程中，只要辩护人的意见正确，我们一定会认真听取并采纳。在这个问题上，其实很多律师朋友都有真知灼见，几位律师所写的文章，如《律师决战岂止在法庭》《无罪辩护的主战场不在法庭》，都很明确地说到了在审查起诉阶段进行辩护的重要性和有效性。至于出于各种原因，当事人、律师有可能掌握重要的有利证据而不在侦查、起诉阶段拿出来或说出来，有意等到审判阶段才‘突然袭击’，这一点理解为律师的策略，我本身并不反对，但是如果你真的‘有料’，你在审查起诉阶段拿出来，可能会早一天让你的当事人免于牢狱之灾。当然也不排除这种情况，由于当前一些律师收费是按阶段来收的，如果不到审判阶段，可能会少收一个阶段的费用，所以把案件拖到审判阶段。但高明的律师是不会这样去做的，律师最重要的品格可能就是对当事人忠诚，如果在这一个案子上赚了一笔，却输了人品和声誉，长此以往划不来。说这些绝无诋毁大多数律师的意思，而是客观地说，如果你有足够说服公诉人员的事实证据，我们一定不会明知自己错了还硬把案子起诉到法院去。绝大多数没有定罪的案子，恰恰是由检察机关根据事实与法律规定作出的，其实这也是以审判为中心对公诉工作所产生的影响，那就是‘诉前引导、审前过滤’。这么说并不代表审判活动不重要，其实审判非常重要，以审判为中心是现代刑事诉讼的灵魂。说到以审判为中心，一个重要的问题就是不能把以审判为中心简单地理解为以法院为中心。为什么要提出‘以审判为中心’这个问题呢？原因就在于长期以来，庭审在事实认定、证据采信、定罪量刑中的作用被淡化、被架空。所以，‘以审判为中心’的精髓就在于庭审的实质化，使庭审在事实认定、证据采信、定罪量刑中发挥决定性作用，回归审判的司法属性。‘以审判为中心’，意味着案件事实的认定和证据的采信等均通过庭审来确定，证据必须通过庭审的调查和辩论才能作为定案的根据，定罪量刑要在法官听取控辩双方意见的基础上进行裁决，庭审的实质化才是‘以审判为中心’的精髓所在。对庭审实质化这一精髓的正确把握具有重要意义，有利于平息公、检、法三机关到底谁是中心之争，也有利于平息控、辩、审三方谁是主角之争。‘以审判为中心’被提出来以后，有人说今后的刑事诉讼主要是看法院的，公安、检察、律师都无所谓了；有人说‘以审判为中心’是法院胜利了，就是要提高法院的权威，检察院和公安地位下降了；有人说贯彻以审判为中心，重点就要放在检察院，公诉的质量决定着审判，检察官才是中心，如此等等，不一而足。其实，上述说法都是错误的。因为庭审的实质化就要求‘一切庭上见分晓’，无论是事实认定还是证据采信，抑或定罪量刑，都要接受控、辩、审三方的质证、辩论、裁决，控、辩、审三方缺一不可，都是‘以审判为中心’的主角；公、检作为广义上的控方，法院作为审判方，都是刑事诉讼不可或缺的，不存在谁重要谁不重要的问题，所以‘以审判为中心’，只是就诉讼活动而言的，不是就诉讼角色而言的。那种认为‘以审判为中心’就是‘以法院为中心’甚至是‘以法官为中心’的观点是错误的；那种认为以审判为中心就是要提高法官权威、法院权威的观点是狭隘的；那种认为以审判为中心实际是以检察官为中心更是荒唐的。以审判为中心，是就侦查、审查起诉和审判这三个诉讼程序之间的相互关系而言的，而不是就公安、检察、法院三机关之间的相互关系而言的。审判是在法庭主持下，由控辩双方和其他诉讼参与人共同参与的诉讼活动，每一个案件的审判都是独立存在的，从某种意义上讲，没有起诉指控就没有法庭和审判。案件裁判的结果虽然是由法庭作出，但裁判的基础取决于控辩双方的质证和辩论情况。因此，把以审判为中心简单地理解为以法院为中心，是对相关改革措施的一种误读。一些人认为，以审判为中心就是一个庭审实质化。这也是不全面的。庭审实质化是以审判为中心的精髓，它是指对案件事实和被告人的定罪量刑都必须通过庭审的方式予以认定。毋庸置疑，庭审实质化是推进以审判为中心诉讼制度改革的基本要求。然而，审判阶段除了法庭审判，还包括庭前准备和庭下活动等，这些无疑也属于以审判为中心的内容。因此，不能简单地将以审判为中心等同于庭审实质化。也有一些人认为，以审判为中心与司法机关分工负责、互相配合、互相制约的原则相矛盾。这也是一种模糊认识。事实上，二者是辩证统一的。首先，以审判为中心明确了互相配合的具体要求。以审判为中心要求侦查、审查起诉服务于审判，不仅收集证据、审查起诉、提起公诉等应当按照审判的要求和标准进行，而且开庭审理时，侦查人员有义务配合检察机关履行举证责任。这无疑是互相配合的具体化。其次，以审判为中心意味着审判在刑事诉讼中处于不同于侦查、审查起诉的中心地位，侦查、审查起诉活动要受到审判活动的制约。如果侦查、审查起诉活动不符合审判的要求和标准，那么必须服从法院的裁决。这正是互相制约的要义所在。可见，推进以审判为中心的诉讼制度改革体现的恰恰是司法机关分工负责、互相配合、互相制约的原则。为此，各级检察机关公诉部门要做好庭前准备，加强庭前对案件的全面审查，做好庭前预测和应对预案，完善庭前会议制度，推动证人、鉴定人、有专门知识的人、侦查人员出庭工作。要强化当庭指控，着力提高当庭询问讯问、示证质证、发表公诉意见和辩论能力，提高出庭应变能力、运用现代科技手段出庭能力，加强对公诉主张的说理，加强对证据合法性的证明，保证庭审在查明事实、认定证据、保护诉权、公正裁判中发挥决定性作用。”

笔者认为说到底，以审判为中心的目的就是防止冤假错案的发生，价值在于守牢公平正义的底线，所以才会顺应时代潮流，借鉴先进司法理念与司法方法，推动以审判为中心的诉讼制度改革。而要实现以审判为中心，就应当落实庭审实质化。落实庭审实质化，关键在于解决两大问题，一是坚持证据裁判原则，二是坚持直接言词原则。这两个原则，如车之两轮、鸟之两翼，共同支撑起以审判为中心这个体系。证据裁判原则，就是一切案件事实的认定依靠证据，证据必须具有客观性、关联性和合法性，必须经过法庭的质证、排除非法证据等。而直接言词原则，则是保障证据裁判原则得以落地、保障证据‘三性’经得起检验的重要措施，所以，落实到最后，直接言词原则很重要，而且它也是贯彻落实以审判为中心诉讼制度改革的过程中，直接影响我们控、辩、审三方活动的最重要方面。可以说，以审判为中心，重点在以庭审为中心；以庭审为中心，重点在以一审为中心；以一审为中心，重点在存在争议的证据都能够得到充分的质证；争议证据得到充分质证最有效的方法，就是通过直接言词的方式来解决。所以说，直接言词原则是落实以审判为中心诉讼制度改革的关键内容。就这个问题来看，当前不论是辩护人、公诉人还是审判人员，都不太习惯、不太熟悉、不太适应，都还没有做好充分的准备，其实都在一条起跑线上，这是个问题，但同时也提醒，谁先适应这一变化，谁就能在庭审中掌握主动、赢得先机。今后审判、指控、辩护方式可能会有很大的变革，每个人都需要去思索、去学习，从而适应这一重大变革，这样才能共同为司法公正、为守护公平正义做出自己应有的贡献。

二、“来源于马嘴”——直接言词原则的内容及对庭审的影响

直接言词原则是检察官、律师适应以审判为中心的诉讼制度改革所遇到的第一道门槛。说到直接言词原则，就需要说一个概念：“来源于马嘴。”所谓“来源于马嘴”，是对直接言词原则的隐喻。

（一）直接言词原则的基本概念

直接言词原则，是指法官必须在法庭上亲自听取当事人、证人及其他诉讼参与人的口头陈述，案件事实和证据必须由控辩双方当庭口头提出并以口头辩论和

质证的方式进行调查。直接言词原则包括直接原则和言词原则两项，因二者均以有关诉讼主体出席法庭为先决条件，联系紧密，理论上合称为直接言词原则。直接原则，又称直接审理原则，要求参加审判的法官必须亲自参加证据审查、亲自聆听法庭辩论。该原则强调审理法官与判决法官的一体化。与之相对的是间接审理，即判决法官将其他法官审理所得结果作为判决基础，亦即审理法官与判决法官存在分立。言词原则，又称言词审理原则，要求当事人等在法庭上须用言词形式开展质证辩论的原则。该原则是公开原则、辩论原则和直接原则实施的必要条件。与言词审理相对的是书面审理，即以书面形式进行诉讼，集中体现为根据书面材料和证据来认定事实。

（二）直接言词原则是以审判为中心诉讼制度的必然要求，也是司法公正的重要保障

1. 直接言词原则是以审判为中心的诉讼制度的必然要求。

直接言词原则能够保证司法的亲历性，是以审判为中心的诉讼制度的必然要求。以审判为中心的诉讼制度，要求的是事实调查在法庭、证据展示在法庭、控诉辩护在法庭、裁判说理在法庭，真正通过庭审来查明案件事实，这些从本质上说，都是要求司法亲历。司法亲历性是现代刑事诉讼的重要内容。只有实现司法亲历，才能杜绝“审者不判、判者不审”，司法擅断、专横，靠想当然、拍脑袋断案。以往一些错案的发生，除了刑事司法理念上的原因之外，在司法操作技术层面，一个重要的原因就是“卷宗中心主义”，即迷信卷宗材料，仅靠对书面材料的了解与掌握去判断案件事实，结果由于纸面上材料的出偏而发生错案。尤其对于言词证据来说，受侦查机关取证时的环境，侦查人员的态度、问话方式，证人的情绪和身体状况等因素影响，卷宗材料中的言词证据，未必能够真实全面地反映案件事实，有些甚至是非法证据，但从证据形式上却无法发现。对于言词证据采用直接言词的方式进行当面询问对质，往往可以使司法人员通过察言观色，全面、充分、全方位、多角度反复询问，当面对质等各种有效的方法获取人证全面真实可靠的信息，我国古代所谓的“以五声听狱讼”，也正是反映了司法亲历性的重要意义。同时，法官、公诉人、律师、当事人和证人等直接会面，加之言词方式具有传达简便快捷的优点，有助于法官、公诉人、律师和当事人尽快发现案件的争议焦点并及时解决问题，从而推动诉讼迅速进行。直接言词原则所体现的精神或价值是现代诉讼基本原理的重要组成部分，在现代法治社会，直接言词原则与公

开原则、辩论原则等一并被视为使诉讼和证据制度贴近当事人的必要手段。

2. 直接言词原则有助于实现从“在卷审”到“在案审”，防止冤假错案的发生。

直接言词原则使司法人员直接与当事人、证人面对面接触，有助于司法人员更加直观、真切地感受案件事实，并能直接通过对言词的判断，发现卷宗材料里所没有的内容，从而发现案件存在的问题。司法实践中常见一些侦查人员所做的“情况说明”，实际上是虚假材料，如果不对该材料中反映的内容亲自进行询问，就可能被蒙蔽，导致错案。因此，严格遵循直接言词原则，有助于司法人员从“在卷审”向“在案审”转变，即不仅仅注重卷宗材料内的证据材料，而且更加注重卷宗材料中没有反映的各种情况，如在案件破获过程中是否存在刑讯逼供、非法取证、抓错人等情况，有无应当收集的证据没有收集，或者收集到案的证据因对指控不利而没有随案移送等情况，从而实现对案件证据的全面掌握，准确判断案件事实，提升公诉案件质量。

3. 直接言词原则有利于实现庭审实质化，防止庭审流于形式。

直接言词原则促进了庭审实质化，使原本流于形式的庭审活动在各方当事人参与的情况下更加直观、全面、完整，为发现和识破伪证提供了机会，从而为防止冤假错案的发生创造了更加便利的条件。庭审实质化，是现代刑事诉讼的基本要求，也是以审判为中心的诉讼制度改革的必然要求。根据直接言词原则的要求，大量证人、鉴定人、被害人、侦查人员等需要在法庭上提供言词证据，而不仅仅是对他们的证言进行书面审理，这样就会使一些虚假的证言在接受质询之后被及时发现，从而不作为定案的依据，也会使那些本来会招人疑虑的真实证言经过详细询问和说明，更加令人坚信不疑。如一起贩卖毒品案件中，被告人当庭辩解自己没有贩卖毒品，而是因为出现在案发现场才被警察误抓。但当侦查人员出庭对整个案件线索掌握、现场布控、抓获经过进行说明之后，被告人的辩解也就不攻自破。较之以往的仅在法庭上宣读证据材料、有了疑问只能由公诉人负责解答，这种直接言词的形式，能使整个庭审更加丰满、全面，更加接近案件真相，既避免了庭审流于形式，又能够真正起到防止冤假错案发生的作用。

（三）直接言词原则对检察官和律师工作带来的影响

以审判为中心的诉讼制度改革及直接言词原则的要求，无论是给检察官还是给律师，都带来了前所未有的挑战。

1. 庭审变数增加，控辩双方的出庭难度增大。

直接言词原则给控辩双方出庭带来最大的挑战，就控方来说，是在案件事实存在争议时，如果关键性的证人、被害人、鉴定人拒不出庭，可能会导致这部分证据不被法庭采信，导致案件事实的认定变数增加；对控辩双方来说，如果上述人员出庭，则又可能在交叉询问过程中由于出庭技巧，检察官、律师个人水平，庭审气氛等原因，导致言词证据内容当庭发生变化，控辩双方都可能始料不及、难以应对。尽管卷宗纸面上反映的证人证言相对稳定，但是如果没有事先的接触了解，很可能卷宗材料中的证人证言本身就不是证人真实的意思表示，这个时候如果让证人到法庭上提供证言，就有可能会出现证人推翻原证言的情况，尤其是一些案件，如贿赂案件、毒品案件、赌博案件，作为证人的行贿人、吸毒人员、参赌人员心态非常微妙，有的关于行贿、吸毒、赌博的证言，是在面临压力的情况下作出的，尽管这些证言事实上是真实的，但由于上述人员担心受到处罚，也存在当庭推翻原证言的情况，此时一旦被告人也翻供，则对案件事实的认定影响很大。毒品、赌博、组织卖淫等案件事实认定与证人存在利害关系的案件，都可能存在这一问题，这就对公诉人的庭审局面控制能力提出了较高的要求。同样，辩护人提供的证人，也可能因法庭上气氛所迫，不敢大胆如实地提供证言，而改变其原来提供给律师的证词，有的人甚至见风使舵，或提供一些模棱两可的证言，这都给检察官、律师出庭带来了困难。

2. 庭审中对于非法证据排除的争议，使控辩双方工作量增加，压力增大。

以审判为中心的诉讼制度要求坚持证据裁判原则，法庭上打的就是证据仗，由于刑事案件千差万别，证据状况各有千秋，有的庭审围绕某些证据能否作为认定案件的依据，控辩双方会展开阵地战、拉锯战，庭审活动会非常艰苦。而一些案件之所以要求证人、鉴定人、被害人、侦查人员出庭，就是因为控辩双方对证据的合法性存在争议。一些被告人当庭提出自己受到了侦查人员刑讯逼供、指供诱供，而又没有其他证据可以证明他供述的虚假性，这时经常面临侦查人员出庭说明情况的问题，而对于侦查人员出庭工作来说，往往使公诉人、辩护人陷入困境：一是大部分侦查人员不愿意出庭作证，这一方面是因为侦查人员的工作环境在大多数情况下是处于封闭状态的，其对出席法庭工作不熟悉，如出庭效果很差，既会影响案件效果又有放大舆情的风险；另一方面是因为对公开场合下暴露身份有顾虑，如果侦查人员不出庭，辩护人的一些辩护策略就无法发挥。二是侦查人员如拒不出庭，则很可能在被告人翻供的情况下对于非法证据排除工作应对不力，导致公诉人指控受影响，这会给公诉人增加很大的工作压力。三是侦查人员在出庭过程中，一方面可能由于侦查人员不熟悉出庭工作而给公诉人员的当庭询问带来困难；另一方面由于侦查人员一般情况下比较强势，如果辩护人询问不得法，很可能造成侦查人员的不配合，使询问陷入僵局，辩护策略同样无法发挥。

3. 庭审形势趋于复杂，对检察官、律师出庭能力提出了更高的要求。

随着以审判为中心的诉讼制度改革，今后检察官、律师在法庭上所面临的形势也将越来越复杂，特别是由于证人、鉴定人、侦查人员、有专门知识的人等出庭概率的增加，检察官、律师对法庭交叉询问以及证据合法性调查的庭审掌控能力、应对技巧和心理素质等也都将受到全面的考验。以鉴定人或者有专门知识的人出庭为例，即使辩护人申请到庭的有专门知识的人在专业领域水平很高，但如果辩护人询问技能不高，很可能询问效果适得其反，有专门知识的人的答话反而强化了公诉人的证据体系，造成辩护人“赔了夫人又折兵”。

4. 内外部舆论众口难调，对检察官、律师舆情应对能力提出了更高的要求。

近年来，由于公众对法治的见解、对庭审公开的看法和对司法公正的理解各不相同，导致一些人对于什么样的庭审才是公正的庭审、什么样的形式才能满足各方面对于庭审公开的要求等问题产生了较大的争议，进而出现了部分庭审乱象：一些律师不遵守法庭纪律、不遵守法庭礼仪、不尊重法庭各方，甚至在法庭上制造事端；一些公诉人不遵守理性、平和、文明、规范的纪律要求，在法庭上不尊重辩护人、威胁被告人等。这些行为都对自己的形象产生了不良影响，而社会公众也基于对案件的不同认识，会对庭审活动产生完全不同的议论与评说。各方面舆论对法庭活动的关切，也要求检察官、律师在法庭上既要慎言，又要敢言，既不能放弃自己的观点，又要理性、平和、文明、规范，在法庭上控制情绪，不能有出格的言论和行为。这不但对检察官、律师法庭上的控制能力提出了要求，而且对检察官、律师的舆情应对能力也提出了更高的要求。

三、以审判为中心视角下公诉人、辩护人出庭现状问题分析

尽管以审判为中心的诉讼制度改革已经步步向我们走来，直接言词原则也日渐在工作中忽隐忽现，但从当前的庭审情况来看，控辩双方都还没有对直接言词原则引起高度重视，采取有效对策，影响了庭审效果。若表现在工作中，就存在如下的问题。

（一）证据审查中存在两个极端：迷信口供与依赖物证

在检察官审查起诉工作和律师辩护过程中，都存在两个极端，一是迷信口供、不重视实物证据；二是依赖实物证据，轻视言词证据在定案中的重要作用。

1. 迷信有罪供述，认为法庭上的供述即使翻供也无关紧要。

当前工作中，有的公诉办案人员过分迷信口供，认为只要有了被告人、犯罪嫌疑人的有罪供述，哪怕他翻供、当庭证据发生变化或者存在问题，都不影响对他的定罪，法院依然会按照卷宗材料中的证据内容作出有罪判决，而对全案证据关注不够，尤其是当犯罪嫌疑人作有罪供述时，更是认为案件事实没有任何问题，结果反而导致出现错案。如某交通肇事案，犯罪嫌疑人到案后始终作有罪供述，公诉人员认为其既然始终供认，就没有对全案证据予以认真审查，并起诉到法院。在法院审理过程中发现该被告人属于冒名顶罪，案件出现错误。这种案件中虽然被告人可能根本不请辩护人，而且希望法院作出有罪判决，但一旦判决必然是错案。究其原因，正是迷信口供，尤其是迷信有罪供述。在其他案件中，也存在因迷信口供而出现问题的情况，如有的人认为只要有了一次有罪供述，哪怕不是很完整，也足以作为认定其有罪的依据，这就导致在被告人当庭翻供、证人当庭推翻原证言等情况下，检察官在法庭上应对无力，无法说服法官、无法让旁听人员信服，导致效果不良。

迷信有罪供述的情况，不仅在检察官身上存在，在有的律师身上也是存在的，有的律师因怕麻烦或者偷懒，因怕提出无罪观点得不到法官的认可或者担心法官、检察官反感，在辩护当中选择说服被告人放弃无罪辩解，不是从对全案证据审查、有无合理怀疑存在的角度出发去努力挖掘、发现案件事实证据方面存在的问题，而是一看被告人以往曾经做过有罪供述，又有其他证据相印证，不论被告人现在认不认罪，都采取说服被告人认罪以取得从轻处罚的机会的方法来解决问题。这种情况在案件事实清楚、证据确实充分的背景下本无不妥，但如果案件事实证据确实有问题，那么采用这个方式就是对当事人不负责任。

2. 过分依赖物证等客观性证据，造成没有物证就不敢定案、有了物证就不敢做无罪辩护。

有的检察官、律师则走了另一个极端，过度依赖实物证据，认为没有实物证据，所有言词证据都不稳定，都可能随时发生变化，因此不重视言词证据的收集与运用，以至于在没有物证、书证等实物性证据的时候，就不敢认定案件事实，成了“言词证据虚无主义者”，更谈不上运用直接言词原则审查和办理案件；有的辩护人认为只要有了实物证据，即使被告人辩解也没用，因而不敢运用言词证据对实物证据提出质疑。

3. 造成上述现状的原因：受以侦查为中心观念的影响。

形成上述现状的主要原因在于，检察官、律师长期受以侦查为中心的诉讼模式和观念的影响，所有思考问题的方式方法都围绕查明案件事实的证据观进行，而查明案件事实最为直接有效的方法，当然是听口供。因而就养成了重视发现事实而轻视证明案件事实的习惯，而一旦发生了冤假错案，一些检察机关的办案人又转向另外一个极端，全面否定言词证据，导致没有物证就不敢定案；辩护人则过分夸大实物证据在证明案件事实中的作用，一概排斥口供。可见，无论哪一个极端的产生，都与直接言词原则对指控与辩护的影响有关，其基本原因，还是对于言词证据的态度。

（二）卷宗中心主义对检察官、律师的深远影响

1. 传统诉讼模式对检察官、律师的影响。

长期以来，检察官、律师的主要工作都是在办公室里审查卷宗材料，到法庭上宣读卷宗材料。举证质证、法庭辩论依赖的是卷宗材料，从而形成了以卷宗材料为中心的审查案件和参与诉讼的工作模式。这种传统的工作模式对控辩双方工作习惯影响深远，以至于遇到以审判为中心的诉讼制度改革，遭遇直接言词原则之后措手不及、束手无策，不习惯、不适应、不知如何应对。这种传统的诉讼模式已经不再适应新形势下公诉与辩护工作的需要，对司法公正产生严重的影响，必须加以改进。

2. 长期没有证人出庭造成的直接言词原则无用论。

尽管2012年修改后的刑事诉讼法对于证人出庭作证问题作出了新的规定，2018年再次修改后的刑事诉讼法也继续沿用，且最高人民法院关于人民法院办理刑事案件“三项规程”[①] 对证人出庭问题作出了进一步的明确，但是长期养成的证人不到庭的诉讼习惯，导致从公诉人到辩护人再到审判人员，都不习惯证人到庭。检察官、律师担心本方证人到庭证言会发生变化，对方证人到庭后对己方不

① 最高人民法院关于人民法院办理刑事案件“三项规程”，即《人民法院办理刑事案件庭前会议规程（试行）》《人民法院办理刑事案件排除非法证据规程（试行）》《人民法院办理刑事案件第一审普通程序法庭调查规程（试行）》。

利；法官担心证人到庭会浪费时间，而且在实践中大多数情况下，证人在法庭上所提供的证言并不一定都是客观真实的，反而经过反复审查后发现，书面证言更加客观真实，这也使控、辩、审三方对于证人出庭作证的效果、效率都产生了怀疑，进而导致对直接言词原则的适用不积极主动。长此以往，导致了直接言词原则无用论盛行。究其原因，还是以审判为中心的诉讼理念没有从根本上得到认可，诉讼制度没有得到构建。

（三）当前检察官、律师对直接言词原则的态度与问题

当前在检察官与律师的观念上和具体工作中，仍然有大量与直接言词原则不适应之处。

1. 检察官、律师在对直接言词原则的认识上存在偏差。

（1）认为直接言词原则可有可无。

有的检察官、律师认为只要被告人做过有罪供述，卷宗材料里有证人的证言能够印证有罪供述，那么就不需要直接去讯问、走访、询问这些人证，反正法院也一样能定案。如果去另外找证人只能是折腾，无法起到作用。

（2）认为审查证据以及定案主要依靠物证等客观性证据。

有的检察官、律师认为认定案件事实主要依靠实物证据，因为它不会发生变化，而言词证据则可有可无，即使有了也只是起到佐证的作用，而且由于言词证据具有随时发生变化的特点，即使是法庭上提供的言词证据，也不一定可信，法官更不一定会采信，所以认为让证人到法庭上作证往往徒劳无功，直接言词原则在定案过程中没有多大意义。

（3）认为犯罪嫌疑人、被告人自己都已经承认，不需要重视直接言词原则。

有的检察官、律师认为连犯罪嫌疑人、被告人自己都始终承认犯罪事实，直接言词原则没有多大作用，更何况这类案件即使在法庭上被告人也不会翻供，这种情况下再强调直接言词原则只会浪费司法资源，辩护人还会担心一旦证人到庭之后言词证据发生变化会有执业风险，为了被告人不值得冒此风险，所以是多此一举。

（4）害怕法庭上证人等翻证，不希望适用直接言词原则。

有的检察官或者律师庭审技能不高，担心自己申请的证人在法庭上推翻原证言、被告人翻供，言词证据发生改变，以至于自己无法掌控，在法庭上丢脸，因而不希望相关证人到庭参与诉讼，存在得过且过、应付差事的思想。有一些律师，

由于自己水平或者素质问题，或者由于当事人家属所付代理费用比较低，没有达到自己的心理价位，所以“出工不出力”，存在应付交差的情况。

2. 卷宗中心主义对审查与辩护的影响。

同样因深受卷宗中心主义思想的影响，在检察官审查起诉与律师辩护过程中，直接言词意识缺失，也给法庭埋下不利的种子。

（1）停留在“卷宗审”，不习惯“接触式”直接言词证据审查与调查走访。

现行的审查起诉模式，一方面是习惯使然，另一方面是案多人少、精力有限所致，使得有的检察官仍然停留在坐在办公室里审查卷宗、到看守所提审犯罪嫌疑人、去法庭上宣读卷宗的形式，对于案件中涉及的众多人证，检察官在审查起诉阶段鲜有接触，不习惯走到证人身边直接询问，甚至对有些案件如职务犯罪案件，检察官不敢接触证人，生怕接触之后证人推翻原证言会被人怀疑是不是“放水”。在这种工作模式下，一旦法庭上证人证言发生改变，检察官往往措手不及、难以招架。而在现行的办案模式下，有的律师也往往因自身的工作习惯或者条件所限、法律的限制性规定，而不去调查走访相关证人，结果同样是停留在书面审查证据、针对卷宗材料进行辩护的层面。

（2）不能通过“接触式”直接言词证据的复核、询问发现“在案”证据与“在卷”证据的区别。

有的检察官在对卷宗材料产生疑问时，或因为懒怠，或因为没有补充侦查经验，或因为对直接言词原则不熟悉，不习惯接触证人，往往将问题提出后交给侦查机关去解决，而不是亲自复核证据，通过直接询问发现“在案”证据与“在卷”证据的差别，进而查清案件疑点，全面掌握案件事实，结果导致一些侦查机关继续用“情况说明”等书面材料对“在卷”材料予以解释甚至掩盖，无法实现审查发现真相和侦查监督的真正目的。而一些辩护人同样因为不熟悉“接触式”的调查走访，或者由于当面询问的能力不足，导致不能通过询问证人发现证据中存在的问题，无法发现“在案”证据与“在卷”证据的区别，实现辩护目的。

（3）不能通过“接触式”直接言词证据审查，发现证据中存在的问题。

有的证据，如果没有与证人亲身接触，往往发现不了证言中存在的问题。如某故意伤害案件，卷宗材料中的某证人证言反映该证人亲眼看到了案发全过程，但经检察人员直接询问证人，才发现该证人高度近视，在现场光线昏暗、场面又比较混乱的情况下，他根本无法看清案发情况，经仔细询问，该证人才承认他是听说的，其实没有亲眼看到。这种情况在公诉审查与律师办案中经常出现，如辨认笔录，有的就是在侦查人员的暗示甚至指认下做出的。只有接触了辨认人，才能发现这个问题。大多数时候，检察官、律师不能通过“接触式”直接言词原则审查证据，发现证据中存在的问题，这也是导致公诉或者辩护质量不高，甚至没有发现错案的原因。

（4）不能通过“接触式”直接言词证据审查，发现并排除非法证据。

有些时候，证人证言、被害人陈述是侦查机关使用暴力、威胁手段所获取，但当它停留在卷宗纸面上的时候，人们很难发现这是非法证据。实践中有的检察官、律师在办案过程中也基本依赖卷宗，不接触证人，因而不能通过接触式的证言审查发现并排除非法证据，造成错案。

（5）不能通过“接触式”直接言词证据审查，为庭审打基础。

有时候检察官、律师在法庭上之所以对证人、被害人出庭应对不足，根本原因就是在庭前阶段没有接触证人，不知道他们在法庭上会怎么说，部分公诉人或者辩护人认为既然证人、被害人在卷宗材料里是这么说的，那么上了法庭他们当然也会这么说。这其实是因为对证人、被害人陈述的取得方式、作证态度、证言内容把握不够，而这些只有通过在庭前审查阶段与证人、被害人接触之后才能了解，虽然有的证人或者被害人在检察官、律师庭前审查阶段亲自提供了证言或陈述，与卷宗材料相一致，但到了法庭上仍然推翻原证词，检察官对证人、被害人，律师对证人至少可以通过庭前的接触，掌握他们的思想动态或作证心理，确保在法庭上发生变故时有所准备，从而掌控法庭局势，而不是信马由缰、不知他们会在法庭上提供何种证言。

3. 庭审形式化带来的影响——法庭审理阶段主询问或者交叉询问技能的低下。

以审判为中心，必然的要求是庭审实质化。在以卷宗材料为中心的审理模式下，法庭审理往往流于形式，由此带来的必然是检察官、律师法庭审理阶段主询问、交叉询问能力的低下。

（1）庭审前，不懂得如何准备法庭上的询问。

在庭审准备阶段，大部分检察官、律师都会制作庭审预案，但鲜有人注意如果证人出庭该如何应对，一是该如何询问；二是证人会怎样回答；三是如果证人证言发生变化该如何应对，尤其是证人来到法庭会怎样表现。大部分人根本没有预想，因而导致在证人当庭推翻原证词时，会不知所措。

（2）庭审中，不习惯、不懂得主询问和交叉询问的技巧。

许多检察官、律师对于法庭上的主询问和交叉询问技巧不熟悉、不掌握，往往当对方熟练掌握该技能的时候立刻落于下风。有的案件则因法庭上控辩一方询问技能不佳导致出庭效果不良，最终自己的观点不能被法庭接受，严重影响了指控或者辩护效果。

（3）交叉询问出现问题后，不懂得如何处置。

还有一些公诉人或者辩护人在法庭上出现证人、被害人推翻原陈述，或者当对方提供的证人作出对己方不利的证言后，不知如何处置的情况。例如，某受贿案件中，行贿人到庭推翻原证词，说自己根本没有行贿，原来的说法是办案人员逼迫他说的，而被告人也随即当庭喊冤叫屈，而公诉人此时却束手无策，不知如何应对，对该变化置之不理，导致庭审无法进行；又如，某案件中，由辩护人方要求传唤的证人到庭后作出被告人无罪的证言，公诉人不能文明、理性对待突发情况和复杂局势，结果造成旁听群众的不满，指责公诉人不公正；再如，某辩护人申请传唤到庭的新证人突然改变了原来对辩护人提供的证言，辩护人仍然按照事先准备的内容去询问和辩论，结果不但没有起到辩护效果，反而起了反作用。有的时候，证人当庭所提供的证言虽然经休庭复核后证实该证据确实系虚假证言，但由于公诉人或者辩护人当庭处置不当，都会对指控或者辩护效果产生不良影响。

4. 主询问或者交叉询问后，不懂得如何运用询问的成果扩大战果。

有的检察官、律师在经过当庭的主询问或者交叉询问之后，虽然守住了证据体系或者达到了预期效果，但却不懂得及时利用主询问或者交叉询问的成果，乘胜追击、有力驳斥对方的错误观点，失之于软，造成庭审效果大打折扣，虽然赢得了案件处理结果，但没有获得最佳的出庭效果和良好的社会影响，殊为可惜，究其原因，也是当庭询问技能不够娴熟。

四、开启实战模式——适应“四个在法庭”的要求，在以审判为中心的诉讼制度背景下全面提升控辩技能

以审判为中心的诉讼制度改革，必然带着以庭审为中心的直接言词原则步步紧逼而来，检察官、律师都无处回避，也无法回避，只有迎难而上。在这样的背景下，谁提前进入角色，谁注重庭审能力的全面提升，谁就能够赢得先机掌握主动，从而决胜于法庭之上。而要想提升庭审效果，必须采取万全之策，从理念上、技能上、培训上着手，全面应对。

（一）增强紧迫感，树立以审判为中心的理念，直面直接言词原则对自身的挑战

面对以审判为中心的诉讼制度改革，检察官、律师都要增强紧迫感、使命感和责任感，要有舍我其谁的精神，首先树立起以审判为中心的理念，解决思想认识问题。

1. 树立以审判为中心的庭审观，完成理念上的“三个转变”。

要全面认识以审判为中心的诉讼制度改革，其必然是以庭审为中心，也就是事实调查在法庭、证据展示在法庭、控诉辩护在法庭、裁判说理在法庭。而这些，都必然要求控辩双方全面提升庭审上的控辩技能，从而适应“四个在法庭”的要求。现阶段，要提升庭审技能，检察官、律师都必须要迅速完成理念上的“三个转变”，即从侦查中心主义向审判中心主义转变，从“在卷审”向“在案审”转变，从卷宗中心主义向直接言词原则转变。

从侦查中心主义向审判中心主义转变，就是要从查明案件事实的证据观向证明案件事实的证据观转变。对于案件事实不仅仅注重如何发现真相，更要注重在公众面前充分论证真相，要用判决定罪的标准去衡量证明该事实的证据确实不确实、充分不充分、有没有排除合理怀疑，而不仅仅满足于知道案件的作案人是谁、是否已经抓获归案。对于无法解决上述问题的，就要坚决对定罪说“不”，律师就应该大胆地提出无罪辩护。

从“在卷审”向“在案审”转变，就是要不局限于对卷宗材料中证据的审查，不局限于对卷宗材料中反映出的事实证据的了解掌握，还要进一步掌握这些证据是如何获取的，获取过程中有没有违反程序规定，已经收集到案的有利于犯罪嫌疑人、被告人的证据侦查机关有没有提供，证人、被害人等是不是客观真实地提供了证言和陈述等，从而摸清侦查活动的“底数”，防止因对“在案”证据的不了解而导致公诉质量不高甚至办错案，或者辩护无效。部分无罪案件，正是因为律师的“较真”，通过大量调查走访或者会见，发现了侦查取证过程中存在的问题，从而揭示出证据体系的漏洞，最终使被告人免予刑罚。

从卷宗中心主义向直接言词原则转变，就是在审查证据过程中，不仅要满足于卷宗材料纸面上反映的内容，还要带着司法亲历的态度对在卷证据，尤其是言词证据进行审慎的审视，要抱着审查、监督的态度认真思考，这个证据是不是依法获取而来？提供证言的证人是不是真的亲身经历亲眼所见？会不会提供虚假证

言？如果现在再问他，他能够提供内容相同的证言吗？必要时，还要亲自询问，以了解真实情况，从而发现纸面上审查所难以发现的问题，全面提升案件质量。

2. 掌握直接言词原则原理，树立用直接言词原则检验证据和庭审控辩效果的观念。

在树立起以审判为中心的庭审理念的基础上，检察官、律师要掌握直接言词原则的原理，坚持在办理案件过程中遵循直接言词原则，树立用直接言词原则检验案件事实证据和控辩质量的观念。具体地说，就是要明白直接言词原则为什么而存在、它在刑事诉讼中的价值是什么、它对控辩质量有什么样的指导意义，同时更要掌握它在法庭审理中运用的原理，那就是证人到法庭上提供言词证据，有话讲在当面，接受双方质询。有了这样的认识，就能够树立用直接言词原则检验证据和公诉质量的观念，明白在什么情况下对于言词证据必须亲自核实、解决对言词证据的疑问，完善全案证据体系。

3. 自觉用直接言词原则对照反思自己对证据的审查。

直接言词原则是庭审实质化的必然要求，也是“四个在法庭”的核心原则，检察官、律师要自觉用直接言词原则对照反思自己对证据的审查。尽管直接言词原则运用在法庭上，是庭审中解决证据疑问的方式方法，但在公诉人员审查起诉活动和辩护人办案过程中，一样可以运用这一原则所体现的精神去思考问题，那就是司法亲历。即使不一定对所有案件的所有证人都重新询问一遍，检察官、律师也要时刻牢记，自觉用直接言词原则的精神和方法，反思自己所审查的每一份证据，如果这个证人当庭改变原证词，那么这个案件还能不能定罪？如果被害人突然改口，现有证据体系还成立吗？如果没有犯罪嫌疑人供述，这个案件是否能够定案？有了这个意识，检察官才会真正以“如临深渊，如履薄冰”的态度对待每一起案件，律师才能及时发现证据中存在的问题与疑点，实现决战法庭的目的。

4. 自觉用直接言词原则预判审视自己的庭审准备。

庭审活动是公诉人指控犯罪、辩护人开展辩护的重要场合，庭前准备是否充分，是检验一个检察官、律师是否能够认真负责，是否具有较高的控辩水平的一个标准。从以审判为中心的视角来看，无论庭审预案准备得如何详尽，如果没有对出庭证人、鉴定人、被害人等法庭活动的预判，那么这个预案一定是不完备的。因此，检察官、律师都要树立自觉用直接言词原则预判审视自己庭审准备情况的观念，真正实现庭前准备“预则立，不预则废”的目的。

（二）掌握“一个规律”，养成“两个习惯”，培养“三项技能”，打造决战法庭利器

1. 掌握“一个规律”，形成对法庭上言词证据基本内容的预判，有针对性地制定庭审策略。

掌握“一个规律”，就是掌握人类都有趋利避害的心理这一规律，对此结合案情形成对庭审内容的预判，确定庭审策略。检察官、律师要通过庭前接触犯罪嫌疑人，审查卷宗材料掌握被告人的不同特性，通过对被告人的个性、犯罪情节等进行判断，充分预测被告人在法庭上会采取的态度，从而确定庭上的讯问策略。律师也可以通过与被告人交流，结合被告人的要求，建议被告人在庭审中应持的态度。尤其是对不认罪的被告人，检察官要通过讯问的方式使法庭上的所有人都明白他在说谎，进而对他的供述不再信任，转而信任其他人的口供与证言，是为揭穿谎言、诉诸不信任的策略。律师则要通过对被告人的发问，揭示出本案是否存在非法证据、以往的有罪供述是否存在不实之处、其他证人的证言是否存在不实之处等，从而让法庭接受律师的辩护观点。讯问、发问的方法不要求面面俱到，要选择要害问题进行讯问与发问，围绕犯罪构成要件，抓住核心争议问题。对于出庭作伪证的证人，检察官在询问时同样要运用人类趋利避害的心理规律，对其晓以利害，让其打消顾虑、放弃幻想，提供真实的证言。

2. 养成“两个习惯”，排除证据疑点，实现庭审有备而来。

养成“两个习惯”，就是要养成“有疑必核、到庭必问”的习惯。

“有疑必核”，就是在审查案件证据过程中对于证据，如果发现问题与疑点，检察官必须亲自对该证据进行询问核实，不要退回侦查机关或者采取其他方式解决，养成用直接言词原则去判断案件事实和证据的习惯，把问题解决在案件出手之前，而不是让案件“带病”起诉，等到了法庭上才去解决。《孙子兵法》说：“昔之善战者，先为不可胜，以待敌之可胜，不可胜在己，可胜在敌。”[①] 只有养成这种有疑必核、先为不可胜的习惯，才能使自己的庭审活动无往而不利，才能真正提升公诉质量。以调查核实人证为例，在审查起诉阶段，对于需要调查核实的证人证言、被害人陈述等言词证据，检察官可以调查核实。与物证、书证等实物证据的调查核实相比，言词调查核实一般需要通过重新询问，或者寻找新的证

---

① 《孙子兵法》，陈曦译注，中华书局2011年版，第58页。

人进行询问等来解决，那么询问方法就很重要。询问被害人和证人，与讯问犯罪嫌疑人、被告人，是两种不同性质的人际交往，虽然询问、讯问的主体都是司法人员，但询问的对象和讯问的对象是完全不同的两种交往对象，因此必须严格加以区别，使用不同的方法策略，注重询问语言艺术的运用。根据询问对象的特点和属性，检察官询问中的语言要求主要是：角色适应，言语得体；文明合法，情感相容；纯洁健康，态势协调；言简意明，通俗易懂；实事求是，灵活应变；策略艺术，逻辑严密。此外，询问证人，还必须根据具体情况，因案因人的不同，按照“便利、保密”的原则，注意选择适当的时间、地点和场合，既要避免外界干扰，又要为被询问人的陈述提供方便和适宜的条件。因此，询问人必须注意研究询问的时间、地点、场合等环境因素对被询问人陈述的影响，以选择较适宜的时间、地点、场合等环境条件进行询问，而避免不利的时间、地点、场合等环境因素对询问的不利影响。根据《刑事诉讼法》第一百二十四条的规定，可以在现场，在检察机关、证人单位或者住处以及证人指定的地点进行。律师也同样如此，首先要善于发现证据中的疑点，如在会见中犯罪嫌疑人提出了有利于自己的无罪证据，但卷宗材料中没有，那么对于该证据能够亲自调查的，就要及时进行走访调查，不能调取的，就要申请有关部门予以调取；其次要善于揭示证据之间的矛盾，用排除合理怀疑的标准去验证，这个证据的矛盾是否能够形成合理怀疑？如果不能形成，那么再出现什么情况的时候就存在合理的怀疑了？这个情况是否能够出现？等等。

“到庭必问”，就是在出庭前要及时掌握该案有无证人、鉴定人、被害人、侦查人员等人证出庭，出庭的目的是什么，是何人因何理由申请到庭，在具备条件的情况下，要争取能在庭前先行询问这些出庭人员，掌握言词证据的内容。当然，囿于条件，有时候检察官、律师无法在庭前询问该出庭人员，如该证人是对方提出且不愿意接受己方庭前询问的，或者在卷证人不愿庭前再接受询问的。此时，检察官、律师就要认真分析其以往的证言有无问题，或者对方所提供的证人作证的目的、在法庭上可能怎样说，对于他的说法该怎样应对等，从而实现虽然没有当面询问，但一样能够掌握其动向、预判其内容的效果。

3. 培养“三项技能”，运用直接言词原则，全面提升庭审技能。

以审判为中心的诉讼制度，要求实现“四个在法庭”，那么控辩双方在法庭上的表现就直接决定了庭审效果和判决结果，检察官、律师的庭上表现如何，尤其重要。在司法实践中，控辩双方对于庭审举证质证、法庭辩论问题相对比较重视，这方面花费的精力也比较多，技能逐渐成熟。但以审判为中心的诉讼制度，给检察官、律师提出了新的要求，那就是如何运用好直接言词原则，通过成功发问提升出庭质量与效果，为此，就要培养“三项技能”，即培养交叉询问技能、配合引导技能、沟通协调技能。

（1）培养交叉询问技能，解决问话技能问题。

交叉询问，就是控辩双方在法庭上对于人证交替发问，并通过问话活动贯彻自己的庭审策略，实现自己的出庭目的。交叉询问是直接言词原则最直接的表现，检察官、律师都要认真学习培养这一技能。要认真研究被问人的答话心理与态度，有针对性地解决问话目的性不明确、效果不好等问题，实现良好的问话效果。

（2）培养配合引导技能，做好己方证人出庭工作。

庭审中无论是控辩哪一方所提出的证人到庭接受询问，都要实现己方证人出庭的最佳效果，在这个问题上，往往由于证人出庭经验的不足、答话方式方法不当而为对方所乘，不但没有发挥出庭作证的效果，反而起了反作用。为此，无论是公诉人还是辩护人，都要培养自己与出庭人员的配合引导技能，争取最佳效果。以公诉人一方侦查人员出庭为例，对于公诉人来说，出庭侦查人员属于己方证人。侦查人员出庭工作有别于其他人证出庭。随着刑事诉讼法的修改以及以审判为中心的诉讼制度改革的需要，公众对证据的要求越来越高，尤其是证据合法性，已经成为证据可采性的一个关键问题。证据合法有效需要通过相关的程序予以证明，《刑事诉讼法》也专门设置了非法证据排除程序，尤其是在法庭上的非法证据排除程序，那就是“现有证据材料不能证明证据收集的合法性的，人民检察院可以提请人民法院通知有关侦查人员或者其他人员出庭说明情况；人民法院可以通知有关侦查人员或者其他人员出庭说明情况。有关侦查人员或者其他人员也可以要求出庭说明情况。经人民法院通知，有关人员应当出庭。对于经过法庭审理，确认或者不能排除存在本法第五十六条规定的以非法方法收集证据情形的，对有关证据应当予以排除”。侦查人员出庭作证，就是要解决破案过程、笔录形成过程，有没有非法证据的问题，其目的在于：第一，完善本案的证据体系；第二，能够证明这些证据是合法的；第三，展示侦查机关良好的形象。而在现实办案中，大量侦查人员不愿意出庭，或者出庭后不知如何应答，而公诉人员也不知如何与侦查人员配合，共同做好侦查人员出庭工作，结果造成出庭效果不佳，不但没有解决证据合法性的问题，反而引发公众更大的质疑，有的案件甚至就此判不下去，公诉质量受到严重影响。为此，作为公诉人员，就要培养配合引导侦查人员做好出庭作证工作的技巧，要与侦查人员一起分析案件事实证据情况，对于证据存在瑕疵的案件，要做好以下几个方面的努力：

一是正视问题，寻找出路。对于证据中存在的缺陷问题，不回避、不掩饰，能够补救的尽量补救，不能补救的实事求是说明情况，只要不严重影响司法公正，就要理直气壮地说明能够作为定案依据的理由。

二是弥补缺陷，证明证据的合法性。对于证据合法性的问题，要给侦查人员厘清概念，严格按照刑事诉讼法关于非法证据的规定予以回答，不被辩护人牵着鼻子走。

三是熟悉案件的“软肋”，防止因突如其来的问题而不知如何应对。

四是公诉人要知道哪些问题应当问，哪些问题不该问，讲究问话技巧，巧妙化解侦查人员答话中的矛盾，给侦查人员“补台”。

五是辅导侦查人员答话技巧，防止因技巧上的问题造成出庭效果不佳，要向侦查人员说清出庭作证的目标，建议侦查人员做到不愠不火、不卑不亢、沉着有力地应对辩护人的问话，尤其是带有偏见或者挑衅性的问题，要理性平和、巧妙应对，做到既能实现出庭效果，又能出彩展示良好形象。

同样，辩护人对于需要出庭的己方证人，在必要时也要进行辅导，只要不是故意教唆其作伪证，这种辅导就是必要的而且是允许的。

（3）培养沟通协调技能，保持与法官、检察官、律师的良性互动，提升庭审效果。

台上一分钟，台下十年功，检察官、律师做好出庭工作，尤其是在直接言词原则要求下做好出庭工作，绝对不是只靠交叉询问技巧就能解决的，还要在庭前做好大量的沟通协调工作，实现法庭上的理性应对。直接言词原则的根本要求是相关证人到庭，这一问题看似简单，实质不简单，需要方方面面的沟通协调，如证人由哪一方提出，由谁来通知，如果不能到庭，庭审是否继续，出现较大争议时庭审如何进行等，绝非三言两语所能解决，既要配合又要斗争，既要坚持原则，又要讲究变通，同时还要协助法院做好说服工作。这就对公诉人和辩护人的基本素质提出了更高的要求，不仅要懂刑事法律知识，还要懂得与人的沟通协调，与法官、检察官、律师形成良性互动，以理服人的同时还要以情感人。就公诉人来说，以庭前会议为例，庭前会议往往是各方争议较大的时候才会召开，根据《最高人民检察院关于加强出庭公诉工作的意见》要求，“对需要召开庭前会议提请解决的案件管辖、回避、庭审方案和出庭证人、鉴定人、有专门知识的人、侦查人员的名单等与审判相关的问题，公诉人要提前准备好意见。注意了解辩护人收集证据的情况，明确诉辩焦点，有针对性地交换意见和向法庭阐明观点。重视辩护人提出的非法证据排除意见，正确区分非法证据与瑕疵证据，能够在庭前会议环节解决的非法证据问题力争解决。庭前会议结束后注意查漏补缺，充分利用会议中获取的事实、证据信息和辩护意见，做好证据补强、程序安排和庭审预案的调整完善等工作。对辩护律师提出的执业权利受侵犯的情况，要积极查证并监督纠正”。因此，在召开庭前会议的时候，对于出庭人员的人选、到庭可能性大小、证言真实性与否，检察官都要在会议上据理力争、直陈利害，让与会人员真正懂得，不是公诉人怕证人出庭，而是替参与庭审人员着想、替庭审效率着想、替被告人的合法权利着想，这样才能实现各方的共同理解，为法庭上的理性交锋奠定基础。可以说，这一沟通协调水平，相比于交叉询问技巧更加重要，交叉询问技巧属于战场决胜之能，而沟通协调技巧属于折冲樽俎之技，完全可以起到决胜千里之外的效果，应当引起控辩双方的高度重视。

（三）加强实训力度，促进庭审技能的提高

无论是理念的更新，还是技能的提升，在目前情况下，根本的解决方法还是加强岗位练兵与业务培训。在以直接言词原则为基础的法庭审理活动中，首先就要求公诉人、辩护人懂得如何向法庭展示证据；其次不仅要举证还要释证，说明证据的来源、内容与作用。与此同时更加重要的是掌握三项技能，努力做到在庭审中直接运用。由于这些技能都属于动手型技能，单靠简单的授课式传授，无法达到预期的效果。因此，检察官、律师都应当审时度势，改革业务培训模式，变讲述式、填鸭式的教学方式为情景模拟式、双向互动式、对抗式的实训教学方式。公诉部门、律师协会要会同业务培训主管部门，依托检察官学院、律师学院等培训基地，重点围绕提高检察官、律师出庭能力，组织开展庭审专项技能培训和业务实训。改进实训方式方法，坚持理论与实践相结合、讲授式培训与研讨式培训相结合、面授教学与网络教学相结合，提高实训效果。选择优秀检察官、律师示范庭，有证人、鉴定人、侦查人员和有专门知识的人出庭案件，新类型、重大疑难复杂等案件的庭审，组织庭审观摩。与此同时，还要广泛开展岗位练兵和各种形式的论辩赛活动，打造优秀公诉、辩护团队。

第二章 《孙子兵法》对庭审策略的借鉴与启示

以审判为中心的诉讼制度改革，要求庭审实质化、“四个在法庭”，这就使一些本来可能在庭下解决的问题需要直接通过唇枪舌剑的形式在法庭上予以解决，从而使控辩双方在法庭上的交锋更加激烈。这种真刀实枪、刺刀见红式的决战，就要求检察官、律师不仅要精通法律专业知识，还要懂得运用庭审谋略，从而实现自己的决战意图、赢得庭审的胜利。而要做到这一点，最有效的方法莫过于认真研习借鉴我国古代兵法，将兵法中的谋略思想贯穿到整个庭审当中去。可以说，法庭上的决战是没有硝烟的战争，诉讼之道与战争之法也是相通的，因而决战法庭同样需要兵家韬略的指引。为此，本书就以《孙子兵法》为理论依据，展开对决战法庭控辩策略的学习讨论。

一、《孙子兵法》的主要内容

《孙子兵法》的主要内容，可以归纳为以下五个方面：

（一）战略运筹（第一篇至第三篇）

1. 第一篇《计篇》。

讲的是战前筹划，“庙算”，即出兵前在庙堂上比较敌我的各种条件，估算战事胜负的可能性，并制订作战计划。《计篇》也称《始计篇》，是《孙子兵法》的第一篇，“计”本义是计算、估计，在这里是指战前的战略谋划。作为《孙子兵法》的首篇，在一定程度上可以视为孙子卓越军事思想的高度浓缩和精辟概括，它从宏观上对决定战争胜负的政治、军事等各项基本条件进行比较、分析和研究，并对战争的发展进程和最终结局进行预测，尤其强调用兵前的周密谋划对战争胜负的决定作用。其中，“慎战”是孙子指导战争实践的基本主张，“五事七计”是他用以预测战争胜负的基本要素，“兵者，诡道也”则指出了用兵的要领，即运用智谋。“慎战”“五事七计”“诡道十二术”等都是我国古代最早的战略概念，属

“庙算”的具体内容。

2. 第二篇《作战篇》。

讲的是“庙算”后的战争动员及取用于敌，胜敌益强。“作”是“制造”“兴起”之意。“作战”这里不是指战争，而是指战争前的准备和筹划，属于“未战而庙算”的范畴。本篇继《计篇》之后，在“慎战”思想的指导下，着重分析了战争与经济的关系，战争依赖于经济，但会对经济造成一定程度的破坏，因而必须要统筹解决好战争与经济发展的关系。

3. 第三篇《谋攻篇》。

讲的是以智谋攻城，即不专用武力，而是采用各种手段使守敌投降。

（二）作战指挥（第四篇至第六篇）

1. 第四篇《形篇》。

讲的是具有客观、稳定、易见等性质的因素，如战斗力的强弱、战争的物质准备。

2. 第五篇《势篇》。

讲的是主观、易变、带有偶然性的因素，如兵力的配置、士气的高低勇怯。

3. 第六篇《虚实篇》。

讲的是如何通过分散集结、包围迂回，造成预定会战地点上的我强敌劣，以多胜少。

（三）战场机变（第七篇至第九篇）

1. 第七篇《军争篇》。

讲的是如何“以迂为直”“以患为利”，化不利因素为有利因素，从而夺取会战的先机之利。

2. 第八篇《九变篇》。

讲的是将军根据战场上不同的情况采取不同的战略战术。

3. 第九篇《行军篇》。

讲的是如何在行军中宿营和观察敌情。

（四）军事地理（第十篇至第十一篇）

1. 第十篇《地形篇》。

讲的是六种不同的作战地形及相应的战术要求。

2. 第十一篇《九地篇》。

讲的是依“主客”形势和深入敌方的程度等划分的九种作战环境及相应的战术要求。

（五）特殊战法（第十二篇至第十三篇）

1. 第十二篇《火攻篇》。

讲的是以火助攻与“慎战”思想。

2. 第十三篇《用间篇》。

讲的是五种间谍的配合使用。

二、《孙子兵法》的核心思想

《孙子兵法》系统地揭示了战争的客观规律，提出了一套十分完备的军事思想体系和战略战术原则。

（一）对于战争胜负要有整体全面的认识

孙子认为战争是“国之大事”，关系到国家的存亡与人民的安危，因此，必须慎重地对待。孙子认为，战争要从政治、经济、军事、自然条件、气候条件等各个方面出发，立足于国家的全局，认真地分析战争的利弊，“合于利而动，不合于利而止”。交战前，要通过这种对交战双方利弊的分析，先使自己立于不败之地。孙子为了阐述战争与国家全局的关系，在《计篇》中详尽地论述了战前进行“五事”“七计”的衡量和比较的重要性，并指出：“夫未战而庙算胜者，得算多也；未战而庙算不胜者，得算少也。”要求战争的决策者必须在战争前首先发现敌我双方的各种基本条件，从而把握战争的全局。可见，孙子认为决定战争胜负因素是多方面的，而在战前就要对这些因素进行整体、全面的分析，才能掌握胜算。

（二）对于战争与经济关系的深刻理解

孙子认识到，战争必须以国家的经济实力为基础，没有强大的经济力量做后盾，战争是无法取胜的；同时，战争还会给国家的经济造成破坏，给人民增加负担。基于这种认识，孙子提出了三个重要观点：1. 兵贵胜，不贵久。战争需要

“驰车千驷，革车千乘，带甲十万，千里馈粮”，其“内外之费，宾客之用，胶漆之材，车甲之奉，日费千金，然后十万之师举矣”。因此，为了尽量减轻战争对国家经济造成的负担，就应当争取速战速决。2. 因粮于敌。孙子指出，国家在战争中会因为远道运输而导致贫困。因此，战争中应当就地征粮，以解决粮食的补给问题，也就是尽量减少投入。3. 车杂而乘之，卒善而养之。孙子指出，为弥补战争中物资供应以及兵源的不足，可以将缴获的敌方战车和我方车辆掺杂在一起使用，对俘虏的敌军士卒给予优待，让他们为我所用，以补充自己兵源的不足。为我所用的思想，也是降低成本、节约资源的重要方法。从以上三点可以看出，孙子在 2500 多年前对于战争与经济的关系就已有相当的认识，并提出了计算成本、节约资源与提高效率和效益的思想与策略。

（三）以朴素的辩证法观点，论述战争的胜负与主客观之间的关系

孙子一方面指出，战争的胜负受客观条件的限制，是不以人的意志为转移的。因此，在战争中必须尊重客观规律，做到“先为不可胜”，因为“不可胜在己，可胜在敌。故善战者，能为不可胜，不能使敌之可胜。故曰：胜可知，而不可为”。这里，孙子指出，战胜敌人的关键之处在于客观条件，在于敌人是不是有隙可乘，我方能做的事只是使自己立于不败之地，等待、捕捉有利的战机，这就像一起刑事案件，犯罪了就是犯罪了，不可能因为辩护技巧高超就把犯罪行为变成无罪；孙子另一方面还指出，在战争中如果充分发挥了人的主观能动作用，做到了“致人而不致于人”，那么，客观条件是可以改变的。“敌佚能劳之，饱能饥之，安能动之”“我欲战，敌虽高垒深沟，不得不与我战”“我不欲战，画地而守之，敌不得与我战”。因此，“胜可为也。敌虽众，可使无斗”。[①] 在这里，孙子又论述了在战争中发挥人的主观能动性的重要性，指出人们如果掌握了战争的主动权，能成功地发挥其主观能动作用，那么客观条件也是可以改变的，不利的条件也可以变为有利的条件，就像一起刑事案件，虽然改变不了被告人构成犯罪这一基本事实，但是可以通过挖掘其是否成立自首、立功，有没有法定或者酌定从轻、减轻、免除处罚的情节，使其利益最大化。孙子总结出了胜败诸因素之间的相互影响、相互转化的辩证关系，这一军事思想闪烁着哲学的智慧与光辉。

孙子的军事思想是博大精深的，其战略战术原则也是备受推崇的。孙子在

---

① 《孙子兵法》，陈曦译注，中华书局 2011 年版，第 91、98、105 页。

《孙子兵法》中，对战略战术的总结主要有：

1. 攻其无备，出其不意。

在敌人没有防备的情况下发起进攻，在其没有意料的情况下打他个措手不及，这是孙子的重要战略思想。这一思想来源于孙子的战争准备与预测观。不打无准备之仗，是孙子的基本战略思想，那么相反，对敌作战就要在其没有防备的情况下进行攻击，这样就最容易成功。

2. 避实击虚。

在《孙子兵法》中，孙子指出，战争中兵力的布置是战争指挥者依照所掌握的实际情况而定的，其兵力必定有强有弱。我方在作战中应当避开敌人兵力强大的部分，而重点进攻敌人兵力薄弱的部分，这样才能夺取战斗的胜利。这一点，孙子在其兵法《虚实篇》中有精辟而形象的阐述。孙子说："夫兵形象水，水之行，避高而趋下，兵之形，避实而击虚。"① 同时，对于如何实施这一作战原则，孙子也提出了一些具体的办法，如集中优势兵力，攻其所不守；避其锐气，击其惰归。总之，这一原则的关键是集中力量，寻找弱点并迅速出击。

3. 致人而不致于人。

《孙子兵法》的另一作战要点是：致人而不致于人。"致人"，即调动敌人，让敌人依照我的意图行事；"致于人"，即被敌人调动。孙子指出，在战争中，最重要的一点便是要掌握战斗的主动权，没有主动权，便会被敌人牵着鼻子走，就会陷入被动、消极防御甚至处处挨打的境地。而掌握了战斗的主动权，则能改变不利的形势，让敌人"佚能劳之，饱能饥之，安能动之"，这一点是取胜的必备条件。

4. 先胜而后求战。

由于孙子认识到战争是关系到国家、民族存亡的大事，因而提出了以慎重的态度对待战争的观点。孙子提出，在战争前应认真地分析敌我双方的优势和弱点，力求使自己立于不败之地。善于作战的人，总是打有把握之仗，而不打无把握之仗。孙子说，"故善战者，立于不败之地，而不失敌之败也""是故胜兵先胜而后求战，败兵先战而后求胜""古之所谓善战者，胜于易胜者也"。② 这些话立意均在于此。

5. 知己知彼，百战不殆。

孙子指出，在战争中想要立于不败之地，就必须了解自己，也要了解敌人。

---

① 《孙子兵法》，陈曦译注，中华书局2011年版，第101～111页。

② 《孙子兵法》，陈曦译注，中华书局2011年版，第64页。

知己知彼，才能去实施避实击虚之计，才能掌握战场的主动权，变不利因素为有利因素，最终战胜敌人。同时，孙子还指出，要真正做到“知己知彼”，就必须舍得花大力气去探知敌情，掌握敌情，这是进行“庙算”的基本前提。

6. 以正合，以奇胜。

孙子在其兵法理论中，提出了一个“正奇”的命题，即在作战的战术部署中，兵力部署以承担正面作战为正，进行侧击、包围、迂回的为奇；担任钳制敌人主力的为正，列阵对敌、明攻的为正，承担突击的为奇，采用机动、偷袭或者特殊战法的为奇。孙子提出作战必须有“奇正”的变化，要“以正合，以奇胜”，才能最终赢得主动权。孙子的这一军事思想，已为后来众多的军事家所运用，以此战略战术为指导而赢得战争胜利的战例几乎俯拾即是。

7. 识众寡之用者胜。

在《孙子兵法》中，孙子还总结出了兵多与兵少的不同用法。一方面孙子指出了兵力的多少在作战运用时的一般规律，孙子说：“故用兵之法，十则围之，五则攻之，倍则分之，敌则能战之，少则能逃之，不若则能避之。”① 这是使用兵力的一般原则，通俗地说，就是“以多打少”。另一方面孙子又说：“兵以诈立，以利动，以分合为变者也。”② 他指出，打仗、用兵应视不同的情况而灵活地使兵力分散或集中，在我方兵力不如敌人时，要设法分散敌人的兵力，这样，在局部上造成“我专为一，敌分为十，是以十攻其一也”③ 的相对优势，给敌人以有力打击。孙子在他的兵法中总结了兵多与兵少的用法后指出：“兵非益多也，惟无武进，足以并力、料敌、取人而已。”④ 可见，孙子提倡兵力的部署要以敌我力量的对比为依据，在作战中要采取机动灵活的战略战术来保存自己的力量，消灭敌人。

从以上孙子提出的战略战术中可以看出，孙子战略思想的精髓在于他的“谋定而动”和“避实击虚”的观点，其军事战术的立足点在于如何卓有成效地打击敌人。孙子强调必须在对敌情、作战地理条件等情况有充分了解的前提下，选择适宜的作战形式，出奇制胜。这些战略战术思想，对后世均产生了广泛而深刻的影响，也可供检察官、律师在庭审中学习借鉴。

---

① 《孙子兵法》，陈曦译注，中华书局 2011 年版，第 46 页。

② 《孙子兵法》，陈曦译注，中华书局 2011 年版，第 120 页。

③ 《孙子兵法》，陈曦译注，中华书局 2011 年版，第 101 页。

④ 《孙子兵法》，陈曦译注，中华书局 2011 年版，第 169 页。

三、以审判为中心的诉讼制度改革后，《孙子兵法》对检察官、律师庭审活动的借鉴意义

《孙子兵法》的基本原则和思想方法，除对军事有巨大的借鉴意义外，还渗透到社会生活领域，在商业竞争、企业管理、体育竞赛、外交谈判等活动中，得到广泛的重视和应用。尤其是在现代，孙子兵法的作用远远不只局限于一本军事著作的范畴，它还给我们提供了许多思考问题、解决问题的方法，使我们办起事来多几分智慧，少走些弯路。它所阐述的谋略思想和哲学思想，被广泛地运用于军事、政治、经济等各领域中，当然对于刑事案件的庭审同样起着非常重要的指导作用，哪怕是兵法中非常专业的《用间篇》，也一样具有可资借鉴的价值，如不论是检察官还是律师，首先都要防止案件信息泄露，也就是要防止对方"用间"刺探信息，同时如果我们把"用间"的根本意义解释为"获得信息"，那么《孙子兵法》中的《用间篇》对我们的指导意义就更大了，如"反间"，孙子说要"因而利之，导而舍之，故反间可得而用也"[①]，在对方刺探我方信息时，故意放出一个虚假信息，进而利用该信息实现我方意图等。当然，庭审毕竟不是战场那样你死我活的搏杀，从本质上说，控辩双方在根本目标上是一致的，都是为了公正司法、平等司法，都为了实现公平正义，而兵法却是"诡道"，不需要讲诚信与规则，但庭审活动恰恰是最需要守规则的，因此在本质性、原则性问题上，控辩双方需要讲技巧，但不能讲"诡道"。但反过来却是，害人之心不可有，防人之心不可无，我们不去搞"诡道"，不代表对手不搞"诡道"，更不代表我们可以不防"诡道"。因此，作为法律人来说，宁愿对"诡道"知而不用，也不可对"诡道"一无所知，这就是研读兵法的又一意义所在。

所以说，《孙子兵法》对于检察官、律师在庭审中的启发借鉴意义是多方面的。以"不战而屈人之兵"为例，《孙子兵法》虽然是一部兵书，但是它的最高追求却不是追求战争的胜利。它说："百战百胜，非善之善者也。"那么，什么才是它最理想的战略追求呢？它说"不战而屈人之兵"才是"善之善者也"。通观《孙子兵法》，我们看到，从很大程度上说，它主要讲了两个字（词）：一个是"全"，另一个是"破"。"全"是不战而胜，"破"是交战而胜。"全胜"为上，

---

① 《孙子兵法》，陈曦译注，中华书局2011年版，第240页。

“破胜”次之。实现“全胜”的方法是“上兵伐谋”“其次伐交”；实现“破胜”的方法是“其次伐兵”“其下攻城”。“伐谋”就是“挫败敌人的战略企图”，也就是说，在敌人的战略企图还没有付诸实施之前就揭露它、破坏它，使之夭折，使之破产。这是一种最省力、最省事、最高明的斗争方法。“伐交”就是通过外交斗争挫败敌人的战略企图，虽然也是不战而胜，但是较之于“伐谋”要欠缺一些，因为外交活动比较费力、费事。在春秋战国时期，外交活动十分频繁，特别是战国的合纵连横极大地影响国家的安危。

孙子善战思想的核心，是以小的代价赢得大的胜利。孙子的胜负观，除了“全胜”之外，就是“破胜”。“全”是政治解决问题，“破”是战争解决问题。“全”是不流血的战争，“破”是流血的政治。孙子虽然以“全胜”作为其最理想的战略追求，但是他的十三篇中，百分之七八十的篇幅论述的是“破胜”之法。用兵打仗，毕竟是《孙子兵法》的主体内容。

以小的代价换取大的胜利是孙子对交战而胜的追求。孙子关于用兵打仗最根本的指导思想是追求一个“善”字。“全胜”是追求“善之善”，“破胜”是追求“战之善”，即他所一再强调的“善战”。

孙子的“善战”思想其实质仍然是“全胜”思想在作战过程中的延续。他说：“善战者之胜也，无智名，无勇功。”为什么善战者打了胜仗却没有智慧的名声，也没有勇武的战绩呢？因为在孙子看来，真正的善战者所打的胜仗，绝不是那种杀敌一千、自损八百的浴血奋战、拼死激战，而是“胜于易胜”——打的是好打、易打之敌，“胜已败者”——打的是已经处于失败地位之敌。

反观当前的庭审活动，在以审判为中心的诉讼格局下，一个案件开庭十天半个月已经不再稀罕，开庭半年的案件业已不是个例，为什么？因为既然要求“四个在法庭”，控辩双方必然全力对抗，存在争议时需要解决争议，为某个问题可能就会争论上一两天。如此旷日持久的庭审，且不说法院的押解力量耗费及每日维护庭审活动进行的吃喝、人力、电力费用是多少，也不论控辩双方在法庭上唇枪舌剑的激烈交锋耗尽心力，仅就律师花费来看，一些案件律师来自外地，一住就是十天半个月甚至半年，仅住宿开销，就有律师表示吃不消。如此耗费资财、费心费力的庭审，无论最终的结果是控方胜还是辩方胜，实际上控辩双方都已经精疲力竭，这就是所谓“杀敌一千、自损八百”的“破胜”。更何况由于激烈的辩论导致旁听者不一定能够听明白谁更有道理，判决结果甚至可能是检察官不满意，律师不满意，当事人不满意，媒体也不满意的“谁都不满意”。那么，反过来，如果控辩一方能够通过良好的沟通、完备的证据、充足的理由让对方以及法庭接受自己的观点，尤其是在当前认罪认罚从宽制度已经全面施行的今天，整个庭审节奏就会大大加快，法庭上的争辩也许不一定非常“精彩”，但庭审的效率大大提高，司法资源也得到节约，控辩双方的对抗与对立情绪得到降低，尤其是有些案件可以平复被害人复仇情绪、降低被告人及其家属的对立情绪，判决结果可能各方都满意，所收到的效果就不只是谁“胜诉”的效益了。这样的庭审，不仅仅达到了一方“不战而屈人之兵”的“全胜”效果，实际上也获得了“双赢”“多赢”“共赢”的效果，这样的效果在以审判为中心的诉讼格局下尤为难能可贵，应当作为检察官、律师追求的目标。

再看“伐谋”。如某故意伤害案件，在审查起诉阶段辩护人就提出犯罪嫌疑人是正当防卫，认定本案应当无罪。掌握了这一动态后，公诉人在法庭举证过程中有意调整了举证的顺序与内容，将审查起诉阶段所掌握的被告人不具有防卫意识、被害人业已停止侵害的相关证据重点向法庭做了出示，并在举证之后的归纳中直接点出被告人的行为不属于针对正在进行的不法侵害所实施的防卫行为，而且双方自始至终都存在互殴的故意，因而不符合正当防卫的条件。辩护人见公诉人所出示的证据以及通过证据所反映出的案件事实，就打消了按正当防卫做无罪辩护的念头，转而以被害人有过错而做罪轻辩护。这就是“伐谋”之法。

从作战指挥的角度来看，《孙子兵法》也是一部深富创意的兵法，《孙子兵法》思维超常，善于化平常为神奇，以四两拨千斤，首创了一系列概念范畴，如“形势”“虚实”“奇正”。

这里，“形势”是讲军事力量的积聚，“奇正”是讲军事力量的使用，“虚实”是讲军事力量选择的打击目标。这三者是相辅相成、彼此联系的。一支军队是由军队士气和兵力、兵器构成的一种军事力量，这就是“形势”；正确地指挥这支军队并灵活地使其变换战术，这就是“奇正”；根据敌情我情，巧妙地选择这支军队的最佳作战方向，这就是“虚实”。孙子以水来比喻“势”，“激水之疾，至于漂石者，势也”。这种水势是一种冲击力，而不是爆发力。爆发力就像火力，猛打猛冲，胜负立见。冲击力就像水力，连续攻击，使敌没有喘息的机会与还手的时间，也没有变更战术的余地。在力的使用上，孙子十分重视“奇正”，重视作战方式，主张“巧能成事”，用巧劲而不是使蛮力。孙子之所以论述“十围五攻”的不同战法就是讲究策略的选择，力争上策，准备中策，避免下策。掌握了事物运动规律就是上策，庖丁解牛，迎刃而解，就是上策。庖丁用的是巧劲，费力少而收效多。打蛇要打七寸，不要对其全身乱打，这是孙子的思维。这种思维反映在军事力量的使用上，就要求事半功倍，四两拨千斤，有些像太极拳的原理，尚柔、尚智、尚谋。反映在庭审决战中，就是要因势利导，不一定全力对抗，而是利用对方之力实现我方意图，如在辩护中辩护人经常利用公诉人自己卷宗材料中证据间的矛盾来阐明本案证据没有达到排除合理怀疑的程度，用被告人前后截然相反的供述内容以及证人证言的反复来说明案件并没有达到证据确实充分的标准，从而得出本案事实不清、证据不足，应当作出证据不足的无罪判决这一结论。从表面上来看，辩护人所使用的，没有一个是自己去调查取得的证据，但正是因为从控方证据中找出了破绽与矛盾，利用了对方的力量，从而借对方的“势”避其锋芒、击其薄弱环节，实现避实击虚的目的。孙子讲“以正合，以奇胜”。从字面上来看，是用正兵当敌，用奇兵取胜。其实它还有另一层意思，正合是用常法布局，用奇法胜敌。用常法排兵布阵，这是一般规律。然而，运用之妙，存乎一心。如果没有这一条，打仗就成了机器人对垒。正因为有这一条，才有人的因素，人的因素是战争胜负的决定因素。如在庭审中，举证质证的常规“套路”是公诉人宣读出示证据、辩护人质证，但当有些证言是通过逼迫、威胁的方法获得的时候，辩护人打破常规，要求传该证人出庭作证，通过这种质证方式攻破其以往所作的虚假证言，从而揭示真相，就实现了“以正合，以奇胜”的目标。

当然，对于检察官、律师来说，由于业务工作的要求，不可能有大量时间专门从事更多兵书战策的研究，但如果要提高决战法庭的胜算，认真研习一下《孙子兵法》中的基本内容，并以此作为指导思想，自觉地运用于庭审活动中去，一定会收到良好的庭审效果。为此，本书立足司法实践，以《孙子兵法》战略战术思想为指导，结合以审判为中心的诉讼制度改革背景下公诉人、辩护人在庭审过程中的指控、辩护活动原理、特征与要求，为广大公诉检察官和刑事辩护律师奉上粗浅的“招法”，以供大家在出庭活动中参考。

分论

FENLUN

第三章　计篇：庭前预测与筹划策略

《孙子兵法》的第一篇叫作《计篇》，又被称为《始计篇》，后人加上一个“始”字，是因为它是兵法的首篇，也是整部兵法的总纲。这里“计”的意思，不是“用计”“计策”“计谋”的“计”，而是“预计”“计算”的“计”，它主要论述战争指导者在战前如何筹划战争全局的问题。孙子从“兵者，国之大事”这一认识出发，强调通过对敌我双方现有客观条件——“五事七计”的考察比较，以期对战争的胜负趋势做出正确的评估与判断，并据此制定己方的战略决策。同时孙子主张在把握敌我双方政治、经济、军事以及天时、地利条件的基础上，充分发挥战争指导者的主观能动性，这就是在作战中遵循以“利”为宗旨的“诡道十二法”原则。主张“造势”以确保己方在战争中立于不败之地，而“造势”的核心，便是那条为后代军事家推崇备至的作战原则“攻其无备，出其不意”。

第一计　坚守“为将五德”

——人的因素决定庭审成败

孙子曰：将者，智、信、仁、勇、严也。①

孙子认为，将领，就是指挥者所具备的智慧、诚信、仁爱、勇猛、严明的素质。孙子在论述战争取胜的要素时，在天时、地利、人和之外，特别强调人的要素，即“将”，孙子认为“夫将者，国之辅也”，将帅是“生民之司命”，是“国家安危之主也”。一个“知兵之将”，必须“智信仁勇严”五德皆备，还要“知天知地”“通于九变”，在品德上要“进不求名，退不避罪”，也就是将领在战争中的重要地位。这里对“将”的要求，也就是“智、信、仁、勇、严”，此又称“为将五德”。

---

① 《孙子兵法》，陈曦译注，中华书局2011年版，第3页。

同样，在法庭决战中，最重要的因素也就是人的因素，尤其是检察官与律师，因为这是法庭上的控辩双方，相当于战争中的将领，正是他们在法庭上展开控辩对抗、策略角逐，决战法庭。《孙子兵法》开篇提出为将五德的要求，对于我们检察官、律师的借鉴意义是，无论是公诉人还是辩护人，同样需要坚守“智、信、仁、勇、严”这“五德”，只不过随着时代的变化与“战场”的不同，这五德需要我们赋予新的内涵：

智，就是智力因素，要智慧、专业、机智、灵活。无论是检察官还是律师，都要知道在法庭上智力因素十分重要，你对所涉案件的法律和相关专业知识掌握得是一清二楚还是一知半解，你的庭审技能是熟练还是生疏，都是法庭中起决定作用的要素，检察官或律师必须做到心中有数。与此同时，这里的“智”代表的不仅是智商，还包括情商，也就是检察官、律师的情感因素，包括与他人沟通、交流，对待不同意见和遇到不同风格对手或者法官时应当采取的态度等。所以说这里的“智”更多的是指智慧，即不仅仅智商要高，情商也要高。

信，就是要诚信、忠诚。古人说：“人无信不立。”无论是检察官还是律师，都应当做到“信”。检察官作为国家法律监督机关工作人员，担负着维护法律统一、正确实施、守护公平正义的职责，应当对人民、对事业、对法律、对国家忠诚，不能以案谋私、徇私枉法，也不能对当事人、律师、法官不诚信，否则损害的不仅仅是检察官个人的信誉，还包括检察机关的公信力。律师作为法律工作者，同时也作为为当事人提供法律服务的法律人，应当对委托人忠诚、诚信，不能为一己私利而背信弃义、损害当事人利益，如为了自己出名而置当事人利益于不顾、甚至与他人串通损害当事人利益；欺骗委托人，为了接下一单较大的“生意”而夸大自身的能力；为了能够多代理几个诉讼阶段多收取费用而欺骗委托人，将明明构成犯罪的行为说成不构成犯罪、将明明是重罪的行为说成轻罪；妄言法律、歪曲事实、颠倒黑白，撺掇当事人扰乱法庭秩序、寻衅滋事，最终损害当事人的利益；对委托人明明是无罪的行为，却因工作偷懒、不负责任而虚于应付，敷衍塞责，甚至连开庭时间都会忘记，却向当事人抱怨法院没有提醒。

仁，就是要求检察官也好、律师也好，要未办案，先做人，做好人；要正直无私善良，有正义感、有人文情怀、有悲天悯人之心，不能为达到目的不择手段地违反程序法律规定或者有意作伪证、篡改、隐瞒证据；不要为了片面追求“胜诉”效果而置司法公正于不顾，指鹿为马、颠倒黑白，将非法证据说成合法证据，明知是冤假错案仍然为了个人的面子拒不纠正，或者诬蔑办案人制造非法证据。

无论是公诉人还是辩护人，都应当秉承职业良知，在大是大非面前选择公平正义，不能为了个人面子在法庭上斗气、争高低、明知自己错误仍然坚持。

勇，就是要有勇气、勇敢。对检察官来说就是要勇于坚持法律、坚守正义底线，勇于担当、勇于捍卫法律尊严，不畏权贵、不畏权威，勇于发表自己对案件的见解，勇于自我否定，勇于伸张正义而不是临阵退缩不敢担当；对律师来说就是要敢于为当事人说真话、勇于与不遵守法律规定的行为作斗争，维护当事人的合法权益。勇不仅仅表现为在法庭上不怯场、不畏强手、敢于发表自己的见解，同时还有对不公正的做法勇于指出，对错误的观点勇于驳斥，而不是担心得罪法官、检察官而明哲保身。同时，勇并不代表鲁莽、不守法纪。如果检察官不按程序规定办案甚至徇私枉法、徇私舞弊，那不是勇；有的律师把到看守所会见时将不该传递给犯罪嫌疑人的材料、物品传递给犯罪嫌疑人，甚至使用通信工具让犯罪嫌疑人与外界联系的行为当作“胆大”“勇”，有的律师则以敢于在法庭上辱骂法官、检察官、法警，敢于不遵守法庭秩序，敢于煽动当事人围攻办案人员等为勇。其实这些都不能以勇自居，其动机不纯，后果往往是身败名裂，徒增悔恨。所以说，“没有无所畏惧的勇敢精神，没有破釜沉舟的果敢行动，律师要想在法庭辩论中获胜，恐怕是很难成功的。不过，任何东西都应该有一定的限度……人一旦进入鲁莽的领域，就容易失去对感情的控制。对于律师来说，控制自己的感情是十分必要的，他应该是胜而不得意忘形，败也能泰然处之，怒而不暴跳如雷，惊却能声色不露”。①

严，就是无论是检察官还是律师，在办案中都要严于律己，严审细查，作风严谨。自律才能带来自由，检察官、律师在办案中首先要严格遵守规矩，不违规、违法办案，严格约束自己的言行；要严格依法、依程序办案，审查证据要严格，分析论证证据和适用法律要严谨，释法说理要严密，对自身要严格要求，随时保持良好的法庭形象。

需要强调的是，公诉人、辩护人在法庭上的交锋不仅仅是法律知识与专业的碰撞，同样也是人格魅力、职业操守、处世风格的比拼，一个只盯着所谓的“胜诉”结果，却不尊重对手、信口开河、恶语伤人、不讲道理、歪缠诡辩、不讲诚信、不择手段的人，不但得不到大家的尊重，即使勉强靠小聪明赢得了诉讼，也只能得到“小胜”，所谓“小胜靠智，大胜以德”，小聪明赢得了一时，赢不了一

---

① ［英］理查德·杜·坎恩：《辩护律师的必备素质》，陈泉生、陈先汀译，载《律师文摘》2002 年春总第 1 期，时事出版社 2002 年版，第 121 页。

世，小聪明可能会赢得一场官司，但却可能输了人品和声誉，必然是最终的失败者。因此，决战法庭之首，就应当关注出庭人员的基本素养，每位检察官、律师都要对照“五德”自省，是不是有哪里做得不够的地方。

某次市律师协会举办律师、检察官沙龙，议题是公诉人与辩护人的法庭素养。沙龙活动以座谈交流的形式进行，由大家畅谈刑事法庭心得体会。

大家普遍认为，要在法庭上取得成功，人的因素至关重要，同样的案件，不同素质水平的人去出庭，虽然判决结果可能相同，但效果却大不一样，而有些案件，尤其是在以审判为中心的诉讼制度格局下，可能判决结果都会逆转。因此，一个优秀的公诉人或者辩护人，需要具备良好的素养。但需要具备哪些素养主要有以下几个方面。

李律师说：我觉得一个律师是否坚守自己的职业伦理很重要，要取得法庭上的成功，胜在人品，胜在个人魅力，胜在职业操守。律师的职业伦理，关键是恪守法律上的消极真实义务和合同上的诚实服务义务，也就是“信”。前者要求律师不能以积极作为（如伪证的方式）迁就违法诉求，后者要求律师不得无视委托人意愿自说自话。律师的执业技能总结一下有这么几句话：知识必须有广度，思考必须有深度，这属于“智”；执业必须有力度，这属于“勇”；为人必须有温度，这属于“仁”。不仅要有形而上的理论知识，而且要有形而下的实践智慧。在执业路径上，要沟通不要勾兑，要执着不要死磕，要技术不要学究，对自己要“严”，不走邪路。

潘律师很赞同李律师的观点，他说：由于刑事辩护工作的特殊性，决定了辩护律师群体有着不一样的职业特征或者“特质”。一名优秀的辩护律师应当具备以下几个方面的基本素养和能力。一是专业。专业能力是辩护律师有效开展辩护工作的基本功和抓手。没有专业，那就是盲人摸象。辩护律师应当全面掌握刑法、刑事诉讼法以及相关司法解释规定，并且做到熟练运用，融会贯通，同时还要具备较好的语言表达能力和其他刑辩专项技能。二是博学。刑事诉讼的特点不仅要求辩护律师必须具有刑事法方面的专业知识，还要求辩护律师应当掌握自然科学和社会科学知识，甚至对风俗习惯、村规民约和生活常识等也要有所知晓。三是思辨。辩护律师要有独立的思辨能力，对各种理论学说要仔细甄别、分析判断，不要人云亦云。以上都属于“智”。四是坚韧。刑事诉讼具有对抗性强的特点，这意味着辩护律师有时候需要真刀真枪地同公检法等公权力部门抗衡。辩护律师如果没有坚韧不拔的意志力和过硬的心理承受能力，在刑事诉讼过程中遇到困难和阻力时，就很容易望而却步，不敢继续向前，不能使出全力坚持到最后而半途而废，这属于“勇”。五是包容。法律的本质是经验，英美法系是经验的结晶，大陆法系是理性的构建。经验既是实践的总结，同时也是一种个人的认知。由于每个人的知识积累、工作经历、生活阅历和所处立场不同，对一些法律问题的看法和倾向也往往不一致。辩护律师应当对不同观点持开放性的态度，虚心听取各方意见，不要固执己见，自以为是。六是良知，也就是“仁”。正如李律师所说的，法律是最基本的道德，或者说法律有道德底线。虽然每个人心中的道德标准和正义观不一样，但是人类还是有共同良知的。虽然辩护律师不是正义的化身，也不代表正义，但是内心应当有正义感，要努力做积极正面的事情，而不应当做泯灭良知的事情，必须要恪守职业道德，遵守执业纪律。不能为了谋取个人利益的最大化，什么事情都愿意干、什么事情都答应，这样做不但很容易成为“骗子”，而且有可能走向违法犯罪的深渊，这属于“信”。七是敬业。辩护律师受人之托，应当尽自己最大的努力，为当事人提供优质高效的法律服务，最大限度地维护当事人的诉讼权利和其他合法权益，而不能敷衍了事，走过场。这就属于“严”，对自己要严格要求。八是平和。虽然辩护律师应当有“勇”，也就是坚持原则，不能一味妥协，更加不能唯唯诺诺，但是也应当养成做事理性、平和、规范的职业习惯。不能完全脱离案件事实和证据而“死磕”“胡磕”“乱磕”，而是要讲法、讲理、讲情，这也是“智”的表现。同时，年轻律师要摆正心态，不能急功近利，而要一步一个脚印地练好基本功，学好专业技能。

蔡律师接着说：我同意学辩护先学做人的观点。作为刑事辩护律师首先要有良好的道德品行，一是要忠于职责。刑辩律师的角色和责任就是为犯罪嫌疑人提供帮助，要有“勇”，也就是敢于仗义执言，据理力争，要理直气壮地行使诉讼权利，靠法律知识、靠专业技能为委托人服务，不能做拉关系、扯皮条的“勾兑律师”。二是要尊重事实，敬畏法律，要“严”。辩护律师忠于职责维护犯罪嫌疑人的利益，需要“信”，但不等于为了追求无罪和轻判的结果而罔顾事实和法律，不择手段地做出一些违背法律、违背良知的事情。辩护律师在任何时候、任何情况下都不可以产生一丝一毫破坏法律的念头，即便已经是经验丰富的资深律师，也不要试图去发现法律所谓的漏洞，继而恶意利用，我们需要的是大智慧而不是小聪明，这才是“仁”和“智”。三是要有良好的职业素养。优秀刑辩律师的职业素养归纳为三点：两个能力、三项技能、四项基本功。两个能力，一是归纳、鉴别证据的能力和剖析案情的能力。刑事案件的事实全部由证据呈现，而证据又全部由侦查机关调取，所以需要对各类证据的形式和内容进行归纳和鉴别，对其合法性、关联性进行论证，从而迅速地对全案事实作出准确的分析和判断，这是一个优秀刑辩律师专业能力的体现。二是深入浅出、解析法律的能力。罪与非罪、此罪彼罪、刑罚轻重，属于法律适用问题，刑辩律师自己对每一条法律的立法精神要有深刻理解，但在运用法律条文时，要尽量减少和避免使用深奥难懂的专业术语，要深入浅出地向当事人说明白，向办案人员说清楚，这同样是刑辩律师的能力问题。三项技能，首先是与众不同的交叉询问技巧，准备充分，重点突出，提问清晰，语言简洁。其次是沉着冷静的法庭应对，擅长运用“反对”维护当事人的诉讼权利，对于来自公诉人的反对和法官的阻止，能够不失风度地解释提问的合理性，用真诚的态度打动法官，巧妙地走出危机。最后是高超的语言能力，口齿清楚，富有感染力，具有丰富的语言储备和娴熟的修辞功力。四项基本功，一是“阅卷摘记基本功”，坚持亲自阅卷，用自己的方式制作阅卷笔录，梳理案情和疑点；二是制作“调查笔录基本功”，要善于抓住重点进行调查走访，发现新问题；三是案件事实“强化记忆基本功”，反复阅卷，系统整理，清晰讲述；四是“表达基本功”，一方面向有经验的律师和演讲专家学习，另一方面进行朗读、辩论训练，由浅入深，由易到难，还要勇于在法庭上进行脱稿演说的实践。以上这些，无不反映出作为律师应当具备“智、信、仁、勇、严”的素养。

吕检察官接着说：各位律师朋友谈了作为刑事辩护律师需要具备的基本素养，我也从公诉人的角度来谈谈吧，就是一个优秀公诉人应当具备的几项基本素质。做了20多年公诉工作，公诉人需要哪几项基本素质呢？我觉得应当有以下几项：缜密的思维能力；细致的工作作风；高超的文字水平；精准的归纳能力；雄辩的语言能力。这些是就技术层面上来说的，在技术层面之上，还有一项是检察官的职业良知，那就是要忠于法律、忠于事业、忠于人民。要做到“忠诚”“廉洁”“公正”“严明”，无不反映出作为检察官同样需要“智、信、仁、勇、严”这“五德”。在业务能力层面，思维要缜密。案件审查来不得半点含糊，尤其是证据标准，需要的是排除合理怀疑，所有证据有没有形成证据锁链？是否有不严密的地方？需要去判断；对于案件法律适用的论证，需要逻辑严密，不留死角、不留漏洞；法庭辩论，更加需要缜密地预测辩护方向、辩护观点，在辩论中也要思路清晰，说话滴水不漏。细致的工作作风，要求审查案件一定要仔细，因为实践中发现，有的案件之所以会出错，责任心不强、工作作风不细致和不严谨是祸根。刑事案件中有很多的细节往往决定着案件的成败，这绝非危言耸听。前段时间一个法院的判决书在网上发布，就是因为判决书中有错别字，遭到了民众的质疑，影响了法院形象，其实案件本身根本没有问题，就是因为办案人工作不够细致，才造成了这一后果，这种现象对我们一样提出了要求，敲响了警钟，反思一下，我们的起诉书在制作过程中就没有问题吗？我们的作风严谨细致吗？其实问题同样是存在的。高超的文字水平，对于一个公诉人来说也是必要的，因为我们大多时候是从事“文案”工作，就是在写，审查报告要写，法律文书要写，公诉意见书要写，举证提纲、答辩提纲也要写。很难想象一个连文字都不能写流畅的人，如何成为一名合格的公诉人。精准的归纳能力也是必要的。看一份证据材料要归纳；看一本卷宗，对一起案件事实要归纳；对于案件证据当中存在的问题也要归纳；到了法庭上那么多辩护人的观点你要归纳，否则这些东西不加归纳，都一股脑捧给领导，或者对辩护人的观点一一进行答辩，工作效率、工作效果都会成为很大的问题。同时还不能乱归纳，如果在法庭上归纳错了，律师会说你歪曲了辩护人的观点，完全答非所问。所以说，对于公诉人来说，不但要会归纳问题，还要归纳得精准。雄辩的语言能力就不用多说了，一个不会说话的公诉人肯定不成，这是公诉检察官与其他检察官不同的地方。尤其要擅长在大庭广众之下说话，还要对别人提出的问题当场作答，不能在法庭上说：你提出的这个问题，我回去研究研究再来回答你。公诉人面对的可是社会上口才最好的一个人群：律师。

下面笔者来谈谈优秀公诉人基本素质的培育。职业特点对公诉人提出了很高的要求，有人说，又要脑子好使，又要会说会写，还要会跟人谈心交流，这不是全才了吗？说得有道理，但工作要求确实如此，想做好公诉工作也真心不易，怎么办呢？那就是需要培养以下几个方面的习惯：

第一，要勤于思考，善于自省。曾子曰：吾日三省吾身。他每天都要反思一遍自己：为人谋而不忠乎？与朋友交而不信乎？传不习乎？那么对公诉人来说，不一定每天都去思考，但至少隔段时间要琢磨一下：这段时间在工作当中都遇到过哪些难题？又是怎么克服的？对这个案子上的问题，能不能在办理其他案子当中也适用呢？今天这个庭开下来了，什么地方做得有欠缺呢？可以准备一个笔记本，叫作“出庭心得”，每次开完庭，自己记一下，今天开庭哪个地方很得意、很有成就感，哪个地方做得不好，为什么做得不好？下次遇到这个问题该怎么应对？其实也不需要多少时间，就这么想一想，你就会发现出庭能力迅速提高了，为什么？积累。公诉工作最重要的就是积累，把遇到的问题举一反三。孔子说：不愤不启，不悱不发，举一隅而不以三隅反，则不复也。所以学会举一反三你就能突飞猛进，但这个举一反三又是建立在你经常反思自省、勤于思考的前提下的。

第二，就是要多问为什么。不论向师父问，还是问自己，都要多问，为什么这么定案有问题？为什么这个证据不能作为定案的依据？为什么别人都是那样定的？问题越多，思考得越深，提高得也就越快。

第三，要博览群书，多涉猎与公诉有关的知识。国外有个理论叫作“一万小时理论”，那就是：要成为某个领域的专家，需要一万个小时。这一万个小时不是说开始这项工作之后，到一万个小时你就是专家了，而是要经过一万个小时的练习，而且这种练习也不是常规的练习，而是一种设定清晰目标，确定适当难度，在自己的能力边缘，不断犯错以获得精进的练习，叫作“精深练习”。对于公诉人来说，读书是第一位的，因为工具就是书里的理论，多读书，有益于你迅速掌握工作方法。说到读书，仅仅读课本显然不够，做公诉的读书要杂，有这么几类：刑法理论、判例研究、刑事法刊物、证据学论坛、侦查论丛、法理学著作、古典文学名篇、现代散文与杂文、辩论赛视频等。尤其是要多读一些与公诉看似无关的书，这样才能启发思路，开阔视野。

第四，要勤于动笔，通过论文写作来训练自己的思考、写作能力。一些公诉人员办了一个相当精彩的案子，但办完就办完了，没有及时把案子当中遇到的问题、对这个问题怎么看、这个问题是如何妥善解决的、今后遇到同类问题怎么办等总结出来。如果能总结出来，不但对自己是提升，对别人也是经验传授，同时这也是一篇来源于实践、指导实践的好文章。但是不总结的话过去就过去了，结果就造成公诉人失去了一次锻炼自己才能、总结积累的机会，很可惜。长此以往，就和那些善于及时总结的人拉开了距离。那么，作为办案人员该写什么文章呢？不要写那些好高骛远、空洞无物的文章，而要紧密结合自己的工作实际，多写一些刑法、刑诉法、公诉实务、检察理论方面的论文。

第五，要善于总结，反思成败得失。准备出庭心得笔记本，其实就是总结反思，关键在于及时，庭后立刻趁热打铁记下来。同样，可以借鉴这个做法，一案一总结，一庭一总结，一事一总结。但有一点，就是要注重效果，不拘形式。只要能够做到及时、坚持就行，不要三天打鱼，两天晒网。

第六，要善于倾听，不急于表达。辩论要看场合，法庭上尽管去施展，但是动不动就要辩论，这就是职业病了。所以在平常的工作中，公诉人完全没必要发挥辩论特长，要懂得“藏”，学会倾听，不要有点功夫就展示出来，在平时的倾听过程中需要做的就是：不急躁，不争论，不暴露观点。

好了，说了那么多，总体围绕就一个中心，公诉人需要具备什么样的基本素质，怎样提高这些基本素质，说得不对的地方，请大家批评指正！

涂检察官有感而发：我觉得呀，这公诉可真是个技术活儿。就说工作吧，我们是审查证据，补充证据，证明案件事实，还要把案件事实给说明白，怎么定性给说清楚。跟侦查人员比，侦查人员只要把案件给查明白，构成犯罪就可以了；跟侦查监督部门比，侦查监督的同志只要审查这个案件的证据足以认定构成犯罪；跟律师比，律师只要能够挑出这个案件当中证据的毛病、适用法律有什么问题就可以；跟法官比，法官只要听明白控辩双方的观点，能够判断谁的观点正确、采纳谁的意见就可以了，不需要在法庭上进行辩论，不需要很强的语言表达能力。所以我看呀，整个刑事诉讼业务当中最难的就数公诉了！说公诉是个技术活儿，我看一点也不夸张！

吕检察官说：涂检察官说得稍微夸张了些，把我们说得太全知全能了些，其实其他部门也很棒的，侦查人员需要有特殊的侦查素质和技能，他们是从无到有，在案子一点头绪都没有的情况下能够把真相查个水落石出；侦查监督人员是检察机关第一把关手，案子下一步会有什么走向，能不能准确判断这个案子是否能作有罪处理，是他们的专项技能；律师能在那么复杂的卷宗材料中发现疑点、对案件事实证据提出质疑，有时候这方面他们比我们强得多；法官对案件做出最终的决断，不但要听取控辩双方的意见观点，更重要的是自己要有主见，法槌要敲得下去还要敲得准，这些都是他们的水平与能力，在有些方面要向他们学习。当然了，公诉人一定是需要有专项技能的。所谓的专项技能，就是在这个方面你有比别人更高一点的水平，至少要做到很熟练，最好当然是能力过人，如审查证据能力，这是公诉人的基本功，只要你具备这一基本功就能够在纷繁复杂的卷宗材料中发现问题、发现这个问题出现的原因，就能够找出解决问题的对策方法。从这个方面来讲，不敢说比律师水平高，但至少公诉人要比他们多做很多工作，他们把毛病找出来就可以了，公诉人不但要把毛病找出来，还要判断这个毛病对个案子有什么影响，会不会造成整个案子不能定。有了这个毛病该怎么补救，首先是有没有补救的价值，其次是有没有补救的可能，再次是有没有补救方法、由谁来补救，最后是补救之后怎么处理。仅仅一个毛病，公诉人就需要做这么多的事，可想而知公诉人在这方面必须有专项技能，才能解决这么一个问题。再如，辩论技能，这个更加不言而喻，也是基本技能。侦查人员只要审讯技能过硬就可以，侦查监督人员只要审查技能过硬就可以，公诉人就需要有这个技能，从工作要求上看，这就是公诉人不同于其他人的地方，当然律师也需要有这项技能，但这并不矛盾，因为这个专项技能不是独有技能，独有技能比如写起诉书，别人没权力写。但别人有的技能，公诉人也可以有，因为它对工作作用很大、影响很大，所以需要历练这些技能。那么公诉专项技能都包括哪些呢？

栗检察官说：对这个问题，我把公诉技能归纳成了“一二三四”，这“一二三四”指的是“一个核心”“二元要素”“三子技能”“四项表现”。

“一个核心”，就是迅速掌握公诉办案技能。我们的根本任务是办案，所以无论是作为新人也好，还是资深公诉人也好，都要掌握办案技能，尤其是审查证据，防止冤假错案发生的技能。

“二元要素”，就是两个基本要素，一个是思维，另一个是表达。思维，就是要养成缜密的思维能力；表达，就是不但要有思维能力，让自己知道，还要能够表达出来，让大家都知道你的想法，从而说服别人相信你是没错的。

“三子技能”，就是上面的核心与要素靠的是“三子”：脑袋子，笔杆子，嘴皮子。训练也是围绕这“三子”来获得技能的，如脑袋子，需要训练审查技能、思维方式与方法；如笔杆子，需要训练文字能力、研究能力与法律文书制作能力；如嘴皮子，需要训练辩论能力、演讲能力、沟通说服能力等，所有这些，都离不开这“三子”。

“四项表现”，就是听、说、读、写。所有上面的这些技能，都是通过这四项能力表现出来的，如思维能力，它不可能单独自己表现，总是要靠写审查报告、写答辩提纲来表现。听，就是要善于倾听，既要听得进，又要听得懂，还要能够听出弦外之音；说，不但要善于说书面语言、法言法语，还要会说通俗易懂的老百姓的语言，让那些不懂法律的人也能听明白；读，不光是读书、读卷宗，还包括法庭上宣读起诉书的读、举证的读；写，就是文字水平，包括写审查报告、法律文书的写作，还包括理论调研文章的写，还有办案总结的写。

围绕这个“一二三四”，公诉专项技能包括阅读、思辨、判断、逻辑、推理、论证、沟通、倾听、写作、说理、演讲、论辩。所以说，从表面上看，大家都觉得做公诉，口才很重要，但虽然好口才很需要，但却并不是最重要的。

蔡律师说：栗检察官总结得确实不错，其实这同样是对律师的要求。这个“一二三四”的确涵盖了我们刑事司法，尤其是控辩双方专项技能的各个方面，可以作为在今后学习训练中努力的方向和训练的重点，也可以在庭审工作中得到普遍的应用。例如，阅卷，要有读的能力吧？同时阅卷可不是读卷宗，要边阅边分析，要去思考、分辨，有时候会觉得怎么他们说的都是真的，怎么才能分清谁说了假话。又如，讯问、会见，要讲技巧吧？不是谁都能问得清楚的，尤其是作为律师在为犯罪嫌疑人提供帮助时，你要跟他深度交流，讲清楚他所涉嫌犯罪是怎么回事，还要问清楚他的行为内容。尤其是在法庭上的发问，当着那么多人的面，这个说话的技能简直就是一门艺术了。再看审查证据，也是一个思辨的过程，要明白每种证据的特点，还要知道这种证据的要害问题在哪里、在什么地方容易出问题，这一方面靠学习证据法理论，另一方面靠平时对各种证据的熟悉程度和办案中的积累，可能在审查证据的时候被“骗”了几次以后就学乖了，知道遇到这种证据该注意什么了。再看沟通协调，大多数公诉新手和新律师，在学校里没被教过该怎么去跟人打交道，对当事人该怎么说话、对侦查人员该怎么说话，跟检察官、法官又该怎么说话，这其实就是沟通的艺术，实践就是最好的老师，接触人多了、钉子碰多了，就知道该怎么沟通交流了，当然最好是少碰几次钉子就能学会。另外还有调查取证，复核证据，撰写审查报告、法律文书，法庭盘问，辩论说理等，也都是在具体办案中需要具备的技能。

吕检察官说：蔡律师说得对，这些技能可以说分布在检察官、律师办案的各个环节、全部过程，所以要重视这些技能的培养训练，而且这些技能又是相辅相成的，没有哪个人说：我只学这项技能，不学那项技能。我只说不写，那不可能，而且你会写了，就可以帮助你学会怎么去说，公诉人怎么训练即席发言的能力？先写好自己的发言稿。如果在大庭广众之下不知道该怎么说，那么在说话之前可以先准备好要说的东西，把它写下来，然后通过这样有意识地训练，你以后就连发言稿也不需要了，完全可以十分流利地说话了。所以说检察官、律师的基本技能素养是一个整体，不可偏废，要想提高，只有多学习、多训练、多实践。

第二计　注重“五事七计”

——决战法庭的基本要素

孙子曰：兵者，国之大事，死生之地，存亡之道，不可不察也。

故经之以五事，校之以计，而索其情：一曰道，二曰天，三曰地，四曰将，五曰法……凡此五者，将莫不闻，知之者胜，不知者不胜。故校之以计，而索其情，曰：主孰有道？将孰有能？天地孰得？法令孰行？兵众孰强？士卒孰练？赏

罚孰明？吾以此知胜负矣。[①]

孙子认为：战争是国家的大事，它关系到百姓的生死，国家的存亡，不能不认真地思考和研究。因此，要通过对敌我五个方面的情况进行综合比较，来探讨战争胜负的情形：一是政治，二是天时，三是地势，四是将领，五是制度……凡属这五个方面的情况，将领都不能不知。充分了解这些情况的作战就能取胜，相反就会作战失败。此外，还要通过比较双方的具体条件来探究战争胜负的情形，即双方君主哪一方施政清明？哪一方将帅更有才能？哪一方拥有更好的天时地利？哪一方军纪严明？哪一方兵力强大？哪一方士卒训练有素？哪一方赏罚分明？通过这些分析比较就能够判断谁胜谁负了。

孙子在《计篇》中提出了决定战争胜负的基本要素“五事七计”，那就是对决战基本要素的掌握与审视，也就是从实际出发，先检查自己的军事力量，再加上对敌方主要情况的了解，进而联系起来，作全面的比较、分析、研究，从现象到本质，得出“知胜负”的科学预见。同时，孙子提出的这“五事七计”，都不是从单方面的主观愿望出发，片面地孤立地看问题，而是从客观实际出发，联系起来，进行全面的比较、分析、研究，而不是一厢情愿地认为自己一定能够获胜，对方一定会失败。“五事七计”对我们决战法庭的启示意义是，这“五事七计”是一个指称，实际上代表的是与案件有关的各种因素。

首先，我们不要一厢情愿地认为自己绝对是正确的，庭审的胜负主要看法庭上控辩双方所提交的证据、所展开的论证是否具有说服力、是否符合法律规定，能否得到法庭的认可，切不能想当然。如李某某抢劫案：[②]

（案例1）20××年3月29日23时许，被告人李某某伙同他人，在某区某镇凤凰村某茶楼楼下，窃得金某某停放的摩托车一辆，在将该车推至某镇三中门口撬锁时被金某某追上，被告人李某某为抗拒抓捕，当场殴打金某某，并将金某某的右手咬伤。经法医鉴定，金某某的伤势已构成轻微伤。

案发后，赃物摩托车已追回。

对此，检察机关认为，李某某的盗窃行为已经既遂，因而该转化型抢劫行为也属于犯罪既遂。但是对此辩护人提出，财产犯罪的既遂标准应当以最终是否占有、控制该财产作为标准，本案虽然盗窃行为已经得手，但是在转化抢劫过程中，由于被告人被抓获，该财物最终被追回，没有被被告人最终占有，因而李某某的

---

① 《孙子兵法》，陈曦译注，中华书局2011年版，第2、3页。

② 本书所涉案例，均为笔者根据亲历办案过程进行整理，下文不再赘述。

行为只能构成抢劫未遂，而非既遂。最终法院采纳了辩护人的观点，判定案件构成抢劫未遂，从轻处罚。检察官在本案中所犯的毛病就是一厢情愿，只考虑盗窃行为已经得手，就认为整个犯罪行为属于既遂，却没有全面审视整体案件事实，也不去关注律师会提出什么观点，最终指控意见没有被采纳。

其次，孙子通过“五事七计”来搜求敌我双方的优劣、胜算多少，借以预测胜败，决定战否，这种用普遍联系和互相制约的观点认识战争，而不陷于徒恃武力的理论，不仅是军事学上最卓越的战略指导原则，也是孙子对军事哲学的重要贡献。对于庭审活动，我们同样要审视和了解在法庭上会出现的各种要素，不能只关注法律因素，还要考察与庭审有关的其他各种因素。只有对这些要素都了如指掌之后，才能做到打有准备之仗，才不会吃败仗。如王某某故意杀人案：

（案例2）被害人李某系被告人王某某的丈夫，因被害人李某长期虐待被告人王某某，被告人忍无可忍，一天在被害人李某酗酒后再次殴打她、打累了还扬言醒了要继续打的情况下，王某某趁李某熟睡之际将其杀死。

显然，在案件基本事实和适用法律上，被告人王某某构成故意杀人罪无疑，但被害人李某有明显过错，公诉人对此情节虽然掌握，但对于李某日常如何虐待王某某等情节并没有认真调查，在法庭上对这一因素也没有加以重视，且开庭当天到庭旁听的多是被告人的亲属以及妇联等组织的人员，而公诉人既没有关注被害人有过错的情节，也没有考虑法庭旁听人员的组成情况，仍然按照惯常指控犯罪的思维方式出庭公诉。在法庭调查的讯问阶段，公诉人讯问被告人王某某时，王某某进行辩解，辩称是因为长期遭受虐待，忍无可忍才实施了杀人行为。公诉人立即打断被告人的辩解，并严厉指责被告人故意非法剥夺他人生命的行为，不许被告人讲述自己的遭遇，引起了被告人的抵触及旁听群众的反感。此时，辩护人借势而上，在发问时说：“被告人王某某，今天是法庭让你说实话、讲真情的时候了，你把你这些年受到的虐待向法庭控诉出来，把你心里的苦水向法庭全部都倒出来吧！”仅这一句，于是被告人王某某一边哭一边诉说自己长期被虐待的经历，案件审理的故意杀人主题反而被大大冲淡。此时公诉人试图制止被告人的哭诉，要求其供述案件事实，但当公诉人声色俱厉地斥责、制止被告人的时候，立刻遭到整个法庭上旁听人员的哄闹与辱骂，完全处于被动挨打的劣势。庭审之后，公诉人还遭到了妇联的质疑，社会反响不好。因此，没有认真研究案件内外的整体因素，没有把握好庭审中的“五事七计”，是公诉人庭审失利的重要原因。

同样，辩护人有时也会出现审时度势不力的毛病，如卢某交通肇事一案：

（案例3）某年某月某日5时许，被告人卢某驾驶一辆带挂大货车准备出车。车子刚出村口，便被素不相识的严某等七人拦住，无理强行要求乘车。卢某被迫同意。车行途中因为雾大，能见度太差，在此情况下，本该减速行驶，但因为前面双方纠缠，耽误了出车时间，再加上心情烦躁，所以卢某仍将车子开得飞快，导致该车在一急转弯处翻入十余丈的深沟里。司机卢某跳车遇救，而被害人严某等七人却被反扣车下，当即造成二死五伤的重大交通事故。

从案件本身来看，严某等七名被害人虽有过错，但卢某违反了交通规则，同样也有推脱不了的责任。某县人民法院开庭审理此案时，被告人卢某的辩护人在辩护词的序言里一开始就这样说：

“我认为本案所造成的严重后果完全是被害人咎由自取！被害人严某等七人，光天化日之下，无理纠缠，态度蛮横，行为霸道，强行乘车，伤，伤得其所，死，死有余辜……”

当时坐在旁听席上的部分被害人及其家属还没有完全从案件所造成的悲痛中解脱出来，听到卢某的辩护人如是说，马上就乱了方寸，一时间，法庭上哭喊声、叫骂声、吵闹声响成一片，虽几经法庭劝解制止但无法平息。法庭无奈，只得宣布暂时休庭。就在休庭的过程中，该辩护人受到围攻，被告人家属也更换了律师。

案件重新开庭时，同样的案情，换了一个辩护人，新的辩护人在开场时说：

“……作为被告人卢某交通肇事一案的辩护人，在出庭之前，我到某县某骨科医院专程看望了在这次交通事故中致伤，而且至今仍在住院治疗的程某、黄某、何某某三人，目睹他们致伤的惨状我深感痛心。因此在开始本案的辩护之前，本辩护人谨代表自己以及被告人卢某，首先向在这次交通事故中致死的两位被害人表示最沉痛的哀悼，并向致伤的被害人及致死、致伤的被害人家属表示最深切的同情及最亲切的慰问……”

这样一说，因兼顾到了被害人一方巨大的悲伤心情及该案所造成的其他一些现实情况，在庭审的艺术性和技巧性方面都达到了较高的水平，辩护的结果，被告人卢某非常满意，被害人一方也心服口服。

可见，在庭审活动中，法律因素固然重要，但控辩双方需要考虑的因素绝非仅仅法律适用一个方面，不论是事实、证据、适用法律、犯罪情节还是被告人或者被害人的一贯表现，案件发生的前因后果、来龙去脉以及旁听人员的情况，都是出庭人员需要考虑的因素，不可偏废，一旦估计不足，就很有可能庭审失利。

第三计　学会“因利制权”

——因案制宜，转化态势

孙子曰：计利以听，乃为之势，以佐其外。势者，因利而制权也。[①]

孙子说：我的军事思想您认为能够接受，再从外交上创造大好形势作为辅助条件，就掌握了主动权。所谓态势，即凭借有利的情况，以制定随机应变的策略。孙子一方面重视客观条件，另一方面又十分强调主观能动性的发挥，并且对二者加以辩证的分析，他说：“计利以听，乃为之势，以佐其外。”所谓“计利”，是指根据对敌我双方“五事七计”的对比分析所提出的作战方针，这一方针还只具有胜利的可能性。要把可能性变为现实性，达到预期的目的，必须加上主观的努力，“乃为之势，以佐其外”，为胜利的取得创造现实的条件。孙子所说的“造势”，便是指靠指挥员能动地创造有利的作战态势和凌敌威势。而这个“势”又是什么呢？孙子说，就是“因利而制权也”，也就是根据利害情况而灵活采取对策。

前文已述，刑事案件的基本条件一般都是相对固定的，是什么犯罪就是什么犯罪，真正构成犯罪的行为，不可能因为辩护水平的高超而变成无罪；反过来，一个证据相对单薄的案件，由于时过境迁，再去补充相关证据已经没有可能，证据状况就是这样，不可能改变。这些都是案件的基本情况，也是庭审的基本态势。但是在这种情况下，是不是控辩双方就完全无所作为了呢？回答是否定的，用句俗话说，一个优秀的检察官或者律师，要善于“把一手烂牌打好”。

当一个案件起诉书送达被告人时，这个案件基本的庭审态势就已经形成了——法庭上，控辩双方将围绕起诉书所指控的内容展开搏杀。此时，控辩双方都应当根据起诉书所认定的事实，结合案件的事实、证据、适用法律、定性、量刑情节等问题全面考察利害得失，努力营造对己方有利的态势。如姜某强奸一案：

（案例4）起诉书认定：2013年6月13日19时许，被告人姜某驾驶其本人的轿车从某市区来到某区某镇其网友孙某某处，由孙某某陪同，在某镇街道上驾车游玩。之后，姜某将车停在某镇某路东侧振兴桥附近公路边，在车内对孙某某采

---

① 《孙子兵法》，陈曦译注，中华书局2011年版，第10页。

用压住手脚、扼颈、解裤扣等手段，欲强行与孙某某发生性关系。后因被害人孙某某强烈反抗、挣扎逃离车辆并呼救，被路过的张某某等人发现，被告人姜某未能得逞。

对于这一事实，在审查起诉阶段，辩护人的策略是提出姜某的行为属于“求奸不成”，因为姜某与孙某某是网友，两人网上聊天时间比较长，互相了解，有一定的感情基础，此次姜某的行为虽然唐突，但也是基于与孙某某熟悉之后的试探性求奸行为，如果孙某某不同意，他也就会放弃这一举动，但当天恰好在车外有路人遇见，被害人在这种情况下才提出控告，因此姜某的行为依法不属于违背妇女意志的犯罪行为，仅属于谈恋爱过程中一时冲动的过错行为，不构成犯罪。但是，检察机关查明的事实是，被害人孙某某有男友，而且明确跟姜某说二人不存在恋爱的可能性，姜某在车上确实采取了一系列意图违背孙某某意志与其发生性关系的行为，只是由于车子就停在路边，孙某某趁机逃出车外呼救并被路人撞见而未得逞，孙某某当场就对路人表示要报警，路人就帮她报了警。据此，检察机关以强奸罪将本案提起公诉。在这种证据状况下，再辩护为无罪显然于事无补，于是辩护人在庭前做了如下工作：经许可并经被害人同意代表被告人姜某向其赔礼道歉，赔偿了被害人全部医药费并进行了一定的精神补偿，取得了被害人的谅解，写出了书面谅解书；会见被告人姜某向其陈明利害，要求其态度诚恳地认罪，争取从宽处理，从而使被告人姜某本来不认罪的态度扭转过来；从姜某电脑上调取了姜某与孙某某的QQ聊天记录，表明二人确实经常聊天，关系密切，孙某某的一些话让姜某产生了错觉，认为孙某某对其有“意思”；向被告人姜某的家属说明做罪轻辩护的意义与法律后果，取得他们的支持。最终，由于本案系强奸未遂，且被告人当庭认罪并表示悔罪，被害人对其表示谅解，法庭对被告人姜某判处了最轻的刑罚。这一案件如果辩护人不考虑案件的实际情况与利害关系，不是“因利而制权”，因态势的变化而随机应变，而是执意按照一开始的思路做无罪辩护，且被告人也做无罪辩解，其结果显然是被告人由于没有认罪悔罪态度，不会得到从轻处罚，而以被告人的利益最大化这个“利”为目标，利用本身存在的法定从轻、减轻处罚的未遂情节作为基础，与被害人谈判、说服被告人认罪、取得被告人主观恶性不大的证据、向被告人家属做解释工作，就属于“乃为之势，以佐其外”的“造势”活动，也是一种“制权”的权变行为，从而取得了最佳辩护效果。

第四计　“诡道十二法”的启示

——如何运用与防备“攻其无备，出其不意”

孙子曰：兵者，诡道也。故能而示之不能，用而示之不用，近而示之远，远而示之近。利而诱之，乱而取之，实而备之，强而避之，怒而挠之，卑而骄之，佚而劳之，亲而离之。攻其无备，出其不意。此兵家之胜，不可先传也。[①]

孙子认为，战争，本来是一种诡诈之术。所以，能战而示之软弱；要打，装作退却；要攻近处，装作攻击远处；要想远袭，又装作近攻；敌人贪利，就用小利引诱；敌人混乱就要攻取；敌人力量充实，就要防备；敌人兵强卒锐，就避其锋头；敌人气势汹汹，就设法扰乱他们；敌人谦卑就要使之骄横；敌人安逸就要使之疲劳；敌人内部和睦，就要离间他们。总之，要在敌人没有防备处攻击，在敌人意想不到的时候采取行动。这是指挥家制胜的秘诀，不可预先讲明。

军事斗争既然是你死我活的搏杀，不择手段就是必需的，但庭审活动讲究规则与诚信，不择手段恰恰是以审判为中心的大敌。因此，作为法律人，对于这“诡道十二法”就需要批判地继承，扬弃地运用，而不是全盘照搬。通观这“诡道十二法”，实际又可以归纳为两法：“示形”法与“动敌”法。“示形”法指的是“能而示之不能，用而示之不用，近而示之远，远而示之近”。这些都是通过佯动制造假象迷惑对手的方法，俗称“假动作”。“动敌”法指的是“利而诱之，乱而取之，实而备之，强而避之，怒而挠之，卑而骄之，佚而劳之，亲而离之”。也就是通过各种手段调动敌人的方法。不论是“示形”法还是“动敌”法，孙子认为其根本目的就是“攻其无备，出其不意”。假动作也好，调动敌人也罢，都是手段，目的都是为“攻其无备，出其不意”服务的，因此学习理解这“诡道十二法”，核心就是要掌握如何攻其无备，出其不意，反过来又要明白怎样做到有备而战，胸有成竹，不为“诡道十二法”所乘。

那么，检察官、律师该怎样达到有备无患的准备，又如何运用“示形”法和“动敌”法呢？首先看检察官的准备原则。《人民检察院刑事诉讼规则》第三百九十二条规定：“人民法院决定开庭审判的，公诉人应当做好以下准备工作：（一）进一

① 《孙子兵法》，陈曦译注，中华书局2011年版，第10页。

步熟悉案情，掌握证据情况；（二）深入研究与本案有关的法律政策问题；（三）充实审判中可能涉及的专业知识；（四）拟定讯问被告人、询问证人、鉴定人、有专门知识的人和宣读、出示、播放证据的计划并制定质证方案；（五）对可能出现证据合法性争议的，拟定证明证据合法性的提纲并准备相关材料；（六）拟定公诉意见，准备辩论提纲；（七）需要对出庭证人等的保护向人民法院提出建议或者配合工作的，做好相关准备。”

第三百九十三条规定：“人民检察院在开庭审理前收到人民法院或者被告人及其辩护人、被害人、证人等送交的反映证据系非法取得的书面材料的，应当进行审查。对于审查逮捕、审查起诉期间已经提出并经查证不存在非法取证行为的，应当通知人民法院、有关当事人和辩护人，并按照查证的情况做好庭审准备。对于新的材料或者线索，可以要求监察机关、公安机关对证据收集的合法性进行说明或者提供相关证明材料。”

在案件起诉到法院直到收到出庭通知书的这一段时间里，公诉人应当密切关注、了解外界对该案的反映和动态，不能一诉了之，不闻不问。有时候，可能因为只言片语的了解，就对你的出庭活动产生重要影响。如某故意伤害案件，被告人在审查起诉阶段始终不认罪，不承认犯罪事实，但案件起诉到法院后，在律师的工作下，被告人选择了认罪并愿意赔偿被害人损失，双方就此达成了刑事和解。由于这些工作都是在法院完成的，公诉人对该信息并不掌握。因为被告人不认罪，公诉人只好费尽力气准备了非常充分的庭审预案，结果到了法庭上被告人只说了三言两语，完全认罪，法庭因为被告人与被害人已经达成和解，简化审理，公诉人精心准备的预案基本没有发挥作用。这还不是最糟糕的，毕竟充分准备是公诉人的工作，但有的公诉人则犯了轻敌的毛病，如一起受贿案件，由于被告人在侦查和审查起诉阶段始终认罪，公诉人想当然地以为被告人到了法庭上也会认罪，因而接到出庭通知后没有认真准备，结果由于被告人更换了辩护人公诉人也不了解，法庭上被告人突然翻供，辩护人紧接着出示了对被告人有利的证据并做无罪辩护，以至于公诉人措手不及，无力招架，庭审效果非常不好。因此，公诉人在接到出庭通知后，需要做的准备工作是：

第一，把案件熟悉到你刚刚办完那个时候的程度。公诉人接到出庭通知后一定要重新审视案件，毕竟案件起诉到法院后这一段时间公诉人不可能只关注这一个案件，还有其他工作需要完成，因而对案件事实、证据、适用法律等问题会生疏甚至遗忘，此时必须立即重新熟悉，尤其是一些公诉人没有做阅卷笔录习惯，审查报告又写得相对简单，此时可能还需要到法院将卷宗借回重新熟悉。总之，无论采取何种措施，一个靠谱的方法就是：把案件熟悉到你刚刚办完那个时候的程度。

第二，说服你自己。回忆一下，当初在办这个案子的时候，哪些问题是争议的焦点？这些问题当初解决了没有？如果没有解决，是什么原因让这个案子起诉到法院的？是因为你认为不是问题，还是因为经过检察委员会讨论认为不是问题？如果这个问题你自己仍然想不通，你需要记住的是，你在法庭上代表的不是你个人，而是本院，因此即使你认为案件不能认定，也仍然要坚持本院起诉的观点。对这个问题纠结了怎么办？你可以查阅讨论案件笔录，或者向当初持这种观点的同志讨教，让他们帮助你解开心结。因为要说服法庭，必须先说服自己，如果你连自己都说服不了，你到了法庭上显然也是要吃败仗的。

第三，把争议焦点再过一遍筛。有时候一个案件的争议焦点不止一个，如果只注意一个不顾其他，就可能被人“攻其无备，出其不意”。因此，只要存在争议焦点，这个焦点一般都会成为法庭上争议的内容，如何解决，要进行准备。在此之后，再考虑一下：除了这些，还有吗？以确保万无一失。

第四，对于常见的问题要做准备。常见问题是：现在被告人是认罪的，假如突然翻供了我该怎么办？现在律师是做有罪辩护的，在法庭上突然做无罪辩护我该怎么办？现在证人是这么说的，假如他突然来到法庭上又那么说了我该怎么办？他来法庭上还会怎么说呢？等等。

在庭审过程中，辩护人处于进攻地位，因为相对于公诉人来说，辩护人不需要让自己的每一份证据每一个理由都充分完备，而是只要能够找出公诉人证据体系中存在无法排除的矛盾，或者整个证据所证明的案件事实存在合理怀疑就可以了。虽然如此，但对于律师来说，庭审一样需要准备，如果没有防备，自己的主张与理由也同样会被公诉人“攻其无备，出其不意”地攻破。对于律师来说，庭前需要做以下准备工作：

第一，找情节。首先，从卷宗材料以及口供中找出对被告人不利的情节并逐一核实。也就是说，即使到你手上的是一手烂牌，你也要知道它烂到何种程度，这就是律师的“五事七计”。凡事只有做最坏的打算，才能有最好的机会。其次，找出对被告人有利的情节。如被害人有过错、存在防卫过当情节，被告人有自首情节、立功情节、明显影响量刑的从轻情节，从犯或者地位并不重要的主犯，没有提起犯意，等等。最后，找出对被告人有利的潜在情节。这就需要发挥律师的主观能动性。即使是个十恶不赦的人，也可能存在人性的闪光点，这个世界不缺少美，但缺少发现美的眼睛。从纷繁复杂的卷宗及一大堆不利于被告人的材料中发现对他有利的内容，这是一个律师的基本功，如有无自首情节或者虽然不是自首，但却有坦白、没有逃跑而在原地等候等情节；有无赃款没有挥霍或者用于治病、救急等活动，或者赃款已经追回的情节等。当然，这里需要注意的是，对于自首、立功情节的认定与争取需要格外谨慎，一定要坚决避免为了给被告人“造”立功而通过贿买、传递消息等方法搞假立功，一定要守住律师的底线，万万不可因为急功近利违规违法甚至犯罪。

第二，再次阅卷。再次阅卷的意思并不是你在之前的环节没有阅卷，或者把你原来复印来的卷宗再看一遍。为了准备庭审，只要没看明白，多看几遍也是应该的，这里所说的再次阅卷，是有可能你会发现你没有看到的证据。因为一个案件在审查起诉阶段可能经历两次退查，而如果你介入较早，很可能案件到了法院，卷宗已经不是那个卷宗了，所以开庭之前一定要到法院再次阅卷，仔细审查有没有新的证据，新证据与你所掌握的证据是不是一回事。一定要复印全部卷宗，有时卷宗中的一张纸就决定了案件的走向，能使陷入辩护僵局的案件峰回路转，柳暗花明，让被告人绝处逢生。作为律师最好养成做阅卷笔录的好习惯，做好阅卷摘要，这样你就不用携带沉重的卷宗上庭了，所以要把几百上千页的案卷精简成一份阅卷提纲或者笔录。

第三，进行资料梳理和案例检索。当然这个工作在接受委托之初就可以做，但拿到起诉书之后再做一次，就会更有针对性。我国虽然不是判例法国家，但是根据最高人民法院有关案例指导的规定，相似案例，尤其是最高人民法院的指导案例对于审判是有很大的指导意义的，因此辩护人就要注意在开庭前寻找相似案例，尤其是本地区已判决并公开的案件，收集最高人民法院的指导案例，用以说服法庭。同时还可以从裁判文书中学习如何组织编排证据材料和说理，从而对案件的诉讼结果有个大概的预判。

第四，重视为被告人或者本方出庭证人做庭前辅导。在开庭的前一两天，可以再会见被告人一次，如果有可能，在不违规的情况下，会见本方拟出庭证人，对被告人、证人进行一次全面细致的庭审辅导。庭审辅导内容包括以下几个方面：

1. 告知开庭流程，庭审中的诉讼权利和义务。大部分被告人、证人从来没有经历庭审，对法庭审判心里没数，因此上了法庭会紧张，而告知开庭流程则会让他心里有数，从而有利于缓解其紧张情绪，明白自己何时发言、怎样发言，从而配合辩护人做好庭审准备。

2. 告诉被告人如何发表对起诉书的意见。因为这是被告人在法庭上最初表达自己看法的发言，关系到其整个庭审上的发言效果，也是庭审的重点之一，因此对这一细节予以辅导很重要，要有针对性地辅导他如何表达对起诉书的意见。

3. 演练庭审发问。以审判为中心的诉讼制度，对于法庭上各类问答要求更高，尤其是被告人、证人的答话，因此对这一过程进行演练很重要，不但要辅导被告人、证人如何回答辩护人庭审发问的问题，还要包括检察官和法官庭审中可能讯问的问题。辅导的目标，就是让被告人、证人的答话达到“辩护人问得清，被告人或者证人答得明，法官也听得懂，公诉人问不倒”的效果。

4. 讲明质证分工。告诉被告人要认真听公诉人的举证，尤其注意公诉人宣读其本人及同案人、证人、被害人等的笔录，然后指出其中与事实不相符的地方，同时告诉他律师会用专业的方式对证据进行质证，与他形成配合。

5. 告诉被告人、证人如果要发言应掌握的方法。在法庭审理中，除了必须由证人、被告人发言之外，证人、被告人应尽量少发言甚至不发言，因为他们的发言往往会不得要领，言语不当还会为公诉人所乘、引起法官的反感，适得其反。因此告诫证人、被告人上述要求，对于部分需要发言的，告诉他要举手示意，征得审判长的许可，不要随意打断他人，如果对发言内容没有把握宁愿沉默，发言要注意方式方法。

6. 辅导如何进行最后陈述。最后陈述是被告人在法庭上最后的告白，能够反映出他对案件的看法与态度，从表面上看似乎与庭审已经无关，但实际对被告人的量刑影响还是很大的，态度是否真诚、能否打动法庭以及旁听人员，都决定着对被告人是“加分”还是“减分”。所以，律师要结合案件情况对被告人提出最后陈述的建议，从而达到最佳效果。

当然，律师不能把对被告人和证人的庭前辅导，理解为教他翻供、授意他做虚假供述或者对抗审判，更不能无中生有地授意被告人诬陷侦查人员刑讯逼供等。在辩护规矩方面，律师一定要守住底线，这既是保护被告人合法权益，同时也是保护自己不陷入执业困境，所以不能教被告人在法庭上表演。有的律师说：“上法庭以后就按照我说的这个，把这个记住了，就按这个去说。”这是不可行，也不可取的。此外，有的律师在开庭前，根本不把辩护观点、思路、方案和被告人交流。这也是一个错误的想法，因为律师的辩护权是基于委托而产生的。尤其在被告人不认罪或对一部分提出辩解的情况下，作为律师是做有罪辩护还是无罪辩护，以什么样的观点去辩护，用什么支撑你的辩护，这些都要和被告人交流，了解委托人是不是认可你这样做。实践中有些案件可能被告人认罪但律师认为无罪，这时做有罪辩护还是无罪辩护双方就要事先沟通好。

第五，充分考虑法官、陪审员、书记员的工作需要，配合其工作。审判人员是影响案件结果的关键一环。尊重法庭，并非讨好法庭，而是通过自己的劳动减少他们的工作量，同时也能够把自己的观点借机灌输给他们，使他们接受辩护观点。所以要把审判人员当作律师的当事人，为他们的工作提供方便。具体来讲，律师可以注意以下两点：

1. 认真梳理证据材料，编制证据目录。对于较复杂、证据材料较多的案件，建议可以把证据材料装订成册，便于法官查阅，同时最好也提供一套散页未装订的，便于法院扫描存档。

2. 开庭时带上诉讼文书材料、涉案相关法律法规等资料的电子版 Word 文档。书记员记录的庭审笔录，是合议庭、审委会庭后讨论案情的重要资料。在开庭前把《辩护词》《证据目录》等诉讼文书材料，以及涉案相关法律法规等资料拷贝一份在 U 盘上，并在开庭前提供给书记员，可以避免其重复劳动，让其把更多的精力放在记录律师在庭审中的发言上，这样不仅使得庭审记录更准确，而且可以收到意想不到的效果。

总而言之，充分的准备是防备对手“攻其无备，出其不意”最好的办法，而要迅速击败对手，运用“示形”法和“动敌”法达到“攻其无备，出其不意”的目的也就是最佳的方法。

那么，“攻其无备，出其不意”是否意味着可以在法庭上搞突然袭击呢？对这个问题仁者见仁、智者见智。有人认为，既然要“攻其无备，出其不意”，那么就是要突然袭击，在法庭上突然提出排除非法证据的要求，或者抛出对方不掌握的证据，让对手措手不及，从而实现“乱而取之”、乱中取胜的目的，可以取得良好的庭审效果，完全可以使用；也有人认为，证据上的突然袭击实际上只能带来庭审效率的降低，长远来看并无益处。应当说，这种突然袭击的方法从庭审效果上看，确实能够达到让对手措手不及的效果，有的案件也确实可能因为这种方法打乱了对方的阵脚，取得了实效，或者是检察官没有任何准备被迫建议休庭，非常难堪，或者是律师没有防备而败下阵来。但这种方法从现代刑事诉讼的效率原则来看是不值得倡导的。一方面，证据突袭不为法律所允许。刑事诉讼法及相关解释规定了庭前会议等双方出示证据的程序，对排除非法证据的申请作出了规定，同时在庭审准备方面也规定了法庭要在开庭前通知当事人、法定代理人、辩护人、诉讼代理人在开庭五日前提供证人、鉴定人名单以及拟当庭出示的证据；申请证人、鉴定人、有专门知识的人出庭的，应当列明有关人员的姓名、性别、年龄、职业、住址、联系方式等。对于公诉人、辩护人申请出示开庭前未提交的证据，对方提出异议的，审判长应当要求出示方说明理由；对于对方提出需要对新的证据做准备的，法庭可以宣布休庭，并确定准备的时间。这些都是为了防止证据突袭而引起的庭审效率问题。另一方面，刑事审判活动毕竟是讲究规则、倡导诚信司法的，如果指望通过突然袭击的方法在庭审过程中取胜，可能会取得一时的效果，得到的是阶段性优势，但不一定能最终取得最佳的制胜效果，反而可能背上不诚信、不讲规则、不择手段的名声，长远来看并无好处。因此，通过证据突然袭击的方式来实现“攻其无备，出其不意”的目的是不妥当的。

既然这种方式不能用，难道庭审中就不存在“攻其无备，出其不意”的方法了吗？回答也是否定的。尽管从宏观上、战略角度来看，庭审活动讲究司法诚信，但在具体战术问题，“示形”也好，运用“诡道十二法”“攻其无备，出其不意”也好，都是完全可以的，例如，在法庭讯问中针对做虚假供述的被告人、在询问出庭证人过程中对作伪证的证人，完全可以使用掩盖问话意图、突然攻其无备的方法揭穿他的谎言，或者让他陷入无法自圆其说的境地，打掉他的证言证明作用。还有，针对对方准备不充分或者根本没有注意到的问题，也可以实施攻其无备的方法，如在一起故意伤害致人轻伤的案件中，公诉人自以为准备得非常充分，不论是犯罪动机、犯罪时间、地点、原因、后果、主观方面、客观方面等都做了充分的准备，写了好几页庭审预案。但是，在法庭上辩护人突然提出，被告人系已满14周岁不满16周岁的未成年人，因虚报了户籍年龄，所以户籍年龄已满16周岁，并且举出了充分的证据。这个问题就属于在公诉人没有任何防备的情况下，辩护人出其不意，取得了辩护成功，这里，辩护人使用了“强而避之”的方法，不去辩论定性问题，因为这个公诉人准备得很充分了，但在责任年龄上采取了“乱而取之”的方法，取得了实效。又如，一起共同抢劫案件，由于公诉人在审查起诉阶段讯问犯罪嫌疑人不仔细，对犯罪嫌疑人的辩解不加理会，自认为四名同案人都已经明确供认自己的同案人，案件没有问题，而在四名被告人中，一名被告人提出自己根本没有实施抢劫行为，也没有提供帮助，其辩护人经过调查了解，这名被告人确实没有参与抢劫犯罪，为此，在当庭向被告人发问阶段，辩护人向其他同案人问了同样的问题：我的当事人有没有参与共同抢劫？其他被告人都供述说，这个被告人确实没有参与抢劫犯罪，他们当初所供述的同案人，不是在法庭上的这个被告人。这么一问，公诉人顿时乱了阵脚，建议法庭延期审理。后经调查核实，认定本案这名被告人参与抢劫犯罪确实证据不足，后撤回了对他的起诉。由此看来，庭审过程中的“攻其无备，出其不意”的情况还是存在的。那么，要想在庭审中做到“攻其无备，出其不意”，可以从以下几个方面着手：

一是从对方对案件部分问题不重视入手。人的注意力和精力毕竟有限，无论是公诉人还是辩护人，都有可能会在工作中出现失误，这些失误或者表现为对某一问题没有引起关注，或者表现为虽然注意到了，但是由于没有深入研究或调查进而没有搞清真实情况，上面两个案例都是如此。因此，在庭前准备中，检察官、律师就要从对方没有重视的问题入手，找出能够攻其无备的问题，集中火力出其不意地攻破。

二是从对方不愿意做工作的情节入手。有的时候，办案人员由于怕麻烦，而不愿意去做更深更细致的工作，此时对方抓住这一情节，就可能收到较好的效果。如一起利用“养卡”行为进行信用卡套现非法经营的案件，由于涉案信用卡太多、所涉银行账目复杂，侦查人员和公诉人员都不愿意去细查，辩护人向公诉人提出这一问题后，公诉人员也没有落实这一工作，直接将案件起诉。为此，辩护人抓住这一细节，在法庭上有理有据地提出了部分数额由于没有调查核实，不应当认定的意见，最终法院采纳了辩护人的观点。

三是从对方的失误入手。有时候，无论是公诉人还是辩护人都会犯一些“低级错误”，而自己却浑然不知，此时对方及时指出，可以收到很好的庭审效果。例如，某交通肇事案，辩护人将被告人的违章行为误认为是紧急避险行为，且将紧急避险的概念搞错。又如，某职务侵占案件，辩护人记忆错误，将证人证言误记为凡是与案件有利害关系的人都不能作为本案证人。对于这些低级错误，公诉人当即指出，连辩护人都突然发现自己错了，当庭不再提该辩护观点。

四是从证据间的矛盾入手。有时候对于案件证据间的矛盾，检察官或者律师没有发现，如辩护人举出两份指向相反的证据，或者公诉人所举证据中存在不能排除的矛盾，辩护人又指出了证据中存在的合理怀疑等。

五是从对方所举证据的形式入手，指出其不符合证据“三性”。如辩护人向被害方取证未经申请、未征得被害人方同意，或者将多名证人的证人证言做在一份笔录上；公诉人所举的现场勘验笔录、搜查笔录等没有见证人，又没有做出合理解释等。

六是从起诉书存在的失误入手，指出指控观点的错误。起诉书是检察机关针对被告人的犯罪事实情节提出指控的文书，一经作出，一般不得随意改变。但实践中经常会发生公诉人起诉书认定事实或者罪名、量刑情节等出现错误的情况。这些错误有的是因为公诉人员对法律规定不熟悉，有的是因为法律规定本身存在争议，但在具体案件处理时，应当做有利于被告人的解释等。可以说，起诉书送出之后，公诉人就竖起了“靶子”，对于公诉人来说，这个“靶子”要经得起打，一旦被对方打破，指控就会失败，所以一定要认真审视起诉书，对事实、证据、适用法律、量刑情节问题再做一次全面检查，想想有没有可攻之处，薄弱环节在哪里；而对于辩护人来说，就是要瞄准这个“靶子”来寻找漏洞、突破口，围绕上述问题进行研究，找出可供打击利用的地方，攻其无备。

七是从辩护人身份入手，提出其应当回避的意见与理由，如有的辞职法官、检察官担任律师后不遵守执业禁止规定，到任职单位所在法院从事辩护工作或者虽无上述情形，但却担任过其他同案人的辩护人等。当然，这种情况如果公诉人事先了解，就应当及时提出，以免临时更换辩护人而损害被告人的权益。那么，辩护人是否也可以提出公诉人、法官回避的申请呢？理论上当然是可以的，尤其是公诉人确实存在回避的法定事由而没有回避的。但有的辩护人往往把申请回避作为一种辩护策略，随便找一个理由，一开庭就申请公诉人、整个合议庭甚至整个法院回避，这种做法就不可取了。一般地说，如果没有充分的回避理由，这种滥用申请回避权的做法不但得不到采纳，反而会招致法官的反感，最终“吃亏”的是当事人，有时尽管辩护人为此扬了名，但其当事人却在法定幅度内没有得到最有利的判决结果，形成了“叫好不叫座”的局面。该行为终究是违背律师职业道德的，从长远来看，这名律师的声誉也同样会受到影响。

八是从辩护人的不规范行为入手。在司法实践中，一些律师辩护行为不规范，可以从这些方面入手，对其辩护行为提出质疑。当前律师不规范行使辩护权的类型主要有：

1. 同一律师为两名以上的同案犯进行辩护。此类行为主要发生在分案处理的共同犯罪案件中，具体表现为三种情形：一是同一案件中涉案人员较多，承办机关技术分案给多名承办人办理，律师利用承办人不同及先后审查的空档，为处于不同诉讼阶段的同案犯提供辩护；二是同一案件中涉及未成年人犯罪而分案处理，律师利用承办部门不同的空档，为两名以上的同案犯提供辩护；三是同一案件中部分涉案人员在逃等其他复杂因素而分案处理，违规手段同第一种情形。

2. 违反禁业规定代理案件。这个前文已述，此类行为主要发生在法检两院的离任人员中，具体到检察院表现为两种情形：一是检察人员在检察院离职后担任原任检察院所办案件的辩护律师；二是检察人员离职后不满两年即以辩护律师身份代理本地区案件。其中，离职时间较长的前检察人员尤需关注，由于离职时间较长，年轻民警对其不熟悉，违规行为不易被发现。如某区检察院发现的一起违规阅卷申请，申请阅卷的律师系该院十年前离职的检察官，根据《中华人民共和国检察官法》第三十七条之规定，应当对该区院办理的所有案件实行终身回避，此律师的代理行为明显违规。

3. 委托代理手续不规范。此类行为具体表现为三种情形：一是委托书使用不规范，如申请阅卷的律师用法律咨询委托书来代替委托书，法律咨询委托范围仅限于案件侦查阶段的法律咨询与法律帮助，没有辩护效力；二是委托代理手续均只出示复印件，而相关规定要求律师行使要求听取意见、申请阅卷等权利时，必须提供律师事务所证明和委托书或法律援助公函的原件；三是无律师资格的辅助人员代替主办律师前来申请阅卷，理由多为主办律师工作繁忙。

4. 辩护律师不严格履行告知义务。根据《刑事诉讼法》第三十四条第四款规定，辩护人接受犯罪嫌疑人、被告人委托后，应当及时告知办理案件的机关。但仅有少数律师履行该项规定。实际办案中多表现为，如果律师不申请阅卷，办案机关在案件开庭前都无从掌握辩护人情况，大大影响了诉讼的正常进行。

第五计　多算胜，少算不胜，而况于无算乎

——法庭预测的目的与方法

孙子曰：夫未战而庙算胜者，得算多也；未战而庙算不胜者，得算少也。多算胜，少算不胜，而况于无算乎！吾以此观之，胜负见矣。[①]

孙子认为，未战之前就能预料取胜的，是因为筹划周密、条件充分；未开战而估计取胜把握小，是具备取胜的条件少。条件充分的取胜就大，准备不充分的就会失败，何况一点条件也不具备的呢！根据这些来观察战争，胜败也就清楚了。

这是《孙子兵法》第一篇的结尾部分，既是对全篇的总结，也是对未战先计

① 《孙子兵法》，陈曦译注，中华书局2011年版，第16页。

的提醒。古代作战之前，要在庙堂之上商议谋划，分析战争的利害得失，制定作战方略，通常使用叫作“算”的筹码来计数取得胜利的条件充分、众多与否，如果取胜条件具备多，就可以取胜，反之则无法取胜。而如果根本不去计划，且不具备取胜的条件，那么必吃败仗。

如果把法庭上的决战当作一场战役，那么“庙算”就是必需的。这种“庙算”，可以是办案公诉人、律师团队的讨论或者演练，也可以是为主出庭人员自己的谋划与计议，对于出庭人员来说，最重要的就是做好庭审预案。

一、“庭审预案”是“三书一纲”还是“三纲一书”

“三纲一书”，指的是讯问（询问）提纲、举证质证提纲、答辩提纲和公诉意见书。这“三纲一书”，就组成了一个完整的庭审预案。

讯问提纲，指的是在庭审讯问阶段为讯问被告人而准备的提纲，主要是公诉人在法庭上需要问被告人的问题。开庭阶段，公诉人要讯问被告人，辩护人要向被告人发问，这个时候我们就要准备好，该问什么问题、该用什么形式来问，被告人会怎么回答，是认罪还是不认罪？会不会跟以往说得一样？还是会突然改变说法？辩护人会问什么问题，他问了这个问题之后会有什么效果？会不会公诉人刚问好的问题，让辩护人一问，又给搅乱了？这种情况在庭审中经常出现，如果是这样，公诉人要怎么处置？是坐视不理，还是立刻制止？或者在辩护人问完之后立刻再问？

“预案”呢？“预案”就是预备方案！不是只管自己的问题，不考虑对方会提什么问题、被告人会如何回答，所以说在讯问提纲里要有设问、有回答之后的追问问题，还要有如果辩护人问什么问题、被告人怎么回答之后公诉人应当怎么对付的问题。

跟讯问提纲性质相同的是询问提纲。现在随着庭审实质化的进程加速，证人直接到法庭上来作证的机会越来越多了。而且不限于证人，还有被害人、鉴定人、有专门知识的人、侦查人员等，他们都可能被传唤到法庭上来被询问。对于这种情况，公诉人同样要做到心中有数，而不能毫无防备、引颈受戮。他们来法庭上的目的是什么、会回答什么问题、会如何回答、公诉人该如何问才能收到最佳的效果、如果他们跟以前的陈述内容有变化公诉人该怎么办，这些，公诉人也同样要提前准备，写在提纲里面。所以说表面上看是“提纲”，其实可不简单，要对卷宗材料很熟悉，对这些人以往的供述、证言、陈述、鉴定意见了如指掌，一旦在法庭上说得跟以前不一样，公诉人就能够立刻发现，及时指出。

举证质证提纲，就是在法庭举证质证阶段公诉人需要用的内容。因为在法庭上，举证责任由公诉人承担，所以公诉人需要运用证据来证明犯罪，这个时候就要举证；同时，公诉人所举的证据还要经过法庭质证，听取辩护人、被告人的意见，如果他们有异议，公诉人不仅要对证据进行解释，同时也要驳斥他们对证据的错误观点。这就是质证，所以说，质证像不像一个辩论？所以现在的庭审活动，法庭调查与法庭辩论的界限已经不是非常清晰了，最激烈的辩论反而不一定是在法庭辩论阶段，而是发生在举证质证阶段，这个已经被我们无数次的庭审活动所证实。既然是这样，举证质证提纲能仅仅是罗列证据吗？仅仅把审查报告抄上去就行吗？肯定不行，要对辩护人的质证意见有所预测，同时如果他们提出这种质证意见，公诉人该怎么反驳也要有所准备，这才叫作预案。

答辩提纲，不用多说，就是法庭辩论用的提纲。这里需要提醒公诉人的就是，要把问题尽量考虑得复杂一些，宁愿备而不用，也不要措手不及。因为在法庭辩论中，辩护人会提很多非常奇怪的问题，如交通肇事案件中辩护人提出被告人属于紧急避险这样的问题，根本不算什么。所有公诉人在案件审查过程中发现的问题，以及公诉人认为不是问题的问题，都可能在法庭上成为辩护人提出来的致命问题，所以说，有备而来不仅是对公诉人说的，也是对辩护人说的，谁准备得充分，谁就会占上风，这一点公诉人必须高度重视。

“一书”说的是公诉意见书。公诉意见书大家都认为是事先写好的，简单、有模板，把格式抄一遍，然后把起诉书最后的法条引用复制粘贴进去就可以了。简单的案子公诉人这么准备也没有错，因为毕竟有固定格式，但如果是复杂案件就不行了，公诉人要对事实证据和适用法律问题进行论证，但又不能跟答辩提纲重复，所以这个时候哪些说、哪些不说而留到答辩阶段去说就很要紧了。既不能把话全说完，导致答辩的时候没话说，又不能人家还没注意到这案件当中存在的问题，根本没想到要提的这个问题，公诉人主动提出来了，结果引火烧身。所以说公诉意见书要懂得“露”和“藏”，该“露”的，要争取主动，公诉人先说出来封住辩护人的嘴；该“藏”的公诉人要隐藏得很深，除非他提出来，否则绝不主动“找虱子到头上挠”。这“三纲一书”准备好，应当说公诉人的庭审预案做得也就比较充分了。当然了，再充分的准备，也会遇到没有准备到的问题，所以在预案之外公诉人还要留心与法官沟通，再研究一下自己的审查报告、再研究一下案件所涉及的各类问题，尤其是不熟悉的专业性问题，如果对方提出来了，该怎么办？如果公诉人对专业性问题不熟悉，结果被辩护人和被告人趁机抓住了大做文章，公诉人就很被动。所以说，这些问题，也是我们庭审准备中一定要考虑到的，也只有这样，公诉人的庭审预案做得比较完备了。

二、作为律师，该怎样做好预案

从律师的角度来看，庭审预案也是必须制作的，但律师的庭审预案与检察官的相比，有很大的不同，这主要是由双方的地位和角色决定的。在法庭上，双方处于控辩双方的地位，从战略上来看，公诉人居于攻势，每份证据都像是打过来的炮弹，又像是射门的足球，辩护人的职责是，不一定能够拦截住每一发炮弹或者每一次射门，但是如果你能拦截住关键的一发炮弹或者一次射门，你就可能取得胜利；而从战术上看，却是相反的，是辩护人处于攻势、公诉人处于守势，公诉人所举的每一份证据都是一个靶子，看辩护人能不能打得倒，辩护人不一定能把每个靶子都打倒，但是如果能够把关键的那个靶子打倒，就可能取胜。如此看来，辩护人的职责其实并不是把公诉人的所有观点全部驳倒、把所有证据都说得一无是处，这既没有可能也没有必要，而是要善于找到那个关键的靶子或拦截住那关键的一发炮弹，这是辩护的核心所在。如一起被告人不认罪的盗窃案：

（案例5）在被盗核心现场提取了一枚指纹，该指纹经鉴定是被告人的。这个证据可谓关键性证据了，公诉人完全可以依靠这枚指纹，得出是被告人作案的事实，进而证明被告人构成盗窃罪。但辩护人发现，现场勘查笔录上所记载的，并没有提取指纹这一经过，而且对照鉴定意见所记载的内容，该指纹是在一个纸巾盒上所提取的，但现场照片中，根本没有这个纸巾盒，那么这枚指纹的来源就非常可疑，据此，辩护人根据现场勘查情况以及指纹来源，对这一关键证据提出质疑，最终经核查，该指纹根本不是本案被盗现场所留指纹，最终被告人被判无罪。这就是抓住了关键证据，一举将“靶子”打倒，取得了胜利。

就律师的“庙算”来看，就是要把不利于被告人的因素与有利于被告人的因素摆出来进行比较，首先确定是做无罪辩护还是做有罪从轻辩护。如果是做无罪辩护，胜算有多少？法官对我的观点和理由能否接受？我手里的这张牌打出去，如对这个指纹的质疑，能够收到“一招制敌”的效果吗？如果能，这个质疑就是一个制胜的筹码，也就是胜“算”。如果不能做无罪辩护，那么是做免除、减轻处罚的辩护，还是做从轻处罚的辩护？法官能够接受吗？我的理由又充分吗？如此等等。这种“庙算”，除了可以自己运筹之外，必要时也可以向委托人来展示，让他了解你工作的艰辛，从而认可你的辩护工作。

律师的庭审预案，同样要围绕自己在法庭上的活动展开，包括向被告人发问的提纲；向出庭证人、被害人、鉴定人、有专门知识的人、侦查人员发问的提纲；对公诉人举证的质证提纲；己方举证提纲和质证提纲；辩护词；法庭辩论提纲等。这些是预案的形式，其内容一样可以参照公诉人的庭审预案进行制作，其基本要求也和公诉人一样，宁可备而不用，也不可毫无防备，所以就要把问题想得全面一些、复杂一些，尤其是在寻找事实认定、证据、适用法律和量刑情节方面，律师一定要有想象力，不要只看到起诉书所认定的事实，而忽略了对这些事实证据的质疑以及为被告人提出无罪、从轻、减轻、免除处罚的意见与依据。要注意从卷宗材料以及被告人的会见，证人的调查走访中挖掘足以破坏公诉方证据体系的证据，或者足以质疑相关、对抗控方证据的材料，或者对法律适用问题进行充分研究，提出法律适用的新思路。只有这样，才能实现未战而“庙算”先胜的实效。

律师在庭审预案做出之后，最好能够在团队内演练一下，尤其是一些大案要案。所谓兼听则明，有时候囿于个人眼界、思路、视角、水平，可能会当局者迷，旁观者清，因此这个时候经过演练，听取他人意见建议，可能会弥补重要的疏漏，使辩护思路与策略臻于完美。演练的方法，可以采取全过程演示法，就是按照开庭的顺序把整个庭审过程“走”一遍，也可以针对案件的特点，有针对性地对某一个重要环节演示一遍，如询问证人、被害人、鉴定人、有专门知识的人，或者法庭辩论等，有时甚至可以让需要出庭的本方证人也参与演练，从而发现问题，堵住漏洞，真正践行“多算胜，少算不胜，而况于无算乎”这一理论。

第四章　作战篇：程序性辩护及其应对与庭审效率

《孙子兵法》第二篇是《作战篇》。这里的“作战”，指的是始战，也就是做战争准备，而不是通常意义上的开战交锋。本篇的核心思想是阐述如何结合实际情况进行战争的准备工作。孙子认为，战争对人力、物力、财力存在巨大的依赖，这种依赖，不可避免地决定了战争中“速”的重要性和“久”的弊端。因此，孙子主张凡在进行战争准备的过程中，必须明确树立“兵贵胜，不贵久”的速战速决思想，强调“兵闻拙速，未睹巧之久也”。为了确保速战速决的实现，孙子提出了“因粮于敌”的重要原则，主张在敌国就地解决粮食补给，同时还提出了通过奖赏士兵等手段发展壮大自己的实力，达到“胜敌而益强”的目的。本篇带给我们的启示是：作为公诉人或者辩护人，我们怎样理性地对待一次庭审活动？如何将对方的证据为我所用？如何对程序性问题进行抗辩？如何把握开庭时间的长短、需要准备或者在法庭上搏杀多久？我们怎样才能做到既节约诉讼资源，又能达到良好的庭审效果呢？

第六计　不尽知用兵之害者，则不能尽知用兵之利也

——程序性辩护的方法与应对

孙子曰：凡用兵之法，驰车千驷，革车千乘，带甲十万，千里馈粮。则内外之费，宾客之用，胶漆之材，车甲之奉，日费千金，然后十万之师举矣。

其用战也胜，久则钝兵挫锐，攻城则力屈，久暴师则国用不足。夫钝兵挫锐、屈力殚货，则诸侯乘其弊而起，虽有智者，不能善其后矣。故兵闻拙速，未睹巧之久也。夫兵久而国利者，未之有也。故不尽知用兵之害者，则不能尽知用兵之利也。[①]

---

① 《孙子兵法》，陈曦译注，中华书局2011年版，第20、23页。

孙子认为：要兴兵作战，需做的物资准备有，轻车千辆，重车千辆，全副武装的士兵十万，并向千里之外运送粮食。那么前后方的军内外开支，招待使节、策士的用度，用于武器维修的胶漆等材料费用，保养战车、甲胄的支出等，每天要消耗千金。按照这样的标准准备之后，十万大军才可出发上战场。因此，军队作战就要求速胜，如果拖得很久则军队必然疲惫，挫失锐气。一旦攻城，则兵力将耗尽，长期在外作战还必然导致国家财用不足。如果军队因久战疲惫不堪，锐气受挫，军事实力耗尽，国内物资枯竭，其他诸侯必定趁火打劫。这样，即使足智多谋之士也无良策来挽救危亡了。所以，在实际作战中，只听说将领缺少高招难以速胜，却没有见过指挥高明巧于持久作战的。战争旷日持久而有利于国家的事，从来没有过。所以，不能详尽地了解用兵的害处，就不能全面地了解用兵的益处。《孙子兵法》特别重视国家实力与战争的关系，《作战篇》就是专门讲这个问题的。战争的耗费是巨大的，如何保持自己的经济优势，或者当自己在力量上处于劣势的时候，如何转变这种力量对比，使得自己由弱变强，都需要充分注意，而不是不计成本。庭审也是如此，主要是看效果，看对当事人合法权益的维护程度如何，看司法公正能否实现，而不能打拖延战，使庭审旷日持久。

司法实践中，经常会出现控辩双方因为案件是否存在非法证据、对某个程序性问题应当如何处理等而产生争议，导致双方互不相让，造成案件一拖再拖，一延再延。如某年1月9日，某市某基层法院开庭审理某案。庭审当天，律师提出本案原来一审是某市中级人民法院，被省高级人民法院发回重审后，某市中级人民法院交给下属的区法院审理，实质上是规避省高级人民法院的二审，该案审理法院没有案件管辖权；公诉人均为某市人民检察院工作人员，不能代表区检察院，均应当回避等程序问题，导致法庭4次休庭，一天都未进入法庭调查程序。次日，审判长强行宣布进入法庭调查阶段后，在公诉人宣读起诉书时，被律师和被告人不停地打断，致使法庭审理无法进行。

在这种情况下，庭审活动被无休止地拖延下去，其最终损害的，还是当事人的利益，毕竟，被告人被关押在看守所里，人身自由受到限制。那么，对于程序性辩护，究竟该如何进行呢？首先就要了解什么是程序性辩护。

“所谓‘程序性辩护’是指以刑事程序法为依据，辩护人指出刑事办案人员在侦查、起诉或审判过程中严重违反有关程序法的规定，或者在办案过程中有严重侵犯被告人基本权利的行为，从而否定某一证据的有效性或某一诉讼行为的有效性，将警察、检察官、法官的行为置于被审查的境地，阻却犯罪指控，达到维护被告人合法权益的目的。”[①] 程序性辩护的意义在于使司法人员和司法机关的办案行为更加规范，从而全面保障被告人的合法权益，实现程序法律的独立价值，避免冤假错案的发生；同时，还能够促进控辩均衡对抗，保障程序公正。与“实体性辩护”相比，程序性辩护更加注重被告人程序性权利的保护，重点对证据的合法性进行审查和辩护，指出侦查机关办案人员的程序违法行为或诉讼侵权行为，要求公诉人承担举证责任以证明其所出示证据的合法性，从而通过在公诉人无法完成这一庭审任务时，否定控方证据或诉讼行为的合法性、有效性，以达到辩护目的。当然，程序性辩护的前提条件是先有程序性违法，最终要求法院以程序性制裁的方式实现辩护目的。

当前，越来越多的律师在辩护中越发重视程序性辩护，大家也都提出了很多很好的方法与建议，如陈瑞华提出：现在很多律师采用控方的证据攻击控方另外的证据，用案卷笔录里的证据说服法官接受其程序辩护的主张。比如，在很多案件中律师都发现讯问笔录记载的讯问时间明显过长，如在某案件的辩护中，律师发现，讯问的开始时间是2000年7月1日8点，而结束时间却是7月5日6点，如此漫长的讯问时间显然已经超过了人的生理极限，虽然律师没有明确的证据证明侦查人员刑讯逼供，但却能够证明讯问的时间超期。这种用控方证据证明侦查程序违法的例子在实践中也经常出现，在个别案件中还产生了积极的效果。又如，某律师办理的一起受贿案件，被告人只供认了一次，但侦查人员却制作出了6份笔录，这6份笔录连标点符号和细节都一模一样。这起案件既不需要调查取证，也不会产生职业风险，肯定属于非法证据，可以直接请求法庭排除。还有一起案件是涉及证人的，两名侦查人员在同一时间段分别对3名证人制作了3份询问笔录，而3名证人相距80公里。这显然是违反人们的经验常识的，因为同一个人不可能在同一时间里，在3个不同的地方同时做3份笔录，律师主张至少有两份笔录是伪造的。[②]

田文昌提出，在很多案件中，控方证据体系漏洞非常之多，这就涉及律师阅卷的重要性和阅卷方法的问题。在许多案件中，律师只要下大功夫，认真阅卷，就能够在字里行间找出很多问题来。例如，陈瑞华教授刚才列举的几个问题，实

---

① 乔继东：《程序性辩护初探》，载中国法院网，https：//www.chinacourt.org/article/detail/2008/10/id/325985.shtml，最后访问时间：2016年11月20日。

② 田文昌、陈瑞华：《刑事辩护的中国经验：田文昌、陈瑞华对话录》，北京大学出版社2012年版，第85～86页。

践中确实存在。还有讯问笔录上记载的很多情况都是在看守所外提审，如警犬训练基地、某某宾馆、公安局派出所的审讯室等，仅凭这一条理由，法庭就应当认定其为非法证据。再有就是证人证言之间的相互矛盾和自相矛盾，因为控方多次取证，往往出现很多冲突和矛盾，或者是极其相似，高度一致，甚至完全一样。现在电脑很通用，发达的现代手段其实更容易暴露出问题，很多笔录都是从电脑上剪切粘贴的，包括标点符号，错别字都完全一致。针对这些问题我采用一种阅卷方法，我对每个案子都要求律师列表，把几十本、几百本卷消化以后列表、画图、分析、论证，画图是为了把资金的走向、行动的方向等用图的方式表示出来，列表是为了发现证据冲突。当我们把所有的证人证言、被告人供述的相关内容摘录后，都在一个表格上列出来时，就会一目了然地发现大量证人、被告人供述之间的矛盾和冲突。而且我对列表要求得非常严格，有的律师用概括的大意来写，这是不允许的，必须原文引用案卷内容，加上引号，对标点符号和错别字都不能改，要原汁原味地摘录出来，然后按照时间顺序或者证明内容列出表格，最后作出一个分析栏加以分析论证，这样做就会一目了然、清清楚楚，矛盾冲突点非常明确。所以我提出律师有一个重要责任，就是帮助法官阅卷。说实话，法官面临的案件压力很大，很难像律师那么仔细地阅卷，有时候难免会出现一些遗漏。如果律师把所有关键问题都提炼出来，有关出处的卷数页码都标记清楚，法官在阅卷时有疑问可以按照标记查阅原文，就能帮法官节省大量的阅卷时间，而且可以将主要内容提炼出来，作用非常大。有些法官看了我们这个材料都很吃惊，说头一次看见律师是这么办案的，这样使他们省了很多力气，而且也便于找到问题的关键。所以我们在提交辩护词的同时，把这些图表都附上去作为参考材料交给法庭，法官特别高兴，这种做法对法庭采纳辩护观点是非常有利的。[①]

张建伟提出："给辩护人提供几点建议，期盼辩护人能够做得更好。

"其一，亲自阅卷。对于接受委托进行辩护的律师来说，阅卷——这个要求不高吧？但是，真就有律师做不到。单兵作战的律师想不阅卷不可得也，但是团队里的律师就有不阅卷的。一些声名显赫的律师，他自有办案团队，不知名的小律师成为他的下手，阅卷的是小律师，准备诉讼材料的也是小律师，在法庭上"大律师"也只是偶尔介入一下和发表一下辩护意见，主要辩护工作由小律师来完成。京城一位勤恳负责辩护的律师曾经私下慨言：'哪些同行庭前没有看卷，我一听就

---

① 田文昌、陈瑞华：《刑事辩护的中国经验：田文昌、陈瑞华对话录》，北京大学出版社2012年版，第85～86页。

知道。'至于值班律师，只是一桩案件的过客，就更没看卷的意愿了。

"其二，多在技术方面下功夫。律师有理念派与技术派之分，理念派讲求理想、理念，正义感十足，辩护中喜欢大词，多在理念层面大肆铺陈。这一派，容易引起社会关注，他们经常炫在嘴上的正义、公道足以打动人心。技术派则精通法律，喜欢在法律、证据和事实方面寻找辩护切入点，对于司法中涉及的技术层面的问题较为敏感，肯下功夫。如某律师，曾经做过法官，有着法官的职业习惯，在一起案件的辩护中，将所有的证据和诉讼材料都检视一遍，还专门邀请了专家参与对于鉴定意见的审查，结果发现两份鉴定居然大摆乌龙，由此发现了案件的转机，堪称技术派经典案例。就难易而言，技术派难，因为不是所有案件都能够找出'一招制敌'的技术漏洞，就辩护效果而言，技术派远胜于理念派。空喊理念，想改变法官心证，恐怕不那么容易。

"其三，掌握好诘问技术。我国法庭审判，证人出庭率较低，有了简易速裁程序和认罪认罚从宽制度之后，辩护人获得诘问技术历练的机会不多。有一些案件，被告人不认罪，司法机关有安排或者辩护人有申请证人出庭，诘问技术对于辩护人来说，还是能够派上用场的。在庭审中，根据其诘问水平可以直观判断辩护人的实战水平，这也是取得良好辩护的一个因素，不可小觑。

"其四，运用好证据规则。证据规则是司法机关的短板，不幸的是，也是辩护人的短板。不但法官、检察官对证据规律和制度时常感到陌生，就是辩护人也较少对证据原理和规则有深入和准确地了解，遑论在法庭上熟练运用？当前辩护人的程序辩护意识提高很快，但是证据辩护意识遭遇证据法技术性很强的特点影响，这方面的有力辩护往往力不从心。强化证据法的修炼，才能在诉讼中取得专业优势，引领整个司法专业化水平的提升。

"其五，辩护词不必追求华丽。辩护不是作文比赛，也不是演讲比赛，即使存在辩护，也与表演性很强的辩论比赛有所不同。我见有的辩护人所作辩护词，将名人警句、中外典故一勺烩，追求辞章华美，以辞动人，确实有写得不错的，连辩护人自己也不忍埋没，公布到互联网上，收获许多赞许。可惜，文学水平不代表辩护水平，反而导致人们对辩护人专业水平不足的疑虑，得不偿失。有的将辩护词发布在网络上，想引起社会对该案的关注，其实，决定案件去向的，是合议庭或者独任法官，并非社会民众，即使他们的舆论反应有一定作用，也依赖于辩护中扎实的东西，靠文字幻化的海市蜃楼，只怕于事无补。”①

从这些经验来看，首先，程序性辩护是必要的；其次，程序性辩护也是需要一定技巧的，如果只靠一味地“死磕”，而不去提交案件实质性的内容，观点就无法得到法官的接受，其效果并不一定好，尤其是对于当事人最关心的结果来说，有时可能适得其反。所以需要对程序性辩护的方法与技巧进行研究。

程序性辩护的方法与步骤可以分为：

一是确定是否进行、何时进行程序性辩护。

根据《刑事诉讼法》第五十六条至第六十一条的规定，在侦查、审查起诉、审判全程都可以进行非法证据排除，当然律师也有权进行程序性辩护。案件既然已经进入庭审程序，那么这一阶段的辩护人当然是要立足法庭上所进行的程序性辩护，而程序性辩护的主要理由，应当是就侦查、审查活动中存在的违反程序法律规定的内容，尤其是刑讯逼供问题提出抗辩。这就要求律师在阅卷与会见时，一定要负责任地去听，去看，去研究，去评估案件中有无违反程序法律规定的问题。对于被告人本人，可以通过上述活动决定是否说服其放弃提出，还是让其坚定信心，大胆提出排除非法证据的申请。所有这些，都应当建立在刑事诉讼法所规定的“强制性排除”“自由裁量排除”“可补正排除”三种排除形式的基础上，通过认真评估，合理明确和组合申请内容，最终慎重决定是否启动该程序。

二是如何启动程序性辩护。

尽管依照法律规定，一旦辩方申请非法证据排除，那么，取证行为合法性的证明责任则由控方承担，但往往由于辩护人对于程序性辩护的技巧存在问题，很多时候法庭以本案不存在非法证据、证人不需要出席法庭接受询问为由，不启动非法证据排除程序，导致律师程序性辩护落空。这就需要解决程序性辩护的主体和如何有效启动的问题。程序性辩护主体，既可以是犯罪嫌疑人、被告人，也可以是辩护人、法定代理人。在司法实践中，也有被告人自己进行程序性辩解的情况。作为辩护人，律师有义务开展程序性辩护，协同被告人完成非法证据排除工作。具体做法是可以在开庭之前由辩护人根据程序规定向法院提交《排除非法证据申请书》，并将被告人和证人等提供的线索材料作为附件提交。据此，可以视情况决定是否申请法院召开庭前会议，或者在庭审活动中当庭提出，争取获得法庭当庭许可进入非法证据排除的“先行当庭调查”程序。为此，律师要注意通过阅

① 张建伟：《辩护人，你可以做得更好》，载《检察日报》2020年7月31日。

卷、会见等活动，向法庭提供本案存在非法证据的材料和线索，如“涉嫌非法取证的人员、时间、地点、方式、内容”等相关事实和信息。

如某合同诈骗案件，被告人提出了自己在侦查阶段受到刑讯逼供，相关证人也提出了侦查人员有非法取证行为。辩护人还发现了另外几处有非法取证嫌疑。

（1）经过辩护人查阅案卷和录音录像，发现侦查讯问过程中形成的笔录只有个别有录音录像，且卷宗材料讯问笔录中所标注的讯问起止时间和录音录像的起止时间差距巨大。被告人第三次供述的笔录记载讯问时长为2小时19分，而同步录音录像资料仅持续12分10秒，且录音录像的内容仅为侦查人员向被告人宣读讯问笔录，不能反映讯问过程，并且，录像中反映被告人有一定疲倦表情。该录音录像不能印证被告人该次供述收集的合法性。

（2）根据会见时被告人的陈述，在讯问活动中有人两次单独提审并对被告人实施恐吓、威胁等行为。

（3）发现侦查机关存在对相关证人关押时间长达3天进行不停询问的情况，且没有出具任何法律文书。

（4）讯问笔录存在明显复制粘贴现象，被告人辩解说是侦查人员将笔录写好之后强令其签名，其不愿签名侦查人员就威胁他。同时笔录中还存在侦查人员没有签名的情况。

据此，辩护人就上述程序性问题向法庭提出，对被告人有罪供述不予采纳，要求该证人出庭作证。这种有理有据的要求，一般情况下法庭都会予以接受。

三是如何进行有效的程序性辩护。

实现有效的程序性辩护，必须注意攻其要害，同时注意“久则钝兵挫锐，攻城则力屈，久暴师则国用不足”。对于后者，有的人认为既然是程序性辩护，就要把庭审搞得旷日持久，让对方疲惫不堪，最终接受对控方程序性制裁的意见，从而赢得庭审胜利。殊不知很多时候事与愿违，有时甚至会出现控方利用时间间隔将翻证的证人重新找回进行询问，证人证言重新回到当初侦查阶段对被告人不利的内容上来，从而造成虽然启动了非法证据排除程序，却因证人证言的反复，导致程序性辩护的失利。为此，辩护人不仅要牢牢抓住战机，及时将案件中的疑点大胆提出，同时也要注意见好就收，一旦达到比较理想的程序性辩护效果，就不要让庭审拖延下去，从而保持有利的庭审局势。

对于前者，从目前司法实践来看，明显地、直接地使用肉刑进行刑讯逼供的情况基本上比较少见，但打“擦边球”，尤其是对被告人、证人搞疲劳审讯的情况仍然时有发生，为此辩护人就要对这种变相的刑讯逼供有所了解，并注意当庭予以揭露。

如何判断疲劳审讯，可以从以下几个方面掌握：

一是从取证人员、时间、地点、方式、内容进行判断。取证人员、时间、地点、方式、内容是判断言词证据取得是否合法的重要线索，也是被告人讯问笔录中必须写明的内容，因而是审查证据合法性的关键所在。对于较长时间在办案地点连续讯问的，应当予以注意；对于入所体检时发现犯罪嫌疑人身上有伤的，应当予以注意；对于不同的讯问笔录都由相同的人员讯问的，应当予以注意；对于讯问时间与提讯凭证时间存在明显出入的，应当予以注意；对于讯问时间异常，如讯问持续时间长而笔录内容简短、讯问时间在深夜等情形，应当予以注意；对于讯问地点在法定羁押场所之外的，如有罪供述发生在指定办案地点的、在提出看守所外期间的，应当予以注意；对于讯问笔录中供述细节与其他证据具有不寻常的高度吻合，或者细节在侦查人员的提示下由不吻合到吻合等情形，应当予以注意；对于被告人翻供比较突兀，前后供述无理由出现截然不同的情形，应当予以注意。对于以上情形，应当结合被告人提出被刑讯逼供的具体线索，审查被告人翻供的时间和前后供述的变化内容，进行综合认定，判断被告人供述是否属于非法证据。

二是结合同步录音录像进行判断。犯罪嫌疑人、被告人在审讯中是否达到了“疲劳”的程度，在同步录音录像中有着最直观的反映。当然，由于设备、技术以及侦查人员的记录习惯等原因，要求录音录像与讯问笔录完全一致并不现实，但是如果录音录像存在剪辑、关键问题处不清晰或者与讯问笔录存在明显出入的地方，应当予以注意；特别是讯问笔录记载与录音录像显示的时间长短、内容繁简等明显不符的地方，应当结合其他证据进行认真核对、审查；能否反映已给嫌疑人必要的休息和方便；能否完整反映讯问全过程，其精神状态以及表情均比较自然、思维清晰、语言表达流畅等也应当注意。

三是注意审查犯罪嫌疑人侦查期间是否上交要素齐全的自书材料。如在贪污贿赂犯罪案件中，自书材料在一定程度上可作为证明犯罪嫌疑人自愿认罪的证据。虽然自书材料并不能绝对排除侦查机关使用疲劳审讯等非法取证方法的可能性，但如能认定犯罪嫌疑人系自愿认罪，则可认为侦查机关无须使用疲劳审讯等非法取证方法。因此，自书材料对于判断和认定疲劳审讯可以起到一定的帮助作用。自书材料至少在形式上应当要素齐全，应当写明书写的时间、地点，应当有接收机关盖章或接收人员签名，犯罪嫌疑人应当签名或捺指印。只有在自书材料形式要素齐全的情况下，才能进一步审查并判断其真实性，进而判断侦查机关是否有可能进行疲劳审讯。

当然，在程序性辩护中，尤其是在法庭上的程序性辩护中，辩护效果也很重要，不同的律师往往会采取不同的方法和态度，如严词指责式、循循善诱式、针锋相对式等，只要能够实现合理维护当事人的合法权利，让法庭和公诉人都感觉到如果不解决这个问题，就会严重影响司法公正即可。由于程序性辩护中难免会产生对侦查或检察活动的质疑甚至否定，有时双方的冲突就可能会很激烈，作为辩护人需要注意的是对事不对人，不要对公诉人或者法官进行人身攻击，而是针对不合法、不规范的司法活动提出质疑、批评、否定意见，这样哪怕刺耳一点，也能够为人所接受，但要注意把握度，否则过犹不及，可能因为方法不得体，最终损害当事人的利益，这也是在进行程序性辩护中尤其需要注意的。

那么，针对律师进行的程序性辩护，公诉人该如何应对呢？

公诉人最先需要分辨的，是本案是否存在非法证据。这一问题很多公诉人临场会乱了阵脚，不知道将非法证据的概念问题先解决，而是被辩护人牵着鼻子走。对此，在审查起诉阶段就要避免非法证据进入审判环节，给律师程序性辩护提供条件和机会。非法证据是采用刑讯逼供等非法方法收集的犯罪嫌疑人、被告人供述和采用暴力、威胁等非法方法收集的证人证言、被害人陈述。审查起诉过程中要注意准确区分什么是非法证据，什么样的证据才可以排除。首先要区分非法证据与瑕疵证据。有的时候，瑕疵证据也是需要排除的，但瑕疵证据不等于非法证据。根据法律规定，瑕疵证据属于“裁量排除”的情况，而不是一概排除，在能够补正和做出说明的情况下，是可以作为证据使用的。其次非法证据与瑕疵证据的区分方法主要在于，非法证据是以违反法律规定、侵犯公民基本权利的方式收集的证据，其取证程序具有严重的违法性；瑕疵证据则是通过轻微违法方式获取的证据，破坏的主要是司法行为的规范性、严谨性。区分这两样东西，可以从以下三个方面去看：（1）取证手段是否侵犯了当事人的基本权利？（2）取证手段是否违反了重要的程序规范？（3）违法行为是否足以影响对证据的真实性的怀疑？根据《刑事诉讼法》和相关司法解释的规定，非法证据排除的原则是：对于非法言词证据，包括采用刑讯逼供等非法方法收集的犯罪嫌疑人、被告人陈述和采用暴力、威胁等非法方法收集的证人证言、被害人陈述，适用绝对排除原则；对于非法实物证据，适用相对排除原则，即物证、书证取得的方法违反法律规定，可能严重影响司法公正的必须补正或作出合理解释，否则，对该实物证据应当予以排除。在这里，补正，就是对物证、书证的“缺陷”进行补充和纠正；合理解释，就是对证据“缺陷”的产生原因及该“缺陷”并未影响证据真实性等内容作出合乎常理的解释说明。对于能够补正的证据，应当首先进行补正，只有对于客观条件限制而无法作出补正的，才可以作出合理解释。“可能严重影响司法公正”要从这样三个方面去综合考察和判断：一是对证据真实性的影响；二是取证手段的违法程度；三是对于司法公信力的影响。

对于检察机关来说，如何承担非法证据排除责任呢？首先，要及时发现非法证据。在案件的审查中，公诉人员应当主要通过以下方式进行排查发现非法证据：一是审查全部案件材料。公诉人应注意审查证据获取的顺序、法律手续、提取方式，包括：犯罪嫌疑人的抓获经过具体内容，采取强制措施的程序经过；讯问犯罪嫌疑人的提押还押时间地点；是否在不同阶段告知犯罪嫌疑人对应的权利义务；讯问笔录的书写、签名；犯罪嫌疑人的讯问笔录及被害人、证人的询问笔录等。对相互矛盾的陈述应予以重视，审查可能存在以非法方法收集证据的信息。二是观看同步录音录像。录音录像是证明犯罪嫌疑人是否受到刑讯逼供最直观的工具之一，重点审查讯问的时间地点、侦查人员、问答内容与录音录像中反映的情况是否对应，被讯问人（被询问人）的精神状态是否良好、语言表达是否流畅、身体有无伤痕，侦查人员有无保障其适当休息等情况。三是讯问犯罪嫌疑人。公诉人员在第一次讯问犯罪嫌疑人时，可先告知犯罪嫌疑人有对侦查人员非法取证的情形提出控告的权利，讯问时注意核实犯罪嫌疑人在侦查阶段供述的合法性和真实性、核实其他证据取得是否符合法定程序，其对鉴定过程有无异议等。四是询问侦查人员。对获取非法言词证据合理线索的，可直接提问侦查人员是否对犯罪嫌疑人进行刑讯逼供等非法讯问的情形并记录在案。五是调查询问被害人、证人。对于直接影响到定罪和量刑的某些关键性证人进行证言复核，在复核过程中明确询问证人、被害人，侦查人员有无非法取证的情况；同时，也要关注到证人原来陈述的时间、地点和内容等，以判断存在非法取证的可能性大小。经初步审查，被害人、证人的询问笔录可能存在非法取证的情形的，应直接接触被害人、证人，以确定被害人、证人陈述的真实性，确定询问程序是否合法，收集的证据是否全面，从而判断其是否具有证据效力。六是听取辩护人（诉讼代理人）意见。在审查起诉经侦案件过程中，应注意听取辩护人（诉讼代理人）的意见，如提出非法证据排除线索的，应要求其提供涉嫌非法取证人员的姓名、取证时间、地点、方式等情况，以防止某些犯罪嫌疑人恶意提出相关信息诬陷办案人员，或者故意拖延阻碍诉讼进程。在案件起诉之前，检察机关应当将是否采纳非法证据排除的意见反馈给辩护人（诉讼代理人）。七是通过受理单位和个人报案、控告、举报非法取证行为发现和排除非法证据。人民检察院接到报案、控告、举报或者发现侦查人员以非法方法收集证据的，应当进行调查核实，制作报告，如果发现确有违法取证行为，应当提出纠正意见，并视情节予以处理。

其次，要对程序法律规定了如指掌。很多辩护人在法庭上提出程序性辩护，依据的就是某个平时大家不太熟悉或者认识上似是而非的法条。例如，社会影响较大的案件应当有人民陪审员组成合议庭，而法院没有注意的；又如，毒品案件中毒品的提取、扣押、称量、取样和送检等活动没有严格按照《办理毒品犯罪案件提取、扣押、称量、取样和送检程序若干问题的规定》进行；再如，危险驾驶案件中抽取血样以及血液酒精浓度鉴定流程中存在衔接上的问题，或者有不规范行为等。一旦遇到辩护人就这些问题进行这种程序性辩护时，一些公诉人往往会慌了手脚，不是去翻书查找，找到之后才恍然大悟，就是坚持错误观点，结果，给人以不通法律、不讲道理的印象，其效果很差。因此，检察官在日常学习中就要对这些程序性的知识盲点进行全覆盖，以免在法庭上被动。

再次，在法庭上厘清概念，正本清源。一些律师之所以在程序性辩护中有机可乘，就是使用了一些含混不清的概念，误导了旁听人员，而检察官又没有及时将这一问题一针见血地指出，结果造成不良影响。如某一职务侵占案件庭审中，辩护人对证人证言的真实性提出质疑，理由是法律规定，凡是与案件有利害关系的人所做出的证言，都是不能作为证据使用的，本案大量证人都是该公司的工作人员，而报案单位就是公司，所以这些证人的证言都不能作为证据使用。这里，辩护人就歪曲了法律对证人资格的规定，如果公诉人不当即指出并将法律是如何规定的向法庭上的旁听人员讲清楚，就会导致被动。

最后，在态度上要有理、有力、有节。大多数情况下，律师既然决定进行程序性辩护，就已经做好了“放手一搏”的打算，鲜有心平气和的情况，一般情况下会对侦查活动大加指责，会为难检察机关放弃法律监督职责，甚至向司法机关大泼污水，此时公诉人如果听之任之，必然会很被动，似乎认可了律师的观点，效果非常不好。但如果与律师使用同样的方法，如拍桌子、进行人身攻击，既有损公诉人本人的形象，更有损检察机关的形象，也为法庭纪律所不允许。对此，检察官应注意既要保持理性、克制、冷静的态度，同时又要及时打击对方的嚣张气焰。方法是先强调法庭是摆事实、讲道理的地方，双方针对一个案件进行交锋，关键是要把存在的问题摆出来，然后根据事实和法律作出评判，而不能闹个人意气，更不能无端进行人身攻击或者无端攻击司法机关，希望辩护人遵守法庭纪律，也提醒法庭注意要求各方保持克制态度。然后，再对辩护人提出的程序性问题进行答辩或者说明，从而既能够给人以理性、平和、文明、规范的印象，又能够解决实际问题，向法庭说清本案是否存在非法证据，能否认定案件事实。

当然，大多数情况下，辩护人提出的程序性辩护意见，与案件的客观情况是不符合的，这个时候检察官就应当寸步不让，向法庭说明清楚，赢得法庭的支持，解决对方的程序性辩护问题。请看一则检察官对于某受贿案程序性辩护问题的总结：

（案例6）2010年7月，最高人民法院、最高人民检察院、公安部、国家安全部、司法部公布的《关于办理死刑案件审查判断证据若干问题的规定》《关于办理刑事案件排除非法证据若干问题的规定》（以下简称《两个证据规定》）施行以来，司法实践中出现了一些新情况、新问题，特别是被告人当庭翻供、非法证据排除程序的启动、讯问同步录音录像的使用等问题，成为一段时间以来困扰司法实践的较为突出的问题。修正后的《刑事诉讼法》，也将《两个证据规定》的基本内容纳入法典，这对公诉案件的审查、出庭方式都提出了新的要求。对于此类案件，公诉人在审查中就应当严格按照相关规定审查、判断、运用证据，对于非法证据坚决予以排除，同时，对于证据虽然有争议，但不属于非法证据、不需要启动非法证据排除程序的案件，公诉人在法庭上就应当据理力争，明确阐释非法证据的概念、庭审举证质证活动的作用，建议法庭通过庭审举证质证活动对案件证据进行审查判断，而非简单地启动非法证据排除程序，或者简单地将证据一概排除。

如被告人单某某受贿一案，20××年春节前至20××年春节前，被告人单某某先后在担任某自来水公司南片水厂筹建办负责人、厂长，某区排水管理处副主任，某市政工程有限公司总经理，某供水有限公司总经理，某水务集团有限公司副总经理等职务期间，利用职务上的便利，在南片水厂不锈钢护栏工程、东片污水处理厂PVC护栏工程、南环路东伸某第二通道给水工程、东片污水处理厂污水池工程、某世纪大道南伸DN800/1000管线工程等的发包、监管、验收、工程款支付等方面，为工程承建商倪某某（另案处理）、俞某某、陆某某、张某某4人提供便利和谋取利益，先后多次非法收受上述人员所送的现金、财物，共计价值人民币747700元。

一、本案办理过程

起诉意见书以犯罪嫌疑人单某某涉嫌受贿罪向公诉部门移送审查起诉。承办人认真细致地审阅了全部案件材料，包括侦查阶段的同步录音录像，核实了相关证人的证言，其间退回侦查部门补充侦查两次，延长审查起诉期限三次，后向某区人民法院提起公诉，某区人民法院经七个多小时开庭公开审理本案，作出一审判决，认定公诉机关指控的犯罪事实和罪名成立，被告人单某某犯受贿罪，判处有期徒刑12年3个月，并处没收个人财产80000元。被告人单某某对该判决不服，提起上诉，某市中级人民法院审理后作出终审裁定，认为原判定罪及适用法律正确，量刑适当，审判程序合法。裁定：驳回上诉，维持原判。

二、本案的基本特点

（一）被告人单某某在侦查阶段曾经作出数次有罪供述，但此后也多次翻供，侦查阶段整体呈现出时供时翻的不稳定特点。本案到了审查起诉阶段，单某某承认自己曾经向工程承建商倪某某先后借过35万元，但称此后不久就已经分两次还给了倪某某（其中20万元由其本人亲自还给倪某某，15万元则由证人陆某某代其还给倪某某），而对于起诉书认定的其余受贿事实，其均辩解称系在侦查人员的威胁、引诱、欺骗等手段之下所做的虚假供述，要求以非法证据予以排除，被告人单某某更是亲笔书写了数万字的辩解材料，在开庭之前由其辩护人提交给法院。

（二）被告人单某某重金聘请了某律师事务所知名律师，为其作无罪辩护。辩护人迎合被告人的意愿，经多次会见被告人，复印了本案的全部案卷材料后，对本案证据状况、被告人的态度了如指掌，当庭提出要求公诉机关提供侦查阶段的同步录音录像，要求本案的行贿人及侦查人员出庭作证，并要求法庭启动非法证据排除程序，从而推翻被告人单某某在侦查阶段所做的有罪供述。

（三）《两个证据规定》施行后，对于庭审中控辩双方对证据存在争议时，如何界定非法证据、在何种情况下启动非法证据排除程序、如何启动非法证据排除程序，此前争议较大，个别案件至今悬而未决，本案在此方面具有一定的指导意义。

三、办案中的主要做法与体会

针对上述情况，公诉人与侦查人员密切配合，在仔细审阅本案全部事实证据的情况下，充分准备，谨慎部署，精心确定公诉策略，成功地公诉了此起不认罪案件。

（一）充分聆听犯罪嫌疑人的辩解，做到心中有数，以不变应万变。在审查起诉期间，承办人多次提审犯罪嫌疑人单某某，对其晓之以理，动之以情。然而在充分了解单某某负隅顽抗，拒不认罪的心态之后，承办人放弃了说服其全面认罪的幻想，及时调整策略，采用静观其变的方式，听其言、观其行、不反驳，引而不发，不暴露观点，全面充分地听取单某某的所有辩解，从而掌握了单某某及其辩护人的辩护思路，有针对性地确定公诉策略。例如，单某某提出侦查人员利用其担心影响儿子中考的心理，为了侦查人员能够向其儿子隐瞒其被刑拘之事，而被迫做出有罪供述。承办人仔细翻阅卷宗后发现，单某某第一次自愿认罪、做出系统性有罪供述的时间为20××年6月25日，而当时其儿子的中考早已结束，换言之，根本不可能存在侦查人员利用其儿子中考对其施加精神压力逼迫其供述的情况。又如，单某某提出自己因为害怕长期的异地羁押会遭受身体难以承受的折磨而不得不做出有罪供述，承办人遂进一步详细询问异地羁押期间其是否遭受过他人的殴打体罚或者欺凌，单某某明确表示并没有，称自己也只是在监室内听他人说过，因此感到害怕。面对单某某的种种辩解，承办人均耐心地倾听，不露声色，为下一步有力地指控犯罪打下全面扎实的基础。

（二）耐心查看同步录像，排除侦查人员使用刑讯逼供等非法手段获取犯罪嫌疑人单某某供述以及采用暴力、威胁等非法手段取得证人证言的情况。由于该案侦查期限长达半年之久，对单某某及相关证人审讯的同步录像多达60余张光盘。承办人在反复审查卷宗确保不遗漏一处细节的同时，更是夜以继日、加班加点地对同步录像进行全面细致的审查，重点针对单某某认罪态度的几次重要转折点，以及其提出的侦查人员采用指供、诱供等方式让其供述受贿数额等方面进行谨慎审查。同步录像反映在最初几次的有罪供述中，单某某虽然态度发生巨大逆转，自愿供述所有受贿犯罪事实，但其对部分时间较为久远的事实中受贿数额的记忆较为模糊，因而供述并不准确。在这样的情况下，侦查人员耐心地让其“再仔细想想”，并要求其不要瞎猜，要认真回忆，谨慎回答，前提是要实事求是。而对于行贿的原因、受贿的地点、赃款赃物的特征等细节性问题完全是在侦查人员讯问后由单某某本人一一作答，并非如单某某所言是由侦查人员预设好时间、地点等内容后让其猜金额，从而排除了侦查人员存在指供、诱供等非法取证的情形。

（三）庭前精心部署，地毯式预设庭审中单某某及其辩护人可能提出的辩解、辩护意见，做到胸有成竹。公诉人根据单某某在审查起诉阶段提出的种种辩解，制订了全面细致的庭审预案。庭审之初，单某某及其辩护人就提出被告人庭前供述系非法取得，强烈要求合议庭当即启动非法证据排除程序。对此公诉人不卑不亢地向法庭阐明：《两个证据规定》中规定的非法言词证据，是指采用刑讯逼供等非法手段取得的犯罪嫌疑人、被告人供述和采用暴力、威胁等非法手段取得的证人证言、被害人陈述。而本案中根本不存在侦查人员刑讯逼供的行为，对此无论是被告人单某某本人的供述，还是同步录像中反映的情况均无异议，因此本案不需要启动非法证据排除这一诉讼程序。辩护人继而提出《两个证据规定》中“等”字的外延问题，认为侦查人员使用了刑讯逼供以外的非法取证手段，包括威胁、引诱、欺骗等精神强制手段，都应该属于“等”的外延情况。公诉人随即作出答辩：非法取证的手段有很多，司法条文中不可能一一列举，因此《两个证据规定》中只列举了刑讯逼供这一种手段。而在实践中，对“等”一字的具体理解可以参照《最高人民检察院关于渎职侵权犯罪案件立案标准的规定》中对刑讯逼供立案标准的非法手段进行的列举，即以殴打、捆绑、违法使用械具等恶劣手段逼取口供的，或者是以较长时间冻、饿、晒、烤等手段逼取口供，严重损害犯罪嫌疑人、被告人身体健康的行为。据此我们至少可以明确，所谓的“刑讯逼供等非法手段”中的“等”字，必须是与刑讯逼供这一手段程度相当、强度相当的行为。而在本案中，侦查人员对被告人单某某既没有殴打的行为，也没有冻、饿、烤、晒等肉体折磨的行为，所有讯问过程均是在看守所内通过文明对话的方式进行，不存在任何法律规定的非法取证情况。而辩护人所列举的一系列所谓心理强制手段，是侦查活动中为了实现政策攻心、突破犯罪嫌疑人心理防线所必不可少的侦查谋略，其无论是从性质上，还是强度上来衡量，均不能与刑讯逼供相提并论，因此不属于需要排除的非法证据范畴。经过耐心说理，有力回应，最后合议庭采纳了公诉人的意见，认为本案不需要启动非法证据排除程序，从而确认了被告人单某某庭前供述的有效性，保证刑事诉讼程序的正常进行，也为公诉人由始至终掌握庭审主动权打下坚实的基础。

在下面进行的法庭调查中，被告人单某某提出侦查人员以“异地羁押”的方式对其实施威胁，逼迫其做出了虚假的有罪供述。公诉人对此予以辩驳：异地羁押是刑事诉讼中的“羁押”活动在司法实践中的一种执行方式。近年来，侦查机关为了顺利突破案件，深挖大要案、窝串案，排除本地人情关系等因素的干扰，让犯罪嫌疑人集中精力配合调查，同时更好地促使其自我反省，而将职务犯罪嫌疑人异地管辖、异地羁押，这已经成为一种职务犯罪查证的常态。侦查人员在侦破案件的过程中，在审讯犯罪嫌疑人时，必定要对其施以一定的压力，因为人总是会有一定的畏罪心理和侥幸心理，我们不可能指望一个犯罪嫌疑人在没有被施加任何心理压力的情况下，出于良心发现而作出可能让自己身陷囹圄的有罪供述，这是侦查活动的基本规律。异地羁押绝非威胁的手段，而是一种极为正常，并且日渐普遍的侦查方法，它可以给犯罪嫌疑人施加一定的心理压力，一定程度上破除本地羁押可能产生的有恃无恐的侥幸心理，因此在当前的侦查领域内被广泛使用。被告人单某某曾先后被羁押于某区看守所、某地看守所、某县看守所，其也多次向公诉人坦言，虽然内心对异地羁押有所畏惧，但在被异地羁押数月期间并没有在其身上发生任何被监室人员殴打或者欺凌的事件，可见其所谓的因为害怕异地羁押而无奈做出虚假有罪供述的辩解实在难以令人信服。被告人单某某继而提出：其在侦查阶段以亲笔供述的形式主动交代了收受张某某、陆某某二人财物的事实其实是其虚构出来的，其正是希望以这种方式向法庭证明自己的清白，如果连虚构的事实都可以被查证则足以说明侦查人员对证人使用了非法取证的手段。对单某某的这一荒谬逻辑，公诉人给予了严厉的驳斥：首先，公诉人要郑重声明，侦查部门的取证行为完全依法进行，在程序、方式、内容等方面完全符合刑事诉讼法的规定，不存在任何刑讯逼供等非法取证的情况。其次，公诉人再次向法庭说明一点，本案的侦查人员在单某某作亲笔供述之前并没有掌握张某某、陆某某二人的行贿事实，因此受贿时间、地点、原因、数额等方面的细节都是由单某某本人主动提供的，此后侦查人员才找到张、陆二人进行取证，二人经过仔细回忆后所做的证言与单某某的供述基本一致，同步录像可以证实侦查人员并没有对证人进行任何形式上的指供或者诱供。虽然二人的证言与单某某的供述存在一些细节上的差异，但这不仅不影响认定事实的客观性，反而更能说明侦查部门取证行为的合法性。从证据证明效力上来说，这种先供后证而获取的证据无疑具有比一般证据更强的证明力，因此更应当被采信。另外，单某某之所以在侦查阶段主动交代侦查机关尚未掌握的犯罪事实，与其当时一心希望能够争取自首情节，争取一个积极的认罪态度有着直接的关系。因此，对于这部分单某某主动供述后查证属实的犯罪事实，应当予以认定。最后，从情理上来看，公诉人认为任何一个稍有理性的人都不会相信，单某某用来证明自己清白的方式居然会是亲手“捏造”自己的犯罪事实，这样的逻辑未免也太过于荒唐。

经过公诉人针锋相对的应答与说理，单某某及其辩护人逐渐放弃了以控诉侦查人员非法取证从而全面推翻庭前有罪供述这一幻想，提出单某某向倪某某借款的35万元已经分别由其本人归还20万元，并委托陆某某归还15万元的辩解。对此公诉人向法庭阐明：根据倪某某的证言，单某某在借款后确实向其提起过要还钱，但经过其明确表示这些钱不用还了，以后工程上的事情希望单某某多多关照之后，单某某便再也没有提起过还钱的事情。倪某某的妻子周某某也证实，丈夫倪某某曾向她说起借给单某某的35万元不要他还了，因为以后工程上的事情都需要单某某帮忙，相当于把钱送给单某某了，其当时听了也觉得有道理，于是就同意了。倪某某夫妇的证言与单某某在侦查阶段所做的多次供述均能够相互印证，并且在借钱的过程，单某某向倪某某提出还钱被倪某某两次拒绝等细节上均能够相互吻合。此外，陆某某证实了自己从来没有替单某某还钱给任何人，单某某也从来没有要求其帮忙还钱给任何人。因此我们不禁要问，到底是倪某某、陆某某等人集体失忆了，还是还钱一事根本就是单某某为了逃避法律追究而凭空杜撰出来的？公诉人相信，答案显而易见。

该案的成功指控，成为《两个证据规定》施行以来检察机关成功审查并合理阐释非法证据概念、成功制服被告人翻供和不认罪的一个典型案例，遏制了一段时期以来职务犯罪案件被告人翻供与歪曲事实的嚣张气焰，保证了职务犯罪案件的质量。

对于本案办理的感受，就是对于这类被告人不认罪、辩护人“死磕”的案件，首先我们一定要做好基础工作，对于在案证据要了如指掌，不留死角，尤其是当犯罪嫌疑人提出存在侦查人员逼供的情况下，一定要认真查看同步录音录像，这是掌握庭审主动权的最关键手段，在心里有底的情况下，才能理直气壮地去指控犯罪，达到公诉目的。其次要研究法理，搞明白什么是非法证据，不要被辩护人“忽悠”，被他牵着鼻子走，而要在他提出所谓的非法证据意见时据理力争，充分阐明法律规定的非法证据内涵与外延是什么，正本清源，以正视听。最后在法庭上一定要沉着冷静，不要心急，应对“死磕”的办法就是不让他有机会借题发挥，让他的拳头打在棉花上，无计可施，这样才既能保证公诉形象，又能完成我们的指控任务，不辱使命。

下面是公诉人对于本案所做的准备资料：

关于非法证据排除规则在本案中的意义。所谓非法言词证据，是指采用刑讯逼供等非法手段取得的犯罪嫌疑人、被告人供述和采用暴力、威胁等非法手段取得的证人证言、被害人陈述。

1. 被告人单某某及其辩护人提出有刑讯逼供情节。

所谓刑讯逼供，是指在刑事诉讼过程中侦查人员讯问犯罪嫌疑人时，采用肉刑、变相肉刑或精神折磨等方法逼取其供认犯罪的行为。肉刑，是指殴打、夹指、捆绑、吊起、用警棍电击等；变相肉刑，是指罚站、罚跑、罚冻、罚晒、罚饿等；精神折磨是指用药剂催眠、不让睡觉、搞车轮战等。

侦查部门在办理单某某受贿案件中，在审讯被告人单某某时，并没有刑讯逼供的违法行为。

第一，根据某区看守所提供的入所健康及伤情检查登记表，被告人单某某在进入看守所时体表无外伤。

第二，根据提押证登记，侦查人员对于被告人单某某的提审均在某区看守所、某地看守所、某县看守所的提审室内进行，侦查部门没有将被告人单某某带离出看守所进行审讯的行为。

第三，对于被告人单某某的审讯均有同步录音录像，整个讯问过程规范、严谨、连续，侦查人员在讯问被告人单某某时，不存在其所称刑讯逼供的行为，相反，侦查部门对犯罪嫌疑人单某某采取人性化办案方式，多次买来水果、菜肴为其改善伙食。

第四，被告人单某某在审查起诉阶段接受本公诉人讯问时，明确表示侦查人员在对其讯问时没有采用肉刑、变相肉刑、精神折磨等刑讯逼供取证方式。

如果被告人单某某以及辩护人提出要求公诉机关提供同步录音录像。

对于同步录音录像问题，公诉人要向法庭说明：

第一，对于被告人单某某的审讯，均有同步录音录像在案，公诉机关在审查案件时，已经认真观看，并没有发现侦查人员有刑讯逼供等非法取证行为。

第二，因同步录音录像不是本案随案移送的证据，因此检察机关可以不移送。当然，如果合议庭认为确有需要观看同步录音录像，可以根据相关规定，在休庭后观看。

2. 关于单某某庭前供述不稳定，又当庭翻供的问题。

我国刑事诉讼法明确规定，对一切案件的判处都要重证据，重调查研究，不轻信口供。只有被告人供述，没有其他证据的，不能认定被告人有罪和处以刑罚；没有被告人供述，证据充分确实的，可以认定被告人有罪和处以刑罚。

《两个证据规定》《刑事诉讼法》以及司法解释都明确规定：对被告人供述和辩解的审查，应当结合控辩双方提供的所有证据以及被告人本人的全部供述和辩解进行。被告人庭前供述一致，庭审中翻供，但被告人不能合理说明翻供理由或者其辩解与全案证据相矛盾，而庭前供述与其他证据能够相互印证的，可以采信被告人庭前供述。被告人庭前供述和辩解出现反复，但庭审中供认的，且庭审中的供述与其他证据能够印证的，可以采信庭审中的供述；被告人庭前供述和辩解出现反复，庭审中不供认的，且无其他证据与庭前供述印证的，不能采信庭前供述。换言之，被告人庭前供述和辩解出现反复，庭审中不供认，但是有其他证据能够与庭前供述相印证的，应当采信庭前供述。在本案中，单某某在今天的庭审之前有过多次稳定的有罪供述，并且这些供述均有相应的证据与之印证，并且其所提出的翻供理由都是不足以成立的，因此公诉人认为其庭前所做的有罪供述应当被采信。

单某某庭审之前的供述之所以出现反复，这与他既想尽一切可能逃避法律追究，又想争取良好的认罪态度从而获得法律的轻判的矛盾心理共同作用有着极大关系。我们从单某某主动交代侦查部门尚未掌握的其收受张某某、陆某某二人财物这一行为中不难看出，当时的单某某竭尽所能地配合侦查部门查清案件事实，只为争取良好的认罪悔罪态度。任何一个犯罪嫌疑人或多或少都可能存在畏罪与侥幸心理，表现为拒不供认犯罪事实，或者对已经供认的犯罪事实予以推翻等。因此，犯罪嫌疑人庭前供述不稳定是一种十分常见的现象，司法机关在客观理性地面对这一现象的同时，更加应该结合全案证据来认定被告人是否有罪。

3. 被告人单某某及其辩护人提出侦查机关采取诱骗手段，即如果承认可以取保候审等。

诱供，是指采用欺骗、利诱等手段，诱使刑事被告人或者证人按照侦查人员的主观意图或者推断进行供述，作法律禁用的允诺，诱骗嫌疑人承认罪行。

第一，根据我国《刑事诉讼法》的规定，取保候审、刑事拘留、逮捕均为司法机关在办理案件中的强制措施。侦查机关在法律规定的条件下，根据犯罪嫌疑人的犯罪情节、人身危险性、社会危害性以及健康状况等，对犯罪嫌疑人采取不同的强制措施，目的是保障诉讼的顺利进行。因此取保候审是我国法律明确规定的一种刑事强制措施，不是一种诱骗和欺诈的手段。

第二，侦查人员在审讯过程中，法律允许侦查人员向犯罪嫌疑人宣传我国的刑事政策，例如，“坦白从宽、抗拒从严”，又如，现今被广泛适用的“普通程序审理‘被告人认罪案件’”这一法律程序，明确规定：被告人自愿认罪，可以酌情从轻处理。因此侦查人员称“认罪态度好，可以从宽处理”并不是一种利诱手段。

4. 被告人单某某及其辩护人提出“如果态度不好，就异地羁押”是一种要挟手段。

异地羁押，是指办案部门根据工作需要，将犯罪嫌疑人送往办案单位以外的看守所进行羁押的行为。异地羁押是刑事诉讼中的“羁押”活动在司法实践中的一种变通执行方式。近些年来，随着反腐败工作的深入开展，侦查机关开始有意识地使用“异地羁押”方式开展侦查活动，特别是检察机关自侦部门为了顺利突破案件，深挖大要案、窝案、串案，排除本地人情关系等因素的干扰或者给犯罪嫌疑人以一定的心理压力，能更好地自我反省，而专门将职务犯罪嫌疑人羁押于异地看守所进行侦查和突破。

侦查人员在侦破案件过程中，在审讯犯罪嫌疑人时，必定要对嫌疑人施加一定的压力，因为人总是会有一定的畏罪心理和侥幸心理，当侦查人员要求其作出一些不利于自己的证供时，必然会唤起强烈的自我保护意识。异地羁押并非一种威胁的手段，而是一种极为正常，并且日渐普遍的侦查谋略，它可以给犯罪嫌疑人施加一定的心理压力，一定程度上破除其在本地羁押可能产生的有恃无恐的侥幸心理，因此在当前的侦查领域内被广泛使用。单某某曾先后被羁押于某区看守所、某地看守所、某县看守所，其也承认，虽然内心对异地羁押有所畏惧，但在被异地羁押数月期间并没有在其身上发生任何被监室人员殴打或者欺凌的事件，可见其所谓的因为害怕异地羁押而无奈作出虚假有罪供述的辩解不能成立。

5. 被告人单某某以及辩护人提出：受贿数额的供述存在“猜数字”的指供、诱供现象。

第一，公诉人要说明一点，人的记忆会随着时间的流逝而日渐模糊，甚至遗忘，这是符合客观规律的正常现象，单某某的犯罪事实从20××年一直持续到20××年，先后几十次，时间跨度长，犯罪次数多，若是要求其将每一笔犯罪事实都一次性准确无误地回忆起来，不但不现实，甚至有点强人所难的意思，而侦查人员的适度引导、提醒是帮助其唤醒回忆的有效途径，并不能就此认为侦查人员存在指供、诱供的嫌疑。

第二，在最初几次有罪供述中，单某某对其中几次的受贿金额记忆比较模糊，供述并不准确，在这样的情况下，侦查人员耐心地让其“再仔细想想”，并要求其不要瞎猜，要认真回忆，谨慎回答，前提是要实事求是。可以说，侦查人员的态度一直是客观公正的，并且对于行贿的原因、受贿的地点、赃款赃物的特征等细节性问题都是由侦查人员讯问后单某某本人一一作答，并非如单某某所言是由侦查人员预设好时间、地点等内容以后让其猜金额。

6. 被告人单某某及其辩护人提出同步录音录像问题（有录像没有笔录、光盘记录时间与提审时间不符，且存在提审超时现象）。

（1）就有录像没有笔录、光盘记录时间与提审时间不符的问题，出具反贪机关提供的情况说明。

（2）刑事诉讼法没有就提审时间作出限制，只要能够充分保证犯罪嫌疑人饮食、休息的时间，不超时间连续讯问，就是合法的。

7. 被告人单某某及其辩护人提出侦查人员利用其儿子中考等家庭亲情因素对其实施威逼获取口供。

首先，我国刑事诉讼法中明确规定，为了收集证据、查获犯罪人，侦查人员可以对犯罪嫌疑人以及可能隐藏罪犯或者犯罪证据的人的身体、物品、住处和其他有关地方进行搜查。任何单位和个人，有义务按照侦查机关的要求，交出可以证明犯罪嫌疑人有罪或者无罪的物证、书证、视听资料。在搜查的时候，应当有被搜查人或他的家属、邻居或者其他见证人在场。由此可见，搜查被告人住宅不但是法律赋予侦查机关的合法权利，更是侦破案件、收集证据的必要途径。侦查机关在搜查犯罪嫌疑人住宅时，不可能也完全没有必要避讳嫌疑人的家属，反而法律作出了应当有被搜查人或其家属在场的规定。试问，侦查人员向单某某解释搜查其家中时其儿子可能会在场怎么就变成威逼的手段了呢？

其次，单某某案发时正值其儿子面临中考的特殊时期，因此侦查部门人性化地配合了其家属将单某某的事情暂时对其儿子进行隐瞒，但在这里公诉人必须提请法庭注意的是，单某某所谓的侦查人员利用其儿子中考逼迫其作出有罪供述的时间是在被羁押于某县看守所以后，具体时间是在20××年6月25日及以后，而当时单某某的儿子中考早已经结束，也就是说，其在明知这一事件对其已经无法构成威胁的情况下对自己的犯罪事实做了全面如实的供述，恰恰说明当时单某某已经意识到，能够争取一个好的认罪态度，争取法律对其从轻处罚，争取早日回归社会回归家庭才是最重要的，而并不是像其后来所说，是侦查人员利用其儿子的中考对其施加精神压力而被逼供的。

8. 被告人单某某提出侦查人员以揭露其生活作风问题方面的隐私为要挟，逼迫其供认。

公诉人想问被告人单某某，你认为自己的生活作风有问题吗？（如果单某某回答没有问题）那所谓的揭露隐私又如何能对你构成威胁呢？正所谓，身正不怕影子斜，任何谣言都会有不攻自破的一天，有谁会搭上自己十几年的自由，去换取一个迟早会水落石出的谣言呢？

9. 被告人单某某及其辩护人提出其向倪某某借款的35万元已经分别由单某某本人归还20万元，并委托陆某某归还15万元，因此没有受贿故意。

根据倪某某的证言，单某某在借款后确实向其提起过要还钱，但经过其明确表示这些钱不用还了，以后工程上希望单某某多多关照之后，单某某便再也没有提起过要还钱的事情，倪某某的妻子周某某也证实，倪某某向她说起过借给单某某的35万元不要他还了，因为以后工程上的事情都需要单某某帮忙，相当于把钱送给单某某了，其当时听了觉得有道理，于是也就同意了。倪某某夫妇的证言与单某某在侦查阶段所做的多次供述均能够相互印证，并且在借钱的过程、单某某与倪某某谈到还钱的过程细节上均能够相互吻合，均证实单某某既没有自己将钱还给倪某某夫妇，也没有委托任何人帮助其还钱给倪某某。另外陆某某的证言也证实了从来没有替单某某还钱给任何人，单某某也从来没有要求其帮忙还钱给任何人。单某某称亲自到倪某某公司下面将20万元还给倪某某，第二天在自己的办公室里又委托陆某某替其还15万元给倪某某。然而事实是倪某某既没有收到单某某亲自归还给其的20万元，也没有收到陆某某帮单某某归还给其的15万元，而陆某某也否认单某某要求其帮忙还钱给倪某某的事实。因此我们不禁要问，到底是倪某某、陆某某等人集体失忆了，还是还钱一事根本就是单某某杜撰出来的？公诉人相信，答案是显而易见的。

10. 被告人单某某提出主动供述收受张某某、陆某某财物的事实是其虚构出来的，如果被查证则说明侦查人员对证人使用了非法取证手段。

公诉人要郑重说明，本院侦查部门的取证行为完全依法进行，在程序、方式、内容等方面也完全符合《刑事诉讼法》的规定，不存在任何刑讯逼供等非法取证的情况。侦查人员在单某某做亲笔供述之前并没有掌握张某某、陆某某二人的行贿事实，因此受贿时间、地点、原因、数额等方面的细节都是由单某某本人主动提供的，此后侦查人员才找到张某某、陆某某二人进行取证，二人经过仔细回忆后所做的证言与单某某的供述基本相一致，同步录音录像可以证实侦查人员并没有对证人进行任何形式上的指供或者诱供（虽然二人的证言与单某某的供述存在一些细节上的差异，但这不仅不影响认定事实的客观性，反而更能说明侦查部门取证行为的合法性）。从证据证明效力上来说，这种先供后证而获取的证据证明力更强，因此更应当被采信。另外，单某某之所以在侦查阶段主动交代侦查机关尚未掌握的犯罪事实，与其当时一心希望能够争取自首情节，争取一个积极的认罪态度有着直接的关系。因此，对于这部分单某某主动供述后查证属实的犯罪事实，应当予以认定。

11. 单某某提出倪某某送给其50条香烟其已归还40条给倪某某。

单某某在侦查阶段多次供认该50条香烟已经被自己消费掉了，并没有还给倪某某，而倪某某及其妻子周某某也明确证实单某某收下该50条香烟的烟票以后从来没有还给过他们中的任何一个人。单某某只是在2009年7月的一天，当倪某某再次来到其办公室送给其4条香烟的时候，以开玩笑的方式对倪某某讲：你上次送的香烟还要还给你呢。事实上，玩笑就只是玩笑而已，无论是倪某某，还是单某某本人都没有也不可能当真，单某某也曾多次表示，他和各行贿人之间，“平时吃几条香烟、喝几瓶老酒是经常有的事”。可见，烟酒的来往对于单某某和倪某某来说，是十分正常的事情，收者坦然，送者安心，并且我们从单某某以前多次稳定的供述中以及倪某某的证言中完全有理由相信，单某某并没有将该40条香烟还给倪某某。

综上，本案在侦查过程中，没有刑讯逼供等违法取证现象，不存在非法言词证据。

答辩提纲：

一、关于本案的事实证据问题，可以围绕法庭调查阶段有罪供述的可采性问题展开论证，证明本案证据具有合法性、客观性、关联性。

二、辩护人可能提出：被告人单某某没有利用职务便利为倪某某等人谋取利益（倪某某等人所做的工程，均有合同等合法法律文件，且工程验收、工程款结算等方面均没有违法违规行为，水务部门均是依照法律、按照规章办事，单某某个人无法影响这些工程），因此笔录中所提及的受贿理由和行贿理由很牵强，其没有收受贿赂的可能性。

答辩：首先，“利用职务便利”，是指利用本人职务主管、负责、承办某项公共事务的职权之便利。只要国家工作人员收受的财物与其职务行为有关，就可认定为利用了职务上的便利，因为收受与职务行为有关的财物，就意味着对方必须为国家工作人员的职务行为付出财产上的代价，从而侵犯了职务行为的廉洁性与不可收买性。被告人单某某无论是作为某水厂的筹建办负责人、厂长，还是作为排水处副主任，无论是作为某某市政公司总经理，还是水务集团副总经理，其对于水务部门各项工程的承建主体均有着一定的话语权，从工程的发包到监管，从验收到工程款的支付等环节，单某某均利用了自己职务上的便利为承建商倪某某等人谋取了利益，而承建商们也正是因为有求于单某某的职务行为而屡次以钱财进行收买。

其次，谋取利益可以是谋取正当利益，也可以是谋取不正当利益，也就是说，利益的正当与否并不影响受贿罪的成立。然而在本案中，被告人单某某一次次将水务部门的工程承包给倪某某等没有施工资质的承建商来做，通过借用某某市政的施工资质、小范围内招投标甚至根本不经过招投标程序等方式，为这些承建商亮起一路的绿灯，并且在工程监管、验收、支付工程款等方面对倪某某等人进行“诸多关照”，这无疑是为承建商们谋取了不正当利益。

三、辩护人若提出被告人单某某收受的他人财物有些是逢年过节时朋友之间的馈赠，因而不是贿赂。

答辩：要全面、宏观地看待行贿人行贿的目的与要求。即便在本案的个别受贿事实中，行贿人是借着逢年过节之时到单某某处“意思意思”，并不一定是为了某个具体的工程向单某某行贿，但众所周知，这些工程承建商与水务部门之间的业务往来是长期的、经常性的，换句话说，只要单某某还在水务部门的领导岗位上，这些行贿人就将长期地、经常性地有求于他，因而通过逢年过节时给予单某某财物的形式行贿仅仅是一种行贿手段，与为具体工程行贿并无本质上的区分，并不影响单某某受贿罪的构成。

《作战篇》给我们的另外一个重要启示，就是刑事诉讼讲求公正与效率并重，一切庭审都要计算成本、讲求效率，办案的取胜之道绝不靠“拖”，一个案件漫无边际地拖延或者死缠烂打并不能解决根本问题。

关于这一点，在当前强调以审判为中心的诉讼制度前提下显得尤其重要。随着“四个在法庭”的落实，如今的庭审将会显现两个极端：一是极端简单案件适用速裁程序处理，一些案件被告人认罪认罚。这类案件的庭审已经不是解决事实证据问题，而仅仅是就量刑问题与被告人进行明确，只要被告人对公诉人的量刑建议没有反悔，法院就会根据量刑建议作出判决。这种案件在法庭上没有争议，自然不在讨论之列。二是案件疑难复杂、控辩双方争议较大，法庭上可能需要对每一份证据都进行激烈的质证，大有掘地三尺、敲骨吸髓之势。也正因如此，一些案件的庭审会旷日持久，大量的人力物力精力耗在开庭上，最终的结果可能是法官、检察官、律师都筋疲力尽，而且一些律师仅吃住费用就令人吃惊，这笔费用不论是由律师个人还是当事人承担，可能都会十分吃力，这就是诉讼成本。因此，如果不是万不得已，就不应当提倡将一次庭审拖得旷日持久。一些律师使用各种方法使庭审一拖再拖、能开十天的开半个月，能开半个月的开半年，开庭的时候先申请公诉人回避，申请合议庭成员回避，申请整个法院回避；对所有证据都提出是非法证据需要排除；对所有证人都要求出庭作证，否则就要通过退庭等来拖长庭审时间，甚至在法庭上无正当理由、不听劝阻退庭，而且一审打完了打二审，二审打完了打再审，结果耗尽了当事人的资财，却没有取得预期效果，或者收效甚微，反而以此作为自己敢于辩护、有水平的标志向社会炫耀，实不足鉴。“辩护人应当时刻记住最有利于当事人的原则，以牺牲当事人利益的勾兑固然绝不足取，逞一时口舌之快，进行意气之争，却也不够明智。自己爽足了，在当事人及其家属面前也表演够了‘卖力辩护’，有没有想过：可能害了当事人？”[①] 事实上，即使是“财大气粗”、不计成本的被告人，也不应当浪费诉讼成本，因为这些成本不仅是归被告人个人的，还是属于社会的，检察院、法院的费用支出，更是由纳税人承担的，仅为一个被告人而过度支出诉讼成本，可能会对其他被告人不公平。与此同时，旷日持久的庭审从表面上看好像是为了被告人获得公正的裁判，但实际上最终结果并不一定对被告人有利。如范某某受贿案：

（案例7）《两个证据规定》施行之初，由于对被告人供述的同步录音录像的性质与使用方式尚无明确规定，辩护人一开庭就提出要排除非法证据，并要求公诉人全程播放被告人的讯问同步录音录像。公诉人以同步录音录像是否需要当庭播放并无具体规定、辩护人的意见不合理为由不同意当庭播放，辩护人继续坚持，导致庭审无法继续进行，只能延期审理。在此期间，检、法两院各自向上级院反映，导致案件的庭审一延再延，最终被告人还是被作出有罪判决。根据相关规定，尽管在看守所羁押期间能够折抵刑期，但是罪犯今后的减刑可量化的因素之一涉及投入监狱之后接受改造所积累的积分，因而投监越早其获得积分的日期就越早，相应的减刑期限就可能越早，而由于庭审的拖延，导致被告人押而未决，同等条件下实际上丧失了早日减刑的机会，对此被告人及其家属对律师也产生了怨言。可见，庭审的拖延未必对被告人更加公正、有利，“兵贵胜，不贵久”“不尽知用兵之害者，则不能尽知用兵之利也”确实是颠扑不破的真理。针对这种情况，公诉人、辩护人在庭审之前就应当对庭审的时间进行一个初步的估量，同时配合法庭搞好庭前会议等工作，将一些不必要的争议或者需要统一的内容在会议上进行统一，从而实现集中精力解决重大争议问题的目的，而不是不计成本每证必质、每质必几个回合地硬拖时间。当然，这种区别对待绝不是让庭审走过场，而是实现重点问题与一般问题相区别，从而达到解决问题的目的。

此外，“兵贵胜，不贵久”的原则，对于另一个问题也值得借鉴，那就是，是

---

① 张建伟：《辩护人，你可以做得更好》，载《检察日报》2020年7月31日。

不是控辩双方在法庭上谁占用的时间越长，谁就能占有优势呢？有的公诉人或者辩护人在庭审准备中，准备了长篇大论的公诉意见书或者辩护词，希望通过大篇幅、长时间的论证说服法庭接受他的观点，其实这种做法同样违背了“兵贵胜，不贵久”的原则，因为法庭上的发言，目的是说服别人接受自己的观点，而长篇大论所带来的最直接后果就是重点不突出。希望面面俱到，其结果却是观点被淹没在长篇大论之中，听得人昏昏欲睡，其效果适得其反。因此，在准备法庭陈词的时候，千万要记住，你所说的内容不必多，只要能打动人就好；你的理由不必长篇大论，只要有说服力就好；你对案件的分析不必面面俱到，只要能把重点问题说清楚就好。短小精悍的发言，既能切中要害、加深听者的印象，又能吸引他人足够的注意力，还能节约他人的时间，给人留下良好的印象，同时也提高了庭审效率，减少了不必要的耗费，可谓一举多得，也是取胜的重要保障，完全符合“兵贵胜，不贵久”的原则，值得检察官和律师在准备庭审和出庭活动中充分注意。

第七计　智将务食于敌

——注重运用现有的证据和事实取胜

孙子曰：善用兵者，役不再籍，粮不三载。取用于国，因粮于敌，故军食可足也。

故智将务食于敌，食敌一钟，当吾二十钟……①

孙子认为：善于用兵的人，不用再次征集兵员，不用多次运送军粮。武器装备由国内供应，从敌人那里设法夺取粮食，这样军队的粮草就可以充足了……所以明智的将军，一定要在敌国解决粮草，从敌国搞到一钟的粮食，就相当于从本国启运时的二十钟……

孙子强调要“取用于国，因粮于敌”，即战争前期的军事物资，如兵甲战具应从国内准备，而粮食则应该从敌人那里去努力获得，因为“食敌一钟，当吾二十钟”。在战场上，陷阵杀敌凭的是一种斗志，把敌人的优势变成自己的优势，则主要凭借夺取敌人的财产。发生车战的时候，要努力去缴获敌人的车辆，换上自己的旗帜，编到自己的队伍里，还要好好地奖励缴获敌人车辆的士兵。这就是常说

① 《孙子兵法》，陈曦译注，中华书局2011年版，第26、27、31页。

的“胜敌而益强”，也就是通过夺取敌人的军事物资，让自己逐渐变得比敌人更强大，从而进一步强调我们所占据的优势地位。庭审中，不论是公诉人还是辩护人，都要充分利用好自己现有的以及对方手里的证据等材料，而不是另起炉灶、重新收集新的证据材料。这一点对于辩护人来说，尤其重要，有时甚至关乎执业风险。如某盗窃案，被告人的家属为了让被告人争取获得无罪判决，买通了老家几个人为被告人作证，说其在案发期间回老家收棉花，没有作案时间，并提出要求，让律师去向上述人员取证，要求律师为被告人做无罪辩护。律师询问上述人员后，在开庭时要求传唤上述人员出庭为被告人作证，但在庭审询问中，公诉人问出了破绽，在建议延期审理后要求公安机关补充侦查，并对上述证人进行询问，结果上述人员承认了自己作伪证的事实，部分“证人”居然向公安机关称，是律师教他们这样说的，还要求他们到了法庭上也这么说。这种说法给律师带来了很大的麻烦，尽管经过一番努力律师澄清了事实，但不论是在社会上的影响还是律师的声誉，不论是案件最终的处理还是给律师产生的心理影响，都是非常负面的。更有甚者，个别律师出于“胜诉”的考虑，违反刑事诉讼法规定擅自向被害人取证，伪造或者歪曲被害人的陈述作为辩护证据，结果招致牢狱之灾，实不足取。因此，在调查取证方面，除非确实需要，律师就要学会“因粮于敌”，即利用好检察机关现有的卷宗材料，以其人之道还治其人之身，尤其是异地办案律师，一方面要为自己节约经费开支，另一方面也要为当事人节约经费开支。

随着以审判为中心的诉讼制度改革，庭审进行的时间越来越长，旷日持久的庭审，必定要耗费大量的资财，到异地进行调查取证，一方面存在经费要求，另一方面也存在一定的风险，这种风险除了上述案例中来自执业方式之外，也可能会来自对方当事人，如被害人一方得知律师在调取对己方不利的证据，企图使被告人获得从轻、减轻、免除处罚甚至无罪处理，有时可能会不冷静对待，甚至对律师行凶，这个时候律师所面临的，既有执业纪律方面的风险，又有人身安全方面的风险，都必须考虑周全。而合理利用好检察机关的卷宗材料，就可能避免上述问题的发生。如某贩卖毒品案件，被告人曾有多份有罪供述，但最关键的一份有罪供述，却能够看出讯问时间明显超过了首次讯问的 12 小时规定，此后虽然存在有罪供述，但基本上都不全面。在法庭上，公诉人也考虑到了这份关键证据存在重大瑕疵，不适合当庭出示，因而没有向法庭出示。此时，辩护人当庭就指出了这份证据的存在，建议法庭对该证据进行调取，目的不是采信该证据，而是还原本案的破案经过，也就是说明被告人的供述是在什么情况下作出的，此后的有罪供述都受到了这份有罪供述的影响，明显存在问题，建议法庭客观全面地考量口供的采信问题。最终法庭对部分犯罪事实不予认定，被告人的量刑档次降低。本案中，律师尽管没有去调查走访证人、调取其他证据，但利用卷宗材料中本身的证据，起到了“因粮于敌”的效果。

做到这一点的基本要求是：律师在阅卷的时候要仔细，对于存在问题的证据不要轻易放过。在法庭上对于公诉人有选择地进行举证时，除了对所出示的证据要认真审查与质证以外，还要用心去注意：某一份证据公诉人为什么没有出示，是因为与其他证据重复而不需要举证，还是因为证据本身存在问题，抑或他出示了会对自己的指控不利。如果是这样，就要紧紧抓住该证据的问题向法庭提出，该份证据在整个证据体系中的作用如何，如果把它拿出来，是否会直接影响案件事实的认定或者定罪量刑，如果这份证据存在的问题被揭露出来，所能反映的整个证据体系中存在什么问题，是单个证据的问题，还是令人对其他证据也会产生怀疑，进而影响整个证据体系的问题，等等。在司法实践中，经常存在这种同一份证据材料，看你从哪个方面去理解、用哪个视角来解读的情况，无论是辩护人还是公诉人，都可以使用这种灵活机动的方式运用现有证据，起到为我所用的效果。当然，有的庭审中，公诉人也要运用好“因粮于敌”的谋略，如法庭上辩护人突然举出一份证据，需要公诉人及时作出判断。虽然对于事先辩护人没有出示的证据公诉人有权提出要求休庭予以准备，但公诉人不一定全部都用这一方法，完全可以靠法庭上的审查发现证据存在的问题。一般而言，这些“证据”大多数是被告人平时表现、相关人员对本案的看法与议论、被告人家庭条件等方面，也有一些似是而非的内容，实际上起不到对案件事实的证明作用。这个时候，如果件件都申请休庭进行调查核实，实属不必，公诉人就可以采取“因粮于敌”的办法，指出这些材料本身并没有影响本案证据体系，反而说明公诉人所建立的证据体系是完整、严密的。至于部分反映被告人平时表现的材料，与案件本身并没有关联性，只能作为参考，不是定案依据，其他内容也与本案无关，因而不足采信。

第五章　谋攻篇：全面谋划与庭前沟通技能

《谋攻篇》是《孙子兵法》的第三篇，篇名的意思是“用谋略攻取”，主要论述如何运用谋略以夺取胜利的“全胜”战略问题。“上兵伐谋”“不战而屈人之兵”是孙子所追求的军事艺术的最高境界，也是全篇的中心思想。孙子认为攻城拔寨强攻式的“百战百胜”并非用兵的最佳手段，战争指挥者应该做到“屈人之兵而非战也”“拔人之城而非攻也”“毁人之国而非久也”，从而实现战略上的“全胜”。孙子的全胜战略思想可以分为两个方面：一方面是以强大的军事实力为后盾，通过伐谋、伐交而不通过直接交战迫使敌人放下武器，屈服归附，不战而胜，孙子称之为“全”；战而胜之，他称之为“破”。“全”为上策，“破”为下策。因此，他明确指出：“是故百战百胜，非善之善者也；不战而屈人之兵，善之善者也。”另一方面是在作战过程中，以最小的代价夺取最大的胜利。孙子也认识到“不战而屈人之兵”的实现并非易事，所以他也立足于通过战场交锋来争取胜利，通观《孙子兵法》，其绝大多数篇幅是论述如何战而胜之的。为此，他提出了一系列战术运用方针：“十围”“五攻”“倍战”“敌分”“少逃”“不若避”。在本篇中孙子还指出不懂军事的君主干预军事活动的危害，强调了“知胜”的五个基本条件，并在篇末揭示了“知己知彼，百战不殆”的著名军事论断，对我们决战法庭同样具有指导意义。

第八计　不战而屈人之兵，善之善者也

——“兵不血刃”的“全胜”之法

孙子曰：凡用兵之法：全国为上，破国次之；全军为上，破军次之；全旅为上，破旅次之；全卒为上，破卒次之；全伍为上，破伍次之。是故百战百胜，非

善之善者也；不战而屈人之兵，善之善者也。[①]

孙子认为：大凡用兵的原则：使敌人举国屈服，不战而降是上策，击破敌国就次一等；使敌全军降服是上策，打败敌人的军队就次一等；使敌人一个“旅”的队伍被降服是上策，击破敌人一个“旅”就次一等；使敌人全“卒”被降服是上策，打败敌人一个“卒”的队伍就次一等；使敌人全“伍”投降是上策，击破敌人一个“伍”就次一等。因此，百战百胜，不算是最好的用兵策略；只有在攻城之前，先让敌人的军事能力（包括指挥能力和作战能力）严重短缺，根本无力抵抗，才算是高明中最高明的。“不战而屈人之兵”是孙子所追求的最佳决战状态，展开来说就是“屈人之兵而非战也”“拔人之城而非攻也”“毁人之国而非久也”。这是战争所追求的效果，同样也是决战法庭所希望的结果。有人认为，以审判为中心的诉讼制度本身所要求的，就是控辩双方法庭上的对抗，想让一方自动放下武器全盘接受对方的观点，又谈何容易，要做到这一点，就要运用“谋攻”，而非“战攻”，也就是“屈人之兵而非战也”。只有在“谋攻”方面做足努力，才会有望“兵不血刃”。先看一篇办案总结“不战而屈人之兵”：

（案例8）

一、一场“兵不血刃的战争”

由某省人民检察院交办、省高级人民法院指定管辖的某市委组织部原副部长蒋某某受贿案，在某区人民法院第十八号法庭公开开庭审理。法庭上，被告人蒋某某对自己的受贿犯罪事实全部供认，并表示认罪，法庭当庭决定适用“普通程序审理‘被告人认罪案件’”程序审理本案。仅经过两个多小时的法庭审理，被告人对起诉书指控的14节57起受贿犯罪事实的所有证据均无异议，其辩护人也未提出异议，法庭辩论阶段，辩护人对检察机关认定的事实、证据、罪名、适用法律均无异议，仅对蒋某某的认罪态度及犯罪情节提出了与公诉意见一致的辩护观点，法庭审理波澜不惊，在平和的气氛中走过了全过程。作为本案的公诉人，正当我与前来观摩的同仁们一样带着些许遗憾步出法庭，心中暗自惋惜错过了一次挑战、锻炼自己和与辩护人交锋学习的机会时，突然感到灵光一闪：这不正是一次“不战而胜”的典型案例吗？早在近十年前我就说过：“一次成功的出庭公诉活动，并不一定需要经过激烈的法庭辩论和控辩双方强烈的对抗。从某种意义上说，这种对抗应当是不得已而为之的。真正的成功，是能够在平静的气氛中使

① 《孙子兵法》，陈曦译注，中华书局2011年版，第37页。

法庭及辩护人全面接受公诉人的观点，无可辩驳，所谓‘兵不血刃’。这种胜诉方式看似平淡无奇，其实是一种真正高明的成功……所以孙子说：‘善战者之胜也，无智名，无勇功。’”今天却在这里与这种境界不期而遇了。强烈的兴趣促使我记下自己的感受，也将这种思索呈上请大家指教。

二、平平淡淡，从从容容才是真

公诉工作在刑事诉讼活动中，处于居中、枢纽地位，起着承上启下的作用，而出庭公诉活动作为检察机关履行法律监督职能的重要手段，担负着“让正义以人们看得见的形式得以实现”的职责，更是公诉工作的重点与难点。在人们普遍的印象中，优秀的公诉人与辩护人，应当是个个伶牙俐齿，人人能言善辩，在法庭上你来我往，唇枪舌剑，那样的法庭审理活动才够精彩成功，其实不然。《孙子兵法·谋攻篇》说：“百战百胜，非善之善者也；不战而屈人之兵，善之善者也。”在公诉工作中，这句话对我们从事公诉工作，特别是出庭公诉活动具有重大的指导意义。刑事诉讼活动的本身，就是一种异常的社会调节活动，即在用普通的社会冲突解决模式无法解决纠纷，且这种纠纷是一种必须动用刑律加以解决时的活动，因为从刑法的补充性、不完全性、宽容性即“谦抑主义”来说，刑法应当具有“最后性”，即只有当其他非刑法机制解决不了时，才可以使用刑罚手段，用国家公权力解决纠纷。庭审活动也是如此，如果不需要剑拔弩张、唇枪舌剑的争辩，而能够让被告人心悦诚服地接受指控观点，这既能够树立检察机关以理服人、以情感人的风范，也容易使被告人接受裁判结果，痛改前非重新回归社会，同时还能够让被告人的家属和旁听群众感受到检察机关理性、平和、文明、规范的工作作风，从而树立检察机关“可亲、可敬、可信”的形象。下面，我们就回顾一下蒋某某受贿案的办理经过，尤其是庭审准备以及出庭公诉活动的主要内容，体验一下如何在公诉活动中实现“不战而屈人之兵”的“全胜”。

三、蒋某某受贿案办案总结

1. 本案审查起诉情况

某市原组织部副部长蒋某某受贿案是我省近年来查办的为数不多的组织部门领导干部要案。在接到案件任务后，公诉部门迅速确定了检察官办案组，对本案的审查起诉工作提出了具体要求，精心进行了布置，承办人与侦查本案的反贪局办案人员密切配合，迅速将本案审查完毕，在向市院、省院报告，得到省院、市院的批准后，根据省高级人民法院的指定管辖，将本案向某区人民法院提起公诉。

2. 简要案件事实及案中存在问题

被告人蒋某某，男，大学文化，原系中共某市委组织部副部长。被告人蒋某某在担任中共某县委常委、组织部部长、某县委副书记和中共某市委组织部副部长期间，利用其分管干部人事及组织等的职务便利以及其职务形成的影响，索取或非法收受某股份有限公司董事长胡某某、某医药股份有限公司董事长李某某、某房地产有限公司董事长徐某某等15人所送的财物，为其谋取利益，共计140000元人民币、20000美元、80000港币及价值人民币184419元的银行卡、购物卡(券)、金条、金银纪念币和手表等物。

案发后，被告人蒋某某退回了赃款人民币40万元及所收受部分物品，并主动供述了检察机关尚未掌握的其他主要受贿犯罪事实，认罪态度较好。

在本案的审查过程中，公诉人发现，从案件事实反映的情况来看，本案中存在两个主要难点问题：一是能否认定被告人蒋某某有“利用职务上的便利”的情形；二是如何认定其具备“为他人谋取利益”的构成条件。被告人蒋某某收受的大部分财物都是在逢年过节和生病期间，且行贿人在行贿时一般并没有直接向其提出请托事项，因而认定其“利用职务上的便利为他人谋取利益”方面的构成要件是否具备可能是本案的争议焦点。公诉人认为，利用职务上的便利，既包括利用本人职务上主管、负责、承办某项公共事务的职权，也包括利用职务上的隶属、制约关系的其他国家工作人员的职权。在我国，担任重要领导职务的国家工作人员（如县委常委等）通过不属于自己主管的下级部门的国家工作人员为他人谋取利益的，应当认定为利用职务上的便利为他人谋取利益。为他人谋取利益，包括承诺为他人谋取利益、实际谋取利益和谋取利益成功和不成功等阶段，只要具备其中一个环节的行为，就可以成立“为他人谋取利益”。本案中，有些行贿人在给予蒋某某以财物时，虽然当时没有具体的请托事项，但却是为了投蒋某某所好，谋求其今后在职务提升、企业发展、帮助其他亲友谋求升迁等方面的利益，蒋某某在收受财物时，对此也是明知的，而且事实上许多行贿人在事先或事后也要求蒋某某为其谋取利益。根据被告人蒋某某的供述，其不论是在担任某县委常委、组织部部长、某县委副书记，还是担任中共某市委组织部副部长期间，“对全县的工作都有一定的领导权，全县重要的事项，都要经过县常委会讨论，作为常委，我也是领导集体的一分子，因而也是下面各个局、乡、镇的领导；作为组织部部长，是管理干部的，下面各个局、镇、乡的领导干部是归组织部管理的，对下面各个局的领导是有制约作用的；作为县委副书记，在负责分管工作的同时，协助县委书记做好县里的全面工作，对县里各项工作都有一定的决策权，对下面各个局也是有制约的。某市委组织部主要是代表某市委管县委常委这一层次的干部，对某县委及县政府的领导有一定的制约作用。我们是某县组织部上级隶属机关，所以也是某县各部、委、局的上级领导机关。我在某市委组织部任副部长期间，虽然不直接分管干部，但干部任免活动，都要召开部委会议讨论的，我有权发表自己的意见，并影响决策。作为组织部的副部长，也是部里领导集体的一分子”。因而，其完全具备直接利用职务上的便利为他人谋取利益和利用自己职务上形成的便利条件为他人谋取利益的条件，而大部分行贿人之所以向其行贿，并不是要求其直接为自己解决职务升迁的问题，而是看重其担任重要领导职务、其职权形成了重要影响。因而，被告人蒋某某的行为符合受贿罪的构成特征，应当以受贿罪定罪处罚。

根据本案的事实与证据情况，公诉人认为：被告人蒋某某，身为国家工作人员，利用职务上的便利，索取或非法收受他人财物，数额在10万元以上，为他人谋取利益，其行为已触犯《中华人民共和国刑法》（以下简称《刑法》）第三百八十五条第一款、第三百八十六条、第三百八十三条之规定，犯罪事实清楚，证据确实充分，应当以受贿罪追究其刑事责任。

3. 庭前预测及法庭审理情况

某区人民法院受理本案后，组成合议庭，决定开庭审理本案。在接到出庭通知后，检察机关迅速进行了布置，对出庭情况进行了充分准备，拟定了详细的庭审预案，同时对本案所有证据进行多媒体录入，准备了详备的多媒体示证材料。庭审预案从对每起犯罪事实的证据举证质证，到本案辩护人可能提出的质证意见，以及本案涉及的大量相关法律问题，都进行了精心的预测与准备，并按照被告人认罪与不认罪、大部分认罪、小部分不认罪等情形准备了两套方案，以防庭上变化。由于准备充分，且密切掌握了蒋某某的思想动态，案件移送到法院后蒋某某仍然认罪，本案的庭审工作进展顺利，庭审效果良好，被告人蒋某某当庭表示完全同意检察机关的指控，甚至表示“如辩护人意见与公诉人意见不一致时，以公诉人讲的为准”，并表示无论作出什么判决结果，均不上诉，本案得以成功指控。

4. 本案成功办理的几点体会

（1）侦查部门基础工作扎实，证据取证到位，同时打消了蒋某某的思想顾虑，是本案得以成功指控的基础。

蒋某某受贿案，由纪检部门移交检察机关初查。检察机关受理之初，蒋某某拒不认罪，称自己没有任何问题。在侦查部门的政策攻心、法律教育下，蒋某某逐渐转变了态度，表示认罪，同时，侦查人员也在其住处和办公室查获了大量物证。在事实与证据面前，蒋某某彻底认罪，并供述了检察机关尚未掌握的大量其他受贿犯罪事实。在此基础上，侦查部门获取了本案大量扎实的证据，同时也做通了蒋某某的思想工作，使其能够正确看待对他的查处，端正态度，认真配合侦查与审查工作，从而使检察机关的整个指控活动进展顺利。因而，本案的公诉工作之所以能够圆满完成，离不开侦查机关的基础工作。

(2) 找准案中关键问题，提高庭前预测准确率，努力争取指控到位。

尽管本案被告人认罪，但案件在审查起诉阶段，公诉人员并没有掉以轻心，而是认真讯问了蒋某某，了解他的思想动态以及对案件的看法，全面肯定他的认罪态度，给他讲解法律规定，并用正反两方面的案例引导他继续保持良好的认罪悔罪态度，从而稳定了他的情绪，打消了他担心太老实会“吃亏”的顾虑。与此同时，作为公诉部门，也不能因被告人认罪而放弃庭审预测，正所谓“夫未战而庙算胜者，得算多也；未战而庙算不胜者，得算少也。多算胜，少算不胜，而况于无算乎”。所以说，即使对始终认罪的被告人，也同样一定要对法庭上的所有细节问题预测到位，了如指掌。为此，公诉人制订了近四万字的庭审预案，对本案在庭审中可能遇到的问题，特别是辩护人可能提出的事实、证据、适用法律等问题进行了全面的预测并提出了应对方案，有些问题，具有当前检察机关指控受贿犯罪的典型意义，如如何认识党的领导机关负责人受贿犯罪中“利用职务上的便利”问题；如何界定当前一些人利用逢年过节的机会以“收红包”的形式受贿的问题；如何掌握多次小额受贿问题；等等。同时为了防止被告人当庭翻供，我们还准备了两套庭审方案，以确保庭审活动万无一失。庭审事实证明，尽管这些预备方案没有用到，但确实在增强公诉人的指控信心等方面起到了决定性的作用。

(3) 最大限度地发挥公诉意见书的指控、证明、警示作用，使其在揭露犯罪的同时，发挥更加强势的良性教育作用。

公诉意见书是检察机关证明犯罪、强化指控观点、宣传法治、教育群众的重要文书。在本案中，由于被告人认罪，公诉意见书的宣传教育作用更加凸显。职务犯罪的原因林林总总，不一而足，我们针对被告人蒋某某走上犯罪道路和他作为组织部部长的受贿犯罪特点，仅提出了两点极为重要的原因：一是受贿时抱有侥幸心理，认为不可能败露；二是在最初小额的物质利诱面前放松警惕，没有“慎独、慎始、慎初”。针对这两个原因，我们展开了分析，剖析了蒋某某受贿案和他被查处后的心境，引起了他的心理共鸣，产生了良好的震慑与教育作用，也发挥了公诉意见书的指控、揭露、宣传、引导作用，为蒋某某最终全面接受指控，并表示“如果辩护人意见与公诉人意见不一致的，以公诉人讲的为准”，从而实现了“不战而屈人之兵”的“全胜”。

（4）运用多媒体示证系统，使庭审活动更加直观准确。

本案在审查起诉过程中，考虑到这是一起职务犯罪要案，检察机关就已经开始着手准备对庭审举证活动进行多媒体示证活动。接到出庭通知后，办案组立即对多媒体示证方案进行了精心的准备，出庭公诉人员也多次演练，科长、分管检察长也亲自到示证演练现场进行指导督促，力求举证与示证同步，“指哪打哪”。经过演练与编排，在法庭举证活动中，多媒体示证系统发挥了重要的展示作用，大量的物证、书证、鉴定意见、被告人以往的供述，都是通过示证系统展现在法庭上，繁简得当，大大节省了举证时间，却强化了举证效果，起到了事半功倍的效果，得到了广泛好评。

蒋某某受贿案的成功办理，检验了检察机关职务犯罪侦查、公诉队伍，进一步提高了检察机关办理重大、疑难、复杂职务犯罪大要案的水平，增强了我们今后办理此类案件的信心，也为办理此类贿赂案件积累了重要的经验。

从这个案件的庭审效果来看，我们可以发现这样的规律：首先，“不战而屈人之兵”在庭审中并非绝无可能，而是完全可以实现的；其次，这种兵不血刃的“全胜”不是靠坐等而来，同样需要积极的努力；最后，不同的案件要想取得“全胜”，一定要因人而异、因案而异，不能采用一成不变的方法，也不可能采取相同的方法，具体如何去做，必须研究案件的规律，准确运用谋略。以蒋某某受贿案为例，除了前面所总结的之外，这个案件的关键之处在于政策攻心，这种方法对于职务犯罪案件比较有效，因为这类案件的被告人大部分是有知识、有文化甚至懂法律的领导干部，知道在证据确实充分的情况下，负隅顽抗只是徒劳。在这种情况下，如果我们能够给他摆明案件事实、证据和法律后果，他自己是会权衡利害、做出选择的。在这种情况下，他甚至会给他的辩护人做工作，要求辩护人不要做无罪辩护，从而表明自己的态度，这并不是讨好法庭，而是认清形势之下的一种妥协。试想，如果他坚定地认为自己无罪，或者坚信只要不认罪，法院就不可能对他作出有罪判决的时候，他可能做出上述选择吗？答案是不可能，大量人们耳熟能详的案件就是如此，所以对于公诉人来说，就不仅仅要研究卷宗材料中的事实证据等问题，还要研究被告人的心理，能够把话说到他心里去，这比在法庭上绞尽脑汁找出无数华丽的辞藻或者如匕首投枪般犀利的语言更有用。除了蒋某某受贿案之外，陈某某受贿案也是如此。

（案例9）陈某某利用职务上的便利或者利用职权形成的影响，利用其他国家工作人员为他人谋取利益，先后使用以借为名的手段受贿80余万元，在侦查阶段他做了有罪供述，但不久就开始翻供，不承认有受贿故意和行为，对一些犯罪事实以“忘记了”为借口推托，案件到了审查起诉阶段其仍然不认罪。公诉人员通过讯问并认真审查他历次供述和同步录音录像，仔细研究他的性格，认定他属于那种抱有侥幸心理、企图通过不认罪来逃避处罚，同时又有投机心态，担心一旦案件事实被法院认定，没有认罪悔罪就不能得到从轻处罚。为此，公诉人员在讯问中首先明确表明态度，我们是依法依职权办案，你有多大问题，我们就办多大的案子，不会刻意“整”你，不是要置你于死地，而是实事求是地办理这个案件，构成犯罪就是构成，不构成就是不构成，所以你在我们办案方面不要有顾虑。如此一说，打消了陈某某的敌意。接着公诉人员又说，只有如实供述才有可能得到从轻处罚，如果不如实供述，从轻处罚的可能性就不存在。同时，对于他最关心的处罚结果问题，也反复从法律规定、类似案例给他进行讲解，说明在这个犯罪数额情况下，认罪态度的重要性。尽管在讯问结束时陈某某仍然没有表示认罪，但从其言行表情来看，其当庭不认罪的决心已经松动。紧接着，借着听取辩护人意见的机会，公诉人员再次向辩护人摆明案件的事实证据，说明本案事实清楚、证据确实充分的基本背景，指明他只有认罪悔罪才是能够得到从轻处罚的出路，要求辩护人把这句话再告诉他，只要他能够幡然悔悟，公诉人在法庭上一定会充分肯定他的认罪态度，建议法庭从轻处罚，因而建议辩护人再去会见陈某某，将检察机关的意思转达给他。同时，检察机关根据查明的犯罪事实，坚决将本案提起公诉。辩护人也采纳了公诉人的意见，在开庭前再次会见了被告人，讲明了检察机关的态度，并根据起诉书认定的事实与证据，为他分析说明了其当庭认罪与否的利弊得失，由他自己权衡选择。在重重攻心“伐谋”之下，陈某某终于接受了检察机关的建议，当庭改变了原态度，承认了自己的犯罪事实，庭审顺利进行，最终法院对其从轻判处了刑罚。

实践证明，在“谋攻”的过程中，“利而诱之”是非常实用的方法，因为人都有趋利避害的心理，尤其是面临审判这一决定自己命运的时刻，一般的被告人都十分关心自己的判决结果，此时晓以利害，给他指明一条道路，只要对他有利，他自己会作出抉择的。当然，这里的“利”必须是合法的、正当的，也是符合法律规定的，而不是欺骗被告人，更不能违法许愿，最终却无法兑现，那种欺骗被告人的做法，不但会影响被告人今后的教育改造，而且严重影响检察机关的声誉，破坏检察机关的公信力，也背离检察官的职业道德，使用这种手段的“利而诱之”是不可取的。当然，随着刑事诉讼制度改革完善，“认罪认罚从宽”处理、刑事速裁程序等做法也逐步被引入刑事诉讼过程中，这些改革，都给检察官教育说服被告人主动认罪、接受处罚提供了法律依据，从而使“利而诱之”的途径越来越广泛，广大公诉人员要发挥好制度优势，通过讯问犯罪嫌疑人宣传这些新制度所带来的实惠，让他们心悦诚服，主动放弃对抗，从而实现互利双赢。

作为律师来说，“全胜”之道同样重要。对于辩护人而言，这里的“全胜”并不意味着只有无罪判决才是“全胜”，而是只要实现了有效辩护，尤其是最初设定的辩护目标能够达到，就是“全胜”。俗话说：医生治病不治命。律师辩护有时候很像医生治病，既要发挥主观能动性，同时更要服从客观规律和尊重实际情况。一件事实清楚、证据确凿的故意杀人案件，即使律师水平再高明，也不可能辩护成无罪案件，这就是客观现实，无法逆转，这时候所追求的“全胜”可能就是不判死刑立即执行，而如果你能够让法官、公诉人接受你的观点和意见，法官判了死缓，检察机关没有抗诉，被害方能够谅解，这就是“全胜”；一个多罪名的案件，如果有的罪名无法改变定罪结果，能够把多个罪名辩成一个罪名，从而减轻了被告人的刑罚，也是“全胜”。

明白这个道理之后，律师在“庙算”中的一个很重要的任务，就是明确辩护目标，这个目标当然是被告人利益的最大化，就像医生治病，能够完全治愈当然是最佳的结果，如果没有完全治愈的可能，那么部分治愈、恢复部分机体活力、延长病人生命、降低病人痛苦、提高病人生活质量等都可以作为“全胜”的目标。有效辩护不等于无罪判决，更不等于替当事人脱罪。有效辩护可以概括为，无罪的人，经过律师的辩护还其清白；罪轻的人，经过律师的辩护减轻其罪责；确有重罪的人，经过律师的辩护依法保障其应有之权利。这个时候，需要说服的不是检察官、不是法庭，而应是当事人，包括被告人本人和其亲属。现实生活中，被告人或者其亲属往往要求很迫切、很高，一定要律师做无罪辩护，恨不得让被告人马上无罪释放，甚至有的被告人或者其亲属认为，只要愿意出高价，就能够达到被告人无罪的目的。对此，律师就要用医生治病的例子明确告知和说服他们，打消他们不切实际的幻想，切不能因为对方出价高就欺骗他们，迎合他们的要求，许愿能够替他们实现无罪判决的目标，这种谎言唬得了一时，唬不了一世，一旦

“穿帮”，后果很严重，轻则被投诉，重则可能身败名裂，所以一个优秀的律师要懂得：“谋攻”的对象不是检察官、法庭，而是当事人。在说服他们接受你的建议之后，你实现了这个目标，实际上就是“全胜”。目标确定之后，律师“谋攻”的对象就转向检察官了，就是让他能够认可辩护人所提出的辩护观点。但是，律师要知道法庭上的“潜规则”，那就是控辩双方的不可说服性，尤其是公诉人，因为公诉人代表的不是他本人，而是检察机关，公诉人是以国家公诉人的身份在出席法庭，也许他心里赞同辩护人所提的观点，但是由于他出庭是履行检察机关赋予的职责，所以对于起诉书所认定的事实与证据，他是不能妥协的，除非接到指令撤回起诉，否则他将坚决捍卫检察机关的指控观点。所以，在无法说服检察官的时候，律师的“谋攻”重点就应当及时转到法官这里来，他才是终局决定者。

第九计　上兵伐谋，其次伐交

——庭前会议的目的与方法

孙子曰：故上兵伐谋，其次伐交，其次伐兵，其下攻城。攻城之法，为不得已。①

孙子认为，根据“全胜”的理论，用兵的上策首先是用谋略战胜敌人，其次是挫败敌人的外交，再次是挫败敌人的军队，最下策是攻打敌人的城池。选择攻城的办法，实出于不得已。前面已经谈到了法庭决战“伐谋”的方法，紧随其后的，就是“伐交”。其实“伐交”本身也是“伐谋”的变种，同样属于兵不血刃而取胜的办法，正所谓“折冲于樽俎之间”。如果说兵法中“伐交”的“交”指的是外交，那么对于控辩双方来说，这里的“交”指的就是沟通与交流，包括信息的披露、交换与共享、双方的沟通、交流与交换意见。根据《刑事诉讼法》第一百七十三条的规定，人民检察院审查起诉，应当听取犯罪嫌疑人及其委托的人的意见，可以说，对于律师来说，这是一次极佳的“伐交”机会。有律师认为：“说起在法庭上的无罪辩护，刑辩律师们有着道不尽的辛酸与委屈。据最高人民法院的工作报告统计，2015年各级法院审结一审刑事案件109.9万件，判处罪犯123.2万人，各级法院对667名公诉案件被告人和372名自诉案件被告人依法宣告

① 《孙子兵法》，陈曦译注，中华书局2011年版，第41页。

无罪，折算成百分比，2015 年全国刑事案件的无罪判决率仅为 0.08%。以某省为例，无罪判决率更低，2015 年仅为 0.004%。这冰冷的数字显示，律师要想在法庭上无罪辩护成功，几乎就是个奇迹。若将目光转向审判前程序，律师们会稍微好受些。根据最高人民检察院的工作报告统计，2015 年对侦查机关不应当立案而立案的，督促撤案 10384 件，对不构成犯罪或证据不足的决定不批捕 131675 人、不起诉 25778 人，对犯罪情节轻微、依法不需要判处刑罚的决定不起诉 50787 人。也就是说，检察机关督促撤案的案件是法院无罪判决的 10 倍，法律上无罪与证据不足无罪而不捕者分别是无罪判决的 127 倍与 25 倍，检察机关作出的相对不起诉决定是法院无罪判决的 49 倍。由此可见，进入审判阶段以后，试图通过辩护获得无罪判决的可能性仅为 0.08%，而在审判前阶段，以撤案、不起诉等方式让犯罪嫌疑人获得实质无罪结果的概率是审判阶段无罪判决的 211 倍。这些实实在在的数据无可辩驳地说明，无罪辩护的主战场不在法庭，而在审判前程序中。”[①] 由此可见，一些案件完全可以通过“伐交”的方式解决在法庭决战之前。那么，对于已经提起公诉的案件，是不是律师就无所作为了呢？或者说，公诉人与辩护人就要在法庭上刀兵相见，没有余地了呢？其实仍然还有不需要“伐兵”和“攻城”的办法，那就是庭前会议。

一、庭前会议的基本要求

《刑事诉讼法》第一百八十七条第二款规定：“在开庭以前，审判人员可以召集公诉人、当事人和辩护人、诉讼代理人，对回避、出庭证人名单、非法证据排除等与审判相关的问题，了解情况，听取意见。”对此，《最高人民法院关于适用〈中华人民共和国刑事诉讼法〉的解释》（2021 年）第二百二十六条规定：“案件具有下列情形之一的，人民法院可以决定召开庭前会议：（一）证据材料较多、案情重大复杂的；（二）控辩双方对事实、证据存在较大争议的；（三）社会影响重大的；（四）需要召开庭前会议的其他情形。”第二百二十八条第一款规定：“庭前会议可以就下列事项向控辩双方了解情况，听取意见：（一）是否对案件管辖有异议；（二）是否申请有关人员回避；（三）是否申请不公开审理；（四）是否申请排除非法证据；（五）是否提供新的证据材料；（六）是否申请重新鉴定或者勘

---

① 邓楚开：《无罪辩护的主战场不在法庭》，载中国律师网，http：//www.acla.org.cn，最后访问时间：2016 年 8 月 1 日。

验；（七）是否申请收集、调取证明被告人无罪或者罪轻的证据材料；（八）是否申请证人、鉴定人、有专门知识的人、调查人员、侦查人员或者其他人员出庭，是否对出庭人员名单有异议；（九）是否对涉案财物的权属情况和人民检察院的处理建议有异议；（十）与审判相关的其他问题。”《人民检察院刑事诉讼规则》（2019 年）第三百九十三条规定：“人民检察院在开庭审理前收到人民法院或者被告人及其辩护人、被害人、证人等送交的反映证据系非法取得的书面材料的，应当进行审查。对于审查逮捕、审查起诉期间已经提出并经查证不存在非法取证行为的，应当通知人民法院、有关当事人和辩护人，并按照查证的情况做好庭审准备。对于新的材料或者线索，可以要求监察机关、公安机关对证据收集的合法性进行说明或者提供相关证明材料。”第三百九十五条规定：“在庭前会议中，公诉人可以对案件管辖、回避、出庭证人、鉴定人、有专门知识的人的名单、辩护人提供的无罪证据、非法证据排除、不公开审理、延期审理、适用简易程序或者速裁程序、庭审方案等与审判相关的问题提出和交换意见，了解辩护人收集的证据等情况。对辩护人收集的证据有异议的，应当提出，并简要说明理由。公诉人通过参加庭前会议，了解案件事实、证据和法律适用的争议和不同意见，解决有关程序问题，为参加法庭审理做好准备。”第三百九十六条规定：“当事人、辩护人、诉讼代理人在庭前会议中提出证据系非法取得，人民法院认为可能存在以非法方法收集证据情形的，人民检察院应当对证据收集的合法性进行说明。需要调查核实的，在开庭审理前进行。”同时，最高人民法院专门制定了工作规程《人民法院办理刑事案件庭前会议规程（试行）》。

需要注意的是，庭前会议的处理事项和效力。对于管辖、回避、非法证据排除、出庭证人名单等可能导致庭审中断的程序性事项，以及控辩双方庭前提出的各种申请，应当通过庭前会议依法作出处理。现阶段庭前会议处理的事项不宜过多设限，否则难以有效发挥预期功能。人民法院依法对有关事项或者申请作出处理后，控辩双方没有新的理由，在庭审中再次提出有关申请或者异议的，法庭应当依法予以驳回。为规范庭前证据展示程序，对于控辩双方决定在庭审中出示的证据，人民法院可以在庭前会议中组织展示有关证据的目录，听取控辩双方对在案证据的意见，归纳存在争议的证据。对于控辩双方在庭前会议中没有争议的证据材料，在庭审中可以仅就证据的名称及其证明的事项作出说明。人民法院可以在庭前会议中归纳控辩双方的争议焦点，对控辩双方没有争议或者达成一致意见的事项，可以在庭审中简化审理。人民法院可以组织控辩双方协商确定庭审的举证顺序、方式等事项，明确法庭调查的方式和重点。人民法院在庭前会议中听取控辩双方对案件事实证据的意见后，对于明显事实不清、证据不足的案件，可以建议人民检察院撤回起诉。对于人民法院在庭前会议中建议撤回起诉的案件，人民检察院不同意的，人民法院开庭审理后，没有新的事实和理由，一般不准许撤回起诉。

二、公诉人参加庭前会议都干什么

《刑事诉讼法》第一百八十七条第二款规定："在开庭以前，审判人员可以召集公诉人、当事人和辩护人、诉讼代理人，对回避、出庭证人名单、非法证据排除等与审判相关的问题，了解情况，听取意见。"这一规定明确了我国刑事诉讼中的庭前会议制度。目前，对于庭前会议的功能、价值、操作规程以及法律效力等问题，理论界和实务界都存在不同的看法，笔者根据自己参加庭前会议的经历，谈谈对当前庭前会议的一些看法。

第一，关于庭前会议的功能与价值。

刑事诉讼的程序可以分为立案、侦查、审查起诉和审判，而审判阶段又可以分为公诉案件审查、庭前准备和法庭审理，前两个阶段一般称为庭前程序。公诉案件审查程序，是指人民法院对公诉案件进行审查，以判断公诉提起是否符合法定要件，决定是否将案件交付法庭审判的诉讼活动；庭前准备程序，是指为保障审判的顺利进行，在开庭审理之前，审判人员、公诉人、被告人及其辩护人等诉讼参与人为正式法庭审理所作的各项准备活动。《刑事诉讼法》第一百八十六条针对案件的移送问题做了相应的调整，规定人民法院对提起公诉的案件进行审查后，对于起诉书中有明确的指控犯罪事实的，应当决定开庭审理。第一百八十七条规定了人民法院决定开庭审理后的组成合议庭、送达起诉书副本、告知开庭日期和地点、通知相关人员到庭、召开庭前会议等，初步明确了我国庭前准备程序。而在此基础上，庭前会议是庭前准备程序的重要内容，是刑事诉讼法对诉讼程序的重要补充，其功能是庭前审查。刑事诉讼法创设庭前会议程序的主要目的，是为法庭开庭审理工作排除障碍，有效保障集中审理、提高诉讼效率。从价值上看，首先，庭前会议具有保障控辩双方权利平等的价值。控辩平衡是现代刑事诉讼的基本理念，控辩平等的基本要求之一就是控辩双方在证据知悉和掌握上拥有大致相当的权利和手段。2012 年《刑事诉讼法》就已经恢复了案卷全案移送的制度，可以保证辩护方辩护权的有效实现，而同时辩护人手中有关被告人不在犯罪现场、未达到刑事责任年龄、属于依法不负刑事责任的精神病人的证据以及检察机关在审查起诉后收集的其他证据，可以在庭前会议上展示，而且可以在审判人员的主持下交换控辩双方的意见，这样就可以保证控辩双方诉权的平等，避免因信息的不对称影响诉讼的平衡，进而影响庭审公平进行。其次，有效保障集中开庭审理的价值。一方面可以在庭前会议上发现并解决回避、管辖、证人出庭等程序性争议事项；另一方面庭前会议可以在交换控辩双方意见后归纳出事实、证据以及法律适用方面的争议点，通过明确争点和整理证据，可以在法庭审理过程中集中精力审理争议的焦点，能够实现庭审的集中、充分审理，大幅提高审判效率。同时，也可以通过庭前会议督促控辩双方认真开展审判准备工作，特别是促使检察机关针对辩护方所提出的异议进行调查核实和充分准备，为法庭的充分辩论提供实质性保障。此外，对于管辖权异议、申请重新鉴定、调取证据、变更强制措施、证人保护等问题，以及可能导致庭审中断进而影响庭审效率的程序性问题，我认为都可以通过庭前会议来集中解决，只有这样才能全面发挥这一制度的预期功能。

第二，庭前会议的启动条件。

庭前会议并不是法庭审理前的必经程序，而是人民法院在法庭审理前根据公诉案件的复杂程度或者其他需要召集相关人员了解事实与证据情况、听取控辩双方的意见，整理争点，为庭审安排进行的准备活动。从《刑事诉讼法》第一百八十七条的规定来看，召开庭前会议的决定主体是人民法院，但是对于当事人及其辩护人、诉讼代理人是否可以向法院申请召开庭前会议就非法证据排除、证人出庭、回避等事项交换意见，《刑事诉讼法》没有明确规定。《最高人民法院关于适用〈中华人民共和国刑事诉讼法〉的解释》以及最高人民检察院公布的《人民检察院刑事诉讼规则》对此均未作出明确规定。根据《人民法院办理刑事案件庭前会议规程（试行）》规定来看，我认为，虽然庭前会议召开的决定主体是人民法院，但是这并不妨碍公诉机关、当事人、辩护人及其诉讼代理人申请召开庭前会议。当事人及其辩护人、诉讼代理人经过阅卷、了解全部案情后，可以就非法证据排除、回避、证人是否出庭等事项申请人民法院召开庭前会议，同时人民检察院在接到当事人及其辩护人、诉讼代理人提交排除非法证据、回避、证人出庭的辩护意见后，或者认为案件复杂，如果把问题全部放到庭审过程中来争论，可能导致庭审无休止地进行下去，在不利于提高效率的情况下，需要召开庭前会议了解辩护人收集证据情况和听取辩护人意见的，也可以建议人民法院召开庭前会议。

人民法院在收到检察机关、当事人及其辩护人、诉讼代理人就排除非法证据、证人是否出庭、回避等事项提出召开庭前会议申请后，可以根据案件的复杂程度以及争议的问题，视情况决定是否召开庭前会议。人民法院对于是否召开庭前会议具有一定的裁量权，人民法院在收到当事人及其辩护人、诉讼代理人排除非法证据、回避、证人出庭的申请后，可以及时将相关情况通报检察机关并了解检察机关的意见，如果检察机关的解释或者补充证据尚无法排除审判人员的合理怀疑，可以决定召开庭前会议并将会议的时间、地点、拟讨论事项通知公诉人及其他需要参加庭前会议的人员。笔者所参加的庭前会议，就是在辩护人认为本案全案证人都需要出庭作证，并提出了申请，法庭对此问题需要庭前征求意见的情况下决定召开庭前会议。当然在会议上，笔者提出了本案相关证人所提供的证言均具有合法性、关联性、客观性，且由于本案系指定管辖的案件，所有证人均在外地，路途较远，有的证人还因涉嫌犯罪羁押在外地，如果辗转前来出庭，还会带来法警力量跟不上、不能及时还押存在逃跑、自杀等安全风险等问题，且上述证人出庭作证意义不大的意见。经过“伐交”，双方对此问题发表意见之后，法院最终采纳了笔者的意见。

第三，庭前会议的参与主体。

根据《刑事诉讼法》第一百八十七条的规定，除了人民法院的审判人员以及担任记录的书记员外，公诉人、当事人和辩护人也可以参加庭前会议。根据《刑事诉讼法》第一百零八条的规定，当事人包括被害人、自诉人、犯罪嫌疑人、被告人、附带民事诉讼的原告人和被告人。一般情况下，审判人员通过庭前案件的审查，认为案件疑难、重大，复杂，可能存在影响法庭顺利进行的因素，需要在庭前了解控辩双方意见，了解争议焦点、法庭举证质证的重点的，可以决定召开庭前会议。从庭前会议设置的目的和功能来看，人民法院具有决定由谁参与庭前会议的权力，同时为实现庭前会议的目的，公诉人和辩护人一般必须参加，但是对于被告人是否需要参加庭前会议、被告人没有辩护人的情况下是否需要召开庭前会议等问题存有一定的争议。

《最高人民法院关于适用〈中华人民共和国刑事诉讼法〉的解释》第二百三十条第三款规定，庭前会议准备就非法证据排除了解情况、听取意见，或者准备询问控辩双方对证据材料的意见的，应当通知被告人到场。有多名被告人的案件，可以根据情况确定参加庭前会议的被告人。我认为，法院决定召开庭前会议的，一般应告知被告人有权参加，如果被告人决定不参加，而是委托辩护人参加庭前会议的，可以尊重他本人的意愿，因为被告人是法院判决或裁定的最终承受者。证人是否出庭，相关人员是否回避等问题直接关系证据采信、事实认定以及最终的刑事判决，在非法证据排除争议中，特别是对被告人口供存有异议的情况下，被告人作为“非法取证被害人”，对非法取证有着直观的感受，同时需要承担非法证据可能对其产生的不利法律后果，往往是非法证据排除的申请人，如果排除犯罪嫌疑人或被告人参与庭前会议的权利，往往不能达到庭前会议的目的。但是，由于庭前会议召开的前提是被告人已经充分理解了对证据不表示异议以及法庭不对证据进行详细调查质证时所产生的实体后果和程序后果，否则必将极大地侵害被告人的诉讼权利。只有在被告人有辩护人为其提供充分的法律指导，理解自己在庭审前对证据不表示异议的法律意义和法律后果时，才适宜召开庭前会议，以保护被告人的权利，更好地实现司法公正。

笔者所参加的庭前会议，被告人就参加了，也提出了很多自己的看法，尤其是对起诉书所认定的事实与证据，他说以往的有罪供述是在有心理压力的前提下做出的，不是真实的意思表示，这和提审他的时候他所说的内容是一样的，但他无法举出侦查人员对他刑讯逼供、案件中存在非法证据的事实与线索。他的这一态度，也使笔者预测到开庭时他会采取的态度，从而使笔者进一步放弃他当庭认罪的幻想，做好了在口供问题上进行辩论的准备。

第四，庭前会议的内容。

开会总要解决问题，《刑事诉讼法》第一百八十七条第二款规定，人民法院可以就非法证据排除、回避、出庭证人名单等与审判相关的问题召开庭前会议。除此之外，还有管辖异议等问题，也可以放在会议内容之中，以免这些问题等到开庭的时候再提出，反而降低了庭审效率。所以庭前会议内容的确定应围绕为法庭审理整理争点、排除障碍，提高庭审效率。除了法律规定的非法证据排除、回避、出庭证人名单事项以外，凡是与审判相关的可能影响法庭正常连续审理的事项均可以在庭前会议上讨论，但不得涉及事实认定、证据采信以及法律适用。《最高人民法院关于适用〈中华人民共和国刑事诉讼法〉的解释》第二百二十八条规定，庭前会议可以就管辖、回避、公开审理、非法证据排除、新发现证据等事项进行讨论。对于这些问题，作为参加庭前会议的公诉人，要做到提出准备，有理论证，有力回应。

例如，对于非法证据排除问题，非法证据排除是庭前会议的重要内容，甚至被称为庭前会议最重要的议题。将非法证据排除纳入庭前会议讨论的范围无疑有助于检察机关了解被告人及其辩护人排除非法证据的具体意见，也有助于人民法院了解控辩双方有争议的具体证据及双方意见，明确诉争焦点，敦促双方针对焦点做好庭前准备，为庭审做好充分准备，提高庭审的效率。笔者参加的会议上，辩护人就提出了非法证据的问题，对此，笔者在会上阐明了什么是非法证据、本案当中是否存在非法证据，对于非法证据排除的看法究竟如何，尤其是对于辩护人提出的本案存在的非法证据问题，笔者根据非法证据的概念对照，旗帜鲜明地表明本案证据并非非法证据，不应当启动非法证据排除程序，对于证据的意见，完全可以通过举证质证的正常庭审方式去解决。这一观点，得到了法庭的肯定，从而又取得了一个回合“伐交”的成功。

除了非法证据排除异议外，可能造成法庭审理中断的主要因素就是程序性争议，如回避。法律规定，审判人员、检察人员、侦查人员的回避，应当分别由院长、检察长、公安机关负责人决定；院长的回避，由本院审判委员会决定；检察长和公安机关负责人的回避，由同级人民检察院检察委员会决定。一旦在庭审中提出回避申请，势必中断庭审，影响诉讼效率。

除了回避还有一些程序性事项可以在庭前会议中解决，如管辖争议、公开与不公开审理的争议等，这些问题一般与事实和证据无关，而且如果变更大多需要人民法院的内部审批程序，如果在庭审中发现的话，往往需要中断庭审或者造成庭审的拖沓，所以对这些程序争议人民法院完全可以在庭前会议中充分听取控辩双方的意见后及时解决。

证人出庭作证也是庭审中常见的争议焦点。《刑事诉讼法》正式实施以后人民法院将会更多地面临证人出庭作证的申请。《刑事诉讼法》第一百九十二条规定，公诉人、当事人或者辩护人、诉讼代理人对证人证言有异议，且该证人证言对案件定罪量刑有重大影响，人民法院认为证人有必要出庭作证的，证人应当出庭作证。第一百九十七条第二款规定，公诉人、当事人和辩护人、诉讼代理人可以申请法庭通知有专门知识的人出庭，就鉴定人作出的鉴定意见提出意见。如果都在庭审中提出申请的话，审判人员势必要在极短的时间内作出决定，一方面对审判人员的要求太高，另一方面也显得人民法院的决定过于仓促、不够慎重。针对这些问题完全可以在庭前会议上由控辩双方充分阐释证人、鉴定人、有专门知识的人出庭的必要性，审判人员听取意见后再作出决定。

另外，庭前会议中笔者还对部分证据进行了展示，主要是因为案件证据数量很大，一些证据其实控辩双方都看了，但如果不召开庭前会议，法庭上还要把这些证据展示一遍，会占用很长的时间。这次通过庭前会议控辩双方证据的展示和交换意见，了解双方对各证据的意见，明确有争议的证据，对于那些没有争议的证据，双方都同意在举证质证程序中简单列举证据名称和证明内容即可，从而使得后面的庭审顺利、高效地进行。

第五，庭前会议的程序规则。

庭前会议与法庭审理不同，其不涉及事实与证据的实质审理，根据《人民法院办理刑事案件庭前会议规程（试行）》，笔者参加的庭前会议程序基本上是这样的：控辩双方在审判人员的主持下围绕讨论议题交换意见。首先由主持人员核对与会人员的信息后宣布庭前会议的开始以及会议的主要议题。这次主要有两个议题，一是辩护人申请证人出庭的问题，二是相关证据展示的问题。会议围绕议题的顺序依次展开，先由辩护人发表意见，他提出要求传唤所有证人出庭作证，理由是他们的证言是非法证据，不能作为定案的依据，这个问题笔者当场就反驳了，无论是从卷宗材料中证人证言的合法性、客观性和关联性角度，还是诉讼效率角度，抑或证人的实际情况来看，都没有出庭作证的必要性，对于部分证人证言前后存在矛盾的问题，笔者也在会上进行了合理的解释。后来，辩护人也同意不再坚持要求证人出庭。在相关证据展示阶段，笔者和辩护人都互相阅读了对方提交展示的证据，并且发表了意见，主持人还安排双方各自对会上的证据发表了总体意见。

第六，庭前会议的法律约束力。

目前，对庭前会议上人民法院是否可以就讨论的议题作出决定存有较大的争议，相关立法、司法解释也未明确庭前会议的法律效力。近期有的案件，尽管开了庭前会议，个别律师到了法庭上却又改变了庭前会议上的意见，造成庭前会议白开的情况。对这个问题，还是要围绕庭前会议的功能及价值展开，在保障当事人诉讼权利的前提下，树立庭前会议的权威，这也是司法诚信的表现，作为法律人都能够出尔反尔，那么司法的严肃性何在？所以笔者坚持认为庭前会议应当有相当的约束力，在会上承诺的，在法庭开庭时就应当兑现。笔者参加的庭前会议效果还不错，律师在后来的庭审中也兑现了会上的承诺，对于相关证据不再提出异议，从而使庭审效率大大提高。今后如果遇到辩护人推翻庭前会议上约定的，应当旗帜鲜明地表明态度，要求法庭严格按照会议决定去做。

对于参加庭前会议的感受，有以下几个方面：

一是参加庭前会议前对会议上需要讨论的问题要熟悉，不能没有目标地参加会议。对于控辩双方来说，参加庭前会议，是在决战法庭前一次绝好的“伐交”机会，你的观点如果能够为对方接受，在法庭上就会少费不少力气；对方提出的要求如果你能够理由充分地予以反驳并得到法庭的认同，就离庭上的成功又近了一步。尤其是非法证据排除问题，每次在有争议的案件庭审中，都是重头戏，如果你能够在庭前会议上将这个大问题解决，那么你就为自己的决战法庭铺平了道路，反之，就只能面临“攻城之法为不得已”的下策，有的案子可能要厮杀十天半个月，双方都筋疲力尽。这可就是“伐交”的重要作用。还有，庭前会议的功能和价值就在于解决问题，提高效率，作为公诉人不能不明白会议意图是什么、会议议题是什么。所以会前要向法院了解会议的议程，进一步熟悉所讨论的问题，对于争议问题要有所准备，要像对待开庭一样对待庭前会议，而不能“坐以待毙”，到了会上成了待宰的羔羊。

二是对于争议问题要有自己的主见，不能签订“不平等条约”。“折冲于樽俎之间”的“伐交”，与“运筹于帷幄之中”的“伐谋”其实作用是一样的，归根结底目的还是实现“决胜千里之外”。有时候，有的辩护人希望通过庭前会议给法院施压，以拒绝参加会议为由，让法院接受他们的观点、满足他们的要求，从而实现他们要求法院对公诉指控意见不予采纳的目的。对此，一定要态度坚决地予以回击，不能片面地配合他们把会开好，而丧失了指控主动性。对于他们提出的不合理要求，一定要坚决地表明我们的态度，哪怕这个问题将来拿到法庭上去争论，也不能为了配合会议而接受，放弃指控或者改变意见，在这个问题上，要坚持“大事讲原则，小事讲风格”，该坚持的原则，寸步不让。

三是对于能够提高效率的建议可以接受，但是必须在有利于查明犯罪事实、有利于避免冤假错案、有利于保证案件质量的前提下。

四是要有接受会议“谈崩了”的思想准备。庭前会议实际上是一种协商，大家对相关问题各抒己见，但既然是协商，就有可能达不成共识，这很正常。我们的任务仅仅是配合法院把会议开好，至于能否达成共识收到预期效果，那不是应该关注的问题。即使不能形成一致的意见，控辩双方也可以法庭上见，所以对庭前会议的态度就是，大家坐下来协商，我们欢迎；但是如果协商不成，也不必纠结，按照程序办事就可以了。

五是对于经过庭前会议达成一致的问题，如果在法庭上辩护人反悔，要坚决予以反击，建议法庭严厉谴责出尔反尔的不诚信行为，必要时建议法庭对此作出惩戒。

第十计　善用兵者，屈人之兵而非战也

——检察官、律师如何通过沟通解决问题

孙子曰：故善用兵者，屈人之兵而非战也，拔人之城而非攻也，毁人之国而非久也，必以全争于天下，故兵不顿而利可全，此谋攻之法也。[①]

孙子认为，善于用兵的人，能够实现使敌人屈服而不是靠交战，攻取敌人的城池而不是靠强攻，消灭敌国而不是靠久战，一定会是用完善的计谋争胜于天下，这种做法，才会使兵力不至于折损，却可以获得全胜，这才是用谋略攻取的方法。

一起案件的处理，经历了立案侦查、审查起诉、审判过程，绝非仅仅由几个人就能够决定一个被告人的命运，而是需要经过很多人的调查、取证、研究、分析，最终得出一个结论。既然有了这么多的环节，那么对于检察官、律师来说，需要面对的就不仅是枯燥无味的卷宗材料，而是活生生的人，这里的人，不仅仅指被告人，还有经手案件的侦查人员、检察官、律师、法官以及其他与案件有关的当事人。这个时候，检察官也好、律师也好，要明白：战，你也是与人在战，而如果能够通过沟通协调的方式来解决问题，实现你的战略构想，那么就没有必要把什么问题都放到法庭上去解决，毕竟庭下的说服沟通工作也非常重要，这就是“屈人之兵而非战也，拔人之城而非攻也”，从而实现“兵不顿而利可全”的目的。所以说，检察官、律师需要掌握与人沟通的技巧。

检察官、律师在同案件打交道，其实质是在与人打交道，因为办案中要接触案件当事人，要接触侦查人员、公诉人、辩护人和审判人员，有时还要面对关注本案的形形色色的公众；检察官、律师对案件的审查梳理也不是静态的，而是通过在与上述人员的交流沟通中查明案件事实，从而得出结论。因此，检察官、律师除熟练地掌握办案技能外，还要做好沟通协调工作，掌握沟通协调技巧。检察官、律师决战法庭前的沟通交流，重点是交流思想、灌输观点、解惑释疑，要根据不同的沟通对象，确定沟通协调方式。

---

① 《孙子兵法》，陈曦译注，中华书局 2011 年版，第 43 页。

一、检察官、律师与侦查人员的沟通协调技能

就检察官来说，他们与侦查人员的关系，是协作与监督的关系。一方面，公诉人员与侦查人员是共同的控方，担负着指控犯罪的共同职责，在工作中需要积极协作配合，形成合力，共同完成指控任务；另一方面，检察机关作为国家法律监督机关，要对侦查机关提供的证据材料认真审查，切实履行好侦查监督职责。公诉人与侦查人员的关系，应当是配合协作而不包办代替，引导取证而不指挥侦查，既要让侦查人员了解公诉人的取证思路，又要切实履行侦查监督职责。为此，公诉人员要避免对侦查人员的盲目认同心理，深刻把握公诉人案件质量监督员的角色定位。如有的公诉人员对侦查部门卷宗材料中的鉴定意见、勘验检查笔录、辨认笔录、交通肇事案中的事故认定书及其他证明材料不进行认真细致的审查，认为技术性材料是由专门人员出具的，具有专业性，侦查部门出具的证明具有权威性，没有必要在这方面花费工夫，对上述材料不加审查。对犯罪嫌疑人提出侦查部门有违法取证的情况，缺乏足够的重视。因此，公诉人员要认识到公诉人首先是侦查活动的监督员，是案件质量的检验员、把关员，其次是代表国家指控犯罪的控诉人，所以要发挥“诉前引导、审前过滤”的作用，避免在刑事诉讼程序中，把不符合起诉条件的案件起诉到法院。在工作态度、工作效率、对案件质量严格把关上要讲配合，但配合不等于轻信，更不等于放弃监督。

公诉人员与侦查人员的沟通内容，尤其是在庭审前夕，主要有三种情形：一是为案件事实证据方面的补充补强而进行的沟通，包括在庭前阶段所进行的沟通；二是进行侦查监督方面的沟通；三是根据非法证据排除规定的要求，当侦查人员以证人的身份出庭作证时公诉人与侦查人员的沟通。

（一）侦查取证方面的沟通协调

由于侦查人员与公诉人员承担共同的指控职责，因而在办案中公诉人需要对侦查人员调查取证活动进行引导。这种引导，包括案件尚未移送审查起诉、为了办理重大案件的需要，公诉人员提前介入参与公安机关对重大案件的讨论中，所提出的调查取证意见和在审查起诉过程中，根据案件的证据要求，建议公安机关补充相关证据或者补充侦查时所进行的沟通。这一环节，由于公诉人员与侦查人员的立场、目的、方向一致，因而要多站在侦查人员的立场上去思考问题，充分

理解侦查人员工作的艰辛。同时，对一些侦查方面的专业知识，要多向侦查人员请教，态度要谦虚，不要以指挥者自居，对一些取证虽然有难度但必须获取的证据如故意杀人案件的凶器、血衣、强奸案件的精斑等，要通过陈述物证在证明本案中的重要意义，说服侦查人员克服困难去取得。例如，某故意杀人案件，犯罪嫌疑人供述称将砍刀扔进江里，公安人员一开始想写个情况说明了事，但作为关键证据的凶器是否能够收集到案，直接关系被告人的罪责。为此，公诉人员说服公安人员，力陈物证的重要证明作用，后公安机关请来潜水员进行打捞，终于将凶器打捞出来，经犯罪嫌疑人和其他证人辨认，确系杀人凶器，从而为案件的顺利处理打下坚实的基础。另外，在介入活动中公诉人员还要注意，“引导”不是领导、指挥，也不是干扰、代替，参与不是联合。控诉职能的一体化不是组织的一体化，不是夺权，不是取而代之。工作中，切忌角色不清，喧宾夺主，代替侦查。公诉人员应严格把握引导侦查的工作范围和职权的行使方法，不可因此混乱了权责关系。公诉人员应是审查者、监督者，主要作用在于指明侦查方向，而不能指挥侦查，具体安排侦查活动。对侦查讯问、询问、取证、鉴定等诉讼活动应由侦查人员进行，绝不可越俎代庖，包办代替。

在审查起诉阶段，有时一些证据完全可以在公诉人员审查过程中要求侦查人员同时提取，此时就没有必要以退回补充侦查的形式去获取，而可以通过与侦查人员面对面的交流的方式，说明该证据在整个证据体系中的意义，以及没有该证据会对案件处理带来何种不良影响，说服侦查人员去获取，或者与侦查人员一起补充该证据。与侦查人员就补充完善证据体系进行沟通交流的语言，重点注意要尊重侦查人员，尊重他们的劳动，不要动辄就否定他人的劳动，如“你们这个案件证据怎么搞成这个样子？基本上都不能用！我看你们还是重新去取材料（换办案人去办）吧!”这种伤害侦查人员自尊心的语言，只能带来侦查人员的逆反心理：你有本事你去取证吧。结果只能是不欢而散，于事无补。因此，要将案件为什么需要某个或某类证据、这类证据能够起到何种作用、如何想办法去补充等向侦查人员说清楚，让其心悦诚服地取证；建议取证的语言要用商量的口吻，而不要用命令的口气，如“你看这个证据要不要去取一下?”“这个证据很重要，上次有个案子就因为没有这个证据，结果……”在这种情况下，侦查人员不仅能够通过交流明确公诉人员的意图，同时也为他们在今后办案中提高证据意识创造了条件，引导侦查于无形无迹之中。对于需要退回公安机关补充侦查的案件，补充侦查事项要写得语言规范、说理清楚、明确具体：一是用语要规范。补充侦查事项尽管是补充侦查决定书的附件，但也要求做到语言规范严谨，要使用法言法语，做到严肃、严谨、细致，条理清晰，通俗易懂。实践中，语句不通，用词不当等不规范的补充侦查事项不仅影响法律文书的严肃性，还会使侦查部门对需要补充的问题产生怀疑，对补查工作也会敷衍塞责，公诉引导侦查的职能也会因此大打折扣，对工作产生不利影响。二是要注重说理。补充侦查首先要让侦查部门明白为什么需要这样，说理内容要做到全面、充分、透彻，对于已经查到的证据，说明其能够证明哪些犯罪事实、已经达到什么样的证明程度、证据的哪些方面还存在不足、为什么要补查这些证据，要让侦查部门完全明白。说理必须要抓住重点，解决主要矛盾，尤其是对于证明犯罪嫌疑人无罪或者罪轻证据的补充，更要全面透彻地予以阐明，这样做可以使被侦查机关接受公诉部门提出的要求，积极主动地做好补充侦查工作。三是要求明确。要根据不同案件的不同证据状况，不同的补充条件，围绕案件所显示的当事人、物证、鉴定等归纳总结，尽可能做到所提出的补充侦查事项目的明确，内容具体，方式恰当。在要求补侦的证据材料中，凡外延宽泛或者内容抽象的，均应当将其分解、细化成若干具体、细小的待证事项，并一一列举，不要笼统地写作，如“本案定罪证据不足，请予以补充”，让人无法下手。必要时，还可与侦查人员一起商讨补充侦查方案，促成共识。

在庭审前夕或者在庭审过程中因发现需要补充侦查而建议延期审理或在进行补充侦查过程中，检察官要将庭审预测信息或者庭审情况向侦查人员通报，统一认识，说明补充侦查的必要性和重要意义，防止因走过场而造成补充侦查流于形式，最后导致指控失败，要有针对性地对庭前预测内容或者庭审中发现的问题进行研究，共同提出解决方案，主导侦查人员尽快解决问题。这一阶段最重要的沟通就是要统一认识，要把如果不补充侦查的后果向侦查人员说清说透，防止他们认为“反正案件已经到法院了，需要补充侦查的由检察机关补充侦查好了”，结果因工作懈怠而影响判决结果。

（二）侦查监督方面的沟通协调

侦查监督工作是审查起诉过程中的重要职责，检察机关审查起诉工作除查明案件事实外，通过审查起诉活动实现侦查监督，也是工作的重要内容。审查起诉过程中的侦查监督，除对那些刑讯逼供、暴力取证等严重违法行为进行监督外，更多的是对部分“软违法”或瑕疵证据的纠正与补强，如公安机关辨认活动中没有严格按照程序规定去做、讯问犯罪嫌疑人存在单人讯问的情况、询问证人时没有让其他不相干的人回避、进行个别询问等。这些问题如果公诉人员没有发现或者发现后没有及时重新取证，势必在法庭上造成被动，甚至导致一些关键证据无法使用，直接影响指控。对于这些行为，公诉人员就要立足侦查监督，认真加以纠正，及时予以补强。对于严重违反程序的行为，要根据确实的事实，向单位领导汇报，以检察机关的名义发出纠正违法通知书，要求侦查机关予以纠正；对于那些有瑕疵的证据，要分类型区别对待：对于言词证据，确实存在问题的，要拿出法律依据向办案人员提出意见，告知其该证据不具备合法性，在法庭上不能作为证据使用，要求侦查人员重新制作，对于有瑕疵可以补救的证据，对侦查人员说明瑕疵所在以及瑕疵的原因，要求侦查人员对该瑕疵进行必要的补救；对于取证确实有很大难度、所取来的仍然存在问题的证据，要与侦查人员协商补救的办法，对证据予以补强。尤其是对那些马上就要上法庭的案件，仍然存在瑕疵或者明显不规范的证据，一定要向侦查人员说明白，告知如果不补救的后果以及办案人员应当承担的责任，从而使压力与动力并用，解决实际问题。

（三）侦查人员出庭作证时的沟通协调

根据非法证据排除等相关规定，必要时讯问人员要出庭作证。由于以往侦查人员出庭作证的很少，对于在法庭上如何应对辩护人的提问、如何正确表达以及在法庭上作证的态度如何，公诉人员可以与侦查人员事先进行必要的交流，在保证其实事求是作证的前提下，传授必要的出庭技巧，如辩护人提出的哪些属于与案件无关的问题，可以拒绝回答，哪些问题需要简略回答，哪些问题需要详细解答，哪些问题存在问话陷阱，不能简单作答，而要全面说明等。要向其说明出庭作证的根本目的是什么，怎样应答辩护人、被告人提出的问题，从而从容地转换好侦查人员与法庭证人的角色。

对于律师来说，在侦查阶段，侦查机关立案之时，往往就是刑事辩护的黄金时间，要充分利用这一时间段，掌握案件相关信息，及时与侦查机关沟通，对于明显无罪的案件，要明确提出无罪、撤案的法律意见。如果侦查机关不采纳撤案意见，可以在审查起诉阶段将自己的意见向检察机关反映。当然，案件已经到了即将开庭之际，与侦查机关沟通的机会相对不多，但也可能会出现一些转机，如侦查机关突然发现案件存在问题，或者对一些相关情节如自首、立功有疑问，包括一些不在押的被告人可能在开庭前有立功表现的，这时也需要由侦查机关出具相关立功证明，因而与侦查人员的沟通交流也仍然是必要的，所以不要做“过河拆桥”的事，毕竟除这个案子外，还可能有打交道的机会。

二、检察官、律师与案件当事人的沟通交流技能

案件当事人，指的是犯罪嫌疑人、被害人及其亲友。检察官在办案过程中，难免会接触当事人或者其近亲属、好友。与这些人接触，要注意遵守办案纪律，不得私自会见，不得透露办案情况，更不得接受他们的请客送礼。在与他们的交流中，要注意对犯罪嫌疑人不得逼供诱供、指供诱供，对被害人不得暴力逼取陈述或者使用明示、暗示的语言要求其作自己需要获取的陈述，对他们的态度要严肃认真、客观公正。同时，在与当事人接触时，要注意提高警惕，首先是注意自身的人身安全，防止犯罪嫌疑人情绪不稳定时行凶、自残或者抢夺警械、撕毁卷宗材料或讯问笔录，防止被害人或其近亲属因被害后情绪不稳，冲击办案场所、围攻办案人员；其次是接待上述人员时要两人以上，防止出现当事人及其亲友以送礼或者办案人员索贿为名栽赃陷害等情况，对于女性当事人更要注意不要出现男性办案人员单独接待的情况，在接待内容上，不要谈论具体案情，要耐心接待，多听少说，对他们可以使用表态性的语言，如“请你（们）放心，检察机关一定能够依法办事的”。“你的意见我们已经知道了，如果还有什么，可以以书面的形式给我们，我们在处理这个案件的时候，一定充分考虑。”“你的要求我们已经听明白了，我们把你的要求向领导汇报，同时在办案中会考虑这个要求的。”对于那些不合理的要求，要依法予以回绝，不要拖泥带水，给当事人以不切实际的幻想。在与当事人交流中，注意不要与他们辩论案件事实、性质问题，不要产生抵触和对抗，更不得与当事人争吵。对于当事人哭闹的，要耐心进行劝导，倒上一杯水，让其先冷静下来再好好说自己的想法和要求，公诉人员只要注意倾听就可以了，大部分当事人前来哭闹，其实就是想把话说出来，此时只要有人愿意静静地倾听，其说完之后情绪就基本稳定了。如果当事人人数比较多、情绪比较激动，可以让他们到会议室先坐下来，因为人在激动的时候站着会表现出一定的攻击性，而一旦坐下来，这种攻击性情绪就会有所缓解，所以当一群人拥进办公室的时候，公诉人员最先要做的不是阻止他们进入，而是想办法让他们先坐下来，平心静气地谈事情，这样会达到四两拨千斤的效果。如果当事人无理取闹，或者采取一些过激行为，可以对其进行警告，如“检察机关依法办案，不受任何个人和行政机关

的干涉，对于你提出的要求我们会认真考虑，但是对于没有法律依据的，希望你不要抱有任何幻想，你如果干扰我们办案办公秩序，将会受到法律的追究，现在请你冷静一下，做事要考虑后果，要理智一些！”同时报告领导通知有关部门加强防范，防止事态扩大、形势恶化。

对于律师来说，与当事人接触，可能是“谋攻”的又一重要机会。因为相对于律师来说，当事人是外行，他们需要的只是有利的结果，但对于案件情况究竟如何、什么是最有利的结果，他们其实并不知道，但他们的目的又很明确，那就是最好无罪释放，越轻越好。在这个时候，律师的对手其实并不是公诉人，也不是法官，而应是当事人，需要说服的也是当事人，因而律师就应当解决当事人需求与现实之间的矛盾，与他们沟通的就是辩护方案，要让他们明白就案件的基本状况来看，目前的方案已经是最好的方案了。所以律师与当事人的沟通，不在于如何迎合他们的要求，而在于让他们知道发生了什么、会出现什么样的结果，引导他们面对现实、采取务实的态度解决问题，这是律师的目标。当然如果无法说服当事人，在提供法律服务与独立辩护之间，律师可以作出自己的选择，而不能到了法庭上才放弃辩护或者拒绝辩护，在这一阶段需要注意的是要客观，而不能夸大自身的能力、隐瞒客观事实、骗取当事人的信任甚至骗取当事人的钱财。与此同时，还有一个很重要的沟通对象就是被害人一方。尽管法律规定接触被害人一方需要一定的条件，但刑事诉讼法也规定了刑事和解程序，辩护人要合理运用好这一程序。例如，某故意杀人案件，案发后被害人的父母情绪非常激动，强烈要求判处被告人死刑。律师介入案件之后，通过检察官向其表达了被告人亲属的歉意，并表达了赔偿意愿，被害人父母先是不接受，但律师没有放弃，反复通过各种渠道向被害人父母表达诚意，后通过被害人的姐妹及其他亲属的劝说，使被害人父母感受到了律师的诚意，逐步平复了情绪。律师此时趁热打铁，再次表达了赔偿意愿，最终使被害人父母接受了被告人的赔偿，双方达成了和解，被告人被判死缓。对于这种情况，律师对于对方当事人应当坦诚、耐心，而不是赤裸裸地表示：“你只要接受条件，就可以赔偿你损失”，要设身处地地理解对方当事人的感受，通过各种办法和渠道说服对方，接受己方的条件。当然，在与对方接触过程中一定要注意分寸与规矩，不能引诱、贿买、威胁对方作伪证或者帮助毁灭罪证，同时要在尊重对方隐私的情况下尽量做到两人以上在场，防止对方反悔时说不清楚，要注意自我保护，必要时在征得对方同意的情况下可以同步录音录像。

三、检察官与律师的沟通交流技能

在控辩式诉讼格局中，公诉人与辩护人、被告人是相互对抗的双方，这就使得公诉人易对辩方产生成见。具体表现为：一遇被告人翻供或辩解，就认为被告人是在狡猾抵赖，是认罪态度不好，对辩护人的辩护意见总认为是在千方百计地为被告人开脱罪责。这种心态往往会使公诉人员陷入先入为主的思维定式，不自觉地对犯罪嫌疑人进行有罪推定，对能够成立的辩解和辩护意见视而不见。要避免这种成见，公诉人就应当加深对检察官客观义务的理解，在案件审查中保持客观公正的立场，既要注意查清犯罪嫌疑人构成犯罪的证据和事实，又要注意查明有利于犯罪嫌疑人的证据和事实，做到不偏不倚。因此，认真听取犯罪嫌疑人、被告人的辩解和辩护人的意见，也是公诉人履行客观义务的重要表现。同时，这一交流也要求辩护人树立一个观念：把检察官当作审判前程序中的“法官”，在审前程序中说服其接受律师的意见，而不要把所有问题统统集中到法庭上去解决。这里涉及两个问题：一是要不要在庭审前将自己的观点告诉检察官；二是辩护人的庭审表现与当事人的利益孰轻孰重。由于辩护人的法定职责就是在法律范围内追求当事人的最大利益，因而毫无疑问，只要庭审前把辩护意见交给公诉人有利于维护当事人利益，就应毫不犹豫地这样操作，而不应考虑自己是否会因此在庭审中陷入被动。这就要求辩护人树立一个观念：要把检察官当作审判前程序中的“法官”，在审前程序中说服其接受辩护意见，而不要将一切问题集中到法庭上去解决。

公诉人与案件的辩护人、诉讼代理人的交流沟通，既是必要的，也是法律规定所必需的。与上述人员的沟通交流，要注意依法依程序，在办公场所接待，不要私下或者擅自会见，并注意把握好与律师日常交往的分寸。对于律师来说，要尽量将自己的看法以及所掌握的情况及时告诉检察官，供其在决定案件的走向时参考，而不要存“留一手”的想法，隐瞒自己所掌握的情况，在法庭上进行突然袭击，给公诉人带来难堪，除非检察官轻视律师的意见与材料；对于检察官来说，需要注意的是与律师沟通交流的要求，那就是：多倾听，少表态，不辩论。事实证明，律师既然愿意找公诉人员沟通，说明他们对案件有态度和看法，这种态度往往决定他们会在法庭上如何说，而有些辩护人提出的案件问题，可能恰恰是案件的关键，定罪还是不定罪，辩护人有时提出的观点和意见，往往是中肯的、正确的，对公诉人员办案十分有帮助，那么公诉人员应当在办案中及时采纳；对于辩护人提出的辩护观点，要认真倾听，积极思考，这些往往就是辩护人在法庭上的辩护意见或观点；与律师交流的语言，要谦虚谨慎，不要说一些张狂的话，也不要谈论谁的辩论水平高、对辩护人的辩风评头论足，交谈中对辩护人提出的观点，要尽量让其陈述理由，从而全面掌握其辩护观点。律师也正是通过这种形式，在庭前说服检察官，达到“不战而胜”的效果。

四、检察官、律师与审判人员的沟通协调技能

一个刑事案件最终的处理取决于法官，因此不论是检察官还是律师，最终需要说服的对象，当然是法官，这是控辩双方决战法庭的最终目的。从检察官的角度来看，检察官与审判人员的关系是：同为司法人员，有着共同的思维方式和工作习惯，即用证据证明案件事实，不主观臆测，共同履行客观义务。但在案件提起公诉后，公诉人员往往站在指控犯罪的立场上强调指控，审判人员则站在相对中立超脱的立场上居中裁判，公诉人员受侦查人员，尤其是本院自侦案件侦查人员的影响相对多一些，审判人员受到的影响则相对少一些。公诉人与法官履行职责的终极目标虽然是一致的，即都是打击犯罪，保障犯罪嫌疑人合法权益，但在具体的诉讼格局中，角色不同、职责分工不同，看问题的角度也是有较大差异的。当前我国的庭审模式，指控犯罪成立的责任完全由公诉人承担，对于案件事实的认定主要基于控辩双方在法庭上的举证和辩论，法官居于中立和超脱的地位，而不是同公诉人一起在指控犯罪。法官调查核实的证据不一定都是控方证据，也可能是辩方证据，公诉人的观点是否被法庭采纳，只能是以事实为依据，以法律为准绳。公诉人员与审判人员的这种关系，对公诉人员提出的要求是：法庭上服从指挥，工作中沟通协商，原则上予以坚持，不放弃法律监督。

公诉人员与审判人员沟通协调有两个大的方面，一是在具体办案中的沟通交流，二是在法庭上的语言交流。在日常办案中，检察机关与法院各司其职，共同担负着查明案件事实打击犯罪保障犯罪嫌疑人合法权益的任务，因而对案件证据的要求是相同的，当审判人员要求公诉人员补充相关证据时，公诉人员要认真审查和思考，如果确实需要提供某证据，则要及时提供，而不宜以监督者自居，自以为是，认为自己所办的案件都是铁案，法官提出的问题纯属吹毛求疵，从而态度消极，不愿意配合；对于审判人员所要求提供的证据确属枝节性的证据，不影

响案件大碍时，应当主动与法官商量，说明在案的证据已经非常充足，这一证据是否有必要花费很大精力去调取，浪费司法成本，证明作用不大，说服法官不再坚持调取该证据；对于案件事实的认定，公诉人与法官又是一个说服与被说服的关系，公诉人与辩护人谁的意见能够被法官采纳，关键还是看谁的理由更加充分，论理更加正确。公诉人在与辩护人进行辩论的同时，实际上也在说服法官，这种说服，可以表现在法庭上通过法庭调查和法庭辩论的说服，也可以包括庭下互相交换意见时的说服，公诉人要争取将道理说透，使法官能够接受公诉观点。在法庭上，审判人员是庭审的指挥者，尽管公诉人同时又是法律监督机关的代表，履行审判监督职责，但根据刑事诉讼法的规定，这种监督是庭后的监督，是检察机关的监督，而不是公诉人个人的监督。因此，公诉人在行使审判监督职责时，就要注意方式方法，既要将支持公诉与审判监督活动有机结合起来，又要讲究监督的技巧。实践证明，公诉人在法庭上只要注意方法，其监督活动是受到审判人员欢迎的，特别是审判人员在庭审过程中出现程序错误和疏漏时，如审判人员忘记告知被告人有申请回避的权利就开始法庭调查，请公诉人宣读起诉书，此时公诉人可以用眼神示意审判长告知被告人申请回避的权利，而不宜直接向审判长提出要求告知；开庭审理开始后，审判长忘记让法警打开被告人戒具时，公诉人可以通过递纸条的方式，提醒审判长及时要求打开被告人的戒具；等等。这种交流虽然是无声的，但此时无声胜有声，效果较好。因此，公诉人在法庭上要服从审判长的指挥，遇有用语不当遭到审判长制止时，不要与审判长斗气，而应当及时停止，或者采取其他方式表示该用语的意义，争取审判长的支持；当法庭上遇到一些突发情况时，要与审判长交换意见，妥善选择处理方式；遇有需要补充侦查的情形，可向审判长提出建议延期审理；等等。

就律师而言，跟法官的沟通协调与相处，重在掌握分寸与宜忌，要懂得该做什么、不该做什么。

一忌不尊重法官。人之相处，重在尊重，一个懂得尊重法官的律师才能获得法官的尊重。有的律师名气比较大，社会声誉比较高，辩风也比较强势，有时在法庭上会不尊重法官，一个不尊重法官的律师，最终得不到应有的职业声誉，有时反而会损害自己当事人的利益。

二忌表现得与法官太亲热。有的律师因为性格的原因，本身待人就比较热情，或者是“见人三分熟”，几次接触后自认为与法官很熟悉了，见到法官会拍肩搭背，或者表现得过于亲热。尽管律师认为这是与人相处良好的沟通方式，但这种做法往往会令人心生疑窦，尤其是在法庭上，或者在当事人在场的时候，不要表现出任何和法官关系亲密的行为，这是尊重法官的重点之一。例如，不要直呼其名，聊到你所知道的对方爱好等，也许你认为，这样可以帮助你赢得当事人的信任，但却会丢掉法官对你的良好印象。

三忌拖延时间。法官的工作都很忙，时间很宝贵。如果一个律师前来沟通案件，说了半天还没说到点子上去，一定不受法官欢迎。所以律师不论是在给法官打电话沟通还是当面谈案子的时候，一定要保持简洁明快的作风，事先想清楚表达什么内容，理好自己的思路，努力做到不重复、不啰嗦。如果你实在感觉自己口头表达不好，那就把要点列出来书面交给法官，让他知道你既不想打扰他、浪费他的时间，又能够合理表达你的意见，从而获得他的接受。

四忌欺骗法官。有的律师在案件的一些情节上有意隐瞒，或者欺骗法官，这种情况被法官发现之后，必然会产生不良印象，至少今后在听到其意见的时候，法官会在心里产生警惕："这个家伙这次是不是又在骗我?"这就会对你的执业产生影响。

五忌随意提出"不靠谱"的辩护意见。有的律师一味迎合被告人及其亲属的要求，不论什么样的案件都提出无罪或者无根据的意见，让法官产生了"他的意见不靠谱"的印象，这对你今后的执业影响也是很大的，因此在每次提出辩护意见的时候，都要问自己：这个观点别人能不能接受呢？如果感觉连自己都接受不了，那么还是不提为好，说服被告人及其亲属采取其他方法来解决问题。

六忌不配合法官工作。有的时候，法官需要律师在工作上予以配合，如说服被告人接受赔偿请求等，有的律师会认为这是给了其额外的劳动，不愿意配合。实际上，只要不是损害被告人权利的工作，律师也需要有一个积极合作的态度，使法官对律师的劳动予以认同，对你的配合心生感激，建立良好的工作关系，从而为今后的工作顺利开展打下基础。

七忌不讲职业道德。有的律师希望通过"勾兑"的方法取悦法官、与法官建立不正当的职业关系从而搞利益输送。客观地说，这种情况在实践中也是存在的，但是随着依法治国进程的加速，随着反腐败力度的加大，随着法官队伍职业化、正规化以及队伍素质的整体提升，绝大多数法官能够做到廉洁自律，不愿意办人情案、关系案、金钱案，不愿意踩红线、越底线，同时，尽管搞利益输送可能一时得手，但任何一个律师不可能一辈子只办一个案子，同样也要注意防止职业风险，因此，不能将与法官的关系寄希望于搞"勾兑"和利益输送上，尤其是当一名律师在社会上有了“勾兑”的形象，一般来说法官都会为了避嫌而敬而远之，如此一来，反而对律师自己造成损害。

八忌任意抹黑法官。任何一个律师都会面临败诉的情况，如果一不如愿就一味地把责任推到法官的头上，向当事人表达法官是收受了对方好处，所以导致败诉的结果，甚至煽动当事人围攻办案人员、进行诬告等，一旦为法官所知，必然对该律师产生厌恶与反感，同时这样做也不能得到当事人的接受，反而会在他人面前散布“这个律师没本事”的观点，造成两头不讨好的后果。因此，要正确对待自己观点不被接受的现实，多反思、多提高，而不是一味地抱怨。

五、辩护律师如何运用认罪认罚从宽制度实现共赢

2018 年修改后的刑事诉讼法明确了认罪认罚从宽制度。在这一制度施行过程中，控、辩、审各方都遇到了一些问题，如公诉方认为增加了工作量，辩护方认为辩护空间受到了挤压，法官则认为自由裁量权受到了限制。这些都是在改革过程中难免遭遇的问题，只要适应加调整，该制度完全可以发挥其应有的作用。这里就辩护律师如何开展认罪认罚工作提几点建议。

第一，熟悉程序规定。

首先，要对认罪认罚从宽制度以及其操作程序很熟悉。如果被告人具备这个条件了，而律师却没有按照认罪认罚这个条件去推进，那可能就会造成同案不同判，也就是别的被告人适用了这个条件，适用了这种制度，结果其他犯罪嫌疑判得就轻了，我的当事人判得就重了，这就造成了司法不公。同时要知道程序的适用流程。其次，案子要有值班律师。假如我是值班律师，那么我该做什么工作，如果犯罪嫌疑人委托我作为辩护人我该做哪些工作。在这个过程中我可以辅导被告人他有程序选择的权利，并且告诉他有这样一个有利的条件，如果他认罪了，可能就可以有一定幅度的从轻，律师就做这些工作。同时要知道在哪几个关节点上做工作。再次，被告人可能是本来不认罪，但是我感觉这个案子不认罪可能得不到从轻处理，我可以要求、建议他认罪。最后，我还要向检察机关提出我的意见建议，要求他采纳我们的建议。例如，有羁押必要性审查的要求的。我的当事人有认罪认罚这种情节，他的犯罪情节又不重，我也可以建议检察机关对他变更强制措施，建议人民法院对他变更强制措施。这些都是程序性的规定，我们在办理当中，对这些规定就要很熟悉，知道哪些地方是可以做工作的，而且做的工作

可能对实现有效辩护有好处，就要积极去推进。

第二，辅导犯罪嫌疑人、被告人理解认罪认罚从宽制度的规定与意义。

辩护律师自己熟悉这个制度的同时还要让你的当事人知道。你只是自己知道跟他说要认罪认罚，他却不理解，他认为好像你在忽悠他。所以你要告诉他，有这样一项制度可以去选择。当然并不是要求每一个律师都建议被告人认罪，如果本来被告人就是被冤枉的你还建议他认罪那肯定不对。但是在这种情况下律师就有义务来辅导他、告诉他，向他宣传，有这样一项制度可能会对你有好处。对你有好处的前提是什么？认罪认罚。此时我们辅导犯罪嫌疑人、被告人理解它的意义，也是我们提供法律服务的一个很重要的内容。

第三，确保认罪认罚的自愿性、真实性。

如果犯罪嫌疑人、被告人本身是被冤枉的，辩护律师阅卷后发现，事实本来就不清楚、证据本来就不充分，为了让他早点出去，就让他自己来选择，那肯定是不行的。还有一些被告人在公安机关、在人民检察院都选择认罪，但是他可能存在“屈打成招”的情况，这时他所谓的认罪认罚不是自愿的。在这个时候作为给他提供法律帮助的律师，就有义务保证他的认罪认罚是自愿的，是真实的，而不是一种为了某种目的或者是因为受到了胁迫而无奈的选择。所以这也是广大律师的一个很重要的义务。

第四，积极进行法律援助。

有些律师可能不愿意接法援案子，但是，法律援助是律师履行社会责任和社会义务的一个重要内容。认罪认罚从宽制度施行以来，法律援助案件大幅度增加，律师一方面要做好准备，另一方面也要切实发挥作用。要把它当作一次契机，而不是工作量的增加。因为法律援助案件数量增多，案源也会增加，律师发现案件存在问题的机会相应增加。可能有些案子，过去律师是不接的，接了这个案子之后发现这个案子有问题，然后经过律师的努力进行有效的辩护，实际上是扩大知名度、影响力的机会，同时也是作为一个法律人公正司法的重要内容。一方面，对个人来说，可能通过这些过去不太注意或者不太接触的案源，实现了知名度的增加。另一方面，也发挥了作为一个律师的社会责任。这也是非常有意义的一项工作。

第五，积极发挥辩护作用，实现有效辩护。

这几年在律师界，有效辩护是热点话题。有效辩护并不代表无罪辩护，而是最合适的辩护。律师在辩护活动中首先要认真履行职责。不能因为这个案子是认罪的，就放松审查和要求，更不能因为这是一个法律援助案子，就不去认真看材料，不去认真会见。不能因为认罪而放松对于问题的发现，同时也要注意根据案件的具体情况，来适时地说服被告人，接受认罪认罚，从而实现利益最大化。一个好的律师一定是一个能够审时度势的律师。律师的有效辩护就是最合适的辩护。什么是最合适的辩护？一个死刑案件或者明明是一个杀人案件，一定要把它变成无罪案件，一般不太可能，除非这个案件真的错了。那么在这种情况下我们已经知道这个案件事实清楚，证据确实充分，在这个时候被告人不认罪律师怎么办？怎么去保障这个案件得到公正处理的同时又能够使当事人的利益最大化？我想在这个方面我们可以通过认罪认罚从宽这样一个方式来解决这个问题，实现互利双赢。

第六，积极开展刑事和解等工作，积极促成当事人之间的和解，从而推动认罪认罚从宽制度的落地见效。

认罪认罚制度的落地见效还需要我们投入自己的劳动，尤其是在有被害人的这些案件中，如果被害人同意和解，应当说对于认罪认罚从宽制度，犯罪嫌疑人、被告人能够得到从宽处理是一个相当重要的条件。在这个时候辩护律师就可以发挥很重要的作用。因为很多时候，不论是从检察官的角度，还是从法官的角度，可能在具体谈的时候，就发挥的作用来看，不一定比律师的作用要大，因为当事人可能对于他的律师更信任。对于律师提的意见他们更容易接受。如果律师能够做好这项工作，对于促成最终从宽能够起到很大的作用。

因此，辩护律师在这当中完全可以有发挥作用的余地，当然还有前面说到的羁押必要性审查，强制措施的变更，这些工作也都是可以开展的。在熟悉程序的前提下，找出自己能够开展工作的节点，适当地开展工作，从而实现当事人利益的最大化。

第七，要传播法治正能量，而不是起反作用。

这个也是很重要的。因为我们可能担忧有些案件由于被告人认罪认罚，可能个别律师认为收费少了一点。因此，辩护律师就故意让当事人做无罪的辩解，律师做无罪辩护让他不认罪。最后可能当事人的利益受到损害。例如，本来是认罪的结果又选择了不认罪，这种情况笔者在实际办案中就遇到过。可能是为了实现某种庭审效果，就让被告人当庭翻供不认罪，结果最后影响的还是当事人的利益。

至少在案件事实清楚、证据确实充分的情况下，如果让当事人选择不认罪，结果本来有从宽的可能性，量刑能够从轻 30%，结果无法从轻量刑。过去说坦白从宽、抗拒从严，现在不说抗拒从严了，但是抗拒总不能从宽，被告人就得不到从宽处理的条件了。这也并不是说所有的案件，律师都一律建议当事人做认罪认罚。但至少具备条件的，律师不能去硬辩，或为了某种个人的利益，结果损害当事人的利益。所以在这方面，律师还要传播法治的正能量，不要一味只想钻法律的空子。

第八，要利用辩护的机会向当事人宣传认罪认罚从宽制度。

2016 年全国人民代表大会常务委员会授权最高人民法院、最高人民检察院在部分地区开展刑事案件认罪认罚从宽制度试点工作。在试点初期，很多人对这项制度可能都不了解，也可能不相信该制度。如果律师来宣传，当事人可能更容易接受。在这种情况下不仅需要向被告人、犯罪嫌疑人本人宣传，对被告人、犯罪嫌疑人家属也可以宣传。宣传并能够充分做好这项工作之后，最终得到实惠的是被告人自己。在这个问题上一方面他有自我选择的权利；另一方面通过这种方式让被告人了解到，在没有其他特别的法定从轻处罚前提条件下，还有一个认罪认罚的条件，至少在这方面不能再失去一次机会了。所以这时候他们能够接受律师的建议，对于程序进行选择。这也是律师能发挥的一个很好的作用。

其实辩护律师和公安机关、检察机关、法院机关办案人员一样，都担负着向所有案件的当事人宣传这项制度的义务。如果大家慢慢能够接受这项义务，让它深入人心，可以说，对于前面我们说的各种意义也好，至少从我们的工作效率来看是有好处的，当然这是在保证案件质量，保证案件事实清楚、证据确实充分的前提下来进行的。所以律师向当事人积极地宣传这项制度，也是很重要的一个方面的工作。

第九，不因有认罪认罚从宽制度而放弃对案件当中存在的问题进行研究。

该提出问题的还是要提出，这与检察机关和法院的任务是并行不悖的，我们都有这样一个责任。做辩护律师也是一样，你不能因为认罪认罚制度就一味劝认罪，本来有一些问题可以努力一把，这个案子就不会定案的，也劝当事人认罪，为了省事，为了抓紧结案，我就去让他认罪。结果当事人也是委曲求全地接受，实际上效果并不是很好。

只有从正反两方面、从各个角度去看待这项制度、认识这项制度、熟悉这项制度当中的程序要求，以及我们在具体办案当中贯彻这项要求，才能够真正发挥这项制度的优势，从而使试点工作得以顺利开展，对我们中国的法治进步，为维护当事人的合法权益，实现我们法律人共同的目标，作出我们法律人应有的贡献。

第十一计　十围、五攻、倍分、敌战、少逃、不若避

——审时度势运用庭审谋略

孙子曰：故用兵之法，十则围之，五则攻之，倍则分之，敌则能战之，少则能逃之，不若则能避之。故小敌之坚，大敌之擒也。[①]

孙子认为：在“全胜”的思想指导下，如果一定要用兵，也要根据自己的实力灵活掌握，所谓用兵“要在师以意而不拘泥，衡于己而通变”。因此，拥有十倍于敌的兵力就包围敌人，拥有五倍于敌的兵力就进攻敌人，拥有两倍于敌的兵力就设法分散敌人，兵力与敌相等就要努力抗击敌人，兵力少于敌人就要退却，兵力弱于敌人就要避免决战。所以，弱小的军队如果一味坚守硬拼，就势必成为强大敌人的俘虏。

法庭上的决战也是如此。如果手中没有胜算，一味靠鲁莽或者“死磕”，只能对自己的当事人判决不利，或者给自己的指控带来失败的后果。

虽然孙子认为“不战而屈人之兵，善之善者也”，但是战争归根结底靠的是实力。尤其是要取得胜利，更要靠实力，即使是以少胜多的战例，实际上在战术方面也是将一些有利条件计算在内，从而提高了实力层次，如昆阳之战、赤壁之战、淝水之战等，都是如此，在兵力少的情况下，利用人心向背、山川地形、自然力、心理因素等为自己“加分”，从而形成了在部分因素上远优于敌的态势，最终取得了全胜。

在实际办案中，有时公诉人手中确实有大量证据，表面上存在巨大的优势。但是，这些证据往往看似充分，实则有缺陷，如虽然有十份证据，却都是被害人一方证人的证言；虽然证据数量很多，但都是言词证据，没有一份实物证据；虽然证据种类很多，但证据之间存在不可调和的矛盾；等等。有时候辩护人手上虽然只有一份证据，却足以斩断控方的证据锁链。

（案例10）例如，一起故意伤害案件，认定被告人构成犯罪的主要证据是被害人的伤情鉴定意见。但辩护人经审查鉴定意见发现：“验伤通知书”和“省人民医院证明书”，两份证据的诊断结果前后不一。其中“验伤通知书”中骨科医

① 《孙子兵法》，陈曦译注，中华书局2011年版，第46页。

师违规添加的诊断结论是："左拇指尺侧指固有神经损伤；左拇指长伸肌腱损伤；颈肌损伤。"而在"省人民医院证明书"中，也是这位骨科医师所写的处理意见却成了："左拇指尺侧指固有神经损伤，左拇指长屈肌腱损伤，拇指功能丧失50%；可住院作左拇指尺侧指固有神经及左拇指长屈肌腱修复术。"两相比对，其中的诊断"左拇指长伸肌腱损伤"变成了"左拇指长屈肌腱损伤"。这里，虽然只是"伸"和"屈"一字之差，但伤势却差之甚远。侯树勋主编，由人民军医出版社出版的《现代创伤骨科学》载明，手指长"伸"肌腱是指手指外侧（手背）的肌腱，控制手指的背伸、外展功能。其损伤（断裂或不完全断裂）后，手指强制向内弯曲，无法伸直。但对日常生活影响不大。而手指长"屈"肌腱是指手指内侧（手掌）的肌腱，控制手指的对内弯曲功能。其损伤（断裂或不完全断裂）后，手指无法向内弯曲而丧失对掌、对指功能，对日常生活影响较大。[①] 这里"伸"肌腱与"屈"肌腱的不同，显然不是一个骨科医师应该有的笔误。究其原因，先前的诊断"左拇指长伸肌腱损伤"和此后的诊断"左拇指长屈肌腱损伤"均为假伤势，因伤势并不客观存在，诊断只是这位医师随意写就而成，才会造成第二次书写诊断结果时与前一次不一致。鉴于上述疑点和问题，辩护人认为本案证据存在重大疑问，特别是《损伤检验报告》认为被害人左拇指损伤程度构成轻伤的鉴定意见明显违背临床学常识，请求法庭对被害人左拇指损伤程度进行重新鉴定。经省人身伤害鉴定委员会鉴定，被害人左拇指所受损伤程度评定为轻微伤。最终，检察机关撤回了起诉。

这个案例表明，在实际"兵力"悬殊的情况下，如何灵活机动地找出于己有利的部分，提高我们的胜算，这既是"避实击虚"的打法，同时也是"十则围之，五则攻之"、集中优势兵力打击弱敌的方法。本案中，就是针对《损伤检验报告》这一个证据，拿出几个证据材料的"兵力"来"围"它，这里既包括报告本身的不合理之处，也包括临床损伤理论，还包括一些原始的诊断记录等，在这些"兵力"的包围下，《损伤检验报告》这一个证据就显得独木难支，经不住推敲，最终被否定。而故意伤害罪属于结果犯，一旦损伤鉴定被否定，其犯罪构成就受到影响，其他在案证据再多，也无法成为给被告人定罪的依据，至此，辩护人取得了"不战而屈人之兵"的"全胜"效果。

（案例11）例如，某贪污、挪用公款案，被告人为了套取本单位财产，指使

---

① 侯树勋主编：《现代创伤骨科学》，人民军医出版社2002年版。

他人成立了一个民办非企业某艺术研究院，研究院的法定代表人、总经理虽然不是被告人，但被告人却实际控制着研究院的财务，将从本单位套取的公款转入该研究院后归自己控制。从表面上看，每笔转入研究院的资金，都与其所在的单位签订了使用合同，但实际上这些合同都是虚假的，所有合同约定的内容均没有履行。对于成立并利用该研究院贪污公款的事实，被告人在侦查阶段做过多次有罪供述，在审查起诉阶段也仍然承认。但是，在法庭上，被告人突然推翻了原来的供述，供称以往的供述是虚假供述，实际上研究院与其没有任何关系，其既不是研究院的发起者，也没有实际控制该研究院，所转入研究院的本单位资金，都与研究院签订了合同。对此，辩护人辩护认为，从卷宗材料的书面合同及研究院的审批、运转、营业执照等客观性证据来看，所有这些证据都能够支持被告人的当庭供述，说明该研究院根本与被告人无关，被告人也就无从贪污公款。的确，本案中，所有公款都是转入研究院账户的，没有一笔进入被告人李某某的个人账户，如果该研究院与被告人根本无关，则难以认定被告人构成贪污罪。这一观点如果成立，那么对李某某贪污罪的指控就会失败。

对此，公诉人使用了“十则围之，五则攻之”的策略。因为辩护人的上述立论基础以及被告人当庭的配合，就是围绕“研究院与李某某无关”这一论点所展开，而对于这个问题，辩护人手上掌握的，只有被告人当庭的翻供辩解以及研究院成立材料，而公诉人所掌握的，不仅包括被告人以往多次的有罪供述，而且包括所有参与研究院设立、运行、财务管理、资金去向人员的证人证言，而这些证人的身份更加特殊，基本上都是被告人李某某的亲属。对此，公诉人当庭出示了上述八名证人所作的证言，所有证人都证实，该研究院是李某某为了从本单位套取公款用于本人开销，而提议并指使其亲戚出面，由其本人出资成立，其亲戚挂名担任法定代表人、总经理，研究院的运转、资金来源与支出，全部由李某某决定，李某某还用研究院套取的资金购买了轿车供自己使用，虽然轿车行驶证上并非其本人的名字，但却一直由其使用，其家庭成员也从研究院账上报销了自己的支出费用。同时，该研究院实际上并没有开展什么业务，办公地点就在一处普通民房。公诉人使用这些数倍于辩护人的证据，且这些证人又是被告人的亲戚，不可能诬陷被告人，证言真实性不容置疑，他们对于相关书证的解释合情合理，也都得到了被告人以往供述的印证。这些证据的出示，让被告人和辩护人都无力反驳，从而实现了“十则围之，五则攻之”，集中优势兵力打破被告人无理狡辩的目的。

当然，在证据明显薄弱、立论理由明显不充分的情况下，就要使用“敌则能战之，少则能逃之，不若则能避之”的战术，免遭“小敌之坚，大敌之擒”的后果。

（案例12）例如，某职务犯罪案件，被告人是行贿人，在侦查阶段，侦查人员一方面为了突破案件需要，另一方面由于对相关法律政策掌握不准确，要求被告人如实交代，并告诉被告人，只要能如实供述行贿事实，可以给其定自首，同时又因为揭发了受贿人的受贿事实，这样又属于立功，两个情节相加，基本上就可以免除处罚了。当被告人听了之后，就放下了思想包袱，供述了大量的行贿事实，检察机关据此查获了一批串案。但是到了审查起诉阶段，公诉人在提审时告诉被告人，其这一行为，既不属于自首也不属于立功，因为有关行贿的问题，检察机关在立案前已经掌握线索，而如实供述行贿事实的同时必然涉及对方受贿的事实，当然不能认定为立功。被告人听后大失所望，当场提出翻供，表示以往的供述都是假的，是在侦查人员欺骗下所作出的虚假供述，其实其根本没有行贿。案件起诉到法院之后，辩护人仔细审视案件证据，认为在现有证据状况下，如果一味翻供不承认行贿事实，不但与案件事实不符，而且丧失了侦查阶段良好的认罪态度与已经获得的从轻处罚情节，用这种强硬对抗的方式，显然无法与公诉人掌握的大量证据相抗衡，而只有避其锋芒，如实供述行贿事实，不但可以争取获得刑法第六十七条第三款所规定的坦白这一法定从轻处罚条件，而且前有侦查人员的承诺，后有被告人如实供述大量侦查人员尚未掌握的同一种行贿犯罪事实，尽管不属于自首，但一方面符合司法解释所规定的从轻处罚情节，另一方面客观上也为侦查人员查获其他受贿案件创造了条件，虽然由于行贿与受贿属于刑法上的对合关系，依法不能认定为立功，但这一行为同样属于对社会有益的行为，完全可以作为酌定从轻处罚的情节。辩护人将这一观点告诉被告人之后，被告人接受了律师的建议，法庭上表示认罪悔罪，辩护人在向被告人发问过程中特别问清了被告人是在什么情况下如实供述行贿事实、侦查人员对他是如何承诺的等问题。据此，辩护人所提出的上述辩护意见也得到了公诉人和法庭的认可，被告人得到了从轻处罚。

这一案例证明，在分析对比控辩双方力量与态势的时候，一定要理性、客观，不能情绪化、走极端，如果辩护人片面迎合被告人的要求做无罪辩护，不但得不到法庭采纳，反而会丧失从轻处罚的机会，对被告人极为不利；而在承认原供述真实性，并客观地将侦查人员的建议向法庭陈述清楚的前提下，法庭及旁听人员就会对被告人产生同情，认为侦查人员的承诺尽管不符合法律规定，但确实与那些对抗到底的被告人相比，认罪态度以及对案件侦破所起的作用都要好得多，对其比较大幅度地从轻处罚，控辩审三方都能够接受。

第十二计　知胜有五，知己知彼，百战不殆

——认真审视自己，全面了解对手

孙子曰：故知胜有五：知可以战与不可以战者胜，识众寡之用者胜，上下同欲者胜，以虞待不虞者胜，将能而君不御者胜。此五者，知胜之道也。故曰：知彼知己者，百战不殆；不知彼而知己，一胜一负；不知彼不知己，每战必败。[①]

孙子认为，预知胜利的情况有五种：知道可以打或不可以打的，能够胜利；了解兵力多和兵力少的不同用法的，能够胜利；全军上下同心协力的，能够胜利；以有防备对付没有防备之敌的，能够胜利；将帅有才能而国君不加操纵控制的，能够胜利。所以说，既了解敌人，又了解自己，每场战争都能打得赢；虽然不了解敌人，但是了解自己，有时候能胜利，有时候不一定能胜利；既不了解敌人，又不了解自己，那么每次打仗都会有危险。这是从正反两个方面对想要取得“全胜”效果的总结。不战而屈人之兵是打仗的理想状态，但这个理想不是靠空想得来，而需要靠实力，靠对敌我态势的分析，靠在战场上及时调整用兵谋略，集中优势兵力避实击虚，同时也靠自身内部意见的统一、协调一致。

庭审开始之前，总还有一些准备工作需要去做，从而为“不战而屈人之兵”，或者“十围”“五攻”等打法创造条件，这个战前最后的准备，就落脚在知己知彼上。

首先，要知己。不论是公诉人还是辩护人，要想在法庭上取得成功，一个重要的因素是要有信心。那么这个信心从哪里来？从对自身的了解而来。为什么最高人民检察院要求公诉人在收到出庭通知之后进一步熟悉案情？这就是要下“知己”的功夫。有的公诉人，接到出庭通知后不去做准备，或者就把审查报告翻一翻，甚至连审查报告都不看，就把起诉书拿来熟悉一下然后仓促应战，这样的庭前准备一旦遇到没有预测到的问题，就会难以应对。同样，一些律师倚仗自己经验丰富，连卷也不阅，全靠到法庭上的发挥，套路几乎一致，先是给起诉书挑出

① 《孙子兵法》，陈曦译注，中华书局2011年版，第52页。

几个毛病，再将被告人以往的有罪供述说成是遭到了刑讯逼供、指供诱供，然后凡是不利于被告人的证据全部说成是办案机关逼出来、骗出来的，或要求证人一律出庭接受询问，如果不出庭那么证言一律不能采信，最后要求法庭以被告人当庭的不认罪供述为准作出无罪判决。这种做法从表面上看很热闹，但明白人一看就知道，辩护人没有“干货”，全是“套路”，卷宗材料中的具体问题根本没有发现并提出，说明“知己”的功夫根本没有做到。“知己”的内容还包括一个非常重要的方面，那就是自身内部意见的协调相一致，这就是“上下同欲者胜，以虞待不虞者胜，将能而君不御者胜”。这个问题在司法实践中实际上控辩双方都有可能存在。就公诉人来说，由于检察机关内部是检察一体制，出庭公诉人必须服从本院的决定并代表本院支持公诉，这时候就可能存在公诉人个人的意见与本院决定不统一的情况，如公诉人本人认为案件事实不清、证据不足，或者应当定此罪，而检察长或者检察委员会认为案件事实清楚、证据确凿，或者应当定彼罪，这时公诉人只能服从。然而，思想弯子如果没有转过来，带着自己观点的公诉人去出庭，必然信心不足、指控不到位，试想，连自己都没有说服，又何谈说服法庭、说服辩护人？这时候即使卷宗材料中有大量的证据，公诉人仍然会有“兵力”不足之感，庭审中就会很难有效发挥，庭审的杀伤力也会严重不足。那么，辩护律师没有上司，是不是可以避免这种情况呢？其实律师所面临的问题绝不比公诉人小。因为律师是为被告人提供法律服务的，那么被告人及其家属提出的要求，律师就应当尽量满足，从这个角度来看，律师就是“将”，当事人就是“君”，只有“将能而君不御者胜”，如果这个当事人如孙子所说的“故君之所以患于军者三：不知军之不可以进，而谓之进，不知军之不可以退而谓之退，是谓縻军；不知三军之事，而同三军之政，则军士惑矣；不知三军之权，而同三军之任，则军士疑矣。三军既惑且疑，则诸侯之难至矣，是谓乱军引胜”。[①] 也就是当事人不了解案件的深浅、不听律师分析利弊而一味地提出无罪判决要求，一味地要求辩护人作无罪辩护，有的辩护人基于当事人的要求，就只好硬着头皮作无罪辩护，而不考虑案件的实际情况，这时候也同样会招致失败。所以对控辩双方来说，自己内部的协调一致同样重要，正所谓“上下同欲者胜”，如果不统一，那么就需要解决这一问题。对公诉人来说，就要通过听取他人的意见来说服自己，摒弃自己原先的认识，把思想统一到本院的决定上来，如果仍然想不明白，可以要求持该观点的

---

① 《孙子兵法》，陈曦译注，中华书局2011年版，第50页。

本部门检察官陪同出庭，充分阐明立场观点。对于辩护人来说，如果能够说服当事人，就要认真向他们分析案件的力量对比与态势，让他们也“知可以战与不可以战”“知众寡之用”，从而实现“上下同欲”，努力让他们接受自己的观点；如果当事人仍然固执己见，也要在尊重他们选择权的基础上把可能的结果向他们说清楚，切不可因舍不得放弃代理费而一味迎合被告人及其家属的要求，那样如果没有达到当事人所要求的无罪效果，这些人可能就会翻脸，质疑辩护人的辩护水平和敬业精神，甚至会在社会上散布不利于律师的言论，影响律师的声誉。

其次，要知彼。对于公诉人来说，就是要通过重新熟悉案件以及相关法律、政策、技术等问题预测辩护人可能会提出的辩护观点，法庭上可能会出现的各种情况，甚至可以通过各种途径了解辩护人的辩护风格和水平，从而实现“以虞待不虞者”的有备而战。对于辩护人来说，就是要通过阅卷、会见、研究起诉书、了解公诉人的风格与水平等活动，详细掌握控方的强项在哪里、薄弱环节在哪里，分析自己手里的证据与事实和情节能否达到“可以战”的程度，是全面进攻，还是重点进攻，是攻证据还是攻法律适用等定性、量刑情节问题，同时对于手中有利于被告人的证据或者事实情节，要与对方进行一个对比，也就是“识众寡之用”，如果确实充分到“十围”“五攻”的程度，那么完全可以树立取胜的信心，与公诉人一战，而如果手中有利于被告人的证据或者事实情节少之又少，那么就注意不要盲目强攻，要创造条件将有利的态势向己方扭转，如对于仅有的坦白情节可以进行强调与强化；对于积极赔偿对方当事人损失的，要从积极悔罪的角度说足说透；对于既没有坦白又没有赔偿的，要从对方当事人是否有过错，被告人是否属于激情、激愤犯罪，被害人有无过错，被告人是否属于初犯、偶犯等方面出发，避开事实证据认定的锋芒，找出公诉人难以辩驳的理由为被告人赢得从轻处罚的机会。与此同时，控辩双方还要了解分析对方是否存在不协调一致的问题，如果对方内部意见存在分歧，或公诉人指控信心不足或辩护人接到的是难以完成的无罪辩护任务，那么利用好这一无法“上下同欲”“既惑且疑”“縻军”的机会，抓住他的难以自圆其说之处发起猛攻，必然能够一举击溃对方，获得知己知彼前提下的胜利。

例如，某检察官在办理一起具有全国影响的案件时，除仔细研究本案的事实证据外，还要注重了解对手，做到知己知彼。《孙子兵法》说：“故曰：知己知彼者，百战不殆；不知彼而知己，一胜一负；不知彼不知己，每战必败。”① 笔者多年的公诉实践说明，庭审的成功与否，与你对对手即被告人和辩护人的情况掌握息息相关。一般情况下，由于检察官在审查起诉阶段应当讯问犯罪嫌疑人，因而就有了与其接触和了解的机会。因而在讯问犯罪嫌疑人时，不但要注重对其涉嫌犯罪事实的讯问与审查，对于一些有出庭难度的案件，还要对其性格特点，对犯罪事实的认识、自己的辩解及思维方式进行较深入的了解，这就要求在讯问时多留个心眼，多察言观色，尽量多掌握其心态，以判断其在法庭上会如何表现。对于辩护人则各不相同，有的辩护人愿意在审查起诉阶段或者开庭前与公诉人沟通，谈自己对案件的认识，对案件争点的看法，这当然有利于准确预测辩护观点，而更多的情况是辩护人只是泛泛地做些程序性的事务，对公诉人不交底，这就要求我们一方面通过卷宗材料中反映的信息对争点进行判断，另一方面通过了解辩护人一贯的辩风预测辩护观点，再就是在法庭上通过观察辩护人的举动及时加以判断。而对于一些知名律师，也可以通过其以往对其他案件的辩护，或者其所在律师事务所辩护资料的掌握来判断其辩风。例如，公诉人在办理某黑社会性质组织案件时，与一些知名律师交锋，因为了解该律师事务所注重在证据方面做文章、打证据牌，公诉人就着重从证据的三性方面准备质证意见，结果收到了良好的效果。在办理本案中，我们在讯问犯罪嫌疑人时掌握了各犯罪嫌疑人不同的心态，难点是对律师的了解。考虑到出庭的辩护人中很多是外地律师，且辩护风格各有千秋，在庭前准备中，公诉人就设计了针对不同风格律师所应采取的不同应对方案，同时由于本案关注度较高，公诉人每天都上网浏览网友对本案的评论，从中掌握本案在群众中的反应和社情动态，分析摸清辩护观点，为准确进行庭前预测打下了基础，事实证明这些工作起到了“知彼”的成效，在法庭上发挥了作用。

① 《孙子兵法》，陈曦译注，中华书局 2011 年版，第 53 页。

第六章　形篇：检察官、律师的法庭形象与讯问发问技能

《形篇》是《孙子兵法》的第四篇，又被称为《军形篇》。“形”在本篇中是指军事实力及外在表现，也就是论证力量的强弱。本篇集中论述了如何依据敌我双方物质条件、军事实力的强弱，灵活运用攻守两种不同形式，以达到在战争中消灭敌人的目标。孙子指出敌我力量对比对胜负的关键意义，主张在军队作战中努力确保自己立于不败之地，强调要寻求敌人的可乘之机，以压倒性的优势，给敌人以致命打击。这就是带有普遍意义的“先为不可胜，以待敌之可胜”的作战思想。为了确立自己的优势地位，孙子提出了一系列的对策。

一是胜可知而不可为。孙子认为，古代善于打仗的军事统帅，创造条件先使自己处于不可战胜的境地，然后才是等待时机去战胜敌人。自己不可被战胜，关键是创造对自己有利的条件；敌人可以战胜，关键是看到敌人是否有可乘之隙。善于统兵打仗的人，能做到我方不可战胜，但是不一定能必然地战胜敌人。所以说：胜利是可以预测的，但不是可以强求的。关键就在于两点：第一点，战争战略的关键是立自己于不败之地，做到财力雄厚，上下同欲，军力强大，战将优秀，战备充实，军法合理，赏罚分明。第二点，战术层面，战争是可以预测胜利的，但是不一定会胜利，因为战场情况是瞬息万变的。

二是自保而全胜。孙子认为，如果敌人暂时不可战胜，我们就要做好防守的准备；如果敌人已经可以战胜，我们就去进攻敌人。防守是因为我方兵力暂时不足，进攻是因为我方兵力已经充裕。善于防守的人，如同深藏于地底，使敌人无形可窥；善于进攻的人，如同神兵从九天上降临，使敌人措手不及。既善于防守又善于进攻的人，既能保全自己，又能获得全面的胜利。核心思想就是量力而行，对敌我双方的力量进行综合的估计，力量大，就进攻，力量小，就防御。整体上力量小，就整体防御；局部上力量大，就局部上进攻。进攻与防御是一种变化，但不变的静点就是力量。

三是修道而保法。孙子认为，预见战争的胜利不超过一般人所预测的，不算

是真正高明的；用力战而战胜敌人天下都说好的，不是好中之最好的。所以能拿起秋毫一样轻的物体的，不算是力量巨大；能看见太阳、月亮的，不算是眼光明亮；能听到雷霆之声的，不算是耳朵聪顺。古代所说的善于征战的人，是那些战胜容易战胜的敌人的人，所以他们没有智慧的名声，也没有勇武的功劳，因为他们所取得的胜利都是意料之中的。之所以是预料之中的胜利，那是因为他们所进行的战争有必胜的基础存在，他们所胜的只是那些早就已经失败的敌人。所以善于征战的军事统帅，首先是立于不败之地，而后才是看到敌人的弱点主动进攻敌人，战胜敌人。所以胜利之师是先有胜利的基础然后交战，失败之师是先交战而后妄求战争的胜利。所以善用兵者，首先是修明政治，创制优良的军法，所以才能成为战争胜利的主宰。

整个《形篇》的精髓，其实就在于一句话：故善战者，立于不败之地，而不失敌之败也。整个形篇就是围绕这个论题所展开的。

四是胜兵若以镒称铢，要根据战场情势的变化，采取相宜的攻守策略。镒者，二十四铢为一两，二十四两为一镒，一镒相当于五百七十六铢，形容力量强大；铢者，形容力量弱小。用兵作战必须要注意以下几个要素：一是土地面积，二是军赋物资，三是军队兵员的战斗力，四是双方的力量对比，五是胜负优劣。地形的优劣情况决定了军赋物资的多少，军赋物资的多少决定了兵员的质量，兵员的质量决定了军队的战斗力，军队的战斗力决定了双方的力量对比状况，双方的力量对比状况决定了战争的胜负。所以胜利之师是以镒对铢，用强大的军事实力去战胜敌人，败军之师是以铢对镒，用弱小的军事实力对抗强大的敌人。打胜仗的军队，就好像决开千仞之高的积水一样，冲下来势不可当，形成了一种压倒性的力量。核心思想就是对力量对比的估计与预测，那么《形篇》的核心就是力量。估计双方军事力量，善战者，立于不败之地，而不失敌之败也。

孙子在《形篇》中，从军事哲学的高度，辩证分析战争中军事实力、物质形态的基本理论：即善战者能够创造各种条件，以使自己不被敌人战败，然后等待机会去战胜敌人；土地面积、物产资源、出兵多寡、兵力强弱、胜负优劣的五条要素之相互关系；善战者要依靠人民的力量。本篇从敌我、胜败、攻守、动藏、余缺五对矛盾论述，强调决定战争胜负主要依靠自己的军事实力和谋划，并阐述落后就要挨打的观点。国家的经济实力差，兵源匮乏，是无法进行和维持战争的。

本篇对于庭审活动的启示是，准备一次庭审、分析一次庭审的成败得失，首先要从实力上去考虑，以“先为不可胜”为标准进行衡量。实际上在决战法庭之前，双方的胜负就已经确定了，之所以有的人对自己的胜负浑然不觉，是因为他对胜负根本没有“数”，更不用说“以镒称铢”。这里的实力，是一种综合实力，不仅包括案件事实、证据、适用法律本身，还包括公诉人、辩护人的自身实力，同时，只有利用一切有利条件，为自己营造“以镒称铢”的形势，才能形成“若决积水于千仞之溪”的最佳决战状态，从而赢得胜利，如在庭审讯问、发问中通过被告人的嘴，说出自己需要的话，从而为自己的观点获得有力的论据，等等。

第十三计　先为不可胜，以待敌之可胜

——检察官、律师法庭形象的总体要求

孙子曰：昔之善战者，先为不可胜，以待敌之可胜。不可胜在己，可胜在敌。故善战者，能为不可胜，不能使敌之可胜。故曰：胜可知，而不可为。[①]

孙子认为，善于打仗的人，总是先创造条件使自己立于不败之地，然后捕捉战机攻胜敌人。做到不可战胜，就会掌握战争的主动权；敌人出现空隙，就乘机击破他。因而，善于作战的人，能够创造不被敌人战胜的条件，不一定使敌人被我战胜。所以说，胜利可以预测，但不可强求。对于如何赢得战争的胜利，孙子作了完整而系统的论述。在战争准备上，他提出“先为不可胜，以待敌之可胜”，即自己必须站稳脚跟，立于不败之地。自己占有优势，但这还只是具备了一半的胜利条件；能否战胜敌人，还要看敌人是否有隙可乘。因此，孙子在指出“先为不可胜”之后，紧接着指出“以待敌之可胜”，要待敌之隙，待敌之虚，等待敌人犯错误，等待敌人暴露弱点。

赢得法庭决战胜利的因素有很多，但首先还是人的因素。一个检察官或者律师想在法庭上立于不败之地，需要先从自身寻找求胜的根基，那就是“先为不可胜”。要实现这一目标，除如前所述要做好“庙算”“谋攻”，仔细审视自身所掌握的案件材料是否具有胜算，认真考察效率成本外，还有一个很重要的实力因素，那就是检察官、律师个人能力与临场发挥水平。只有自己先足够强大了，才有机会寻找对方的可乘之机从而取胜。这里重点需要说的就是检察官、律师应当需要一个什么样的法庭形象与表现。

---

① 《孙子兵法》，陈曦译注，中华书局2011年版，第58页。

既然说到“形”篇，我们就来谈谈检察官、律师的“形”——法庭形象。检察官、律师的法庭形象，直接关系到法庭上的成败，而检察官、律师在法庭上的形象，基本上又是依靠法庭上的语言行为展现出来的，因而就要从自身的法庭形象入手，注重提升自己的实力。

那么，检察官、律师出席法庭，应当是一个什么样的形象呢？这里发生了一场讨论，小强、小潘、小马、小峰有分歧。

小潘认为，到了法庭上就应该厉害点，要能够压得住场面，对于对方的错误观点要狠狠反驳，不给他留情面，要寸步不让，不能在辩论中“吃亏”。

小峰认为，法律人应当理性一些，需要的是理性、平和。如果一个检察官或者律师在法庭上处处得理不饶人，会显得很刻薄，好像有点不符合法律人的身份。但为什么不符合，他有点说不上来，反正就是这个感觉，法律人好像不应该尖酸刻薄。

小马认为，检察官、律师出席法庭应当大度，不要计较一些无理的观点，对于这些观点可以不加理睬，只要我们说得有理，即使巧言令色，也解决不了什么，法官也不是看谁的口才好，而是看案件的基础事实。所以说法庭上不必处处都要压人一头。

小强认为，一个优秀的法律人，首先应当理性，但是对于对手提出的无理观点，也应该据理力争，当场反驳，不然总觉得好像是一副受气的样子，效果不好。

科长听到大家的议论，跟大家说起他对法庭形象的理解。

检察官、律师的法庭形象总体要求是：理性而不流于平淡，激情而不失却风度。常见一些检察官、律师，或在法庭上紧张发抖，声音发颤、无法组织语言，造成语无伦次；或语言淡而无味，缺乏激情活力，造成出庭死气沉沉，听得令人昏昏欲睡；或因只言片语被辩护人激怒，在法庭上“发飙”，脸红脖子粗，尽失风度，斯文扫地。更有甚者，有的检察官、律师在法庭上与法官斗气、“死磕”，不听法庭指挥，扰乱法庭秩序，意气用事，甚至拂袖离开法庭，造成公开开庭审理无法进行，严重影响法律人的良好形象，造成不良的社会影响。这些，都是出庭形象的大忌，需要在工作中克服。而解决这一问题的重要手段，一是注重保持法庭形象，二是锤炼法庭技能。

一、检察官、律师法庭形象的重要意义

“正义应当实现，而且应当通过人们看得见的形式得以实现。”出席法庭是检

察官、律师工作的重要内容，通过出席法庭，运用证据详细阐明各方观点，可以使正义通过人们看得见的形式得以伸张，同时出庭活动也是人民群众了解司法工作的窗口、评判法律人的渠道、展示法律人形象的途径。检察官、律师在法庭上的言谈举止是否能起到良好的社会效果、是否庄重得体，一方面反映出检察机关、律师队伍的整体工作水平，另一方面也反映出检察官、律师个人的素质和修养，因而检察官、律师都应当坚持规范文明出庭，树立检察官、律师作为法律人公正、理性、文明、正义的良好形象。例如，最高人民检察院对公诉人的形象定位和要求是：提高语言表达能力，做到语言词汇表述规范，增强语言的感染力和说服力，增强旁听群众的认同感，塑造公诉人可亲、可信、可敬的执法形象。可见，检察官、律师树立良好的法庭形象，具有十分重要的意义。

二、检察官、律师的法庭形象可分为肢体形象和语言形象

检察官、律师在法庭上的形象，是通过其在法庭上的活动表现出来的，而这种活动分为两个大的方面，一是肢体动静，二是语言表达。其中，肢体动静表现为检察官、律师在法庭上的衣着面貌、精神状态、举手投足、坐立顾盼、面部表情等；语言表达表现为检察官、律师在法庭上的语言交流，既包括法庭上的举证质证、讯问、询问、发问、法庭辩论等“工作语言”，也包括与合议庭、检察官、律师的交流语言。上述两个方面的表现，构成了检察官、律师在法庭上的整体形象，旁听人员以及法庭上其他人员对于检察官、律师的印象，对于检察官、律师形象的感受，正是通过这两个方面获得的。因而，良好的法庭形象，要求出庭人员的外表形象可以不英俊、不漂亮，但一定要有气质，这种气质应是检察官、律师良好的个人素质和职业修养的自然流露，是对检察官、律师丰富的内在素质的外在展现。检察官、律师通过在法庭上的一系列活动，带给人们思想情绪的影响，正是检察官、律师的法庭形象。

三、检察官、律师的法庭形象主要通过语言动作表现出来

无论是肢体形象还是语言形象，归根结底都是通过语言表达出来的，其中肢体形象其实就是肢体语言，因为在很多情况下，一个人的形象不仅仅通过口头言语来表达，而是以口头言语为载体，通过面部表情、手势、眼神、身体的动作来

表现的。根据调查研究发现，当我们在与他人进行沟通时，言语只是起到7%的传达的作用，语气却占剩余的38%，更重要的是，肢体语言在沟通中产生了55%的影响（相对于沟通的内容和环境）。可见，口头语言有说服能力，肢体语言则更有表现能力，因而在检察官、律师法庭形象的设计与注重方面，应当将肢体语言作为一个很重要的内容去讲求。

检察官、律师应当从步入法庭那一刻起，直至走出法庭，始终注意自己的法庭形象。具体地说，可以根据在法庭上的活动顺序和内容，设计和保持检察官、律师的法庭形象。

（一）进入法庭到庭审开始前的阶段

这阶段中检察官、律师的法庭形象主要是通过肢体语言表现出来的。

1. 检察官、律师步入法庭，是其在法庭上的第一次亮相，第一印象的好坏，直接影响到公众对检察官、律师形象的判断。一走进法庭，人们首先看到的是检察官、律师的仪表、神态、气质等。检察官、律师应当衣着整洁、庄重，不能不修边幅，制服、律师袍皱巴巴，衬衫黑乎乎，头发乱蓬蓬；神态要自然、大方，不要缩手缩脚、战战兢兢。走向座席时应步态矫健轻盈，步幅适中，目视前方，给人以精神抖擞，斗志昂扬之感，而不要左顾右盼、逢人乱打招呼、高声喧哗，也不要低着头眼望地上显得垂头丧气，脚步沉重拖沓或迈着小碎步，显得心事重重、信心不足或轻浮不稳重；但也不可昂头望天、抬腿过高，显得不可一世。例如，中华全国律师协会也对律师参与庭审的形象问题作出了相关要求等，这些都是保证检察官、律师在法庭上保持良好形象的需要。

2. 检察官、律师在法庭上就座后，要注意保持良好的坐姿，做到直腰挺胸，镇定自若，而不能缩胸抱腹，给人一种缺乏信心之感。做到这点，就是要含胸拔背、头顶项竖，双手或交叠平放桌上，手心朝下，或十指交叉，轻放桌上，保持双手不随意乱动，而不是玩弄钢笔、茶杯等不相干的东西，显得漫不经心或手足无措。无论是面向被告人、公诉人、辩护人还是旁听群众，检察官、律师都要有坚定有力的眼神，目光要通过脸的正面平视看出去，从而显示出胸有成竹、志在必得，而不能目光游移、飘忽不定，或斜眼偷觑，“贼眉鼠眼”、挤眉弄眼。当法庭上出现旁听人员骚动、鼓掌、喧哗、有人随意发言或向检察官、律师表示不满等不遵守法庭纪律的情况时，因这属于审判长应当干预或者制止的情况，检察官、律师一般不要用语言制止，而应采用“目光控场”的方法，抬起头来用严厉的目光缓缓扫视喧哗骚动者，或者停止发言，沉默二秒钟至三秒钟，但如果正在发言，沉默的时间则不宜过长；在审判长不表态、不加制止造成场面混乱的时候，检察官、律师可以提醒审判长予以制止，维持法庭秩序，要求旁听人员遵守法庭纪律，可以说："审判长，根据《刑事诉讼法》的规定，任何人在法庭上都要遵守法庭纪律，不应当干扰法庭正常的审理活动。××的行为已经严重干扰了法庭审理活动，请予以制止。"在法庭上，不要出现随地吐痰、挖鼻孔、甩鼻涕、张大口打哈欠、很响地打喷嚏等不文明或不雅观的现象；桌面要收拾干净，不要将卷宗材料、出庭资料摊满一桌，或者胡乱堆放，在出庭时又翻找不到；饮水等虽然不禁止，但要尽量减少，以减少去厕所的次数，且最好不要将水杯、矿泉水瓶放在桌面显眼位置。

小贴士：

什么是含胸拔背、头顶项竖？

含胸拔背是太极术语（其他武术也用此术语），指的是一种姿态，如你往椅子上一坐，身体放松，双手放在腿上，这时胸部是往里凹的，这就是含胸，含者，内含也，是谓含胸，此时的背部是自然往外凸的，形成圆弧状，这就是拔背。不能用力，要自然，还有就是头顶与尾椎上下这两个点要在一条直线上。头顶项竖，就是头要有向上顶的意识，将脖子竖直，做到头顶项竖，身体自然就中正、挺拔了，而要做到头顶项竖，可以尝试感觉自己是一个提线木偶，线就在头顶正中，感受头顶的线被人提起的感觉，就能够做到头顶项竖了。太极拳的身法很多，太极宗师杨澄甫先生在《太极拳术十要》中说："含胸者，胸略内含，使气沉于丹田也。胸忌挺出，挺出则气拥胸际，上重下轻，脚跟易于浮起。拔背者，气贴于背也。能含胸则自能拔背，能拔背则能力由脊发，所向无敌也。"① 指出了"含胸"与"拔背"的重要性及相互关系。检察官、律师如果能够做到含胸拔背、头顶项竖，不仅在法庭上可以保持良好的姿态，显示出信心百倍、成竹在胸的气势，而且这种姿势比起那种挺胸凸肚式的挺拔更加不易疲劳、保持挺拔的姿态更加持久。检察官、律师的活儿大部分时间不是脑力劳动而是"体力活"，对身体素质要求也高，所以当检察官、律师不易啊！笔者习武多年，深受其益，曾有一次连续出庭公诉七天，每天如法挺立法庭上而不觉疲劳，可见此法功用明显，实为居家旅行出庭公诉之必备"良药"。

① 傅钟文：《杨式太极拳》，人民体育出版社1963年版。

法庭上老想打喷嚏怎么办？

打喷嚏是生理现象，没有人愿意故意在法庭上打喷嚏，但是，不停地打喷嚏，总归影响出庭效果和检察官、律师在法庭上的形象，有没有办法立刻止住呢？有啊！喷嚏来了，用手指掐住鼻子下面的上嘴唇沟（人中穴），按一会儿就停了，可以试试哦！

（二）法庭调查阶段

这阶段检察官、律师的法庭形象主要是通过口头语言来展现的，但肢体语言也是不可或缺的重要组成部分。

1. 检察官宣读起诉书时要口齿清晰，铿锵有力，使人听清起诉书的内容，按照上文中起诉书的宣读要求进行。

2. 检察官、律师讯问被告人、向被告人发问时，总体的形象是态度威严而不失和气、语气严肃而不盛气凌人。要显示出尊重被告人的人格尊严，要求被告人如实供述，而不要使用侮辱被告人，贬低其人格、损害其自尊的语言。公诉人讯问时要注意盯视被告人的眼睛，并通过被告人回答问题时的眼神捕捉到被告人心理的变化、察觉其是否如实供述、决定如何揭穿其谎言；辩护人不宜使用过于讨好被告人的语言或者语气，要体现出律师的独立人格与工作态度，要通过问话使被告人感到亲切、感受到律师的帮助与支持。

3. 检察官、律师在举证阶段，要注重证据出示的顺序编排，举证时声音要响亮，宣读证据时不宜用平淡、枯燥的语气，而应当注意语音语调和语言的节奏控制，使人听上去不仅仅是在“念”卷宗材料，而是在“说”证据，“念”与“说”虽然仅一字之差，区别却很大，“念”是照本宣科，没有目的、没有选择，也没有气势；“说”是有目的有选择地出示证据，是在通过出示证据说服法庭和旁听人员接受公诉观点，是一种抑扬顿挫、富有激情的活动，具有感染力和气势。在质证时，检察官、律师要密切注意被告人、公诉人、辩护人对所举证据的质疑、辩解等，及时对证据进行有效的说明，驳斥对方的质疑。在对方举证时，检察官、律师首先要用肢体语言表达出是在认真倾听，身体略微前倾，双眼要炯炯有神地注视对方，一方面要表现出对对方的尊重，另一方面也要向对方传递出这样的信息：“我认真听着呢，你可别胡说哦，我会反驳你的。”许多有经验的检察官、律师，就是用这种眼神和姿态，让对方在举证时开始慌乱，一些本来就有问题、经不起质疑的证据，可能对方就不敢在法庭上出示了。同时，检察官、律师还要认真、及时记下对方举证中存在的问题，迅速捕捉对方所举证据中的破绽之处，为下面果断提出质疑打好基础。

（三）法庭辩论阶段

这一阶段最能展现一个检察官、律师的风采，既是检察官、律师法庭形象的综合表现，也是法庭形象的成败所在。与法庭调查阶段相同，这一阶段检察官、律师的法庭形象主要是通过口头语言来表达的，但肢体语言在这一阶段得到集中展现，发挥得好，可以达到画龙点睛的良好效果。

1. 在发表公诉、辩护意见阶段。这是检察官、律师的法庭演说，要有演说的感觉与气势。任何一个优秀的检察官、律师，一定能够把握好发表公诉、辩护意见这一绝佳的机会，充分展示检察官、律师的风采，彰显检察官、律师的语言与人格魅力。因为在法庭调查阶段，检察官、律师可能也有交锋和语言的碰撞，但那毕竟只能是片言只语，既不系统，也不能完整反映检察官、律师的形象。而公诉意见书、辩护词作为一篇完整系统的演说词，可以反映出一个检察官、律师的语言文字功底与办案水平，是法庭形象的完整展现，而且公诉意见书、辩护词一般都是检察官、律师事先做了精心准备的，因而发表时只能成为检察官、律师法庭形象的“加分”项，而不能成为“减分”项。为此，检察官、律师的声音要洪亮，语调要抑扬顿挫，肢体语言要得体、大方，帮助言语展现气势。检察官、律师在这阶段整体给人的印象应该是语言富有感染力，语气富有震撼力，论证具有说服力。

2. 在听取被告人自行辩护及对方发表意见阶段，检察官、律师同样要用肢体语言表明自己是在认真倾听，不要出现诸如打瞌睡、玩弄手中物品、与身边同行交头接耳或对对方的发言表现出不屑一顾甚至嘲笑的神情动作，以免形成检察官、律师漫不经心、不认真对待庭审活动、不尊重对方人格和不严肃的形象。检察官、律师在这阶段要保持态度平和冷静，即便对方确实是在狡辩、在胡搅蛮缠，甚至用语不当或者对检察官、律师存在人身攻击，也一定要保持冷静与克制，不要因为被激怒而随意打断对方的发言，也不要暴跳如雷失去风度，要在认真听取的同时快速反应，做好答辩的准备。

3. 检察官、律师答辩阶段，是对检察官、律师心理素质、语言素质、应变能力的集中检验，也是检察官、律师形象的又一次集中展示，因而检察官、律师一定要在这方面下苦功夫。检察官、律师在答辩阶段，要做到态度不愠不火、答辩有理有节，并可适时地运用一些手势，让人觉得挥洒自如，既公正威严又不失温和，真正表现出法庭活动的文明、理性、平和、公正。可以说，检察官、律师不能在法庭上以凌厉的气势来压倒对方，更不能在法庭上为争“输赢”、比高低而动怒闹意气，与对方“斗嘴”，逞一时之勇图一时之快，甚至用一些无根据、与案件无关的过头话去激怒对方或者进行人身攻击，结果丧失了风度，让人感觉检察官、律师小肚鸡肠。法庭上检察官、律师更侧重的应是讲法理、讲道理、讲情理，用平等的态度对待被告人，用宽广的胸襟和宽容、克制的态度展现自身的良好形象，从而赢得群众的认同，树立可亲、可敬的形象，也才能使控辩双方减少抵触情绪，使有罪的被告人真正认识到自己行为的社会危害性，有利于被告人今后的改造；以平等理性的态度对待对方，才能使对方在心理上更容易认同和接受检察官、律师的观点，避免产生对立情绪而出现个人之间的相互攻击，从而更好地引导庭审顺利进行。

（四）法庭宣布闭庭或休庭后的阶段

这阶段中检察官、律师的法庭形象也是通过肢体语言表现出来的。在法庭闭庭或休庭前，检察官、律师不要急于收拾桌面上的东西，给人一种应付差事或者早已不耐烦而急于离开的印象，而是应当在法庭宣布休庭以后，才从容地收拾桌上物品，准备离庭。不论法庭有无采纳检察官、律师的公诉意见，不论与对方进行了如何激烈的辩论，走下法庭时，检察官、律师的神态仍然要自然、大方，当对方主动与检察官、律师握手、打招呼时，无论对方刚才说了怎样出格的话，也不要气急败坏地不加理睬、拂袖而去，而应礼貌地回应，显示出检察官、律师大度的风格和宽广的胸襟。在离开法庭时，检察官、律师的脚步仍然应当自信、坚定，而不能一路小跑、夺门而出，即使在遇到当事人亲属胡搅蛮缠时，也要理性、严肃地对待，遇到当事人方冲击、围攻等紧急情况时，要在保证自身安全的情况下，义正词严地警告对方，这是违法甚至犯罪的行为，必须立即停止，同时保持克制与冷静的态度，尽量不与对方发生直接的肢体冲突，有法警在场的，要求法警提供保护，没有法警在场的，可以要求通过法官通道离开等方式寻求法庭保护，必要时及时报警。

（五）如何先声夺人营造“不可胜在己”的态势

法庭上控辩双方都会有宣读文书或者发表意见的时候，如公诉人宣读起诉书，诉讼代理人宣读附带民事诉状、代表词，辩护人发表辩护词等。这时候就是一次展示机会，一定要抓住，实现先声夺人的效果。以公诉人为例，如何宣读好起诉书？对于起诉书的宣读来说，公诉人应当做到八个字：师出有名，理直气壮。

宣读起诉书，是检察官在法庭上“亮相”之举，起诉书宣读得好，可以振奋精神、鼓舞士气，增强检察官、律师在法庭上的气势，发挥先声夺人的作用。检察官在法庭上的表现，应当首先从宣读好起诉书开始。有人认为，宣读起诉书还不简单吗，照着念就是了，只要认识字就行，其实不然。法庭形象的表现，不仅仅靠单纯的文字，更重要的是靠使用人的语音、语调与气质表现出来的。试想一下，同样一份起诉书，一个检察官用低得只有自己才能听到的声音宣读，而且口齿不清；另一个检察官用清晰洪亮的声音宣读，全场都能够听见，其宣读效果能一样吗？给人的感受能一样吗？仅声音因素一项内容，就会使人对检察官的印象产生截然不同的看法，更何况宣读起诉书还有其他的讲究呢！所以，作为检察官一定要重视起诉书的宣读，并应当进行专门的训练。起诉书宣读的具体方法是：

1. 神态庄重。宣读起诉书，意味着从现在开始，法庭正式进行对犯罪事实的调查，检察官代表国家对犯罪行为进行指控。因此，此时的检察官就不是代表个人在进行一个私人性质的活动，而是以国家公诉人的身份在开展工作。这种场合下，检察官必须神态庄重。正如《论语》里对孔子的描述，他在从事国家事务时，总是表现出庄重的神态，“君召使摈，色勃如也……入公门，鞠躬如也，如不容”。这与他平时的态度完全不同，“子之燕居，申申如也，夭夭如也”。[①] 宣读起诉书也是如此，这要求检察官神态庄重严肃，而不能面带笑容，更不能表情轻浮、嬉皮笑脸。

2. 姿势挺拔。检察官宣读起诉书应当姿态端庄挺拔。根据要求，宣读起诉书是检察官在法庭上唯一起立进行的一项活动，俗话说，“站有站相，坐有坐相”，检察官在法庭上的一举一动，代表着检察机关的形象，也是国家的标志，因而要注意身体的姿态，不能东倒西歪，要在起诉书宣读过程中始终保持身体姿势的挺拔中正，身体要稳，不能随意摇摆、晃动，不能摇头晃脑、左顾右盼。

3. 声音洪亮。这是宣读起诉书的声音要求。起诉书是在公众场合向法庭表达起诉主张、要求处罚犯罪的文书，要公众听清听懂，因而需要将声音传递到每个听众耳中，这就要求宣读时声音要响亮、底气要充足，常见一些检察官在宣读起诉书时声音不够洪亮，显得有气无力、底气不足，这主要是因为其对于宣读起诉

---

① 《论语·乡党第十》，陈晓芬译注，中华书局2016年版。

书的意义认识不够，没有从一个旁听群众的视角发现宣读起诉书的符号学意义和现场感受，因而可以有意识地安排人员分别旁听声音音量不同的检察官宣读起诉书时的场景，自己去感受一番。在此基础上，对于那些平时声音较小的人，刻意要求在宣读起诉书时，将自己的音量“开大”一个档次，可以收到一定的效果。做到声音洪亮的另一个技巧是，要用胸、腹腔发音，而不能“直着嗓子喊”。常见一些检察官在宣读起诉书或者发言时不可谓音量不大，有的甚至有些声嘶力竭，但效果却适得其反，主要原因就在于他们只是用声带在说话，不知道在发音中运用气息将声音推送出来，结果造成了不但说话很累，而且效果不好，遇到时间较长的庭审，嗓子容易疲劳，很快便累得口干舌燥，败下阵来。所以，在宣读起诉书时，要注意呼吸深、长、匀、细，用气息将声音从胸、腹腔发出来，这样既能保护声带，又可以使声音洪亮悦耳。

4. 口齿清晰。宣读起诉书的目的不但是要让人听得见，还要让人听得清、听得懂，因而宣读时口齿清晰等很重要。这就要求检察官准确地使用普通话，不要用方言土语。读音要准确清楚，不要像嘴里含着什么东西似的，呜呜噜噜让人无法听清，所以检察官要加强普通话的学习和口齿训练，尤其是地方方言比较重的同志，更要有针对性地加强口齿训练，完善起诉书的宣读效果。

5. 稳重大方。在保持身体姿势挺拔、声音洪亮的同时，检察官还需要表现出仪态稳重大方。在起诉书宣读过程中，尽管不需要使用手势、表情等肢体语言，但可以适当地使用目光与肢体动作，如审判长宣布请公诉人宣读起诉书之后，可以用目光与审判长对视一下，并轻微点头示意，然后沉着地起立，起立时要干脆利索，不要拖泥带水、手趴桌子脚踢板凳，不要提裤子拉衣服；起立之后不要伸手抓话筒，或者弯下腰将嘴凑向话筒；持起诉书要用双手捧住起诉书的中部，双手稳握而不颤抖，站立要稳，不要左右摇晃，也不要扶桌子、叉腰、单手持起诉书。宣读起诉书时，不宜只顾埋头宣读，让人觉得“头也不敢抬”，而应当有适当的停顿，同时在停顿中，要与法庭上的人员有适度的互动交流，这种交流，是一种无声的交流，即目光交流，如在宣读“被依法逮捕”“经审查查明”“本院认为”之后，可以略作停顿，并抬头用目光点视被告人、扫视旁听席等。起诉书宣读完毕，要面向审判长表示：“审判长，起诉书宣读完毕”，同时用目光与审判长交流以示结束，然后坐下，落座要从容轻快，保持挺拔坐姿，不能摇晃座椅发出噪声，或者没有坐稳凳子，在法庭上歪歪斜斜、弄得稀里哗啦，显出一副慌乱紧张的样子。

6. 语速适中。起诉书的宣读，既不能像朗诵文学作品那样过度地讲究表情渲染，也不能像小学生背书那样，语速过快，像开连珠炮、打机枪，或者让人感觉是在应付差事，而应当讲究语速适中、快慢得体。一般地说，在起诉书开始部分，包括被告人基本情况、案件审查程序情况等宣读时稍慢，在事实部分宣读时稍快，在宣读起诉书论理与结论部分时要慢而清晰。宣读中，不要带感情色彩，如故意拉长声音："原系某某局局长……"表示讽刺，也不能在宣读犯罪事实部分时用讲故事的语气等。

7. 抑扬顿挫。宣读起诉书还要注意宣读节奏，讲究语气的抑扬顿挫。每份起诉书都有其重点，对于这些重点部分的宣读，就应当与其他部分区分开来，这主要依靠语气的把握与节奏的控制。对于语气需要加重的部分，宣读时要用降低语速或略作停顿的方式处理，如首部的某某院："某某省▽某某市▽某某区人民检察院▽起诉书"，"▽"表中间稍作停顿；经审查查明▽……本院认为▽……应当以某某罪追究其刑事责任▽……请依法判处▽，等等。应当说，语速和语气轻重分配，在起诉书宣读技巧中占有很大的分量，需要检察官认真体察。因此，在宣读起诉书时不能没有节奏如机器人般匀速宣读，造成重点不分；也不能读一句就抬头看一眼，如小鸡啄米。

8. 读音准确。宣读起诉书要注意不要读错别字，对于起诉书中一些冷僻字如庹、覃、谌、邝……要提前查字典弄清读音，不要凭印象、胡乱猜，结果闹出笑话。

9. 宣读起诉书的训练方法。根据上述起诉书宣读的要求，检察官可以在日常生活中刻意地安排一些小的训练，以提高语言表达形式水平：

（1）头顶纸张宣读起诉书练习。要求头顶一张纸，在保证纸不掉下的情况下，宣读起诉书或者其他阅读材料，要求身体要站直，肢体不要晃动，立势中正，脖子竖直，头部不要歪斜，训练姿势得挺拔稳重。

（2）胸腹式联合呼吸练习。胸腹式联合呼吸介于胸式呼吸和腹式呼吸两者之间，是二者的结合。具体方法如下：吸气：小腹向内即向丹田收缩，相反，大腹、胸、腰部同时向外扩展，可以感觉到腰带渐紧，前腹和后腰分别向前、后、左、右撑开的力量。用鼻吸气，做到快、静、深。呼气：小腹差不多始终要收住，不可放开，使胸、腹部在努力控制下，将肺部储气慢慢放出，均匀外吐。呼气要用嘴，做到匀、缓、稳。在呼气过程中，字一个接一个地吐出后，组成有节奏的有声语言。这种呼吸方法可以使腹部和丹田充满气息，为发音提供充足的"气"，同时，由于小腹向内收缩，胸前向外扩张，以小腹、后腰和后胸为支柱点，为发音提供了充足的“力”。“气”与“力”的融合，为优美的声音奠定了坚实的基础。练习呼吸的方法还有很多，如闻花香：仿佛面前有一盆花，深深地吸进其香气，控制一会儿后缓缓吐出。吹蜡烛：模拟吹灭生日蜡烛，深吸一口气后均匀缓慢地吹，尽可能时间长一点，达到 25～30 秒为合格。咬住牙，深吸一口气后，从牙缝中发出“呲……”声，力求平稳均匀持久。

（3）练习绕口令，加强口齿训练。绕口令是最好的普通话口齿训练的方法，可以针对自己的弱点，有选择地进行绕口令训练，如 N、L 不分的，多做“牛”“刘”方面绕口令练习，对这方面加以注意，可以改变口齿不清的毛病。

（4）快慢结合宣读起诉书，找出宣读的重点位置并用笔圈记下来，训练重点语气突出。

通过上述训练，可以提升检察官宣读起诉书时的气质，增强检察官在法庭上的气势。对于律师来说，也是一样，只有将这些基本功训练好了，“先为不可胜”的条件才会逐渐成熟，否则即使法学功底再深、案件分析能力再好、案件态势再有利，如果表达与发挥不好，在法庭上也只能是一副“受气”的模样，又何谈“以待敌之可胜”呢？所以说，胜可知，不可为，仔细审视自己的水平，就知道法庭上的胜与不胜了。

第十四计　善守者，藏于九地之下；善攻者，动于九天之上

——庭审之初明攻守

孙子曰：不可胜者，守也；可胜者，攻也。守则不足，攻则有余。善守者藏于九地之下；善攻者动于九天之上，故能自保而全胜也。①

对于战争中的攻守之势，孙子认为，使敌人不能战胜我，在于我方防守得宜；而战胜敌人，则取决于我方进攻得当。分析战场态势，那些采取守势的，是因为自己的兵力处于劣势；采取攻势的，是因为自己的兵力占有优势。善于防守的人，能够隐藏军队活动，就像是藏在极深的地下，令人莫测虚实；而善于进攻的人，则在进攻时能做到行动神速、突然，如从九霄云外突如其来，令人猝不及防。所以，既能保全自己，又能赢得胜利。

① 《孙子兵法》，陈曦译注，中华书局 2011 年版，第 61 页。

检察官、律师法庭决战之道，在明确自己法庭形象的基础上，还要明白攻守转换的道理。庭审中，必然存在攻守态势与转换，如公诉人虽然处于指控犯罪的控方地位，运用证据证明犯罪，这属于攻方，但他所举的每份证据都需要经过辩护人、被告人的质疑，是“亮出靶子让人打”，这又属于守方；而辩护人对于公诉人的指控需要进行辩护，这处于守的地位，但在对具体证据的质证以“斩断”证据锁链方面，以及对控方适用法律的反驳方面，又处于攻的地位。控辩双方在所有的发言中，都会有守住自己阵地、攻击对方底线的情况，也就是攻中有守、守中有攻、攻守转换、反守为攻或者反攻为守的情况。因为，检察官、律师一定要明攻守之势，及时作出判断，只有这样，才能实现自保基础上的全胜。

在法庭开始之初，由公诉人宣读起诉书，从而启动了整个庭审活动。当然，也有的律师认为，实际上在审判长宣布开庭的时候，攻守的态势就已经出来，因为被告人、辩护人可以借申请回避的机会发动第一轮进攻，打出气势来。这种情况对于合议庭组成人员不合法，书记员、公诉人存在回避的情形或者案件管辖有争议的时候，并非不可以提出，但一般来说，对于这些问题辩护人在庭审开始前应当已经掌握，尤其是管辖问题，如果存在争议，法院一般会通过庭前会议等形式予以明确，如果法庭对这个问题予以坚持，律师可以在此时作出表态性的发言，一般应当尊重法庭的决定，除非万不得已，不要四面出击，要明白你的对手是谁，你的进攻对象是谁。如果在庭审一开始就把法庭作为进攻的对象，可能会招致四面受敌的结果，其后果是，只要庭审态势对对方有利，法官的心理天平就不可能向你倾斜。当然你也可以认为，我不需要法官的心理天平向我倾斜，但你毕竟是在为当事人辩护，而不能只考虑自己的感受和个人形象，所以明确进攻对象并非笑话。

对于公诉人来说，起诉书宣读完毕之后，你就从攻势变成了守势，此时一定要高度警惕，不要认为自己刚刚完成了一项任务，起诉书宣读得不错，声音洪亮，气场强大，展示了形象。因为起诉书读完之后，挑毛病的就来了，如你的起诉书中有错别字、认定的情节不准确、张冠李戴、法律适用不完整或者有错误等，都是被告人、辩护人要攻击你的地方，你如果松懈下来，可能会被打个措手不及。所以说，法庭上的攻守转换，一般以一方的发言完毕为节点，如公诉人举证完毕，辩护人进行质证；辩护人质证完毕，法庭可能会要求公诉人对于辩护人的质证意见作出说明或者回应，如此循环。在这个过程中，控辩双方最需要高度注意的，就是“藏”与“动”，该藏的时候、该藏的内容，要“藏于九地之下”；该出击的时候，要以迅雷不及掩耳之势“动于九天之上”。那么哪些该“藏”？何时该动？

实际上几乎在所有案件中，对控辩双方来说，都可能会存在于己方不利的事实、证据，如检察官在审查起诉中发现存在瑕疵的证据、被告人或者证人之间的供述与证言存在矛盾之处等。如果你在法庭上主动把这些问题都暴露出来，也许对方本来没有注意到这个问题，或者根本没有把这个问题作为核心的争议焦点进行重点进攻，而在你主动将这些问题呈现出来的时候，无异于提醒了对方，将自己的薄弱环节暴露无遗，显然于己不利，至少需要口舌来应对。而将这些问题先“藏”起来，待对方主动提出时再作回应，就可以从容许多。类似的情况在律师那里同样存在，如某贩卖毒品案件，检察机关起诉书认定了自首，但辩护人发现该自首认定比较勉强，但既然起诉书已经作了认定，除非公诉人当庭予以否定，否则辩护人不要挑起对该问题的争论，免得使双方陷入对这一问题的争议，提醒法庭否定了自首，对被告人反而不利。对于这一问题，在辩护中最易犯的毛病就是只顾攻击不计后果。

（案例13）例如，某职务侵占案件，被告人多次利用职务上的便利使用假发票骗取本单位财物，但有一部分是其离职以后的行为。检察机关认为其行为具有延续性，因而未作区分，只认定了职务侵占一罪。辩护人在辩护过程中不考虑辩护后果，认为后一阶段的几次行为与其职务无关，因而不构成职务侵占罪，所以检察机关起诉的数额应当减少，只认定前段的几起。这里，辩护人就没有把握好攻守的效果，因为被告人离职后的行为如果不能认定为职务侵占罪，就构成诈骗罪了。结果，法院认为辩护人所提的问题有道理，建议检察机关追加诈骗罪名指控，最终以职务侵占罪、诈骗罪对被告人判处了刑罚，比之职务侵占一罪，被告人所被判处的刑罚大大增加。当然，即使辩护人不提出这一问题，可能法院也会发现检察机关指控罪名不当，但这个“马蜂窝”被辩护人所捅，实属不应该，这就是在法庭攻守中，不考虑辩护后果所带来的适得其反的效果。所以说，要取得“自保而全胜”的效果，就需要检察官、律师全面研究攻守的焦点问题以及攻守的效果和时机，而不能一味地为攻而攻、为守而守。

当然了，攻也好，守也罢，还有一个重要的问题，就是不要紧张！然而，说不紧张又谈何容易！不论是检察官还是律师，都会面临一个问题，那就是万事开头难，第一个庭最难开，尤其是独立办案之后，这对于检察官、律师来说，人人都有这一天。检察官独立办案第一次出庭公诉，心跳加速，呼吸急促，坐立不安，感觉说话也发抖了，头脑也发蒙了，前几天一再精心准备的庭审预案，似乎总是感觉还有什么没准备到，律师还会在法庭上提出刁钻的问题，面对法庭上那么多的人，不知该如何开口……

这个案件已经在心里出庭无数次了，什么问题都已经考虑到了，怎么还会紧张呢？以下是几招克服紧张的方法。

首先，咱们得找出紧张的源头在哪里。大部分新手出庭紧张，是因为怕准备得不充分，遇到辩护人提出的刁钻问题回答不上来，僵在那里多丢人！这时，你要提醒自己，这个案件从受理到现在，我已经反复考虑过了，特别是案件的争议焦点，更是一而再再而三地考虑过了，该如何应对，我都了然于胸了，对方再提出问题，也超出不了我已经准备的范围，即使提到一些没有想到的问题，也只能是不影响定罪量刑的枝节问题。因此，在庭审准备问题上，我不用紧张。这样的自我暗示之后，我们便可以恢复自信，消除紧张情绪。

其次，是语言组织的问题。大部分新手出庭紧张的另一个重要原因，是担心在法庭上临时组织不了语言，说话会语无伦次或者胡言乱语、不知所云。的确，不论对检察官还是对律师来说，出席法庭都是一项硬功夫，检察官、律师都需要在法庭上短时间内调动自己的知识储备，用简洁明晰的语言解决对方所提出的问题，言之有理、言之有物，思路清晰，使人听懂，这对语言表达能力确实是一项很高的要求。高水平的检察官、律师，可以不需要经过长时间的准备，针对对方提出的问题即席答辩，或对法律问题信手拈来，或对对方提出的刁钻问题“牵动四两拨千斤”，这是长期经验与知识积累的结果，因为可能看似刁钻古怪的问题，有经验的检察官、律师都见过、经历过，知道该从哪方面入手去应对。而新手呢？如果做不到这些，又不能临场组织好语言，唯一的办法就是老老实实地去准备，那就是将可能遇到的问题在庭审预案中充分考虑好，并将遇到这些问题时如何回答，原原本本地写下来，作为“发言稿”，在法庭上如果没有勇气或暂无能力脱稿即席发言，直接读“发言稿”至少可以避免临时思考而觉得慌乱，临时组织不起语言而语无伦次、不知所云的现象，消除紧张。

再次，是庭上的变化。有时一些准备好的东西会遇到被告人、辩护人、公诉人法庭上的突然变化，如本来认罪的不认罪了，其他同案被告人的口供发生变化了，或者本来不认罪的法庭上又认罪了，或者被告人认罪，辩护人却做无罪辩护等，这就要根据法庭上对方的讯问动向、被告人的供述变化及时调整组织语言，调整的时机，是在检察官、律师没有举证、发言、不需要太加注意的时间中，因为法庭上不可能有专门的时间给检察官、律师作庭审预案的调整，只能靠检察官、律师自己见缝插针争取时间。同时尽管法庭上检察官、律师要高度集中注意力参与法庭活动，但不代表检察官、律师只能坐在那里只听不做、无所作为。对法庭进行的一些次要性的活动，如被告人认罪时的供述、公诉人讯问、辩护人发问的间隙，传唤被告人或者更换被告人到庭、传唤证人的间隙，被害人及其附带民事诉讼代理人发表意见等时间，在一边听的同时，就可以迅速对已经准备的预案进行调整、修改、充实，这时需要检察官、律师能“一心二用”，当然这种“一心二用”并非不集中注意力参加庭审，而是对庭审出现情况的及时调整，将语言组织好。

复次，就是要调整好身体状态。紧张的集中表现是心跳加剧、呼吸急促、出汗、尿频、声音发抖、身体发颤、肌肉发紧无法放松，针对这些紧张现象，可以采取下列措施：一是调整呼吸法。心跳速度、肌肉的紧张可以通过呼吸的调整加以控制和缓解，主要做法就是深呼吸，将意念集中在肚脐部位，深深地吸气，吸气速度要慢、节奏要均匀，想着把气慢慢地吸到了肚脐，然后停住，默默数五秒左右，再缓缓地呼出，呼出时将吸到肚脐部位的气全部呼尽，再进行下一次吸气。这样做五次到十次，基本可以缓解肢体的紧张，同时还可以让你感觉底气充足，说话不发抖。二是热量散发法。如果在开庭时紧张，可以暗暗将双腿伸直，让腿部肌肉反复紧张，将紧张情绪通过腿部肌肉的紧张而缓解。三是体态调整法。要将身体坐直，腰背挺直，感觉头顶如有一根线向上牵引着，这样身体自然就会直起，双手自然扶在桌上，不要撑桌面，持材料宣读时，用双手捧握，防止因手握不稳出现颤抖的现象，加剧紧张情绪。此外，还可以使用揉按穴位的方法缓解紧张情绪：揉按劳宫穴，劳宫穴位于手掌正中心，紧张时用拇指或者将食指弯曲，用关节处压按劳宫穴加以刺激；揉按内关穴，内关穴位于掌心侧手腕横皱纹向上约两寸处的手臂中心，能够摸到肌腱的地方，用拇指或食指关节揉按，具有镇静作用。

最后，准备好出庭的用具，如公文包、纸笔或者电脑、卷宗材料及庭审预案、必要的工具书等，也是克服紧张的方法。

“凡事预则立，不预则废”，有了上述准备，还有什么可紧张的呢？克服了紧张情绪，相信你的第一次庭审一定能够做好！

小贴士：

如何调整状态

武林高手在与人交手之前讲究“三调”，即调身、调息、调心。调身，指的是调整好身体的姿态，保持舒适挺拔的交战姿态，显示信心与实力；调息，指的是调整好呼吸，保持呼吸顺畅平稳，而不口开气促；调心，指的是调整好心态，保持沉着冷静的心理态势，从而使注意力、观察力、反应能力得到有效提升，能够应对各种突如其来的变故。检察官、律师在法庭上克服紧张情绪、保持良好的心理态势，对于提高出庭水平、有效组织法庭形象应对庭上变化，都具有非常重要的作用，通过上述方法，达到“三调”的效果，缓解与克服紧张情绪，是比较有效的，这虽然不是法庭形象艺术的本身，但它对检察官、律师语言能力的发挥也能够起到重要的帮助作用。

如何克服心理紧张

发言时的紧张来自内心的恐惧，如害怕出错、害怕观众不满意等。这说到底是太在意自己的表现、追求完美导致的。因此，放低标准，允许自己出错，是克服紧张情绪的第一步。此外，一些实用的小技巧，也能帮你驱散紧张：

1. 发言前含口温水。发言前几分钟，可以含一口温水，让它停留一两分钟再喝下或者吐掉，这样不仅能润滑嗓子，还能帮助舌头和口腔的肌肉放松。

2. 手里攥个小东西。歌唱家演出时，手里总会紧捏一个白色小手帕，一来缓解紧张的心情，二来显得自己更有精神。攥着钢笔、橡皮等小物件，同样管用。

3. 目光盯紧一个地方。发言时越东张西望，就越容易被观众的情绪所影响。因此，目光集中，反而能够帮助你集中精力，专心表现。

第十五计　故善战者之胜，无智名，无勇功

——庭审风格之平淡是真

孙子曰：见胜不过众人之所知，非善之善者也；战胜而天下曰善，非善之善者也。故举秋毫不为多力，见日月不为明目，闻雷霆不为聪耳。古之所谓善战者，胜于易胜者也。故善战者之胜也，无智名，无勇功，故其战胜不忒。不忒者，其所措必胜，胜已败者也。故善战者，立于不败之地，而不失敌之败也。是故胜兵先胜而后求战，败兵先战而后求胜。善用兵者，修道而保法，故能为胜败之政。①

孙子认为，预见胜利不超过一般人的见识，不算高明中最高明的。打败敌人而普天下都说好，也不算是高明中最高明的。这就好像举起秋毫不算力大，看见太阳、月亮不算眼明，听见雷霆不算耳聪一样。古代善于作战的人，总是战胜容易战胜的敌人。因此，善于打仗的人打了胜仗，既没有卓越过人的智慧，也没有勇武显赫的名声。他们进行战争的胜利不会有差错，之所以不会出现差错，是因为他们作战的措施建立在必胜的基础上，是战胜了在气势上已失败的敌人。善于作战的人，总是使自己立于不败之地，而不放过进攻敌人的机会。因此，胜利之师是先具备必胜的条件然后再交战，失败之军总是先同敌人交战，然后期求从苦战中侥幸取胜。善于用兵的人，必须修明政治，确保法制，才能够主宰战争胜负的命运。

孙子“善战”思想的实质仍然是“全胜”思想在作战过程中的延续。他说：“善战者之胜也，无智名，无勇功。”为什么善战者打了胜仗却没有智慧的名声，也没有勇武的战绩呢？因为在孙子看来，真正的善战者所打的胜仗，绝不是那种杀敌一千、自损八百的浴血奋战、拼死激战，而是“胜于易胜”：打的是好打易打之敌；“胜已败者”：打的是已经处于失败地位之敌。庭审活动也是如此，之所以能够取胜于法庭，不在于你在法庭上有多么精彩的表现、与对方经过了多么激烈的抗辩，而在于你本身已经立于不败之地。从这种意义上说，决战法庭，需要的是“平平淡淡才是真”，而不是“一战成名”或者“苦战成名”，这才是“无智名，无勇功”的真实意义所在，所谓的“无智名，无勇功”，说的是一名检察官

---

① 《孙子兵法》，陈曦译注，中华书局 2011 年版，第 64 页。

或者律师不去冒险取巧，而能够脚踏实地地去做好每一步，从而没有悬念地取得庭审的胜利。有的检察官、律师不明白这个道理，指望通过法庭上的放手一搏、通过法庭上的突然袭击或者慷慨激昂的表现赢得当事人的喝彩、赢得法官的认可从而取得最终的胜利，为此有的检察官、律师甚至不认真阅卷、不研究案件中存在的问题，而单纯依赖庭审技巧。这种寄希望于“险胜”“巧胜”的做法就属于“先战而后求胜”，寄希望于冒险取巧，也许他在法庭上确实有过人的表现，也许有时候也能够赢得精彩，但冒险的代价往往是输得也会很惨，这对于当事人来说、对于最终判决结果来说都是有害无益的。

因此，对于检察官、律师来说，要想做到在法庭上“胜兵先胜而后求战”“先为不可胜”，必须做到以下几点：

一是不要抱侥幸心理。有的检察官、律师认为，我这个案件中存在的问题，对方不一定会发现；即使发现了，他也未必会注意；即使注意到了，他也未必会把它作为重点问题来攻；即使作为重点问题来攻了，他也未必能够说得明白、法官未必能够接受他的观点；等等。这种寄希望于对方而不是从自身问题入手进行解决的态度是失败的根源。例如，某故意伤害案件，公诉人认为本案不是正当防卫，寄希望于辩护人不会提出关于是否属于正当防卫的问题，因而对这一问题庭前没有进行充分准备，而在法庭上，辩护人恰恰将这一问题作为主要辩护观点展开攻势，由于准备不充分，公诉人在法庭上很狼狈。尽管法庭最终认定本案不属于正当防卫并作出了有罪判决，但被告人家属四处投诉，认为对于本案是否属于正当防卫的问题，公诉人根本无法应答，说明法院最终判决是错误的，等等，造成了不良的影响。

二是不要寄希望于对手较弱。有人明明知道自己的案子存在问题，仍然希望出庭的对手法律功底不深、论辩水平不高、发现不了案件中存在的问题，希望能够“蒙混过关”，这也是不可取的。要取得庭审的胜利，还是要回到“先为不可胜”，你要让自己强大再强大，而不是希望来的对手是个弱者。还有的检察官或者律师，喜欢事先打听对手是谁，然后根据对手的情况酌情进行庭审准备，这种做法固然可以说是一种注重信息化的有效方法，但根据对手的强弱来决定自己是否准备，本身也是不可取的，应当采取的办法是即使对手再弱，我也要充分准备，你怎么知道这个所谓“弱”的对手不会在法庭上突出绝招？你怎么就不去认真思考“士别三日当刮目相看”的道理？所以尽管遇到强手我们完全可以通过充分的准备而不怯，即使平时较弱的对手，我们也一样要进行准备。

三是不要寄希望于法官可能不会关注这一问题。有人认为，我在办案中这个问题虽然困扰过我，但法官不一定认为这个问题就是个关键问题，也许会放过它。这同样是一种侥幸心理，同样不足取。一般的情况下，经历了控、辩、审三方审查的案件，想遗漏一个关键情节几乎是不可能的，唯一的办法，就是解决问题，而不是回避问题，更不要抱侥幸心理希望别人想不到某个关键性问题。

四是既然准备就要深入、细致，而不大而化之，尤其是要说服别人，先说服自己。有时候某个问题虽然比较疑难，但是经过认真准备还是能够在法庭上说清楚、为法官所接受的，这对于控辩双方来说都存在机会，这个时候不要因为这个问题准备起来比较麻烦就放弃准备，或者草草说理，连自己都说服不了，而是要考虑周全，认真准备，实现“先为不可胜”。

（案例14）例如，张某某受贿案，张某某多次以借为名收受私人业主王某某的贿赂，并为其谋取利益，但其中一起牟利事实是这样的：2013年7月，被告人张某某应王某某之托，利用其地位形成的便利条件，在王某某的外甥借读某重点中学事宜上主动与时任某区区长李某某联系，要求予以关照，并最终通过该区长职务上的行为，帮助王某某的外甥如愿至某重点中学借读。

这一事实存在如下问题：由于张某某并非直接利用自己职务上的便利为他人谋取利益，而是利用自己的职权、地位所形成的便利条件，通过其他国家工作人员的职务行为为他人谋取利益，如果指控其构成犯罪，则该利益必须是不正当利益，即刑法第三百八十八条所规定的内容。而本案的问题在于，借读是否属于不正当利益，学校出具的说明、会议记录、教育局出具的说明等书证中均未能反映出来，其中借读的基本条件是什么、有哪些人想办理借读手续以及借读手续如何办理等，没有证据能够证实；目前也没有某重点中学相关人员的证言，没有解决借读政策的详细情况。对此，张某某的辩解是借读不违反政策，他也仅仅是要求李区长按照政策帮助解决的。如这一问题不解决，则此情节不能作为利用本人地位形成的便利条件通过其他国家工作人员职务上的行为为他人谋取不正当利益的情节认定，因而不构成受贿罪。

对此，公诉人做了以下工作：

首先，要求侦查部门对准予王某某的外甥借读是否属于不正当利益予以明确。为此要求侦查部门提供某重点中学借读人员数量以及最终借读成功人员数量的相关证据，从而印证证人李某某所说的内容，即借读行为过程中也存在竞争关系，因为某重点中学在某区，而且符合借读条件的人可能很多，但是借读指标少，如果符合借读条件，其跟下面的学校打个招呼的话，那在借读报名时可以优先解决。因为张某某和其比较熟悉，原来也是上下级的关系，因而帮助其获得了这一优势条件的话，也属于谋取不正当利益，构成受贿罪。为此，侦查部门根据要求补充了学校校长陈某某、区政府办公室具体办事人员刘某某、市教育局赵某某的证言，印证了证人李某某的证言。调取了当年招生情况的相关书证、借读人员情况、相关要求方面的书证，证实借读人员之间存在竞争关系，如果没有区长的关照，王某某的外甥无法借读的事实。

其次，在解决了证据问题的基础上，公诉人还认真从法律适用方面进行了准备：被告人张某某帮王某某所办的事，不是利用自己的职务之便，而是通过其他国家工作人员所为，但其只要是为他人谋取了不正当利益，同样符合受贿罪的构成。对此，本案需要解决两个法律问题：一是“利用职权或地位形成的便利条件”的认定。《全国法院审理经济犯罪案件工作座谈会纪要》指出，刑法第三百八十八条规定的“利用本人职权或者地位形成的便利条件”，是指行为人与被其利用的国家工作人员之间在职务上虽然没有隶属、制约关系，但是行为人利用了本人职权或者地位产生的影响和一定的工作联系，如单位内不同部门的国家工作人员之间，上下级单位没有职务上隶属、制约关系的国家工作人员之间，有工作联系的不同单位的国家工作人员之间等。本案中张某某与区长的关系是上下级单位没有职务上隶属、制约关系的国家工作人员之间的关系，符合这一要求。二是什么是不正当利益？《最高人民法院、最高人民检察院关于办理行贿刑事案件具体应用法律若干问题的解释》规定：“谋取不正当利益”，是指行贿人谋取的利益违反法律、法规、规章、政策规定，或者要求国家工作人员违反法律、法规、规章、政策、行业规范的规定，为自己提供帮助或者方便条件。违背公平、公正原则，在经济、组织人事管理等活动中，谋取竞争优势的，应当认定为“谋取不正当利益”。本案中帮王某某的外甥借读提供帮助的情况，属于谋取不正当利益，主要理由是该行为违背公平、公正原则谋取竞争优势，如借读问题，多名证人均证实，不符合择校条件的，需要“找关系”才能获得借读的机会并缴纳赞助费，这种“找关系”，是不正之风，属于不正当竞争优势，当然是不正当利益。

经过了上述工作，在法庭上当辩护人提出该节事实不能构成受贿罪时，公诉人立即作出了有力应对，法院接受了公诉人的意见，对本案作出了有罪判决，从而实现了“立于不败之地，而不失敌之败也”。

第十六计　决积水于千仞之溪

——检察官、律师讯问、发问技能之营建优势

孙子曰：兵法：一曰度，二曰量，三曰数，四曰称，五曰胜。地生度，度生量，量生数，数生称，称生胜。故胜兵若以镒称铢，败兵若以铢称镒。

胜者之战民也，若决积水于千仞之谿者，形也。①

孙子认为，兵法的基本原则有五项：一是度，二是量，三是数，四是称，五是胜。敌我所处的地域不同，产生双方土地大小幅员的不同，土地幅员广阔与否决定物资的多少，物资的多寡决定兵员的数量，兵员的数量决定部队的战斗力，部队的战斗力决定胜负的优劣。所以胜利之师如同以镒对铢，是以绝对强大的军事实力攻击弱小的敌人；而败军之师如同以铢对镒，是以弱小的军事实力对抗强大的敌方。高明的指挥员领兵作战善于营造优势，就像在万丈悬崖决开山涧的积水一样，这就是军事实力中的“形”。

无论是战争也好，还是法庭决战也好，有时候双方力量对比是“天生”的，如一个案件中明显公诉方的证据占有绝对优势，而辩方证据和理由都居于劣势，或者相反，控方由于种种原因，指控证据明显存在“硬伤”。在这种情况下也许有人会认为，开庭就是一个形式了，胜败优劣已经明摆着了。当然从兵法上来说，“胜可知而不可为”，明知必败仍然硬着头皮去抗辩，只能落得“小敌之坚、大敌之擒也”的后果。但是法庭上的态势往往与战场上的态势一样，瞬息万变，正如高明的指挥员善于利用“形”的条件，“若决积水于千仞之谿”，营造“以镒称铢”的态势从而取胜。

庭审中的“形”如何营建，对于检察官、律师来说尤其重要。这里的“形”，指的就是法庭上的态势。而庭审中的“形”需要抢抓，其中法庭调查开始后的讯问被告人、向被告人发问环节，就是营建优良态势、“若决积水于千仞之谿”最重要的时机。

庭审开始之后，除公诉人宣读起诉书外，双方第一回合的交锋就是公诉人讯问被告人、辩护人向被告人发问。从表面上看，似乎双方针对的对象都是被告人，

---

① 《孙子兵法》，陈曦译注，中华书局2011年版，第69、72页。

而不是公诉人与辩护人的直接交锋，但实际上控辩双方是在通过这一形式实现攻击对方的目的。

（案例15）请看下面一段问话：

公诉人：被告人，你是怎么归案的？是不是公安人员到现场把你带走的？

被告人：是的。

辩护人：被告人，公安人员是怎么到现场的？

被告人：当时事情发生之后，我就听到旁边的人在打电话报警。

辩护人：你在听到旁边有人报警之后做了什么？

被告人：我觉得这事既然出来了，我也要承担责任，我就在现场等着警察过来。

辩护人：这时候如果你要跑的话，能不能跑得了？

被告人：那当然能跑得了，因为当时也没人拦我，就几个人看热闹在旁边议论。

显然，经过辩护人一问，被告人归案的情况就完整了，虽然他是被公安人员带走的，但由于是明知他人报警而在原地等候，具有主动到案的意思，其归案过程属于主动投案。在这里，尽管辩护人没有直接对公诉人说一句话，也没有直接发表对被告人归案情节的议论，但人们都能听明白：通过辩护人的问话，公诉人没有认定被告人具有投案情节是错误的。尽管这一案件在整体认定上可能公诉人是“以镒称铢”，但在被告人属于投案自首这一情节上，辩护人赢得了“以镒称铢”的态势。

（案例16）例如，检察官小伟今天去开庭，碰上一个难对付的被告人和辩护人，在法庭讯问阶段就被问乱了，有的事情本来被告人是承认的，但当庭让辩护人一掺和，加上小伟问得急了点招致了被告人的反感，连以前承认过的事实今天也不承认了。尽管庭审还是按时结束了，但小伟还是感觉很郁闷，没问好，心里不畅快，回来把情况向科长汇报了。科长跟小伟说：“我们就来说说这职务犯罪案件的法庭讯问。职务犯罪案件庭审中有一个难点就是难问。为什么？大部分被告人不认罪，或者以过去在侦查阶段供述不是事实，或者以自己的行为是违纪行为、经济纠纷而不是犯罪为由负隅顽抗。这个时候制服他们的，不是当庭举证和辩论，而是法庭上的‘当头炮’——法庭讯问。以你这个案子为例，职务犯罪案件的法庭讯问窍门在哪里？简单地说，就是多问客观性的、存在性的问题，如贪污案件里面，你先问那个钱有没有拿；如挪用公款案件里面，你先问公款有没有挪出去；

如受贿案件里面，你先问他有没有给请托人提供帮助。因为这个他一般不能说瞎话，不然就太不靠谱了，你看到他说瞎话就立刻揭穿，让整个法庭上的人都觉得他说的话没一句是真的，逼着他必须说真话，他也会知道硬说假话是不行的，因为庭审也是对他很关键的一件事，他也想通过庭审得以逃脱法律制裁，或者换来轻判对吧？那么就没有人会直接承认说，我今天在法庭上说的全是假话，你们看着判吧！只要抓住了他这个心理，其实问话也就有了突破口，那就是，只要是明摆着的事，他不会去颠倒黑白，硬说不是，这个明摆着的事，就是客观行为，或者客观事实、客观后果。那么怎么问客观行为？就是问已经发生的事实，如你不承认收受对方现金的事，那么我现在先不问你这个问题，我问你，你有没有为他谋取利益？他的这个工程是不是你开会讨论过？或者安排某某去具体落实过？因为牟利这个事实一般是客观存在的，是赖不掉的，再问，如果有银行存款、转账等证据的，你的银行卡里这个钱是从哪里来的？这个他不承认都不行。这个时候先别急着问他主观方面，一个劲把客观存在的事实问完，为什么？好让大家先看看他都做了什么，发生了什么，其实是让旁听的人判断，在不听他辩解的情况下，判断他这个行为，会不会是他等会所说的那样，是在没有犯罪故意支配下所做的。这就叫作'会说的不如会听的'，任你巧舌如簧，大家从客观行为里面其实就能够看出他心里想的是什么。问客观行为的技巧是，不许他绕弯子，因为他经常会解释，说之所以要这么做，是因为……不行，不要让他说，但你不要直接这么说：你不许说这个原因；你要说：这个原因我等会会详细问你，你现在请回答我提出的问题好不好？请直接回答，会给你解释的时间。你这么说，他的律师也就不好打断你的话，说要求让被告人自己解释。如果律师这个时候打断，你也可以说，我先问吗，如果辩护人感觉有必要问什么问题，您也可以等会直接问，但我问的问题被告人必须回答，明白吧？这么问，就把他的行为先给固定好了。这叫作什么？叫作'问其所必答'，就像打仗要攻其所必救一样。你问了这个问题，他要么如实回答客观事实，要么说假话被揭穿，两难的情况下他会选择说客观事实，然后进行一些解释，这个时候就是你揭露他的时候了，要让他的解释不合情理，因为说一个谎话就要用另一个谎话来掩盖对吧？这另一个谎话就是我们说的'援'，'围点打援'目的就在于，把客观事实亮出来，让他用谎话来'援'，然后我们以逸待劳，揭露他主观方面所撒的谎，从而证实，他只能构成犯罪。"

检察官、律师的法庭讯问、发问，指的是公诉人讯问被告人、辩护人向被告人发问。这是庭审中查明案件事实的重要环节，尤其是随着以审判为中心的诉讼制度改革的推进和庭审实质化的要求下，法庭上的问话在法庭审理中的地位越来越重要，今后在庭审中的比重也会越来越大。检察官、律师讯问、发问的目的，除了验证被告人对以往的供述是否认可、案件真实情况究竟如何之外，还在于引导下面庭审活动的展开，根据被告人的供述情况，有针对性地进行举证、质证和辩论，为最后论证被告人是否构成犯罪奠定基础。检察官、律师讯问、发问的效果如何，对于庭审活动能否顺利进行，往往产生决定性的影响，优秀的检察官、律师，善于通过这一开场活动，营造“决积水于千仞之谿”的良好态势，从而为整个庭审活动赢得主动。

一、庭审讯问、发问的性质、目的及用语特征

庭审讯问与发问，是法庭审理活动中的重要组成部分，必须加以高度重视，对于不认罪或者翻供的被告人的讯问、发问。尤其是公诉人，对否认指控事实的被告人的讯问具有双重性。公诉人如果讯问效果好，可以及时揭露犯罪，掌握庭审主动权；如果讯问效果不好，就可能使自己在庭审一开始就陷入被动。

公诉人在法庭上的讯问，与侦查阶段侦查人员的讯问、询问以及审查起诉阶段庭审前的讯问、询问活动既有联系，又有区别；辩护人在法庭上的发问，也与会见时的发问明显存在差异。公诉人在法庭上的讯问活动，承接了侦查阶段和审查起诉阶段的讯问与询问，同样是查明犯罪事实的重要手段，但这种讯问又与前两种讯问、询问存在重要的差异，尤其是与审查起诉阶段的讯问犯罪嫌疑人，询问证人、被害人、鉴定人、有专门知识的人、侦查人员不同，其性质虽然仍然具有法律监督的作用，但更加侧重于配合法庭查明全部犯罪事实，或揭穿被告人的谎言，运用证据证明犯罪。从这种意义上说，法庭上公诉人讯问活动的性质，更符合法庭调查中的举证活动的特征，尤其是对于那些当庭认罪的被告人，全面供述自己的犯罪事实，本身就是案件的直接证据，在其当庭供述与以往供述相一致的情况下，对其以往供述的出示可以简化，因而具有出示证据的性质。这种性质表现在两个方面：一是当被告人承认所指控犯罪事实或供述其他人的犯罪事实，具有控诉证据的性质时，公诉人讯问被告人具有举证的性质，是通过讯问证明所指控犯罪事实的过程，也是通过讯问将案件事实向法庭展示的过程，对证人、被害人、鉴定人、有专门知识的人、侦查人员亦然。二是当被告人不供认犯罪事实、其他人证翻证，具有辩护证据的性质时，公诉人的交叉盘问主要是核实上述供述、

辩解和证言陈述的证据效力和证明能力，以便提出质证意见的过程。

无论被告人在法庭上是否供述犯罪事实，公诉人、辩护人参与法庭调查活动都是从讯问、发问被告人开始，逐步出示控方和辩方证据，最终目的在于展示完整的证据体系，促使法庭采纳自己的主张。因而公诉人、辩护人在庭审中的问话，有其独到的问话目的。

一是通过被告人当庭的供述、证人等的当庭证言查明案件事实。

当庭讯问、发问被告人及询问证人等是法庭查明案件事实的重要手段，无论被告人在法庭上如何供述、证人等在法庭上如何陈述，这些口供都具有十分重要的意义，如当被告人供认犯罪事实时，公诉人应当通过讯问展示案件事实的全貌，为支持公诉提供比较强有力的直接证据；当被告人不认罪或者翻供时，公诉人要通过讯问问清楚被告人的辩解及其理由、翻供的情况及其理由，以审查口供的真实性，揭露口供中的疑点和矛盾，一方面保证无罪的人不受法律追究，另一方面也为驳斥无理辩解和翻供寻找突破口，使犯罪分子受到应有的制裁。辩护人则可以通过发问证实被告人当庭供述的真实性，从而对全案证据提出质疑，使案件真相得以查明，维护被告人的合法权益。对其他口供也是如此。

二是证明起诉书所认定的内容或者反映被告人所了解的真实情况。

口供是证据体系中的重要内容，根据法庭上的口供情况，公诉人可以通过这些言词证据与其他证据的印证得出证据体系的完整有效性，或者通过揭露被告人供述、证人证言等的虚假性展现案件其他证据的真实性，进而证明起诉书所认定内容的客观真实性；辩护人则可以通过对被告人的发问将案件的疑点展示在法庭上，通过被告人当庭陈述的真实情况使法庭了解案件的真相。

三是表明被告人的认罪态度，作为法庭处罚的依据，或者使法庭了解被告人的辩解，审慎对待被告人供述。

被告人当庭的认罪态度是在法庭确定其有罪后对其量刑时的一项重要参考因素，即使有些被告人在庭审前没有做有罪供述，但在一审法庭上如实供述了犯罪事实，仍然可以从轻处罚，因而讯问被告人可以明确其认罪态度，作为处罚依据，或者通过被告人当庭坚决的态度使法官对案件的疑点产生高度的警惕。在司法实践中，法官对于被告人当庭拒不认罪的案件，一般都会高度警觉和关注，如果被告人确实存在冤情，只要实事求是，将实情当庭供述出来，一定会引起法官的重视。

四是揭穿被告人的虚假供述或者反驳控方的不实指控。

庭审中的交叉盘问，有别于侦查中的讯问、询问与审查起诉活动中的讯问、询问，就公诉人来说，此时的问话，不但要问清被告人认罪与否，明确其认罪态度，同时针对被告人所作的虚假供述，还要通过公诉人的讯问活动揭谎言、明疑点，对质多被告人的供述让法庭及旁听人员听明白，对被告人所作的虚假供述形成不信任感。而对于辩护人来说，对于那些不实的指控，也需要通过当庭的问话予以澄清，将案件中存在的矛盾与不合情理之处展现出来，反驳不实的指控。

五是发现案件的争议焦点，为后面的举证质证和法庭辩论作准备。

公诉人法庭上交叉盘问的目的，不是一定要让被告人认罪，或者让提供伪证的人一定要说实话，而是明确被告人的辩解理由，从而有针对性地进行反驳。这也是与侦查阶段讯问、询问的重要区别。有的公诉人对不认罪的被告人穷追猛打，大有不让被告人低头认罪不罢休之势，结果使庭审陷入僵局。其实这进入了一个误区。公诉人在法庭上要着重针对被告人不认罪的部分让被告人作充分辩解，充分掌握被告人辩解理由，以使后面的举证和答辩更加充分有力并具有针对性。对于被告人提出的辩解，要高度重视，因为这正是案件的争议焦点所在，因而应当在讯问的同时，在心中运筹调整下一步的举证质证和辩论方略，使得后面的工作更加富有针对性，而不能固守成法，不加应变。同样，辩护人也可以通过对被告人的问话，展现出本案证据的矛盾之处，明确本案存在的合理怀疑，为下面在质证中对相关证据提出质疑、为证明自己的观点提供依据，从而为法庭辩论活动埋下伏笔。

从公诉人、辩护人法庭交叉盘问用语的特征来看，一是用语的公开性。与审查起诉阶段在看守所或者检察院办公室的讯问、询问和律师会见活动不同，除非不公开审理的案件，法庭交叉盘问活动都是在公开、开放的场合进行的，问话的目的也不是要自己听明白，而是让法庭和旁听人员听明白，因而盘问用语就具有公开性，尤其是要让自己已经明白的事实通过被告人、证人的口让其他人也能够听明白。同时由于问话的场所是开放的，完全不同于侦查和审查起诉阶段的单独问话，在这种场合下，被告人受审、证人作证的环境变化了，会影响到他们的答话心理，因而口供就可能会出现反复，如多被告人的案件中，部分原来指证或供述其他同案人犯罪事实的被告人，或者指证被告人的证人、被害人会因该被告人的亲属在法庭上旁听而感受到压力，或者担心受到报复而当庭不敢指证对方，或称忘记了、不知道等。问话的公开性，也要求公诉人在讯问时注意用语的禁忌，与审查起诉阶段有所区别。

二是用语的目的性。公诉人、辩护人在法庭上的交叉盘问，是一种“明知故问”，具有展示证据的性质，与为了查明案件事实、调查核实证据具有明显的区别。一般地说，公诉人、辩护人在问话之前，对于被问人会回答什么、会怎样回答，心里是基本有数的，这主要是通过审查证据材料和在审查起诉阶段讯问犯罪嫌疑人、询问证人、会见被告人之后形成的预判，不同于审查起诉阶段为查明犯罪事实的讯问、询问，因而其实质是要让被告人、证人将公诉人、辩护人已经掌握的情况按照自己的心理预期说给法庭听，因此在问话时就要有目的性，要明白需要被告人将哪些问题说出来，哪些问题可以不说。公诉人对于不认罪的被告人，也要知道让他说出什么以后，可以通过后面的讯问或者举证活动揭穿其谎言；辩护人则可以通过问话让法庭知道，被告人为什么今天会当庭翻供、翻供的理由是否成立。

三是用语的“他向”性。法庭上公诉人、辩护人的问话，实际并不是问给自己听的，而是问给别人听的，这与侦查和审查起诉阶段的问话与会见存在本质上的区别。公诉人、辩护人法庭上问话的目的，是让被告人、证人将自己的犯罪事实向法庭供述清楚、将自己的证言提供给法庭，而不是重复审查起诉阶段的讯问、询问内容，这就决定了此时的问话方式具有他向性的特点，而不能所问的内容只有公诉人、辩护人自己才知道，要让被告人、证人将自己明白的事实说给法庭上的大家听，让其他人都能够听明白。

四是用语的规范性。法庭上的交叉盘问应规范用语和准确用语。法庭上的问话活动，其用语较之审查起诉阶段所使用的语言，更需要讲究规范性，因为这一阶段的问话，除针对问话对象外，其实也是给法庭及旁听人员听的，此时除讲究要使问话让被问人听懂外，还要让其他人也听懂，并且还要讲究法庭上语言的规范性。所谓规范用语，就是要求在需要用法律术语的地方不要以其他语言代替，问话中的用语必须以法律用语作为规范，不能乱用方言土语或不文明的语言，也不宜用意思相同或相近的其他非法律用语，如把强奸说成奸污，把聚众斗殴问成打群架。同时也要注意法律用语的准确性，如把“被害人”称为“受害人”等，必要的时候，公诉人、辩护人还需要担任“翻译”，即要把被问人所说的隐语、黑话“翻译”成法律术语，如：

问：你刚才说的“踩点”是什么意思？

答：就是先到晚上要偷的那个地方去看一下。

问：是不是先到犯罪现场去看一下？

答：对。

五是用语的口语化和通俗性。交叉盘问虽然要讲求规范性，但由于各被问话人的文化水平和理解能力的差异，为了使自己的问话能够让被问人听懂，就要口语化和通俗化，必要时公诉人、辩护人也可以担任“翻译”，将法律术语解释给被问人听，使被问人一听就懂，这样可使问题提得完整充分，让被问人简要作答就能说明问题。例如，问被告人：“你的犯罪动机是什么?”被告人没有听懂，公诉人立即改变问话方式：“你做这件事的时候是怎么想的?”

六是提问的简明单一性。公诉人、辩护人在问话中提出问题时，要简明单一，一般应采取一问一答的形式进行，不宜“连珠炮”式地一次提出多个问题，使得被问人感到迷惑，无从答起，甚至答非所问。

七是提问方式的多样性。由于被问人在法庭上的口供形式多种多样，态度也各不相同，公诉人、辩护人就可以针对不同的被问人采用多种方法进行讯问，不拘泥于一种固定的形式。例如，对于事实清楚、证据充分、定性准确和被告人认罪态度好的案件，可以采取开门见山的方式，直接触及核心的内容促使被告人如实供述。公诉人对于心存侥幸、歪曲事实、推卸罪责的被告人，应采取迂回包抄，委婉的方式讯问，将其引入自相矛盾、无路可退的境地，迫使其如实供述。对于态度顽固、拒不认罪或当庭翻供的被告人，应先让其将谎言编完，待其供述后，抓住其细节上的矛盾深入讯问，使其不能自圆其说。对于各被告人相互推诿或揽罪的案件，应抓住各被告人供述中的矛盾进行当庭对质，揭露其虚假性。辩护人则可以根据案件的具体情况，选择使用被告人如实供述取得从轻条件型、被告人对部分情节进行有效辩解获得采信型、被告人全面辩解质疑证据体系型进行发问，从而实现最佳发问效果。

八是提问范围的限制性。由于法庭上问话是围绕起诉书所指控的犯罪事实进行的，公诉人、辩护人就应当注意问话的范围，不能像审查起诉阶段讯问犯罪嫌疑人、询问证人、会见犯罪嫌疑人那样，可以问起诉意见书以外的问题，而应当针对指控的事实以及与此相关的量刑情节进行盘问，不要超出问话范围。

二、公诉人法庭上的讯问效果有哪些

小峰（化名）今天特郁闷。一个受贿案子，被告人原来是不认罪的，审查起诉阶段科长陪他去提审，告诉了被告人利害关系，经过一番政策教育之后被告人终于想明白了，也表示认罪了，可今天在法庭上，起诉书宣读完毕之后被告人还表示认罪，结果小峰觉得准备了那么充分的讯问提纲如果因为被告人认罪就不能照着问了挺可惜的，就没有及时调整，仍然按照提纲上的内容问下去，当时问了一句："你以前在侦查阶段为什么不认罪？今天为什么又认罪了？以前为什么不说实话？"本来，小峰的意思除按照完整的提纲问被告人外，也想让被告人当庭剖析一下自己的思想认识，结果起了反作用，被告人生气了，当庭翻供，说以前在侦查阶段说的是实话，在审查起诉阶段说的是假话，是迫于压力才认罪的，想早点出去。今天在法庭上也是，一开始有投机心理，认为态度好一些可以轻判，现在选择不认罪是实事求是。小峰鼻子都快气歪了，又不能发作，只好硬着头皮把庭给开完，回来向科长汇报。

科长说："看吧，这就是你不知道及时调整讯问策略造成的后果，如说谁让你多问那句以前在侦查阶段为什么不说实话呀？告诉你，坏就坏在这句上。我发现有的时候，你们在法庭上的讯问不但没有起到让被告人当庭认罪的效果，反而把本来认罪的人给问翻供了，这实在不是笑话，而是你的方法策略和准备有问题。"尽管讯问被告人是公诉人在法庭上的一项重要活动，但在实际庭审活动中，许多公诉人对此项活动并没有重视，往往讯问活动走过场，发挥不了庭审中公诉人讯问被告人的"先发"优势，有的讯问不积极主动，有的坐等辩护人发问，有的在辩护人发问后被告人口供发生变化时不补充讯问，导致被告人被辩护人给"带"了过去，造成后面举证证明活动以及法庭辩论活动的被动。因此，公诉人一定要研究掌握法庭讯问艺术，注意讯问宜忌，讲究讯问技巧，做好这项工作。我们先来说说都有哪些普通问题。

我看了很多的庭审，总结一下，当前一些年轻公诉人庭审讯问中存在的问题主要有：

一是讯问走过场，漫无目的。一些公诉人对庭审讯问不重视，认为反正后面还要举证证明，即使被告人当庭不认罪或者翻供，只要能够拿出证据来证明被告人构成犯罪，那么对被告人只能从重处罚。对于认罪的被告人，则更是拿着起诉书随便问两句，没有体现出讯问的目的，成了让被告人简单地认罪表态。固然，大部分不认罪的被告人，是可以通过下面的举证质证活动证明其构成犯罪的，但是，对不认罪或者翻供的被告人简单地问几句就匆匆收场不问，表示要通过运用证据证明犯罪，往往使人们产生疑虑：是不是公诉人没有制服被告人翻供或不认罪的本领？还是被告人有关翻供或不认罪的说法的确是真的？否则公诉人为什么不回应？如：

公诉人：被告人李某，刚才你向法庭说起诉书认定的不是事实，为什么不是事实？

被告人：就不是事实。

公诉人：你以前不是供认过的吗？

被告人：以前供认是侦查人员逼我说的，我不说，他们硬记的，也不给我看材料。

公诉人：被告人李某，希望你在法庭上如实供述。

被告人：我说的是实话。

公诉人：审判长，由于被告人当庭不认罪，公诉人将在举证阶段通过证据证明他有罪。

在这里，被告人既然已经翻供，且说侦查人员逼供，就应当问清侦查人员如何逼供、其对笔录看过没有、其在审查起诉阶段是如何说的，起诉书认定的事实其是否了解，是根本不知道，还是知道或者参与而只是对行为性质有异议等，而不应当急于退出讯问，显得底气不足。

二是讯问针对性不强，泛泛而问，隔靴搔痒。一些重大案件，应当围绕案件的核心事实以及犯罪构成要件进行详细讯问，从而使旁听人员和法庭全面了解案件的情况，如果泛泛而问，则达不到此效果，会让人听得云里雾里，不得其详。

三是讯问不讲究方法，"强行"讯问，带来抵触情绪。有的公诉人在法庭上企图让所有被告人都当庭认罪，对于那些不认罪的被告人高声指责训斥，语气生硬，甚至威胁被告人，这种讯问方法往往不但不能起到良好的讯问效果，反而会造成被告人及其旁听的亲属对公诉人产生对抗、对立情绪，影响讯问效果，也影响公诉人的形象。

四是讯问软弱无力，无法揭穿被告人的谎言，给人一种无能为力的感觉，也会给下面的举证活动带来困难。有的公诉人正好相反，讯问语言软弱无力，对于被告人不认罪和翻供的行为束手无策，没有制服的办法，明明看着被告人说假话就是不知道该怎么揭穿他，对于辩护人所进行的诱导性发问分辨不清、不加制止，任由被告人在辩护人的诱导下改变口供或作虚假陈述，也不表态说明尽管被告人不供认，下面公诉人还将通过出示其他证据证明被告人有罪，结果造成法官听信被告人当庭的供述，无法下判，旁听人员觉得被告人说得有道理、辩护人问到了点子上，对检察机关的指控产生怀疑。

五是不问还明白，越问越糊涂，失去讯问效果。有的被告人以往的供述已经很清楚，而公诉人在讯问时却不得要领，没有围绕犯罪构成和起诉书指控的内容有条理地讯问，造成被告人供述头绪混乱，让人听得稀里糊涂，失去了讯问效果。

六是我前面所说的，被告人本来认罪，讯问后反而不认罪，造成讯问失败。有些被告人在法庭上的心态是复杂、矛盾、犹豫与动摇的，他们既担心认罪了罪责太重，又担心在法庭上不认罪会被重判，因而会根据法庭上的问话情况决定自己的态度，这时公诉人尤其要注意讯问的方式方法，不要因问话的方式不当造成被告人不认罪。这就要求公诉人在讯问中注意让被告人陈述客观过程，不急于做主观评价，不必在讯问的时候过早暴露要给其“定性”的目的。有些问题如果问了会起反作用，那么不如不问，只要把基本犯罪构成要件事实问清楚即可。

七是讯问重复，没有重点。如果被告人对起诉书指控的犯罪事实当庭已经供述清楚，就不必再重复讯问，而要把讯问的重点放到其没有供述或者供述不清的地方，不需要对其已经供述的内容再问一遍。而部分公诉人无论被告人认罪与否，一定要在法庭上把讯问提纲上的内容全部问一遍，不懂得机变，不懂得及时根据庭审的情况调整讯问策略，造成了讯问重复，重点不突出。

所以说，我们要研究讯问策略，有针对性地解决讯问中存在的这些问题，要知道公诉人在法庭上讯问的三种效果：

第一种效果是，尽量使被告人当庭能够认罪，如实供述全部犯罪事实。此种情况，包括本来就如实供述、到了法庭上继续如实供述的情形和本来不认罪，经过法庭上的讯问转而认罪，如实供述全部犯罪事实的情形，实现“不战而屈人之兵”的目的。此为上略。

第二种效果是，原来不认罪，当庭仍然不认罪。对此要预料在先，通过讯问揭穿其谎言，使人对其虚假供述不信任。此为中略。

第三种效果最糟糕，就是原本认罪，由于讯问不得法，造成当庭翻供不认罪，此为下略，要反思吸取教训。这种情况并不是笑话，在司法实践中经常遇见。

三、被告人法庭答话都有哪些规律

明白了这三种效果，就可以有针对性地设计讯问策略。我发现有的同志不写讯问提纲，笔者对于这种做法不予评价，因为有的案件，尤其是你们现在办的大多数案件是简单案件，该问什么你们心里有数，但是疑难复杂案件，尤其是职务犯罪案件，我还是建议大家出庭前拟定讯问提纲。讯问提纲的写法其实不难，就是设问，也就是准备你在法庭上要问的问题。但是，这个设问不是简单的疑问句，而是自己知道答案的问句，所以对于他回答的内容，你要加以预测，如果他这么回答，你下一个问题该问什么，要这样准备。这么准备了，你就要考虑他的答话心理、研究他的答话规律了，就是在准备的时候，你得仔细想想，这个被告人是什么性格的人、他在法庭上会怎么回答问题，有没有翻供的可能性，如果翻供了我们怎么对付，要设定一个讯问目标，就是我们前面说到的“虚虚实实”，也就是“实则实之、伪则揭之”。为达到讯问目标，公诉人就可以有针对性地设计讯问策略。

对于那些原本不认罪而在法庭上准备促使他认罪或者原本认罪要让他继续认罪的窍门是：

1. 告知他如实供述可以得到从轻处罚。例如，告知他这是在一审诉讼程序中最后一次供述自己犯罪事实的机会，只有如实供述才有机会得到宽大处理等。又如，有个自首的被告人，起诉之后有点犹豫了，貌似想翻供。这个时候我就告诉他，一审诉讼程序的意义是什么，也就是在一审法庭上如果你翻供了，就不能认定你是自首了，判决之后即使你在二审阶段又承认了，这个时候二审法庭也不能认定你有自首情节。这个对被告人的作用是很大的，他听了之后当时就认了。再如，虽然没有自首情节，但过去一直认罪的，因为听信了辩护人的错误意见想翻供，这个时候我就告诉他，起诉书已经认定了刑法第六十七条第三款所规定的情形，虽然没有自首情节，但能够认罪的，可以从轻处罚的规定，如果你当庭翻供，就会失去这个机会，你自己要权衡好，想清楚，他就认了。

2. 告知他刑事诉讼法关于口供采信问题的具体规定，促其正确对待自己的供述与辩解。有的被告人误认为只要不认罪就定不了案，这时就要通过讯问打破他的侥幸心理，促其认罪。

3. 告知他不如实供述将承担的法律后果。认罪与不认罪在处罚上有所区别，在告知其不认罪的处罚后果后，一些被告人会选择认罪，尤其是那些犯罪情节较轻的人。

4. 告知他本案不只是他一个人，其他同案人也都有供述，如果不如实供述，将得不到其他证据的印证，明显能够认定是虚假供述，只能承担不利的法律后果。针对共同犯罪案件中不认罪的被告人，用这种方法可以粉碎其幻想，促其认罪。

5. 曾经认罪的，告知他继续认罪仍然有机会得到从轻处罚。曾经认罪的后来又反复的人，一般是希望通过认罪获得从轻处罚的条件，可能因某种原因不认罪了，但他对于当庭认罪与否还在进行思想斗争，当在法庭上告诉他这是最后的机会时，他可能会选择放弃对抗而认罪。

6. 对于只想部分认罪的，如果没有让其全部认罪的可能，也可以促其部分认罪，这种情形虽然不如全部认罪，但总比不认罪要强，对于这种情形，也应当予以肯定，不能急于求成。

7. 有认罪的想法，但当庭熟人多、碍于面子羞于认罪的，一般属于自尊心较强、平时较老实、犯罪前有较好名声的人，如一些曾经做过高级领导干部的被告人，这时要注意不要赤裸裸地问其犯罪的情况，而要以打消其顾虑、鼓励他勇于认罪获得从轻处罚为原则，让他感觉当庭认罪并不难为情，从而作出认罪的选择。

对于那些被告人原来不认罪，而当庭全部认罪的情况，在司法实践中也是存在的，一般有几种情况：

1. 较年轻的被告人。年轻人涉世不深，较为单纯，一般不会对抗审查，反侦查能力不强，在法庭上一般愿意说实话。

2. 女被告人。女被告人一般个性较为软弱，尤其是被关押之后悔恨感强烈，当对其晓以利害，明确告诉她如实供述将与她最终的命运息息相关时，她一般会选择妥协认罪。但是要知道，审讯学上最难审讯的不是别人，正是女被告人。有的女被告人铁了心，无论如何就是不认罪，也不开口，审讯难度很大，对于这类被告人，我们只有放弃幻想，靠证据来说话了。

3. 罪行较轻的被告人。罪行较轻的被告人因对处罚结果有个心理预期，认为即使判刑也不会判得太久，不承认反而会重判，因而会放下负担如实供述。

4. 有投案自首、立功情节的被告人。因自首是法定的从轻减轻处罚的情节，因而被告人一般不会放弃这种机会，如实供述。有立功情节的被告人，因已经有了从轻条件，会用认罪的方式扩大自己从轻处罚的机会。这类人可能因某种原因不认罪了，但在法庭上最后关头，可能又会选择认罪。

5. 从犯。一般从犯知道自己的处罚较之主犯为轻，因而会以承认自己的事实和指证主犯换取从轻处罚。

6. 多被告人案件中其他被告人当庭认罪的。当庭认罪有示范效应，可以互相影响，大家为争取主动，均选择认罪，相当于博弈理论中的“囚徒困境”。

7. 审查起诉阶段妄图抵赖，但发现检察机关坚决认定的。此类人开始不认罪时，抱着侥幸心理，认为如果不认罪检察机关可能会不敢认定，作不起诉处理，但一旦被起诉后，在法庭上愿意用认罪换取从轻处罚。此类人员一般受过刑事处罚，且所犯罪行一般都比较轻，或者可能会有余罪未被发现，对案件的审理程序、案件的证据状况有个大致的了解，抱着赌一把的心理先不认罪，待开庭时再认罪。

8. 在法庭上见到自己的亲友、被害人及其亲属等而发生情感变化，确有悔罪表现的。此类人一般性格较为倔强，犯罪行为一般以激情犯罪为主，可能会与被害人相识，甚至可能是亲人间的犯罪，因而在开庭时见到自己的亲友或者被害人或其亲属时，会情感失控，当庭也会认罪，一般伴随较为激烈的感情冲动、痛哭。

9. 法庭上看到自己行为的社会危害性的时候。恻隐之心，人皆有之，并非所有被告人都是铁石心肠，有些被告人确实有良心发现的时候，开始时可能拒不认罪，在看到自己的行为造成的严重后果时，会选择当庭认罪。

10. 律师介入的。好的律师从办案效果和辩护策略的角度出发，做好其思想工作，指明认罪的好处，其在经过权衡后，也会选择认罪。

相反，当庭不易认罪的情形也是大量存在的，我们要“料敌在先”。这种情况有：

1. 侦查审查阶段始终拒不认罪的。此类人对抗情绪较重，顽抗下去的意志坚决，或一言不发，或胡言乱语，或胡搅蛮缠，就是不肯认罪和如实供认。

2. 虽然曾作过有罪供述，却又翻供的。翻供后坚决不供。

3. 口供反复变化的。

4. 侦查阶段供述有罪，审查起诉阶段翻供的。此类人思想斗争比较激烈，抱着侥幸心理妄图逃避。

5. 罪行严重的。此类人员担心认罪后承担严重的法律后果，干脆顽抗到底，企图通过顽抗得以逃脱制裁。

6. 曾经受过纪律调查或者处罚的。此类人员了解认罪的后果及有不认罪而逃脱处罚的经历，因而有一定的反侦查能力和经验，试图不认罪继续逃脱处罚。

7. 对侦查、审理活动存在抵触情绪的。此类人可能由于前阶段侦查，审查人员工作方式方法不当，或者因其他原因而对司法机关产生对立情绪，进而选择不认罪。

8. 个性较强，不愿意“服软”的。例如，一些知识分子涉嫌职务犯罪的案件，可能存在这种情况，比较固执，听不进法律政策教育，往往选择当庭不认罪。

9. 亲友、同事、故旧在法庭上，不愿意丢面子的。

10. 案件本身证据比较单薄的。

11. 有律师介入的。因当前律师队伍的素质参差不齐，有的律师介入案件后，不是本着查清案件事实，依法提出被告人无罪、罪轻的事实与依据的态度，而是向被告人透露案件证据情况，甚至指使被告人翻供，为被告人翻供后破坏证据体系打基础。这种案件就可能存在翻供或不供的可能。

总之，对于上述种种情形，作为一个公诉人，都要在出庭前仔细琢磨，在出庭中认真观察，作出正确的判断，对症下药。分析判断的方法，可以通过在审查起诉阶段接触犯罪嫌疑人、审查卷宗材料掌握被告人的不同特性，通过对被告人个性、犯罪情节等的判断，充分预测被告人在法庭上会采取的态度，从而确定庭上的讯问策略。尤其是对不认罪的被告人，要通过讯问使法庭上的所有人都明白他在说谎，进而对他的供述不再信任，转而信任其他人的口供与证言，这才能够实现揭穿谎言、诉诸不信任的策略目的。当然，讯问的方法，并不要求面面俱到，而要选择要害问题讯问，围绕犯罪构成要件，抓住核心问题讯问，实现有的放矢、明知故问的目的。

四、公诉人法庭讯问十要诀

这说到“明知故问”，我们就该知道如何掌控讯问技巧。要在法庭上实现讯问目的，取得良好的讯问效果，公诉人就应当掌控好法庭讯问的方法，为完成指控服务。

公诉人的法庭讯问说白了就是“明知故问”。因为问什么、他会怎么回答，其实应该尽在公诉人的掌握之中。如果你不知道这句话你问出去他会怎么回答，那你在法庭上必输无疑，公诉人在法庭上要“问其所必答”，就是“围点打援”。这是兵法，就像打仗要“攻其所必救”一样，你问了这个问题，他要么如实回答客观事实，要么说假话，这个时候就是你揭露他的时候了，要让他的谎言解释不合情理，因为说一个谎话就要用另一个谎话来掩盖对吧？这另一个谎话就是我们说的“援”，“围点打援”的目的就在于，把客观事实亮出来，让他用谎话来“援”，然后我们以逸待劳，揭露他主观方面所撒的谎，从而证实，他只能构成犯罪。所以说公诉人对被告人讯问的问题，应当知道已经具有充足的证据予以支持的答案，问话的目的，也是让被告人将这一答案说出来，所以公诉人在讯问时就要做到不露声色与痕迹地让被告人自己把答案说出来，而你自己不要急于帮被告人将此话说出来。下面就具体说说。

一是拣重点问，不要面面俱到。公诉人的讯问要做到详略得当，必要时根据被告人的答话及态度及时调整问话的内容，讯问要有针对性，简洁明了。公诉人庭审讯问作为法庭调查的一部分，是为了配合法庭查清案件事实，所以，对于被告人认罪的部分没有必要再重复讯问，必要时，可以问：“你在侦查阶段所作的供述是不是事实?”或者对于一些案件的核心问题直接问封闭性问题：“你说你认罪，并且说过去的供述都是事实，那么你确实利用职务之便骗取了单位的8万元公款，是不是?”等等。对于不认罪的被告人，讯问应直接针对被告人不认罪、翻供及控辩双方可能存在争议的部分进行，这也是庭审讯问与侦查讯问的重要区别。

二是实则实之，伪则揭之。这又是一个重要口诀。具体地说，就是在他说实话的时候，就要让大家都能听出来他是在说实话，扩大这个说实话的效果；在他说假话的时候，要让大家都能听出来他明显是在说假话，从而让大家都不信他说的这部分内容。这就是虚虚实实，让虚的更虚，让实话更被人们接受。被告人在刑事诉讼中处于被追诉的地位，案件处理结果对其有着直接的利害关系，因而在供与不供、供多供少、如何供述方面经历了较长的思想斗争，反映在法庭的供述方面，就是各被告人当庭的态度各有不同。针对各种不同的情形，讯问时就要注意区别对待，能够如实供述的，要让其供述内容与起诉书认定的事实相吻合；对于不认罪的被告人，应找准要害情节展开讯问，紧紧围绕起诉书指控的犯罪事实，讯问思路必须明确，要通过讯问让其不能自圆其说，或者陷入前后矛盾、得出荒谬的结论，从而揭穿其谎言，使法庭和旁听人员对其产生不信任感，对其的供述不加采信。

三是问案件事实与过程，不急于辩论案件定性。这个跟前面问客观行为的道理一样，法庭上的讯问活动，是针对起诉书所认定的事实要求被告人进行陈述，这一陈述主要是陈述案件的经过和被告人的行为，至于这一行为是否构成犯罪、构成什么犯罪，则是在事实确认之后的司法认定问题，因而在讯问中公诉人就不要急于问被告人行为的性质，否则容易触动被告人的敏感神经，回避问题甚至拒不供认，如一些贪污、挪用公款，或者渎职类案件，被告人对基本事实是承认的，但对案件定性存在异议，这时公诉人只要问明该事实是不是被告人做的、是如何做的即可，如果在讯问时就使用了定性的语言，如你贪污之后赃款是如何处理的?这样直白的问话可能会立即招来被告人的抗拒：“我不是贪污，这笔钱是我该得的”，如此等。

四是态度严肃，威而不怒。讯问被告人是法庭审理中的重要内容，是检察人员代表国家支持公诉活动中的重要内容，因而公诉人要注意法庭上的形象，对被告人的讯问活动，态度要严肃认真，语气要威严但不盛气凌人，更不能随意训斥被告人，因被告人的态度而在法庭上暴跳如雷、丧失风度，讯问语言要语意确定，不拖泥带水。这个其实也很要紧。职务犯罪案件被告人大部分自我意识、权利意识都很强，不愿意接受他人在法庭上的高声训斥，如果讯问态度过于严厉，可能会带来他的逆反心理，招致强烈抵抗，所以要注意控制情绪，“莫将私意入公门”。提问的语言表达要简洁、清楚，使人能够明确理解问话的意思，在讯问过程中，一般不宜反复打断被告人的答话，但被告人没有围绕问话内容进行陈述时，或者对事实过程的陈述过于绕弯子时，可以直接提问具体问题，让被告人直接回答。

五是合理安排讯问的顺序。对于多被告人的共同犯罪案件，为了取得良好的庭审效果，可以根据对各被告人认罪情况的预测，对讯问被告人的顺序进行调整，不一定按照起诉书对各被告人的排列顺序进行讯问。一般情况下，法庭在个别讯问被告人时，都是按照起诉书给各被告人排列的顺序，逐一传被告人到庭接受讯问与发问的，但这个顺序并非一成不变，公诉人可以在讯问之前先与审判长沟通，为了更加有力地查明案件事实，要求调整讯问顺序，取得审判长的支持与配合，一般让认罪的被告人先接受讯问，再问不认罪的被告人，以争取主动。例如，在一起共同犯罪案件中，第一被告人拒不认罪，而其他被告人认罪，此时可以先分别讯问第二、第三、第四被告人，在讯问中，公诉人可以要求这三名被告人对第一被告人组织、策划、指挥犯罪的事实与情节加以供述，最后在讯问第一被告人时，即使第一被告人拒不供罪，百般抵赖，但由于前面的同案被告人早已将他的犯罪事实向法庭供认清楚，第一被告人的辩解就会显得苍白无力，这也能使旁听群众看清，第一被告人的确是在抵赖。

六是必要时对被告人进行对质。现在的法庭上已经很少看到公诉人在多被告人讯问完毕之后要求各被告人之间对质了。其实这是法庭上制服被告人的一个很好的讯问方法。对质的方法，是在对每个被告人都讯问完毕的情况下，根据各被告人的供述情况，确认谁在作虚假供述，然后要求法庭将被告人全部带上法庭后，先讯问如实供述的被告人该情节内容，在其供述后，再向不认罪的被告人讯问，这个情节是不是如此、如何解释等，使被告人在同伙面前不得不说出实情。对质的原则要注意两点：一是禁止插话原则，二是禁止反言原则。什么是禁止插话？因为是对质，两个说法不同的人同时在法庭上说，就一定会有先有后。那么让谁先说？当然是让那个你认为说实话的人先说，而在这个时候，那个说假话的人一般都会辩解，这个时候就必须禁止他插嘴。因为他插嘴会带来什么样的后果？很可能会把那个说实话的人给带过去了，所以一定要盯住他，禁止他插嘴，要求他等到问他的时候再说话。而在这个说实话的人说完了以后，可以问那个说假话的人，“是不是这样的？”“你为什么是那样的说法？”进而揭示他供述的虚假性。但此时可能会有另一种情况，那就是有的被告人可能会互相掩护，一旦那个说实话的知道后面这个人原来是这样说的，可能会出于保护他的动机，想要改口，跟他说的一致，这个时候我们就需要禁止他当庭反言了，你前面供述是这么说的，刚才对质的时候也是这么说的，怎么现在听了别人的话又改口了？显然是在对抗审判。

七是必要的时候要记住，追上去补充讯问，不要懈怠。公诉人要及时进行补充讯问，以揭穿被告人谎言或者为后面的举证打下基础。因为在法庭调查中，公诉人讯问在前，辩护人发问在后，很可能因辩护人的发问，出现这样或那样的问题，如明明被告人回答你的时候是这么说的，但在回答辩护人的时候却改口那么说。有的辩护人故意用不正确的发问方式或内容，去影响检察机关的形象或证据的证明力。这个时候公诉人就应当主动请求补充发问，以达到澄清事实的目的。公诉人讯问被告人之后，经审判长许可，辩护人可以对被告人进行发问。辩护人经常会抓住这个机会，向被告人问一些似是而非的问题，企图模糊被告人供述的内容，进而在法庭辩论中使用这些内容攻击案件的证据体系，或者根据这些内容得出与实际案情截然相反的结论。因此，公诉人在讯问被告人之后，不要认为完成讯问任务就万事大吉了，而要怀着高度的警惕认真倾听辩护人对被告人的发问，不要懈怠，更不要对辩护人对被告人的发问听之任之，一旦发现被告人的供述因辩护人的发问而发生了变化，就要立即进行补充讯问，让被告人说清这一问题，以正视听。

八是针对不同的被告人，选择不同的讯问策略。法庭上被告人的情况各不相同，所涉案件性质、被告人的文化程度、被告人对于审判的态度等各有差异，这就决定了公诉人不能在法庭上使用千篇一律的语言进行讯问，而应当根据被告人的不同特点，适当地选择讯问语言，讲求讯问策略。例如，对于那些文化水平不高的被告人，讯问就要用通俗易懂的语言，让他能够听明白，而问话的方式也可以比较直截了当，直接问事实过程；对于涉及个人隐私的案件，问话时注意不要将隐私事宜直白地拿来讯问，如一些受贿案件受贿款由被告人送给其情妇了，对此，可以直接问：“这笔钱你送给谁了？”或者，“这笔钱你怎么处理的？”而一般不直接问：“这笔钱你送给你的情妇某某了，是不是呀？”说隐私的事，只要其听得明白即可；对于一些文化程度较高、社会地位也较高的职务犯罪被告人，则不宜问得太直白“露骨”，有时候留有情面可能更加有利于被告人当庭认罪悔罪，发挥讯问的作用。因此，一定要针对每个被告人的具体情况，巧妙“设计”确定讯问策略。

九是适时运用“反对”，对辩护人的诱导性发问予以制止。公诉人在讯问中要讲究问话的策略，但不能使用诱导性讯问。同时，公诉人更要注意倾听辩护人在向被告人发问时，有没有诱导性的语言，对辩护人的诱导性等不当发问要及时作出反应，向法庭提出反对，坚决制止。诱导性的发问主要有以下几种：（1）问题本身与本案无关。（2）发问具有诱导性，暗示、建议被问者作出某种回答，如“那笔钱你能贪污得了吗？”意思是该贪污行为被告人无法完成，被告人听到这样的问话，一般都会顺着杆爬地说：“是，我贪污不了。”因此，公诉人要及时提出反对。（3）要被问者作出结论性意见，如辩护人问被告人：“这说明你根本不想收他的钱，对不对？”（4）问题不清楚，有误导性、模糊或泛指。（5）发问带有诘难性，违反法律规定，如辩护人问被告人：“你说的都是事实吗？没有人在侦查阶段对你诱供吗？”（6）发问意在向被问者提供信息，或将卷内证人证言透露给被告人，或将前面庭审的内容透露给被问者，如辩护人问被告人：“行贿人说送给你的是银行卡，不是现金，是不是？”当被告人已经明确给出了答案，由于不是辩护人想得到的，辩护人会追问：“你再想一想，是不是这样的？你有没有记错？……”适时运用反对，要注意避免两个极端：听之任之型与惊弓之鸟型。听之任之型，对辩护人的诱导性发问不闻不问，不加制止也不补充讯问，结果导致被动；惊弓之鸟型对辩护人的发问太过神经敏感，对于一些合适的问题也胡乱提出反对，造成法庭以及旁听人员的反感，得不到审判长的支持，自讨没趣，也影响公诉形象。那么什么时候提出反对最合适呢？当辩护人问话声音刚落，被告人还没有回答的时候，是提出反对的最佳时机，如果等到被告人已经回答了才反应过来，那么效果就打了折扣。所以公诉人在辩护人发问时要集中精力听其问话，不要思想开小差，使反应能力降低。那么怎样提出反对呢？最好是直接打断辩护人的问话，向审判长提出来：“审判长！辩护人在对被告人进行诱导性发问，请予以制止！”如果辩护人确实是在诱导性发问，有时其实审判长已经想提出来了，而此时如果从公诉人口中提出这一意见，审判长一般都会立即支持公诉人的反对，要求辩护人不要进行诱导性发问。当然，针对公诉人提出的反对意见，辩护人或者被告人可能会提出质疑，甚至攻击公诉人不礼貌，随意打断他人问话，必要时，公诉人可以选择适当的时机予以回击："禁止提出诱导性问题干扰法庭查明案件真相，这是刑事诉讼法的基本精神和司法解释的明确要求，也是法庭纪律的要求，公诉人有义务协助审判长维持法庭秩序，同时也希望参与庭审的各方都能够自觉遵守法庭纪律，这不是一个礼貌与不礼貌的问题。"

十是注意讯问用语禁忌。公诉人讯问被告人，除态度严肃、语气威严外，还要注意用语的宜忌，避免说一些不该说的话，主要是：

（1）注意用语的准确性。常见公诉人在法庭上向被告人说："被告人，公诉人现在对你进行发问，你要如实回答。"这里，"发问"一词不准确，因为法庭上公诉人对被告人的问话，是"讯问"而不是发问，应当准确表达。

（2）当被告人前后供述不一时，不要问被告人："你以哪次供述为准?"因为此话的内涵是，被告人有一次供述是真的，而哪一次供述是真实的，应当以被告人当庭所认可的为准，这显然是不符合案件真实情况的。被告人在法庭上的供述可能为真，也可能为假，这些都需要用证据去证明，而不能简单地靠被告人本人的认可，而且公诉人一旦这样问，被告人一般都会说："以今天所说的为准"，而这一说法往往恰恰是不真实的。因而公诉人这样的问话方法，只能给自己下一步的工作带来麻烦，所以不能这样问。

（3）"你只要回答是或者不是"，这种问话方式显然是受了港台电视剧的影响，但其实这种问话方式中，往往一不留神就变成了诱导性发问，不符合我国刑事诉讼法的基本要求，除非在被告人对前一个问话已经确定地回答的情况下，才可以用封闭性的问题来发问，如被告人已经承认自己的犯罪事实，对于细节需要进一步讯问时，公诉人可以使用封闭性问题。

（4）在讯问中尽量不要念其以往的供述。当然对这个问题可谓见仁见智，有的人认为就应该立刻宣读，当场揭穿，以证明他当庭供述的虚假性。在实践中也有许多同志这样做了，效果也是可以的，就是可以将被告人不同的供述展示在公众面前，证实被告人肯定有一次是在说谎。但这种做法的问题是，宣读被告人以往供述活动，毕竟属于举证环节的活动，如果直接拿到讯问环节来用，可能会招致辩护人或者合议庭的反对，认为错用了程序，或者是在使用其他的案件信息对被告人进行诱导性发问，有指供之嫌。因此，为了避免带来不必要的争议，尽量不要问被告人："你在××（阶段）供述是……（供述内容），是不是?"而要通过其他讯问手段揭露其供述中的矛盾，然后在举证阶段通过宣读其以往供述并与其他证据印证，揭露其当庭供述的虚假性。

（5）不要威胁被告人。经常见到在被告人翻供时，会说受到了办案人员的威胁，如果公诉人在法庭上过于严厉地呵斥被告人："你不老实供述，必将受到法律严惩!"本来这话没有问题，却会被辩护人拿来说事："请看，公诉人在大庭广众之下，在这么庄严的法庭之上，还在威胁被告人，可见被告人在侦查和审查起诉阶段受到了怎样的威胁！这说明他所说的受到了逼供的事实是成立的!"这种说法本身是没有道理的，但在特定的环境下被辩护人这么一用，往往很有煽动性，尤其是当旁听人员中被告人的亲属占多数时，可能会带来不良的影响。

五、公诉人法庭讯问八技法

说完了公诉人法庭讯问总原则、十要诀之后，我们还要看看八种具体的技法。

一是开门见山法。即直接讯问要害问题。这种方法一般在案件事实已经清楚，证据确实充分或被告人认罪态度较好的情况下使用。对于犯罪事实单一、清楚，证据确实、充分，犯罪分子认罪态度较好、具有悔罪表现的案件，在庭审中可直接向被告人提出实质性的问题，明确要求其就全案的主要犯罪事实、情节当庭供述。对于已经掌握了大量证据、被告人对这些证据也认可的情况下，仍然推卸责任的案件，也可以使用这种方法。这种讯问方法能够在较短时间内查明案件事实，缩短庭审时间，达到满意的讯问效果。同时这种讯问应简洁扼要，不要太长过多，不要纠缠枝节性问题，不必事无巨细、面面俱到。

二是迂回曲折法。与直接讯问的方法相反，迂回曲折法主要是先接触枝节问题，然后向实质性问题过渡，进而了解事情全部真相。这样抓住被告人对枝节性问题不在意的弱点，使其在放松警惕的情况下供述犯罪事实，这种讯问方法一般是针对被告人盲目畏罪，拒不回答的心理。如要问一个贪污案件的被告人，不要让被告人一开始就了解问话的意图，而应当先问清正常的财务程序，该笔账按正规程序应该是什么样的，现在为什么变成目前这个样子了。迂回设计问题，收集对自己有利的信息，先堵后路，然后缩小包围圈，再问自己需要了解的中心问题，往往当被告人意识到讯问的意图时已经晚了。在措辞上，尽量不用一些带有强烈入罪色彩的词引起被告人的戒备心理，如利用职权为某某谋取了何种利益？是不是收受贿赂后就积极地为他人办事了？这些"赤裸裸"的问话往往会带来被告人的戒备、抵触情绪，因而要尽量淡化指控色彩，问其收钱的时间和为他人办事的时间相差多远等，用客观事实来建立犯罪构成要件之间的联系。

三是揭露矛盾法。这是对不认罪或认罪态度不好的被告人常用的方法。在讯问中，揭露被告人的犯罪行为和实质，使案件事实情况得到证明，从而有力击溃被告人狡猾抵赖和无端辩解。抓住被告人犯罪行为的本质特征以及自相矛盾之处进行讯问，揭露被告人翻供、不认罪妄图减轻或逃避法律制裁的侥幸心理，促使被告人彻底交代犯罪实质性问题。即使被告人不供认，通过这样的揭露矛盾法，也可以使法庭和旁听群众感到其辩解是在无理狡辩。如在一起故意杀人案的审理中，首犯以自己没有直接动手实施杀人行为为理由，不承认自己是本案的主犯，于是公诉人这样讯问道："你为什么向两名同案人指认被害人？"答："因为他们不认识，所以我才指给他们看。"问："你说你没有亲自动手，为什么还要到现场去？"答："如果我不去他们两人也不认识，不知打谁。"经公诉人这样讯问，有力证明了被告人在共同犯罪中主犯的地位。

四是层层剥笋法。即按犯罪的层次依次推进，由表及里地讯问直至接触犯罪实质。这种方法，一般在被告人对事情真相似供非供，遮掩躲闪的情况下使用，先问清与犯罪事实有关的问题，使被告人处于进退两难的境地，然后再问及问题的实质，迫使被告人无法遮掩。递进讯问法主要体现在层层深入，充分肯定利用被告人每一层的口供后，步步固定其供述，但又引而不发，使口供易于变化的被告人无法改变口供，从而达到目的。

（案例 17）例如，如公诉人在讯问一贩卖毒品案件的被告人时，被告人始终供述只贩卖给他人一次毒品就被抓获了。

公诉人：你的那个 139××××1234 号码的手机是不是你自己在用？

被告人：是的。

公诉人：别人有没有拿去用过？

被告人：没有。

公诉人：你和李某（购毒品人）过去是否认识？

被告人：不认识。

公诉人：你以前有没有向他贩卖过毒品？

被告人：没有。

公诉人：你说你与他从来没见过又不认识，为什么你和他在这次交易之前有过多次通话？

被告人：……

五是引而不发法。即对讯问的目的引而不发，含而不露，使被告人摸不透公诉人讯问的意图，从而只能按照公诉人的问话进行真实的供述。这种方法由于讯问的意图不外露，被告人不易警觉，不易产生狡辩现象，从而给讯问创造有利的条件。

（案例18）例如，在一盗窃案的庭审中，被告人辩称其没有去过犯罪现场。

公诉人：你说你没有去过犯罪现场，那么×市（犯罪现场所在地区）你去过没有？

被告人：从来也没去过。

公诉人：也就是说起诉书上认定的那一户人家，你更不可能去过了？

被告人：对，我连那个市都没去过。

公诉人：那在他家中有你的指纹怎么解释？如果你去过×市，也到过×家中，那么你的指纹留在那里也正常，如果你连×市都没去过，你的指纹难道会飞到人家家里吗？

被告人：……

六是各个击破法。对于同案被告人比较多、认罪态度有好有差的案件，可以根据需要调整讯问顺序，将认罪的被告人放在前面讯问，当然这一讯问方式要征得审判长的许可。这种讯问方法的好处是，安排认罪的被告人先供述案件事实，可以将案件的真实情况先行展示出来，使法庭和旁听群众都能够了解案件的真实情况，这时再讯问不认罪的被告人，他的供述可信度就会大打折扣，不被人们信任。

七是当面对质法。《最高人民法院关于适用〈中华人民共和国刑事诉讼法〉的解释》第二百四十三条规定："讯问同案审理的被告人，应当分别进行。"在共同犯罪案件中有被告人拒不认罪的情况下，采取当面对质的方法，迫使不认罪的被告人认罪，或者无法解释同案人对他的指证，前文已述。这种方法一般与各个击破法配合使用，效果更佳，但要注意的是，在对质阶段，一定要先问那个认罪的被告人，让他把刚才所供述的内容再向法庭说一遍，然后再问那个不认罪的被告人，让他来解释别人为什么会这样说、这样说是不是客观事实。对质中，要遵循两个原则，一个叫作"禁止反言原则"，即一定要先问前面那个认罪的人，因为如果先问不认罪的，在他继续不认罪之后，前面那个认罪的人很可能受他影响会改口，说前面所说的不是事实，而是不认罪的这个情况是真实的，这样就失去了对质的意义。另一个叫作"禁止插话原则"，就是在认罪的被告人回答问题的时候，禁止其他被告人、辩护人插话打断，以防影响其供述造成改口，因而公诉人在对质当中，要注意这两个方面，随时提醒法庭保持这两个“禁止”。

八是借力打力法。即借辩护人对上一个被告人问话中的内容，作为下一个被告人的问题，揭露其虚假供述。在多被告人案件中，往往辩护人也比较多，而辩护人为了使自己的当事人减轻责任，可能会极力扩大同案其他被告人的责任，或者在问话中明确其他被告人的罪责，有时这种明确是客观的，因而可以为我所用，借用辩护人已经问明白的话，解决公诉人需要费口舌问清的问题，收到事半功倍的效果。

公诉人讯问被告人用语规范

被告人就起诉书中指控的犯罪事实进行陈述后，审判长请公诉人讯问。公诉人讯问时，应当表明：“被告人×××，现在公诉人就案件事实对你进行讯问。根据法律的规定，你有权作有罪供述或无罪辩解，但是必须如实回答，听清楚了吗?”对于认罪态度存在动摇的被告人，可以这样开头：“被告人×××，今天开庭，是你在一审诉讼程序中最后一次供述自己犯罪事实的机会，也是你争取宽大处理的最后一次机会，因为如果认定你有罪，你在一审程序中只有如实供述自己的犯罪事实才能够得到宽大处理，而如果你不认罪，那么即使到了二审程序中你再认罪，也因为你在一审程序中没有如实供述，而得不到宽大处理，你听清楚了吗？所以认不认罪对你的命运至关重要，希望你能够把握住这个机会。”被告人回答后，公诉人继续讯问：“现公诉人就以下问题对你讯问……”或“公诉人现就起诉书指控你的内容对你进行讯问，你要如实回答……”讯问完后，公诉人应当表示：“审判长，公诉人暂时讯问到此。”以表示不放弃补充讯问的权利。需要补充讯问，应当向审判长提出：“审判长，公诉人要求对被告人补充讯问。”经审判长许可后进行讯问。

（1）如果公诉人要求补充讯问被拒绝，公诉人应当简要说明要讯问的内容，如“刚才辩护人在发问时，被告人对于前面已经供述的内容进行了改变，公诉人认为有必要讯问清楚”。如仍遭到拒绝，公诉人应当服从，但应表示请法庭记录在卷。

（2）被告人沉默不语，拒不回答讯问的，公诉人应当表示：“被告人×××，现在公诉人向你宣读《中华人民共和国刑事诉讼法》第五十四条规定（念该条文）。被告人，你现在沉默不语，实际上是放弃了自我辩护的诉讼权利。如果你仍然拒不回答公诉人的讯问，公诉人将提请法庭将这一情节记录在卷，并在量刑时予以考虑。”或者说：“被告人×××，根据《中华人民共和国刑事诉讼法》第五十四条的规定，对一切案件的判处，都要重证据不轻信口供，没有被告人的口供，只要事实清楚、证据充分的，仍然可以认定其犯罪并处以刑罚。所以，被告人×××，你要态度端正，认真回答公诉人提出的问题，以争取宽大处理。”如果被告人继续保持沉默，公诉人应当明确指出：“审判长，被告人×××无视审判长和公诉人的反复耐心说服，坚持沉默不语，拒不回答法庭提出的问题，是拒不认罪的表现，建议合议庭量刑时对此予以充分考虑，对被告人从严处罚。”

（3）被告人推翻原供述时，公诉人应讯问被告人：“你过去在侦查机关有没有做过供述？卷宗材料里有你大量的供述，这是不是事实？这些供述你看过，确认无误，并有你亲笔签名捺印，你今天为何改变原供述？”如果被告人辩解没有看清原笔录或原来记不清事实时，公诉人应当指出：“在审查起诉阶段，公诉人已告知你享有的权利和应负的责任，允许你如实补充、更改原供述。这笔录经你阅读并确认（或公诉人已向你宣读，并经你确认）。你作为具有责任能力的人，应当知道对自己供述承担的法律责任。你今天当庭翻供，毫无理由，请合议庭充分注意被告人的一贯供述。”

如果被告人辩解原供述是在诱供、逼供情况下作出的，公诉人应当指出：“本案在审查起诉期间，被告人没有提出诱供、逼供的问题，公诉人也没有发现侦查活动中存在诱供、逼供的违法现象（或虽然被告人提出类似理由，但公诉人查证不存在这些问题）。因此，被告人翻供不足采信，请合议庭充分考虑公诉人刚才宣读的被告人原供述，并结合案件中其他证据予以认定。”

对辩护方的发问方式或内容严重不当或具有引供、诱供倾向的，公诉人应当向法庭提出：“审判长，公诉人认为辩护人的提问方式（或内容）不当（或具有诱导性倾向），请法庭予以制止（或不予采纳）。”

六、讯问、发问提纲制作技能要诀

复杂案件都应当制作讯问、发问提纲，基本内容就是你要在法庭上问的问题。以检察官为例，讯问提纲不仅是为了让你在问的时候不至于忘记该问什么问题，更要紧的是要对法庭上、讯问中的被告人答话的可能性作一个全面预判，不至于在他回答了一个你根本没有考虑到的答案时自乱阵脚。这么一说，你们就明白了，以前你们一厢情愿地设计出的讯问提纲肯定有问题了吧？因为你只有“正”，没有“奇”，也就是只问问题，不知道问题后面紧跟着还应该问什么问题。什么是“奇正”？古代军事家打仗都讲究奇正。“正”，就是你能够想到的答案和方法，如你问：“你收了行贿人几次钱？”他回答：“三次。”这是正常的回答方法，叫作“正”。你正问，他正答。如果他回答：“钱不是我收的。”这个问题就是你始料未及的，他的答法就是“奇”，这个“奇”不管是真是假，在法庭上都是你意想不到的，那对你来说就是奇怪的事了，所以你就不仅要有“正”的一手，还要准备“奇”的一手来对付他，如这个时候你可以追问：“那么收钱这件事你知不知道？你说你没收，那么他有没有送钱？送钱的事你知不知道？是谁收的？是你儿子收的，那么他收钱之后有没有告诉你？”这个时候他就哑口无言了。我这么说，你就又懂了，就是在准备提纲的时候，不仅要准备问话内容，还要预设他答话的内容，同时还要设计他不同的答话之后你该追问什么。知道了这个，你就知道讯问提纲是怎么制作的了，就是要有设问，同时要模拟被告人作答，并将作答的内容考虑多一点，就像下棋一样，要多算好几步，万一他这么答了，你该怎样去问，才能让其他人听明白他的这个回答是真是假。同时对于那些不认罪的人，要设计一些封闭性的问题，问他客观行为，把他的后路堵死。对于一些问题，要善于使用归谬法，让他如果那样回答就显得明显荒唐、不符合情理，那么你就赢了。最重要的是，在你制作庭审讯问提纲时，一定要根据案件的具体情况，有针对性地设计讯问策略。前面我们分析过被告人在法庭上的答话规律，哪些可能会认罪，哪些可能会不认罪，甚至是由认罪到翻供，对于上述种种情形，公诉人都应当在工作中及时掌握，要通过审查起诉阶段接触犯罪嫌疑人、审查卷宗材料掌握被告人的不同特性，通过对被告人个性、犯罪情节等的判断，充分预测被告人在法庭上会采取的态度，从而确定庭上的讯问策略。尤其是对不认罪的被告人，要通过讯问使法庭上的所有人都明白他在说谎，进而对他的供述不再信任，转而信任其他人的口供与证言，是为揭穿谎言、诉诸不信任的策略。讯问方法不要求面面俱到，要选择要害问题讯问，围绕犯罪构成要件，抓住核心问题讯问。所以，要是简单地说，制作一份讯问提纲并不麻烦，把你想问的问题写下来就可以了；但是如果认真研究隐藏在讯问提纲背后的讯问策略，那么情况就比较复杂了，研究的问题也就比较多了，如被告人的心理、问题的设计、预测他的答话内容再设计追问环节，一环扣一环地问下去，结果会如何，等等。在这当中，公诉人首先要注意研究案件中的要害问题是什么，其次要了解要害问题中的核心问题是什么，然后围绕这两个问题，根据案件证据状况、被告人的心理状态，判断其属于何种认罪类型的人，再针对其可能在法庭上的态度确定讯问策略，实现讯问目的。

七、检察官、律师庭审讯问、发问策略实例详解：拿一个案件教你怎么问

检察官、律师制作与设计庭审讯问提纲、发问提纲，首先应当对案件的所有证据情况有全面深入的把握，研究证据中存在的问题，并通过庭前阅卷与讯问、会见，对被告人在法庭上可能会采取何种认罪态度有较为充分的把握，要认真研究被告人的心理状态，确定被告人在法庭上属于何种认罪类型的人，而针对其可能在法庭上的态度制定设计讯问、发问策略，确定讯问、发问目标与目的。

（案例19）起诉书认定：2009年11月，被告人金某某与被害人秦某某因工作上的关系产生矛盾，后于2010年9月再次发生冲突，被告人金某某遂产生报复秦某某的念头。2010年9月17日夜，被告人金某某打电话邀集被告人刘某、朱某，共同预谋报复秦某某，此间，金某某提出用刀捅秦某某。2010年9月18日4时许，被告人金某某骑摩托车带领被告人刘某、朱某窜至某区新河小区门口的路边等候秦某某，在秦某某从新河小区大门出来前去上早班时，被告人金某某指认了秦某某，被告人刘某和朱某上前先用砖块砸秦某某，秦某某反抗，二被告人又分别用折叠刀对秦某某的腹部、臀部、腿部连续捅刺十余刀，后乘被告人金某某驾驶摩托车逃离现场。被害人秦某某被捅刺后当场死亡。经法医鉴定，被害人秦某某系左大腿刀刺伤致左侧股深动脉及静脉破裂，急性失血性休克而死亡。

检察机关以三人构成故意杀人罪起诉。

现试以金某某等三人故意杀人案为例，分别从公诉人、辩护人的视角分析一下公诉人、辩护人庭审讯问、发问的设计策略与技巧：

（一）检察官、律师的讯问、发问策略分析

因本案以故意杀人罪起诉，公诉人的讯问目的是通过讯问得出本案构成间接故意杀人罪的结论，基本理由是：两名具体实施行为的人在凌晨使用足以致命的凶器不计后果地捅刺被害人，致被害人严重损伤后明知如果不及时救助会死亡仍放任该后果的出现，结果造成了被害人死亡的后果；雇凶的被告人明知两人使用足以致命的凶器侵害被害人，且在已经明知被害人严重损伤、在当时当地的环境

下如果不及时救助会发生被害人死亡的后果仍不闻不问，造成了被害人死亡后果的出现，因而其与其他同案人构成故意杀人罪。具体思路是倒推论证法：本案构成间接故意杀人罪—本案行为人从认识因素上看能够认识到杀人后果的出现，从意志因素上对该后果的出现不反对、能够容忍，对被害人死亡后果的出现持放任的态度，漠然置之—两名具体行为人尽管对打击部位有一定选择，但是打击力度无节制，同样反映出杀人故意—被告人金某某尽管没有亲手实施杀人行为，但他主观方面属于概括的故意，对于两名同案人所实施的行为可能造成的后果是明知的、对于任何后果的出现都是能够接受和容忍的—本案是雇凶杀人案件，该类案件的特点是雇凶人一般不亲手实施侵害行为，凶手与被害人无矛盾，但同样可以具有杀人故意，因而不能用双方有无矛盾来否定凶手的杀人故意，更不能否定雇凶人的杀人故意，只要雇凶人对凶手的行为没有进行明确限定、没有加以控制，那么对于后果的出现就应当承担责任。

本案辩护人的发问目的是通过问话得出结论：本案不构成故意杀人罪，而构成故意伤害罪。基本理由是：从两名被告人所打击的部位来看，主要集中在人身非要害部位腿部、臀部，被害人也是因为腿部受伤而死亡，因而被告人没有剥夺他人生命的故意，而只有侵害他人身体健康的故意。至于被害人死亡的后果，那不是被告人积极追求的结果，因为被告人只是想“教训”一下被害人，没有将其置于死地的目的，两名具体实施侵害行为的人与被害人根本没有矛盾，没有必要将其杀死；被告人金某某只是要求两人教训一下被害人，也没有让两人杀死被害人，所以三人均无杀人的故意，也无杀人的行为，因此只能构成故意伤害罪。围绕这一思路，问话策略应当是：问明三被告人在商量内容中有无杀死被害人的内容；问明打击的部位是哪些地方、为什么会选择这些部位、这些部位损伤能不能造成他人死亡的后果；问明在将被害人打伤在地之后有没有继续实施杀害行为或者足以造成被害人死亡后果的行为；问明他们认为自己逃离现场之后被害人有没有得到救助的可能性，即在当时当地的环境下是不是绝对不可能有人能够救助被害人。

（二）本案的证据状况与讯问、发问策略设计

1. 针对被告人金某某的供述

被告人金某某的供述：其与被害人秦某某系某五号井采煤一区二队同事，2009 年 11 月两人之间开始产生矛盾，之后一直不和。2010 年 9 月 14 日下午，金

某某向秦某某请假，未被批准。金某某为此很生气，想找人教训秦某某。20时许，金某某用女友李某的手机打电话骂秦某某，之后又用女友的手机联系朋友刘某商量教训秦某某，金某某担心刘某一人打不过秦某某，又联系朋友朱某到刘某租房处，三人商量如何打秦某某（刘某系吸毒人员，这期间金某某陪同刘某到某县购买一小包冰毒）。18日4时许，金某某骑着朱某的摩托车，带着刘某、朱某在某区新河小区路口（秦某某每天上班必经路上）等待，过了20分钟左右，秦某某出门上班，金某某指认秦某某给刘某、朱某看，然后躲到一旁。刘某、朱某上前分别用刀在秦某某腿部、臀部、肚子上捅了五六刀，随后金某某带着刘某和朱某骑着摩托车往某镇方向跑了，曾供认当时在路上其问刘某、朱某把人搞得怎么样，刘某讲搞得挺严重的，后来又否认此话。三人到某镇后就各自回家了。

另相关证人证言证实金某某与秦某某存在矛盾，案发前三被告人曾在刘某的出租屋内会合，三被告人曾在凌晨出现在案发现场，法医鉴定被害人因身中十余刀，致左大腿根部动脉及静脉破裂，失血性休克而死亡。

（1）从公诉人的视角来看：

①口供中存在的问题：

（a）没有供认其提出用刀；

（b）没有供述有无人提出用棍子打秦某某的事；

（c）供称其说只是教训秦某某，不是让他们把秦某某捅死，没有杀人的故意；

（d）指认秦某某之后即在一旁，对刘某、朱某二人的行为无法控制；

（e）秦被打成什么样其不知道，也没有过去看，因而对后果没有认识。（当庭可能不供认其问打得怎么样之类话的事实）

②口供的要害：

（a）承认是其自己与秦某某有矛盾；

（b）承认是其先后邀集了另外两被告人，且两被告人均不认识秦某某；

（c）承认是其提出报复秦某某；

（d）承认其带路到现场并指认了秦某某；

（e）承认另两人确实是带了刀并用刀捅了秦某某；

（f）承认看到两人用刀向秦某某的腿部、臀部、肚子上捅了五六刀；

（g）承认在逃离现场时问过两人：捅得怎么样，他们回答捅得挺重的（当庭可能翻供不承认该情节）；

（h）被害人当场死亡，身上十余处刀伤，除集中腿部、臀部外，腹部也有刀伤，系因急性失血性休克而死亡；

（i）犯罪时间在凌晨，地点在小区门口，此时行人较少，被害人得到救助的机会不多，此点属于应当明知。

③被告人金某某心理分析：

（a）尽管是金某某邀集了人，但金某某没有亲自动手，打成什么样在其意志之外，反正其说的意思是打，没有明确说要打死，因此死亡结果超出其意愿，完全是刘某和朱某两人出手太重的结果，其不应当对死亡结果承担责任或者最主要的责任；

（b）对于用刀的情节，其极力回避，以逃避认定其指使两人用刀；

（c）对于犯罪后逃离现场时问两人后果的问题，审查起诉阶段讯问时有翻供迹象；

（d）对于刘某二人是否认识秦某某、与秦某某有无矛盾，过去供述稳定，承认二人既不认识秦某某也与秦某某无矛盾，但在审查起诉阶段讯问此问题后，可能会在法庭上回答不知道以推卸责任。

④认罪与否类型判断：

属于犯罪严重型，担心认罪后承担严重的法律后果，可能会不认罪。由于以往做过相关供述，不好完全推翻，因而选择避重就轻、部分认罪，对核心问题拒不承认或者称不知道的策略。

⑤核心问题：

对秦某某怎样实施报复，打成什么结果；是否使用致命凶器（刀）；现场是怎样打秦某某的；打的结果如何；对死亡后果是否明知。

⑥法庭上可能采取的态度：

只承认有伤害故意，不承认有杀人故意，认为自己只想报复一下，打一顿就行，没有想到会杀死秦某某，也没有授意杀死秦某某；律师会对此节重点问刘某、朱某，金某某是不是说用刀捅臀部，二人可能会为争取定性为故意伤害而顺律师的话回答确实只让他们捅的臀部，他们也主要是朝腿部、臀部上捅的。

对于用刀这一情节进行推卸，拒不承认其提议拿刀，可能会推翻以往供述称不知道刘某、朱某有无用刀；律师会问：刀是否是由金某某提供的，还是另二人自己的，进而否认金某某有用刀的提议以及知道二人带刀、用刀的事实。

现场如何打的，可能会以站得远看不见为由推卸；尽管承认过逃离时问两人打得怎么样，因在侦查阶段就对此情节开始翻供，可能会在庭审中不承认此情节，或者即使承认此情节，但对回答内容“伤得挺重的”解释为打倒在地，而不是有死亡危险。对于二名同案人的口供，会说二人共同将责任推卸给其进而否认二人供述的真实性。

⑦讯问策略：

法庭上的讯问内容，分为必问问题和可问问题。必问问题属于关系到犯罪构成要件的事实与证据的内容，当庭必须通过讯问弄清楚的问题；可问问题属于策应性问题，即在必问问题回答效果不理想，需要通过其他问题对上一问题进行补充、强化或者为揭露被告人的虚假供述时才紧跟着提出的问题。

⑧本案的必问问题：

（a）与秦某某有无矛盾？

（b）有没有报复秦某某的想法？

（c）有没有打电话叫刘某来报复秦某某？

（d）刘某与秦某某是否认识、有无矛盾？

（律师可能提出：之所以金某某没有亲自殴打秦某某，是怕秦某某认出来，既然是怕秦某某认出来，当然是不想把他打死，不然就没有必要怕被认出。

公诉人答辩：之所以不亲自殴打秦某某，原因可能有多方面，并不一定只有辩护人和被告人自己说的一种情形，而不论是亲自动手，还是指使他人动手，都不影响本案的基本事实：Ⅰ指使他人殴打；Ⅱ使用凶器（刀）会造成何种后果；Ⅲ其自己也到了现场，对现场局面有控制能力而不加控制；Ⅳ在对秦某某不法侵害之后，明知其伤得很重，在凌晨行人稀少的环境下若得不到救助会死亡，仍对这一结果持放任态度，因而金某某是否亲手实施具体报复行为，不影响全案故意杀人定性的认定。至于行为之初是否怕被认出来以后会受到法律追究，这种心态其实是很复杂的，可以是怕被秦某某认出来，也可以是怕被其他人认出来，他的最根本的目的还是逃避法律追究，这是雇凶杀人的一般规律，而不能据此作为判断其想不想把秦某某杀死的标准。）

（e）为什么邀集朱某也来参与？

三个人有没有在一起商量如何打秦某某？商量时有没有其他人在场？

（三人商量，说明其他两人对于商量的过程一定了解，如果在商量的内容上不一致，说明有人在说假话，对此，金某某会不承认其提出用刀的事，则对此节应当以其他两人所说为准。没有其他人在场，说明其他两人的说法是客观的，因为无人可以印证金说自己没提出用刀这一说法的真实性。）

（f）三个人商量的内容是什么？

（核心问题是如何分工、谁提出用刀，对此应当重点问：有没有商量怎么去打秦某某、谁动手打秦某某、你具体怎么分工、有没有提出用什么凶器打秦某某、最后决定怎么报复秦某某、谁提出用上述凶器、你当时是怎么表态的。）

（g）什么时间到现场去的？是怎么到现场的（徒步还是乘车）？谁带的路？去现场时带了什么凶器？谁带的凶器？

（h）到了现场谁指认的秦某某？

（i）你指认完之后在哪里？

（j）刘某、朱某是怎么打秦某某的？

（k）刘某、朱某打完后你们是怎么离开现场的？当时秦某某在哪里？

（l）离开现场时是几点？

（m）离开现场时有没有人问打得怎么样？谁问的？

⑨可问问题：

（a）为什么给刘某买毒品？

（b）有没有跟踪秦某某认他的家？

（c）2009 年的时候有没有要求刘某去报复秦某某？

（d）有没有看到刘某和朱某的刀？

（e）以前的供述是不是你自愿交代的？有没有人对你逼供诱供？

（f）你在审查起诉阶段所说的是不是你自愿交代的？

（如推翻审查起诉阶段关于刘某、朱某不认识秦某某及其邀集二人来报复秦某某的基本供述）

⑩讯问目标与目的设计：

讯问目标是使其当庭能够全部如实供述，为此可向其交代法律规定及坦白从宽的政策，向其指明本案参与人、证据等状况，明确即使其本人不供述，也不影响本案的认定，结果只能是受到从重处罚，促其珍惜一审诉讼程序中最后一次供述自己犯罪事实的机会，为自己创造从轻处罚的条件。如此目标达不到，其仍不作全面如实供述，或仍然避重就轻，固定其要害问题，针对其不承认的情节，揭穿其谎言，揭露其避重就轻、企图逃避法律处罚的意图。必要时可要求法庭采取先讯问刘某、朱某，后讯问金某某的讯问顺序，也可在三名被告人全部讯问完之后，要求对三人进行对质讯问。

（2）从辩护人的视角来看：

①口供中对被告人有利的问题：

（a）没有供认是其提出用刀报复秦某某；

（b）没有供述有无人提出用棍子打秦某某的事；

（c）供称其说只是教训秦某某，不是让把秦某某捅死，没有杀人的故意；

（d）指认秦某某之后即在一旁等候，对刘某、朱某二人的行为既没有现场指挥，也无法对打击后果进行有效控制；

（e）虽然看到二人用刀捅刺被害人，但明确看到只是对腿部、臀部捅刺，而没有对要害部位头部、心脏等捅刺，说明不是为了杀死被害人；

（f）秦某某被打成什么样金某某不知道，也没有过去看，因而对后果没有认识；

（可以在会见时与被告人沟通，说明对后果的认识及对定罪量刑可能产生的影响，重点解决其对于这个情节在法庭上如何陈述。如果承认听到其他人说了“伤得挺重的”时，对于这句话的意思当时是如何理解的，是不是一定会有生命危险？因为其毕竟并没有仔细过去查看秦某某的伤势，因而对犯罪后果会多么严重并没有认识）

（g）作案地点在居民小区门口，而不是在荒郊野外，因此不能认为被害人会因得不到及时救助而死亡。

②口供中对被告人不利的问题：

（a）承认是其自己与秦某某有矛盾；

（b）承认是其先后邀集了另外两被告人，且两被告人均不认识秦某某；

（c）承认是其提出报复秦某某；

（d）两名同案人均说是金某某提出用刀捅；

（e）承认其带路到现场并指认了秦某某；

（f）承认另两人确实是带了刀并用刀捅了秦某某；

（g）承认看到两人用刀向秦某某的腿部、臀部、肚子上捅了五六刀；

（h）曾承认在逃离现场时问过两人：捅得怎么样，他们回答捅得挺重的，其他两人对此情节也能够印证；

（i）被害人当场死亡，身上十余处刀伤，除集中腿部、臀部外，腹部也有刀伤，系因失血性休克而死亡；

（j）犯罪时间在凌晨，地点虽在小区门口，但因天亮尚早，此时行人稀少，被害人得到救助的机会不多。此点属于应当明知。

③被告人金某某心理分析：

（a）尽管是其邀集了人，但其没有亲自动手，打成什么样在其意志之外，反正其说的意思是打，没有明确说打死，因此死亡结果超出其意愿，完全是刘某和朱某两人出手太重的结果，其不应当对死亡结果承担责任或者最主要的责任；

（b）对于用刀的情节，金某某称其并没有指使另外两人用刀，所以用刀造成的后果不能由他来承担；

（c）对于犯罪后逃离现场时问两人后果的问题，会见时与其进行交流，指导其对这一情节作出合理的解释；

（d）对于刘某二人是否认识秦某某、与秦某某有无矛盾，过去供述稳定，承认二人既不认识秦某某也与秦某某无矛盾，但在审查起诉阶段讯问此问题后，可能会在法庭上回答不知道以推卸责任。

④认罪与否类型判断：

属于犯罪严重型，担心认罪后承担严重的法律后果，对此问题需要与其交流，根据目前证据状况建议对基本事实予以供认，取得从轻处罚条件，而对犯罪性质进行有效辩解。核心问题：对秦某某怎样报复，打成什么结果；是否使用致命凶器（刀）；现场是怎样打秦某某的；打的结果如何；对于后果的认识如何。

⑤发问策略：

法庭上的发问内容，也分为必问问题和可问问题。必问问题属于关系犯罪构成要件的事实与证据的内容，当庭必须通过发问弄清楚的问题；可问问题属于策应性问题，即在必问问题回答效果不理想、需要通过其他问题对上一问题进行补充或者强化或者为进一步明确被告人对该问题的认识时紧跟着提出的问题。

⑥本案的必问问题：

（a）有没有报复秦某某的想法？

（b）想到过如何报复秦某某没有？是不是“打一顿”？

（c）有没有把他杀死的想法？

（d）有没有让刘某、朱某杀死秦某某？

（e）为什么你不亲自殴打秦某某？是不是怕秦某某认出来？既然是怕秦某某认出来，当然是不想把他打死，不然就没有必要怕被认出，是不是？

（f）你有没有主动提出用刀捅秦某某？

（如公诉人说到其他两人均说是金某某提出用刀捅，金某某也承认该情节）你说用刀捅什么部位？有没有让他们捅要害部位？

(g) 刀是谁的？是不是你提供的？

(h) 到了现场指认秦某某之后你有没有要求他们具体怎么打他？

(i) 你有没有看到刘某、朱某是怎么打秦某某的？

(j) 你看到刘某、朱某二人用刀捅刺被害人什么部位？当时你怎么想的？有没有认为这样会把秦某某捅死？

(k) 刘某、朱某打完后你们是怎么离开现场的？当时秦某某在哪里？你有没有过去看秦某某的伤势？

(l) 你对秦某某当时的状态是怎么判断的？会不会死？

⑦可问问题：

(a)（公诉人如问到报复的心态时）你对于报复秦某某的态度是什么？是想把他杀死还是让他受点教训？

(b)（如被告人承认当天听到二人说了“伤得挺重的”时）你对伤得挺重的是怎么理解的？是不是会死？还是他就是受伤了？

2. 针对被告人刘某的供述

被告人刘某的供述：其和金某某是朋友，几个月前金某某对其说和他的队长秦某某有矛盾，让刘某去打秦某某，刘某没有同意。2010年9月17日晚上，金某某和刘某联系说想把他的队长打一顿，刘某同意后，金某某到刘某租房处，陪同刘某外出购买了一包冰毒吸食后，金某某担心刘某一人打不过秦某某，又电话联系朱某一同去打人。刘某提议不要把秦某某打得太重，用木棍打几下。由于没有找到木棍，金某某提议用刀捅秦某某臀部。18日3点50分左右，三人前往秦某某居住的新河小区门口。金某某在指认了秦某某后躲到一旁，朱某从路边捡了一块砖头砸秦某某的后背，刘某跟着也砸了一块砖头。秦某某回身打了刘某一拳。刘某掏出随身携带的弹簧刀朝秦某某的左大腿外侧捅了几刀，朱某上前和秦某某纠缠在了一起，刘某又在秦某某右腰捅了一刀。之后两人向马路北边跑去和金某某会合，刘某对金某某讲这男的伤得挺重的，金某某没吱声，便骑摩托车带2人离开现场。刘某在某镇下车回家之后和朱某联系，陪同朱某前去潘北矿找朱的一位朋友互换手机卡，朱某的朋友又给了朱某300元钱。之后刘某和朱某就去了某县，9月19日被抓。对于金某某问打得怎么样一节，刘某先是供认自己说，伤得挺重的，后又说没有说此话。

（1）从公诉人的视角来看：

①口供中存在的问题：

（a）其提出不能把秦某某打得太重，只要用木棍打几下；

（b）供述称金某某找其是要将秦某某打一顿，金某某虽提议用刀，但也只是要求捅秦某某的臀部——金某某主观上是否具有杀人故意存在争议；

（c）其捅刺的主要部位是腿部；

（d）朱某与秦某某纠缠在一起，没有提到朱某有无使用刀；

（e）逃离现场时有没有说被害人伤得怎么样，前后有反复。

②要害问题：

（a）是金某某邀集其提出要报复秦某某，且两次提出此事，其自己与秦某某不认识；

（b）是金某某带其吸毒以作为酬谢；

（c）是金某某怕打不过秦某某，又邀集了朱某；

（d）三人共同预谋，是金某某提出用刀捅；

（e）犯罪时间在 3 点 50 分左右；

（f）其到现场带了刀；

（g）是金某某带其到现场并指认了秦某某；

（h）其与朱某均用砖块砸了秦某某，其用刀捅了秦某某的腿部、臀部、腰部；

（i）其对金某某说这男的伤得挺重的，金某某没吱声，继续带他们逃离；

（j）被害人当场死亡；

（k）犯罪时间是凌晨，犯罪地点在小区门口，此时行人较少，被害人得到救助的机会不多。此点属于应当明知。

③心理状况分析：

（a）认为自己不是首犯，而是受金某某所邀集，金某某应当承担最主要的责任，因而对处罚后果有较为乐观的预期，相对容易如实供述；

（b）认为用刀是金某某提出的，其提出了用木棍的犯罪手段，应当属于有从轻情节的那种；

（c）认为自己捅的是腿部等非要害部位，而且金某某也只是讲捅臀部几刀，所以不应当定故意杀人而是故意伤害；

（d）捅腰部那一刀是为了让朱某脱身，并无杀人的故意。

④认罪与否类型判断：

认为自己从属于金某某，虽属于罪行较重型，但基本认罪，在与自己有关的尤其是罪行轻重方面的问题上可能会推卸责任，如在逃离现场时金某某问其搞得怎么样，其说："伤得挺重的。"这一供述尽管过去多次供述，但存在翻供情况，究其原因，是其担心这样说了，会暴露其对被害人伤害程度的认识，可能会加重自己的罪责，故可能在庭上会说自己没有说过，或回答记不清了。

⑤法庭上可能采取的态度：

因认为金某某是首犯，对自己的处罚有较为乐观的预期，因而会基本认罪，并能供认受金某某邀集，能指证金某某要求用刀捅；对自己捅刺行为能够供认；逃跑时金某某的问话或其对金某某所说的伤得挺重的事实基本能够承认；会提出用木棍打就行了，因为没有找到木棍才用的刀，所以一开始就只有伤害的故意，打的时候也没想把人打死，捅秦某某的腰部是因为他与朱某纠缠在一起，想要让朱某脱身，而无意将秦某某杀死；预谋当时金某某也只是讲捅臀部几刀，对此会回答律师确实如此。（注：如律师问金某某有没有说用刀捅臀部，则可以印证金某某确实提出了用刀捅的事实，因而如果在金某某不承认是其提出用刀的情况下，金某某的律师一般不会问这一问题，而可能在法庭辩论阶段针对公诉人提出这一问题时使用这一情节）

⑥讯问策略：必问问题

（a）其与秦某某是否认识？有无矛盾？

（b）是谁邀集来报复秦某某？如何邀集？

（c）还邀集了谁？为什么邀集朱某也来参与？

（d）三个人有没有在一起商量如何打秦某某？商量时有没有其他人在场？

（e）三个人商量的内容是什么？（核心问题是如何分工、谁提出用刀，对此应当重点问：有没有商量怎么去打秦某某、谁动手打秦某某、具体怎么分工、有没有提出用什么凶器打秦某某、最后决定怎么报复秦某某、谁提出用上述凶器、你当时是怎么表态的？当时身上有无刀具？谁有刀？有没有拿出来看？）

（f）什么时间到现场去的？是怎么到现场的（徒步还是乘车）？谁带的路？

（g）去现场时带了什么凶器？谁带的凶器？

（h）是什么样的刀？

（i）到了现场谁指认的秦某某？怎么指认的？

（j）是怎么打秦某某的？你是怎么捅秦某某的，捅在什么部位、多少刀？

（k）打完后你们是怎么离开现场的？当时秦某某在哪里、什么状态？

（l）离开现场时是几点？

（m）离开现场时有没有人问打得怎么样？谁问的？

⑦讯问策略：可问问题

（a）金某某是否知道你们是带刀去现场的？

（b）金某某有没有看到你们捅秦某某？

⑧讯问目标与目的设计：

讯问目标是使其当庭能够全部如实供述，为此向其交代法律规定及坦白从宽的政策，向其指明本案参与人、证据等状况，明确指出即使其本人不供述，也不影响本案的认定，结果只能是受到从重处罚，促其珍惜一审诉讼程序中最后一次供述自己犯罪事实的机会，为自己创造从轻处罚的条件。同时肯定其一直以来的认罪态度，鼓励其坚持下去，同时告知其作为共同犯罪的同案人，除如实供述自己的犯罪事实外，还要对同案人的犯罪行为如实供述，根据对刘某的心理分析，此目标基本可以达到。但在具体罪责的承担上，刘某可能会有所推托，如捅了几刀会说记不清，捅的部位会说腿上、臀部上，同时坚持说没有捅死的想法。

（2）从辩护人的视角来看：

①口供中对刘某有利的问题：

（a）是刘某提出不能把秦某某打得太重，只要用木棍打几下，说明并无杀人的故意，行为有节制；

（b）供述称金某某找其是要将秦某某打一顿，金某某虽提议用刀，但也只是要求捅秦某某的臀部——说明金某某主观上不具有杀人故意；

（c）其捅刺的主要部位是腿部，而非致命部位，反映出没有杀人故意；

（d）朱某与秦某某纠缠在一起，没有提到朱某某有无使用刀；

（e）逃离现场时有没有说被害人伤得怎么样，前后有反复，是否明确后果并不清楚；

（f）是金某某邀集其提出要报复秦某某，且两次提出此事，其自己与秦某某不认识，没有杀人的理由；

（g）是金某某怕打不过秦某某，又邀集了朱某，而不是其邀集朱某；

（h）三人共同预谋，是金某某提出用刀捅；

（i）犯罪地点在居民小区门口，并非在荒郊野外。

②口供中对刘某不利的问题：

（a）其到现场带了刀；

（b）其与朱某均用砖块砸了秦某某，其用刀捅了秦某某的腿部、臀部、腰部；

（c）虽然所捅部位主要集中在腿部、臀部，但也有腰部；

（d）其对金某某说这男的伤得挺重的，金某某没吱声，继续带他们逃离；

（e）被害人当场死亡；

（f）犯罪时间是凌晨，此时行人较少，被害人得到救助的机会不多。此点属于应当明知。

③建议其在法庭的态度：

因本案系受金某某邀集，故金某某是首犯，在处罚上可有较为乐观的预期，因而选择基本认罪，并供认受金某某邀集，指证是金某某要求用刀捅，但明确捅刺部位为非要害部位；对自己捅刺行为可以供认，但重点供述行为有节制，打击目标明确，就是腿部、臀部非要害部位，即使腰部有伤，也并非打击目标，可能是在双方打斗过程中形成；逃跑时金的问话或其对金某某所说的伤得挺重的事实可以选择承认，但要明确这是一种推测，因为毕竟没有仔细查看秦某某的伤势；对其自己的主观意图，三人在商量时其曾经提出用木棍打就行了，因为没有找到木棍才用的刀，所以一开始就只有伤害的故意，打的时候也没想把人打死。

④发问策略：必问问题

（a）其与秦某某是否认识？有无矛盾？

（b）是谁邀集来报复秦某某？如何邀集？

（c）三个人有没有在一起商量如何打秦某某？

（d）三个人商量的内容是什么？（核心问题是如何分工、刘某有无提出用刀，谁提出用刀、要求捅什么部位？刘某提出使用什么工具打？）

（e）刘某使用的是什么样的刀？

（f）捅刺的是什么部位？捅了多少刀？

（g）有没有对准秦某某的要害部位捅？秦某某腰部的伤是怎么形成的？

（h）打完后你们是怎么离开现场的？当时秦某某在哪里、什么状态？你有没有过去认真查看秦某某的伤势？

（i）离开现场时有没有人问打得怎么样？谁问的？

⑤讯问策略：可问问题

（a）金某某是否知道你们是带刀去现场的？

（b）金某某有没有看到你们捅秦某某？

⑥发问目标与目的设计：

发问目标是通过刘某的供述，使法庭认识到刘某并无杀人的故意，而只是在金某的指使下实施了故意伤害行为，其与被害人根本没有矛盾，预谋时也首先提出来用木棍殴打被害人，只是在没有找到木棍的情况下，才应金某某的要求，意图用刀捅被害人的臀部，同样没有杀人故意，且预谋的内容也只是教训被害人。至于行为过程中发生的捅刺到腰部的情况，应当是殴打过程中无意识的损伤行为。

3. 针对被告人朱某的供述

被告人朱某的供述：其和金某某、刘某是朋友关系，2010 年 9 月 17 日 21 点、22 点，朱某在家接到金某某电话，让他骑摩托车到刘某出租屋有事找他，朱某问什么事，金某某没说。朱某接着给刘某打电话问情况，刘某说金某某和他的队长有矛盾，喊他俩去帮忙打秦某某。到了刘某的出租屋，三人商量如何打秦某某，刘某和朱某说用棍打，金某某说捅两刀，刘某、朱某表示同意。9 月 18 日 4 点多钟，金某某骑摩托车带着刘某和朱某到秦某某居住的新河小区门口等候，金某某指认秦某某后躲到一旁，刘某和朱某跟随秦某某身后，各自从路边捡起一块砖头朝秦某某砸去，三人遂厮打在一起。朱某从裤子口袋里掏出一把腰刀，朝秦某某臀部捅了两刀，刘某也掏出刀捅了秦某某。秦某某将朱某拽倒在地，刘某上前踩了秦某某两脚，朱某挣脱后，两人与金某某会合，三人一起上了摩托车，金某某问人打得怎么样，朱某记不清是他还是刘某讲了一句，人伤得挺重的，然后到了某村就各自回家了。朱某和刘某当天又去某矿找朱某静，与朱某静互换电话，朱某静又给朱某 300 元钱。

（1）从公诉人的视角来看：

①口供中的问题：

（a）其与刘某提出用棍打，金某某说捅两刀（预谋时是否有杀人故意存在问题）；

（b）究竟是何刀？

（c）其捅刺的部位是臀部；

（d）其与秦某某纠缠在一起倒地，刘某上来踩了秦某某两脚，此时未见刘某用刀捅。

②要害问题：

（a）是金某某先邀集刘某后又邀集其参与，金某某提出要报复秦某某，其自己与秦某某不认识；

（b）三人共同预谋，是金某某提出用刀捅；

（c）犯罪时间在 4 点多；

（d）其到现场带了刀；

（e）是金某某带其到现场并指认了秦某某；

（f）其与刘某均用砖块砸了秦某某，其用刀捅了秦某某的臀部，刘某也用刀捅了秦某某；

（g）金某某问人打得怎么样，其与刘某不知谁对金某某说这男的伤得挺重的，金某某没吱声，继续带他们逃离；

（h）被害人当场死亡；

（i）犯罪时间是凌晨，犯罪地点在小区门口，此时行人较少，被害人得到救助的机会不多。此点属于应当明知。

③其心理分析：

（a）认为自己不是首犯，而是受金某某、刘某所邀集，金某某应当承担最主要的责任，其排名在最后，属于跟着去的，因而对处罚后果有较为乐观的预期，相对容易如实供述；

（b）认为用刀是金某某提出的，其也提出了用木棍的犯罪手段，应当属于有从轻情节的那种；

（c）认为自己捅的是臀部，只捅两刀，罪责不重，而且金某某也只是讲捅臀部几刀，所以不应当定故意杀人而是故意伤害。

④认罪与否类型判断：

认为自己属于从犯型，罪行较轻，基本认罪，与自己有关的问题尤其是罪责轻重方面的问题可能推卸责任。

⑤法庭上可能采取的态度：

因认为金某某是首犯，对自己的处罚有较为乐观的预期，因而会基本认罪，并能供认受金某某邀集，能指证金某某提出用刀捅；对自己捅刺行为能够供认；逃跑时金某某的问话或其对金某某所说的伤得很重的事实能够承认；会提出自己提出用木棍打就行了，因为没有找到木棍才由金某某提出用刀，所以一开始就只有伤害的故意，打的时候也没想把人打死；预谋当时金某某也只是讲捅臀部几刀，对此会回答律师确实如此。

⑥讯问策略：必问问题

（a）你和本案被害人秦某某是否认识？有没有矛盾？

（b）案发前一天晚上，是谁叫你来打秦某某的？是怎么找你的？

（c）你们三个人有没有在一起商量如何打秦某某？商量时有没有其他人在场？

（d）你们三个人商量的内容是什么？

（e）你们是怎么分工的？让谁动手打？为什么金某某自己不上去打？

（f）如回答怕被认出来：他是怕被秦某某认出来，还是怕他找人报复秦某某这件事本身被人知道？

（言下之意，这两种想法应当都有，而且主要还是为了摆脱与此事的关系，逃避罪责，以此对抗辩护人在发问时可能会问到的怕被秦某某认出来，因而不具有把秦某某杀死的故意）

（g）商量当中，有没有商量用什么凶器打秦某某？最后决定用什么打秦某某？

（h）当天是谁提出用刀捅秦某某的？

（i）你当时是怎么表态的？

（j）你当时身上有无刀具？是什么刀？

（k）还有谁有刀？有没有拿出来看？

（l）你们是什么时间到现场去的？是怎么到现场的（徒步还是乘车）？谁带的路？

（m）去现场时带了什么凶器？谁带的凶器？

（n）到了现场谁指认的秦某某？怎么指认的？

（o）你们是怎么打秦某某的？你是怎么捅秦某某的，捅在什么部位、捅了几刀？

（p）打完后你们是怎么离开现场的？当时秦某某在哪里？什么状态？

（q）离开现场时是几点？

（r）离开现场时有没有人问打得怎么样？谁问的？

（s）有没有人回答伤势如何？

⑦可问问题：

（a）金某某是否知道你们是带刀去现场的？

（b）金某某有没有看到你们捅秦某某？

⑧讯问目标与目的设计：

讯问目标是使其当庭能够全部如实供述，为此向其交代法律规定及坦白从宽的政策，向其指明本案参与人、证据等状况，明确指出即使其本人不供述，也不影响本案的认定，结果只能是受到从重处罚，促其珍惜一审诉讼程序中最后一次供述自己犯罪事实的机会，为自己创造从轻处罚的条件。同时肯定其一直以来的认罪态度，鼓励其坚持下去，同时告知其作为共同犯罪的同案人，除如实供述自己的犯罪事实外，还要对同案人的犯罪行为如实供述，根据对朱某的心理分析，此目标基本可以达到。但在主观故意上，其会说只捅了两刀，是朝臀部上捅的，根本就没有捅死的想法。

（2）从辩护人的视角来看：

①口供中对朱某有利的问题：

（a）其与刘某提出用木棍打，是金某某说捅两刀，可见没有杀人故意；

（b）其尽管用了刀，但捅刺的部位是臀部，不是致命部位；

（c）其与秦某某纠缠在一起倒地，刘某上来踩了秦某某两脚，此时未见刘某用刀捅；

（d）对秦某某的伤势究竟如何，其没有仔细查看，没想到会造成死亡的后果；

（e）其与秦某某根本没有矛盾，只是帮助金某某教训被害人，不可能有杀人的故意。

②口供中对朱某不利的问题：

（a）犯罪时间在 4 点多，行人稀少；

（b）其到现场带了刀；

（c）其与刘某均用砖块砸了秦某某，其并用刀捅了秦某某的臀部，刘某也用刀捅了秦某某；

（d）金某某问人打得怎么样，其与刘某不知谁对金某某说这男的伤得挺重的，金某某没吱声，继续带他们逃离；

（e）被害人当场死亡；

（f）犯罪时间是凌晨，犯罪地点虽然在小区门口，但此时行人较少，被害人得到救助的机会不多。此点属于应当明知。

③其心理分析：

（a）认为自己不是首犯，而是受金某某、刘某所邀集，金某某应当承担最主要的责任，其排名在最后，属于跟从者，因而对处罚后果有较为乐观的预期，选择认罪可以获得较大从轻幅度；

（b）认为用刀是金某某提出的，其也提出了用木棍的犯罪手段，应当属于有从轻情节的那种；

（c）认为自己捅的是臀部，只捅两刀，罪责不重，而且金某某也只是讲捅臀部几刀，所以不应当定故意杀人而是故意伤害。

④认罪与否类型判断：

认为自己属于从犯型，罪行较轻，基本认罪，与自己有关的尤其是罪责轻重方面的问题可能推卸责任。

⑤法庭上可能采取的态度：

因认为金某某是首犯，对自己的处罚有较为乐观的预期，因而会基本认罪，并能供认受金某某邀集，能指证金某某提出用刀捅；对于其捅刺行为的情节，可建议其向法庭供认，但要明确这是在金某某的要求下所实施，而且没有超出金某某所要求的捅臀部的范围，所以不可能有杀人的故意；逃跑时金某某的问话或其对金某某所说的伤得挺重的事实可以选择回答记不清了；对于预谋内容要明确是自己提出用木棍打就行了，因为没有找到木棍才由金某某提出用刀，所以一开始就只有伤害的故意。

⑥发问策略：必问问题

（a）你和本案被害人秦某某是否认识？有没有矛盾？（如公诉人已问可以强调明确）

（b）案发前一天晚上，是谁叫你来打秦某某的？是怎么找你的？

（c）你们三个人有没有在一起商量如何打秦某某？商量时有没有其他人在场？

（d）你提议用什么方式打被害人？

（e）当天是谁提出用刀捅秦某某的？有没有明确说捅什么部位？

（f）你当时身上有无刀具？是什么刀？还有谁有刀？有没有拿出来看？

（g）去现场时带了什么凶器？谁带的凶器？

（h）你是怎么打秦某某的？有没有用刀捅？捅在什么部位、捅了几刀？

（i）打完后你们是怎么离开现场的？当时有没有仔细查看秦某某在哪里、什么状态？

（j）离开现场时有没有人问打得怎么样？谁问的？

⑦可问问题：

（a）在当时情况下你可不可能看清楚被害人到底伤势如何？

（b）你有没有捅被害人的要害部位？

⑧发问目标与目的设计：

发问目标是使其当庭向法庭供述，其本人与秦没有矛盾，不具备杀人动机；当天他提出的殴打方式是用木棍，而没有提出用刀捅，是金某某提出用刀捅，并且明确是捅被害人的臀部，而非要害部位；到了现场之后他的确按照要求捅了臀部，没有向其他部位捅刺，行为是有节制的、有目标的。因此，其根本没有杀人的故意与行为。

（三）检察官、律师讯问、发问提纲

1.（示例）公诉人讯问金某某

被告人金某某，公诉人现在对你进行讯问，你可以作有罪供述，也可以作无罪辩解，但必须要实事求是。根据刑事诉讼法的规定，作为被告人，你有义务如实供述自己的犯罪事实。同时根据刑事诉讼法第五十五条的规定，对一切案件的判处都要重证据、重调查研究，不轻信口供。只有被告人的供述，没有其他证据的，不能认定被告人有罪和处以刑罚；没有被告人供述，证据确实充分的，可以认定被告人有罪和处以刑罚。今天庭审是你在一审诉讼程序中最后一次供述自己犯罪事实的机会，望你保持良好的认罪态度，争取宽大处理。要知道，这个案件除你外，还有其他人参与，除你的口供外，还有大量其他证据，你和秦某某之间的矛盾也是公开的，大家都知道，所以在一些重要问题上，你不交代，会有其他人交代，你不讲，有证据照样可以认定，最后的结果只能是因为你认罪态度不好，对你从重处罚，你听清楚没有？下面，公诉人向你讯问，你要如实回答：

（1）你过去在侦查机关及审查起诉阶段所作的供述是否都是事实？（如回答不属实：你说不属实，是全部不属实，还是部分不属实？哪些部分不属实？为什么不属实？如回答公安机关逼供：你对所有的笔录是不是都看过？是不是都签字按手印了？你说不属实，是哪个具体问题不属实？如回答打得怎么样这个问题当时记不清了：这个问题你的同案人能不能证实？你们当时在不在一起？）

（2）你与秦某某有无矛盾？

（3）你有没有报复秦某某的想法？

（4）你有没有曾经打电话叫刘某来帮忙报复秦某某？

（5）刘某与秦某某是否认识、有无矛盾？

（6）你为什么邀集朱某也来参与？

（7）你们三个人有没有在一起商量如何打秦某某？商量时有没有其他人在场？

（8）你们三个人商量的内容是什么？［其如果回答得不清晰，则具体问：你们是怎么分工的？让谁动手打？为什么你自己不上去打？如回答怕被认出来：你是怕被秦某某认出来，还是怕你找人报复秦某某这件事本身被人知道？（言下之意，这两种想法应当都有，而且主要还是为了摆脱与此事的关系，逃避罪责，以此对抗辩护人在发问时可能会问到的怕被秦某某认出来，因而不具有把秦某某杀死的故意。）商量当中，有没有商量用什么凶器打秦某某？最后决定用什么打秦某某？你当时可提出用刀捅秦某某？你当时是怎么表态的？］

（9）你们什么时间到现场去的？是怎么到现场的（徒步还是乘车）？谁带的路？

（10）你们去现场时带了什么凶器没有？谁带的凶器？

（11）到了现场谁指认的秦某某？

（12）你指认完之后在哪里？

（13）刘某、朱某是怎么打秦某某的？当时有没有其他人在现场看到？

（14）刘某、朱某打完后你们是怎么离开现场的？当时秦某某在哪里？

（15）你们离开现场时是几点？离开现场的时候可有人看到你们？

（16）离开现场时你们三人中有没有人问打得怎么样？谁问的？（如回答没有或记不清了：你过去在公安机关是怎么供述的？当时为什么供述你问搞得怎么样？现在否定这个供述有没有合理的解释？）

审判长：公诉人暂时讯问到此。

其他可问问题：

（1）你为什么给刘某买毒品？

（2）你过去有没有跟踪秦某某认他的家？

（3）2009年的时候你有没有要求刘某去报复秦某某？

（4）你有没有看到刘某和朱某的刀？

（5）你以前的供述是不是你自己自愿交代的？有没有逼供诱供？

（6）你在审查起诉阶段所说的是不是你自己自愿交代的？（如推翻审查起诉阶段关于刘某、朱某不认识秦某某及其邀集二人来报复秦某某的基本供述）

公诉人对辩护人的发问预测：

（1）你为什么不亲自动手？是不是怕被秦某某认出来以后报复你？（此种问法属于诱导性发问，可以要求审判长制止，应让其自己说理由）既然是这样，那你是不是想把秦某某杀死？［反驳准备：从杀人的形式上看，杀人的形式不限于谋杀，临时起意的杀人、放任后果的杀人、斗殴过程中的杀人都可以构成故意杀人罪，因而不能因为预谋时仅仅说用刀捅臀部几下就绝对排除杀人的故意，而是要全面分析使用的凶器、打击的部位及力度、打击后的态度、造成的后果，然后进行客观全面的评价，得出一个准确的结论。从故意的内容上分：故意分为确定故意和未必故意（概括故意）两种形式，基于概括的故意实施犯罪行为，如果造成了与确定故意相同的后果，应当与确定故意同样定罪，而不应当降格处理。本案各被告人的心理态度，就是一种概括故意]

由于金某某不承认是他提出用刀，辩护人可能不会问他有没有说过用刀捅臀部两下。如辩护人问到此问题并且金某某回答了，则必须立即补充追问：金某某，你刚才说你说用刀捅臀部两刀，也就是说，是你提出用刀捅被害人了是不是？那你刚才怎么没有向法庭如实回答这一问题？（将其后路堵死）

（2）你指认完之后，是不是看不到他们是怎么打的？金某某答：是的。那你的目的是不是就让他们打一下就行了？（答：是的。）

（3）他们打成什么样你是不是不知道？（答：是的，不知道。）

（4）他们在打的时候你还能不能指挥他们了？（答：指挥不了，他们打完就回来了。）

对于这些问话，有一定的诱导性质，可以要求审判长制止，同时通过问话进一步判断律师的辩护思路。

（5）是谁让他们去打秦某某的？当时讲打秦某某怎么讲的，有没有讲把他打死？（答：没讲打死。）

2.（示例）辩护人发问

金某某的辩护人向金某某发问：

被告人金某某，我是你的辩护人，现在向你发问，请你如实回答：

（1）你跟秦某某有无矛盾？

（2）秦某某跟你的矛盾是怎样产生的？他有没有在工作上刁难过你？

（3）你有没有找刘某和朱某来帮忙报复秦某某？

（4）你打算怎么报复秦某某？有没有想把他杀死？

（5）你说你没有杀死他的想法，有什么理由？（如被告人回答得不清楚，可以追问：如果你真的想杀死他，是不是会更加周密地准备？）

（6）你跟两名同案人在一起商量的时候，有没有让他们把秦某某杀死？

（7）你们当时商量怎么打秦某某？

（8）你们三个人在整个商量过程中有没有把秦某某杀死的意思？

（9）商量当中，有没有商量用什么凶器打秦某某？为什么会提出用棍子打？是不是不想把他杀死？

（10）你们最后决定用什么凶器打秦某某？

（11）你当时有没有提出用刀捅秦某某？对用刀这个事情你当时是怎么说的？是不是说捅臀部？

（12）你当时特意要求他们捅臀部，是什么意思？是不是只是伤害他的身体健康，而不是要把他杀死？

（13）你觉得你这样说他们会不会听从你的要求，而不会超过你的要求把秦某某杀死？（如回答是的，继续追问：你为什么这么肯定？如回答因为是帮助他的，跟秦某某不认识也没有矛盾，继续追问：是不是你理解，既然是你请来帮忙的，又跟秦某某不认识也没有矛盾，所以他们没有必要把秦某某杀死？）

（14）到了现场刘某、朱某是怎么打秦某某的？你感觉他们有没有杀死秦的行为？

（15）你有没有看到他们向秦某某的要害部位捅刀？

（16）你们离开现场时是几点？现场在什么位置？是不是小区门口？这个地方是不是会经常有人经过？

（17）离开现场时你有没有走到跟前看看秦某某什么状态？

（18）（如在回答公诉人问题时说到问了打得怎么样）你问这话的意思是什么？是不是不希望把他弄死？（如回答是）是不是认为不可能把他打死？（如回答是）如果打死了你也就不会问了，是不是？

（19）你认为秦某某会不会死？为什么判断他不会死？

（20）你对秦某某最终死亡这个后果有没有想到？

审判长：辩护人暂时发问到此。

其他可问问题：

（1）你给了刘某、朱某什么好处？你觉得这些好处是不是足以让他们冒杀人这么大的风险？

（2）你觉得你对两名同案人有没有尽到力量控制他们？

刘某的辩护人向金某某发问：

被告人金某某，我是刘某的辩护人，现在问你几个问题，请你实事求是地回答：

（1）刘某跟秦某某认不认识？

（2）以前你有没有让刘某去打秦某某？这次刘某是谁叫去的？你找刘某的意思是不是要把秦某某弄死？

（3）你们三人商量打秦某某的时候，有没有说要杀死他？

（4）既然没有说到要杀死他，你们的目标是什么？你把刘某叫来的目的是把秦某某打到什么程度？这个你觉得你们能控制吗？

（5）当时你们商量用什么打秦某某？

（6）既然说是用木棍，那么意思是不是打一顿就可以了？你觉得是不是用木棍打死秦某某？

（7）你们当时说到用刀的时候，有没有说用刀捅什么部位？既然说是捅臀部，是不是不想要他的性命？

（8）你说用刀捅臀部的时候，刘某有没有提出反对意见？有没有说到可能会在打的过程中捅到被害人的要害部位？根本没有这个意思是吧？

（9）你到了现场之后有没有改变主意，要求刘某和朱某可以随便捅秦某某？没有是吧？

（10）你看到他们捅秦某某的时候，有没有看到他们在捅要害部位？既然没有，这时候你对后果的估计是什么样的？

（11）秦某某被捅之后你有没有前去仔细查看？刘某有没有去看？

（12）当时你问捅得怎么样的时候，你认为后果是不是会很严重？

朱某的辩护人向金某某发问：

被告人金某某，我是朱某的辩护人，现在我问你几个问题，请你实事求是地回答：

（1）朱某跟秦某某认不认识？你当天叫朱某来的目的是什么？

（2）你有没有要求朱某杀死秦某某？假使你让朱某杀死秦某某，朱某可不可能听你的话去杀秦某某？

（3）你们在商量报复秦某某的时候，朱某有没有说用什么东西打秦某某？

（4）朱某有没有说要把秦某某弄死？

（5）你有没有提出用刀捅秦某某？你或者你们在决定用刀捅秦某某的时候，是说用刀捅他什么部位？（捅臀部）这个能不能确定？

（6）到了现场你看到朱某怎么打秦某某的？有没有看到朱某向他要害部位捅刀子？

（7）你们离开现场的时候，知不知道秦某某伤得怎么样？你们有没有上前去仔细查看？

其他可问问题：

（1）你让朱某过来帮忙，给了他什么好处？

（2）你觉得你给他的好处值得他冒杀人的风险吗？

3.（示例）公诉人讯问刘某

被告人刘某，公诉人现在对你进行讯问，你可以作有罪供述，也可以作无罪辩解，但必须要实事求是。根据刑事诉讼法的规定，作为被告人，你有义务如实供述自己的犯罪事实。同时根据刑事诉讼法第五十四条的规定，对一切案件的判处都要重证据、重调查研究，不轻信口供。只有被告人的供述，没有其他证据的，不能认定被告人有罪和处以刑罚，没有被告人供述，证据确实充分的，可以认定被告人有罪和处以刑罚。今天庭审是你在一审诉讼程序中最后一次供述自己犯罪事实的机会，望你保持良好的认罪态度，争取宽大处理。我们注意到，你在案发后的认罪态度一直是比较好的（肯定与鼓励他继续保持原来供述不要变化，起到分化瓦解的作用），对本案的基本事实的交代也是客观的，希望你能够继续保持这一良好的认罪态度，争取得到宽大处理。同时，作为共同犯罪的同案人，你除了如实供述自己的犯罪事实以外，还要对同案人的犯罪行为如实供述，你听清楚没有？下面，公诉人对你进行讯问，你要如实回答：

（1）你在侦查阶段和我们审查起诉阶段所做的供述都是否属实？

（2）你和本案被害人秦某某是否认识？有没有矛盾？

（3）案发前一天晚上，是谁叫你来打秦某某的？是怎么找你的？

（4）（金某某）还邀集了谁？为什么邀集朱某也来参与？你有没有帮着叫朱某到你租房处？

（5）你们三个人有没有在一起商量如何打秦某某？商量时有没有其他人在场？

（6）你们三个人商量的内容是什么？［你们是怎么分工的？让谁动手打？为什么金某某自己不上去打？如回答怕被认出来：他是怕被秦某某认出来，还是怕他找人报复秦某某这件事本身被人知道？（言下之意，这两种想法应当都有，而且主要还是为了摆脱与此事的关系，逃避罪责，以此对抗辩护人在发问时可能会问到的怕被秦某某认出来，因而不具有把秦某某杀死的故意。）商量当中，有没有商量用什么凶器打秦某某？最后决定用什么打秦某某？］

（7）当天是谁提出用刀捅秦某某的？你当时是怎么表态的？你当时身上有无

刀具？是什么刀？还有谁有刀？有没有拿出来看？

（8）你们是什么时间到现场去的？是怎么到现场的（徒步还是乘车）？谁带的路？

（9）去现场时带了什么凶器？谁带的凶器？

（10）到了现场谁指认的秦某某？怎么指认的？

（11）你们是怎么打秦某某的？你是怎么捅秦某某的，捅在什么部位、捅了几刀？

（12）打完后你们是怎么离开现场的？当时秦某某在哪里、什么状态？他有没有起来追你们？（秦某某没有起来追，说明确实“伤得挺重的”，印证其原话，也为下面的问话埋下伏笔。）

（13）离开现场时是几点？

（14）离开现场时有没有人问打得怎么样？谁问的？（如回答没有：你过去在公安机关是怎么供述的？当时为什么供述金某某问搞得怎么样？）

（15）（如供述金问了）你怎么回答的？（答：说伤得挺重的。）追问：你说伤得挺重的，是怎么判断的？［追问：是不是他在地上起不来了？（人都在地上起不来了，说明严重的程度，结合尸检证据，证实打击的行为确实不计后果，也说明判断“伤得挺重的”是有合理依据的判断。）］

审判长：公诉人暂时讯问到此。

其他可问问题：

（1）金某某是否知道你们是带刀去现场的？

（2）金某某有没有看到你们捅秦某某？

公诉人对辩护人发问的预测：

（1）你说金某某让你用刀捅臀部是不是事实？你当时怎么想的？有没有想超过金某某的要求把他捅死？（答：没有，就是捅的下半身。）

（2）你说要用木棍打几下，是不是只想教训他一下，不想打死？（答：是的。）

（3）你捅了几刀，都捅在什么部位你可记得清？（答：记不清，可能在大腿上吧。）

（4）有没有朝他要害部位捅？（答：没有，就是朝他腿捅的。）

（5）你说金某某让你们用刀，那么他讲用刀是怎么捅？是捅死还是朝臀部上捅两下解气？（答：不是捅死。）

（6）你们捅的时候，金某某是否能看到你们？（答：搞不清楚。）

（7）你回答伤得挺重的，是仔细到跟前看了还是凭空猜测的？（答：我猜的。）

对这些问题，基本不需要补充讯问，观察辩护人的辩护方向，待辩论阶段展开论证。对于最后一个问题，可以要求补充追问：你刚才说是因为他在地上起不来了才感觉伤得挺重的是不是？如果他能起来，他会不会继续躺在那？

刘某的辩护人向刘某发问：

被告人刘某，我是你的辩护人，下面我问你几个问题，你要如实回答：

（1）你刚才说你和本案被害人秦某某不认识，没有矛盾，那么你有没有把他杀死的想法？

（2）金某某让你来打秦某某，给了你什么好处？

（3）你觉得他的目的是不是要你杀秦某某？

（4）你们三个人在商量打秦某某的时候，有没有人提到把他打死，或者万一打死怎么办？（如回答没有）也就是说，你们根本没想到会把他打死，也根本没打算把他打死是吧？

（5）你们说用木棍打的意思是不是就是打一顿就可以了，不要打得太重？

（6）你刚才说是金某某提出用刀捅秦某某的，你当时认为用刀捅会不会捅死他？（如回答不会）你怎么确定不会捅死？

（7）金某某当时提出用刀捅秦某某什么部位？你们当时有没有反对？有没有预计如果捅到要害部位怎么办？（如回答没有预计）也就是说，你们认为根本不会捅他的要害部位是不是？

（8）你当时带的是一把什么样的刀？你觉得你能不能控制好不捅到他的要害部位？（如回答能）你怎么确定？（如回答就向腿部、臀部捅）你能把握好吗？

（9）在现场你们是怎么打秦某某的？你是怎么捅秦某某的，有没有超出金某某的要求捅其他部位、捅了几刀？有没有向他的要害部位捅？

（10）打完后你有没有仔细查看秦某某的伤势？

（11）离开现场时金某某问搞得怎么样？你怎么回答的？（答：说伤得挺重的。）追问：你说伤得挺重的，是什么意思？是不是他会死？（如回答不是）那你是什么意思？

4.（示例）辩护人发问

金某某的辩护人向刘某发问：

被告人刘某，我是金某某的辩护人，现在问你几个问题，请你实事求是地回答：

（1）金某某有没有让你把秦某某弄死？

（2）你认为金某某让教训秦某某的意思是什么？

（3）你们最后之所以选择用刀捅秦某某，是因为什么原因？是不是因为手上没有别的凶器？

（4）那么既然用了刀这么危险的凶器，你们有没有想到会把他捅死？（如回答没想到）你们为什么没想到？（如回答想到了）你们想到了会把他捅死，那么你们希不希望把他捅死？（如回答不希望）那么你们怎么避免这个后果的发生？是不是你们说的用刀捅秦某某臀部？

（5）你觉得金某某尽管没有亲自上去打秦某某，可他有没有在现场改变一开始的说法，让你们可以随便捅秦某某？他是不是希望你们不要把他弄死？（如回答是的）你怎么判断他不希望把他捅死？（如回答不知道）你觉得他叫你来打秦某某，会不会冒你们杀人的风险？他给了你什么好处？这些好处够不够你为他去杀人？

（6）你在现场捅的时候，有没有超出金某某的要求捅其他要害部位？你为什么没有超出金的要求？

（7）金某某问你把人搞得怎么样，你觉得他是不是不希望把秦某某弄死？

朱某的辩护人向刘某发问：

被告人刘某，我是朱某的辩护人，现在问你几个问题，请你实事求是地回答：

（1）朱某是什么时候参与进来的？你们为什么要他来？

（2）你们跟他说报复秦某某的时候，有没有说要把秦某某弄死？

（3）当时商量用什么东西打秦某某？谁说的？朱某有没有说用什么东西打秦某某？

（4）谁说用刀捅的？为什么要用刀？（如回答不记得了）是不是没有找到木棍的情况下说的？

（5）当时有没有说用刀怎么捅？有没有说随便哪里都能捅？（如果说不是）那么说捅什么部位？（如回答捅臀部）捅这个部位是什么意思？是不是意味着不想把他弄死？

（6）到了现场朱某怎么打秦某某的你看到没有？你是在什么情况下又回头捅得秦某某？是不是朱某跟他纠缠在一起？那么朱某这个时候有没有用刀捅他的要害部位来脱身？

（7）打完之后你们怎么跑的？朱某有没有仔细查看秦某的伤势？

5.（示例）公诉人讯问朱某

被告人朱某，公诉人现在对你进行讯问，你可以作有罪供述，也可以作无罪辩解，但必须要实事求是。根据刑事诉讼法的规定，作为被告人，你有义务如实供述自己的犯罪事实。同时根据刑事诉讼法第五十五条的规定，对一切案件的判处都要重证据、重调查研究，不轻信口供。只有被告人的供述，没有其他证据的，不能认定被告人有罪和处以刑罚，没有被告人供述，证据确实充分的，可以认定被告人有罪和处以刑罚。今天庭审是你在一审诉讼程序中最后一次供述自己犯罪事实的机会，望你保持良好的认罪态度，争取宽大处理。我们注意到，你在案发后的认罪态度一直是比较好的，对本案的基本事实的交代也是客观的，希望你能够继续保持这一良好的认罪态度，争取得到宽大处理。同时，作为共同犯罪的同案人，你除如实供述自己的犯罪事实外，还要对同案人的犯罪行为如实供述，你听清楚没有？下面，公诉人向你讯问，你要如实回答：

（1）你在侦查阶段和我们审查起诉阶段所做的供述都是否属实？

（2）你和本案被害人秦某某是否认识？有没有矛盾？

（3）案发前一天晚上，是谁叫你来打秦某某的？是怎么找你的？

（4）你们三个人有没有在一起商量如何打秦某某？商量时有没有其他人在场？

（5）你们三个人商量的内容是什么？［你们是怎么分工的？让谁动手打？为什么金某某自己不上去打？如回答怕被认出来：他是怕被秦某某认出来，还是怕他找人报复秦某某这件事本身被人知道？（言下之意，这两种想法应当都有，而且主要还是为了摆脱与此事的关系，逃避罪责，以此对抗辩护人在发问时可能会问到的怕被秦某某认出来，因而不具有把秦某某杀死的故意。）商量当中，有没有商量用什么凶器打秦某某？最后决定用什么打秦某某的？］

（6）当天是谁提出用刀捅秦某某的？你当时是怎么表态的？你当时身上有无刀具？是什么刀？还有谁有刀？有没有拿出来看？

（7）你们是什么时间到现场去的？是怎么到现场的（徒步还是乘车）？谁带的路？

（8）去现场时带了什么凶器？谁带的凶器？

（9）到了现场谁指认的秦某某？怎么指认的？

（10）你们是怎么打秦某某的？你是怎么捅秦某某的，捅在什么部位、捅了几刀？

（11）打完后你们是怎么离开现场的？当时秦某某在哪里、什么状态？他有没有起来追你们？（秦某某没有起来追，说明确实“伤得挺重的”，印证刘某的原话，也为下面的问话埋下伏笔。）

（12）离开现场时是几点？

（13）离开现场时有没有人问打得怎么样？谁问的？

（14）你们是怎么回答的？（答：说伤得挺重的。）追问：你们说伤得挺重的，是怎么判断的？[可追问：是不是他在地上起不来了？（人都在地上起不来了，说明重的程度，结合尸检证据，证实打击的行为确实不计后果，也说明判断“伤得挺重的”是有合理依据的判断。）]

审判长：公诉人暂时讯问到此。

其他可问问题：

（1）金某某是否知道你们是带刀去现场的？

（2）金某某有没有看到你们捅秦某某？

公诉人对辩护人发问的预测：

（1）你说金某某让你用刀捅臀部是不是事实？你当时怎么想的？有没有想超过金某某的要求把他捅死？（答：没有，就是捅的下半身。）

（2）你捅了几刀，都捅在什么部位你可记得清？（答：就两下，都在臀部上。）

（3）有没有朝他的要害部位捅？（答：没有。）

（4）开始商量时，你说用棍子，是不是不想把他打死？（答：是。）

金某某的辩护人同样会问上述问题，对于最后一个问题，可以同样追问。

6.（示例）辩护人发问

朱某的辩护人向朱某发问：

被告人朱某，我是你的辩护人，现在问你几个问题，你要如实回答：

（1）你和本案被害人秦某某是否认识？有没有矛盾？对于一个没有矛盾的人，你会不会杀他？

（2）是谁叫你来打秦某某的？他要求你怎么打他？有没有要求你弄死他？

（3）金某某给了你什么好处？没有什么好处的情况下有没有可能让你把秦某某弄死？

（4）你们三个人商量的时候，最先是要用什么打秦某某的？后来为什么没有用木棍？最后决定用什么打秦某某？

（5）说到用刀捅的时候，当天是谁提出用刀捅秦某某的？（如回答是金）他有没有明确说捅什么部位？

（6）既然说到捅臀部，你觉得是什么意思？是不是不要把他弄死？

（7）你觉得既然用刀捅了，你们到时候能不能控制不把他捅死？（如回答能）你怎么确定？（如回答只捅臀部）你觉得做到这个难不难？

（8）你到了现场是不是只捅了他臀部？（如回答是）也就是说你是严格按照金某某的要求捅的，没有超过他要求的范围，也没有失去对自己的控制，是不是？

（9）刘某怎么捅秦某某的你看到没有？（如果回答看到了）捅在什么地方？有没有朝秦某某的要害部位捅？

（10）你和秦某某纠缠在一起的时候，你有没有要刘某过来捅他要害部位来脱身？（如答没有）你当时是怎么脱身的？你有没有捅他要害部位来脱身？

（11）你觉得你这样捅秦某某，会不会把他捅死？加上刘某捅的呢？打完后你有没有仔细查看秦某某的伤势？

（12）离开现场时有没有人问打得怎么样？谁问的？当时你理解这句话的意思是什么？是不是不想他死？

金某某的辩护人向朱某发问：

被告人朱某，我是金某某的辩护人，现在问你几个问题，请你实事求是地回答：

（1）金某某有没有让你或者刘某把秦某某弄死？

（2）他让你们来是干什么的？（如回答是教训秦的）也就是说，打一下就可以了，不要把他弄死，是不是？

（3）金某某有没有给你什么好处？（如回答没有）什么好处都没有，你会不会为他做出杀人的事情来？

（4）当时你们商量的时候说用木棍打，是不是不要把他打死的意思？

（5）后来因为什么没有用木棍打？说到用刀的时候，有没有明确说捅什么部位？

（6）金某某有没有让你们捅秦某某的要害部位？

（7）你觉得他这样要求你们，你们能不能做到不捅要害部位？（如答能做到）你们怎么能做到的？（如答就按照他的要求捅臀部）这个你们可以控制吗？

（8）到了现场之后你是不是按照金某某的要求捅的臀部？有没有超过他的要求捅要害部位？

（9）也就是说，金某某要求你们捅臀部，你也按照他的要求捅的臀部，目的就是防止把他捅死，是不是？

（10）你觉得朝臀部捅能不能把人捅死？（如回答不能）至少你理解不会捅死人，是吧？

（11）你们离开的时候有没有人问伤得怎么样？你觉得这句话的意思是什么？（如回答是问问伤的情况）你的意思是他认为不可能把人捅死对吧？

刘某的辩护人向朱某发问：

被告人朱某，我是刘某的辩护人，现在对你进行发问，请你实事求是地回答：

（1）你们在商量报复秦某某的时候，有没有说要把秦某某弄死？

（2）你觉得金某某叫你们来是不是要你们把秦某某弄死？（如回答不是）那么对这个情况刘某是不是也能够明白？

（3）你们准备用什么打秦某某？后来为什么用刀？

（4）说到用刀的时候，金某某有没有明确让你们捅什么部位？

（5）他这么说，你们理解是不是不想让你们把秦某某弄死？对这个问题你这样理解，你觉得刘某是不是也能够这样理解？

（6）到了现场以后，你觉得刘某有没有用刀捅秦某某的要害部位？

（7）你在现场怎么捅的？有没有按照金某某的要求捅臀部？既然你能控制好，你觉得刘某能不能也控制好听金某某的？

（8）金某某有没有给你什么好处？你觉得没有给你们什么好处，你们会不会为他做出杀人的事情来？

辩护人发问完毕。公诉人如感觉有必要，且审判长同意可以进行对质讯问。

7.（示例）对质讯问

（1）公诉人发问

刘某，是谁提出来用刀捅秦某某的？刘某答：金某某。

朱某，是谁提出来用刀捅秦某某的？朱某答：金某某。

金某某，是不是你提出来用刀的？金某某答：不是。

朱某，你们在逃离现场的时候，是谁问打得怎么样？朱某答：金某某。

刘某，你们在逃离现场的时候，是谁问打得怎么样？刘某答：金某某。

金某某，你问没有？金某某答：记不清了。

刘某，你是怎么讲的？刘某答：伤得挺重的。

朱某，是不是这样的？朱某答：是的。

金某某，你当时听到没有？金某某答：记不清了。

审判长，公诉人讯问完毕。

辩护人根据情况，也可以进行对质发问。

（2）金某某的辩护人发问

先问刘某：刘某，金某某有没有给你什么好处？有没有给朱某什么好处？你没有给他们什么好处，他们会不会为你冒险做出杀人的事情来？

转问刘某：刘某，是不是这样？

再转问朱某：朱某，是不是这样？

再问金某某：你提出用刀捅的时候，要求他们捅什么部位？（如回答是臀部）转问刘某：刘某，是不是这样？转问朱某：朱某，是不是这样？

再问金某某：你提出用刀捅臀部的意思是什么？（如回答就是为了教训一下秦某某）那么是不是不要把他打死的意思？（如回答是）转问刘某：刘某，你理解是不是这个意思？转问朱某：朱某，你理解是不是这个意思？

再问朱某：朱某，你到了现场之后有没有按照金某某的要求捅秦某某的臀部？（如回答是的）转问刘某：刘某，你是不是按金某某的要求捅秦某某的臀部？（如公诉人此时反对，或者问刘某为什么捅腰部）刘某，你捅没捅到秦某某的腰部？你认为腰部的伤是你故意捅的还是在打斗过程中形成的？

再问金某某：你在离开现场时问搞得怎么样，是认为他死了呢还是不会死？（如回答不会死）你为什么会这么理解？（如回答因为让他们捅臀部，而且如果知道死了就不会问）你的意思是，你相信他不会死，所以才会问伤得怎么样，是不是？

（3）刘某的辩护人发问

先问金某某：金某某，你有没有让刘某把秦某某打死？（如回答没有）你怎么能确定你不是让他把秦打死的意思，有哪些具体的说法？你要求他们用刀捅臀部的意思是什么？是不是不要把他弄死？转问刘某：刘某，金某某是不是就让你们捅臀部？是什么意思你能不能理解？转问朱某：朱某，是不是这样？

（4）朱某的辩护人发问

先问朱某：你被叫去的时候金某某有没有给你什么好处？没有给你什么好处，会不会让你为他冒险做出杀人的事情来？转问金某某：金某某，是不是这样？再问刘某：刘某，开始的时候，你们商量用什么东西打秦某某？是不是木棍？用木棍打的意思是不是就是打一顿就可以了？后来为什么没有用木棍打？转问金某某：金某某，是不是？转问朱某：朱某，是不是？再问金某某：你们提出用刀的时候，有没有明确说捅什么部位？捅这个部位是什么意思，是不是这样不会出人命？转问朱某：朱某，是不是？再问刘某：刘某，是不是？再问朱某：朱某，你到了现场之后是不是按照金某某的要求捅的秦某某的臀部？转问刘某：刘某，你看到朱某是不是这样的？再问金某某：你看到情况是不是这样的？

讯问、发问过程中，检察官、律师可通过聆听对方的问话及被告人当庭供述，同时预测对方的观点：

就公诉人来说：

1. 对要害部位的理解：辩护人提问中暗含用刀捅臀部等不是要害部位，因而没有杀人的故意只有伤害的故意。

答辩要点：对于行为人主观方面的理解，尤其是具体到本案中对人身要害部位的理解，应当不局限于一点，要全面观察其客观行为，以确定其犯罪的主观方面内容，因为主观方面是通过客观行为表现出来的。本案中大部分创伤尽管集中在腿部、臀部，但腹部这一即使辩护人也承认的要害部位也有创伤，而且最重要的是从打击力度和创伤情况来看，失血过多会致命，这是三被告人都能认识到的，而从当时的犯罪现场时间、地点等环境来看，被告人逃离时完全能够意识到，被害人可能因得不到救助而死亡，而对这一死亡结果，三被告人持听之任之的态度，对此，金某某问另外两被告人："伤得怎么样?"两被告人的回答是："伤得挺重的。"重到什么程度，会不会发生死亡结果，结合当时现场的情况，是能够认识的。可见，对于这样的结果，并非毫无认识，而是有充分认识的，而意志因素上，对死亡结果的发生，他们持漠然置之的态度。

2. 针对金某某指使他人，而不亲自动手一节，辩护人提问中暗含：之所以金某某没有亲自殴打秦某某，是怕被秦某某认出来，既然是怕被秦某某认出来，当然是不想把他打死，不然就没有必要怕被认出。

答辩要点：之所以不亲自殴打秦某某，原因可能有多方面，并不一定只有辩护人和被告人自己说的一种情形，而不论是亲自动手，还是指使他人动手，都不影响本案的基本事实：第一，指使他人殴打；第二，使用凶器刀会造成何种后果；第三，其自己也到了现场，对现场局面有控制能力而不加以控制；第四，在对秦某某不法侵害之后，明知其伤得挺重，在凌晨行人稀少的环境下若得不到救助会死亡，仍对这一结果持放任态度，因而金某某是否亲手实施具体报复行为，不影响全案故意杀人性质的认定。至于行为之初是否怕被认出来以后会受到法律的追究，这种心态其实是很复杂的，可以是怕被秦某某认出来，也可以是怕被其他人认出来，他的最根本的目的还是逃避法律的追究，而不能据此作为判断其想不想把秦某某杀死的标准。

通过边问边听边思考的方式，完成讯问任务，预测辩护辩解观点，调整答辩思路。

就辩护人来说：

1. 要着眼于具体行为，即在整个过程中，三被告人对后果的发生始终是有节制、有目标的，那就是不能出现人死亡的后果，而是通过捅臀部等非要害部位，实现教训秦某某的目的，至于后来出现的后果，是三人都不希望也不放任出现的。

2. 在预谋的时候，三人的态度就是非常明确的，这从开始想用木棍，后来因客观原因找不到木棍才想到用随身携带的刀来攻击秦某某，而不是一开始就准备用刀来攻击秦某某的客观表现可以反映出来；即使是准备使用刀，但三人也是明确约定了用刀捅秦某某的臀部，而不是打击其要害部位，这更加反映出三人的主观目的是伤害秦某某，而不是要杀死秦某某。

3. 从到现场打击情况来看，朱某完全根据金某某的要求捅秦某某的臀部，刘某也是如此，只是在朱某与秦某某纠缠过程中为了让朱某脱身，才捅到秦某某的腰部，但这一行为完全不是出于杀死秦某某的目的，而且这一刀也并不是致命打击，根据尸检鉴定，死亡后果并非这一刀所致，这就更能够反映出三人没有杀人的故意。

关于公诉人、辩护人庭审讯问、发问策略的设计与讯问、发问提纲的制作，就说到这里。经过这一番详细的分析，对于法庭上的“当头炮”——法庭讯问、发问，想必能够说清楚了，今后对于任何案件，都要用这种方法，先分析案件证据中对被告人有利与不利的证据状况，再研究他的认罪可能、辩解方向，根据他的答话规律分析他的答话可能性，尽量实现“明知故问”的目的，设计好自己的问话策略。

第七章 势篇：检察官、律师的庭审举证技能

《势篇》又称《兵势篇》，是《孙子兵法》的第五篇，是《形篇》的姐妹篇，主要论述在强大的军事实力的基础上，发挥将帅的杰出指控才能，积极创造和利用有利的作战态势，出奇制胜地打击敌人。所谓“势”，孙子认为就是兵势，也就是根据一定的作战意图而部署兵力和掌握运用作战方式方法所营造的一种客观的作战态势。具体来说，要造成有利的态势，关键在于解决战术上的“奇正”变化运用问题，指出“战势不过奇正”，用兵打仗必须做到“以正合，以奇胜”。而“奇正”关系又是变化多端的，高明的将帅，必须根据战场情势的变化而灵活变换奇正战法。孙子还充分考虑了“势”与“节”的关系，主张在“任势”时，要善于控制距离，捕捉时机予敌打击。在“任势”问题上，他认为只有发挥人的主观能动性，“择人而任势”，才能收到明显的效果。同时孙子指出了造势、“任势”的主要手段，那就是“示形”“动敌”，即用谋略迷惑敌人、调动敌人，从而达到出奇制胜的目的。孙子的“势”论，体现了孙子原则性与灵活性相结合，造势、用势、顺时而动，因势利导消灭敌人的战略战术思想。

对于庭审来说，“势”与“形”也是紧密联系的。“形”反映了检察官、律师在法庭上的形象、形态、形势，“势”，是指态势、气势、形势，它要求检察官、律师在法庭上既要注重庭审气势，又要营造良好态势，尤其是要根据案件的具体情况，因势利导、顺时而动，根据取胜于法庭这一作战意图，科学部署证据这一主要“兵力”，同时掌握运用举证质证的方式方法，营造良好的作战态势。庭审活动中，举证活动是一项重要的内容，即使拥有大量证据，如果这些证据杂乱无章，无法形成应有的“势”，也起不到认定案件事实的作用，有时反而会自相矛盾、适得其反。因此，检察官、律师都应当认真研究举证的方式方法，既要在证据充足的情况下实现“以正合，以奇胜”的目的，又要在证据状况于己不利的情况下“任势”“示形”“动敌”，达到证据组合“1+1>2”的效果。

第十七计　以正合，以奇胜

——庭审举证的性质、目的、语言特点与“奇正”原则

孙子曰：凡治众如治寡，分数是也；斗众如斗寡，形名是也；三军之众，可使必受敌而无败者，奇正是也；兵之所加，如以碫投卵者，虚实是也。①

凡战者，以正合，以奇胜。故善出奇者，无穷如天地，不竭如江海。终而复始，日月是也。死而复生，四时是也。声不过五，五声之变，不可胜听也。色不过五，五色之变，不可胜观也；味不过五，五味之变，不可胜尝也。战势不过奇正，奇正之变，不可胜穷也。奇正相生，如循环之无端，孰能穷之哉？②

孙子认为，治理大军团就像治理小部队一样有效，是依靠合理的组织、结构、编制；指挥大军团作战就像指挥小部队作战一样到位，是依靠明确、高效的信号指挥系统；整个部队与敌对抗而不会失败，是依靠正确运用“奇正”的变化，也就是常规打法与特殊打法相结合；用这种打法攻击敌军，就如同用石头砸鸡蛋一样容易，关键在于以实击虚。

大凡作战，都是以正兵使用常规打法作正面交战，而用奇兵去出奇制胜。善于运用奇兵的人，其战法的变化就像天地运行一样无穷无尽，像江海一样永不枯竭。像日月运行一样，终而复始；与四季更迭一样，去而复来。宫、商、角、徵、羽不过五音，然而五音的组合变化，永远也听不完；红、黄、蓝、白、黑不过五色，但五种色调的组合变化，永远看不完；酸、甜、苦、辣、咸不过五味，而五种味道的组合变化，永远也尝不完。战争中军事实力的运用不过“奇”“正”两种，而“奇”“正”的组合变化，永远无穷无尽。奇正相生、相互转化，就好比圆环旋绕，无始无终，谁能穷尽呢。

以审判为中心的诉讼制度改革，将证据裁判原则作为一项重要内容，强调“证据展示在法庭”，因而法庭上的举证活动显得尤其重要。检察官、律师的庭审举证活动，可以说是出庭活动中最重要的一环，因为它是检察机关承担举证责任或者辩护人依靠证据反驳不实指控的具体表现，它的性质是一种运用证据证明公

---

① 《孙子兵法》，陈曦译注，中华书局2011年版，第74页。

② 《孙子兵法》，陈曦译注，中华书局2011年版，第77页。

诉或者辩护主张的证明活动，这种证明成功与否，是出庭能否成功的关键所在。举证并不是将手中的证据像一袋无序的马铃薯一样一股脑儿“堆”到法庭上，也不是捧起卷宗从头到尾念上一遍，而需要讲究举证的方法，这就像排兵布阵一样，你的兵力再多，如果不讲究“治众如治寡”“斗众如斗寡”，就会自乱阵脚，甚至会被自己证据之间的自相矛盾弄得败下阵来，这是很多新手经常犯的毛病。因此，学习如何在举证中运用好“众”与“寡”，掌握举证中的“奇”与“正”，实现“以正合，以奇胜”，这是我们学习庭审举证技能的重要内容。

孙子说，凡治众如治寡，分数是也；斗众如斗寡，形名是也；三军之众，可使必受敌而无败者，奇正是也；兵之所加，如以碫投卵者，虚实是也。用以指导庭审举证活动，可以这样去理解：首先，一个案件的证据可能有几十本卷宗，如何举证，令人望而生畏。那么，怎样才能把它做得像个小案子一样轻松，实现举重若轻的目的呢？孙子已经告诉了我们：“分数是也。”卷宗材料那么多，证据那么乱，如果你按照卷宗的顺序这么念下来，可能所有人都会听得崩溃了。那么怎么办？分组！将证据分成组，标示出每组证据证明什么问题，然后一组一组地向法庭出示，这样不但合并了“同类项”，使凌乱的证据“拧成一股绳”，而且也能够让旁听的人听清楚、看明白，这就是“分数”的重要作用。因此，举证的时候就要根据需要，将证据分好组，一般按照犯罪构成要件，对证据进行分组。

其次，证据那么多、那么乱，怎样才能让法庭听明白、让旁听人员有印象？孙子也给出了答案：“形名是也。”这里的“形名”，指的是“目可见者为形，耳可闻者为名”，也就是说，要给人以印象深刻的视觉和听觉记忆，这与说服心理学中所说的“视觉和听觉记忆”完全相同。因此，要想发挥举证的证明说服效果，就要运用能够引起人们充分注意的视觉、听觉记忆方式，如多媒体辅助举证、图表、数据等方法，用以刺激法庭和旁听人员的视觉与听觉，从而实现驱动证据为我服务的目标。

最后，要在庭审中取得全胜，除原原本本地出示证据外，还要讲究证据的“奇正”，也就是排列组合与举证先后。这里的“奇”与“正”，并不是该出示的证据不出示，而是选择合适的时机出示、以适当的方式出示、使用合适的组合出示。最简单的例子是，如果多名被告人中其他被告人都作了详细的有罪供述，而只有一名被告人不供述，这时候举证时先出示其他几名被告人的有罪供述，再出示这名不认罪被告人的供述，这种方法，会让人一听就明白，这个人是在说谎。而不同的证据排列组合方式，所产生的效果显然是不一样的，为什么有的检察官、律师在法庭上出示的证据能够让人听明白所证明的问题，有的人却越出示越让人糊涂，原因就在于此，这正是孙子所谓的“故善出奇者，无穷如天地，不竭如江河。终而复始，日月是也；死而复生，四时是也。声不过五，五声之变，不可胜听也。色不过五，五色之变，不可胜观也。味不过五，五味之变，不可胜尝也”。[①] 最终，孙子得出的结论是：“战势不过奇正，奇正之变，不可胜穷也。”由此可见“奇正”在战争中的重要意义，举证也同样如此，需要“以正合，以奇胜”。下面就以兵法为指导，对检察官、律师庭审举证的原则与方法做一探究。

一、庭审举证质证的性质

一般地说，在刑事诉讼中，举证责任由公诉人承担，公诉人举证质证是出庭公诉活动中的重要内容。当然，辩护人在必要时也可以向法庭出示自己收集的证据，因而一样需要掌握举证技巧。就公诉人来说，举证，是指在出庭支持公诉过程中，公诉人向法庭出示、宣读、播放有关证据材料并予以说明，以证明公诉主张成立的诉讼活动；质证，是指在审判人员的主持下，由控辩双方对所出示证据材料的合法性、客观性和关联性相互进行质疑和辩驳，以确认能否作为定案依据的诉讼活动。公诉人的举证活动，可以说是出庭支持公诉活动中最重要的一环，因为它是检察机关承担举证责任的具体表现，它的性质是一种运用证据证明公诉主张的证明活动，这种证明成功与否，是出庭公诉能否成功的关键所在。

在刑事诉讼活动尤其是庭审活动中，公诉机关是证明责任的承担机关，公诉人只有运用证据证明所起诉的案件事实清楚、证据充分、符合证明标准，才能够完成证明责任，实现证明目的，成功指控犯罪。因此，举证质证活动就公诉人来说是出庭公诉工作的基础，只有基础牢固了，公诉人的其他活动才能够顺利进行，使自己立于不败之地，才有能力出击，否则公诉人即使具有再高超的辩论技巧，也会因“巧妇难为无米之炊”而败下阵来。

二、庭审举证质证的目的

《孙子兵法》说：“昔之善战者，先为不可胜，以待敌之可胜。不可胜在己，

---

① 《孙子兵法》，陈曦译注，中华书局2011年版，第77页。

可胜在敌。"① 意思是战争取胜的关键是自己要首先立于不败之地。以公诉人为例，公诉人举证质证的根本目的，就是要通过举证质证活动，证明自己公诉主张的正确性，从而在法庭上"先为不可胜"。公诉人举证质证的目的是：

（一）运用证据证明案件事实

任何案件事实的认定都需要通过证据加以证实。2010年《最高人民法院、最高人民检察院、公安部、国家安全部、司法部关于办理死刑案件审查判断证据若干问题的规定》中就确认了证据裁判原则：认定案件事实，必须以证据为根据。经过当庭出示、辨认、质证等法庭调查程序查证属实的证据，才能作为定罪量刑的根据。而公诉人在法庭上的举证活动，就是将一个又一个散在于卷宗材料中的证据组合起来向法庭举示，并通过对这些证据内在逻辑关系的论证说明进而证明案件事实的客观真实性。

（二）帮助法官形成内心确信

每个案件的证据状况各不相同，这些证据能否形成完整的体系，能否得出唯一的结论，实践中经常存在争议，而法官在对证据体系进行判断时，也是通过控辩双方对于证据体系的争辩论证，得出该案证据体系是否达到了证据标准的结论，从而对案件的最终处理形成自己的内心确信，决定能否对案件事实做出认定。因而公诉人举证的过程，就是一个说服和帮助法官形成内心确信，相信案件证据体系已经完备、案件事实已经查清的过程。当然，辩护人举证就是要破坏这样一个证据体系，证明该体系尚不完备，或者存在重大漏洞、存在合理怀疑，从而使法官对于案件判决无法形成内心确信。

（三）运用证据制服被告人不认罪或者翻供

被告人的供述在我国刑事诉讼证据体系中，占有比较重要的地位，而被告人在法庭上是否认罪，往往是当前法官能否下决心作出有罪判决的一个很重要的因素。尽管我国已经确立了不轻信口供的基本证据原则，但法官对于不认罪或者翻供的被告人，在作出判决时，一般都还是采取比较审慎的态度。因此，公诉人针对不认罪或者翻供的被告人，就需要使用证据揭穿被告人的虚假供述，进而证明

① 《孙子兵法》，陈曦译注，中华书局2011年版，第58页。

虽然没有被告人的供述，但证据体系已经达到了刑事诉讼法第五十五条“证据确实、充分的”标准，完全可以作出有罪判决，从而制服被告人的不认罪或者翻供。当然，对于律师来说，则是运用证据证明指控的证据体系存在问题，从而支持自己的辩护观点。

（四）反驳辩护人无罪、罪轻观点，或者用以证明指控观点有错误

刑事案件辩护人的职责，就是根据事实和法律，提出被告人无罪、罪轻的事实及理由。而辩护人所据以提出上述观点的基本理由和依据，往往就是案件中每个证据所存在的问题和证据体系的瑕疵。目前，高水平的辩护律师，已经不仅仅注重将案件的定性、适用法律问题作为辩论的重点问题，而是更加注重打证据仗，以攻击控方的证据体系作为辩护的重点，因为刑事案件的举证责任由控方承担，只要控方证据体系中任何一个环节上的任何一个关键证据被推翻，辩护人就可以认为本案事实不清、证据不足，指控的事实不能成立。因此，公诉人举证的重要目的，就是要运用证据证明本案的证据体系是完整严密、经得起辩驳的。那么相反，辩护人一样可以通过举证活动，证实公诉人证据体系中存在无法排除的矛盾或者存在重大漏洞，以此得出指控不实的结论。

（五）使用证据教育旁听群众

证据的作用之一，就是能够在证明案件事实、揭示犯罪的社会危害性的同时，宣传法治，教育群众遵纪守法，一些证据如物证、书证本身就是活生生的法制教育素材，完整真实地反映着案件事实，比那些通过讲述展现在人们面前的案件事实鲜活得多、有教育意义得多。同样，律师能够举出证据证明所指控犯罪事实有误，也能够起到宣传法治、教育群众尊重他人合法权益、提高群众法治意识的作用。因此，法庭上的举证，可以用这些证据教育群众遵纪守法。

三、检察官、律师举证质证用语的特点

举证讲究方式方法，而首先需要关注的，就是举证的人使用什么样的语言手段来出示证据。为此，检察官、律师就要认真研究举证用语的特点，并力求在举证中按照要求去做，从而在形式上不出现失误。

（一）举证质证用语的规范性

举证活动是一项严肃的法律活动，任何案件事实的认定，都需要经过举证质证活动最终实现。举证质证活动所使用的语言，不是随心所欲的，而是需要讲究用语的规范、严谨和严肃性，如：

举证开始时，公诉人可以说："审判长，公诉人现在就本案的事实向法庭出示证据。首先出示第一组（份）证据，被告人在侦查阶段所作的供述……"当审判长问及公诉人是否有物证、书证、视听资料当庭出示时，如有，公诉人应当表示："公诉人有证据需要出示。"如没有，公诉人应当表示："公诉人举证完毕。"需要出示物证时，公诉人应当逐一说明物证的来源、内容和物证对本案起到什么样的证明作用。出示后交由法警拿给被告人或被害人、证人辨认。公诉人经审判长许可后，向被告人（被害人、证人）进行讯问（询问），讯问（询问）完毕后，应当表示："审判长，公诉人对被告人×××（被害人×××、证人×××）的讯问（询问）暂时至此。"公诉人出示每份物证、书证、视听资料完毕，应当表示："公诉人出示×××（物证、书证、视听资料）完毕。"

在质证过程中，遇有被告人或辩护人故意以没有听清公诉人宣读的内容，要求公诉人重新宣读时，公诉人应当严肃地声明：

法庭调查活动，就是运用证据查明案件真相的活动，这是一项严肃认真的工作，公诉人是以严肃认真的态度进行的，作为案件的被追诉者（作为维护被告人合法权益的辩护人），同样应当以严肃认真的态度对待这项活动，集中精力认真听取。因此，公诉人对于已经认真宣读的证据不再重复，同时提请法庭对于被告人（辩护人）这种不认真的态度予以警告（批评），希望在下面的法庭调查活动中，不要再出现类似情况。

这些语言，带有典型的格式化、相对固定、严肃性的色彩，具有语言的规范性。同样，辩护人也可以使用这一方法，对对方不认真的庭审态度提出批评。

（二）具有一定的口语化色彩，明确易懂

因为举证质证活动不是使举证人本人明白案件的证据情况，而是要法庭及旁听人员听明白本案的证据状况，进而证明案件事实，因而举证人的语言应当是一种通俗易懂的证明语言，讲究证明的艺术，同时讲究通俗地证明的艺术。也就是说由于举证是使用口头语言出示证据，一些话就不能太书面化，要用口语化的方

式表达出来，如“此间”应当表述为“在此期间”等。

（三）举证质证方式的归纳性

举证质证要对案件证据进行及时归纳，提炼核心意思。举证不是简单地照念卷宗，而是对证据材料的归纳、摘要性宣读和讲示。质证是对每个证据的证据资格和证明能力以及整个证据体系的说明与辩驳，也需要归纳总结，使用归纳性的语言进行讲说。

（四）举证内容的忠实性

尽管举证质证需要归纳，但对于案件的关键证据，则需要原文宣读，忠实于原文，不要用自己的语言进行归纳，这主要是因为这些证据的作用至关重要，有时不容人使用带有主观色彩的语言进行归纳，否则将会引发争议与质疑。此时，最好的处理办法就是忠实于笔录原文，全文宣读。这种宣读性的语言，在举证质证中占有很大的比例。

（五）举证的说明性与辩驳性

大多数时候，举证活动主要使用说明性的语言，对证据的来源、证据的内容所能够证明的问题等进行说明。但是，由于辩护人有权对证据提出质疑性和否定性意见，为了维护所举证据的定案地位，公诉人在此时就需要对这些证据的证据资格和证据能力进行论辩性说明，使用辩驳的语言驳斥辩护人对证据的错误认识和分析，论证证据的有效性，以正视听；反之，公诉人对辩护人举证提出质疑时，辩护人也可以予以反驳。这就决定了控辩双方的辩论活动，并不是只在法庭辩论阶段才能进行，实质上的证据辩论，在举证质证阶段已经展开，而且有时这种辩论十分必要，因为最高人民法院司法解释也确认，质证阶段“控辩双方可以互相质问、辩论”。举证人如果不能使用充分的理由说明所举证据的可采性，很可能会因为对案件事实、情节证明得不够充分而导致失败。

四、“以正合，以奇胜”在举证中的运用——以被告人不认罪案件举证提纲为例

在掌握了举证的形式要件之后，就要研究举证的实质要件。举证的实质要件，

用《势篇》来指导，主要有三个方面：“治众如治寡”“斗众如斗寡”“以正合，以奇胜”。

（一）“治众如治寡”

前文已述，对于一个卷宗材料汗牛充栋的案件，如果按照常规的举证方法逐个证据向法庭出示，不但会使举证人付出大量劳动，让法庭上其他人员听得很疲劳、使庭审活动旷日持久，最重要的是让人觉得整个案件证据杂乱无章，听了后面忘了前面，无法给人以事实清楚、证据充分的感觉，其结果是举证人员疲惫不堪，听证人员一脸茫然，对方认为有机可乘。所以，在庭审活动中，对于手中证据比较多的一方，尤其是公诉人，有时候虽然证据数量多，却未必能够占上风，其原因就在于像一名不懂用兵的将帅，兵虽多，却不知如何指挥，反而自己先乱了阵脚。在这种情况下，就要懂得“治众如治寡”，需要把大量的证据材料分组排列好，也就是“分数是也”，即使一万个人，分成几个大的队伍，就不会乱纷纷了，那么证据也是一样。分组的方法，有以下几种可供参考：

一是证据种类分组法。根据刑事诉讼法第五十条所规定的八种证据类别将卷内证据进行分组。这种分组方法一般适用于案件事实比较简单、每个种类证据不是非常多的案件。

（案例20）例如，某盗窃案：

第一组证据，被告人供述；

第二组证据，被害人陈述；

第三组证据，证人证言；

第四组证据，现场勘查笔录；

第五组证据，鉴定意见，包括手印鉴定书，法医学DNA鉴定书；

第六组证据，视听资料，被盗窃现场监控录像。

通过对证据种类的分组，使人明白这个案件中有哪些种类的证据，这些证据都能够指向被告人实施了哪些犯罪行为，因此使大家明白被告人确实有罪。

二是构成要件分组法。根据该案件的犯罪构成要件内容，将证据进行分组，既可以按“四要件说”，也可以按“三阶层说”，只要能够实现对犯罪的证明即可。

（案例21）例如，某故意杀人案：

第一组证据，证明被告人犯罪主体方面的证据，包括被告人户籍证明、出生证明、司法精神病鉴定意见；

第二组证据，证明被告人主观方面的证据，包括被告人供述、证人证言中有关被告人与被害人存在矛盾的内容；

第三组证据，证明被告人客观方面的证据，包括被告人供述、证人证言中有关被告人实施杀害被害人行为的内容，现场勘查笔录，现场监控录像，物证及照片；

第四组证据，证明犯罪客体方面的证据，包括法医尸检鉴定。

三是罪名构成分组法。有的罪名构成需要若干条件，举证时可以根据刑法中对该罪名的规定，决定证据的分组方式。

（案例22）例如，某受贿案：

第一组证据，被告人具备国家工作人员身份的证据，包括户籍证明、干部履历表、任职文件；

第二组证据，被告人利用职务上的便利为他人谋取利益的证据，包括关于被告人工作分工的文件，讨论请托人请托事项的会议纪要，请托人参与所请托事项的合同、结算单、转账记录，相关证人的证言，被告人有关请托事项的供述；

第三组证据，收受他人财物的证据，包括被告人供述，证人、行贿人的证言，搜查证、搜查记录中关于查获赃物的内容，银行转账记录等。

四是犯罪过程分组法。一些案件犯罪过程比较复杂，需要对每一段犯罪事实进行举证证明，此时将每一段事实的相关证据组合起来，有利于清楚地证明案件事实，如按照犯意产生、预谋、实施到危害结果出现等顺序组合证据。

（案例23）例如，某合同诈骗案：

第一组证据，证明被告人根本没有履约能力的证据，包括被告人账户历史往来情况账据，被告人银行账户查询情况，证人证言，被告人供述；

第二组证据，证明被告人与被害人结识并产生诈骗意图的证据，包括证人证言，被害人陈述，被告人供述；

第三组证据，证明被告人伪造相关不动产证书，骗取被害人信任的相关证据，包括书证伪造的房产证、汽车登记证书，证人证言，被害人陈述，被告人供述；

第四组证据，证明被告人使用虚构事实隐瞒真相手段欺骗被害人签订合同的证据，包括书证合同，伪造的企业印章，伪造的合作意向书，证人证言，被害人陈述，被告人供述；

第五组证据，证明被告人骗取被害人财物的证据，包括银行转账记录，收款凭证，被告人所打收据，证人证言，被害人陈述，被告人供述；

第六组证据，证明被告人携带所骗款项逃跑的证据，包括提款记录，机票，通信公司停机记录，证人证言，被害人陈述，被告人供述。

五是定罪量刑分组法。将证据分为定罪证据和量刑证据，先出示定罪证据，再出示量刑证据，这种情况针对那些案情相对简单、定罪没有太大争议的案件。如：

第一组证据，定罪证据，包括物证、书证、电子数据、证人证言、被告人供述；

第二组证据，量刑证据，包括自首材料，立功材料，系未成年人的证明材料。

六是突出主罪分组法。有的案件犯罪次数比较多，或者罪名比较多，但主罪或者主要犯罪事实只有一个到两个，那么在举证中对证据分类时，就可以通过突出主罪的方法将证据进行分组。

（案例24）例如，某黑社会性质组织案：

第一组证据，证明被告人构成组织、领导黑社会性质组织罪的相关证据，包括……

第二组证据，证明被告人构成敲诈勒索罪的相关证据，包括……

第三组证据，证明被告人构成故意伤害罪的相关证据，包括……

七是突出被告人分组法。与突出主罪分组法相对应，还可以根据被告人所犯罪行情况进行证据分组，这种分组方法一般适用的案件是，主犯罪行比较突出，尤其是比其他人所犯罪行更多、更严重，而其他人只是部分参与的。如：

第一组证据，证实被告人张某与王某、刘某故意杀人罪的证据；

第二组证据，证实被告人张某与孙某抢劫罪的证据；

第三组证据，证实被告人张某与王某、周某、郑某、李某非法拘禁罪的证据；

第四组证据，证实被告人张某与王某、赵某、吴某、俞某敲诈勒索罪的证据。

总而言之，对于一个案件，要根据它证据材料的多寡、案件事实的复杂程度、证明过程所需要的精力等要素，认真思考，尽量选择最佳的证据组合方式，从而实现“治众如治寡”，举重若轻的效果。

（二）“斗众如斗寡”

兵法中的“斗众如斗寡”，指的是指挥人数众多的军队去作战，就像指挥少部分人的军队一样得心应手，其诀窍在哪里？“形名是也”，依靠的是军队的指挥号令，用时髦话来说，就是信息化手段。

一场庭审下来，可能合议庭也好，旁听人员也好，很难把案件中每个证据都听得清清楚楚，原原本本地记住。这并不奇怪，因为人的记忆能力有限、注意力集中的时间有限、分析能力有限，而且作为一个听众，每个人的思维都是“懒惰”的，这种“懒惰”与人品无关，是人类的天性使然。当今时代是以视觉获取知识的时代，人们习惯于以视觉的方式接收信息。由于庭审举证的绝大部分内容是证词，而研究表明，在两三天之后，人们只能记住约10%的听觉信息，但是会记住约20%的视觉信息，因为视觉信息比口头语言更加迅速且具有持续性的影响，它们极大地提升了信息的记忆水平。“因此只要有可能，都要尽量地运用展示的方式而非仅仅讲述；只要有重要的信息，就运用视觉化的手段将其呈现。”[①] 在庭审中，谁能够想办法让听众印象更加深刻，需要将由听众自己归纳、总结、分析的问题给他分析好，则他就会赢得听众的信任、接受与支持。而实现这一效果的最好手段，就是视觉思维方式。为此，可以采取以下方法进行举证：

一是多媒体举证法。这是当前比较通行的举证方法，有的检察机关多年前就开发并使用了“多媒体示证系统”，而大部分法庭上也都安装了多媒体举证设备，无论是公诉人还是辩护人，都可以使用该设备向法庭展示证据，方法就是事先将相关需要出示的证据制作成多媒体材料，举证时当庭展示或者播放。运用多媒体系统举证，一个最明显的特征就是把过去庭审过程中主要由举证人读证，其他人听证，这种以听觉感官传递诉讼信息的方式，变为大屏幕配合同步展示证据内容，有视有听、视听感官一体传递诉讼信息的方式，从而使法庭及旁听人员能够同时耳闻目睹证据信息，提高了诉讼信息的传递速度，强化了人们对案件事实的认知程度。做好多媒体示证工作的要求是，检察官、律师要特别注意从多媒体出庭的客观效果出发，对已有证据做好进一步的梳理、补充和完善。对文字证据中的一个签名，一个手印，一个标点符号，前后相关的每一个案件细节，都要规范、准确，尽可能地把证据的不规范之处消除在录入多媒体系统之前。对一些以视听资料形式出现更能强化庭审效果的笔录或其他文字性证据资料，要在庭前尽可能地制作相应的视听资料，以运用多媒体技术来充分发挥证据的价值。所以，不要小看一幅画面、一张照片，当它们作为证据使用，投放到大屏幕上时，能形象地反映出案件的某一过程和环节，增强庭审效果。另外，要打破证据形式的界限，把

① ［美］托马斯·A. 马沃特：《庭审制胜》，郭烁译，中国人民大学出版社2012年版，第20页。

能够证明案件同一情节的物证、书证、证言、视听资料等，通过多媒体技术合理地进行组合，形成“立体”举证模式，力求最好的示证效果。

二是实物模型展示法。将某个不便于当庭出示的物证做成模型，直观地向法庭展示，从而说明该物证的客观性状，让法庭产生感性认识，并接受举证人的主张。如某受贿案件指控被告人收受了巨额现金，行贿人是将现金装在一个某知名品牌的茶叶盒中送给被告人的。由于无法再现该场景，但又需要证明该茶叶盒内根本无法装下那个数额的现金，辩护人将该数额现金的体积进行了测量，将测量过程制作了视频以表明测量的准确性，然后用白纸制作了该同等体积的现金模型，现场演示无法装入该茶叶盒内，使法庭采纳其观点。

三是图表、图示法。法庭上尽管可以使用多媒体示证技术，但同样不排斥原始举证方法。对于一些用图表、图示方法能够让人一目了然的证据情况，可以使用图表、图示的方法进行证据展示。例如，一起合同诈骗案件，由于被告人与相关当事人之间人员关系很复杂，辩护人就制作了一张“本案人员关系图”，很直观地反映出案件中各当事人之间的财产关系，进而证明本案属于债权债务纠纷，而不是合同诈骗，法庭对复杂的人员关系，通过该图看明白，从而接受辩护人的观点。

四是动画视频展示法。对于一些案件，可以通过电脑技术将案件制作成动画视频进行播放，使人对整个案件发生产生身临其境的感觉，从而接受案件事实。如某交通肇事案件，被告人在高速公路上变道时与对面来车相撞造成他人死亡，事故认定其负主要责任。辩护人制作了事故发生过程的动画视频当庭展示播放，证明该事故的发生除被告人变道行为外，更重要的原因是另一辆货车存在违章行为引发了被告人的避让行为，因而事故认定存在问题，不能作为证据使用。法庭观看了该动画视频后采纳了辩护人的观点，对事故认定不予采纳。

五是 PPT① 展示法。现代电脑技术突飞猛进，除传统的多媒体示证技术外，检察官、律师在法庭上使用更多的就是 PPT 展示方法，这种方法可以把物证照片、视频、音频、图表等直观地展示在屏幕上，给人以深刻的视觉冲击效果，从而使人们对案件事实产生深刻的印象，接受举证者所主张的事实与证据。

当然，视觉思维方式仅仅是一种辅助举证手段，其目的还是通过视觉信号刺激听众的记忆力和注意力，使其接受自己的观点，因而举证中要注意主与次的关

① PPT 一般指 Microsoft Office PowerPoint。Microsoft Office PowerPoint 是指微软公司的演示文稿软件，下文不再赘述。

系，切勿为了追求形式上的花哨而偏离了举证以证明案件事实的主题。

（三）“以正合，以奇胜”

《孙子兵法·势篇》说：“凡战者，以正合，以奇胜。故善出奇者，无穷如天地，不竭如江河。”又说：“三军之众，可使必受敌而无败者，奇正是也。”这里，“正”为常规的思维与方法，“奇”为非常规的思维与方法。战争往往以常规的思维及行动牵制对方，最后还是必须以超常的方法打败对方，这就是所谓的出奇制胜。但同时，在孙子看来，奇正之法是可以转变的。当对手认为你会用甲方法对付他，则乙方法为奇；当对手认为你会用乙方法对付他，则甲方法为奇。因此，奇正也是相对而言的，没有一成不变的正，也没有一成不变的奇，关键是看对方是否意识到。同样一种方法，意识到的为正，意识不到的为奇。打仗总是用对方意识到的方法去诱惑误导他，用他想不到的方法打击他。常规的方法只是整个作战战略的组成部分之一，而非常规的方法更是整个作战战略的重要组成部分。自古以来，胜方多是以常规方法面对敌人，而以非常规方法智取胜利。如果我们能够将奇与正反复组合用来打击敌人，则敌人根本无法知道你会用什么方法来对付他，而且一奇一正的组合是无穷无尽的。

庭审中的举证活动，既不是从头到尾宣读卷宗材料，也不是不加选择地把每一份证据材料都向法庭出示一遍，而是需要有选择、有重点、有意图地将证据组合起来进行有序出示。之所以这样做，是因为庭审举证活动并不是庭审读卷宗材料活动，如一个证人曾有三次证言，每次证言内容完全一致，那么只要宣读其中一份即可；一个被告人有八次供述，每次供述内容尽管并不完全一致，但存在递进关系且没有矛盾，那么也只要把递进关系的情况摘要向法庭出示即可，不需要将八份供述全部向法庭出示，而有些证据由于并不直接证明案件事实，甚至可以不出示，这就是举证的基本内容，也可以说是举证中的“正”。但是，在证明活动中，一旦需要发动与对方的证据对抗时，往往就需要用“奇”，以公诉人为例，正常的举证活动是证明被告人实施了起诉书所指控的犯罪事实，但是在被告人及其辩护人提出公诉人所举证据存在问题，或者属于非法证据时，公诉人就需要用“奇”，举出其他能够证明该份证据具备证据合法性的相关证据来反驳辩护人的观点。例如，某受贿案件，公诉人在出示被告人的有罪供述、行贿人的证言之后，辩护人提出被告人的有罪供述系受到逼供所作出，同时在行贿人没有出庭作证的情况下，还出示了一份行贿人的证言，说明其向检察机关提供的自己行贿的证言也是在受到威胁的情况下作出的，并非自己的真实意思表示。对此，公诉人向法庭播放了前面所出示的被告人供述的同步录音录像，证实该供述完全是在被告人正常状态下自由做出，根本不存在逼供情形；同时公诉人又出示了一份行贿人近期向检察机关提供的证言，证实案发后被告人的家属曾多次找到他，要求其推翻原来关于向被告人行贿的证词，后来律师在被告人家属的陪同下找他做了一份笔录，笔录内容也是顺着被告人家属所说的，其实不是客观事实。在这个庭审举证中，正常出示行贿、受贿人供述的内容就是“正”，而在辩护人提出非法证据意见时出示相关证据的行为，就是“奇”，这个“奇”如果在辩护人对前面证据没有异议的情况下本来可以不出，但一旦辩护人提出了上述观点，公诉人就需要用“奇”来制胜，而这里的“正”与“奇”其实是环环相扣的，正如孙子所说：“战势不过奇正，奇正之变，不可胜穷也。”庭审活动中的“战势”，也不过是这样的“奇正”。

某每一个刑事案件都由大量的证据组成。侦查人员为了证明被告人的犯罪事实及情节轻重往往会收集各种各样的证据，这些证据少则一两本，多则几十本。就公诉人来说，在法庭上不可能也没有必要把侦查人员收集的所有证据一字不漏地向法庭出示，而应当对这些证据进行梳理筛选，根据案件的具体情况、证据的证明力强弱、被告人和辩护人的态度决定是否向法庭出示，这就是举证中的“正”。实现“正”的基本原则，就是应紧紧围绕起诉书指控的被告人的犯罪事实来进行，对起诉书指控的被告人的犯罪事实和情节有关的证据都应当向法庭出示，而无关的证据则不需向法庭出示。具体的“正”包括：

1. 必须出示的证据。即对被告人定罪量刑有影响的证据都要出示，不能遗漏。即对涉及被告人犯罪动机、目的、手段、情节、后果、数额以及对起诉书认定的从轻、减轻等情节的证据都应当向法庭出示，做到客观、公正、全面。

2. 可以选择出示的证据。即对同类证据中证明同一事实的多个证据，如同一证人内容相同的多份证言，同一被告人内容相同的多份供述和辩解等证据，原则上只选择一个，即只选择一个公诉人认为对指控被告人的犯罪最有利的证据向法庭出示而不必全部出示，以防止重复和累赘。

3. 暂时不需要出示的证据。即对被告人定罪量刑没有影响的证据不需在此时向法庭出示，但在出现争议时，可以作为“奇”来向法庭出示。

这是从举证的内容方面来说的。

从举证的方法与顺序，或者说证据编排方面来看，公诉人在选好向法庭出示的证据和确定出示的内容后，应当进一步确定举证的顺序，即确定按什么顺序向法庭出示这些证据，也就是先向法庭出示什么证据，后向法庭出示什么证据，怎样先用“正”后用“奇”，实现“正”与“奇”的结合。一般地说，举证策略的安排是，举证顺序应具有逻辑性，所举出的证据应环环紧扣，在法庭上要知道应当如何证明案件的事实真相，先出示什么证据，后出示什么证据，从而巧妙编排，取得最佳的举证效果。不同的罪名，应当运用不同的举证策略，从而给人以最直观、最清晰的感受，如抢劫案件可以按先被害人陈述，再证人证言、被告人供述，后物证，再其他证据等顺序举证，如果有监控视频，可以最先出示该视频，从而遵循“发生了什么—怎么发生的—谁干的—结果是什么—为什么是他干的”这样的顺序来证明本案的犯罪事实。故意伤害案件则可以先出示法医鉴定、物证、被害人陈述，再出示证人证言、被告人供述、其他证据等。这种“奇正”相生的基本方法有：

1. 按被告人的人数和罪数确定举证顺序。每个刑事案件被告人的人数、犯罪次数、罪名数各不相同，举证时就要根据具体的情况，确定证据编排与出示的顺序。

（1）对于单人单罪的案件，可按证据的证明力强弱，先后向法庭出示被告人犯罪事实存在的各种证据，如可以按照证人证言、被害人陈述、被告人供述、书证、物证、鉴定意见及视听资料的顺序举证，也可以按照先客观性证据再言词证据的顺序出示证据。

（2）对于一人犯数罪的案件，应当先出示证明主要罪行、重罪的证据，后出示次要罪行、轻罪的证据。

（3）对于共同犯罪中多人犯一罪的案件，可以先出示主犯罪行的证据，再对从犯进行举证。对其中拒不认罪的被告人，可以先出示认罪被告人行为的相关证据，从而形成对不认罪被告人的包围圈，待犯罪事实被法庭确认后，再举证全力攻克拒不认罪的被告人。

（4）对于共同犯罪中数人犯数罪的案件，可以先对主犯和主罪进行举证，后对从犯和次罪进行举证。对拒不认罪的被告人，可以在其他认罪被告人的行为证明完毕后再对其行为进行举证。

2. 按证据与案件事实的关联性确定举证顺序。证据与案件事实的关联性紧密与否，也是证据的“奇正”问题，其中关联性紧密的是“正”，关联性看似不紧密，但相关的是“奇”。

（1）时间顺序法。就是按照犯罪发生的时间先后来安排、组织、出示证据。这种举证方法主要适用于性质单一的案件，它便于公诉人掌握、控制主动权，能使举证过程清晰，易于法官听证、采信。一般先出示犯罪动机、犯罪预备的证据，然后出示犯罪经过、犯罪后果的证据，最后出示能够影响量刑的从重、加重或从轻、减轻处罚的证据。

（2）先易后难法。就是先将控辩双方没有争议的事实、情节分组举证证明，然后再重点举证有争议的事实和情节。这种举证方法的优势：一是可以集中精力重点证明有争议的事实和情节；二是可以利用已证明的事实和情节，结合其他证据进行举证、论证；三是在对没有争议的事实举证过程中，自然地形成一种破竹之势，在这种“势”的主导下，难题就会迎刃而解。

（3）犯罪构成法。就是按照犯罪构成的四个要件组织、出示证据。具体出示证明哪个要件的证据，要视具体案情和证据状况及控辩双方争议的焦点而定。例如，特殊主体犯罪案件，对主体无异议的，要先出示证明主体的证据，如贪污、贿赂案件及其他只有特殊犯罪主体才能构成犯罪的案件，在举证时，就应当先举证证明被告人的身份和职责，然后再举证证明犯罪事实。如果对被告人的主体身份有异议的，就应当把被告人主体身份的证据放在最后出示。

（4）突出主罪法。就是根据数罪的轻重程度确定举证顺序。一般应当先向法庭提供重罪证据，后提供轻罪证据，做到突出重点，突出主罪。难以分清轻重的，则可按作案时间顺序分别举证，也可先就供证一致，容易迅速查明的事实举证，后对有争议、难以查清的事实举证。

（5）证据锁链法。此种举证方法适用于以间接证据证明犯罪的案件。根据司法解释要求，以间接证据为主要证据的案件，其特点是间接证据必须形成证据链条，证据与证据之间首尾相连，环环相扣，根据间接证据所得出的结论必须是唯一的，结论应当是肯定的而不是或然的。因此，证据的每一环节都不能缺少，否则就会使整个证据链条失去作用。间接证据的特点决定了公诉人举证时必须做到逻辑严明，保持证据的连贯性，不能随便打乱证据前后相连的顺序性，更不允许漏掉任何一个环节。

3. 按证据状况出示证据。庭审中，往往不同的案件存在不同的证据状况，在这种情况下就不能墨守成规地编排证据顺序，而应当根据不同的证据和案件事实情况，确定证据的出示顺序。

（1）对于既有直接证据，又有间接证据的案件，可以先出示直接证据，后出示间接证据。

（2）对于证据间存在矛盾的案件，应当有所取舍，首先向法庭出示有利指控犯罪的证据，并使该证据形成一个稳固、合法、有效的证据体系，在辩护人提出存在矛盾证据之后，再向法庭指出矛盾证据不可信，应予以合理排除。

（3）对于被告人当庭翻供的案件，先宣读被告人曾经供述的记录在卷的被告人供述笔录，之后再宣读直接证实被告人犯罪事实存在的证据以及其犯罪时使用的实物证据。

（4）对涉及罪与非罪、此罪与彼罪的案件，首先出示构成犯罪的证据，其次按罪重、罪轻的证据这样的顺序出示，最后出示量刑情节等其他方面证据。

4. 根据事实证明的方法确定证据编排，注重举证的条理性和逻辑性。所谓条理性就是在举证时根据案情的特点和证据性质将事实和证据进行分门别类，然后有条不紊地向法庭举证；所谓逻辑性就是要将证据之间的逻辑关系反映出来，从而证明案件事实的认定是符合情理的。

（1）分段举证法。每个案件都有一个过程，即使最简单的扒窃案件，也有一个进入公共场所、找到盗窃目标、实施扒窃行为、扒窃得手、离开犯罪现场等过程。分段举证法，就是根据案件发生、发展中的自然停顿为标准，将整个案件划分成若干阶段，并对每个阶段要证明的问题和证明这些问题所需的各种证据材料按照一定顺序（如先主后次，先重后轻，先主观目的动机后客观行为，先言词证据后实物证据等顺序）分别列举的方法。分段举证，使每个犯罪阶段都有一组证据材料得到相对集中的出示，从而实现条理清晰、层次分明、逻辑严密、结构合理、证明力强的证明效果。对于同一罪名多次犯罪的案件，则可以将每一次作案作为一个举证小组，对一些犯罪次数多、案件证据多的疑难案件，采用这种方法效果比较明显，既能有效克服一次性调查、一股脑儿举证造成的事实和证据不能相互对应、不能让人听明白的弊端，也减少了一证一质、一事一证所造成的举证零散、不易归纳总结的现象，同时这一方法也便于法庭及时果断地采纳证据，采纳指控观点，可以使旁听群众准确、细致地了解案情，从而大大加快庭审节奏，提高工作效率。

（2）环环相扣法。对于那些各犯罪构成之间联系比较紧密的事实，或者前因后果存在密切关联，而被告人又不认罪的案件，如诈骗、玩忽职守、特定关系人受贿等案件，可以把依法获取的每一个能够证明案件某一具体构成要件事实的局部情况或者个别情节的证据，依据它们之间存在的内在必然联系，按照先后顺序串联起来，组成完整的证据体系，然后根据逻辑推理、组织出示证据的方法，这样可以使人对得出的结论更加信服。

（3）综合举证法。被告人有多起犯罪事实或者多人共同犯罪的案件，一些证据在多起犯罪事实中均有证明力，或者能够证明多人共同犯罪，如果在一个犯罪事实中将该证据使用一次，就会造成该证据需要重复多次出示，造成重复劳动。因此，这类证据可以在其他证据出示完毕之后再综合统一出示一次，既可以提高诉讼效率，又能增强庭审效果。

（4）集中举证法。一般来说，一个案件只有一个或几个问题是控辩论的焦点，对于双方均无争议的事实，举证时可适当从简从略。对于双方争论的焦点问题，检察官或者律师可以将所有能够证明或者反驳该事实成立的证据集中起来，先主要证据后次要证据，先直接证据后间接证据，逐一向法庭举出，并加以适当说明，阐明该证据的来源及可靠性，所证明的内容等。

当前庭审中，大量存在被告人不认罪的情况，对于此类案件，作为公诉人，除在法庭讯问中揭穿其谎言外，还要重点在举证活动中，使用“以正合，以奇胜”的方法，运用在案证据揭露被告人的虚假供述，反驳辩护人的无罪辩护，从而证明案件符合证据标准。

（案例25）例如，一起被告人始终不认罪的强奸案：

起诉书认定：

××××年3月9日19时许，被告人戴某某让其朋友陈某某以客户的名义用手机发短信给某演艺吧歌手庄某，骗其到某市凤起路上的某咖啡馆见面。当天21时许，庄某到达某咖啡馆门口后，被告人戴某某控制庄某的人身自由，并带其与陈某某一起到醉某楼饭店吃饭，其间，被告人戴某某将庄某的身份证拿走。吃饭期间，庄某要求该饭店服务员帮其报警求救。此后，被告人戴某某将庄某带至其出租房，使用言语胁迫、电击器威胁等手段将庄某强奸。

举证质证提纲

审判长、人民陪审员：

鉴于被告人戴某某当庭不认罪，公诉人将根据本案的证据，对其强奸犯罪事实予以证明，现向法庭出示本案的证据。

第一组证据：物证、书证

（1）扣押物品、文件清单及照片

证实：在被告人戴某某暂住地扣押作案工具黑色电击器一把。

解读：正，使用作案工具直接证明被告人暴力胁迫行为存在。

（2）被害人庄某在事发过程中让男友段某帮助报警的短信照片，短信内容为："我被囚了，在那个人家里，锦园小区，救我""××幢，××单元，××楼，别一个人来，最好报警""在×××，到了直接敲门，忽悠他们开门，不要拉警报""切记不要叫警察拉警报""我很害怕，他会电击我，我不能反抗"等。

证实：被害人庄某在案发后3月10日00：52～00：58用自己手机（尾号××××）发短信给男友段某要求其代为报警的事实。

解读：奇，用以证明被告人没有违背妇女意志的辩解的虚假性。

（3）110接处警综合记录单、抓获经过

证实：3月10日0：44雷鸣派出所接段某报案及出警锦园小区××幢××单元×××室将被告人戴某某抓获的经过。

解读：正，直接证明案发经过。

（4）户籍证明

证实：被告人戴某某的身份情况。

解读：正，证明被告人主体情况。

（5）某市某城区人民法院刑事判决书及释放证明

证实：被告人戴某某因犯贩卖毒品罪于××××年9月4日被某市某城区人民法院判处有期徒刑一年，因犯强奸罪于××××年5月21日被某市某城区人民法院判处有期徒刑四年，于××××年3月1日刑满释放。

审判长：以上几份证据，是物证和书证，既没有进行篡改，也没有其他任何人授意，证据本身是客观实在的，这些证据恰恰可以与被害人陈述、证人证言相印证。因此，我们目前足以说明，被害人有关自己受到强制后，在不自愿的情况下与被告人发生性关系的陈述，是客观真实的，而被告人所谓双方是在自愿的情况下发生性关系的供述，显然不能成立。

第二组证据：勘验、检查笔录、鉴定意见

（1）现场勘验检查笔录［公（刑）勘（××）541号］，拍摄现场照片一套、绘制现场图一份

证实：现场位于某市某城区锦园小区××幢××单元×××室及房间布局：现场外门朝西开，进门是客厅，客厅南侧是卧室，卧室南侧是阳台。卧室门朝北开，正中是一张双人床，床头朝东靠东墙，床头北侧是床头柜，床头南侧是一张

电脑桌，靠近卧室南侧是一张餐桌，餐桌东侧地面是一个垃圾桶，垃圾桶内提取一团疑似精斑的卫生纸。阳台靠北墙是一张单人床，床头朝东，床面是一条摊开的红色棉被，在棉被床尾处发现一个黑色电击器。

解读：正，证实案发现场情况以及被害人陈述的真实性。

（2）鉴定意见

证实：根据（×）公（物）鉴（DNA）字〔××〕364号鉴定书鉴定意见，被害人庄某右乳房拭子上DNA物质由被告人所留；被害人庄某阴道外拭子检出精液成分，由一名男性（男A）所留，排除为被告人戴某某所留；被害人庄某阴道外拭内检出精液成分，检出混合DNA成分，不排除由被害人庄某和男A的DNA混合而成。

解读：此份证据既可以由公诉人出示，也可以由辩护人出示，辩护人出示用以证明被告人强奸被害人证据不足，存在明显相反证据，公诉人也可以出示此份证据作为“正”，同时将暗含其中的“奇”，即被害人身体拭子上被告人的DNA提出，通过与被告人供述、被害人陈述对比，证实尽管可以证明被害人曾与其他人发生性关系，但并不能用此证据否定被告人与被害人发生性关系的事实。公诉人可以发表如下质证意见：

（如辩护人提出现有DNA证据证明提取的不是戴某某的精斑，该证据证明是其他人强奸了庄某，因此认定戴某某构成强奸罪证据不足）首先，关于当天双方发生性关系的情节，已经得到了双方当事人的证实，戴某某对此情节始终没有否认；其次，该DNA鉴定可以证实被害人身体上有被告人戴某某的DNA成分，也从侧面印证了双方在案发当天存在身体接触，印证了双方陈述的真实性，尽管被害人阴道外的精斑并非戴某某所留，但这种情况在法医鉴定中也是经常存在的，即存在妇女体内带精数天的现象。该鉴定意见并不排斥案发当天两人发生性关系这一基本事实的存在。因此，这份鉴定，与案件存在关联性，且客观地反映了现实情况，系公安机关合法获取，应当作为定案的依据。

第三组证据：被害人的陈述

被害人庄某的陈述

（时间：3月10日12：35～14：00，地点：雷鸣派出所，询问人：周某，记录人：刘某某）

手机尾号为××××的男子我只知道姓“张”，这是他自己说的，具体叫什么名字我不清楚，我们事先只见过一次，今年1月4日，戴某某来我当时工作的演艺吧，一定要让我陪他喝酒，陪他过夜，我不肯，然后我俩打起来，那个男的在场，他是戴某某的朋友，我们没什么关系。昨天21：00的时候……后来那个姓“张”的、我、戴某某，我们三个人就一起到了建某北路上的一家饭店，后来我带民警去指认地点时才知道那家饭店叫醉某楼。我们是走路去的，路上戴某某手搭在我肩上，我没推开也没反抗，我怕他打我，因为今年1月4日那次在某演艺吧他就打过我，而且到了醉某楼门口，他要我的身份证，具体为什么要身份证没说，我便给了他，给他也是因为怕他打我，他脾气比较暴躁，而且他那个姓张的朋友复印了我的身份证，而且身份证原件后来也是他拿着的，我想他之所以用手搭我的肩，拿我的身份证是怕我逃跑。其间我准备以上厕所的名义去打电话报警，但他叫我把我的手机留在桌上，具体为什么叫我把手机留下，我想肯定是他怕我打电话报警，后来我就去一楼的厕所……我在那里对收银台的一个服务员说我可不可以用她的电话，并对她说刚才与我一起来的那两个男子，是强迫带我来的，等会儿还要强行把我带走，我问她可不可以用她的电话报警，她不借，她叫我去外面用公共电话打……在路上，我又借口骗他说我的肚子疼，想逃掉，戴某某就让那个姓张的去给我买药，他就抓着我的左手臂一直走，直到锦园小区××幢××单元×××室，其间没有说什么别的话，到房间房门关上后，我就去上厕所，出来后，他把我叫到他的卧室……戴某某又让我坐到他旁边，然后他突然把我摁倒在床上，并用他的身体压住我的身体，亲我，他用他的双手压住我的双手，我用力反抗，并试着坐起来，他力气太大我没反抗成功，而且他在亲我的时候我咬了他舌头一口，但没咬出血。这时他又站起来，去拿出一根黑色的东西，并开了两下，声音很大，有蓝色火花，并说如果不顺从他的话，就要让我尝尝苦头，他的意思就是要我陪他过夜。我当时很害怕，怕他用那个黑色的东西电我，我就试图转移他的注意力，想让他不要这样对我。但他不理我，然后他就把那个黑色的东西放在桌子上，并上前脱我的衣服，我就用手去推他，并求他不要这样（是指与我发生性关系），但他仍然不理我，并且还用手把我的头推了一下，紧接着他还是脱我的衣服，因为他力气太大，最后我用手反抗还是没有成功，后来他就强行与我发生了性关系。

后来我怕他继续要与我发生性关系，我就假装对他说要玩游戏，后来我就玩游戏，他躺在床上，知道他睡着了，我就赶紧给我男朋友段某发短信，前后一共发了十几条短信，主要内容是我被骗了，被人关在家里，让他赶紧帮我报警，并告诉警察不要响警报，直接上来敲门，原话记不清了，之所以告诉我男朋友我是被人骗了，不是被强奸，就是怕他知道了会怪我。戴某某睡着了我之所以不走，是因为客厅里有那个姓张的男子，怕被他发现告诉戴某某，戴某某打我。

过了半个小时，民警就赶到了，敲门的时候，戴某某睡醒了，并起来看我的短信，我事先怕他看到短信所以我每发一条就删一条，他没有发现什么，但这时我男朋友又发过来一条短信，他们到了，戴某某就问我谁到了，后来姓张的进来告诉戴某某外面有警察，所以戴某某就赶紧把那个黑色的东西藏起来了，并把我的身份证还给我，后来警察就进来了，把我、戴某某、姓张的三个人一起带到派出所。

我不是自愿与戴某某发生性关系的，是他强迫与我发生性关系的，而且他还用言语吓唬我，并用那个黑色的东西放电吓我，我是因为怕不顺从戴某某的话他打我，用那个黑色的东西电我，这才与他发生性关系的，而且我当时是反抗的，但因为他力气太大没有反抗成功。

……

证实：被告人在违背其意愿的情况下，采用扣押身份证等方式将其控制并带至锦园小区××幢××单元×××室，使用电击器胁迫、语言威胁等强行与其发生性关系的经过和事实。

解读：正，通过被害人的陈述直接证明犯罪过程。

质证：当辩护人提出被害人同样是本案的利害关系人，不能只听她的一面之词，并且认为被害人没有强烈反抗时，公诉人再次强调，对证据的审查应当看该证据是否合乎逻辑与情理，同时还要看其是否能够得到其他证据的印证。被害人陈述的内容，至少得到了被告人供述中这样几个方面的印证：双方确实发生了性关系；被告人是通过陈某某将庄某骗出的；被害人在吃饭期间确实离开了被告人，存在被害人所说的向他人求助的时间；被告人承认拿了被害人的身份证，尽管其不承认将身份证拿走，但仅向被害人要身份证这一情节本身就能说明一定的问题，试想，如果双方是男女朋友关系，如果被害人自愿与被告人一起走，被告人向被害人要身份证又有什么意义？日常生活中不可能发生这种见面要身份证的情形，这至少证明被告人的行为不合乎常理。至于被害人陈述的其他情节，尽管被告人不供认，但在下面的举证中，公诉人还将举出其他证据，这些证据能够印证被害人陈述的真实性，而恰恰证实了被告人供述的虚假性。

第四组证据：证人证言

（1）证人段某的证言（系被害人男友）

（时间：3月11日16：00～16：40，地点：某城刑侦大队，侦查员：周某，记

录员：杨某某）

我与庄某是男女朋友关系，3 月 9 日 23 时左右……我发短信给她，她说有事，并叫我不要打电话过来，后来她通过短信，说她被人控制在一个地方，叫我救她，并叫我报警，我就打 110 报警，这些情况都发生在 24 点以后了。她说被控制在“锦园”（音）小区××幢××单元×××室，为什么被控制没说，她还说控制她的人会电击她，她很害怕，还嘱咐我报警时交代警察别拉警报，她发来的这些信息还储存在我的手机里。

证实：被害人庄某被强奸后求救男友报警的经过，说明本案发生自然，不存在被害人故意陷害被告人的可能性。

质证：（辩护人提出段某是庄某的男友，可能作虚假证言时）证人段某证实的问题，是本案发生的情况，这一情况也得到了公安机关处警记录的证实，如果说段某是庄某的男友可能作虚假证言，那么公安机关处警难道也是虚假的吗？而且，段某的证言同时也得到了当天手机短信内容的印证，下面公诉人还将举证证实。

解读：正，用以印证被害人陈述的真实性以及案发情况。

（2）证人陈某某的证言（系被告人戴某某的朋友，被害人庄某笔录中所称的姓“张”的男子）

（时间：3 月 10 日 12：30～14：10，地点：雷鸣派出所，侦查员：严某，记录员：杨某）

我和戴某某是一个公司的同事，戴某某说要给他以前的女朋友就是那个在某演艺吧唱歌的女孩发短信，我猜是那个女孩知道他的手机号码，不愿接他的电话，所以才借用我的手机发短信的，大部分是我在他的授意下帮他发的。昨天晚上，那个女孩发短信到我的手机，说要我们今晚去订位，我按照戴某某的意思发信息叫女孩到凤起路与建某路交叉口的某咖啡馆门口见面，到了 20 时左右，我与戴某某到了咖啡馆门口，女孩打来电话说她到了，并告诉我她穿什么衣服，戴某某与我站开了一段距离，女孩走上来时，戴某某从她身后用手拍了她脖子一下，女孩转头看了一下，戴某某说“你认不认识我”，女的没说话只是看着他，戴某某又说“你怎么不接我电话”，女的说“我手机号码换过了”。后来，我们就往北走，他俩并排走的，挨得很近，好像是并排走的，我跟在后面，女孩说她还没吃晚饭，戴某某就找到旁边的醉某楼饭店，我们在二楼吃饭。吃饭到一半的时候，女孩提出要上厕所，当时女孩的手机是在她手上的，但是戴某某让女孩把手机放在桌子上，女孩照做了。女孩去上厕所后，我也想上厕所，在厕所门口我碰到了女孩，我们吃好饭后，女孩说她肚子痛，戴某某给了我140元钱，叫我去给她买药，我买好药回到住的地方，我用钥匙开门，发现门被反锁了，我敲门后没人开门又打了戴某某的电话，戴某某才出来开门，我把买的药与饮料给了他，他就进入自己房间了，我就在客厅里看电视，12点多，我迷迷糊糊听到有人敲门，通过猫眼一看是警察，我就到戴某某的房间告诉他，问他怎么回事，怎么会来警察，他起床给警察开的门，后来我们就被带到派出所来了。我在客厅里看电视，房间里的电脑一直放着音乐，所以我没有听到房间里什么动静。在到饭店前，戴某某不知怎么从女孩那里拿了她的身份证，并叫我去复印一张，我接过身份证后，在旁边没有找到复印店，就回到房间，将身份证交给了戴某某，为什么要复印，我不知道。

证实：被告人戴某某让陈某某用其手机短信约出被害人庄某，见面后扣押庄某身份证交陈某某复印，三人一起吃饭后戴某某将庄某带回家的事实过程。

需要提醒法庭注意的是，陈某某作为被告人戴某某的朋友，不可能诬陷戴某某，而且在关于将被害人骗出、拿走被害人身份证的情节上，他的证言与被害人的陈述是互相印证的，关于被害人在吃饭过程中下楼等情节，也能够印证被害人的陈述。因此，尽管在被告人与被害人有无在里屋发生性关系的情节由于其在屋外不能证实，但有关被害人到戴某某住处的情节，陈某某的证言与被害人的陈述是一致的。

质证：（辩护人提出陈某某因为有参与本案的嫌疑，怕受到打击而不敢说实话或者按照公安机关的要求提供证言，且没有证实被告人存在强奸的情况）从卷宗材料反映的情况看，陈某某的证言也不是孤立的，他的部分证言得到了相关物证、书证的证实，相关情节也能够与被害人的陈述相印证，而他的证言恰恰不能与被告人供述相印证，证明被告人在关键情节上的供述是虚假的。至于辩护人提出陈某某有按照公安机关的要求提供证言的可能，公诉人在审查中并没有发现这一情况，辩护人也举不出证据证明这一点，因此，这一观点是不能成立的。

解读：正，说明在场人员对案件事实经过的认识。

（3）证人刘某某的证言（醉某楼饭店老板的妹妹，庄某求助的饭店“服务员”）

（时间：3月11日18：05～19：00，侦查员：张某、蔡某，记录员：张某）

我是建某北路336号醉某楼饭店老板的妹妹，有时到酒店里来帮帮忙。3月9日21时多，店里来了两男一女三位顾客，他们坐在二楼9号座的位置，我在楼下的收银台，过了大约半个小时，该女子从楼上下来，走到收银台位置悄悄对我说：“你帮我报个警，他们（是指这两个男子）不让我走。”我当时想电话机就在收银台，就和她说“电话机就在旁边，你自己报”，她又说了两三遍让我帮她报警，说她报怕这两个男子看见，我说“我帮你看着这两个男的，你报警，他们下来我通知你”，说了几句后，楼上有一名男子下来了，她就没再说，这男的上了趟厕所后，他们就一起上楼了，我看他们互相都认识，说不定是酒喝多说胡话了，就没太在意，后来我有事走开了，他们什么时候走的我也不清楚。这女子穿了件粉红色衣服，大约20岁，身高1.7米多，戴了顶帽子。这两个男的我本来就没太在意，说不出情况。

证实：被害人庄某和被告人戴某某、证人陈某某在醉某楼饭店吃饭时，曾向其求助要求帮助报警。

解读：奇，印证被害人对案件过程陈述的真实性，如果辩护人提出被害人陈述虚假，公诉人可以指出连这样的细节都能够得到证人印证，说明被害人陈述的真实性，同时从证人反映的情节来看，表现出被害人一直想脱身，但慑于被告人的威胁而不敢离开，更加反映出被告人违背妇女意志的情况。

审判长：上述证据之间能够互相印证，尤其是比较被害人陈述、被告人供述与证人证言之间的关系，可以发现，被害人陈述得到了证人证言的印证，而被告人的供述内容，得不到证人证言的印证，属于虚假供述。

第五组证据：被告人戴某某的供述与辩解

被告人戴某某于3月10日的供述和辩解

（时间：2：10～6：00，地点：某城公安分局，侦查员：周某、刘某，记录员：周某）

庄某是我的一个朋友，在某演艺吧工作，昨天晚上我把她带到我在锦园小区的暂住处，跟她发生关系，后来民警就来到小区把我们带走了。我和庄某是去年11月认识的，后来发生过几次性关系。到今年1月，我们吵了一架，后来她不愿意见我，一直就不接我电话了。前几天，我让朋友陈某某打电话给她，想问问她最近的情况。昨天，庄某还叫陈某某去给她定位子，我就叫陈某某把她约到凤起路路口的某咖啡馆门口见面。昨天20点左右，陈某某在咖啡馆门口见到了庄某，我见到她我就上去拍了她一下肩膀，她看到我愣了一下，我们就边走边聊，她说肚子饿了，我们就到旁边的醉某楼饭店去吃东西，在店里我们就聊天，聊了一会儿，然后她去上厕所，之后陈某某也去上厕所了。庄某去上厕所时，把手机放在桌上，我没有要求她把手机留在桌上。陈某某去上厕所，我没有和他说什么，他就说“我下去”，因为厕所可能在一楼，他是往下面走的。之后庄某和陈某某分别回来，我问她上厕所怎么这么长时间，她说肚子不太舒服，我说要不给你买点药，后来我们吃好，我就让陈某某给她去买药，我牵着她的手往住的地方走，我说到我住的地方去，在这些过程中，她没有表示要离开。之后到了我的住处，进到我的房间……我和她发生了性关系。我和她发生关系她是愿意的，衣服是她自己脱的，我没有用言语、暴力威胁过她，我和她身上都没有伤……陈某某当时在看电视。发生完关系后，她说要回去，我说不要回去了，晚上你损失的工钱我补偿给你，于是塞了300元钱给她，然后我就靠在床上休息，她在玩电脑，发短消息，后来警察就来了。

我房间里有一只电警棍，是我在路边买来的，我放在房间的桌子上，庄某看到还问我是什么东西，我告诉她是电警棍，后来警察来了，我就把电警棍扔到阳台的小床上，我怕被警察看到不好。

我通过陈某某把庄某约出来的目的就是想见见她，我自己打电话给她，她又不见我，所以让陈某某约她。我没有强行和庄某发生关系，她告我大概是因为晚上没给她定位子，或是晚上不让她走，或是她嫌钱给得太少，我也不知道。

被告人戴某某在侦查、审查起诉阶段还多次做过供述，均供述其与被害人发生了性关系，但双方是在自愿的情况下发生的。

需要提醒法庭注意的是：被告人戴某某承认与被害人庄某发生关系，但是否认强奸事实，辩解称被害人庄某系自愿，自己并未实施任何暴力胁迫手段强行与其发生关系，且辩解被害人是因过往纠纷对其进行报复。在部分细节的交代与被害人庄某、证人陈某某存在较大出入，但本案大量证据已经证实，从与被害人见面直到被害人报警后被查获，被告人始终在控制被害人，被害人一直想离开但无法脱身，且其供述中所谓将电击器藏到阳台小床上是怕警察看到等辩解，既与客观事实不符，也印证了被害人陈述中其使用该电击器威胁的细节，其他大量证据也证实了被告人使用威胁手段违背妇女意志的情况，因而其无罪辩解不符合客观事实。

质证：（辩护人提出应当采信戴某某的供述时）对戴某某供述的真实性的考察，应该结合本案的其他证据，根据证据审查的基本方法即印证法进行考量，因为他是本案的直接利害关系人，因此，对他的供述的真实性，不能只听他的一面之词。

解读：正，虽然被告人不供认其强奸的事实，但通过对其中细节的分析以及关键情节的证明，能够证实被告人实施了强奸行为。

审判长：本案的证据公诉人全部出示完毕，公诉人认为，上述证据能够互相印证，能够形成证据体系，相关证据能够证实起诉书对被告人犯罪事实的指控是客观的。

这一举证质证提纲，立足于被告人承认与被害人发生性关系这一基本事实，从被告人供述以外的证据入手，证实了强奸罪中违背妇女意志这一核心内容，从而有力地运用证据驳斥了被告人所谓双方系自愿发生性关系的辩解，证明了强奸罪行的成立。在这里，举证方法就是“正”与“奇”相结合，在证明案件事实的时候用“正”，在需要反驳被告人辩解和辩护人意见时用“奇”，从而实现“以正合，以奇胜”的目的。

第十八计　其势险，其节短

——庭审举证气势的营造技巧

孙子曰：激水之疾，至于漂石者，势也；鸷鸟之疾，至于毁折者，节也。是故善战者，其势险，其节短。势如彍弩，节如发机。[①]

孙子认为，湍急的流水之所以能漂动大石，是因为它产生巨大冲击力的势能；猛禽搏击雀鸟，一举可置对手于死地，是因为它掌握了最有利于爆发冲击力的时空位置，节奏迅猛。所以善于作战的指挥者，他所造成的态势是险峻的，进攻的节奏是短促有力的。“势险”就如同满弓待发的弩那样蓄势，“节短”正如拨动弩机那样突然。

良好的举证顺序与精巧的举证“奇正”，还需要用有力的语言形式表达出来，这样才能给人以举证行为理直气壮、气势恢宏的感觉，凸显举证的“势”。“势”的营造，一方面靠举证语言的方法，另一方面靠举证活动的节奏。

举证质证语言的基本要求是顺序设计合理，说明简洁，归纳总结清晰，质证讲求技巧、有针对性，能够通过质证语言巩固证据体系；举证节奏的把握是快慢适宜，详略得当，重点突出，富有攻击性。

---

① 《孙子兵法》，陈曦译注，中华书局2011年版，第79页。

一、掌握举证的语言方法

举证质证的方式有很多种，但基本方法是根据案件的具体情况，设计调整举证质证思路和方法。从举证语言技巧的角度来说，对举证质证活动语言的基本要求是举证顺序设计合理，证据说明简洁明了，证据归纳总结清晰，案件事实说明清楚，质证讲求技巧针对性强，能够通过质证语言巩固证据体系，以此形成一种气势。

（一）说清证据来源，强调证据资格与证明能力

证据资格是证据材料是否能够作为认定案件的依据，证明能力是证据材料能否对案件事实起到证明作用。举证人在举证前，就应当将证据的来源和需要证明的事实向法庭简要地说明清楚；在证据举证完毕后，还要对证据的合法性、客观性、关联性进行简要论证说明，以明确该证据能够作为认定案件的依据。这些工作，虽然不是证据本身，但却是举证中很重要的环节，需要用规范严谨的语言表达出来。

（二）讲求“读”的技巧，宣读突出重点，语言洪亮清晰

在举证活动中，宣读证据是非常关键的一环，但这项活动最容易被忽视。事实上，举证时应当讲究宣读技巧。尽管举证质证活动要大量地宣读证据材料，但这种宣读与宣读报刊文章有所不同，不应当以照本宣科式的方法进行，而是要有“读”的技巧，要根据所宣读的证据内容适时地调整与控制语音、语调、声高、语速，尤其是对于需要强调的重点部分，要放慢语速、提高声音，要讲究语言的起伏顿挫，不能如白开水一般平淡无味又没有起伏，显得没有重点，也不能读得只有自己才能听见，体现不出举证为证明自己观点服务的特点。

（三）宣读内容详略得当，繁简适度

宣读证据并非要求举证人对证据不加选择没有区分地一股脑儿全文宣读，而应当有选择、有侧重地宣读，笔录中一些与案件无关的语句以及不是必须宣读的程序性交代用语，可以省略。如被告人的多份供述，既可以只宣读其最全面、供述最清楚的一份，也可以将几份中的重点部分结合起来宣读，如虽然有一份供述

最全面，但就某一争议问题，另一份供述得更清楚，那么就可以在宣读完整供述的基础上，将该争议情节部分重点宣读，具体语言表达是：

除上述供述外，对于××情节，被告人供述如下：……该供述在侦查卷宗××页。

对于宣读证据的顺序，可以根据案件的具体情况自行安排，根据法庭的要求和案件的具体情况，既可以在举证质证过程中采取对证据逐一出示、逐一质证（“一证一质”）的方法，也可以将证据进行编组，如职务犯罪案件对于主体身份方面的相关证据应组合起来出示，故意伤害案件首先宣读被害人陈述较为合适。在对一组证据集中宣读出示后，再表示提交法庭予以质证，这种方法既节省举证时间，又能够通过对本组证据之间关系的说明，证明所举证据的客观真实性，因为往往在“一证一质”式的举证中会出现的问题是，辩护人提出该证据得不到其他证据的印证，而此时公诉人只能说：公诉人还没有出示其他证据。因此要等到出示了其他证据后才能证实这一证据确实可以得到印证，而这种说明往往显得质证力度不够，气势不足。

（四）对证据及时进行归纳总结，讲究“说”的艺术

在出示完证据之后，应当使用简明的语言，小结说明此证据证实了什么问题，公诉人要“说”证据，通过这种“说”的艺术，使“听证人”不需要过多地动脑筋就能够明白公诉人所证明的案件事实。

（五）熟练运用证明语言，将证明过程明晰地摆在人们面前

“起诉人（公诉人）的任务，总的来说，就是构造或建立起一桩案件：如一个人死了，一个商店被抢了，一张假支票兑现了。起诉人必须对足以说明这一事故的所有事实和情况予以评价。从这些事实和情况中，想出一套计谋，去消除被告人无罪的一切疑点。为此，他就需要有将一切证据的线索编排起来，织成一幅完整的罪恶图的能力。”① 无论是检察官还是律师，都要学会熟练地使用证明语言，把大量难以理解的概念和纷繁复杂的事实用清晰明确的语言向人们阐释清楚。庭审中检察官、律师的举证质证活动，本身是一种证明活动，这就像是在做数学的证明题，而且这种证明方式应当是教师讲课式的证明题，不但教师自己要清楚，

① ［美］汉斯·托奇主编：《司法和犯罪心理学》，周嘉桂译，群众出版社1986年版，第66页。

还要把证明的全过程一步步地展现在大家面前，让大家感到这道题确实是这么一步步推导出来的，证明的结果只能如此，也必须如此。在这个过程中，最重要的是说理。因此，检察官、律师就要像一名优秀的老师，循循善诱，把理由说透、说好。

（六）及时反驳质疑

质证，是指就同一事实与证据由控辩双方当面质询、诘问的一种证明形式。质证以某一证据的出示为前提，是对该证据的分析和质疑，包括指出证据与事实以及其他证据的矛盾并进行辩驳，澄清疑点。质证包括对证据的来源、形式和内容的质疑，而质疑的主要内容和标准是证据的客观真实性、与案件事实的关联性及证据的合法性。检察官、律师在庭审举证中能否及时地反驳对方对所出示证据的质疑，为己方证据“正名”十分重要。恰当把握证据辩论的时机，对合议庭能否采纳双方所出示的证据，会产生直接的影响。因此，检察官、律师在庭审中对证据答辩时机与阶段的把握显得尤为重要。如当辩护人对检察机关所示证据提出答辩及异议后，公诉人就应当及时就辩方意见有针对性地进行答辩，而不要一概留待法庭辩论阶段再进行辩驳。事实证明，大量案件辩护人所提出的问题，都是案件证据问题，而大量证据问题，辩护人往往会在举证质证阶段提出质疑，从而为后面的法庭辩论埋下伏笔，甚至有些辩护人根本无视法庭调查阶段公诉人对证据的举证说明和法庭的认证与否，在法庭辩论阶段直接“自说自话”地声称：在法庭调查阶段，辩护人已经对该证据提出了质疑，证明该证据不能作为认定案件的依据，因此本案某个情节不能成立。而如果在质证阶段公诉人已经针对辩护人的质疑直接予以有力驳斥，则此时就可以轻松地应对说：

在法庭调查阶段，公诉人已经充分证明该证据能够作为认定案件的依据，为什么辩护人对此还要视而不见、强加于人呢？公诉人认为这不是实事求是的态度，希望辩护人尊重案件的基本事实。

这样，就不需要在该证据的具体内容的争论上多费口舌。

二、把握举证节奏的方法

在庭审活动中，如果检察官、律师往往只重视举证的策略和逻辑性，就容易出现另一个现象，即忽视了举证的节奏感，如举证时不分主次和详略，关键情节没有加以强调而是一笔带过，而无关紧要的情节却一字不漏地宣读，让合议庭和旁听人员听不清举证的中心问题是什么，需要论证的重点是什么，也不能集中听众的注意力，影响了举证的效果。因此举证应保持节奏性。

所谓举证的节奏，既包括举证人员宣读出示证据时语言的抑扬顿挫所形成的乐音感，使人们感觉不刺耳、心里能够接受，也包括在举证中根据案情结合辩护规律确定举证重点和非重点，相互地控制好快慢、轻重节奏，确保重点问题的举证。前者是形式，后者是内容，二者共同形成了举证的节奏，缺一不可。为此，检察官、律师在日常工作中就要注意训练自己宣读证据的乐音感，既不能平白如水，也不能高昂过分，音高要以人们听得舒服、听得清楚为度，音调节奏要抑扬顿挫，该停顿处要停顿，该连续读的地方不能中断，为此可以通过读报纸、读文学作品等形式训练，但需要注意的是，举证活动是客观、中立、不带个人情感地出示证据活动，这跟讲故事、做演说不同，因此在宣读证据的时候不能“绘声绘色”，而应当用客观中立的语气去宣读出示。

举证内容的节奏，要求在决定定罪量刑的重点问题上可放慢举证节奏，加重举证语气，突出重点，从而收到切中要害的效果。具体地说，要注意以下几点：一是在举证中，检察官、律师首先应注意捕捉牵一发而动全身的核心情节。如诈骗案件中非法占有故意问题、罪与非罪问题、此罪与彼罪问题及类似伤害案中的伤害程度，盗窃案中的盗窃数额、次数、有无受过行政处罚、有无携带凶器等重要问题。二是要选择犯罪的客观行为作为重点。因为犯罪的客观行为是客观方面的具体表现，一些犯罪必须通过其客观行为来反推其主观方面，因而这是证明犯罪的中心内容，它不但是连接主体与客体的纽带，而且也是犯罪意图外化，形成定罪量刑的主要事实根据。三是在共同犯罪案件中，要选择主犯为重点，抓住主犯活动的主线从而把握整个案件的主线，进而能够顺利地证明犯罪。四是选择在庭前就是争议焦点的问题、在法庭上也一定是辩论焦点的问题为举证重点，先声夺人，抢占对该争议问题的证明主动权，使旁听人员形成明确的印象。

总而言之，讲究举证的语言技巧，把握举证的节奏，这是形成“其势险，其节短”，从而营造“激水之疾，至于漂石”这一举证气势的重要手段。

第十九计　斗乱而不可乱，形圆而不可败

——不为所扰，抓住举证重点

孙子曰：纷纷纭纭，斗乱而不可乱也；浑浑沌沌，形圆而不可败也。乱生于治，怯生于勇，弱生于强。治乱，数也；勇怯，势也；强弱，形也。[①]

孙子认为，旌旗纷纷，人马纭纭，双方混战，战场上事态万端，但自己的指挥、组织、阵脚不能乱；混混沌沌，迷迷蒙蒙，两军搅作一团，但胜利在我把握之中。双方交战，一方之乱，是因为对方治军更严整；一方怯懦，是因为对方更勇敢；一方弱小，是因为对方更强大。军队治理有序或者混乱，取决于其组织编制是否有序；士兵勇敢或者胆怯，在于部队所营造的态势和声势；军力强大或者弱小，在于部队日常训练所造就的内在实力。

庭审举证活动中，经常存在对证据上的争议，有时控辩双方可能会为一个证据交锋数个回合，尤其是在多被告人、多犯罪事实、多罪名的场合，这种情形最容易使各方忘记举证的目的，反而陷入无止境、无目标、无原则的纷争之中，结果是偏离了庭审目标，浪费了宝贵的时间，大大降低了庭审效率。此时，作为检察官或者律师，就要牢记“斗乱而不可乱也……形圆而不可败”，要有“主心骨”，要紧盯举证目的，别人乱，自己不能乱，尤其是应当出示的证据、自己已经构建起的证据体系，不能因为纷乱的混战而被打乱，更不能因为争议较大而不敢于出示。如就公诉人来说，不能因为被告人当庭翻供、辩护人提出非法证据排除的要求就不敢于出示被告人以往的有罪供述；就辩护人来说，不能因为认为公诉人所出示的证据体系完整没有漏洞，就将自己辛辛苦苦收集的证据抛在一边不敢向法庭出示，只要是合法有效的证据，就应当为了被告人的合法权益而大胆出示，总之，在庭前充分准备的前提下，坚定信心，坚持既定原则不为所扰，抓住举证的重点。

① 《孙子兵法》，陈曦译注，中华书局 2011 年版，第 79 页。

一、当前庭审举证质证中存在的问题

（一）片面重视法庭辩论，忽视举证的重要性

许多人错误地认为，举证质证工作是一种简单的宣读工作，只要把卷宗上的证据材料向法庭宣读好就可以了，这项工作既没有什么技术含量，也不是什么复杂的工作，与法庭辩论相比，这项工作不精彩、没意思，枯燥无味，因而经常是将庭审准备工作重点放在公诉意见书、辩护词和答辩提纲上，而对举证质证工作准备时间不够，错误地认为公诉人一般只是依赖审查报告，甚至直接将审查报告代替举证质证提纲，辩护人则也是泛泛而谈，实践中存在“重辩论、轻举证”的倾向。殊不知，法庭辩论固然重要，但举证质证是法庭辩论的根本，辩论的焦点问题往往围绕着举证质证的内容展开，片面地强调辩论效果而忽视举证质证工作，常常会导致辩论工作成了“空中楼阁”，没有根基，不着边际。

（二）简单罗列证据，对证据不加论证

一些人认为举证质证活动就是把案件证据向法庭宣读一遍，至于法庭对证据如何认识、怎么采信，那都是法庭的事，反正案件是要判决的，法官也还要看卷宗材料的，因此对所出示的证据没有加以说明和论证，举证活动成了对卷宗或在手证据的简单罗列宣读，所证明的内容和方向不清，没有实现举证质证目的，使人感觉凌乱纷扰。

（三）举证说明思路不清，证据间逻辑关系说不明白

有的人虽然也对每个证据进行了说明，但没有对证据与证据之间的逻辑关系向法庭阐明，只有“点”没有“线”和“面”，举证没有思路，成了对单个证据的说明，结果造成了案件证据体系不明，这些证据能否形成证据锁链不清，起不到应有的证明作用。实际上，举证活动不是简单的证据说明，而是一种动态的证明活动，即运用证据证明所认定事实的存在或者指控内容不实。因而证明的基本要求是：根据证据认定案件事实的过程符合逻辑和经验规则，由证据得出的结论为唯一结论。如果举证人不是在证明而是在说明单个证据，那么他的举证活动就是不完整、不合目的的。

（四）没有根据案件的具体情况设计调整举证质证方法和证据顺序

每个案件事实证据各不相同，每个案件的证据状况也千差万别，因此运用证据证明案件事实的手法不应当千篇一律，如被告人认罪的案件，公诉人可以使用其以往的供述，而被告人始终不认罪的案件就不能仍然按照这一顺序，而是首先对他不认罪的供述向法庭举证，再出示外围证据，通过外围包抄，证明其不认罪供述的虚假性。因此举证人应当根据案件的证据状况、被告人的态度、案件的性质特点，合理地设计调整举证策略。而许多人没有弄清这一点，认为举证质证活动只能按照固定的程式进行，造成了举证提纲千人一面，过渡性语言、说明性语言没有按照法庭上的变化及时调整。在法庭上被告人供述、证人证言以及对方的质证辩论思路已经发生变化时，仍然固守原来的举证质证提纲和证明模式，不知及时调整变化，其结果只能导致举证质证不“对路”，证明作用不强。

（五）不注重举证节奏与气势，简单地照念卷宗或者手中的材料

有的人除对证据不加说明，简单地照念卷宗外，还不讲究证据的出示、宣读技巧，出示、宣读证据没有重点，语气节奏一个频率，这种宣读效果往往容易令人在法庭上没有兴趣，昏昏欲睡。

（六）对于对方的质证不作及时说明与辩驳

一些人在举证过程中重视证据的出示工作，而对质证工作不重视，错误地认为反正后面还有法庭辩论，对于对方对证据提出的质疑不说明、不辩驳，总以为可以留待法庭辩论阶段统一讲，结果往往给人的感觉是，举证的人对于对方提出的问题无言以对，因此对方提出的观点是有道理的。这个观念一旦形成，等到法庭辩论阶段再进行辩驳时，时机已经过去，对方无论是公诉人还是辩护人，都可以轻松地说：对于这个问题，刚才在法庭调查阶段，我已经提出了，而且对方没有异议，说明他们也是认可的。其结果是混淆视听，效果不好，没有实现“斗乱而不可乱，形圆而不可败”的效果。

二、获取庭审举证成功的方法与技巧

详细分析举证活动中存在的问题，就会发现没有遵循“斗乱而不可乱，形圆

而不可败”的原则，其原因仍然可以从兵法中找到，那就是“乱生于治，怯生于勇，弱生于强。治乱，数也；勇怯，势也；强弱，形也”。我方为什么会乱？因为对方严整不乱；我方为什么会紧张胆怯、没有气势？因为准备不充分；我方为什么会弱？因为对方实力强大。那么该怎么办？孙子的答案分别是“数也”“势也”“形也”，也就是事先要组织编排好兵力分布、要营造和寻找良好的态势、要通过严密有序的进攻与防守形成我强敌弱的战场形势。庭审举证质证活动也是一样，要严密“队形”，把握战机，营造态势，抓住举证的重点与难点。因此，除充分准备举证提纲、讲究证据编排的“奇正”以及营造良好态势外，举证活动还需要注意方法与技巧。

（一）注意举证的规范化

举证活动的规范化要求举证人在每个证据的举证过程中，必须完整地再现和说明证据本身所具备的客观性、关联性和合法性。举证形式的规范化是举证程序的前提和基础。规范的证据举证形式在语言表达上分为三个部分：证据合法性的说明、证据客观性的论证、证据关联性的阐述。举证的规范化就是兵法所称的“数也”，可以通过规范化形成“形圆而不可败”之势，使举证活动首尾相顾，与敌作战应付自如。具体地说，规范化的举证包括以下要素。

1. 证据合法性的说明。在单个证据的举证过程中，举证人首先应当向法庭说明体现证据合法性的若干事实要素，包括证据的收集、来源，形成的时间、地点和条件等。这样的举证结构表明举证人员对单个证据的程序来源的高度重视，在工作中履行了审查义务，从而使单个证据的证据能力预先固定下来。证据能力，是指证据可以在法庭上加以调查的资格，它是“依法律进行的形式上的限制，不允许法院自由判断”。证据能力的确定有利于防止辩护人在质证阶段时就非法取证问题进行质疑和纠缠。证据合法性的说明一般有两种方式：一是取证主体＋时间地点＋取证方式＋取证对象。例如，这份陈述是侦查机关于×时×地通过依法讯问的方式向被告人××获取的。这份证据是某某律师于何时何地通过调查走访的形式获取的等。二是作证主体＋时间地点＋概括方式＋作证对象。例如，这份证言是证人××于×时×地依法向公安机关作出的。这两种方式从不同角度说明证据的合法性，各有特点，可以选择使用。以下几种情况在语言表述上可以灵活调整：（1）言词证据的取证方式可以用“作出”“取得”等词语，而实物证据和视听资料则可以用“提取”“查获”“扣押”“制作”等词语。例如，这份书证是被害人××于×时×地依法向公安机关提供的。（2）在勘验笔录或者视听资料的说明中，由于取证主体与作证主体重合，故可以省去相同部分。例如，××勘验笔录是由公安机关于×时×地依法制作的。（3）某些证据的收集制作需要有其他特别程序的，可以补充说明。例如，这份搜查笔录是公安机关于×时×地依法制作的。在搜查过程中，扣押了××物证。

2. 证据客观性的论证。证据的客观性是通过证据的内容表现出来的。证据客观性的论证是公诉人将证据的原始内容在法庭上真实地展示出来，通过与其他证据的印证，论证其真实性。证据内容客观性的论证可采取两种方式：（1）文字形式表现出的证据，如言词证据、书证、勘验笔录、鉴定意见等，通过当庭宣读其内容，论证与其他证据的吻合。（2）以非文字形式表现出来的证据，如物证、视听资料、鉴定照片等，可以通过法警传递的方式向被告人和辩护人出示，在多媒体示证中，可以以多媒体示证的方式展现其内容然后加以论证。

3. 证据关联性的阐述。无论是证据合法性的说明还是证据客观性的论证，都要通过对证据关联性的阐述实现与案件事实的逻辑关系。因而这种阐述是单个证据被合议庭采纳的关键，也是增强庭审举证的目的性、强化证据证明力的重要手段，通过这一阐述，为法庭辩论打下坚实的基础。证据关联性的阐述在实践中主要有两种顺序：一种是在举证开始之后加以说明，如下面出示×份证据，该份证据证实了本案×问题；另一种是在举证结束之前加以说明，如以上出示的×份证据证实了本案×问题。证据关联性在阐述上应围绕案件的证明对象，在举证过程中就要清晰地阐述单个证据的证明对象，并且根据法庭讯问的具体情况，尤其是被告人的认罪态度，进行必要的发挥，以充分体现举证的力度和针对性。如在一起受贿案件中，被告人当庭翻供，公诉人在出示了行贿人行贿款来源以及被告人受贿后存入银行的对账单后，有力地驳斥了被告人的虚假供述。

（二）举证之前要引导提示

举证之前的引导提示，是在举证之前向法庭说明所举证据的来源、主要内容和需要证明的内容，属于一种说明性的语言，而且可以针对法庭上被告人的态度变化、辩护人对证据的意见，进行必要的调整与说明。如被告人当庭翻供时，在向法庭出示被告人以往的供述时，公诉人使用如下引导语言：

审判长、审判员：被告人××今天虽然当庭翻供，但其在侦查阶段（以及检察机关审查起诉阶段）都多次做过有罪供述，这些有罪供述，由侦查机关（部门）按照法定程序依法讯问获得，内容一致，并且能够与本案的其他证据相互印证，是客观真实的，证明被告人××实施了投毒杀人的行为，下面公诉人向法庭宣读其以往的供述……

出示物证、书证时的引导用语：

（1）公诉人向法庭出示被告人作案时使用的物证及与本案相关的××内容的书证，反映作案过程的视听资料。经侦查人员依法收集，在第××卷第×页至第×页，主要证明本案的××事实。

（2）（出示证据前）被告人××，你向法庭陈述物证、书证的主要特征。

（3）下面向法庭出示物证、书证、视听资料（对不宜当庭出示的物证，可出示物证照片）。

（4）（将物证、书证交被告人××辨认）被告人××，该物证是否是原件？视听资料是否属实？

（5）以上证据经被告人××辨认、法庭质证，没有提出异议，请法庭予以采纳。

（6）公诉人向法庭宣读鉴定意见、勘验、检查笔录，该证据由侦查机关××制作，在侦查卷第×卷第×页至第×页，证明了该案的××事实。下面宣读鉴定意见节录。

总之，举证前的引导语言，要对证据的名称、种类、来源和所能证明的事项进行简要说明，因具体内容将要详细宣读，所以说明语言要简练准确，不宜过长。

（三）单个证据举证后要说明

在单个证据出示后，举证人可以对证据所能够证明的事实进行简要说明，例如：

审判长、审判员：证人××的证言，与被告人××的供述能够互相印证，证实了2009年11月28日，证人××以为被告人××过生日为名，送给被告人××价值5000元的银行卡一张。该证言具备证据的客观性、关联性与合法性，现提请法庭予以质证。

又如：

审判长、审判员：公诉人所举鉴定意见，证实遗留在犯罪现场的烟蒂上的DNA，与被告人的DNA一致，能够形成同一认定，结合本案现场勘查情况，可以证实被告人确实进入了犯罪现场。该证据来源合法、与案件具有关联性，客观真实，能够作为认定案件的依据，提请法庭予以质证。

对单个证据的说明，是对该证据内容的简要归纳，因前面已经宣读得较为详细，所以只要说明其核心内容即可。当然，如果庭审中存在一些具体情况，则可以有针对性地进行说明，如某受贿案件被告人当庭翻供，称其以往的供述是侦查人员指供逼供的结果：

（案例 26）审判长、审判员：公诉人刚才宣读的被告人 × × 以往的供述，是在检察机关立案后，侦查人员根本没有掌握其收受行贿人李 × ×2 万元现金这一事实的情况下，主动向侦查人员所作的供述，侦查人员根据这一供述，才向行贿人李 × × 调查核实了这一事实，并根据其供述又查证了被告人 × × 将 2 万元现金存入银行的事实，这一过程，是一个“由供到证”的过程，试想，如果没有被告人 × × 的供述，侦查人员根本不了解这一事实，又如何能够对他进行指供？可见被告人 × × 今天当庭翻供称，这一情节是侦查人员对他指供逼供的说法，显然是站不住脚的。现提请法庭予以质证。

这样的说明，就实现了举证的首尾相顾，从而“形圆而不可败”。

（四）分组证据举证之后要归纳

在对证据进行分组出示之后，公诉人应当对该组证据所能够证实的内容向法庭进行论证说明，这一论证说明是对该组证据的概括总结，既不能简单重复举证内容，又要将该组证据所能证实的核心内容向法庭归纳清楚，从而使人能够听明白该组证据之间的逻辑关系和经过组合后所能证明的案件事实，发挥证据的证明作用。

如一起贩卖毒品案件，被告人不认罪，公诉人针对相关证人证言作为一组证据向法庭举证后归纳说明：

（案例 27）审判长、审判员：上述第二组证据是本案的证人证言，该组证据证明了如下事实：其一，尽管被告人张某某拒不供述自己贩卖毒品，但证人吴某某、王某某都指认其向他们贩卖毒品，并且对其进行了辨认，证实张某某确实存在贩卖毒品的行为。其二，证人刘某证言证实，被告人张某某在被抓获之前，曾经将一小包毒品交给其保管，并提供了该毒品，证实被告人张某某确实持有毒品，从而也印证了证人吴某某、王某某对张某某的指证有客观事实依据和物质基础，并非凭空诬陷。其三，证人李某的证言证实，被告人张某某在广东并无正当职业，其就是毒品贩子，从而证实张某某有关其账户上进出的资金系其在广东做二手汽车生意的供述纯属虚假供述，因而其无法合理解释其账户上巨额的资金进出。上述证人的证言，能够互相印证，有力地证明，被告人张某某关于自己没有贩卖毒品的供述是虚假的，而相关证人所证明的事实是客观真实的，提请法庭予以质证。

公诉人将证言内容、证言之间的逻辑关系以及与被告人供述的关系进行了详细说明，不但归纳总结了证人证言的证据可采性，而且驳斥了被告人的虚假供述，证明了其贩卖毒品的基本事实。

（五）所有证据出示完毕后要有总结

在举证人将所有证据出示完毕后，应当向法庭进行说明，如：

（案例28）审判长、审判员：对于本案的所有证据，公诉人出示完毕。上述证据，能够互相印证，证实了如下内容：（1）被告人××利用职务上的便利，擅自将公款45万元挪用到其个人账户上。（2）在其妻张某要求下，其又将该公款转到其妻弟张某某的账户上，归其经商使用。（3）在案发前，其得知检察机关对其经济问题进行调查时，让其妻弟将该45万元转账到单位账户上，以掩盖其挪用公款的事实。上述证据，能够形成证据体系，每个证据都得到其他相应证据的相互印证，且系侦查人员通过合法手段取得、与案件事实具有密切的关联性，完全能够作为认定案件的依据。

这一段话是对全案的证据体系、证据的证明力和可采性进行的论证说明和归纳总结，可以根据案件的具体情况以及被告人当庭的态度进行适当的调整。

这种方式，可以使旁听者感觉举证活动完整严密、有始有终，既能使举证活动干脆利落铿锵有力，反映出“其势险，其节短”的气势，又让人感觉案件证据充足，不容置疑。

当然，这些规范尽管是对检察官所提的要求，律师在举证活动中，也一样可以使用，从而展现出一名律师参与庭审活动的规范、专业的水准。

第二十计　以利动之，以卒待之

——举证质证提纲的制作与调整示例

孙子曰：故善动敌者，形之，敌必从之；予之，敌必取之。以利动之，以卒待之。故善战者，求之于势，不责于人，故能择人而任势。任势者，其战人也，

如转木石。木石之性，安则静，危则动，方则止，圆则行。故善战人之势，如转圆石于千仞之山者，势也。[①]

孙子认为，善于调动敌军的人，向敌军展示一种或真或假的军情，敌军必然据此判断而跟从；给予敌军一点实际利益作为诱饵，敌军必然趋利而来，从而听我调动。一方面，用这些办法调动敌军；另一方面，要严阵以待。

所以，善战者追求形成有利的“势”，而不是苛求士兵，因而能选择人才去适应和利用已形成的“势”。善于创造有利“势”的将领，指挥部队作战就像转动木头和石头。木石的特性是处于平坦地势上就静止不动，处于陡峭的斜坡上就滚动，方形容易静止，圆形容易滚动。所以，善于指挥打仗的人所造就的“势”，就像让圆石从极高极陡的山上滚下来一样，来势凶猛，这就是所谓的“势”。

举证活动是运用证据证明犯罪事实的存在，或者证明公诉方所指控事实依据不足的诉讼活动，这个活动对于案件当事人来说，自然是利害关系密切的：能够证明犯罪事实成立，则对被害人有“利”；能够反映出案件事实的认定证据不足，则对被告人有“利”。在这里的“利”看似是一个结果，实则它却隐藏在举证活动过程中，如辩护人从公诉人所举证据中发现了非法证据，而该非法证据又是本案的关键性证据，如果将其排除，则全案事实就不能认定，那么这个发现对辩护人来说就是“利”。在举证活动中，有大量这样的“利”存在，而这个“利”也是“对敌”的最佳方式。庭审活动说到底是一种对抗活动，“让当事人争斗”是解决诉讼纠纷的最佳方式。对抗中，就需要双方寻找战机，找出对方错误之处予以攻击，证明对方观点的错误和己方观点的正确。在这种情况下，一方面自己不能出差错，另一方面需要寻找对方的差错，这个差错体现在举证中就是找出对方证据中“三性”（真实性、合法性与关联性）的问题，只要一个方面不合规定，该证据就会“报废”。在这一活动中，大多数情况下由于公诉人承担举证责任，所以一般处于守势，辩护人则处于攻势。作为公诉人，如何做到“以利动之，以卒待之”，就要根据证据的不同情况来确定举证思路。

一、认罪案件举证质证提纲的制作

举证质证提纲应当根据案件的具体情况，通过庭审预测后制作，同时根据庭

---

① 《孙子兵法》，陈曦译注，中华书局2011年版，第85页。

审的具体变化，及时进行现场调整。在一些大案要案的庭审中，最好制作两套举证质证预案：一是根据其认罪的情况准备常规的认罪情况下的举证提纲；二是要准备好其万一在法庭上翻供，需要临时调整为其不认罪时的举证提纲，以备庭上变化，这也属于“奇、正”的范畴。对于认罪案件的被告人，就要让他感受到“利”的存在，从而驱使他保持认罪态度，争取从轻处罚的结果，同时营造举证“求之于势”，即在被告人认罪的情况下趁势而成，从而“任势”获得举证成功。

如赵某某受贿案：

（案例29）被告人赵某某在担任某区第一人民医院（以下简称人民医院）党委书记和某医院基建办主任期间，利用职务上的便利，在具体分管人民医院基建维修工程、后勤总务工作、改扩建项目工程和筹建某医院的公务活动中，先后18次非法收受他人财物共计价值人民币141500元，为他人谋取利益。被告人认罪。

举证质证提纲

审判长、人民陪审员：鉴于被告人赵某某当庭能够认罪，法庭决定适用普通程序审理本案，本公诉人在举证时将择要向法庭出示证据。

举证：

第一组证据：证实赵某某是国家工作人员的相关证据：（举证前对证据的来源、特征及所要证明的内容向法庭作出概括说明）

（1）身份证复印件（侦查五卷P80）。

（2）某市某区第一人民医院单位性质证明（侦查五卷P79～81）：

证实该院系国家事业单位，经费来源财政拨款。

（3）赵某某身份及任职证明（侦查五卷P74～104）：

被告人赵某某的身份证复印件、干部履历表、干部任免呈批表等书证，证明赵某某系国家工作人员的主体身份；由中共某区委组织部、某区卫生局委员会、人民医院提供的任职文件、会议记录、规章制度、医院年鉴等书证，证明赵某某在医院任职情况和职责。

（4）赵某某负责筹建某医院的任职文件及在人民医院负责改扩建工程、后勤总务等工作的职责证明（侦查五卷P105～129）：

由人民医院提供的任职文件、会议记录、规章制度、医院年鉴等书证，证明赵某某在人民医院任职情况和职责；由某区卫生局提供的有关某医院的筹建、任职文件，证明了某医院的筹建事实和赵某某在某医院的任职情况和职责。

质证：如辩护人提出其属于事业单位人员，则应当根据《刑法》第九十三条之规定，认定其属于“以国家工作人员论”的范畴，仍属于国家工作人员。

举证：

第二组证据：由于被告人认罪，先出示被告人赵某某的供述和辩解，侦查二卷 P1～81，七份供述，自书供词三份：

供认其先后18次收受丁某某、傅某某、朱某某、金某某、郁某某、蒋某某六人贿赂共计人民币141500元，为二人谋取利益的犯罪事实及具体情节。

质证：如辩护人提出其供述有不一致之处，则根据言词证据的一般特性说明其客观真实性。

如其在法庭上当庭翻供，则一方面说明其供述是其自己在没有压力的情况下作出，另一方面其还自己书写了供述材料，证实其供述是真实的，而且对于其供述，公诉人还将在后面的举证中用其他证据来印证其有罪供述的真实性，因而其当庭翻供理由不充分，不应当采信。

举证：

第三组证据：证人证言（举证前对证据的来源、特征及所要证明的内容向法庭作出概括说明）

（1）证人丁某某证言：侦查三卷 P1～18，三份：

证实了向被告人赵某某行贿43000元及赵某某收受、为其谋取利益的犯罪事实。

（2）证人傅某某证言：侦查三卷 P19～28，三份：

证实了四次向被告人赵某某行贿32000元及赵某某收受、为其谋取利益的犯罪事实。

（3）证人朱某某证言：侦查三卷 P29～36，二份：

证实了四次向被告人赵某某行贿21000元及赵某某收受、为其谋取利益的犯罪事实。

（4）证人金某某证言：侦查三卷 P37～41，一份：

证实了二次向被告人赵某某行贿20000元及赵某某收受、为其谋取利益的犯罪事实。

（5）证人郁某某证言：侦查三卷 P42～46，一份：

证实了三次向被告人赵某某行贿15500元及赵某某收受、为其谋取利益的犯罪事实。

（6）证人蒋某某证言：侦查三卷 P47～52，一份：

证实了向被告人赵某某行贿 10000 元及赵某某收受、为其谋取利益的犯罪事实。

举证：

第四组证据：物证、书证（举证前对证据的来源、特征及所要证明的内容向法庭作出概括说明，对书证出示完毕后提请法庭交由法警让被告人辨认）。

（1）本院扣押物品、文件清单：侦查一卷 P20～22：

证实犯罪嫌疑人赵某某的退赃情况；

（2）赵某某银行存折、明细清单、购房贷款手续复印件：侦查五卷 P59～72：

证实赵某某财产情况和存款情况，其于某年 2 月 9 日存款 30000 元，某年 11 月 13 日存款 60000 元，某年 2 月 5 日存款 160000 元，某年 2 月 16 日存款 50000 元，某年 1 月 23 日存款 20000 元，某年 2 月 11 日存款 45000 元，某年 2 月 26 日存款 25000 元，某年 6 月 20 日存款 30000 元；

（3）丁某某所在的某市政工程有限公司企业法人营业执照及在人民医院从事维修、土建等工程的财务凭证等书证：侦查四卷 P1～38：

证实赵某某收受丁某某财物为其谋取利益情况；

（4）丁某某在某医院承建围墙、临时用房等工程的合同、财务凭证等书证：侦查四卷 P39～42：

证实赵某某收受丁某某财物为其谋取利益情况；

（5）傅某某所在的某制造公司与人民医院发生家具等业务的合同、财务凭证：侦查四卷 P43～82：

证实赵某某收受财物为其谋取利益的情况；

（6）朱某某在人民医院承包油漆工程财务凭证：侦查四卷 P83～100：

证实赵某某收受朱某某财物为其谋取利益的情况；

（7）蒋某某所在的某建工集团公司参加人民医院扩建项目招投标工程的投标文件等相关书证：侦查四卷 P101～121：

证实赵某某收受蒋某某财物为其谋取利益的情况；

（8）案发经过：侦查五卷 P130，一份：

证实被告人赵某某受贿案系由我院查办丁某某行贿案时，其主动向检察机关交代受贿事实，我院遂于某年 7 月 28 日立案，于次日对其刑拘。其具有自首情节。

质证： 如辩护人提出有些证据没有针对性，行贿人不是为了哪个具体工程行贿，不符合受贿犯罪的一般特征，则要全面、宏观地看行贿人行贿的目的、要求，应当承认，本案中行贿人并没有为哪一个具体的工程向赵某某行贿，而一般是在逢年过节时给予赵某某财物，但由于他们与人民医院之间的业务和经济往来是长期的、经常性的，换言之，丁某某、傅某某等长期、经常有求于赵某某，因而通过逢年过节时给予赵某某财物的形式行贿仅仅是一种行贿手段，与为具体工程行贿并无本质上的区分，并不影响赵某某受贿罪的构成。

本案的特点是被告人始终认罪，对于这类案件，证据上基本没有争议，争议的问题可能是行为的性质，如所谓的“礼尚往来”是否属于受贿行为、被告人主体身份等。对此问题在质证时说清楚，法庭辩论阶段基本不必花费更多时间。

二、重大复杂案件举证质证预案的制作与调整

一些案件犯罪次数较多、证据较复杂，可以采取“一事一证”的举证方法，同时，结合“一事一证”的举证特点，可以将讯问活动穿插在举证活动之内，讯问结束后直接举证质证。同时，由于案情重大，法庭上可能出现的情况就要预测多一点，可以制作两套以上预案，以备庭上被告人态度发生变化时选择。如蒋某某受贿一案

（案例30）庭审预案：

一、起诉书认定的基本犯罪事实

1998年春节前至2005年中秋节前，被告人蒋某某在担任中共某县委常委、组织部部长、某县委副书记和中共某市委组织部副部长期间，利用其分管干部人事及组织等的职务便利以及其职务形成的影响，索取或非法收受某股份有限公司董事长胡某某、另一股份有限公司董事长李某某、某房地产有限公司董事长徐某某（另案处理）等15人所送的财物，共计人民币140000元、美元20000元、港币80000元及价值人民币184419元的银行卡、购物卡（券）、金条、金银纪念币和名牌手表等物品，为其谋取利益。

二、讯问提纲和举证、质证提纲

（第一套方案：根据事实逐笔讯问并举证；第二套方案：如被告人全部认罪，可在综合讯问后直接举证质证）

1. 第一节受贿事实

（1）讯问提纲

公诉人（以下简称公）：审判长，起诉书指控被告人蒋某某自1998年春节前至2005年中秋节前，在担任中共某县委常委、组织部部长某县委副书记和中共某市委组织部副部长期间，利用其分管干部人事及组织等的职务便利以及其职务形成的影响，索取或非法收受某股份有限公司董事长胡某某、另一股份有限公司董事长李某某、某房地产有限公司董事长徐某某（另案处理）等15人所送的财物，共计人民币140000元、美元20000元、港币80000元及价值人民币184419元的银行卡、购物卡（券）、金条、金银纪念币和名牌手表等物品，为其谋取利益。下面公诉人将对起诉书指控的受贿犯罪事实逐笔讯问，并根据一事一证的原则，在讯问后即对该笔事实进行举证。

公：被告人蒋某某，公诉人现就起诉书指控的犯罪事实对你进行讯问。根据法律规定，你可以作有罪的供述和无罪的辩解，但必须如实回答。听清楚了吗？

公：你在侦查阶段所作的供述是否属实？

公：你在侦查阶段作的亲笔供述是否属实？

公：每次讯问后的笔录你是否都认真看过并签字？

公：你在本院审查起诉阶段讯问时的供述是否属实？

公：刚才法庭已经讯问过你，起诉书指控你的犯罪事实本身是否属实？

公：你认为哪些不对，或是有出入的，可以向法庭陈述清楚。

公：起诉书指控的第一节受贿事实中，胡某某先后8次送给你财物的事实及数额是否属实？

公：为什么要给你？

公：你具体为胡某某解决了哪些问题？

（第一套方案：如被告人全部认罪，或大部分认罪，则根据每节证据综合简要举证，对有异议部分详细举证；第二套方案：如被告人大部分不认罪，需要对每节中的具体事实予以举证，则立足审结报告，对每节中的具备证据详细举证证明）

（2）举证提纲

公：认定该节事实的证据有三个部分。

公：第一部分，有蒋某某的供述和辩解，证实蒋某某利用职务便利收受胡某某的财物，为其谋取利益的事实。

公：第二部分，有胡某某的证言，证实先后8次送给蒋某某财物的事实及要求谋取利益的事实。

公：第三部分，物证、鉴定意见。

公：下面公诉人逐一举证。

公：①证人胡某某证言，2006年2月23日，地点：某区人民检察院反贪局办公室，检察员：王某、孔某，记录人：孔某。

证实其8次给予蒋某某财物的事实，目的是：因为蒋某某是某县委常委兼组织部部长，是县里的领导，而我是搞企业的，以后有什么问题碰到的话，可以去找蒋某某这个县里的领导帮忙，也可以通过他跟县里各个局的领导打打招呼，顺利地解决我企业的发展过程中遇到的各种困难。另外，因为他是组织部部长，今后我亲戚朋友在人事上有什么事情也可以去找他帮忙。2000年的时候，我们公司发展得比较大了，员工有1200人，其中党员有70多人，这些党员平时经常要与县里机关里的党员一起到县委开会，不大方便，也影响工作。所以，我们公司副总经理张某某向县机关党委打报告，要求在我们公司成立党委。这件事情具体是县组织部在管的，蒋某某也是很支持，这件事情很快就批下来了。2001年，我的同学丁某想从行政机关下海到我公司里来工作，由于蒋某某的帮忙，在当年年底，丁某的辞职报告就批下来了。他调去某市后，因为没有工作上的联系了，我就不再去送他财物了。

②物证：（多媒体出示）物证：名牌手表一只，估价鉴定：13000元；物证：马年彩色纪念金银币一套，估价鉴定：2100元；物证：中国京剧艺术彩色银币一套，估价鉴定：800元；物证：羊年彩色纪念金银币一套，估价鉴定：2600元。

③被告人蒋某某的供述和辩解（鉴于被告人当庭已经作出供述，不再宣读）。（多媒体出示）蒋某某供述，时间：2006年3月24日，地点：某区看守所，检察员：王某、孔某，记录人：孔某。

胡某某是某股份有限公司的董事长，我刚到某县上任后，到胡某某的企业考察时，与胡某某认识的。我一共收受胡某某购物卡13000元，彩色纪念币4套，名牌手表一只。因为我是某县委常委兼组织部部长，是县里的领导，而胡某某是做医药化工企业的，这种企业污染等问题比较多，他在办企业过程中会碰到各种问题，需要政府各个部门的支持。今后胡某某有什么问题碰到的话，可以来找我帮忙，也可以通过我跟县里各个局的领导打打招呼，帮助解决他企业的发展过程中遇到的困难。另外，因为我是组织部部长，胡某某有当干部的亲戚朋友在人事上有什么事情也可以来找我帮忙。在2000年的时候，胡某某的公司有党员70多人，但还没有建立党委，胡某某为扩大他企业的知名度，想在公司里建立党委。在我的支持下，他们公司成立了党委。我对他们企业的党建工作比较关心，也进行了指导，使他们企业的党建工作有了较大的发展。在2001年下半年的一天，胡某某来到我的办公室，与我谈了一下关于他同学丁某（某县行政机关原副局长）想从行政机关下海到他公司的事情，希望我们组织部门能早点把丁某的辞职报告给批下来。当年年底，在我的帮忙下，这个辞职报告批下来了。2003年下半年，我被调到某市委组织部任副部长了，而胡某某的公司在某县，叫我关照的地方也不多了，所以胡某某就不再来送我财物了。

公：（小结）审判长、审判员：上述公诉人出示、宣读的证据证明：1998年春节前至2003年春节前，被告人蒋某某利用其担任中共某县委常委、组织部部长、某县委副书记的职务之便，为某股份有限公司董事长胡某某在其公司经营、组织工作及其朋友丁某（某县行政机关原副局长）辞职过程中等方面提供方便和帮助，先后8次非法收受胡某某所送的财物，共计价值人民币32300元。

（预测）对认定该笔事实的证据，辩护人可能会对部分行贿事实没有具体请托事项，是逢年过节的礼金；对于丁某的问题，会提出证据不充分，无书证及丁某本人的证言。

对此，需要答辩两点：一是要把行贿的形式厘清：一事一行贿；一事多次行贿；一次行贿解决多个问题；平时行贿到时请托；请托事项办成后再行贿。这些，都只是行贿的形式，并不影响受贿本身的成立。二是对于丁某辞职问题，尽管没有其他相应的材料，但供证双方陈述吻合，且有相关物证在卷，完全可以认定。

2. 受贿事实

（1）讯问提纲：

公：起诉书指控的受贿事实中，李某某有无送给你财物？

公：李某某要你做了什么？你怎么做的？

（2）举证提纲：

公：认定该节事实的证据有两个部分。第一部分，有蒋某某的供述和辩解，李某某的证言，证实蒋某某收受李某某财物为其谋取利益的情况。第二部分，证人李某某、王某、陈某某、李某峰、李某昱的证言，证实李某某向蒋某某行贿及要求谋取利益的事实。第三部分，物证、书证、鉴定意见，证实蒋某某收受李某某财物为其谋取利益的事实。

公：下面公诉人逐一举证：

公：①李某某的证言，时间：2006年3月7日，地点：某区人民检察院反贪局办公室，检察员：王某、孔某，记录人：孔某。

证实先后11次给予蒋某某财物的事实。因为蒋某某是某县委组织部部长兼县委常委，是县里的领导，而我是搞企业的，企业在发展过程中遇到的困难比较多，而我担任某制药厂厂长的时间不长，以后碰到什么问题的话，可以去找蒋某某这个县里的领导帮忙，也可以通过他跟县里各个局的领导打打招呼，顺利地解决我企业在发展过程中遇到的各种困难。另外，蒋某某是组织部部长，我做干部的亲戚朋友比较多，他们人事上的问题，如调动、提拔等问题，我也可以通过蒋某某来帮忙。当时，我没有什么事情找过他，因为蒋某某来某县的时间不长，但以后有事情找过他帮忙。第一件事情是在1998年左右，我一个在财政局工作的朋友叫陈某某，他工作时间也较长，想提拔一下，我联系好后，安排了陈某某与蒋某某认识，一起吃了顿饭。过了一段时间，陈某某从一个科长提到了财政局的副局长。第二件事是在1999年左右，我弟弟李某昱在某县公安局上班，他工作时间也比较长了，由于工作上出了一点小差错，一直没有提岗，还是一个副主任科员，我就到蒋某某的办公室里去，同他讲：我弟弟李某昱在公安局工作，工作时间也比较长了，出了一点小差错，还是一个副主任科员，你能不能帮帮忙，弄个主任科员的待遇。蒋某某讲：我先了解一下，能帮忙我会想办法的。第三件事情是在2001年左右，我在某县政府工作两年的一个亲戚李某峰同我讲：我在县府办工作不怎么合适，你能不能帮我同蒋某某说一说，在局里有什么好的工作，帮我调动一下。我讲：好的。我会同蒋某某讲的。过了一个星期左右，我就打电话给蒋某某：蒋部长，在县府办工作的有一个人叫李某峰，是我的亲戚，有机会你能不能帮忙给他调动一个好的工作。蒋某某讲：好的。我先看看，有机会就给他调动一下。后来李某峰调到了某县共青团工作，先是担任了团委副书记，接着又担任了书记，后来又调到了某镇任镇长。第四件事情是在2002年左右，某县组织部要从各个企业里挑选干部到乡镇里挂职，有一天我同蒋某某讲：听说你们现在要从企业里挑选干部，可以的话，多从我们企业里挑选几个。蒋某某讲：好的。我有数了，但要经过考试的（最后没有，我们企业里去参加考试的几个人没有通过考试）。第五件事情是在2005年8月左右，那时蒋某某在某市委组织部任副部长。我一个朋友叶某某打电话给我，同我讲：我侄子大学刚毕业，报考了某市某局的公务员，初试已经入围，但人比较多，你能不能同蒋某某打个招呼，让他能录取。我讲：好的。过了几天，我就同蒋某某打电话，同他说明了这个情况。蒋某某讲：好的，我了解一下，到时候有什么情况我会告诉你的。我想只要我送钱给他，他肯拿下的话，我今后有什么事情要他帮忙，给他讲一声就可以了，他肯定会尽力去帮的。后来，我有许多事情去找过他，只要给他打个电话，他都帮我办好了。还有一个比较重要的方面，当时我作为一个公司的老总，想扩建我们公司，想征用我们制药厂边上的那块土地，土地面积有100亩，而征用土地需要县委常委讨论决定，蒋某某是县委常委，我送他80000元人民币也是希望到时他能帮帮忙，在征地这件事上支持我，并能同有关领导打打招呼，让我顺利地征到这块土地。后来，到了2000年，我正式打报告，要求征用这块土地，在2001年的时候，某县委常委定下来以每亩11万元的价格，把这块土地征用给我。依当时的价格，每亩11万元这个价格应该是便宜的。蒋某某是某县委常委、组织部部长，他的话在县里还是有点分量的，在这中间，他肯定也是在帮我的，我以前，也是和他讲过征地这件事情要他帮忙的。后来蒋某某已经担任某市委组织部副部长，是市里的领导了，在某市也有很大的影响，我也想继续与他搞好关系，有机会的话再关照关照我。我在某市还有一个维生素厂，在2004年这个厂有个车间有废气泄漏了，当时环保部门要我们维生素厂的那个车间停产，检查原因并整改，然后才能恢复生产，还要视情况罚款。我就去找过蒋某某，让他能不能同某市环保局打声招呼处理得轻一点。经过蒋某某同环保部门打招呼后，环保部门就叫我们整改了一下，也没对我们罚款。这件事情就这样比较圆满地解决了。

公：②证人王某某证言：……

公：③证人李某峰证言：……

公：④证人李某昱证言：……

公：⑤证人陈某某证言：……

公：⑥证人马某某证言：……

公：⑦书证、物证、鉴定意见。书证：某股份有限公司某制药厂征用土地相关材料，证实：1998年12月至2003年10月某股份有限公司某制药厂征用土地等事实。书证：中共某县委关于王某、李某峰等人职务任免的通知；某市环境保护局责令整改通知书，某股份有限公司维生素厂试生产，特别是808车间于2003年8月投产以来，有关废气反映不断，某市环保局于2004年10月9日书面责令整改。物证：千禧龙金条，估价鉴定：6000元；物证：熊猫镶金纪念币一组（三枚），估价鉴定：每个价值4850元，合计14550元；物证：名牌手表一只，估价鉴定：14600元；物证：钻石戒指一枚，龙门石窟纪念银币一枚，估价鉴定：钻石戒指12000元，银币4100元；物证：羊年贺岁金条，估价鉴定：7200元。

三、被告人不认罪，且证据存在瑕疵案件的举证技能

有的案件被告人不认罪，而证据存在瑕疵，对此辩护人要“因利而动”，此时，如何“求之于势，不责于人，故能择人而任势”① 就非常关键。一般地说，这类案件能够起诉，必然有能够站得住脚的事实与证据，只不过证据方面存在一定瑕疵需要补救，而从公诉人的角度来看，存在一定瑕疵未必是“坏事”，因为这一对辩护人的“利”容易调动辩护人集中火力进攻这一部分证据，只要把这一部分证据向法庭交代清楚，使法庭接受指控观点，就很可能取得举证的成功。

（案例31）如在被告人胡某某盗窃案办案中，公诉人遭遇了指控证据存在瑕疵、零口供、被告人亲属干扰办案、证人当庭作伪证、律师做无罪辩护等诸多不利情况。经过两次建议延期审理、三次出庭公诉、三赴发案地，要求公安机关补充侦查和多次自行补充侦查，在艰苦的取证和充分的论证后，本案终于以法院全部采纳公诉意见告终。本案之所以会出现诸多不利局面，既有侦查过程中因办案人员的疏漏而造成的案件“先天不足”，也有公诉人在审查起诉活动中的工作不严谨细致所致的硬伤。针对诸多不利局面如何应对补救，取得有力的证据并说服法官，这是公诉人需要具备的公诉能力之一。

（一）案件的基本情况

公安机关移送审查起诉的胡某某盗窃一案，认定胡某某参与实施盗窃8起，其中2008年10月中下旬在甲市、乙市入户盗窃7起，2010年8月在甲市入户盗窃后被当场抓获。犯罪嫌疑人胡某某归案后在公安机关侦查、预审阶段仅承认其在被抓获的那次伙同他人盗窃，且是在室外“望风”，自己仅从同伙处接过几百元，并坚决否认在2010年8月之前到过甲市和乙市。而公安机关证明其2008年实施盗窃犯罪的直接证据，是在案发现场发现的可疑指纹。经指纹识别系统的鉴别，7起现场提取的指纹，均系胡某某所遗留，另有间接证据现场勘验材料、被害人陈述、价格鉴定意见书等，证实被盗情况。在审查起诉阶段的提审中，胡某某仍然否认2008年参与实施盗窃的情况，对自己的指纹为何遗留在案发现场没有作出合理解释，对案发期间的行踪没有交代。种种迹象表明，本案的犯罪嫌疑人

① 《孙子兵法》，陈曦译注，中华书局2011年版，第85页。

胡某某是一个有丰富犯罪经验及反侦查能力的惯犯，在没有其口供的情况下，如果放弃指控，必将放纵犯罪，并给社会带来隐患。为此，在对本案证据进行权衡之后，公诉人最终选择了以盗窃罪提起公诉。定案的关键在于现有证据能否相互印证，形成证据锁链，这就对证据的收集、审查提出更高的要求。

（二）本案的证据审查情况

由于本案被告人胡某某矢口否认曾去过案发现场，本案的焦点在于如何证明胡某某确实在2008年10月去过案发现场实施犯罪行为，并留下了指纹。在卷宗材料中，公安机关提供的证据中能直接证明胡某某2008年盗窃事实有现场勘验材料及手印、指纹鉴定意见，但这些证据材料却或多或少存在瑕疵。从证据的关联性、客观性及合法性的角度来看，两部分证据在形式和收集程序方面均存在较大瑕疵：

1. 指纹、手印鉴定书存在的瑕疵

本案中公安机关提供的指纹、手印鉴定书中显示仅对现场的一枚可疑指纹进行鉴定，这使得鉴定意见所依据的检材在充分性及排除其他可疑情况方面难以令人信服。此外，鉴定意见的落款时间早于现场勘验笔录的时间，不禁使人产生没有提取指纹就作出鉴定意见的怀疑。在部分手印鉴定书中甚至出现了指纹提取地址混淆、送检手印与鉴别手印不统一的情况。

2. 现场勘查材料存在的瑕疵

本案的现场勘验笔录的落款时间显示为2010年9月至10月，而案发时间是2008年10月，甚至在部分现场照片上还显示“1999年”字样，这种不一致使人产生了现场勘验笔录是在事后伪造的怀疑。此外，现场勘验的见证人签名不规范，在Z市四起案件的勘验笔录中同两名见证人签名有三种笔迹，两起发生在不同辖区的案件中，现场勘查笔录上的见证人相同。这样，现场勘验笔录在真实性、合法性方面的瑕疵致使勘验人员在案发现场提取的可疑指纹的真实性及取证程序自身的合法性无法得到证实，进一步导致依据可疑指纹与犯罪嫌疑人胡某某捺印样本指纹进行对比鉴别所做出的“指纹同一性鉴定意见”的证明力受到严重动摇。

（三）庭审及补充侦查情况

本案第一次开庭审理中，被告人胡某某表示除2010年8月在甲市行窃被抓获外，其从未来过甲市和乙市；辩护人做无罪辩护，对勘验材料的真实性，手印、指纹鉴定意见的证明力，价格鉴定意见的客观性提出质疑，认为这些证据不能作为定案依据，并当庭传唤了三名证人，提交了五份证人证言以证实2008年10月胡某某在老家收购棉花，没有来甲市和乙市作案的时间。公诉人就五份证人证言的来源，形式及内容的合法性提出了质疑，并通过对被告人胡某某的讯问及对证人的询问，揭露了证人在他人指使下所作的虚假陈述，但鉴于本案关键证据存在瑕疵，提出了延期审理建议。

根据庭审中出现的情况，一方面，检察官就勘验材料，手印、指纹鉴定书的瑕疵问题要求公安机关出具情况说明；另一方面，建议公安机关对作伪证包庇犯罪嫌疑人的相关证人进行调查。公安机关对出庭证人进行了询问，查明了三人系受被告人弟弟收买，按照事先提供的证词前来作证。

第二次公开开庭审理中，公诉人向法庭提交了情况说明、证人证言等证据，辩论阶段控辩双方争议的焦点集中在勘验笔录的真实性及手印、指纹鉴定意见的证明力方面。为了排除现有证据的矛盾，寻求本案的补强证据，公诉人再次提请延期审理。

在第二次补充侦查期间，承办人三次前往甲、乙两市公安机关技术部门，就本案的勘验笔录及鉴定意见存在的瑕疵向勘验人、鉴定人了解情况，询问现场勘验、鉴定的程序，制作相关勘验人员的询问笔录，调取公安机关存档的《刑事案件（现场勘验）登记表》、指纹卡、照片底片、现场草图等原始勘验材料，以上证据均有力证实在案发现场提取的指纹确系胡某某所留。此外，公诉机关在萧山警方和湖北警方的配合下，提取到证人证言证实2008年10月胡某某不在老家收购棉花，胡某某涉及的其他盗窃案件同案犯的口供证明胡某某参与盗窃的技术开锁手段。上述证据，排除了原有证据间存在的矛盾，使本案定案证据形成完整的证据体系。

在第三次庭审中，公诉人当庭出示相关证据材料，发表了补充公诉意见，说明本案现场勘验笔录的瑕疵在获得补强证据的支持之后足以认定，这也证明了公安机关依据现场勘验笔录据以证实其来源合法性的现场提取的可疑指纹，根据可疑指纹与被告人胡某某本人捺印的指纹样本对比、鉴别所作出的指纹鉴定意见具有证据能力，排除了合理怀疑，形成了完整的证据链，提请合议庭综合考虑犯罪情节、被告人身危险性，按照“轻轻重重”的刑事政策作出公正判决。最终，法院全部采纳了检察机关的指控意见，对胡某某作出了有罪判决。

本案中，公诉人能够“求之于势，不责于人，故能择人而任势”，即依据胡某某属于被当场抓获这一基本情况，立足如果他没有到过甲、乙两地，就不可能留下指纹这一常识，解决好办案过程中收集、保管、流转证据活动中存在的瑕疵与客观事实之间的矛盾，结合其具有技术开锁技能、证人前来作伪证等情节，营造了被告人不但有多次作案的可能性，而且有多次在两地作案的客观事实这样的“势”，从而一鼓作气攻破伪证和虚假供述，形成了“本案就是他作案”这样的共识，实现和保持了“如转圆石于千仞之山”之势。

第八章　虚实篇：检察官、律师庭审质证技能

《虚实篇》是《孙子兵法》的第六篇，集中论述了军事活动中“虚”“实”关系相互对立、相互转化这一具有普遍规律性的问题。孙子强调要通过对“虚”“实”关系的全面认识和把握，来夺取战争的主动权，即“致人而不致于人”。而做到这一点，其关键在于如何争取优势，主动灵活地打击敌人，为此，孙子提出了著名的作战指导原则——“避实击虚”。而这一原则在作战行动中的具体化，就是要做到：（1）示形于敌，迷惑和欺骗敌人，使其暴露弱点，然后予以打击。（2）以优势兵力果断打击敌人，即所谓的“以十击一”。（3）因敌变化而取胜，在作战过程中不机械、不呆板，根据敌情变化，随时调整部署，始终保持主动。（4）察知战场地理，了解战场正确天候，“知战之地，知战之日”，并采取“策”“候”“形”“角”等方法，全面掌握敌情。（5）正确选择主攻方向，做到牵一发而动全身，“出其所不趋”“攻其所必救”。孙子认为，只要能充分发挥人的作用，采取正确的作战指导思想和具体作战措施，那么战争的胜利不但“可知”，而且也是“可为”的。

具体而言，有以下几点。

一是以实击虚。孙子说：“夫兵形象水，水之行，避高而趋下；兵之形，避实而击虚。水因地而制流，兵因敌而制胜。故兵无常势，水无常形，能因敌变化而取胜者，谓之神。”同样，双方力量的对比上也有虚实之分。孙子认为“以实击虚”是战争的基本规律。交战双方一般都不会是势均力敌的，往往存在虚实之分。以逸待劳者为实，反之为虚；以饱待饥者为实，反之为虚。严阵以待队伍混乱者为实，反之为虚。但虚实可变。如果敌人为实我为虚，则应该首先改变这种对比，方法可以是多种多样的，但结果必须是将对方变得由实为虚，从而使自己可以以实击虚打败对方。虚实之变首先从量变开始，最终实现质的转变，实现以绝对优势打击对方。虚实之变是实现以实击虚的前提，以实击虚简单，完成虚实之变很难，它需要撬动对方的军事布置、分散对方的兵力、或真或假、声东击西或攻其不备出其不意，在完成这种转变之后打击对方。所以孙子又说，“故善动敌者，形

之，敌必从之”，意思是说善于牵着敌人鼻子走的人，做一个假动作，敌人必定跟着走，以至于跌入陷阱，由实变虚。

二是分散敌人兵力。孙子认为：“故形人而我无形，则我专而敌分。我专为一，敌分为十，是以十攻其一也，则我众而敌寡。”[①] 并非所有的时候，自己在人数上都是占据绝对优势，但是这种状态可以改变。孙子认为，如果让敌人暴露出他的军事布置而我们不暴露自己的军事布置，必定让敌人分散而我们集中。我们集中在一起敌人分散在十处，在局部战场，我们就可以以十倍的力量来打击对方了。这样一来我们就占据优势而敌人就处于劣势，可以和我们作战的敌人就少了。不要让敌人知道我们在什么地方、在什么时候与他开战，不知道会从哪里打击他，敌人只能到处防备我们，其兵力就分散了。与我们作战的敌人不就少了吗？他们防备了前头，后边的人就少了。防备了后边，前边的人就少了，防备了左边，右边的人就少了。若到处防备，则哪里的人也不会多。这种方法主要从分散敌人的兵力入手，运用统筹法，在整体力量处于劣势的情况下，实现局部力量的对比优势。孙子总结说：人数由多变少，是因为被动地去防御别人；人数由少变多，是因为用自己的军事布置来分散敌人的兵力。

三是“因敌制胜”，灵活多变。为了做到这一点，孙子非常重视对敌情的了解，强调“知彼知己”“知天知地”，要求通过“五间俱起”，了解敌情，作出准确的判断，定下正确的决心。孙子十分反对将帅打莽撞仗，有勇无谋。他指出“将有五危”“无虑而易敌者，必擒于人”[②]。一个优秀的指挥员必须是“静以幽，正以治”[③]，具有沉着镇定、机智果敢的军事素养。在指导战争时，作战方向要正确，所谓“并敌一向，千里杀将”，即将主攻方向指向敌人薄弱的翼侧，攻击点必须是敌人的关键部位，即所谓“避实击虚”“先其所爱”。兵力优势就应当进攻，“守则不足，攻则有余”，而实施进攻作战就要速战速决（“兵之情主速”），突然袭击（“乘人之不及，由不虞之道，攻其所不戒也[④]”），快速行动（“动如脱兔”[⑤]），大胆深入（“凡为客之道，深入则专”）[⑥]。

① 《孙子兵法》，陈曦译注，中华书局2011年版，第101页。
② 《孙子兵法》，陈曦译注，中华书局2011年版，第169页。
③ 《孙子兵法》，陈曦译注，中华书局2011年版，第206页。
④ 《孙子兵法》，陈曦译注，中华书局2011年版，第197页。
⑤ 《孙子兵法》，陈曦译注，中华书局2011年版，第215页。
⑥ 《孙子兵法》，陈曦译注，中华书局2011年版，第200页。

四是掌握主动权。《虚实篇》说：“故善战者，致人而不致于人。”① 又说：“故我欲战，敌虽高垒深沟，不得不与我战者，攻其所必救也；我不欲战，画地而守之，敌不得与我战者，乖其所之也。”② 凡事都要把握主动权，战争尤其如此。要做到我要打他即便是他高垒深沟防御工事做得再好，也不得不来迎战我，是因为我攻击了他不得不去救助的要害之处。如果我不想打仗，我就要画地为牢做防守，让敌人无从于我下手，是因为我制造假象转移了他的战斗目标。所以打与不打不是由敌人而是由自己说了算，如果主动权不在我们手里，则必须化被动为主动。主动权实际上就是我们的生命权，唐李靖说过：兵书千言万语，只是一句话致人而不致于人。孙子又说：“故善攻者，敌不知其所守，善守者，敌不知其所攻，微乎微乎，至于无形，神乎神乎，至于无声，故能为敌之司命。”③ 意思是说善于进攻的人，他的进攻让敌人不知道该防守哪里，而善于防守的人，让敌人不知道该从哪里进攻，真是微妙神奇啊。这样的人才是扼住敌人喉咙的人。他为什么能扼住敌人的喉咙？因为他时时刻刻掌握着战场的主动权。

以上几个方面，可以说在庭审活动质证当中都非常重要。质证，是指在审判人员的主持下，由控辩双方对于对方所出示证据材料的合法性、客观性和关联性相互进行质疑和辩驳，以确认是否作为定案依据的诉讼活动。由于辩护人有权对公诉人所出示的证据提出质疑和否定性意见，为了维护所举证据的定案地位，公诉人在此时就需要对这些证据的证据资格和证据能力进行论辩性说明，使用辩驳的语言驳斥辩护人对证据的错误认识和分析，论证证据的有效性，以正视听。这就决定了控辩双方的辩论活动，并不是只在法庭辩论阶段才能进行，实质上的证据辩论，已经在举证质证阶段展开，而且有时这种辩论十分必要，因为法律规范中也确认，质证阶段“控辩双方可以互相质问、辩论”。公诉人如果不能使用充分的理由说明所举证据的可采性，很可能会因为对案件事实证明不够而导致指控失败。对于律师来说，进行庭审质证，其主要目的是发现公诉人所出示证据中存在的问题，通过对这些问题的质疑，指出证据体系存在的漏洞，进而证明本案不符合定罪的证据标准。这样的一质一驳，构成了庭审的质证活动。可见，从本质意义上说，质证活动就是控辩双方的直接对抗，可以说，由于举证与质证活动解决的是案件事实认定的根本性问题，如果对于质证活动没有高度重视，就很可能会

---

① 《孙子兵法》，陈曦译注，中华书局2011年版，第200页。

② 《孙子兵法》，陈曦译注，中华书局2011年版，第98页。

③ 《孙子兵法》，陈曦译注，中华书局2011年版，第95页。

在事实认定这一基础性问题上形成被动局势，为最终法庭落败埋下祸根，因此，检察官、律师都不得不慎之又慎。为此，深谙刑事证据的虚实之道，熟练运用“以实击虚”“致人而不致于人”的方法展开质证工作，是检察官、律师一项重要的庭审技能。而“以实击虚”“致人而不致于人”这些有关“虚实”的原则，就对质证活动具有很强的指导意义。

第二十一计　致人而不致于人

——构建以客观性证据为核心的质证技能

孙子曰：凡先处战地而待敌者佚，后处战地而趋战者劳。故善战者，致人而不致于人。能使敌人自至者，利之也；能使敌人不得至者，害之也。故敌佚能劳之，饱能饥之，安能动之。出其所必趋，趋其所不意。[①]

孙子认为：大凡先期到达战地等待敌军的就精力充沛、主动安逸，而后到达战地匆忙投入战斗的就被动劳累。所以，善战者调动敌人而绝不为敌人所调动。能够调动敌人使之自动前来我预想的战地，是用利益来引诱；能使敌人不能先我来到战场，是设置障碍、多方阻挠的结果。所以，敌人若处军安逸，能使之疲劳；若敌人粮食充足就能使之匮乏；若敌人按兵不动，就能使他不得不行动起来。通过向敌人不设防的地区进军，在敌人预料不到的时间、向敌人预料不到的地点攻击。

质证，是就同一事实与证据由控辩双方当面质询、诘问的一种证明形式。质证以某一证据的提出为前提，是对该证据的探究和质疑，包括指出证据与事实以及其他证据的矛盾并进行辩驳，澄清疑点。质证包括对证据的来源、形式和内容的质疑，而质疑的主要内容和标准是证据的客观真实性、与案件事实的关联性及证据的合法性。无论是检察官还是律师，在庭审中能否及时地反驳对方对所出示证据的质疑，为己方证据“正名”十分重要。恰当把握证据辩论的时机，对合议庭能否采纳双方所出示的证据，会产生直接影响。因此，检察官、律师在庭审中对证据答辩时机与阶段的把握显得尤为重要。以公诉人为例，当辩护人对公诉人所示证据提出答辩及异议后，公诉人应当及时就辩方意见有针对性地进行答辩，

① 《孙子兵法》，陈曦译注，中华书局2011年版，第91页。

而不宜一概留待法庭辩论阶段再进行辩驳。事实证明，大量的案件辩护人所提出的问题，都是案件证据问题，而大量证据问题，往往辩护人会在质证阶段提出质疑，从而为后面的法庭辩论埋下伏笔，甚至个别辩护人漠不关心法庭调查阶段公诉人对证据的举证说明和法庭的认证与否，在法庭辩论阶段直接“自说自话”地声称：在法庭调查阶段，辩护人已经对该证据提出了质疑，证明该证据不能作为认定案件的依据，因此本案某某情节不能成立。而如果在质证阶段公诉人已经针对辩护人的质疑直接予以有力驳斥，在此时就可以轻松地应对说：

在法庭调查阶段，公诉人已经充分证明该证据能够作为认定案件的依据，为什么辩护人对此还要视而不见、强加于人呢？公诉人认为这不是实事求是的态度，希望辩护人尊重案件的基本事实。

这样，就不需要在该证据的具体内容的争论上多费口舌。

部分检察官、律师把庭审活动的重心放在法庭辩论阶段，认为那时候是发表自己意见的专门诉讼阶段，因此对举证质证活动不重视，认为是走过场，尤其是一些检察官，认为我只要把证据向法庭出示了就可以，律师提出什么样的质证意见我都可以不理会，等到法庭辩论阶段再一并回应。而一些律师也有同样的想法，认为反正需要发表的意见都已经作为辩论提纲准备好了留待法庭辩论阶段发表，提前说了也无意义，因此，对公诉人所出示的证据未能认真质证；而有的律师则相反，质证中四面出击，不分重点，对每一份证据都毫无分别地一律提出异议，大有“公诉人所出示的证据全是无中生有”之势，但仔细分析其所提出的意见，却发现根本没有提到点子上，甚至是“无病呻吟”，没有起到质证应当发挥的作用，不但淹没了重点，而且浪费了时间。这些都是需要检察官、律师充分反思的地方。有的律师已经认识到质证的重要意义，提出了“质证嘴硬，辩论嘴软”的建议，也就是在法庭质证活动中，对于有问题的证据要据理力争、寸步不让，而在法庭辩论阶段，可以温和一点，只要充分阐述自己的观点即可，不一定剑拔弩张、唇枪舌剑，这确实是真知灼见。

既然质证活动如此重要，就需要对质证技巧进行认真研究。首先，控辩双方都要明白：在质证活动中，并没有绝对的主动与被动。有时候公诉人出示的证据清清楚楚无可辩驳，显然公诉人占据主动；但有时候公诉人所出示的证据确实存在漏洞与瑕疵，此时辩护人进行有力的辩驳，显然辩护人就占据了上风。那么，抢得主动权的方法是什么？孙子说：先处战地而待敌者佚，后处战地而趋战者劳。这就告诉我们，谁抢得先机，谁就占据主动。其质证指导意义就在于，不论公诉人还是辩护人，都要注意把握证据出示和辩驳之中的“劳”与“佚”，也就是谁能够从中发现问题、指出问题、解决问题。质证活动中经常出现的一个现象是，公诉人出示了一堆证据，累得精疲力竭，但辩护人轻轻指出这组证据中某个证据与其他证据之间存在的不可排除的矛盾，公诉人的证据体系顿时摇摇欲坠。之所以出现这一现象，是因为辩护人事先认真研究了证据体系，发现了证据间存在的矛盾，从而“先处战地以待敌”，不但省时，而且效果良好。反之，如果对这一问题公诉人早有准备，如紧接着出示证据证明了所存在的矛盾已经得到合理排除，则会抢回主动权。证据之间的矛盾，应当说在刑事诉讼证据体系当中经常出现，尤其是一些言词证据，往往不是同一个人前后矛盾，就是多人说法各异，莫衷一是。在这种情况下，检察官、律师应当如何实现先处战地以待敌呢？这就需要掌握以客观性证据为核心的质证技能。

刑事司法的前提条件是事实认定，事实认定的核心内容就是证据审查，通过证据裁判把事实搞清楚了，才能判断这个案子是否构成犯罪、构成什么罪，而很多冤假错案的发生，并不是法律适用水平不高、定性错误，而恰恰是因为在审查证据的时候出了问题，导致事实认定错误，冤枉了无罪的人，所以案件质量的根源是证据问题，冤假错案发生的根源也是证据问题，所以在庭审活动中，证据审理，尤其是控辩双方的举证质证活动才如此重要。这样说来，质证的技能就是公诉人、辩护人在法庭上的“必杀技”了——说一千道一万，你没有证据审查和质疑技能，其他技能都几乎等于零。对于证据的质证，基本口诀是：关键物证要见物，关键证人要见人，关键现场要复验，要建立以客观性证据为核心的证据审查模式。

根据以审判为中心的诉讼制度改革的要求以及审查证据的规范，审查证据的基本窍门就是以客观性证据为核心，先把痕迹物证、书证、电子数据等审查起来，如对于侵犯人身权利类的案件，尤其是像故意杀人这样可能判处死刑的命案，我们一直都在强调建立以客观性证据为核心的证据审查模式。这种证据审查模式，就是指我们在办案过程中，要将审查工作的重心，从以被告人口供等言词证据为中心转变到以客观性证据为核心上来，凭借客观性证据具有可靠的稳定性和关联性的最佳证据特征，确认案件基础事实脉络，并以此为基础对全案证据予以审查和检验，进而准确认定犯罪事实的审查工作方式。孙子说：“故形人而我无形，则我专而敌分。我专为一，敌分为十，是以十攻其一也，则我众而敌寡。”[①] 如在庭审质证中，即使公诉人手中有大量证据，但当辩护人有一份过硬的客观性证据在手，那么这份证据就可能攻破对方的这些证据，变“我专为一”而“以十攻其一”，达到“以实击虚”的效果。这就需要解决以下几个问题：

一是掌握客观性证据的范围。我们所说的客观性证据，是指客观性较强，不易受人的主观认识影响，具有较为稳定的表现形式和判断标准的证据材料或事实，而不仅仅是指物证、书证，所以有时候也可叫它“证物”，它包括但不限于这么几类：(1) 通过证据本身所呈现的形态、特征等物理特点与案件建立关联的物证。(2) 通过法庭科学技术进行解释的技术类客观性证据，如DNA生物检验、指纹鉴定、痕迹鉴定、微量物质鉴定、毒物检验、尸体（人身）检验报告等鉴定意见。(3) 通过信息记载的内容与案件建立关联的记录类证据，如书证、视听资料、电子数据等。(4) 通过客观记载侦查活动过程并反映案件某一方面事实情节的记叙类证据，如勘验、检查、辨认、侦查实验等笔录。(5) 根据生活常识和经验法则可以推定某一事实存在的基础事实。这里需要强调说明的是：第一，将实物证据以外的鉴定意见等证据，也作为客观性证据是否合适？有人认为：客观性证据应该仅指物证、书证等实物证据，作狭义理解，而鉴定意见、勘查笔录、辨认笔录、侦查实验等东西，不应该列为客观性证据范围。对此，笔者认为：(1) 如果把客观性证据界定在通常学术所指的实物证据范围内，那么客观性证据的范围则过于狭窄，当前侦查技术水平和司法实践现状，也还不具备获取大量实物证据的可能，狭义的客观性证据范围不符合我们对这类案件证据的审查要求。(2) 虽然鉴定意见等证据是通过专业技术人员以专家名义作出的检验判断，但专家根据科学规律、专业知识结合案件情况做出的检验、论证及其结论，具备再次接受检验的科学途径和方法，相较言词证据而言，有更好的稳定性、科学性和可重复验证性。事实上任何证据本身不会说话，都是需要法律人去解释和论证的，把通过专家解释的证据排除在客观性证据之外，那么案件证据解释工作就无法开展，不符合现代诉讼理念。(3) 勘查记录等记录类证据，不能因为是侦查人员记录的，而预设有被侦查人员个人因素影响的可能，进而就否定这类证据的相对客观真实性。记录类证据，虽有因个人能力、水平因素而影响记录全面性、准确性的情况存在，但相对于言词证据而言，它具有更可靠的可验证性，如可以通过现场照片、录像、实

---

① 《孙子兵法》，陈曦译注，中华书局2011年版，第101页。

物证据等验证它的真实性。（4）所有证据本身都需要查证属实后，才可以作为定案的依据。实物证据本身也存在被人为虚假制造、错误解释的可能，我们不能因为有这种可能，就一概否认实物证据的最佳证据属性。因此，我们只要认真查证这些客观性相对较强的证据的客观性、真实性，就可以作为审查、认定、检验案件事实的主要根据，进而全面、准确地审查案件。根据这些理由，我们尽管对客观性证据的范围作了扩大解释，但有针对这些证据的审查办法作为保障，对我们的全案证据审查和质证活动也是只有好处没有坏处。第二，将用以推定的基础事实列为客观性证据范围的考虑。也就是说用作推定的基础事实，本身它不是证据，而是被一组证据已经证明的事实，根据这一基础事实，我们运用生活常识、经验法则、逻辑法则，依据常识、常理、常情而推定的案件事实，具有较为可靠的稳定性。将这些已被证明的事实，作为验证本案其他证据真实性的参照，其方法是可行的。因此，就需要注意和挖掘这些事实，用以检验其他证据的客观真实性。律师在质证中经常使用常识性的问题对证据提出质疑，如讯问笔录所记载的时间远远无法完成那么大篇幅的笔录内容，因而被告人所辩解的其是在侦查人员逼迫下在事先写好的笔录上签名就是可信的，等等。

二是重建犯罪现场，作为客观性证据审查和挖掘的检识工具，审查案件时应当运用犯罪现场重建的方法来全面检视案件证据情况，运用收集在案的客观性证据推演犯罪过程，检验审查认定犯罪事实的准确性。如在审查杀人案件时，就可以通过审查现场勘验、检查笔录，运用收集到的各种痕迹、实物证据，推演行为人进出现场的路线、渐次展开的活动、使用的工具、接触或破坏的物品、形成的痕迹、遗留的物品、被告人自身是否受伤或黏附有死者血迹及其他物质，根据相关证据确定与死者的接触情况，用何种方式、手段杀死被害人，如何对尸体和现场进行处理或伪装，如何离开现场，如果这些细节存在疑问，那么很可能起诉认定的内容就是错误的。再如，一起受贿案件，需要通过双方的口供、银行存取款记录、监控录像、谋取利益的情况来重现行贿、收受、谋利等一系列现场情景，尽管这个场景不如杀人案件直观、集中，但一样属于重建犯罪现场，其他的如诈骗、非法经营、贩卖毒品、交通肇事等也都一样。重建犯罪现场作为证据识别的工具，它的目的和作用，一方面，是通过重建和推演现场活动来再现犯罪基本过程，用以印证侦查机关记载和提取的现场状况及痕迹、物证存在的合理性，发现疑点，进一步去伪存真。另一方面，是通过推演来研究现场应该留下而未提取的痕迹和物品，从而找出证据体系中存在的漏洞，或者公诉人需要指导侦查机关进一步补充收集相关证据，得出更接近客观真实的案件事实，弥补这一漏洞。犯罪现场重建本身是侦查术语，是侦查机关刻画犯罪过程、嫌疑人的重要方法依托，这种方法对公诉人、辩护人审查侦查活动成果，发现案件证据中存在的重大问题，或者指导侦查机关补证有着非常积极的意义，因此，应当作为检察官、律师质证活动中用以检验证据的方法和工具。

三是要提炼运用客观性证据审查模式的理念和原则。我们应当坚持的四个原则，是证据审查模式的核心与灵魂，也是实践中必须坚持的工作理念。第一，客观性证据优先运用原则。为什么要建立以客观性证据为核心的质证方法，就是因为矛盾在刑事诉讼中大量存在，但对于矛盾证据，法院并非“一排了之”，而是在证据矛盾无法合理解释的情况下才予以排除。而客观性证据因具有更为可靠的证明力和稳定性，应当作为认定案件相关事实的关键性证据予以审查运用，对查证属实的物证、书证等客观性证据应当作为最佳证据在定案中优先采用，在客观性证据证明的基本事实框架基础上，来进一步审查和认定案件的其他事实。第二，客观性证据充分挖掘原则。对于公诉人来说，要全面审查侦查活动收集的证据，根据已收集在案的证据刻画案件事实脉络，运用犯罪现场重建的方法，来进一步审查和发现、挖掘可能存在的客观性证据。另外，也要重视从口供、证言等言词证据中发现和挖掘客观性证据，发现派生证据、再生证据，形成证据组合运用体系。对辩护人来说，要指出现有证据存在的重大缺陷，并提出已收集在案证据所刻画的案件事实脉络，有其他可能性存在的观点。第三，客观性证据科学解释原则。物证、痕迹证据等本身不会说话，必须进行准确解读，与待证事实建立关联，才能证明案件事实。因此，实践中必须全面、准确把握客观性证据可能蕴含的案件信息，防止对客观性证据解释过度或解释不足。如果公诉人对该证据不能进行科学解释，这个证据本身就可能存在问题。如在一起杀人案件现场，发现了还有不是本案被告人的DNA。第四，客观性证据全面验证原则。犯罪嫌疑人、被告人的供述及被害人陈述、证人证言等言词证据应当经过客观性证据的检验，并且客观性证据之间能够得到相互印证。

四是有针对性地对常见的客观性证据进行审查。根据法律规定和实践的经验总结，我们知道，物证、书证、鉴定意见、视听资料、电子数据、勘验、检查、辨认、侦查实验笔录等各类证据性质各异，不可能用一种方法进行审查，如审查物证就要检查物证的外部特征，对视听资料就要注意有无被篡改。只有这样才能立足于实践经验的积累，明确客观性证据的审查路径、方法和要求，确保相关证据的审查质量和效果。

五是要突出相关审查活动的细化和规范。对于一些实践中容易疏忽和出现问题的重点审查活动，一定要随时多加注意。一要强调重要证据复核的亲历性。尤其是公诉人，对现场勘验、检查笔录存在疑问的，要亲临现场并重点核查，及时发现侦查记载不全面、准确，隐匿证据的不当行为，这就叫作重要现场要复核。二要强调物证审查科学性和关联性并重。除审查鉴定意见科学性外，还要通过比对现场照相、录像、记录等方法，重点查明物证的来源，物证存在现场的方位，与周围环境物品关系，物证原始特征等状态，重点解决与案件的关联性。三要突出挖掘通信信息的运用指引。很多案件是怎么告破的？通过通信信息破的。通信信息挖掘是当前重要的侦破手段，可以说已经在定案中发挥越来越重要的作用，但侦查活动往往对通信信息的采集、运用不够全面，重视对象关联度比较多，而对定案其他方面的信息采集关注比较少，因此，质证中就需要格外细致，要通过加强涉案人员的通信情况调查与审查，如通过通信工具使用情况，通信内容、通信工具所处方位等信息，来强化对案件发生经过、具体情节的证明与质疑作用。四要强调侦查内卷的调阅审查。对公诉人而言，在审查中对侦查确定犯罪嫌疑人根据、破案经过、技术侦查措施等有疑问的，以及发现侦查机关未随案移送证据、侦查活动反映不全面的，必须调阅侦查内卷，从侦查内卷中发现可供审查的其他材料，以审查侦查活动的规范性、全面性。

六是要强化以客观性证据检验言词证据的真实性。这是科学验证证据的有效路径。以客观性证据为核心审查模式，源于客观性证据是诉讼基石的价值判断，但并不否认言词证据应有的证明作用及其在诉讼中的证据地位，只是认为在案件审查中应当凸显客观性证据对于案件事实证明的重要作用，以防止言词证据不稳定而造成定罪体系不够严密，力戒错案隐患。在这方面，检察官、律师的目标是一致的。运用客观性证据检验的具体方法包括：一要依托客观性证据准确建立犯罪行为与犯罪嫌疑人、被告人的关联。在无目击证人、无有罪供述或有罪供述反复、口供获取存在程序瑕疵等证据情况下，必须凭借客观性证据建立与犯罪嫌疑人的关联，并以此为基点挖掘和收集相关证据指证犯罪、锁定犯罪嫌疑人。如果无法完成，则本案证据存在问题。二要运用客观性证据来检验言词证据真实性。客观性证据是验证言词证据真实性或者可靠性的重要依据，言词证据得到客观性证据的印证，不仅可以巩固言词证据自身的证明力，而且可以进一步拓展言词证据所包含的被客观性证据证实之外的证明内容和信息，扩大证言的证明范围。三要通过强化客观性证据的局部证明，拓展全案证明体系。实务中，多数案件客观性证据并不充分，而只能证明案件的局部事实或细节，但可以通过运用言词证据来链接客观性证据组成的各个片断事实，构筑完整的间接证据体系，以实现对案件事实的完整证明。

掌握上述技能的同时，还需要“致人而不致于人”，也就是能够调动敌人。实现这一目标的主要方法是：“能使敌人自至者，利之也；能使敌人不得至者，害之也。故敌佚能劳之，饱能饥之，安能动之。出其所必趋，趋其所不意。”庭审中，要想在质证取得主动、占据优势，就要合理调动对方，使其受到牵制。因为对证据的质证活动本身就是一对攻守，而该怎么攻、该如何守，本身是有规律可循的，也是有方法可取的，那就是，你首先要知道什么时候对方会攻你、攻你什么证据，其次要知道他怎么攻、你如何防御，这对于承担举证责任的公诉人来说，是尤其重要的。这就是“能使敌人自至”和“能使敌人不得至”的方法，就是利害。人都是趋利而避害的，这一点在庭审中反映明显，很难想象，一个辩护人会对一份明知对己有利的证据提出反对意见，也不可能在有条件质疑不利于己的证据时不去质疑，因此，公诉人就需要了解，我手中哪些是对被告人不利的证据，哪些是有利的证据，如证明被告人有自首、立功情节的证据或者证明被告人系累犯的证据，如证明被害人有过错的证据等。

（案例32）戴某某强奸案：

鉴定意见：（摘自补充材料，此处略）

证实：根据（×）公（物）鉴（DNA）字××号鉴定书鉴定意见，被害人庄某身体上遗留DNA物质由被告人所留；被害人庄某体内检出精液成分，由一名男性（男A）所留，排除为被告人戴某某所留；被害人庄某体内检出精液成分，检出混合DNA成分，不排除由被害人庄某和男A的DNA混合而成。

这一证据中，包括对指控不利的证据，即精液成分不是被告人的，那么说明与被害人发生性关系的另有其人，而非戴某某，这是对被告人绝对有利的证据，辩护人一定会抓住不放。如果公诉人为此而弃之不用，行不行呢？显然不行。因为一方面该证据已经由公安机关提供，且系客观性证据，如果公诉人不用，不但会有隐瞒证据之嫌，也有“重口供，轻物证”的问题，必将受到辩护人的猛烈攻击；另一方面这份证据中其实还有对指控有利的内容，那就是在被害人的体内同样检出了被告人的DNA，这一内容也能够起到证明案件事实的作用，如果弃之不用，就失去了证据体系中又一重要的支撑——客观性证据。所以，公诉人应当使用这份证据。对此，公诉人就要明确如下问题：一是“能使敌人自至者”①，也就是说，举出这份证据，辩护人必然会主动把它当作一张王牌，用于攻击整个证据体系，那么辩护人会如何提出质证意见呢？他会说，DNA 是科学性的证据，已经明确表明与被害人发生性关系的是 A 男子，而非被告人，因此，本案被告人并未与被害人发生性关系，不构成强奸罪。在这种情况下，公诉人还举不举这份证据？当然要举，只要在“能使敌人自至”的情况下我们能够实现“使敌人不得至”就可以了。二是如何“能使敌人不得至者”② 呢？公诉人最重要的任务就是要把这个 DNA 说清楚。尽管从现有证据来看，我们无法得知这份精液来自何人，因为被害人陈述中没有提及，而又没有其他证据证明其来源和属于何人的时候，“使敌人不得至”的唯一方法，就是证明其与本案没有关联性。而要证明关联性的问题，就需要解决一个时间问题，即被害人报案被强奸后，从其体内提取的精液，是否必然为被告人的？通过法医学原理可知，妇女体内带精数天的情况是存在的，而结合本案实际情况，双方对发生了性关系这一基础事实并无争议，而且在案发这个时间段，并无其他人与被害人接触，不可能另有其他人强奸被害人，那么即使检出的精液并非被告人所留，也不能否定被告人与被害人确已发生性关系这一根本事实，而且，鉴定意见所发挥的作用，还在于能够证实被告人确实与被害人的隐私部位有接触行为，这正好与双方供述与陈述一致，因此这份证据不但不能否定被告人强奸的事实，相反却能够以客观性证据的形式印证其他言词证据的真实性，恰恰能够起到证明作用。这样做，才叫作“出其所必趋，趋其所不意”，从而“致人而不致于人”。

（如辩护人提出现有 DNA 证据证明提取的不是戴某某的 DNA，该证据证明是其他人强奸了庄某，因此认定戴某某构成强奸罪证据不足）首先，关于当天双方发生性关系的情节，已经得到了双方当事人的证实，戴某某对此情节始终没有否认。其次，该 DNA 鉴定可以证实被害人体内有被告人戴某某的 DNA 成分，也从侧面印证了双方在案发当天存在身体接触，印证了双方陈述的真实性，尽管被害人体内的精液并非戴某某所留，但这种情况在法医鉴定中也是存在的，即存在妇女体内数天的现象。该鉴定意见并不排斥案发当天两人发生性关系这一基本事实的存在。因此，这份鉴定，与案件存在关联性，且客观地反映了现实情况，系公安机关合法获取，应当作为定案的依据。

---

① 《孙子兵法》，陈曦译注，中华书局 2011 年版，第 91 页。
② 《孙子兵法》，陈曦译注，中华书局 2011 年版，第 91 页。

第二十二计　攻其所必救

——各类证据的庭审质证窍门

孙子曰：行千里而不劳者，行于无人之地也；攻而必取者，攻其所不守也。守而必固者，守其所必攻也。故善攻者，敌不知其所守；善守者，敌不知其所攻。微乎微乎，至于无形；神乎神乎，至于无声，故能为敌之司命。①

进而不可御者，冲其虚也；退而不可追者，速而不可及也。故我欲战，敌虽高垒深沟，不得不与我战者，攻其所必救也；我不欲战，画地而守之，敌不得与我战者，乖其所之也。②

故形人而我无形，则我专而敌分。我专为一，敌分为十，是以十攻其一也，则我众敌寡；能以众击寡者，则吾之所与战者，约矣。吾所与战之地不可知，不可知，则敌所备者多；敌所备者多，则吾所与战者，寡矣。故备前则后寡，备后则前寡，备左则右寡，备右则左寡。无所不备，则无所不寡。寡者，备人者也；众者，使人备己者也。③

故知战之地，知战之日，则可千里而会战；不知战之地，不知战日，则左不能救右，右不能救左，前不能救后，后不能救前，而况远者数十里，近者数里乎！以吾度之，越人之兵虽多，亦奚益于胜败哉？故曰：胜可为也。敌虽众，可使无斗。④

孙子认为：通过向敌人不设防的地区进军，在敌人预料不到的时间，向敌人预料不到的地点攻击。进军千里而不疲惫，是因为走在敌军无人抵抗或无力抵抗的地区，如入无人之境。我进攻就一定会获胜，是因为攻击的是敌人疏于防守的地方。我防守一定稳固，是因为守住了敌人一定会进攻的地方。所以善于进攻的，能做到使敌方不知道在哪里防守，不知道怎样防守。而善于防守的，使敌人不知道从哪里进攻，不知怎样进攻。深奥啊，精妙啊，竟然见不到一点形迹；神奇啊，玄妙啊，居然不漏出一点消息，所以能成为敌人命运的主宰。

---

① 《孙子兵法》，陈曦译注，中华书局2011年版，第95页。
② 《孙子兵法》，陈曦译注，中华书局2011年版，第98页。
③ 《孙子兵法》，陈曦译注，中华书局2011年版，第101页。
④ 《孙子兵法》，陈曦译注，中华书局2011年版，第105页。

进攻时，敌人无法抵御，那是攻击了敌人兵力空虚的地方；撤退时，敌人无法追击，那是行动迅速敌人无法追上。所以我军要交战，敌人就算垒高墙挖深沟，也不得不出来与我军交战，是因为我军攻击了它非救不可的要害之处；我军不想与敌军交战，虽然只是在地上画出界限权作防守，敌人也无法与我军交战，原因是我已设法改变了敌军进攻的方向。所以，使敌军处于暴露状态而我军处于隐蔽状态，这样我军兵力就可以集中而敌军兵力就不得不分散。（如果敌我总兵力相当）我集中兵力于一点，而敌人分散为十处，我就是以十对一。这样，（在局部战场上）就出现我众敌寡的态势，在这种态势下，则我军所与战者用力少而成功多也。敌军不知道我军所预定的战场在哪里，就会处处分兵防备，防备的地方越多，能够与我军在特定的地点直接交战的敌军就越少。所以防备前面，则后面兵力不足，防备后面，则前面兵力不足，防备左方，则右方兵力不足，防备右方，则左方兵力不足，所有的地方都防备，则所有的地方都兵力不足。兵力不足，全是因为分兵防御敌人；兵力充足，是由于迫使敌人分兵防御我。所以，既预知与敌人交战的地点，又预知交战的时间，即使行军千里也可以与敌人交战。不能预知与敌人交战的地点，又不能预知交战的时间，仓促遇敌，就会左军不能救右军，右军不能救左军，前军不能救后军，后军不能救前军，何况远的相距十里，近的也有好几里呢。

孙子说："故善战者，致人而不致于人。"又说："故我欲战，敌虽高垒深沟，不得不与我战者，攻其所必救也；我不欲战，画地而守之，敌不得与我战者，乖其所之也。"凡事都要把握主动权，战争尤其如此。要做到我要打他即便是他高垒深沟防御工事做得再好，也不得不来迎战我，是因为我攻击了他不得不去救助的要害之处。如果我不想打仗，我就要画地为牢做防守，让敌人无从对我下手，是因为我制造假象转移了他的战斗目标。所以打与不打不是由敌人而是由自己说了算，如果主动权不在我们手里，则必须化被动为主动。主动权实际上就是我们的生命权，唐朝李靖说过：兵书千言万语只是一句话致人而不致于人。所以孙子又说，"故善动敌者，形之，敌必从之"[①]，意思是说善于牵着敌人鼻子走的人，做一个假动作，敌人必定跟着走，以至于跌入陷阱。孙子又说："故善攻者，敌不知其所守；善守者，敌不知其所攻。微乎微乎，至于无形；神乎神乎，至于无声，故能为敌之司命。"[②] 意思是说善于进攻的人，让敌人不知道该防守哪里，而善于

① 《孙子兵法》，陈曦译注，中华书局2011年版，第85页。
② 《孙子兵法》，陈曦译注，中华书局2011年版，第95页。

防守的人，让敌人不知道从哪里进攻，真是微妙神奇啊。这样的人才是扼住敌人喉咙的人呢。他为什么能扼住敌人的喉咙？因为他时时刻刻掌握着问题的主动权。

在庭审质证中能否实现攻必取、战必胜，根本问题就在于对于证据的熟悉程度、对于证据缺陷或者瑕疵的把握程度。运用证据就如同用兵一样，证据多固然占据优势，但也并不是绝对的，有时候十份证据为什么敌不过一份证据？就是因为十份证据的证明方向比较乱，反而变成了证据越多，越不能得出唯一结论，还不如一份可信程度高的证据。所以对于辩护人来说，庭审中有时候并不一定非得“每证必质”“每证必疑”，本来就没有问题的证据如果仍然硬着头皮去质疑，会给人强词夺理的感觉，遭到公诉人有力的回击，反而形成“小敌之坚，大敌之擒”之势，效果并不好。相反，在肯定一些证据的同时，对于那些公诉人没有注意到的问题，或者应当收集而没有收集的证据等问题提出质疑，往往能够取得“攻而必取者，攻其所不守也”的效果。因此，无论是检察官，还是律师，都要认真研究在法庭上出示的各种证据都具有哪些特点。尤其是会在什么方面、什么地方、什么时间出现问题？各类证据出现问题时，都会表现出哪些规律性的内容？等等。只要能够把握这些问题，就可以实现攻防有度，达到“无所不备，则无所不寡”，否则，就会出现“则左不能救右，右不能救左，前不能救后，后不能救前，而况远者数十里，近者数里乎”的被动局面。

一、口供质证的“十看”要诀

尽管说客观性证据在庭审质证中作用非常大，但是对于被告人的口供，我们仍然要作为质证的重点去审查和准备，因为它在庭审中的变数很大、质证效果明显。在司法实践中，犯罪嫌疑人、被告人经常出现翻供、不供的情况，尤其是命案、贿赂案件、毒品犯罪案件、强奸案件，翻供和不供的可能性更大，而且此类案件口供常常真假掺杂，分辨起来难度更大，一些案件正是对口供判断失误才导致错案的发生。前车之覆，后车之鉴，被告人口供为什么会发生变化？这是我们需要研究的重点。检察官、律师都要通过认真研究，找出口供中存在的问题，或及时弥补，或直接作为质证攻击的要求予以攻击，取得效果。要保证庭审中口供质证的有效性，可以通过对口供的“十看”来解决质证要点问题：

一看讯问场所。犯罪嫌疑人被送交看守所羁押后，侦查人员对其进行讯问，应当在看守所讯问室内进行。如果没有在规定的地点讯问，应当合理解释，否则该口供的合法性就要遭受质疑。

二看讯问录像。对于讯问录像的问题，除《刑事诉讼法》明确作出的规定外，2014 年《最高人民检察院讯问职务犯罪嫌疑人实行全程同步录音录像的规定》对于职务犯罪案件作出了明确规范。根据相关规定，侦查机关讯问犯罪嫌疑人以及犯罪嫌疑人指认犯罪现场、进行辨认等活动，应全程录音录像。犯罪嫌疑人的供述、指认、辨认笔录的同步录音录像画面上，应具有与供述、指认、辨认等活动相应的不间断的日期和时间信息。录音录像应附有《提取经过说明》或《录制经过说明》，载明提取或者录制的录音录像数量、包装情况，提取或者录制的时间、地点，参与录制的人员及被录制对象在录音录像中是否认罪、有无辨认出犯罪现场等概况，相关经过说明上应由提取或录制的侦查人员署名，并加盖提供单位或录制单位印章。

三看讯问笔录内容。对照提押证上的时间看讯问次数，必要时可以向被告人询问侦查人员的提审次数。每次讯问都应当制作讯问笔录。记录应完整地反映整个讯问过程，特别是犯罪嫌疑人、被告人如何从不供到供述的经过。讯问笔录记载内容应与录音录像反映内容相一致。最初讯问犯罪嫌疑人时，不能因为犯罪嫌疑人否认作案而不制作笔录。讯问犯罪嫌疑人时，应完整地讯问并记录犯罪嫌疑人的姓名、年龄、民族、籍贯、职业、住址、身份证号码等自然状况，有无犯罪记录、家庭成员、犯罪时的住址、工作单位，从事何种工作等情况，必要时还要讯问犯罪嫌疑人的职责权限等身份情况。对共同犯罪的案件，应当问清相互间称呼，相识及纠合过程，并组织辨认。

四看有无全面收集证据。根据《刑事诉讼法》的规定，侦查机关应当全面收集犯罪嫌疑人的供述和无罪、罪轻的辩解，完整记录犯罪嫌疑人供述的关于作案的时间、地点、起因、详细过程、造成后果，如作案凶器来源、特征及去向，打击的部位、力度、次数及被害人的反抗情况等内容。犯罪嫌疑人辩解没有作案时间的，应当对犯罪嫌疑人的辩解情况进行查证。

五看各共犯供述内容。对于共同犯罪的案件，应当收集犯罪嫌疑人供述的与其他同案犯的联系情况及各自在共同犯罪中所处的地位和所起的作用的情况。对于犯罪嫌疑人、被告人作案后有无处理过犯罪现场及有无订立攻守同盟、毁灭证据、打击报复证人等情况也应完整记录。对于涉案财物的数量、特征及去向亦应一并讯问清楚。

六看讯问人员有无一人讯问情况。讯问犯罪嫌疑人应由两名或两名以上的侦查人员进行。讯问人员应当在讯问笔录上签名确认。讯问笔录应当载明讯问的起止时间、地点、讯问人员和记录人员的姓名，同时有时候还要看同一个时间段，是不是存在同一名侦查人员在不同的笔录上出现的情况，这是我们在审查案件当中经常会遇到的情况，一旦有这一情况，必须要求侦查机关进行补正或者作出说明，如果严重影响司法公正，应当予以排除。

七看讯问未成年人有无违反规定情况。讯问、询问未成年人时，应通知其法定代理人到场。法定代理人无法通知、不能到场或者法定代理人是共犯的，根据《刑事诉讼法》第二百八十一条的规定，可通知其他合适成年人到场，并将有关情况记录在案。侦查机关讯问、询问未成年犯罪嫌疑人不符合前款规定的，又不能做出合理解释的，讯问、询问笔录不予采信。

八看签名情况。讯问笔录的字迹应该工整、清楚。讯问人员应当留出足够时间让犯罪嫌疑人仔细阅读无误后，由犯罪嫌疑人在讯问笔录上签名。犯罪嫌疑人无法阅读的，由讯问人员向犯罪嫌疑人宣读，犯罪嫌疑人认为宣读的内容与其供述的内容相一致的，由犯罪嫌疑人在讯问笔录上签名。犯罪嫌疑人拒绝签名的，讯问人员应当记录当时拒签的原因等情况。

九看有无疲劳审讯。连续讯问犯罪嫌疑人不得超过24小时，同时应保证犯罪嫌疑人、被告人的饮食和必要的休息时间。

十看翻供情况。犯罪嫌疑人、被告人先认罪后翻供或者先否认后认罪，或者多次反复的，讯问笔录应当记录其自述的翻供、认罪、反复以及新的辩解等内容。翻供原因和辩解涉及的事实、证据对犯罪嫌疑人、被告人定罪、量刑或者法律适用可能发生影响的，侦查人员、检察人员应当进行核实和收集。无法核实、收集的，应当制作《工作情况记录》说明经过和原因。

需要注意的是，上述“十看”内容，是检察官、律师都能够使用的内容，尤其是检察官，更应当在庭审准备的时候，对上述问题进行认真研究，这些内容，一定是辩护人当庭可能作为“撒手锏”用来攻击证据体系的有力武器，必须有所防备。对于口供审查中发现不能满足这“十看”要求的，我们就要高度注意、充分准备，必须对证据体系加以补正补强，才能实现“守而必固者，守其所必攻也”的目的。

二、物证、书证的质证要点

美国著名法庭科学家赫伯特·麦克唐纳曾经讲过一段很经典的话：“物证不怕

恫吓，物证不会遗忘，物证不会像人那样受外界影响而情绪激动……在审判过程中，被告人会说谎，证人会说谎，辩护律师会说谎，甚至法官也会说谎，唯物证不会说谎。”① 都说物证是证据之王，那是因为物证是“不说话的证据”，它不用偏袒谁，也不会说谎话，不会因与哪一方存在利害关系而发生改变，所以在证据体系中，它是最值得信赖的证据，是其他证据的试金石，随着刑事诉讼现代化的进展和以审判为中心诉讼制度的改革，物证越来越成为法庭上公诉人的撒手锏了——人证随时可能发生变化，但物证恒定不变，忠实地支持着证据体系，它才是公诉人手里的王牌。但这个王牌却并不一定有立场，不会因为你是代表国家的公诉人就完全站在你这一边，你怎么说都支持你，或者你是被告人的代理人它就不支持你。它只会默默地用它对事实真相的“愚忠”表明自己的态度，所以有时候公诉人误以为它会支持自己的时候，却在举证时“搬起石头砸自己的脚”——物证被辩护人所用，反而成了无罪的有力证据。因此，对于物证的审查与质证，在庭审中尤其关键。然而，说起来这么重要的物证，在现实的案件庭审中，却另有一番模样。以侵犯人身权利类案件为例，在该类案件中，经常出现一些痕迹物证，如强奸案件的 DNA，故意杀人、故意伤害案件的凶器，绑架案件的绳索、运输工具等。这对于我们证明案件事实十分关键，为什么？因为它最能忠实地反映案发现场及案件过程。但是，对于物证的审查确实是静默无声的，书证也是一样，因为毕竟它们不会说话，而且有时候这些东西特别多、特别零碎，很容易搞错、搞混，甚至稍有不慎就会导致错案发生，所以审查的时候一定要细致，不要一看东西那么多心里就烦了，要耐下心来，从容应对，仔细清点、核对、甄别。有经验的检察官或者律师，一定会在这方面下功夫，不厌其烦地翻阅审查，找出其中与其他证据存在的矛盾之处加以解决。

对于物证书证的质证重点，首先要看来源。物证之所以可信度相对其他证据高，就是因为它不会以人的意志而转移，但它也有一个致命的缺陷，那就是收集要及时，而且要保证是案发当时的原物和原状态，如果被人调包了，那么它不但没有作用还可能冤枉好人，因为它无法表达自己是真是假。对于审查物证和书证，首先要保证的就是证据来源，一定要真实，不能是别人栽赃陷害的，所以这个时候就要求重点审查物证书证的来源，如果是侦查人员依法收集到的原始物证、书证，则要看现场勘查笔录上有无记载、提取物证清单上是怎么记的，是在勘查现

① 转引自何家弘：《物证也“说谎”》，载《中国法学》2019 年 5 月。

场时提取的，还是从犯罪嫌疑人、被害人处扣押、提取的，还是经过搜查获取的，还是来路不明，不知什么时候由什么人放到案卷里来的。一切物证、书证的来源，侦查人员都有义务在卷宗材料里交代清楚，所以检察官、律师需要审查的就是有没有关于物证、书证来源的文书，如扣押物品、文件清单，如扣押笔录、搜查笔录、勘验笔录、检查笔录里面有没有关于提取物证的描述与说明，等等。还有一部分物证也要小心，那就是当事人主动向侦查人员提供的，这个很可能是伪造或者加工变造过的，目的是掩人耳目、混淆是非，隐匿真实的罪证或者栽赃陷害，这种情况在强奸、故意杀人、故意伤害案件里面经常会出现，如一起邻里纠纷导致的故意伤害案件，被害人一方就向侦查人员提供了一根钢管，说是犯罪嫌疑人作案时使用的，但讯问犯罪嫌疑人，他否认，而且没有其他证人能够证实犯罪嫌疑人使用了这根钢管，被害人的身体损伤特征也与钢管打击造成的损伤不同，那么这个物证就是假的。所以对这部分物证、书证要高度警惕，不是说一定是假的，但要慎重对待，如果没有其他的证据，尤其是与双方都没有利害关系的、第三方的证据与它相印证，一般不能单独作为定案的依据，包括与当事人口供一起作为认定某一事实的依据，因为这属于同源证据，完全可以由一方一手炮制。所以对此必须十分谨慎，必要时可以申请对物证进行鉴定，来明确它的真假。另外审查物证书证，还要看提供方所提供的是否合乎情理。物证来源还有一个问题，就是提取方式是否合法、是否有瑕疵，如卷宗材料中没有扣押、提取、搜查笔录等法律文书，或者在现场勘查笔录上没有记载提取了什么物证，但卷内却有这份物证或者书证，或者虽然有上述法律文书，但文书不合法，如没有侦查人员签名，没有被提取、扣押人员的签名，没有见证人签名等，这也属于有瑕疵的，那么就需要侦查机关对此问题予以补正说明，所谓的“补正”，就是要求侦查机关对该物证予以补充说明、纠正不严谨细致合法的做法，使证据符合刑事诉讼的要求，即没有严重影响司法公正。司法实践中大部分勘查笔录、提取笔录、搜查笔录，办案人员签名都没问题，但是问题经常出在见证人身上，很多案件的见证人，在其他案件当中也出现过，很多有经验的律师办相关案子多了，或者一件同一被告人作案次数多的案子，律师会发现这些笔录里面存在这个问题——其实这个见证人的身份可能不符合规定从而会被辩护人抓住了把柄，影响了证据的效力，因为这个见证人他很可能有偏向性，对一些不规范或者没有记录的情节不提出异议，起不到见证人的作用，所以这也是物证、书证审查与质证的一个重点。

其次是物证书证与案件的关联性。我们说，关联性是证据的三大要素之一，但在一些案件当中，往往会出现大量与案件无关的物证书证，尤其是书证，如侦查人员把一个公司的所有账本全提取来了，为什么？有时候并非必须要把这些材料都取来，而是因为侦查人员也不清楚这部分是不是跟案件事实有关，又害怕遗漏，干脆就把现场上的所有东西都给搬过来了，其实能用的就那么三两件，但他们把东西全部拿来移送，这就是考验检察官和律师耐心和能力的时候了，因为在这么多的物证里面，你不知道哪样东西跟这个案件有关，有的案件，很可能通过审查物证书证，检察官还真是又能发现新的犯罪事实，或者律师发现了无罪的证据。所以必须要审，对于没有关联性的证据，不作为定案的依据；对于发现的无罪证据，要及时在质证中提出；对于证据间存在矛盾的，要做出合理解释，否则就要对证据提出质疑。凡此种种，其实归结起来就三个字：责任心。所以说审查物证、书证的窍门就是能耐得下性子、压得住烦躁。

再次就是对照。对于物证书证的审查，必要时要跟被告人核对、跟被害人核对、跟证人核对，核对作案工具、所提取的痕迹物证等，什么目的？就是核对这些东西有没有搞错、弄混甚至被人做手脚，同时反过来也能审视口供的真实性。

最后是鉴定。鉴定不是必经手段，并不是每一份书证或者每一份物证都必须鉴定，那样浪费司法资源，既不必要，也不可能。但对于存在疑问的物证、书证，在犯罪现场起关键证明作用的痕迹物证、作案工具，就需要鉴定，如真伪难辨、争议较大的，唯一能够证明犯罪嫌疑人到过现场的指纹、足迹、烟头上的 DNA 信息，车辆痕迹，需要证明是犯罪嫌疑人经手的等，尤其是命案，必须做到万无一失。隐秘型的强奸、贩卖毒品、故意杀人、雇凶故意伤害犯罪，往往这个很关键，如某故意伤害案，案发现场天黑，被害人无法认出犯罪嫌疑人，但从犯罪嫌疑人租房内提取的刀具上有被害人的 DNA，与被害人被砍伤这一事实能够印证。这个鉴定就起到了关键作用。又如一起贩卖毒品案件，在毒品包装袋内层提取到了被告人的 DNA，尽管他不承认，仍然可以认定。

回过头来总结一下物证书证审查质证的方法与思路：拿到之后先看看是怎么来的？再看看跟案件有关吗？再看看侦查人员提取的时候手续合法有效吗？再看看这东西是证明什么的？再看看该拿它跟什么去对照？再看看这东西是真的还是假的？要不要鉴定一下？再看看这东西有多少数量？数一数，跟扣押笔录、搜查笔录、勘验笔录、检查笔录里面说的数字对不对得上？凡此种种，其根本要求就是：耐心，细致，严谨。

三、言词证据的质证要点

不论是检察官还是律师，在法学院里学《证据学》的时候，老师一定告诉过我们，人证类证据的特点，那就是有亲历性、直观性，但容易受到外界影响，真实性和稳定性会存在问题。就办案的实际来说，最首要的问题却是：我们经常找不到证人，尤其是控方证人和被害人。如一起入户强奸案件，你能找到目击证人吗？一般不太容易，有人看到他就不干了，犯罪嫌疑人都是趁人看不到的情况下作案的对吧？毕竟那种在公共场所当众强奸的尽管有，但还是不多；再有雇用他人杀人、伤害的，一般都是趁无人的时候下手，以保证行为的隐秘性。所以这个时候证人就比较稀缺，甚至连被害人都没有看清当时的情况，连辨认犯罪嫌疑人都辨认不出来。当然，也有一些案件有大量证人，如在公共场所发生的抢夺、抢劫、寻衅滋事、故意伤害的案件，但它也有问题，就是很可能证人有偏向性，或者有利于犯罪嫌疑人，或者有利于被害人，不一定提供客观的证言，这也是检察官、律师在审查与质证当中需要高度注意的问题。所以说，审查人证，首先得有人，目击证人很重要，检察机关要让侦查人员尽可能地去找，尽量找到；律师也可以通过自己的走访与调查去查找，或者申请司法机关查找；同时检察官、律师在审查和质证中都要注意这些人是否与案件有利害关系。

这里所说的“人证”，指的是被害人陈述和证人证言，因为他们是通过言词的形式提供证据，自然会因立场的不同，所提供的证据在言词中有所不同，这并不是说只要是有立场就一定提供虚假言词证据，而是提醒检察官和律师在审查证据时加以注意，心里要有数，当然你不能直接问人家：你跟这个案件有利害关系吧？你会说假话吧？一般地说，刑事案件人证会有几类：一是目击证人，虽然比较稀缺，但有的案件也是有的，如在公共场所故意伤害的案件，本身就是在公共场所进行的，那么就会有目击证人，有时候侦查人员没有去找，我们可以帮助他们提供线索，如在医院扒窃的，从当天那个时段挂号的其他病人里能不能找到？旁边鲜花、礼品、水果店员工能不能看到？自行车、停车场管理人员有没有看到？护士、医生、临近窗口的服务人员、引导人员有没有看到？在电影院里发生的，检票人员、卖爆米花和可乐的、相邻两个放映厅的其他人、售票员，有没有看到？晚上发生的抢劫案件，下夜班回去路过的人，每天有规律在这个时间段上下班、送货、摆摊、等车的人员有哪些？侦查人员有没有找他们问过？案发当天帮助报警的人员是谁？侦查人员有没有询问过他？等等，通过这些线索，很可能会找到关键的目击证人，询问之后可能对案件的证明就起到了关键作用，或者强化了证据体系，或者直接排除了被告人作案的可能。这一类人证很重要，主要原因在于他们是与案件无利害关系的证人，尽管有时数量比较少，但他们可能目击了案件发生过程，或者了解案件中某一关键情节，如果提供真实的证言，那么对于查明案件真相能够起关键的作用。但同时我们也要注意，此类人也是根据他们的“三性”即个性、记性、品性来提供证言的，对这类人证言的审查，刑事案件基本是类似的。二是被侵害人员的邻居，“远亲不如近邻，近邻不如对门”，如一起邻居之间发生的故意伤害案件，首先可以走访一下对门、上下楼层邻居以及小区保洁、保安、送报人员，这些人对现场环境熟悉，又经常有机会在现场周边活动，很可能对案件发生情况有所了解。三是与被害人同行、同车、同办事的人，如同事、朋友、亲戚、公司员工，如一同去行贿的人或者犯罪嫌疑人这一方的案件知情人员，他们与案件犯罪嫌疑人接触密切，比较熟悉，除非有矛盾，一般情况下会同情自己这一方的人，有的人也是案件事实的见证者，如单位窃电所接电线的人，有的人甚至是参与者，即使没有被当作犯罪嫌疑人一并追究，但案件处理与他们有较大的利害关系，因此这部分人提供证言的时候，一般会选择有利于己方，犯罪嫌疑人方的就会有避重就轻、倾向于保护犯罪嫌疑人的态度，或者干脆说不知道、没看到，提供无效证言。四是与此案相关联事实的知情者，如一起故意伤害或者故意杀人案，原因是犯罪嫌疑人与被害人有矛盾，多次发生纠纷厮打，那么一起参与纠纷的知情者也是证人，可能最后一次这个伤害或者杀人的事情他不知道，但过去发生纠纷当中的情况他了解。五是被害人，他们是被告人犯罪行为的受害者，一般情况下会如实提供陈述，但因存在被害的后果，对被告人心存怨恨，或者为谋取较大数额的赔偿，可能会夸大危害后果；甚至有些案件被害人就是在设计陷害被告人，如一些强奸案件，其实是设计好的“仙人跳”，目的是勒索钱财，由于勒索不成才报案，由于此时一些“客观性证据”等确实存在，单看客观表面现象很难发现这是一起冤案；同时也会有被害人在案发后因被告人托人说情、给予了赔偿，选择原谅被告人，或者改变陈述，有的还选择不再接受伤情鉴定和检查、不再来提供陈述，致使案件后果无法确定、案件细节无法查实。还有部分被害人根本不关心被告人的处理结果，只求自己的利益能够得到回报，如一些非法吸收公众存款、非法拘禁、强奸案件的被害人。六是有污点的证人、被害人，如窝藏包庇、为犯罪行为提供帮助的人及有过错甚至有犯罪行为的被害人，这类人证自身也存在违法犯罪问题，担心说了实话会受到处罚，能不说实话就会尽量选择不说实话，但如果认真地给他们讲清利害关系，他们也会选择说实话的。由此就可以基本了解如何审查证人证言的内容了，那就是：先看他是哪一部分的，再根据他提供的人证内容，动脑筋去想想，他说的是实话吗？

四、鉴定意见的质证要点

检察官小伟（化名）今天又在犯愁了：这个案子侦查机关已经做了鉴定，但在审查起诉期间律师又提出鉴定申请，没有同意重新鉴定的情况下，律师委托其他鉴定机构又做了一份鉴定，两份鉴定意见结论正好相反，这可怎么办？两家鉴定机构都说自己科学，但总有一份是不科学的吧？我又不是专业人士，难道判断哪一个鉴定是真是假，也要我做决断吗？我怎么才能不判断失误呢？法庭上该怎么质证呢？小马（化名）在旁边说：这好办，肯定是公安机关做的鉴定准确呀！人家有资质，又专业，做的案例也多，掌握的案件资料也比较全面，肯定更科学、更权威呀！再说，这个案子的犯罪嫌疑人以前对这份鉴定不也是认可的吗，这不正好印证了公安机关鉴定的准确性呀？小伟说：但是他现在翻供了，说是当时没有仔细看，律师委托的鉴定人说是真的，这不正好也印证了他翻供的说法吗？再说，论资质，人家律师委托的鉴定机构也是有资质的，不能因为是社会机构就说结论不正确吧？我看证据是一比一平。这怎么办？好了，科长来了，问问他看！小马说。

科长听了二人的问题，回答说：小伟说的是对的，既然同为鉴定机构，那么就没有高低之分，只要谁的鉴定意见更科学、更完备，我们就应当采信，而不能迷信侦查机关所做的鉴定。事实也证明，很多情况下侦查部门做出的鉴定意见并不一定科学完整，有的因为检材被污染而提供了错误意见，有的因为检材实际上与案件无关结果不符合证据资格，甚至有侦查机关将现场提取的物证与其他案件的物证弄混了，结果导致办了错案，冤枉了无辜，这些教训都告诉我们，一是不要轻信鉴定意见，《刑事诉讼法》在修改的时候为什么把鉴定结论这个名词修改为鉴定意见，道理就在于此，有的人认为鉴定结论是科学的结论，拿着它，就可以直接定案子，其实不然。实际上鉴定意见仅仅是一方面证据，必须经过审查、质证，得到其他证据的印证，才能作为定案的依据之一，而不是唯一证据。因此律师在这种情况下申请重新鉴定或者委托鉴定都是可以的，而且大量事实也证明，重新鉴定得出的鉴定意见，未必就是错误的意见，因此作为检察官在审查案件当中，千万不要认为侦查机关做的鉴定一定是百分之百正确的、不需要经过审查就能够直接用于定案。科长接着说：所以说，不论是什么样的鉴定意见，我们都要审查，对于错误的鉴定意见，同样要予以排除，不能作为定案的依据，律师也一样可以就此提出质证意见，这种意见法庭就会采纳；如果我们还坚持原来的意见，就要承担不利的法律后果。当然这就带来一个问题，也就是小伟说的，不论是检察官还是律师，我们都不是专业人士，怎么能够判断鉴定意见的真假对错呢？先找规定。对于鉴定意见的审查，《最高人民法院、最高人民检察院、公安部、国家安全部、司法部关于办理死刑案件审查判断证据若干问题的规定》第二十三条规定，对鉴定意见应当着重审查鉴定的程序、方法、分析过程是否符合本专业的检验鉴定规程和技术方法要求，鉴定意见是否明确，鉴定意见与其他证据之间是否有矛盾，鉴定意见与检验笔录及相关照片是否有矛盾。第二十四条进而规定，与证明对象没有关联的鉴定意见，以及鉴定程序、方法有错误的鉴定意见，都不能作为定案的根据。因此对鉴定意见的审查，我觉得有这么一些方法可供你们选择。

第一，形式审查法。看形式，是否符合鉴定的要求，最简单的是看鉴定人资格。有的鉴定人不符合资质要求，或者鉴定机构本身没有做这个项目鉴定的条件，如果出具了鉴定意见，那么显然是不能作为证据使用的。还有的鉴定意见形式根本不符合鉴定的要求，没有体现出鉴定的检材来源、鉴定方法、鉴定过程和结论得出的依据，或者缺少其中的部分内容，无法得出令人信服的结论，这个要看鉴定意见后面所附的鉴定人资质证明或者证件，还有鉴定机构的资质证书，看看里面的鉴定范围。

第二，利害关系审查法，就是要看看鉴定人与案件是否有利害关系。如果鉴定机构是报案单位所提供的业务往来单位，或者律师提供的鉴定意见，鉴定部门就是案件犯罪嫌疑单位的客户或者经营伙伴，那么其鉴定意见就可想而知。

第三，鉴定意见统一性审查法。什么是统一性？就是有的鉴定书上不止一个鉴定人，可能是一个专家团在做鉴定，这些鉴定人之间意见不一定完全统一，有的人可能会持不同观点，这个时候就要看他们的鉴定意见是否最终统一、在哪个问题上统一，不统一的观点是否对与案件相关的鉴定结论性意见产生影响，如果产生影响，那么这个鉴定意见就是一个不统一的意见，结论不确定，不能够作为定案的依据。

第四，鉴定方法审查法。审查鉴定方法是否科学、是不是仍然使用比较陈旧的鉴定方法，而不是先进的、目前普遍采用的鉴定方法，如果有使用更加先进科学的鉴定方法出具的鉴定意见，那么原来那个鉴定意见就值得怀疑，如果结论不一致，通常应当采信先进的这个。当然先进的意思不代表是最新的，这个要注意区分，有的新方法没有经过实践检验，不一定稳定、权威，还没有得到业界公认，那么这种鉴定方法就不能说是最科学的。

第五，检材审查法。要看送检的检材源于何处？是谁提供的？是真的还是假的？曾经有个故意杀人案子出错了，是什么原因？侦查人员在提取检材的时候搞错了，把另外一个案件当中的凶器混到这个案子当中，导致无法提取DNA信息，反而显示案件另有其人作案。这种鉴定意见对案件事实的证明作用就是零，因为不符合证据的关联性原则。所以我们今后对待这种虽然有物证、痕迹、指纹等证据，但被告人坚决否认的案件一定要当心，要对现场勘查情况、痕迹、DNA、指纹等物证提取情况进行详细、实质性的审查，一定不能在检材上出现错误。

第六，逻辑审查法，或者叫分析过程审查法。就是对鉴定的论证过程进行审查，看论证内容是否符合情理。虽然我们不是专业人士，可能对专业性问题无法作出权威判断，但对论证的内容还是能看懂的吧？如果论证过程中明显存在因果关系错误、依据使用错误等情况，如论证甲账目的时候用的却是乙账目的数据，那么这个论证就明显错了，这种情况下得出的结论肯定也是错的，是可以提出审查意见的。

第七，权威鉴别法。这是在没有办法的时候所做的工作，一般情况下，检察机关都有技术部门和专业人才，那么可以要求他们对鉴定进行文证审查，提供审查意见，如果他们仍然认为无法鉴别，那么可以申请更加权威的专家来进行审查，当然这个方法有时候是在迫不得已的情况下才使用的，因为专家鉴别需要时间，办案有期限规定，但为了保证万无一失，必要的时候只能这样做。

另外，很多案件经常会发生重复鉴定，并且多个鉴定意见不一致“打架”的情况，怎么办？第一，从鉴定意见的属性来看，出现结论冲突符合事物发展的客观规律。鉴定意见冲突就是鉴定意见之间存在不一致性，相互对立排斥或者相互干扰，如对同一伤情，一个鉴定为轻伤，另一个鉴定为轻微伤。造成鉴定意见冲突的原因有很多，一般来讲主要有以下几点：一是鉴定意见是由专门知识的人解决案件中某些专门性的问题，是人对于事物的原因、性质等问题作出的分析和解释，属于认识论的范畴。鉴定意见冲突包含了人认识世界有限性和相对性的一切因素，干扰因素使不同的鉴定者得出不同的结论或者同一鉴定者得出相反的结论都是有可能的。二是司法鉴定是一项对科学技术依赖性非常高的活动，司法鉴定以科学技术为基础，科学技术的进步是促进司法鉴定发展最根本、最重要的因素。从纯粹的技术角度来说，科学技术实际上也属于人的认识，也是具有局限性的，会存在误差。三是客观因素的干扰可能导致鉴定人无法对问题作出科学的判断。科学技术在鉴定过程中要发挥作用，还必须依赖一些客观的因素，如检材是否充分、检材距离案发时间的远近、鉴定的环境等。这些客观因素有相当大的不确定性和不稳定性，它们的变化有可能直接影响到鉴定意见的准确性。第二，从证据效力来看，鉴定意见的合法性与客观性是其具备证明效力的前提条件。当鉴定意见冲突真的出现在我们的面前的时候，我们究竟该如何处理，如何作出选择，鉴定意见的证明效力高低不能因为鉴定机构的行政级别而预先判定，否则就倒退回法定证据时代了。当然我们最好的处理方法是从鉴定意见的基本审查判断入手，通过审查鉴定人资格、鉴定条件、鉴定方法、鉴定材料、鉴定推理来判断鉴定意见的准确与否，从而在冲突中予以甄别和选择。根据 2010 年 6 月《最高人民法院、最高人民检察院、公安部、国家安全部、司法部关于办理死刑案件审查判断证据若干问题的规定》第五条的规定，证据的确实、充分，是指定罪量刑的事实都有证据证明；每一个定案的证据均已经法定程序查证属实。根据该文件规定，对于证据的审查判断适用于所有刑事案件，而非局限于死刑案件。鉴定意见作为《刑事诉讼法》规定的证据形式之一，按照“确实、充分”的证明标准，首先要求需要具备证据的合法性和客观性。在办案过程中，检察机关应根据《最高人民法院、最高人民检察院、公安部、国家安全部、司法部关于办理死刑案件审查判断证据若干问题的规定》第二十四条的规定对鉴定意见进行审查。审查范围包括：鉴定人的资质、中立性，鉴定程序、规程、方法，检材、鉴定意见的形式、明确性、关联性、告知程序及与其他证据之相互印证等问题，而在这些问题中，首先就是真实性和客观性问题。如果鉴定意见所依据的检材存在遗漏，或者瑕疵，则鉴定本身丧失了客观性，也就丧失了作为证据使用的前提。此外需要注意两个问题：一是鉴定过程的合法性对鉴定意见证明效力也有影响。具体来说包括鉴定基础的材料来源之合法性对鉴定意见证据能力的影响，也就是非法证据排除的问题；鉴定手段的正当性对鉴定意见证据能力的影响。侦查过程对于鉴定意见效力也有影响，如果是非法取得的证据，那么相应的鉴定意见的证据效力也会受到影响。鉴定手段的正当性应当被视为整个诉讼过程正当性的应有之义，鉴定人不能为了鉴定而不择手段，如不能以侵害公民人身权利的方式取得检材。二是鉴定的专门问题与法律责任评价之间的界限。鉴定意见作为证据具有客观性的条件是：所要证明的必须是事实问题，而该事实问题只有借助于专门知识和技能才能认定。只有上述两个条件同时满足，鉴定意见才具备证据资格。因此当鉴定意见超出事实问题的范围，对法律问题发表意见时，便超越了职权范围。鉴定人只能就其基础事实发表意见，而由司法者进行法律责任的判断。例如，对于当事人的行为能力的认定，鉴定人只能在专业问题范围内对其精神状态是否异常给出结论，而不能对其是否承担刑事责任进行评价。第三，从证据的采信标准来看，应对鉴定意见进行程序性审查和实质性审查，结合案件事实和其他证据，综合判断鉴定意见的可采性。

鉴定意见只是一个意见，只是证据的一个种类，我们既要尊重专家的知识与劳动，同时也不能过度迷信意见，把它当成绝对的定案依据。归根结底，还是要把它与其他证据相对照来审查，这样才能恰如其分地发挥意见证据的作用。

五、视听资料、电子数据的质证要点

有检察官谈论过有一部国产影片，认为艺术演绎有些不符合检察机关办案实际，比如公诉人离席讯问，有人在探索，但大多数情况下公诉人还是要老老实实坐在公诉席上的；又如这个监控录像的来源，对于一个来源可疑的“证据”，公诉人居然把它当作定案的依据来使用，这也只可能出现在电影情节中了。这里我们就顺便说一说新类型证据的审查质证技能。因为它们新，所以很多检察官、律师对它们不熟悉，在法庭质证中就会不知该从哪个方面入手，往往不得要领，起不到质证效果。《刑事诉讼法》的三次修改，根据科学技术的发展，增加了视听资料、电子数据等证据种类，这些证据表现得比较直观，有时可以使人一目了然地目睹案件发生的全过程、有时又可以让人通过电脑中保存的文件发现整个犯罪的全记录，如预谋、具体实施、犯罪情节、如何逃跑等，很可能被完整保存在一部电脑中、几段视频中，不多不少，如 QQ、微信聊天记录、监控录像等，很多刑事案件，也就是通过这种手段破获的。这么好的证据形式，在给办案工作带来便利的同时，其实也有很多问题，比如这些数据很容易被修改而且不留痕迹，如录音、录像容易被剪辑等。那么怎么在办案中审查这些新类型的证据呢？

应当说，随着科技的发展，很多过去无法预见的证据形式已经出现并在办案中为我们解决了大问题。大家想想，现在街面上的大量治安、交通监控探头，为公安机关破获大量案件解决很多问题。记得以前办故意伤害案件，很多时候只能靠口供，有的案子目击证人或者被害人明明在说假话，我们就是无法揭穿他，而当现场只有被告人一个在场的时候，他说什么就是什么，除非痕迹物证太对不上了，不然他说的是真是假，谁也不好作出决断。现在不同了，他怎么说都不要紧，有监控录像！案件怎么发生的，有录像为证，整个过程清清楚楚，想抵赖都难。侵犯人身权利类案件当中这类证据也多起来了，如各路口有现场录像，高速公路出口有录像，小区、宾馆、车站码头、公交车上经常都有监控探头，能够完整地记录当时发现的场景，这些都大大方便了办案，有几个命案，就是调取了高速公路入口与出口的录像，找到了犯罪嫌疑人的行车轨迹，从而确定了作案时间、抛尸体地点等。《刑事诉讼法》修改后，又增加了电子数据，包括比如绑架后为了勒索财物而通过发送手机短信、微信、QQ 等形式联系被绑架人亲属的电子信息，雇用他人故意杀人、故意伤害过程中互相联系的电子信息等，都能够作为证据使用。这些证据的特点是比较直观、人物事件清晰，便于保存和收集携带，只要是原始记录，其真实性和准确性是其他证据无法替代的。正因为这类证据是新类型的证据，办案中经常出现的问题是有的侦查人员可能会忽视对它的收集，还用常规的证据收集方法，忘了这类证据也是证据，所以在审查案件时要多一个心眼：这个案子会不会有视听资料、电子数据等证据？如道路监控、聊天记录、手机数据等！还有些时候，在侦查人员眼里，这个证据比较间接，可能会认为对案件的证明程度不高，所以没有去取，这就要看我们站在什么样的高度和角度去对待了，有些证据可能没有现场录像那样直观，但它可以对证人证言或者被害人陈述以及犯罪嫌疑人供述内容的真实性起到补充作用，或者衡量这些证据的真伪，那么这个时候的证据就很重要了，所以我们可以在审查人证的时候这么想：除卷宗里面的物证书证外，还有没有视听资料、电子数据等证据来印证他的说法呢？如果有，这个证据的作用大不大？这都是在没有这类证据的情况下我们需要考虑的问题。那么如果有了这类证据，我们该怎么审查？首先肯定是来源，为什么？因为来源决定它是不是原始的、客观的、真实的、没有经过剪辑或者篡改的。我们都知道视听资料最可怕的是什么？不是恐怖片，而是被人刻意编剧导演好再拍摄的假片子。这种情况办案中有没有？电影里是有的。当然这是个极端的例子，不一定是真的，但它提醒了我们，就是在拿到这个证据的时候一样要审查，不要以为有了这个就一定是千真万确的。这个就是俗话所说的“眼见还有三分假”的道理。电子数据也是一样，也要审查它的来源，一看它是由谁提供的，怎么提供或者提取的，用什么方法提取的，会不会只断章取义地提取了一部分，不能反映某一事物的全部情况，或者提取的是不是已经被篡改的、伪造的证据。那么怎么看？看谁提供的，要看是不是与本案有利害关系的人提供的。为什么会提供，提供的动机和目的是什么。比如，这个案件是被害人提供的，她的目的是要证明犯罪嫌疑人通过欺骗与要挟的手段逼迫她与其发生性关系，通过网上的形式交谈上述内容，她是在报案的时候就主动提供给了侦查机关，那么这个相对就比较可信，但后来的具体情况，还是要跟其他证据核对，如在现场发生了什么，犯罪嫌疑人使用了什么手段违背意志，有没有实际发生性关系等。而如果是案发后相当长一段时间由犯罪嫌疑人一方提供，那么就要注意了，为什么有辩解不在案发之初就主动提出来，而是等到这个时候才提出？是从哪里找来的电子数据？这个电子数据的产生时间段对不对？必要的时候，要请技术部门对这个电子数据的产生时间、有无人为篡改或者编造等问题进行鉴定，从而确定它是不是虚假的。二看跟案件事实的关系，也就是关联性。有的视频也好、电子数据也罢，虽然是真的，但与案件事实没有关系，那么再多也没用。如有一次一个抢劫案子，侦查机关提取了一个ATM机取款监控视频，试图证明取款人就是本案的犯罪嫌疑人张某，他在抢得银行卡之后去取钱，但凭那个视频怎么看也看不清楚是不是张某，张某本人也辩解他没有在这个地方的ATM机上取过款。那么现在可以说，不否认这个监控视频确实是原始的，确实有人在取款，取的款也是本案被害人银行卡里的款，但取款人究竟是谁，如果不能通过辨认、鉴定等方式明确就是本案犯罪嫌疑人，那么这份视听资料就只能说明确实有人取走了这笔款，但不是张某，那么是谁？因为与案件的关联性不清楚，起不到就是张某作案这个证明作用，对此，律师提出质证意见，认为无法进行同一认定，最终这个案子没法认定。三看取证程序是否合法。一般来说，这种客观性证据，除取证程序严重违法可能影响司法公正不能作为证据使用外，都是可以作为证据使用的。正是因为法律有这方面的相关规定，如果侦查人员随心所欲去调取，就容易造成调取手续极不规范甚至没有手续，反映不出是在什么情况下、从哪里调取的情况，这就既关系证据来源问题，又影响司法公正了？因此，审查的时候同样要注意这类证据的合法性、规范性调取问题，手续不齐全的，要求侦查机关作出补正和说明，这就是瑕疵证据，一方面检察机关有义务进行监督，另一方面律师有权利质疑该证据的合法性，要求电子数据的收集、提取、审查和判断都要严格按照规范进行，质证中我们就要高度注意对照。还有一个问题就是，说一千道一万，拿到视听资料一定要去看！某个检察院几年前有个强奸案件，案发地点在某酒店房间里，犯罪嫌疑人、被害人双方各执一词，一个说是强奸，另一个说是双方自愿，无法明确谁说的是真实的，最后没办法，还是经过检委会讨论做了存疑不起诉处理，结果因为之前是已经批准逮捕羁押的案子，犯罪嫌疑人申请国家赔偿，检察院也赔偿了，但是犯罪嫌疑人还不满意，又向上级检察院申诉，要求追加赔偿，上级检察院在复查中，经过审查，发现定罪的证据并不是没有，而是有一个重大发现，侦查卷宗里附了一张某酒店监控视频光盘，光盘内容显示，被害人曾经赤裸着身体从房间里跑出来要逃跑，躲避强奸，结果又被同样是光着身子的犯罪嫌疑人跑出来给拉了回去！这个内容，正好与被害人陈述完全一致！原来的承办人当时为什么没有对这一情节引起重视？原因太简单了：就是根本没有看到这个光盘！后来，上级检察院撤销了原不起诉决定，这个案子重新起诉之后，被告人被判处有期徒刑五年！所以说只要卷宗内附有这些证据的，不论是检察官还是律师都一定要认真审查，有时候可能看一遍都不一定能够看清楚，一定要反复审查，才能实现审查的目的，发挥质证的作用，这就要求检察官和律师不能就卷宗纸面上的东西去判断案子。电子数据的取证程序也是一样，而且要求可能更严格。如远程计算机调取证据的问题，有的案件需要进行远程计算机取证，那么就要先办理相关手续，并作出取证说明，使用什么方式，取证的条件与工具，对哪台计算机的什么内容进行了取证，对方是否认可，都要反映到卷宗材料中来。对于从计算机上取到之后打印到纸质材料上的内容，要做出说明，同时要经取证相关人签字予以认可，这样才能对案件起到证明作用。有这样一个案子，犯罪嫌疑人对纸质内容没有签字确认，结果到了法庭上翻供了，说不知道，没见过，尽管后来通过再次取证的方式还是证明了案件事实，被告人最后也认了，但这不是浪费了司法资源吗？还是在取证的时候没有考虑周全、没有规范到位，辩护人提出来了，这就是一个很大的问题。四看有些电子数据内容不是用自己真实的姓名进行联系的，而是用昵称或者化名，那么对于案件中这些用昵称、化名交流的内容，就应当要求当事人进行明确，这个名字或者昵称代表谁、真实姓名是什么，或者通过对这个昵称与所注册电话号码进行同一确认来明确，这同样也是防止案件当事人对这一内容不认可，辩护人提出这个名字不是本案的被告人的情况发生。所以在审查中就要注意看这些名字有没有通过讯问、询问等方式与当事人进行核对、明确，没有明确的，要进行核对、明确，与电子数据上的名字对应起来。五看与其他证据的核对，通过对人证的审查了解视听资料、电子数据产生的时间段、产生的内容及形式都对不对，这同样也可以判断这个电子证据是不是假证据。视听资料、电子数据的审查与质证要点大致就是这些，毕竟是新生事物，大家在审查它的过程中可能积累的经验还不够丰富，这个也有待大家在今后工作中进一步摸索总结，争取总结出更加全面、合理、科学的审查质证方法来。

六、如何规范犯罪嫌疑人、被害人身份审查

这些年来，办案中犯罪嫌疑人、被害人身份认定错误的案件偶有发生，尤其是流窜作案的犯罪嫌疑人，周边没有熟悉他的人，他们的身份经常随口乱报，如果不认真核实极易搞错，导致严重损害了司法机关形象。仔细反思出现问题的根源，就是在审查起诉过程中想当然、发现问题不解决而造成的。为此我看，不论是检察官，还是律师，都必须严格规范我们对犯罪嫌疑人、被害人身份审查，笔者认为要从这几个方面去解决：

一是要求公安机关随时调取犯罪嫌疑人、被害人的原始户籍证明。这是第一手的证据资料，如果调取到了之后，只要一核对就可能明确是非。如果调取犯罪嫌疑人、被害人的原始户籍证明确有困难的，可以通过公安机关信息化应用系统获取，但应加盖本地公安机关的印章，调取时不得少于二人，并应当记载调取的时间、使用电脑情况等相关信息。

对于犯罪嫌疑人、被害人户籍证明无法获取的或者其真实身份无法查明的，要求公安机关说明调查犯罪嫌疑人、被害人户籍证明的经过及无法获取、无法查明上述人员户籍证明的相关情况。

犯罪嫌疑人、被害人虽然无合法身份证明或户籍因故注销、户口漏报的，但通过其亲属、当地乡（镇）政府、公安机关的证明可以确定其身份的，应当调取其亲属、当地乡镇政府、公安机关等证明。

二是要求调取的犯罪嫌疑人的户籍证明，应当附有犯罪嫌疑人的户籍照片。如果无法调取犯罪嫌疑人的户籍照片，公安机关应对犯罪嫌疑人进行拍照，并将犯罪嫌疑人的照片交给熟知犯罪嫌疑人情况的所属街道、村组织、工作单位的人员进行辨认。犯罪嫌疑人的户籍在外地的，可委托当地公安机关组织辨认。

对犯罪嫌疑人进行辨认，一般情况下应当由两名以上成年公民进行。

三是要求公安机关在第一次讯问犯罪嫌疑人时，应当讯问犯罪嫌疑人的家庭情况、个人经历、主要社会关系以及是否有前科等情况，并记录在案。如果需要拘留、逮捕的，在通知被拘留、逮捕人的家属或其所在单位时，应在通知书上另

附犯罪嫌疑人的照片、个人身份情况及家庭情况、前科情况等。

四是犯罪嫌疑人不讲真实姓名、住址的，要求公安机关应当尽力细致调查其真实身份情况，并对犯罪嫌疑人说明“三假分子（假姓名、假身份、假年龄）”在服刑时不得减刑、假释的不利后果以及在量刑时面临酌情从重处罚等不利后果。

五是对于公安机关查证的犯罪嫌疑人的身份情况，检察官、律师都应认真审查，如果发现公安机关没有提供犯罪嫌疑人的户籍证明，或提供的户籍证明没有附相关照片、身份辨认笔录，导致对犯罪嫌疑人的身份难以审查的，检察机关应要求公安机关及时补充，如果公安机关不予补充的，可以退回公安机关补充侦查。

六是在审查中应当认真审查犯罪嫌疑人和被害人的身份情况，并积极运用各种方法核实犯罪嫌疑人和被害人的身份情况，必要时可以通过各种科技手段确定犯罪嫌疑人和被害人的身份情况。对于犯罪嫌疑人可能未满18周岁，但由于证明其身份的证据不确实、充分的，可以进行骨龄鉴定。被害人死亡的，除有被害人家属的辨认外，还应当进行亲权鉴定。

综上所述，在掌握了各类证据的不同特点和不同质证规律之后，检察官、律师在庭审质证的攻防中，就能够真正实现“进而不可御者，冲其虚也；退而不可追者，远而不可及也”。

第二十三计　战胜不复，应形无穷

——机动灵活应对质证

孙子曰：故策之而知得失之计，作之而知动静之理，形之而知死生之地，角之而知有余不足之处。故形兵之极，至于无形；无形，则深间不能窥，智者不能谋。因形而措胜于众，众不能知。人皆知我所以胜之形，而莫知吾所以制胜之形。故其战胜不复，而应形于无穷。[1]

孙子认为：所以说：胜利是可以创造的，敌人虽然兵多，却可以使敌人无法有效地参加战斗。通过仔细分析可以判断敌人作战计划的优劣得失；通过挑动敌人，可以了解敌方的活动规律；通过“示形”，可以弄清地形是否对敌有利；通过试探性进攻，可以探明敌方兵力布置的强弱多寡。所以，示形诱敌的方法运用得

① 《孙子兵法》，陈曦译注，中华书局2011年版，第108页。

极其巧妙时，一点破绽也没有。到这种境地，即使隐藏再深的间谍也不能探明我的虚实，再智慧高超的敌手也想不出对付我的办法。根据敌情采取制胜的策略，即使摆在众人面前，众人也理解不了。人们都知道我克敌制胜的方法，却不能知道我是怎样运用这些方法制胜的。所以战胜敌人的战略战术每次都是不一样的，应适应敌情灵活运用。

孙子认为，之所以能够克敌制胜，就是因为对敌的手段层出不穷，“故其战胜不复，而应形于无穷”，而不是简单地重复，所以才在别人看来“人皆知我所以胜之形，而莫和吾所以制胜之形”。庭审活动中的质证也同样如此，如果仅仅单调地使用一种方法去质证，显然实现不了质证的目的，起不到质证的良好效果，为此，检察官、律师就要研究质证方法及其在庭审中的运用。

检察官、律师对对方发表质证意见之后进行辩驳说明，是质证活动的重要内容，但许多检察官和律师，尤其是新手经常觉得这是举证质证中最难的一个问题，之所以难，存在两个方面：一是质证语言需要临时组织，因为很多情况下你不知道对方会对这份证据提出什么样的质证意见，有时对方的质证意见可能会出人意料难以即席答辩，或者质证语言的临时组织比较困难。二是质证的时机不好把握，有时法庭在辩护人或者公诉人对证据提出质疑后，往往没有给举证人答辩说明的机会，而是要求继续举证，结果造成了举证的人没有机会质证，会让人对这份证据的效力究竟如何产生疑问。针对这两个方面，应当怎么处理？

一、质证时机的把握

司法实践中，公诉人、辩护人在举证后，审判长要求被告人和对方对该证据进行质证，而在很多时候，即使被告人或对方对这份证据提出了异议，审判长也仅仅会表示“因控辩双方对证据存在争议，合议庭待合议后，再决定该份证据是否采纳”，一般不会要求举证人对该异议进行答辩或者说明，而是直接宣布由举证人继续举证。在这种情况下，不论是检察官还是律师，如果不对刚才对方就证据所提出的异议进行答辩，将会影响合议庭成员及旁听人员对刚才所出示证据的判断，出现只见对方质疑，不见举证人辩驳或申辩，不利于举证人的“一边倒”现象。但由于审判长没有给举证人进行答辩的机会，举证的人又无法“强行”进行答辩，这时检察官、律师应如何既表示出对法庭的尊重，又能随机应变和见缝插针地强调己方证据的可采性呢？其实，机敏的检察官、律师完全可以利用出示下一份证据前的机会，对对方提出的异议进行简要的答辩。因为在此时，举证人可以继续举证，也可以针对前一份证据的质疑发表自己的看法，以协助法庭查清案件事实。对于用简短语言即可答辩的，举证人在出示下一份证据之前，可以用精练的语言指出对方异议的错误所在，说明该证据应被合议庭采纳的理由。如公诉人在答辩时可以概括为："在继续举证之前，公诉人就辩护人（或被告人）对公诉人刚才所出示证据所提出的异议进行简单的答辩……（指出辩方异议不成立的理由）。"这样马上进行答辩，会纠正对方异议对合议庭及旁听人员可能产生的误导，夺取主动权，消除不良影响，及时引导合议庭成员及旁听人员对证据作出正确的判断，并且在气势上也会给人理直气壮的感觉，从而实现压制对方的目的，有利于保证良好的庭审效果。这正是"故形兵之极，至于无形。无形则深间不能窥，智者不能谋。因形而措胜于众，众不能知"。在无形之中完成了一次攻守，使人无知无觉。但需要注意的是，既是"无形"，就不能露迹太明，也就是说，这种情况下的答辩说明，一定要控制答辩的时间，过长的答辩会给人造成举证人不尊重法庭、不听法庭指挥的不良印象，因为毕竟法庭是在要求举证人继续举证。对于那些关键性的问题或者无法用一两句话就能概括答辩清楚的问题，检察官、律师可以表示："对方所提出的问题需要详细展开论证，因时间的关系，公诉人（辩护人）将在法庭辩论阶段对该证据问题予以答辩。"从而为后面的有力答辩创造条件。当然，有时辩护人或者公诉人见我方答辩了，或者对该证据争议较大时，可能也会要求在举证人答辩之后继续进行辩论，这时举证人就要及时发挥发言权在己方的优势，向法庭提出：对方如果认为有必要对此问题进行继续讨论，可以在法庭辩论阶段进行辩论，现在本人继续举证。从而既表明了自己的观点，又能够及时从争议中抽身出来进行下一个证据的讨论，不过度纠缠。

二、质证的"套路"与应对的方法

孙子要求："策之而知得失之计，候之而知动静之理，形之而知死生之地，角之而知有余不足之处。"这就是说，要懂得运用各种方法实现"胜可为也"的目标。对于质证来说，就要研究质证的"套路"，并根据对方所提的质疑意见，有针对性地进行有力反击。

（一）律师质证常提哪些刁钻的问题，应当怎么应对

检察官亢亢刚开始独立出庭，几个庭开下来之后，发现法庭辩论的内容比较

好准备，根据庭前的预测，把答辩提纲写得详尽些就好，可是，在法庭举证时，总是会受到辩护人的干扰，而有些问题被辩护人质证后那么一说，倒真是挺被动的，有时候当时就愣在那儿不知道该怎么回答！而且，辩护人会问哪些问题，经常防不胜防。

其实人家是不会乱提问题的，之所以你答不上来，是因为你还没有找到他们所提问题的规律，案子办多了，出庭经验丰富了，自然也就能找到这个规律了。当然啦，没吃过猪肉，咱总见过猪跑吧！大致归纳一下，再说说咱们怎么应对他们这些问题！律师要提什么问题，首先跟他们的出庭风格有一定的关系，有的律师爱打证据仗，对公诉人所举的证据可能每证必质，再清楚不过的证据可能都会提三个问题，更何况是有问题或者瑕疵的证据了，有次我出庭一个黑社会性质组织的案件，每举一份证据，就有五六个辩护人会提出质疑，几乎是每个证据我都要质证一番，那个庭开的真叫“热闹”呀！有的律师爱讲宏观，对整个证据体系会提出质疑，而在具体证据上不一定下多少力气去质证；有的律师强调证据与被告人当庭供述的矛盾性，抓住被告人不认罪或者当庭翻供做文章，攻其一点，不及其余；还有的律师喜欢抓住证据之间存在的小矛盾大做文章，会因为两个证人证言之间有小矛盾，或者某份证据材料上出现了错字，就说侦查人员做的材料是虚假的，等等。这些你今后在办案中肯定都能够遇到，那么关键就看你怎么说了！

辩护人经常提出的质证焦点问题有：

1. 有关证据“三性”方面

客观性、关联性与合法性是刑事证据的本质属性，也是其具备作为认定案件事实资格的基本依据，这是公诉人举证中需要重点证明的问题，当然也就成为辩护人质证的焦点。关于证据客观性方面，辩护人会提出被告人供述是否前后矛盾、是否受到刑讯逼供、与证人证言是否有矛盾等。对被告人不认罪或者前供后翻的，客气点的辩护人最常见的说法就是“请法庭注意被告人自己的供述”或者“辩护人同意被告人当庭的供述”。不客气的辩护人则会说：“对被告人的供述，由于过去是在有压力的环境下作出的，真实性值得怀疑，所以应当以他今天当庭的供述为准。”有的辩护人抓住笔录中存在的笔误、某一份笔录中存在的矛盾之处做文章，否定全部口供或者全案证据的客观真实性。

关于证据关联性方面，如对贪污贿赂案件中被告人家庭财产等并非能够证明直接是受贿后存入银行的资金、房产信息等提出异议，对一些毒品案件中被告人与他人的通话记录提出异议，对现场勘查笔录中没有见证人签名等问题提出意见，进而否定所提取物证与案件的关联性或送检鉴定检材的关联性，否定证据的证明作用。

关于证据的合法性方面，现在辩护人在这方面所提质疑比较多，因为随着诉讼程序意识的强化，加之我国已经确立了非法证据的排除规定，对于司法机关规范、文明、理性执法的要求越来越高，取证程序是否合法越来越成为人们关注的焦点。因此，在法庭上，辩护人往往针对被告人供述是否是通过刑讯逼供手段取得、讯问被告人的次数与提押证上的时间与次数能否对得上、是不是都在看守所内进行、提押出所的理由是否充分等提出质证意见；对于证人证言取得的地点是否合法（证人证言不是在司法机关、证人的单位取得，而是在宾馆或其他场所取得），证据是单位出具的，形式不合法等提出意见；物证的取得有没有在勘查笔录上载明，或者有没有见证人，笔录制作时间在不在勘查当时，或是否是在勘查以后补充制作；鉴定意见是不是具备资质的专业人员作出，资质是否有争议，或者有没有向被告人告知鉴定意见及可以申请重新鉴定的权利等也是常见的质证点。

2. 有关证据之间矛盾

主要是对被告人前后供述、被告人供述与证人证言、证人证言之间，被告人供述、证人证言与物证、书证、鉴定意见、勘验检查笔录之间有无矛盾等进行质证，如证人证言之间有差异，或存在矛盾，据此要求排除所有证人证言；被告人供述与相关的证人证言间存在矛盾，因此有罪的证据不能采信，等等。尤其是一些辩护人常常抓住一些非主要问题上所存在的矛盾，作为整个案件证据体系都存在疑问的理由。证言之间是否差异、证明方向是否值得质疑、证据可信度如何、证据原因力（鉴定等关于因果关系的分析）、证人没有出庭等，都可能作为他们提出证言无效的理由。

3. 有关证据瑕疵方面

证据存在瑕疵，是刑事案件中常见的问题，对于这些瑕疵证据应当持什么样的态度，应当说我国《刑事诉讼法》及相关司法解释中都作了明确规定，能够补正说明的瑕疵证据，是可以作为认定案件的依据的，如辨认笔录、证人证言、勘验检查笔录等存在的瑕疵，但辩护人常用的做法是借证据的瑕疵攻击证据体系，提出整个证据体系都存在问题的质证意见，如借辨认笔录有瑕疵进而否定辨认人的证言、借现场勘查笔录有瑕疵进而否定现场物证等，这才是辩护人的目的所在，也是公诉人需要在质证中重点关注的问题。

4. 有关公诉人未出示的卷宗材料中的其他证据

这些证据可能因与证据体系中的其他证据确实存在矛盾，公诉人经过取舍认为不能够作为认定案件的依据，所以没有出示，但根据修正后的《刑事诉讼法》和《律师法》的规定，律师可以在审查起诉阶段查阅复制本案卷宗材料，因而这部分证据又是为辩护人所能掌握的，包括被告人翻供的供述、被告人供述中与认罪供述相矛盾的供述，或者虽然是认罪供述，但没有供述全部犯罪事实、对部分犯罪事实供述不实、与其他证据有矛盾的供述以及证据材料中其他存在矛盾的证据。当公诉人摘要宣读相关证据时，辩护人会提出公诉人没有全文宣读，或者只宣读有罪的证据材料，没有宣读无罪的证据材料，或者几份材料中对被告人有利的证据材料，据此主张案件事实不清、证据不足等。

（二）常用质证方法

举证中，针对辩护人、公诉人提出的质证意见，检察官、律师应当分辨其质疑类型，有针对性地运用质证方法开展质证活动。

1. 对证据进行解释说明

对于对方提出的证据形式、效力方面的质证意见，检察官、律师可以对证据进行解释说明，打消合议庭及旁听人员的疑虑。比如，辩护人提出公诉人出示的价格鉴定意见不科学、不客观，高于赃物实际价值，价格鉴定意见不能作为定案依据。

质证要点：

公诉人认为价格鉴定意见可以作为定案依据。因为：（1）本价格鉴定意见是侦查机关（部门）委托价格鉴定中心进行评估的，评估部门具有合法的估价资格。（2）价格鉴定中心是依据相关的法律、法规、规定进行评价，并参考了赃物的购买价（成本价）及被告人犯罪时的市场中间价，经过合理折旧后进行科学评估的，评估的程序合法、规范、有效。（3）辩护人如果认为价格鉴定不准确，应该提出明确依据，而不能主观臆测。综上所述，该价格鉴定意见合法有效，应当作为定案的根据。

又如，辩护人提出公诉人宣读的言词证据不完整，只摘取其中对被告人不利部分宣读，是断章取义。

质证要点：

（1）公诉人宣读时已经表明是对证据的摘要宣读，不是全文宣读，因为法庭调查活动不是对案件全部卷宗材料的宣读复述，而是通过对案件证据的审查判断与运用查明案件事实。公诉机关审查起诉中，具有对案件证据的采信权，公诉人摘要宣读一份言词证据中的某一部分，就是具体行使证据采信权的体现。辩护人不能因为公诉机关采信一份证据的一部分，不采信另一部分，就认定公诉机关自相矛盾，断章取义。言词证据的特点是可能会出现真伪并存的情况，对同一事物，不同的人，其经历以后所作的陈述是存在差别的。所以，公诉人摘要宣读一份言词证据中的客观真实部分，正体现了言词证据的特征，是符合证据规律的。

（2）（若证人在不同阶段做过不同的证言）证人对某个内容或情节确实有过不同的证言，但是证人对于证言的变化原因给出了合理的解释。且公诉人出示的这部分证言能够与其他证据相互印证，而其不同内容的证言得不到其他证据的印证，因此公诉人所宣读的证人证言，足以作为指控犯罪事实的证据使用。

再如，辩护人提出公诉人所出示的证人证言取证地点不是在证人所在单位或住处，也不是在检察机关或公安机关，而是在酒店房间等地点，与《刑事诉讼法》规定的取证地点不符，该证据取证程序违法，不具有证据能力。

质证要点：

（1）（如有证人自己书写的证言）本案除询问证人笔录外，还依法获取了每位证人的亲笔陈述，亲笔陈述不限于法律规定的三个地点。而亲笔陈述所证明的事实与证人笔录所证明的事实是一致的，亲笔陈述也同样可以作为证明本案的犯罪事实的证据。

（2）实践中，侦查人员到外地办案，可以到证人所在的单位、住处或者通知证人到当地侦查机关提供证言，但一些证人基于种种原因，不愿办案人员到其单位、住处进行询问，也不愿到检察院接受询问。遇到这种情况，办案人员往往会在尊重证人意愿的前提下，提供诸如宾馆等场所作为询问地点。这种做法不仅保护了证人的合法权益，也排除了干扰，保证了取证的顺利进行。

（3）证人证言的收集程序和方式有下列瑕疵，通过有关办案人员的补正或者作出合理解释的，可以采用：①询问笔录没有填写询问人、记录人、法定代理人姓名或者询问的起止时间、地点的；②询问证人的地点不符合规定的；③询问笔录没有记录告知证人有关作证的权利义务和法律责任的；④询问笔录反映出在同一时间段内，同一询问人员询问不同证人的。本案中对于证人的证言为什么在其他地点取得，侦查部门已经作出了合理的解释与补正，符合司法解释的要求，在此进行说明，也证明此证言可以作为定案的依据。

此外，我国《刑事诉讼法》还规定：必须保证一切与案件有关或者了解案情的公民，有客观地、充分地提供证据的条件。证人愿意提供证言，只是对询问地点提出要求，应当尊重证人意志予以同意，这样做，不仅符合法律精神，保护了当事人的合法权益，同时也使法律更为人性化。因此，公诉人认为侦查人员询问证人，除法律规定的地点外，如果证人主动提出要求到其认为合适的地点提供证言，或者由于办案的需要，办案人员没有对证人使用暴力威胁手段获取证言，也是符合法律规定的。

2. 对对方进行反驳质疑

对于对方提出的有关证据的错误观点，检察官、律师应当针锋相对地予以反驳，从而在法庭调查阶段就将事实证据问题辩清，以免给法庭辩论阶段留下隐患。比如，辩护人或者被告人对被告人原有罪供述笔录制作过程提出异议，认为笔录制作内容不客观真实。提出被告人的供述应当以法庭上的供述为准。

质证要点：（可根据庭审和证据具体情况选答）

（1）对被告人的供述，不能绝对地说以哪次供述为准，而应当看哪个供述是客观真实的。如果我们明知被告人当庭的供述是虚假的，仍然以他当庭供述为准，那就明显违背了实事求是的基本原则，是一种对事实、证据和法律不负责任的态度。对被告人供述和辩解的审查，应当结合控辩双方提供的所有证据以及被告人本人的全部供述和辩解进行。被告人庭前供述一致，庭审中翻供，但被告人不能合理说明翻供理由或者其辩解与全案证据相矛盾，而庭前供述与其他证据能够相互印证的，可以采信被告人庭前供述。

（2）从笔录制作过程来看，本案讯问笔录是在法律规定的时间、地点由侦查人员依法制作，侦查人员依法告知了相关诉讼权利，确保了被告人自由陈述权利，笔录内容均是在被告人供述的基础上，由侦查人员客观记录而形成，程序和形式合法。

（3）从笔录核对情况来看，这些讯问笔录均经被告人阅读（有的还经过其本人修改确认），被告人在核对无误或者认真修改情况下签名、捺印，说明原供述得到被告人认可，应认定系自愿供述。

（4）从公诉人审查过程来看，没有发现侦查活动中存在违法取证现象，不存在指供、逼供、诱供的情形。［若庭前讯问被告人已经提出此辩解，可在举证阶段出示看守所的体检表、同监室在押人员的询问笔录，对侦查人员的询问笔录、侦查机关（部门）讯问录像光盘等予以驳斥。］

（5）从其他在案证据来看，原有罪供述能与在案证据相互印证。

因此，被告人认为在侦查机关的供述不正确的理由不足采信，于法无据。

又如，辩护人以被告人受到刑讯逼供等理由，认为被告人当庭供述与庭前供述不一致的，应以当庭供述为准。

质证要点：

（1）我国的证据制度中，被告人的供述不论庭前还是当庭所作，均没有证明效力上的差别，因此，辩护人认为应以当庭供述为准的意见没有法律依据，是不能成立的。

（2）我国《刑事诉讼法》第五十条规定，犯罪嫌疑人供述和辩解是法定八种证据之一，也从立法上确立被告人庭前供述是定案证据之一。《人民检察院刑事诉讼规则》规定，被告人在庭审中的陈述与在侦查、审查起诉中的陈述不一致，足以影响定罪量刑的，可以宣读被告人供述笔录，并针对笔录中被告人的供述内容对被告人进行讯问，或者提出其他证据进行证明。这一规定与《刑事诉讼法》精神相一致，进一步明确了对被告人在庭审中无理翻供的，可以将查证属实的被告人庭前供述作为定案证据使用。

（3）我国《刑事诉讼法》规定的证据采信原则是：证据必须查证属实才能作为定案根据。在司法实务中，查证证据是否属实，就是要与在案其他证据综合评判，能够与在案其他证据相互印证的，就应当认为是客观真实的，可以作为定案根据。本案中，被告人庭前供述与本案在案证据相互印证，而当庭翻供却得不到证据支持，因此，庭前查证属实的供述应当作为定案根据，当庭无理翻供不予采信。

3. 证据能够印证的说理预告

如当对方对我方所出示的单个证据提出异议，认为该证据不能证明案件中某一具体事实时，可以表示除该证据外，我方已经举出了相关证据，同时还将在后面的举证中继续出示相关证据与该证据印证，以证明案件事实。

比如，公诉人断章取义，片面理解辩护人所出示的证据内容，就此对证据提出异议，从而否定辩护人所主张案件事实的。

质证要点：

在法庭调查的质证阶段，只是对某个证据是否具有合法性、关联性、真实性进行质证，而不是对整个案件事实进行认定。辩护人所出示的这一证据确实不可能独立地证明某个事实的存在，只有当辩护人将证据全面出示完毕后，所有证据相互印证，形成完整的证据锁链才能证明该事实的存在。公诉人应待全部证据出示完毕后，再对辩护人所主张的这一案件事实发表意见。

又如，公诉人提出辩护人所宣读、出示的言词证据在细节上存在矛盾，不能相互印证，不能采信。

质证要点：

证人证言是证人对已经过去的事实通过记忆作出的陈述，有一个观察、记忆、表达的过程，而且每个人的观察能力、观察视角、记忆品质、表达能力各不相同，而在细节问题上必然会存在不一致的地方，这种不一致，才能更加说明辩护人在调查走访时是客观的、不带倾向性的、没有断章取义或者为我所用式地选择性记录。因而只要证据之间不是存在根本的矛盾，能够互相印证案件事实中的基本情节，就不影响对证据的采信和这一客观、基本事实的认定，我们不能要求每个证人都能够像公诉人这样有着滔滔不绝的好口才和良好的法律素养，对吧？

4. 综合质证方法

对于一些宏观的问题，如证据体系、某类证据的可采性等问题，当对方提出异议时，可以使用综合性的质证语言，综合案件证据以及证据的特点等进行质证。比如，辩护人提出，公诉人所宣读的只是证人的书面证言，属于传闻证据，证人应当出庭作证，当庭接受控辩双方的质证，其证言才真实有效。

质证要点：

（1）公诉人庭审举证中可以传唤证人出庭作证，也可以宣读未到庭的证人的证言。控辩双方要求证人出庭作证，审判长也可以视情形作出不予准许的决定。证人在符合法定情形的情况下也可以不出庭作证。所以，辩护人提出证人一律应当出庭作证于法无据。

（2）公诉人宣读的证言所属的作证人可以不出庭，理由是：①这些证人均在公诉机关移送法院的证人名单上，并非属于新的证人。②这些证人均已由公安机关、检察机关依法全面完整地调取证言，其证言具有客观性、关联性和合法性。③在法庭上公诉人播放了主要证人的询问视听资料，证明侦查人员取证程序合法，证人系在完全自愿的意志下提供证言的。④法律规定有其他原因的，证人可以不出庭作证，这并不影响法庭对案件的公正审理。

又如，辩护人提出公诉人所举的证人证言，该证人系被害人的亲属（与本案有重大利害关系），其证词不能采信。

质证要点：

(1)《刑事诉讼法》规定，凡是知道案件情况的人都有作证的义务。除生理上、精神上有缺陷或者年幼，不能辨别是非、不能正确表达的人不能作为证人外，其他的人都有证人资格，法律并未限定被害人的亲属（与本案有重大利害关系）不能作证。辩护人所提的是证据的证明力问题，不是证据能力问题。因此，公诉人刚才所举证人证言的证人具有作证能力，只要其提供的证言客观真实，其证言应当采用。

（2）将该证言放到本案的证据体系中来看，能够与其他证据相互印证，形成证据锁链，足以证明该证据的客观真实性。

再如，对于因个别证据有欠缺，被告人或者辩护人提出异议。

质证要点：

如果对案件的定罪量刑不起决定作用的证据有欠缺，公诉人应结合其他证据论述起诉书指控的犯罪事实清楚、证据确凿，明确指出该证据对案件的定罪、量刑不起决定作用；如果该证据对案件的定罪、量刑起决定作用，而缺陷的存在又足以影响证据的客观性、关联性、合法性的，应建议法庭延期审理，在补充侦查期间重新取证。

第二十四计　兵无常势，水无常形

——因敌制胜说质证规律

孙子曰：夫兵形象水，水之行，避高而趋下，兵之形，避实而击虚。水因地而制流，兵因敌而制胜。故兵无常势，水无常形。能因敌变化而取胜者，谓之神。故五行无常胜，四时无常位，日有短长，月有死生。①

孙子认为：兵的形态就像水一样，水流动时是避开高处流向低处，用兵取胜的关键是避开设防严密实力强大的敌人而攻击其薄弱环节；水根据地势来决定流向，军队根据敌情来采取制胜的方略。所以用兵作战没有一成不变的态势，正如流水没有固定的形状和去向。能够根据敌情的变化而取胜的，就叫作用兵如神。金、木、水、火、土这五行相生相克，没有哪一个常胜；四季相继相代，没有哪一个一成不变，白天的时间有长有短，月亮有圆也有缺，万物皆处于流变状态。

法庭调查中，大多数情况下是公诉人出示证据，由辩护人进行质证，然后公

① 《孙子兵法》，陈曦译注，中华书局2011年版，第110、111页。

诉人对辩护人所提异议进行反驳和说明，但辩护人同样有权出示相关证据，对这些证据，公诉人应当进行质证。无论是检察官还是律师，都应当明白对方可能会出示什么证据、他们的证据中可能会存在什么规律性的问题，对于这些问题如何使用“避实击虚”的方法予以质证，才能实现“因敌变化而取胜”。以公诉人为例，日常庭审中多是我举证、对方质证，那么如果反过来，如何应对辩护人所出示的证据呢？

一、辩护人举证的基本类型

司法实践中，辩护人向法庭出示的证据一般有以下四种情况：一是辩方提供与控方完全相反的证据。二是辩方举证不针对控方证据，单独就被告人的平时表现以及量刑处罚情节向法庭举证。三是本身就是卷宗材料中的证据，或者是公诉人已经出示，辩护人却用作相反解释。四是公诉人认为该证据不应当采信而没有出示，但辩护人却拿来作为案件事实不清不能证明被告人有罪的证据。辩护人出示上述证据的证明作用有：一是推翻公诉人出示的证据，其目的是通过否定控方某一证据，达到否定案件中某一事实存在的目的；二是破坏公诉人的证据体系，进而形成全案事实不清、证据不足的态势，从而使指控失败；三是提出对被告人具有从轻、减轻处罚作用的证据。

二、公诉人应当采取的应对措施

针对辩方举证情况，公诉人应当采取的措施，首先是先审查后质证。要审查辩方所举证据是否已在庭前向法庭提供。如果是庭审前五日提供的则进行质证，如不是，则可以分不同情况，根据该证据的内容向法庭提出意见：第一，辩护人没有按照《最高人民法院关于适用〈中华人民共和国刑事诉讼法〉的解释》的规定在开庭五日前提交拟当庭宣读、出示的证据复印件、照片，是违反法律规定的。按照最高人民法院司法解释，辩护人无权出示该证据，因为出示证据目录以外的证据材料，属于对检察机关的规定，因而该证据理论上不能作为庭审证据。第二，如果公诉人认为有把握提出有力的质证意见反驳该证据，或者该证据无关大体，不妨对证据进行质证，然后在对辩护人不按规定出示证据的行为提出批评的同时，对证据提出质证意见，显示公诉人既坚持原则，又能大度容人的良好风范。对于对方出示的书证、物证等证据一定要仔细查看、核对，书证必须当庭查看原件，并与复印件进行比较，物证要核查原物并结合其他证据，辨别其可靠性、真实性和有效性，发现疑点立即提出异议或要求对方继续举证印证。其次是针对辩护人出示的证据，提出质疑，找出其证据体系的破绽，打乱对方阵脚，达到以守为攻，各个击破的目的。质证的过程也是一个简短的辩论过程，要针对辩护人所举证据的合法性、关联性、客观性提出质疑，不放过质证中任何一个质疑机会，不轻易认可辩护人所举的证据，这个问题十分关键，因为法官在认证时，必须以质证的结果为根本基础。公诉人对辩护人所举证据提出的中肯观点，尤其是对证据可采性问题所提出的观点，法官都是十分重视的，因为一个案件从立案侦查到提起公诉，经历了许多环节与审查，一般而言，真正出现较为绝对的无罪证据的可能性并不大，辩护人所出示的证据，一般属于那种似是而非、干扰证据体系的类型，经过质证后完全可以搞清楚并排除其价值，甚至包括辩护人所提供出庭作证的证人，经常是经过当庭询问后，会发现作为证言并无价值或者干脆就是伪证，因此对于辩护人所举证据，一方面，要认真审查及时提出存在的问题；另一方面，不必过度紧张，认为没有准备而在庭上短时间内提不出质证意见。对于辩护人提出被告人具有从轻或者减轻处罚情节的举证，公诉人应根据自己出示的证据与辩护人所示证据的情况，客观公正地进行质证，若确有从轻或减轻处罚的情节，应实事求是地建议合议庭予以认定。最后是对于辩护人使用公诉人的证据论证己方观点，要针锋相对地提出，这个证据所能够证明的内容公诉人在举证中已经说得非常清楚，因为它是在与其他证据相印证的前提下才达到了证明作用，而辩护人断章取义地曲解该证据的证明作用，认为证据所起的是相反的证明作用，显然是对该证据的误解，是不客观的。对于辩护人使用公诉人卷宗内没有出示的证据以证明证据间存在矛盾时，公诉人也必须立即指出，卷宗材料中确实存在此份证据。但是，卷宗内的证据材料并非全部都是客观真实的、公诉人必须向法庭出示的，如被告人所作的虚假供述，由于该证据是虚假的，对案件无法起到证明作用，所以不能作为认定案件的依据，辩护人所出示的该份证据也是如此。公诉人之所以舍弃该证据，是因为它与其他证据相矛盾，证明它不具备客观性，失去了作为证据的资格，因此不能够作为控辩双方任何一方的证据使用。

三、对辩护人举证的质证方法

公诉人对于辩护人所举证据的质证方法，可以根据庭审情况采取单个质证法和综合质证法进行。

对于辩护人所举证据较多，需要对每一份证据发表质证意见（一证一质）时，公诉人在对每份证据进行认真审查后，可以直接就该份证据发表质证意见：

公诉人认真审查了某个证据，现就这份证据发表质证意见。首先，此份证据取证形式不合法。这份证据上记录了多个证人的证言，违反了询问证人应当个别进行的规定，而是采取了开“座谈会”的形式进行，显然不符合法律规定。其次，证人之间所陈述的内容有矛盾。××的证言与××的证言所证明的内容正好相反，因而不能够证实本案的真实情况。需要说明的是，辩护人举这份证据，旨在说明本案本来就事实不清、证据不足，所以这些证人才会出现不同的证言内容。但是，公诉人认为，对证人证言的采信与否，除要根据其证明的内容进行审查外，还要对照结合在案其他证据，进行印证对照，综合判断其真实与否。对于这个问题，公诉人在举证过程中已经作出详尽说明，此处不再赘述。综上所述，公诉人认为，辩护人所举证据取证形式不合法，内容自相矛盾，不能作为证据使用。

对于辩护人所举的证据不多，合议庭允许其集中出示的证据，公诉人要认真听取并审阅所有证据，对证据的形式、取证主体、内容、证据之间的逻辑关系等进行认真查阅，然后综合质证意见。

针对一些证人证言存在前后反复且公诉人已经掌握了证言反复的原因（如系有人干扰作证、行贿证人存在畏罪心理推翻前证等），或者已经重新获取了证人证言，对反复的原因已经进行了说明，而辩护人仍然准备在法庭上出示其改变的证言，可以采取引而不发的方法，即在公诉人举证时，先不对证人反复的情况进行举证，而只是简单地对其证言进行出示，静观其变，待辩护人出示证言后，再进行“反举证”，即对证人推翻原证词的原因进行举证说明，从而有力地反驳辩护人所举该证言的真实性。

如在某煽动暴力抗拒法律实施一案（案例33）庭审中，辩护人及被告人亲属组织了一些证人出庭推翻原证词，掌握这一情况后，公诉人对庭审预案进行了调整，增加了证人出庭作证的应对方案：

预备方案：辩护人举证或要求传唤新证人到庭

如辩护人或被告人要求传唤新的证人到庭，或原证人到庭推翻原证词，作虚假证言或失实证言，则：

1. 向证人宣传法律规定，分析故意作虚假证言的法律后果，要求其作真实证言。

2. 问清其推翻原证词的理由，过去所作证词为何不属实、是故意编造事实陷害本案被告人，还是现在在故意作虚假证词，如证人称遭到暴力逼取证据，则可以进一步宣读公安机关补充侦查卷其证言。

3. 运用原证人证言的客观真实性和其他没有发生变化的证言能够相互印证进行对比，证明翻证的证言既与过去的证言相矛盾，又不能得到其他证据的印证，因而其客观真实性从根本上值得怀疑，根据刑事证据的审查判断与运用原则和经验法则，不能采信其翻证的证言。

四、辩护人所举证据的常见规律性问题及质证要点

（一）律师举证的常见规律性问题

司法实践中，辩护人所出示的证据，往往或多或少存在一些问题，无论是程序方面还是内容方面，都有一些规律性的问题，对此，作为律师来说，就要在执业中尽量避免出现，而对检察官来说，就要掌握这些规律性问题，从而因敌变化而取胜。

1. 询问证人程序随意

司法实践中，有的律师向证人取证时程序随意，制作笔录时，有的是数名证人同时在场，有的是取保候审的犯罪嫌疑人一同在场，有的是犯罪嫌疑人的亲属一同在场。《刑事诉讼法》明确规定，询问证人应当是个别进行，只有询问未成年人时，其法定代理人可以在场。这一规定应当同样适用于律师取证。特别是律师在犯罪嫌疑人或者犯罪嫌疑人近亲属的陪同下找证人取证的，很可能影响证人作证的客观性，对此，公诉人应当坚决提出反对意见。

2. 调查笔录上没有被调查人的签字或者盖章

司法实践中，有的律师在证人没有思想准备的情况下获得证人证言，但制作笔录后证人拒绝签字，这应当视为证人拒绝向律师提供证言，该笔录因为缺乏形式要件而不具有证据效力。

3. 证词涂改处没有证人签章或者捺印

如果律师在取证中比较随意，对于涂改处没有让证人进行标示，或者由于律师的地位等原因，当事人不愿意按指印，结果出现了这种情况，招致公诉人的质疑。

4. 证据复印件没有盖章及证据来源

我国法律及司法解释规定：书证的副本、复制件、物证的照片、录像，只有

经与原件、原物核对无误或者经鉴定证明真实的，才具有与原件、原物同等的证明力。在司法实践中，有的辩护人当庭提供的协议书、合同、借条等证据复印件字迹模糊不清，没有证实与原件核对无误的盖章，不能证明证据复印件的来源，对此，公诉人应当提出该证据不具有证据能力，建议法庭不予采信。

5. 询问证人时有被告人及其亲属在场

有时候律师因为查找证人比较困难，会要求被告人（取保候审）或者其亲属帮助寻找，而找到之后他们认为反正人是被告人或者其亲属帮助找到的，因而就没有要求这些人回避，而是在这些当事人在场的情况下对证人进行询问，甚至会出现被告人或者其亲属在询问过程中质问、插嘴等情况，严重影响该证人作证的内容，对此就要注意发现，并对该证据的合法性提出质疑。

6. 农村基层组织、街道居委会出具的平时一贯表现方面的材料，不能起到证明作用

这些材料一般出具单位并没有进行调查，而是被告人的亲属等通过关系或其他途径所获取，对本案并没有实质证明意义，但量刑规范化以后，它会作为辩护人提出量刑情节的一个依据，因而公诉人应当提醒法庭注意其真实性，如果仅仅是以村委会、居委会等单位的名义出具，没有出具人签名盖章的，要提醒法庭不予采纳。

（二）公诉人对辩护人举证的质证语言方法

司法实践中，由于辩护人出示证据情况不常见，因此针对辩护人所出示的证据，一些公诉人由于不熟悉的原因，不知道如何发表质证意见。为此，公诉人首先就要熟悉对辩护人举证时的质证语言表达：

1. 辩护人当庭所宣读（出示）的××证据，公诉人要求进行审阅，然后进行质证。

2. 辩护人法庭提供的××证据，与本案其他证据相矛盾，并且无相关证据支持，建议法庭不予采纳。

3. 辩护人未经检察院、法院许可，擅自向被害人（被害人近亲属、被害人提供的证人）××收集证据材料，违反了《刑事诉讼法》第四十三条的规定，该证据取证程序违法，不具有法律效力，请法庭不予采纳。

4. 根据《刑事诉讼法》第四十三条之规定，有权收集刑事证据的辩护人只能是辩护律师，其他身份的辩护人不享有调查取证权，而辩护人××不具备律师身

份，因此其调查取得的证据不具有法律效力，请法庭不予采纳。

5. 公诉人认为证人××与被告人×××之间有利害关系，足以影响其证言的客观真实性，且其证言与其他证据相互矛盾，又无其他证据支持，建议法庭对该证言不予采纳。

6. 公诉人认为证人××的证言明显不符合情理，且得不到其他证据的印证，不具有证据的客观性，建议法庭不予采纳。

（三）公诉人对辩护人所举证据的质证方法

对于辩护人举证的质证方法，有以下几种：

1. 釜底抽薪法

在现实庭审中，对于辩方出示的证据，可以着重对其证据来源以及收集证据的程序是否合法进行质证，如果辩方收集证据的程序不合法，那么其证据也就无所谓证据效力。这是一种从基础上彻底击垮对方证据体系的方法。

2. 去伪存真法

辩护人所取得的证据，很多时候带有一定的倾向性，也就是说，其内容大部分与在案证据不相矛盾，但一些律师为了取得举证效果，往往在形成笔录或者向法庭出示时，会有选择地进行，将对被告人有利的内容向法庭出示，而却将对被告人不利的内容不予以出示。去伪存真法，就是从证据的客观性进行质证，质证重点是证据的发生情况是否符合客观规律，或者证据证明的事实是否能与其他证据相印证，以揭示其虚假性。

3. 寓立于驳法

对于辩方提供的驳斥控方观点的证据，公诉人在质证中，应抓住对方争论和质疑的焦点，利用对方证据的矛盾、疑点，如证人想象能力、记忆能力、表达能力提出质疑或反驳对方的质疑，其后对对方的询问方式提出异议，如诱导询问可能造成证言失实提出异议。以子之矛，攻子之盾，便能使对方观点无立足之本。

4. 常识常理法

常识常理法，就是根据事物的常识、常理、常情对辩护人所出示的证据予以反驳。一些律师为了获得辩护效果，可能会在取证中获取一些违反常识、常理、常情的内容，对此，就要根据一般的经验法则和逻辑进行反驳，说明其不合理性，因而不真实。

5. 对牵强附会证据的摒弃和驳斥法

从证据的相关性进行质证。公诉人要善于鉴别对方证据是否与案件相关，如对方出示的证据貌似与案件相关而实际无关，公诉人可当即提出质疑，以正视听。

归纳一下，从公诉人的角度来看，应当通过如下方式进行质证：

公诉人应在开庭前充分预测辩护方可能出示证据的内容以及对公诉方证据提出的质疑，并制订质证方案，做好质证准备，并结合庭审情况及时调整质证方案内容。质证应根据辩护方所出示证据的内容以及对公诉方证据提出质疑的性质，紧紧围绕案件事实、证据和适用法律进行。质证完毕后，公诉人应当适时提请法庭认证。根据情况，可以分别采取单个证据提请认证、分组证据提请认证或者全案证据提请认证。

辩护方对公诉方证据是否合法、是否客观真实、是否与本案相关联提出的质证意见，公诉人应当进行答辩。

对辩护方提出的与证据证明力无关、与公诉主张无关的质证意见，公诉人可以不予答辩。

公诉人的答辩一般应在辩护方提出质证意见后立即进行，也可以根据需要在法庭辩论阶段结合其他证据综合发表意见，但应向法庭说明。辩护方质疑物证、书证、勘验笔录时，公诉人应根据此类证据客观、稳定、不易失真的特点予以答辩。辩护人断章取义，片面理解证据内容发表意见的，公诉人应立足证据的全面性、同一性，综合全案证据予以驳斥。辩护方提出的质证意见，确实属于在审查起诉过程中未注意到，需要进行补充侦查的，公诉人可以申请延期审理。在辩护方因不了解证据情况而质证时，公诉人可以对证据情况进行简要说明。对辩护方符合事实和法律的质证，公诉人应当实事求是地发表意见，同意质证观点，或者不再就此答辩。在质证过程中，辩护人的言词如果对公诉人带有指责性或者进行人身攻击的，公诉人可以从以下几个方面驳斥：

（1）指出辩护人的职责是根据事实和法律提出被告人无罪、罪轻或者减轻、免除其刑事责任的辩护意见，对公诉人进行指责违背律师的职业职责。

（2）提请法庭对辩护人这种违背职业道德的言行予以制止。

（3）当庭指出辩护人对公诉人指责的意图。

公诉人应对辩护人向合议庭提交的证据认真审查，属于下列情况的，应当提请法庭不予采信：

（1）辩护人未经有关部门和个人同意调取的证据。

（2）不符合证据的客观性、关联性、合法性要求的证据。

（3）辩护人在侦查阶段调取的证据。

（4）辩护人出示的证据违背本案客观事实的。

（5）辩护人提供的证据明显违背常理的。

（6）其他需要提请法庭不予采信的情况。

前述证据如果对被告人的定罪、量刑有重大影响，当庭又难以准确判断，符合延期审理条件的，公诉人应当及时建议法庭延期审理。辩护方证人未出庭的，对其证言应围绕取证主体是否为辩护律师、取证是否征得证人同意、是否告知证人权利、是否单独询问证人等方面质证。质证中应将证言与已经出示的证据材料对比分析，发现并否定虚假的证人证言。证人证言前后矛盾的，应否定其证明力，与案件事实无关的，应指出不能作为证据使用。对辩护方出示的鉴定意见和出庭的鉴定人，应从以下几个方面进行质证：

（1）鉴定人的资格。

（2）鉴定人与案件的关系。

（3）鉴定人与被告人、被害人的关系。

（4）鉴定人是否受到外界的干扰或影响。

（5）鉴定的依据和材料。

（6）鉴定的设备和方法。

（7）鉴定意见与其他证据的关系。

（8）鉴定意见是否有科学依据。

对于因专业技术性问题不能立即对有关鉴定意见发表质证意见的，应建议休庭，向专业技术人员咨询意见。必要时，可以进行重新鉴定。对辩护方出示的物证、书证，可以要求将物证、书证让被害人及有关诉讼参与人辨认。公诉人质证后，再由其发表意见。对书证的内容应从以下几个方面质证：

（1）书写人是否受到利诱、欺诈或其他违背真实意愿因素的影响，是否反映当事人的真实意思。

（2）内容是否明确，有无前后矛盾。

（3）是否与案件事实有联系，是否能证实案件真实情况。

对辩护方出示的视听资料，应从以下几个方面进行质证：

（1）收集过程是否合法，来源及制作目的是否清楚。

（2）所要证明的问题是否与案件事实有关。

（3）制作是否受到暴力、胁迫或利诱，是公开制作还是秘密制作，是直接制作还是转录以及转录是否完整等。

（4）内容是否被剪辑、篡改、伪造。

对于因专业技术性问题不能立即对有关视听资料发表质证意见的，应建议休庭，申请对视听资料进行鉴定。

第九章　军争篇：交叉询问看交锋

《军争篇》是《孙子兵法》的第七篇，“军争”，即两军争利争胜，夺取有利的战地和战机。本篇主要论述在一般情况下夺取制胜条件的基本规律，其中心思想就是怎样趋利避害，力争掌握战场的主动权。孙子十分重视对有利作战地位的争取，并从辩证思维的高度，论证了“军争”的有利面和不利面，主张要善于做到“以迂为直，以患为利”。强调做好对“军争”充分的了解和准备，即察知“诸侯之谋”，得“山林、险阻、沮泽之利”“用乡导”。在争夺主动权的过程中，孙子要求指挥者坚持和运用“以诈立，以利动，以分合变”的原则，做到“悬权而动”。孙子还充分重视统一号令的意义，提倡军队进退攻守必须具备明确的标识和要求。为了确保战争主动权的掌握，孙子主张在军队行动过程中，贯彻“四治”的具体要求，其中“避其锐气，击其惰归”的主张，已经成为著名的军事原则，为后人所重视和广泛运用。

随着以审判为中心的诉讼制度改革，庭审实质化、直接言词原则已经降临到庭审之中，以往控辩双方在法庭上只就卷宗材料中所记载的证据进行质证的方式，必将被越来越多的证人、鉴定人、侦查人员直接到庭接受询问所取代，对于如何询问这些人员才能把握先机、如何当庭揭穿出庭人员编造的谎言、如何通过询问强化自己的控辩观点，成为检察官、律师所必须掌握的重要技能，这就是法庭上的“交叉询问”技能。《刑事诉讼法》第一百九十二条规定：“公诉人、当事人或者辩护人、诉讼代理人对证人证言有异议，且该证人证言对案件定罪量刑有重大影响，人民法院认为证人有必要出庭作证的，证人应当出庭作证。人民警察就其执行职务时目击的犯罪情况作为证人出庭作证，适用前款规定。公诉人、当事人或者辩护人、诉讼代理人对鉴定意见有异议，人民法院认为鉴定人有必要出庭的，鉴定人应当出庭作证。经人民法院通知，鉴定人拒不出庭作证的，鉴定意见不得作为定案的根据。”这是交叉询问的法律依据。由于当庭询问是一种人与人的正面问话、交流甚至是交锋，检察官、律师既要与出庭的证人、鉴定人、侦查人员直接对话，又要随时注意对方律师、检察官的问话，应对对方的抗议或者反对，有时所面对的证人既可能是己方证人，也可能是对方证人或者叫“敌意证人”，所以对交叉询问的方法就需要特别讲究，否则一不小心，就可能问出相反的效果，为敌所乘。正因如此，交叉询问活动从某种意义上来看是控辩双方的又一次交战，而且随着以审判为中心的诉讼制度改革的临近，这种交战在今后将越来越频繁、越来越激烈，这也正是庭审实质化与直接言词原则的必然要求，也是今后法庭上的常态，这也就要求检察官、律师必须熟练掌握交叉询问这一技能，从而在法庭上能够应对自如、立于不败之地。

第二十五计　以迂为直，以患为利

——询问证人、被害人、鉴定人、有专门知识的人要诀

孙子曰：凡用兵之法，将受命于君，合军聚众，交和而舍，莫难于军争。军争之难者，以迂为直，以患为利。故迂其途，而诱之以利，后人发，先人至，此知迂直之计者也。[①]

故军争为利，军争为危。举军而争利，则不及；委军而争利，则辎重捐。是故卷甲而趋，日夜不处，倍道兼行，百里而争利，则擒三将军，劲者先，疲者后，其法十一而至。五十里而争利，则蹶上将军，其法半至。三十里而争利，则三分之二至。是故军无辎重则亡，无粮食则亡，无委积则亡。

故不知诸侯之谋者，不能豫交；不知山林、险阻、沮泽之形者，不能行军；不用乡导者，不能得地利。故兵以诈立，以利动，以分和为变者也。故其疾如风，其徐如林，侵掠如火，不动如山，难知如阴，动如雷震，掠乡分众，廓地分利，悬权而动。先知迂直之计者胜，此军争之法也。[②]

孙子说：用兵的原则，将领接受君命，从召集军队，安营扎寨，到开赴战场与敌对峙，没有比率先争得制胜的条件更难的事了。“军争”中最困难的地方就在于以迂回进军的方式实现更快到达预定战场的目的，把看似不利的条件变为有利的条件。所以，由于我迂回前进，又对敌诱之以利，使敌不知我意欲何去，因而出发虽后，却能先于敌人到达战地。能这么做，就是知道迂直之计的人。“军争”

① 《孙子兵法》，陈曦译注，中华书局2011年版，第115页。
② 《孙子兵法》，陈曦译注，中华书局2011年版，第117、120页。

为了有利，但“军争”也有危险。带着全部辎重去争利，就会影响行军速度，不能先敌到达战地；丢下辎重轻装去争利，装备辎重就会损失。卷甲急进，白天黑夜不休息地急行军，奔跑百里去争利，则三军的将领有可能会被俘获。健壮的士兵能够先到战场，疲惫的士兵必然落后，只有十分之一的人马如期到达；强行军五十里去争利，先头部队的主将必然受挫，而军士一般仅有一半如期到达；强行军三十里去争利，一般只有三分之二的人马如期到达。这样，部队没有辎重就不能生存，没有粮食供应就不能生存，没有战备物资储备就无以生存。

所以不了解诸侯各国的图谋，就不要和他们结成联盟；不知道山林、险阻和沼泽的地形分布，就不能行军；不使用向导，就不能掌握和利用有利的地形。所以用兵是凭借施诡诈出奇兵而获胜的，根据是否有利于获胜而决定行动，根据双方情势或分兵或集中为主要变化。根据战场形势的需要，部队行动迅速时，如狂风飞旋；行进从容时，如森林徐徐展开；攻城略地时，如烈火迅猛；驻守防御时，如大山岿然；军情隐蔽时，如乌云蔽日；大军出动时，如雷霆万钧。夺取敌方的财物，掳掠百姓，应分兵行动。开拓疆土，分夺利益，应该分兵扼守要害。这些都应该权衡利弊，根据实际情况，相机行事。率先知道“迂直之计”的将获胜，这就是军争的原则。

交叉询问与“军争”一样，有利有弊，“军争为利，军争为危”。之所以如此，是因为既然有证人、被害人、鉴定人、有专门知识的人来出庭，那么说明控辩双方一定存在重大分歧，在这种情况下，对于公诉人来说，原来停留在卷宗材料里的上述人证，就要到法庭上来接受质询，而他们来到法庭上之后口供会不会发生变化、会不会说出与卷宗材料中截然相反的内容，公诉人不得而知。而对辩护人来说，也有可能自己在调查走访中历尽千辛万苦寻找到的证人，到了法庭上会基于各种原因，所说的内容与自己调查时完全相反，结果不但起不到证明自己观点的作用，有时还可能承担执业风险。为此，孙子认为：“军争之难者，以迂为直，以患为利。故迂其途，而诱之以利，后人发，先人至，此知迂直之计者也。”将军从君主那里接受了命令，然后集合军队，整装出发，这并不难，难的莫过于绕道而行智取目标，同时还要诱惑敌人，让他偏离目标而行，然后我们就可以做到“后人发先人至”。抢先到达战场，有时候以直行为宜，有时候则需要以迂为直。目标一样，但方法不同，或迂或直，当以当时的条件情况而定。一般情况下，直行距离近，但敌人多有重兵把守；绕道而行距离远，但敌人的防守相对薄弱或是不设防。所以绕道而行往往比直行还会更早地到达战场。但是迂直可变，若直行中障碍太多则可选择绕行，统筹考虑也许直行好于绕行。或迂或直，正确选择，适时改变，这也道出了庭审询问中的技巧所在。

一、交叉询问的基本原理：麦考密克的交叉询问基本技巧与我国交叉询问的基本要求

《麦考密克论证据》是英美国家标准的证据法教科书，受到一代又一代优秀检察官、法官、律师的称道。作为舶来品，交叉询问的技能最好向他们的创造者去学习。对于交叉询问的技巧，《麦考密克论证据》一书是这样传授的：

一、准备是关键

有些律师似乎拥有进行高效率交叉询问的天分。维多利亚时代的伟大律师蒙特哥·威廉姆斯这样说道："就职业角度而言，我可以看透一个人的表情和他的内心。"但是在今天，问题的关键在于大量辛苦的前期准备工作而不是非凡灵感促使的突然袭击。即席表演通常是必要的，但是与那些基于审前的各种方法发掘出来的事实而进行的有计划的提问所获得的结果相比，这种即席表演的效果通常要小很多。计划的步骤在很大程度上被认为是与调查询问有关的工作。对于所有的对方证人而言并不是都需要按步骤来进行。没有任何一个案件能够承受得起进行彻底充分准备的花费。不过审判前的准备工作是日复一日运转的案件中成功地进行交叉询问生长的土壤。一些律师主张在审判过程中有助手或者当事人为准备以后的询问进行书面记录要好于交叉询问人自己记录。在法庭上应当避免对询问人提出口头建议。在直接询问过程中交叉询问人无法拿出大量的时间做记录或者谈话。交叉询问人的任务就是认真倾听直接询问人和证人所说的每一个字。总之，两个关键问题：一个是审判前的准备，另一个是在审判过程中集中注意力。

二、没有无目的的交叉询问

在电影中，漫无目的的交叉询问总是能够获得令人吃惊的结果。在现实世界里，这种无目的的交叉询问通常是没有效果的，而且会产生反作用。交叉询问人典型的胜利在于使证人重复破坏性的证言，以及使敌意性证人在交叉询问人增加在直接询问中其忽略的不利的事实。一般的观点认为，律师不应该对所有的证人都进行交叉询问，除非他确信他可以通过交叉询问达到某种对其有利的目的。正如我们所看到的，这种目的可能是：

第一，引出新的案件，以证实直接询问或者本案涉及的某些问题。

第二，通过调查证人证言的细节以及暗含的意思以验证证人所讲述的事实，希望借此发现矛盾之处或者不可能之处。

第三，引出事实，比如审判前所作的矛盾陈述、偏见，以及有罪的事实来弹劾敌意性证人或其他不利证人。

在追求这些目标，特别是后两个的时候，交叉询问人必须清楚有大量的琐事在等着他。在交叉询问中引出一项不利的回答可能具有更大的破坏性。交叉询问人在交叉询问中赢得案件很难，但是输掉却很容易。相应地，证人在字节询问中没有产生不利的作用，如果为了第一个或者第三个目的而对其进行交叉询问通常是不明智的。在许多案件中当直接询问人把证人交给交叉询问人时，交叉询问人应当直接说："没有问题，法官阁下，这个证人可以通过。"

还存在这样的证人，他们的直接证言具有破坏性，甚至，如果陪审团相信他们的直接证言就会使交叉询问人输掉整个案件。交叉询问人就必须根据情况马上作出判断：该直接证言是不是非常具有说服力，如果放弃交叉询问的话陪审团是不是可能认为该证言是真实的并予以采纳，以此作出对交叉询问一方的不利判断？在这种情况下，交叉询问通常是必要的。坦白地说，如果直接证言具有相当大的说服力而交叉询问人对证人没有有力的攻击手段的话，交叉询问就必须考虑要么进行"撒网式"调查，要么寻求恢复私下里和解谈判。

除非交叉询问人合理确信证人的回答对其有利，否则不能把一项关键的事实轻易向对方证人披露。同样地，宽泛的提问会给证人打开一扇大门即为证人提供一个加强其直接证言的机会。例如，"你对此如何解释?"或者"它是如何发生的?"这些问题通常是不明智的。如果在交叉询问中获得一项前后矛盾的事实，一般而言，最好是停下来通过辩论强调这种辩论中出现的不一致，而不要继续逼迫证人。如果交叉询问人用另外的问题来逼迫证人，这个新问题会给证人一个推翻和解释他所作承认的机会。

在进行一项检验性或者探寻性的询问过程中，不宜按照直接询问的顺序。一位评论家建议："如果证人说谎，就用连续的几个问题从该证人的陈述的一点跳到另一点，不让他有时间和机会做衔接性的陈述：向后、向前、再向前、从中间返回到开始，如此进行下去。"

三、交叉询问是给陪审团看的，而不是给当事人看的

交叉询问人在当事人面前通常有一种展示一下他的智慧和技巧的冲动，或者为了满足客户对对方证人的敌意心理而设法使对方证人出丑。通常而言在间接事

实上的小小胜利很容易获得。但是，在富有经验的代理律师与到了新环境就紧张的证人之间显然是不公平的。交叉询问人必须时刻保持清醒认识在他与证人之间的这种不平等性，而且，大多数的陪审员喜欢把自己想象成证人的角色来考虑问题。交叉询问人必须特别礼貌地向值得同情的证人提问，比如儿童、犯罪的受害者以及丧亲的人。对证人越好，给陪审团的印象就越好，一般而言，机智老练以及礼貌要比恐吓和嘲笑好得多。但是，在少数情况下，一旦交叉询问人确信一个关键的证人在作伪证，并且他可以揭露他，此时，对该证人的攻击不能手软，必须直中要害。但是仍然主要的是交叉询问人要公平地适用他的技巧。

四、在一两个地方下功夫；用一个恰到好处的总结收尾

当交叉询问人已经获得一个重要承认，他不应该再纠缠于这个承认的边缘效果而继续询问证人以获得其他事实，或者冒着证人推翻前言的危险而让其重复。如果此时他有其他重要的攻击点，就应该转过去，在他对最后一个攻击点完成之后就结束询问。用恰到好处的总结收尾："当你已经钻到事由就不要再钻了。"交叉询问的影响力取决于结尾时留下的总体印象，而不在于交叉询问人对证人的辩论交锋中取得多少技术得分点。

这些一般原则都是有价值的指导原则，交叉询问人必须根据他所面对的情况采取不同的技巧。在对同一个证人交叉询问时，老练程度不同的律师会采用不同的技巧。不论律师在庭审过程中怎么做，他必须向陪审团表明他是正直的、可信赖的。①

国外的交叉询问策略方法，给我们提供了参考与借鉴。结合我国《刑事诉讼法》以及相关司法解释，在我国的法庭上，交叉询问的总体要求如下：

证人、被害人、鉴定人、侦查人员和有专门知识的人，简称"出庭证人"。控辩双方对己方申请的"出庭证人"，在庭前应当做好法制宣传和庭审常识宣讲，告知其有意作伪证或者隐匿罪证要负的法律责任，防止庭审当中出现"出庭证人"不配合法庭询问等妨碍庭审顺利进行的情况。控辩双方应当严守对法庭、对司法公正所负的责任，不得妨碍案件客观真实的发现，禁止有威胁证人和故意诱导证人改变证言等行为。法庭询问应当遵循轮替规则。根据《最高人民法院关于适用〈中华人民共和国刑事诉讼法〉的解释》第二百五十九条的规定，法庭对"出庭证人"进行询问时应遵循"传者先问"和"次第进行"的顺序，即控、辩双方申

① ［美］约翰·W. 斯特龙主编：《麦考密克论证据》，汤维健等译，中国政法大学出版社2004年版，第59~60页。

请证人出庭的一方先进行主询问，对方反询问，审判人员最后补充询问。控辩双方均申请出庭，或均未申请出庭但法庭通知出庭的，按照先控方，后辩方的顺序进行。主询问和反询问的轮替次数，应能保障控辩双方充分开展对抗性询问，努力让争议焦点澄清在法庭，同时兼顾庭审效率。法庭询问应当遵循禁止诱导性询问规则和适时提出异议规则。根据《最高人民法院关于适用〈中华人民共和国刑事诉讼法〉的解释》第二百六十一条的规定，法庭询问应当禁止采用诱导方式询问。对发问内容中包含有不当暗示、前提虚假而违背证据客观性原则的，或意图使“出庭证人”以推测或判断意见作为证言的，或发问不明确，足以使“出庭证人”产生误解的，以及有威胁和侮辱性等提问时，控、辩对方应及时提出反对制止意见，并明确向法官提出建议予以制止，撤销不当询问问题，排除相关部分的证言效力，提醒证人对与案件无关的问题可以拒绝回答。对不当询问，审判人员可以依职权制止。

控辩双方就下列情形发问时，可不严格限制诱导性发问：在实质性询问前，为明确证人的身份、经历等准备性事项的发问；发问意图是质疑该证言的真实性或反驳不实证词的；证人记忆不清，为唤起其记忆而确有必要的；向鉴定人、有专门知识的人就有关专业性问题发问的；对已经明确且涉及诉讼各方没有争议的事项发问的。

法庭询问应当遵循相关性询问规则、禁止重复询问规则。对“出庭证人”询问的问题，应与案件争议事实之间具有关联性。为确保庭审效率，对“出庭证人”的询问应当禁止重复询问。对违反上述规则的，审判人员可以直接提出制止意见，或根据控辩双方提出异议情况决定是否予以制止。法庭询问应当遵循意见证据排除规则。“出庭证人”应就其自身曾经感知的客观事实提供证言，禁止对相关事实进行推论；“出庭证人”对案件事实的主观看法和推测意见没有证据效力，但合理地建立在事实之上同时有利于理解事实和澄清争议问题的意见不在排除之列。鉴定人、有专门知识的人等专家证人的评述意见不属于应当排除的意见证据。

法庭询问的主要程序包括控辩举证方的主询问、对方的反询问、举证方的再主询问、对方的再反询问等几个阶段，最后一般由举证方结束询问。

根据《人民检察院刑事诉讼规则》第四百条、第四百零六条的规定，公诉人作为主询问人时的询问方式可以采用叙述式和问答式进行。为查明争议问题并兼顾审判效率，庭审询问“出庭证人”时应以采用一问一答的方式为主，辅以连续陈述的方式，完整高效地呈现待证事实。控辩双方在询问“出庭证人”时，应将问题逐一提出，不得将内容不同的问题同时提问；问句上应使用简单式的问题，即一句话只包含一个问题，不能使用复合式问句。

反询问的范围一般限于案件事实和证据调查的相关性问题，即“出庭证人”的身份、与案件当事人的关系、是否受到外界干扰以及是否具备必要的专业资质等问题进行调查，对超越前述范围的，控辩对方可以提出反对意见，由审判人员决定是否支持。

控辩双方再主询问应主要围绕对新事实的解释与澄清，如巩固己方“出庭证人”证言的可靠性，及时补充提问澄清可能误解的问题等。再反询问一般应仅针对“出庭证人”在再主询问时陈述的事项。对经法庭许可的其他事项，也可以再询问。

控辩双方交叉询问即将结束，但审判人员认为控辩双方未能澄清争议焦点，或证人可信性、证言真实性等方面存在疑问的，应当引导控辩双方进一步开展询问，必要时可以依职权自行补充询问。为提高庭审效率，对控辩双方通过询问已经查明的问题，审判人员一般不应再次进行重复询问。

庭审询问应当保持询问问题的主线原则，也就是始终围绕待证事实和争议焦点，防止被询问人过多的解释和阐述，打乱询问节奏，偏离询问主题，削弱询问效果。同时应注意各询问问题在证明内容上的层次和递进关系，便于法庭和被询问人员理解。

检察官、律师询问证人时，一般应当从以下方面进行询问质证：

（1）证人与案件事实的关系。

（2）证人与被告人、被害人的关系。

（3）证言的内容及其来源。

（4）证人感知案件事实时的环境、条件和精神状态。

（5）证人的感知力、记忆力和表达力。

（6）证人作证是否受到外界的干扰或影响。

（7）证人的年龄以及生理上、精神上是否有缺陷。

（8）证言前后是否矛盾。

（9）证言与其他证据的关系。

证人的庭前书面证言，在询问时可以作为印证证据向证人进行核实询问。证人当庭陈述与庭前陈述内容不一致的，应当问明前后矛盾的理由，认为理由不成立的，应当当庭宣读庭前陈述作为反驳证据，并结合其他证据判断证人当庭证言的证明力。

检察官、律师询问侦查人员时，一般应当从以下方面进行询问质证：

（1）侦查人员的身份。

（2）侦查人员与案件的关系。

（3）侦查人员的专业培训、知识储备及工作经历。

（4）侦查行为的规范性情况。

（5）侦查人员当庭陈述的案件实体和程序问题，与其他在案证据材料的印证情况。

检察官、律师询问鉴定人时，一般应当从以下方面进行询问质证：

（1）鉴定人的资格。

（2）鉴定人与案件的关系。

（3）鉴定人与被告人、被害人的关系。

（4）鉴定人是否受到外界的干扰或影响。

（5）鉴定的依据和材料。

（6）鉴定的设备和方法。

（7）鉴定意见与其他证据的关系。

（8）鉴定意见是否有科学依据。

根据《刑事诉讼法》第一百九十七条第二款的规定，有专门知识的人可以就鉴定意见提出意见。询问有专门知识的人时，一般应当从以下方面进行询问质证：

（1）有专门知识的人的身份与资格。

（2）有专门知识的人与案件的关系。

（3）有专门知识的人与被告人、被害人的关系。

（4）有专门知识的人是否受到外界的干扰或影响。

（5）提出鉴定意见的依据和材料。

（6）专家意见是否有科学依据。

（7）是否建议重新鉴定、补充鉴定并申请临场进行监督。

法庭对“出庭证人”询问完毕且退庭后，反询问方应对对方“出庭证人”的证言发表综合性的质证意见，之后由主询问方发表答辩意见，最后由法庭做出对相关证据的认证采信意见。

二、检察官如何适应证人、被害人、鉴定人、有专门知识的人、侦查人员出庭

对于证人出庭和交叉询问问题来说，公诉人承担举证责任，需要证明整个证据体系是完整的、严密的，不能够产生合理怀疑，否则就要承担证明失败的不利后果。而在出庭公诉活动中，公诉人需要承担大量的工作，而且这些工作又容不得半点失误，因为一旦有一个地方失误，可能会影响全局。而辩护人则不同，只要能够证明证据当中存在一个问题，这个问题可能影响证据体系的成立，或者影响某一证据链条的形成，则他就完成了辩护任务，有时候甚至赢得很漂亮。一般来说，检察机关将案件起诉到法院，是因为他们认为这个案件经过审查，已经符合了证据标准，而这个证据标准，往往是在审查卷宗材料的基础上构建起来的。但是，一旦证人等人证出席法庭，就对原来的证据体系增加了变数，万一有证人在法庭上改变了原口供，那么原来建立在卷宗材料基础上的证据体系就会面临挑战，如果辩护人挑战成功，那么公诉人精心构筑的证据体系就会崩塌。所以说，相对于律师来说，检察官更加需要注重交叉询问技能的培养。

（一）转变角色观念，体察“军争之难”

证人出庭作证，接受控辩双方质询，实现庭审实质化，使检察官处于高度紧张的境地，这种“军争”确实很难。为此，检察官就要以积极的态度，转变以往坐堂宣读证据的角色观念，积极适应新的变化。

1. 贯彻直接言词原则，积极适应庭审实质化。证人、鉴定人出庭，是以审判为中心的诉讼制度改革的一项重要内容，在辅助查明案件事实方面有着重要作用。直接言词原则作为现代刑事审判的一项重要原则，对于保障审判中心地位、实现庭审实质化具有重要作用。贯彻直接言词原则，全面贯彻证据裁判规则，有利于保障当事人的合法权益，推动庭审实质化地开展。

2. 积极履行检察官客观义务，充分保障当事人合法权利。根据国际惯例，检察官在诉讼中不是一方当事人，而是法律事实的发现者、真实的判断者和忠实正义的公仆。在刑事诉讼活动中，检察官应当认真履行客观义务，其职能不仅仅在于追究犯罪，而且必须考虑到犯罪嫌疑人和被告人的合法权益，守护法律的真实，实现诉讼程序的公正性，这就要求检察官不把自己当作一个案件当事人，而应当

兼顾追诉与权利保障工作，摒弃一味追求胜诉率的思想。

（二）做好庭前沟通，实现“以患为利”

1. 熟悉全案证据，明确争议焦点。对于需要证人、鉴定人出庭的刑事案件，公诉人应当了解与熟悉全案证据，查阅并深入研究相关证人笔录、鉴定意见。着重了解证人证言、鉴定意见在本案证明体系中的作用，证人证言、鉴定意见证明的主要事实，是否与本案的其他证据相印证或相矛盾，明确印证的程度或矛盾的焦点。

2. 做好庭前沟通，注重证据复核。公诉人与证人、鉴定人进行庭前沟通，应当以证人在侦查机关所作的书面证言和鉴定人出具的书面鉴定意见为基础，围绕证人笔录和鉴定意见所证明的案件事实进行。

3. 评估沟通效果，增强庭审预判。公诉人应当对庭前沟通的效果进行评估，以确认达到了核实证据、了解情况的目的。

（三）提高应对能力，有效化解风险

1. 掌握发问技巧，有效查清事实。公诉人应当牢牢把握发问主动权，通过发问，达到查清案件事实的目的。首先，公诉人应当围绕庭前拟定的发问提纲向证人、鉴定人发问。发问应当具有目的性、针对性和逻辑性。其次，发问的问题应当简洁、清楚、明确。可以采用分段式、封闭式的问题。如在陈某寻衅滋事案中公诉人作如下发问：“公诉人在庭前与你就鉴定意见所涉及的鉴定方法、过程、标准、鉴定依据、法医学原理等进行了沟通，你之前是不是这样说的?”“是否对案件事实和相关证据进行了全面审查?”“该鉴定意见与死亡结果之间是否具有因果关系?”最后，公诉人应当通过发问证人、鉴定人，向法庭展示证人证言的客观性、真实性和鉴定意见的合法性、科学性，应当避免在细枝末节上与辩护人纠缠。

2. 依法行使补充发问权，及时澄清案件事实。公诉人应当依法、及时地行使补充发问权，从而对案件的相关事实进行必要的澄清：首先，公诉人在第一轮发问结束时，可以向法庭陈述“公诉人的发问暂时到此”，从而为补充发问预留必要的空间。其次，要迅速而准确地判断需要补充发问的问题，以达到补充发问的效果。出现下面几种情形之一的，公诉人应当进行补充发问：一是证人、鉴定人的回答和庭前的回答不一致或出现矛盾的；二是证人、鉴定人在庭上的表述模棱两可，不能得出确切答案的；三是辩护人有意曲解证人、鉴定人本意，或者将证人

带入圈套、陷阱的；四是辩护人提出了新的证据或新的问题，公诉人可以通过补充发问证人、鉴定人予以反驳的。

3. 科学处置庭审突发状况，打破庭审僵局。针对庭审可能出现的各种突发状况，公诉人要迅速判明原因、评估其后果，并根据庭前制作的临场处置方案，及时有效打破庭审僵局。

第一，当证人因情绪紧张，表述困难时，公诉人应当对证人进行适当引导：首先，公诉人应当尝试帮助证人舒缓紧张情绪，可先设置封闭性、简单易答的问题；其次，公诉人也可以换一种途径，转而证明庭前书面证言的真实性、合法性，就庭前书面证言制作的各要素和环节发问，并建议法庭采信庭前证言。

第二，当证人、鉴定人无法回答辩方的提问，致使庭审陷入僵局时：首先，若辩方发问的内容与案件事实无关或者超出了证人、鉴定人所能证明的范围，公诉人可以要求法庭予以制止或要求对该证言不予采纳；其次，若辩方发问的语气造成了证人、鉴定人的自我怀疑，因而不敢作出确定回答时，公诉人应即时申请对证人、鉴定人进行补充发问，以帮助证人重塑信心；最后，若证人、鉴定人对辩方发问方式和发问内容产生困惑，此时公诉人可以进行适当提示，但应避免使用诱导性或者其他影响客观陈述的提示。

第三，证人改变证言的应对。如果证人是因为记忆发生模糊或偏差而改变证言的：首先，公诉人应当要求证人说明理由，要求证人对前后不一致的证言作出解释；其次，判断其理由和当庭证言是否合乎逻辑和经验法则，是否与其他客观证据有矛盾；最后，必要时建议休庭查证。

如果证人是因为侦查阶段遭受违法取证而在庭上改变证言的：首先，要求证人提供必要的线索；其次，分析其理由是否合理、是否成立，判断其庭上证言是否与案件主要事实和其他证据相印证；最后，必要时建议休庭查证。如果证人是因为庭前或庭上受到辩护影响而改变证言的：首先，公诉人应当要求证人说明理由；其次，要求证人对前后不一致的证言作出解释；最后，必要时应当宣读证人在侦查、审查起诉阶段提供的证言笔录或者出示、宣读其他证据对证人进行询问。

三、庭审交叉询问的具体方法

随着以审判为中心的诉讼制度改革的推进，刑事诉讼中直接言词原则将进一步影响检察官和律师的庭审工作。

首先我们要搞明白，辩护人申请了证人和鉴定人出庭，检察官为什么紧张？害怕吗？怕什么？怕搅局，怕临时出现没有意料到的情况，怕自己当场无言以对，对吧？本来这个案子应当说没有什么问题，事实清楚、证据确实充分，所以我们才起诉到法院。这个职务犯罪案子是三级审批的，经过了那么多人的审查审批，意见基本一致，没有原则性的分歧，那么案件质量不用担心，要相信自己那么长时间细致的审查。当然也可能这个案子证据体系本来就有一定的问题，而因为这个证人、这个鉴定人的出庭或者不出庭，导致这个案件整个证据体系发生了问题，这时就要分析，这个证人或者鉴定人会说什么。如果这么说，对证据体系的影响怎样？该如何处理？要做好准备，真的有问题的话，该建议延期就延期，实事求是。解决了这个问题，下一个问题就是，他到了法庭上会怎么说？不论是对你有利，还是对你不利，你都要知道该怎么应对、该怎么问下去。法庭上问话有一个基本原则，必须问你知道答案的问题，否则宁可不问。明白了这个原则，对于证人、鉴定人出庭，你就知道该怎么办了：首先判断他是哪一方的证人。证人有控方证人和辩方证人，鉴定人也一样，总会对一方有利。所以你可以从是谁申请证人、鉴定人出庭，需要解决什么问题入手来判断这一问题。一般来说，要求证人出庭的，不外乎控、辩、审三方，如果是我们申请，那是为了强化证据体系，这个不用担心；如果是法庭传唤，则是为了形成或者强化法官的内心确信，这个只要我们在审查阶段足够细致、客观，也不用担心，所以最担心的就是你这一种，由辩方申请传唤的证人、鉴定人出庭。这个时候我们又要判断：是卷宗材料里原有的证人、鉴定人出庭呢，还是新的证人、新的有专门知识的人出庭呢？如果是原有证人出庭，我们要判断他出庭的目的是什么，是代表我方还是代表辩方，一般地说，代表辩方的证人，可能就是提供了对证明犯罪事实不利证言的人，他们的证言可能过去就有，但因为不客观真实没有被我们采信，那么如果他再来法庭上的话，我们可以通过其他证据以及我们在审查阶段排除其证言的理由，来否定其证言的真实性，进而建议法庭不予采纳，重点是就我们审查中发现他证言中存在的问题来问，比如你这个受贿案子，这个证人以前作证说他没有跟行贿人一起去行贿，但是他的这个说法，我们在审查起诉阶段就已经否定了，一是被告人自己承认，二是行贿人也都能够证实，行贿受贿双方对受贿的事实本身没有争议，因此对于他的证言，我们也是经过判断的，认为是不真实的。现在辩护人抓住这个证人证言与其他证据之间的矛盾，加上被告人又翻供，让这个证人来出庭，目的就是通过他与被告人翻供进行印证，试图证明被告人在那次根本没有收受贿赂。

既然如此，那么我们就知道，这个证人出庭，就是把原来说的话再说一遍。我们的目标，就是通过问话，让法庭对该证人的证言不予采信，方法也是跟讯问被告人一样，要“问其所必答、攻其所必救”“实则实之，伪则揭之”，实现“谎言揭穿在法庭”的效果。这些内容，我在讲法庭讯问的时候说得很清楚，聪明人善于举一反三，相信你完全可以做到。这是应对辩护人利用本来证言就有问题的证人出庭的方法。

还有一种，就是辩护人对于某个关键证人的证言有异议，试图通过法庭询问来赌一下，从而通过对该证言的否定，造成全案证据体系崩溃。这种案件相对来说证据稍微单薄些，比如说受贿案件，往往只有行贿人和受贿人两个人在场，这个证人的证言在证据体系中的地位又很关键，这个时候，你需要做的是，了解这个证人会不会在法庭上改变证言，这个很重要，因为这个证人决定了你在法庭上询问的成败。正如孙子所说的“不知山林、险阻、沮泽之形者，不能行军；不用乡导者，不能得地利”。怎么了解呢？分析他有没有改变证言的理由或者可能。比如说行贿人，他们的情况最复杂，有的行贿人不可能改变证言，因为改变之后可能对他非常不利，丧失了积极认罪的条件，会面临严厉的处罚，所以他一定会坚决按照以前所作证言来说；还有一些行贿人则不一定，因为也许他跟被告人认识或者存在利害关系，不希望当庭指证他，在司法机关单独询问他的时候会实事求是地说，但到了法庭上，特别是当着被告人、被告人家属的面，他不一定有勇气当面指证他，这时候他很可能会改变证言，作出对被告人有利的证言，甚至对抗公诉人的询问，推翻原证词作伪证。这种人在实际办案中非常多，我们一定要心里有数。怎么办？这种情况下就靠我们庭前掌控和庭上询问技能了，没有别的办法。这里有个口诀，叫作“占领心理高地”。孙子说：“故兵以诈立，以利动，以分和为变者也。故其疾如风，其徐如林，侵掠如火，不动如山，难知如阴，动如雷震。”因为这类人出庭其实是个两难，毕竟以前提供过证言，轻易推翻很不容易，而且是在庄严的法庭上，当众说谎又可能付出作伪证的代价，他心理压力是很大的，尤其是那些案发前主动交代行贿事实的人，本来就有从轻、减轻或者免除处罚的情节。那么我们的庭前掌控，就是在庭前及时与证人沟通，掌握他出庭的动向，讲清如实作证的必要性和作伪证的法律后果，最重要的是要打消他的顾虑，记得有一次我对证人是这么说的：不错，我们有时候确实面临很艰难的抉择，比如出来指证你的朋友，证明他犯罪了，这很难，也很难为情。但是，每个人都应该对自己所做的事情负责任，这个责任，有时候会很重，是法律责任。既然如此，我们就要来掂量一下，是实事求是说出事情的真相来，让该承担责任的人承担应负的责任好呢，还是有意为他隐瞒，试图让他不受到法律追究好呢？这个有意隐瞒的风险在于，有意作伪证要受到法律追究，到时候不但你的朋友没有逃脱法律追究，你也会受到法律追究；而你在法庭上把你了解的真相如实地说出来，只不过是尽了一个公民应尽的责任，没有歪曲事实陷害哪一个人，这不是不善良的行为，即使你的朋友为此坐牢，那也是他罪有应得，不能怨恨你，当然这个前提条件就是你不要歪曲事实，不要陷害他人，这个道理，你到哪里都能够说得过去，对你自己的良心，也一样能够有所交代，所以无论是权衡利弊，还是履行作证义务，你都毫不亏欠谁，没有必要顾虑太多，更不能作伪证。这么说，一般人都会做出正确的选择。这就叫作“以利动，以分和为变者也”。晓之以理，动之以利，而且这个话不但在庭前你跟证人沟通的时候可以说，即使没有机会沟通，那么到了法庭上你一样可以这么告诉他，这不属于威胁，也不属于引诱，而是法律政策宣传教育，要求他实事求是作证。这就是心理战，要占领他的心理高地，而不能让辩护人去占领。

如果证人到了庭上不是作伪证，而是说什么也不知道了呢？

这比作伪证要强对吧？如果我们不能让事情变好，那么就不要让它太糟，对吧？这至少可以使我们实现“后人发，先人至”的目的，虽然在出庭问题上我们没有找得律师的先机，但至少他没有说对我们指挥不利的话，他什么也不说，或者说不记得了，那么这属于委婉的回避，这个时候我们就要看他的哪次证言能够得到其他证据的印证，肯定是卷宗材料里的那一份，对吧？我们就可以向法庭表示，他今天这次出庭属于无效出庭，因为没有证明什么问题，因此只能采信他以往的证言。再就是看最糟的那种，就是他横下一条心出庭来改变证言，完全有利于被告人，完全被对方控制，法庭上作出了对定罪完全相反的证言。对于这种情况，首先要问他以前证言的内容是什么样的，再问今天为什么和过去说得不一样，原因是什么？一般他会解释说，以前是忘记了，或者是没说清楚，以今天说的为准；或者说，以前是侦查人员逼着说的，或者是侦查人员写好让他签字的，或者是侦查人员说一句让他重复一句，然后让他签字，无非这些。对于这种人，针对他说侦查人员逼他作证问题，问清楚是哪个侦查人员这么做的、谁在场能够证明这一点，如果有同步录像，可以用同步录像证明他所说的是虚假的；如果没有，而你在审查起诉阶段或者在得知他要来出庭的时候也问过他，那么就问他在检察环节所说的为什么与侦查阶段一致，为什么不说在侦查阶段被逼或者侦查人员写好让他签字的问题，以证明他当庭所说的虚假性；针对他说以前忘了，或者“以前没说清楚，以今天所说为准”的问题，你一定不要问他：你以哪次所说为准？因为他一定会说：以今天所说为准，那么这个问题就被你问“死”了，而且，一个证人的证言，并不一定以哪次所说为准，而是要看哪次说的是实话。因此，你要问他，上次作证是什么时间、离案发时间有多久、是在什么情况下提供的证言，如果当时都不记得了，难道现在反而比那个时候更能记得吗？这至少不符合人类记忆规律；如果说是当时没有说清楚，但是原来的证言说得很清楚呀？没有硬伤，那么你没有说清楚这话又是从何说起呢？对于他作证中的实质内容，还是要通过你所掌握的证据内容，在问话中揭露他的矛盾之处，从而证实今天他出庭所说的内容是虚假的。总之，在他作伪证的时候，你就要想尽办法让人觉得，他今天来作证，就是在说假话。当然，如果他说的确实可能是真的，确实是我们审查当中存在问题，那么我们也要实事求是，针对证据体系出现的问题，建议法庭延期审理，对相关证据重新进行调查核实，有错必纠。

还有一种情况，就是这个证人原来没有出现过，辩护人申请他来出庭。对于这种过去没有出现过的证人，在准备的时候我们就要尽量判断，他是来证明什么问题的？可以向法官了解，也可以通过对我们证据体系进行重新审视来判断，哪里证据比较薄弱，什么地方容易出问题，通过这些来判断这个证人来法庭上作证的目的。这种证人有两种情况：一种情况，确实属于在侦查阶段侦查人员遗漏了的，但他的证言并不能改变对事实的认定，这个时候我们只要耐心地询问他所看到的细节，证实与其他证据并不矛盾就可以，或者虽然有矛盾，但属于正常的观察角度、记忆品质、观察细致程度上的差异，不是决定性的问题；另一种情况，就是被人指使来作伪证的，对这种人，我们要做的，就是放弃幻想，迎头痛击，没有别的办法。我们要从他来作证是谁找来的、他对案件的了解程度、他与被告人及其亲属的关系、在案件中他看到了什么、一些具体细节问题他都知道什么，尤其是他与被告人说法之间是否存在矛盾等方面入手来问，一样是“伪则揭之”，让他的谎言扩大，一开始不要急于说破，要让他说得越离谱越好，这里有个口诀，叫作“谎言最怕细节”，他越怕对细节进行解释，你越要问，问到他无法解释，无法自圆其说，你就成功了。

询问证人，不论是我方证人还是对方证人，都是这个套路。对于鉴定人或者有专门知识的人就不太一样。因为鉴定人是独立提供鉴定意见的人，一般情况下他不带有倾向性，辩护人申请鉴定人来出庭，主要目的一般是想推翻他的鉴定，比如案件中账目问题，如所鉴定的账目是否完整等问题；他们一般会问的问题，包括鉴定人的资质、跟案件有没有利害关系、鉴定过程、鉴定方法、是抽样还是全部检验、检材提取、移送过程中有没有被污染或者更换、鉴定意见的权威性等，这些问题，可以说我本来也就要求你们在审查鉴定意见当中一样作为主要内容来审查的，所以说不必害怕，倒是你要事先与鉴定人沟通，让他上庭后客观陈述自己的鉴定过程，不要被辩护人不当的发问方式所激怒、不要说过头的话，不要夸大或者自己降低鉴定意见的正确性和权威性，只回答与鉴定意见有关的问题，不进行推测、主观判断就可以了；同时，你在听辩护人发问的时候，也要注意保护鉴定人，这个跟询问证人、被害人也是一样的，尽管我前面没说，就是辩护人一些不当的发问，比如你觉得怎么样、你认为可能吗之类的带有诱导鉴定人推测的问题，你要及时要求法庭制止，这样可以有效实现鉴定人出庭的效果。

还有一种人，不是鉴定人，没有在卷宗里提供鉴定意见，但对有关鉴定问题有一定的专门知识，可以到法庭上来提供对鉴定的参考意见。这种情况一般是由辩护人提出申请的，目的是推翻鉴定意见，这个我们心里要有数，他不是来帮我们的，而是要否定鉴定意见的，有的时候可能这个有专门知识的人来头会很大，很可能是鉴定人的师傅或者师爷，水平比鉴定人高得多的人。但我们要注意的是，司法领域证据问题不存在谁高谁低，只有谁更客观，所以即使是某个领域的祖师爷来了，他一样也要凭证据凭客观事实和科学原理来说话，越是水平高的专家，越会注重自己的名声与权威，所以一般不会信口雌黄，那么这个时候我们需要关注的就是鉴定的细节，他可能会在鉴定意见的瑕疵上做文章，对他，我们需要注意他的资质、身份与案件处理有无利害关系，这些很重要，有的案件甚至他就是利害关系人，比如我们上次办了一个污染环境的案件，这个出庭的有专门知识的人，就是污染厂家的工程师，他当然可能向着他们厂里了！还有的虽然是高校的专家，但其实是在企业兼职的，也是一样。另外，对于他们需要询问的有瑕疵是否影响本质问题，是量的误差，还是根本就鉴定错了？再者，他来了之后会对鉴定意见进行评说，对此，我们就要立足鉴定意见内容对他展开询问。

那么多的专业性问题，我们都不懂，该怎么问呢？

鉴定意见的问题涉及很多专业性问题，我们可能会不懂，但是不要紧，我们懂得法律就行，懂得犯罪构成要件就行，大部分存在鉴定意见的案件，一般情况下客观后果是存在的，即使说鉴定意见有点问题，但犯罪后果是否定不了的，而对于有专门知识的人出庭的案件，在出庭前你就需要更加认真仔细地研究一下鉴定意见，必要的时候还要向鉴定人请教，或者申请鉴定人也出庭来对自己做出的鉴定意见进行解释，这样的话，你在技术层面就不发怵啦！当然对于专业性的问题，我们确实有必要请教专家，尤其是在有鉴定人出庭的案件中，还是需要谨慎对待的。

（案例34）这里有一个投毒的案件，最后判无罪了，其中的教训值得我们吸取。我们来看看法庭上都经历了什么：

据检方指控，某年某月某日晚，王某因与孙某产生矛盾，王某遂于次日1时许，到其与孙某等人共同租用的厨房，将半包鼠药倒入矿泉水瓶掺水后，倒入孙某在厨房烧水的铜壶中。当天下午，赵某某用铜壶的水帮孙某煮鸡蛋，傍晚孙某用铜壶中的水煮稀饭。当晚孙某与两个孩子及赵某某、陈某某食用了稀饭、鸡蛋相继中毒。两个孩子经抢救无效死亡，经某市公安局法医检验，两名死亡孩子心血、尿液中检出含氟乙酸盐鼠药，而在孙某的铜壶内的水、铁锅残留物中均检出该成分。检方以王某犯投放危险物质罪对其提起公诉。

王某案的庭审中，传唤了多名在该案中检验鉴定的警察出庭作证，均暴露出该案检验过程中在时间标注、签名等方面的程序性问题，出庭警察或以一时疏忽，或以业务不熟，或是警方习惯性做法来回应。对于警方检验中确定的氟乙酸盐毒物导致两名孩童死亡，出庭的专家辅助证人在询问中也表示出不同意见。

（一）对勘查与鉴定程序的质询

据出庭警察介绍，案发现场提取的物品共达150余件，由某县公安局提取后送至某市公安局进行检验，现场提取及摄像的某县、某市公安局检验警察均作为证人出庭，在庭审中接受询问。

1. 物证提取时间

提取这些物品是在案发搜查开始，根据庭审显示，警方搜查证的签字时间为事发后的2006年8月9日10点，也就是在王某8月8日交代之后，但出庭的警察起初也确认为8月9日，但经过一天的质证后，第二天的庭审中却又称是在8月8日就已经送至某市公安局。

2. 见证人问题

按照规定，现场勘查提取物品需要有见证人，出庭警察称，当时有一二十个见证人，但制作勘查笔录的时候不会把20个人都写下来，最后警方提取的上百件物品只有两名见证者，其中一人为某县公安局司机，另一人为警方聘用人员。辩护律师指称，这样的“见证”毫无意义。

3. 关于现勘时间

现场勘查笔录的登记时间为8月8日，但出庭的张姓警察称，实际是在8月2日进行勘查，是在破案以后记录的。之所以出现时间偏差，是因为注意文稿上面细节的东西。现场勘查笔录同时需要领导审批确认，对于这一日期偏差，该警察解释称：“也可能是他没有认真审核，一般人容易忽视。”

4. 物证提取登记

该案定案的证据是铜壶中的水，对于律师质疑现场提取物品登记中只有铜壶并没有水，出庭的警察均称，现场提取时壶中有水，水壶由该张姓警察和另一陈某去提取，对于当时为何不注意有水，他解释称：“当时水平有点低。”对于关键证物铝壶中的水，刘姓警察看过拍摄的照片后表示，记录的日期为7月28日，但拍照的时间为8月8日，对此，他表示：“是搞错了，我们业务不熟悉。”

张姓警察称，水壶等物是8月8日送至某市公安局进行检验，但送交检材时提交的现场提取签字日期却是8月9日，对于为何有日期的偏差，出庭的陈姓警察称：当晚没有填写，是第二天编写。另一名刘姓警察看过笔录的时间后表示：“我们是一时疏忽了，把十几天看成了一天了，写的习惯就是这样的，审核的时候我疏忽了。”

5. 鉴定时间及代签问题

对于为何质谱图做出日期与签字时间不一致，某市公安局出庭的检验警察称，自己在做检验过程的时候就把时间签上去了。他表示，签字的时间不一定是落款的时间，“我爱什么时候签字就什么时候签字”。

另一名鉴定人刘姓警察也称，两份检验报告上的签名不是其所签，是经过沟通以后，由他人代签的。他解释称：“我保证这两份检验报告是真实有效的，是经过我的允许由他人代签的。”

（二）对鉴定核心环节的质询

警方的报告中称，致两名孩童死亡的毒物为氟乙酸盐。对于为何确定，出庭的刘姓检验警察介绍称，在检验中根据症状，按照毒物规范，首先是对这些生物检材进行鉴定，排除了农药和毒鼠强，常见的安眠药、生化物等，但对氟乙酸盐检测过程当中，对一级质谱图检测发现，与标准的衍生化合物出峰时间一致。然后研究资料决定进行耳机质谱的检测，检测出心血和尿液当中有剧毒的氟乙酸盐。检验人员根据这一条，排除了死者的其他毒物。

检出的毒物成分来自铜壶中的水，这也是辩护人质疑送检的水是否就是原案发现场的水，对此刘姓警察称，“办案人员告诉我的，说是水壶里面倒出来的”。

刘姓警察介绍称，在检验中出现非常多的杂质，且在检验中需要做空白，但“因为计算有更新和损害，所以空白不够”。对于警察所介绍的空白不够，专家证人——某物证中心专家证人周某介绍称，做空白就是做认真清洗，以避免前面残留，如果没有做空白的话会否定受到前面的污染情况，要证明有没有污染，必须有空白地打进去以后才能够知道是否有污染。具体到本案，周某分析认为，原始记录里必须保留这个空白，而在其中一份质谱图里面没有空白。

对于死亡儿童的心血图警方检验报告，周某认为，质谱图比较乱，所有的特征峰，附近的噪声都比较高，要它当作氟乙酸盐非常勉强，不能够确定。

对于铜壶里的水和锅里的水，周某也认为，两者的质谱图没有做够，边上的噪声也是很高的，要判定也是非常勉强的，且仪器达到了检出极限，误判的可能性非常大。

具体如何确定毒物？周某介绍称，先要根据中毒的情况选择一个范围，毒物的范围非常大，有 3 万多种，要选一个适当的范围，而很多鼠药症状差不多，如何判断为氟乙酸盐，则要根据经验，做之前肯定是要判断一下有什么东西，然后再去证实，如果检不出来就排除。

王某之所以被警方认定，是因为警方在其家门把上检出氟乙酸盐成分，对于警方有“倾向于有”的结论，周某认为，从图上肯定看不出来含有氟乙酸盐衍生物的图，跟标样比对，门把手的峰值也矮于氟乙酸盐的特征峰，要高出 3 倍才能够确认。

对于“倾向于”这样的说法，周某称，做检验的只能说“未检出”或者“检出”，不能说模棱两可的话。

庭审中还有一部分人不能忽视，那就是侦查人员。在必要的时候，法庭会传侦查人员出庭作证，主要目的是排除非法证据，证实侦查活动的合法性，这种情况一般都是因为被告人或者辩护人提出本案有非法证据，需要侦查人员出庭说明情况的。在这个时候我们需要记住的是要与侦查人员配合好，积极应对，把法庭上的问题解决掉。因为侦查人员出庭作证的情况过去非常少见，导致大部分的侦查人员不知道到了法庭上该怎么答话，结果造成了两个极端，有的侦查人员非常强硬，甚至对法官的答话也很“牛”、不客气，有的甚至跟公诉人在法庭上争论了起来，辩护人立刻会抓住把柄：大家看看，侦查人员今天在法庭上敢于藐视法官，可见他在侦查过程中会是个什么样子，我们能够指望他依法办案吗？效果很不好。

有的侦查人员则相反，到了法庭上不知所措，答话比被告人声音还小，一点气势也没有，让人产生侦查人员心虚胆不壮的感觉，无法相信他的答话是真的。更有甚者，干脆在法庭上说假话，而且立刻被辩护人揭穿，这个效果更加差！你说如果被告人在法庭上说假话，大家大不了感觉这是个被告人，本来就是犯罪分子，不诚信大家也能接受，但侦查人员就不同了，你是代表国家追究犯罪的！你是公职人员！如果连你都不能诚信，在法庭上说假话，这个效果可想而知！不但影响本人的形象，而且也败坏司法机关的良好形象。这些问题，作为侦查人员可能没有思考过，但作为公诉人一定要有充分的预见，一定要求侦查人员不要在法庭上说假话，有关问题应当与侦查人员配合，预测辩护人可能会提出的问题，积极对这些问题予以回答，对于那些想故意通过问话诱导侦查人员说出不适当话的问题，要坚决予以回击。对这个问题，我们今后也要安排一些培训与训练，从而全面提高公诉人与侦查人员的出庭能力。

四、辩护人交叉询问的方法与策略

对于辩护人来说，法庭上的交叉询问方向和策略与公诉人略有不同。

（一）辩护人庭审发问十原则

1. 明知故问原则。问出的问题一定要能够收回来，也就是你应当知道他会如何回答。如果你不知道他会怎样回答，那么宁愿不问。这与公诉人的问话要求相同。

2. 禁止诱导性发问原则。诱导发问，一是包括让他说出你想要的答案，如一起交通肇事逃逸致人死亡案件，律师发问说：你看到他的时候，他已经死了吧？这就属于诱导性发问，因为其问话包含着否定其肇事后逃逸致人死亡的内容，而正常的发问应当是：他当时是什么状态，是否死亡。二是要告诉他别人的看法，比如，张三说他看到那个人已经死了，是不是这样？这就是把被告人所不知道的张三所说的内容告诉了他。三是建议他按照你的思路说，诱导他“顺杆爬”：你根本想不到他会死对不对？而不是：你认为他会不会死？四是暗示他进行判断：也就是说你根本贪污不了，对不对？五是让他推测：你认为他会不会死？你觉得他不可能死，对不对？六是直接告诉他答案：你这个行为不是抢，是偷，对不对？当然，律师的发问可以以封闭式问题为主，但要注意区分封闭式问题与诱导性发问。封闭式问题一般是问一个前提已经明确的问题，如被害人已经死亡：你知道他已经死了，是不是？辩护人可以向证人问封闭式的问题，尤其是对于那些于被告人不利的问题。因为大多数时候法庭上的证人，其作用是用来指证被告人的犯罪行为，而且这些证人在辩护人问话之前，已经向法庭进行了陈述，在这一前提下，辩护人可以向其问封闭式问题，尤其是对于被告人不利的，要尽量使用封闭式问题，以实现我们问话的目的，也就是让他自相矛盾、无法自圆其说。而当传唤己方证人时，对于那些对被告人有利的问题，则可以使用开放式的问题进行发问。

3. “单边”原则。所谓“单边”原则是指辩护人可以只问对被告人有利的问题，而不用问对被告人不利的问题。这是因为辩护人法庭上的诉讼地位与公诉人不同，即使在法庭上公诉人仍然有检察官客观义务，而辩护人由于是被告人的法律服务者，只需要维护被告人的合法权利就可以，因而其在法庭上所问的问题或所提的观点哪怕有偏向，公诉人也不应当指责。

4. 简洁通俗原则。对证人的发问要简洁明了、通俗易懂，最好一次只问一个问题，以利于证人听明白、回答清楚。同公诉人问话一样，辩护人的问话更应当通俗易懂，不要说过多的法言法语，尤其是对于那些文化层次较低的证人，说话要“接地气”，要使用他能够听明白的话向其提问。

5. 有疑必质原则。一些证人在出庭作证中，会对某些问题语焉不详，甚至想蒙混过关。此时，辩护人要注意牢牢把握住战机，对于自己需要问清楚的、对被告人有利的情节绝不轻易放过，要紧追不舍，穷追猛打，从而实现询问目的。

6. 不要辩论原则。一些辩护人在询问过程中，一遇到证人证言与自己的看法不相符，就急于立刻与证人进行辩论，一定要把某个问题辩论清楚。殊不知，这种方法一方面混淆了询问与法庭辩论的界限，另一方面也会使自己的询问陷入无休止的争议之中，反而冲淡了询问的主题。因此，在交叉询问中，切记不要急于辩论，而要在将问题问明白或者他的回答漏洞百出之后，在辩论中一举揭露，效果会更好。

7. 不要与证人争吵原则。有的律师在交叉询问中由于某个问题与证人发生了冲突，导致在法庭上与证人争吵了起来，其实这种效果是很差的，一方面，让人感觉你已经没有什么办法将一个说谎的证人制服，或者相反，你无法自圆其说；另一方面，也使律师失去了应有的风度，使法庭对律师的观点与方法产生反感，最终必然会影响辩护效果。

8. 不急于揭穿谎言原则。有的律师一听到证人在说谎，马上兴奋无比，立即揭穿他的谎言。其实，这种方法是不成熟的表现。因为一旦证人说了一个谎被立即揭穿之后，一方面，会引发他的抵触情绪，不利于继续进行的询问活动；另一方面，由于谎言刚刚展开就被揭穿，证人可能会立即改口说自己刚才说错了，原因是记忆有问题，现在重新对这个问题进行解释，很可能会将前面这个谎言给“圆”过去，反而不利于进一步揭穿。因此，对待谎言的态度是“欲擒故纵”，让他继续说下去，直到这个谎言到了无法改口的程度，然后再行揭穿，这样效果会更好。

9. 切忌重复原则。交叉询问时，因为双方都要向证人发问，难免会出现同一个问题双方都提问的情况，在这种情况下，证人有权拒绝重复回答，法庭也可能会阻止重复发问。为此，辩护人就要注意不要重复性发问，但辩护人不满意证人对一些问题的回答时，可以换一种问话角度去问，切忌简单重复，否则公诉人会提出抗议，法庭也会制止发问。因此，要用对方难以察觉的方法问该问题，从而实现自己的目的。当然，当对方重复发问你已经发问过的问题时，律师也可以提出反对。

10. 法官中心原则。辩护人在询问中切记你问话的目的不是要自己听明白，而是要让案件的决策者——法官听明白，所以在询问中不能自说自话，而要顾及听众，必要时还要提醒证人向法庭说清楚，而不仅仅说给自己听。

（二）辩护人庭审发问的目的

辩护人之所以向出庭证人发问，就是需要解决案件事实中存在的问题，所以必须具有目的性。首先，就是要将案件中有利于被告人的事实和情节揭示出来，从而引起法庭的注意，使法官在最终定罪量刑时考虑。

其次，要揭露证据之间的矛盾，产生合理怀疑。当案件中的书证、物证、视听资料、电子数据等客观性证据内容不协调一致时，就可以要求证人对其原因予以陈述，从而引起法庭对该事实情节认定方面的怀疑，进而为提出辩护观点做好铺垫。

再次，要通过问话揭示出本案存在非法证据，从而引发对证据合法性的怀疑，从根本上动摇控方的指控根基。之所以要求证人出庭，是因为通过在法庭上控辩双方的交叉询问，使案件中本来大家并不清楚的情节通过证人的嘴清晰起来，使一些可能引发冤假错案的非法证据浮出水面，进而实现排除非法证据的目的。

最后，要削减对被告人不利的证言，使不利于证人的证言失去、降低可信度或者影响度。要特别注意出于反驳、澄清控方不当的询问时，有意识地制造机会通过你的问答，把前面公诉人询问中的一些误导甚至一些强加的信息予以澄清，扭转到对被告人有利的方面来。

（三）辩护人庭审发问的方法

1. 发问要有据。就是辩护人的所有发问，应当以阅卷和会见为基础。庭审前要充分阅卷，全面掌握案件证据情况，并与被告人进行充分的沟通，了解被告人对起诉书有什么异议，需要通过询问哪些证人来解决这些问题。

2. 发问要有度。不是问得越多越好、问得漫无边际，而是要把握重点、切中要害，一句话问到点子上去，让控方证人无言以对，让己方证人言之凿凿。

3. 问中要有听。除了辩护人发问之外，还要特别注意聆听，一方面，要注意听证人的问答，及时捕捉对辩护有利的信息；另一方面，还要认真听取公诉人的问话内容，并注意其问话方式、内容，要发现、要注意证人的答话中对被告人有利的事实陈述是否清楚公诉人的指控意图，及时对自己的问话内容和方式做出调整。

4. 发问要有的放矢。做到不该问的不问、无用的不问、已问的不问。在向证人发问时，要围绕本案的基本事实进行。同时应尽量避免与公诉人、其他辩护人已经问过的内容重复。对于公诉人已经问过且已经做了明确回答的问题，对被告人不利的问题或无法获得明确答案的问题应当避免发问。对于公诉人所问到的问题，如果认为证人的回答有歧义，可以用不同的问话方式让合议庭得到更明确的回答。

5. 发问要有层次。发问要给人一种层层推进、合乎逻辑的感觉，而不是乱麻一团，没有头绪。有的问题，可能表面上其顺序是打乱了的，但打乱的目的是迷惑对方，让他不明白发问的意图，从而在不经意间突然问出一个关键问题，让被问人措手不及。总体上看，辩护人的问话要有一定的逻辑顺序，发问要有相对的连贯性和层层推进的递进性，这样才有利于问话的深入，有利于信息的传递，也才有利于法官的接受和采纳。

6. 发问要有法。兵法要求“以迂为直”，辩护人的问话也同样如此，要使用迂回的办法进行询问，对于你特别想问出来的问题，一定不要直截了当地去问，而要在掩盖问话意图，进行铺垫询问之后突然发出重点询问，而不要让证人一开始就明白询问这个问题的意图是什么。

（四）辩护人庭审发问的重点

对控诉方的出庭证人，辩护人可以问这些问题：

（1）证人与案件事实的关系。

（2）证人与被告人、被害人的关系。

（3）证言与其他证据的关系。

（4）证言的内容及其来源。

（5）证人感知案件事实时的环境、条件和精神状态。

（6）证人的感知力、记忆力和表达力。

（7）证人作证是否受到外界的干扰或影响。

（8）证人的年龄以及生理上、精神上是否有缺陷。

（9）证言前后是否矛盾。

辩护人一般会根据这个思路展开发问，所以在进行庭审准备的时候，检察官结合案件的具体证据和被告人的认罪态度以及出庭证人的情况，也要从这几个方面去考察，这个案子有没有什么问题没有解决？会不会在这些方面存在漏洞？

（案例35）下面是一个典型的辩护人向出庭证人询问的案例：

辩护人：在看到枪击之前，你与拉克伍在一起吗？

证人：是的。

辩护人：你站得非常靠近他们吗？

证人：不，约有20英尺远。

辩护人：不是10英尺吗？

证人：不，有20英尺或更远。

辩护人：是在宽阔的草地上吗？

证人：不，在林子里。

辩护人：是什么林子？

证人：榉木林。

辩护人：在8月，树上的叶子相当密实吧？

证人：相当密实。

辩护人：你认为这把手枪是当时所用的那把吗？

证人：看起来很像。

辩护人：你能看到被告开枪射击，能看到枪管吗？

证人：是的。

辩护人：这距离布道会场地有多远？

证人：三四英里。

辩护人：灯光在何处？

证人：在牧师讲台上。

辩护人：有三四英里远吗？

证人：是的，我已经回答第二遍了。

辩护人：你是否看到了烛火，拉克伍或盖瑞森携带了烛火吗？

证人：没有！我们要烛火干吗？

辩护人：那么，你是如何看到枪击事件的呢？

证人：（傲慢地）借着月光！

辩护人：你在22点看到枪击事件发生；在榉木林里；离灯光三四英里远；你看得到手枪枪管；看到那人开枪；你距他20英尺远；你看到这一切都是借着月光？在离营地灯光几乎一英里远的地方，你能看到这些事情吗？

证人：是的，我前面就已经告诉过你。

此时，辩护人从大衣旁边的口袋里抽出一本蓝色封面的天文历，慢慢地翻开给陪审团及法官看，慎重地念道其中一页上的话："那天晚上看不见月亮，月亮要到次日才升起。"

这就是著名的"证词谬误"例证，这段对话的特点非常突出：

（1）基本采用了封闭式的问题；

（2）问话中一般肯定是非问话和一般否定是非问话较多；

（3）问话的信息度需求很少，让证人说得很少，对答话人支配力很大。但这些问话都不属于诱导性发问。

（五）律师取证、申请证人出庭等活动执业风险的避免

作为辩护人，在参与刑事诉讼中，一定要注意坚守职业操守，防范职业风险，坚决不做违规违法甚至犯罪的事，尤其是在进行调查、走访、取证以及申请证人出庭作证的时候，一定要严格按照相关规定进行，既要防止因当事人的"苦苦哀求"或者贿买等原因而踩红线、越底线，也不能为"扬名立万"急于求成而主动为当事人出"馊主意"，指使、授意甚至直接帮助被告人及其亲友为逃避法律制裁而作伪证。

下面是某律师在代理某受贿案件中使用非法手段帮助被告人翻供，并试图指使证人出庭作伪证，最终被判刑的判决书。这一反面典型，值得每个律师认真吸取教训并引以为戒。

（案例36）被告人接某原系某律师事务所律师。某县人民检察院侦办的某县水利局原局长朱某、副局长李某（均已判刑）受贿一案，朱某在侦查阶段供认：(1) 2009年8月27日通过银行转账的方式收受孙某贿赂80万元。(2) 2009年下半年去南京看病之前，收受孙某现金10万元，后来怕出问题，让孙某给其打一张收到10万元的收条，实际上并没有把10万元还给孙某。(3) 2009年中秋节前，收受李某甲现金10万元。(4) 2009年下半年，其与李某两次收受胡某巨现金60万元等犯罪事实。

2012年2月10日，被告人接某担任朱某受贿一案的辩护人后，在自己的办公室和某县看守所，把了解的案情及证据情况分别向朱某之妻李某、儿子朱某某及朱某透露，详细分析了某县人民检察院指控朱某的每一笔受贿金额的证据是否充分等情况，分别告知朱某、朱某某收受孙某某80万元证据欠缺以及收受胡某巨现金60万元没有行贿人证明等情况。

同月15日至16日，被告人接某住宿某县宾馆506房间，通过李某、朱某某等人找证人调查时，引诱证人提供虚假证言。其中：

向孙某调查时，让孙某作证“打到朱某某卡上的80万元，朱某已退回，钱是孙某自己开车拉走的”。孙某没有同意按此要求证明。

向李某甲调查时，让李某甲出庭证明“那笔10万元已退给李某甲”。因李某在旁边，李某甲碍于情面，同意出庭作证。

向李某乙调查时，让李某乙出庭证明“朱某到省市跑项目花过钱”“朱某给过李某乙钱用于付招待费”“单位招待用酒是朱某个人或亲戚家的”。因李某在旁边，李某乙碍于情面，同意出庭作证并书写证明一份。

向朱某甲调查时，让朱某甲证明“朱某到省里跑项目，从朱某甲的画馆拿过朱某甲的百十万元字画”，朱某甲知道接某的意思是想帮助朱某减轻罪行，因李某坐在旁边，碍于情面，就写下证明。

同月20日，被告人接某向本院递交要求证人李某甲、李某乙、朱某某等人出庭作证的申请及李某乙、朱某书写的证明和李某甲、孙某书写的收条。

同月28日上午，被告人接某把其准备到某县看守所会见朱某的消息告知朱某某。10时许，接某在会见朱某某时，得知朱某某已到某县看守所，遂到看守所院内朱某某的停车处将朱某某写给朱某的否认收受孙某、胡某巨现金等内容的串供信拿回会见室并交给朱某。会见结束，看守民警从朱某的上衣内搜出该信，即案发。

2012年3月29日，法院开庭审理朱某、李某受贿一案时，朱某当庭对其收受孙某80万元贿赂、收受胡某巨现金60万元贿赂等事实予以翻供，并辩解其收受李某甲、孙某的部分贿赂款已在案发前退回。本院依法通知接某申请的证人李某甲、李某乙、朱某某等人出庭作证，被申请证人均未到庭参与诉讼。因审理中涉及朱某收受孙某80万元及李某甲、孙某的收条的证据质证、认证，导致本院对该案延期审理。经本院审理朱某、李某受贿一案后，查明朱某和李某利用职权，共同收受胡某巨现金60万元及朱某收受孙某、李某甲、孙某贿赂，事实存在，未予采纳朱某、李某及其辩护人的辩解和辩护意见。

另查：2012年3月2日，被告人接某到某县公安局刑警大队投案。

上述事实，由公诉机关提交，并经法庭质证、认证的下列证据予以证明：

一、书证

1.《人口信息》《律师执业证》证明被告人接某的出生日期、住址等自然状况及被告人接某系某律师事务所专职律师。

2.《关于犯罪嫌疑人接某的投案说明》证明，被告人接某向公安机关投案的时间、地点。

3.《关于律师会见在押嫌疑人朱某涉嫌串供的情况说明》证明，2012年2月28日10时许，接某到某县看守所会见朱某的过程中，看守民警发现接某从会见室到停在院子中的一辆轿车去了一下又返回会见室，看守民警从监控中注意到，接某从身上掏出一张折叠好的纸展开后递给朱某，朱某看了一下，装进上衣贴身口袋。会见结束，看守民警遂从朱某上衣口袋中搜出一张写满字的纸条，内容为朱某儿子写给朱某的串供信，看守民警将该信连同接某的律师证与辩护委托书一并扣押。同时将该情况向局领导和检察机关办案单位做了汇报。

4.《书信》一份证明，朱某之子朱某某写给朱某的书信，内容为朱某某嘱咐朱某具体听律师安排，并安排朱某：关于指控朱某收孙某的80万元，如果公诉方不能出示详细的转账记录或汇款记录，就一分钱不要承认；不要承认李某峰的10万元；朱某某结婚，无论多少钱，都是人情来往，不承认是受贿；过年过节收的礼，无论是卡还是钱，都不承认是受贿。证人名单未见胡某巨证言，和律师商量怎么操作。

5.《律师事务所函》《委托书》证明，被告人接某接受朱某的委托，作为朱某受贿一案的一审辩护人。

6.《通知证人出庭申请书》五份分别证明，被告人接某办理朱某受贿一案，2012年2月20日向本院申请李某甲、李某乙、朱某某、王发某、孙某瑞、李某丁出庭作证。

7. 李某甲书写的《收条》一份，内容为“收条今收到人民币壹拾万元整，李某甲，2009年6月10日”。

8. 孙某书写的《收条》一份，内容为“收条今收到暂借手术费壹拾万元整，孙某，2009年6月8日”。

9. 李某乙书写的《证明》一份，内容为“我在水利局担任人秘股长期间，从朱某手中拿过现金，全部用于局里吃喝招待了。饭店包括七一、交通、马达、汇源等。朱某刚任水利局局长时，喝了朱某亲戚的酒，具体件数、金额记不清，还有到省里跑项目之事，我知道有花费，具体细节不知道。到时需要出庭我同意。特此证明，李某乙，2012年2月15日”。

10. 朱某甲书写的《证明》一份，内容为“朱某从2007年到2011年年初共从我处拿字画200余幅，其中一丈二尺的40余幅，书画同体共5套，每套96万元共价值400多万元，一丈二尺的每幅12000元价值共40多万元，4尺的每幅400元价值60多万元，以上计近600万元，以上听他本人说周边各县及省里跑项目用。大约已付我100万元，具体数字记不清（因为分数次付的，我私人无账，只是回忆），特此证明。朱某甲，2012年2月16日”。

11.《辨认笔录》四份分别证明，孙某、李某甲、李某乙、朱某甲分别从公安机关办案人员提供的12张不同男性照片中辨认出接某是在某县宾馆见到的律师。

12.《法庭审理笔录》证明，2012年3月29日，本院开庭审理朱某、李某受贿一案，庭审中，针对起诉书中指控的受贿事实，朱某辩解收受孙某贿赂80万元、收受孙某贿赂10万元、李某甲贿赂10万元已退还、收受胡某巨贿赂60万元不符合事实。

二、证人证言

1. 朱某证言证明，他的受贿案件，在检察院起诉到法院后，他家人给他请的第一个律师是某律师事务所的接某，后来听说接某被拘留了。家里又给他从某市请了一个姓张的律师。接某是在会见他时递了一封信，违反了《律师法》的规定，被立案了。

接某一共会见他有五六次，具体多少次也记不清了。接某会见他，开始有检察院的办案人员陪同，与接某一路的还有同所的一个小伙子，最后两三次都是接某单独会见他的。接某会见他时，主要是围绕对他的起诉书上列举的受贿内容如何答辩，问他有什么需要为他在外边取证的事。接某就起诉书上列举的每一笔受贿内容，详细跟他说了，接某说受贿事实是成立的。接某针对每一笔受贿，给他分析了哪些是受贿，哪些是为公家办事的、逢年过节人情来往，儿子结婚收的礼金不算受贿，还有证据不足的，难以认定受贿。他给接某提供他为公家办事往上送的一些字画东西，当时陪他的证人，让接某找那些人取证，证明送礼的去向。至于那些人愿不愿意作证，他就不好说了。为了证明2010年市纪委、县纪委查水利局小金库的事，当时查小金库28万元，里面有他收的施工队的钱，用来还吃喝招待账。这笔小金库当时是查实存在的。但起诉书上提到他收施工队的钱，没提他私设小金库用来吃喝招待，他让接某去找当时查账的王某、尚某某、宁某某等人，让这几人证明他收施工队资金的去向。让接某找王某华证明他和王某华去省里跑水利项目送了一些字画，以此证明他收施工队的钱没全进他私人腰包。还让接某去找两家书画店的老板，以证明他确实买了不少字画。后来接某说只找到两个字画店老板，二人愿意出他去买过字画的证明。接某说“两节”期间送的钱、购物卡，属人情来往，他儿子朱某某结婚收的礼，是礼尚往来。

接某最后一次单独会见他时，他把写好的答辩提纲给接某。会见中接某出去一趟，进来后交给他一封信，说是他家人写给他的。接某还说：“这是违规的，是不允许的，能出事吗?”意思是看守所能翻出来吗？他说：“不会吧。”接某就递给他一张写满字的信纸，他看了一眼，没看清内容，又怕审讯室有摄像头，没敢看就装进上衣口袋里了。会见结束后，接某给他的信，在过道里就被看守民警从他身上搜走了。

2. 孙某证言证明，2012年2月26日16时许，朱某的爱人李某到他家找他，让他帮帮朱某。他说怎么帮，李某让他作证，就说让他打到朱某儿子朱某某卡上的那笔80万元退给他了，让他写一份关于朱某退给他80万元的材料。他知道作假证是违法的，他就以律师和他谈的借口回绝了李某。

第二天8时许，朱某的连襟王某学打电话跟他说朱某的律师来了，想和他谈谈。他不想过去又碍于情面，到近10点钟才自己开车去。到某县地税局附近的宾馆，可能是五楼，当时在房间里的有李某、王某学，还有一个个头不高的男的，李某介绍说那人是朱某的律师，姓接。坐下后，还是谈些李某和他谈的内容，想让他作证，说那笔让他打到朱某某卡上的80万元退给他了，还想让他说，是在他父亲病重住院时，朱某在家退给他，他自己开车拉走的，他没同意。谈了近一个小时，见他坚持不愿意作假证，就放弃了。他就开车回去了。

朱某任水利局局长期间，负责水利工程招标，他招标，朱某问他要过几笔钱。那笔80万元是朱某问他要给儿子买房子的，他从工商银行个人开户账号上转到朱某儿子的名字的户头上。

3. 李某甲证言证明，今年2月的一天下午，他在某市的家里接到他妗子李某的电话，让他到某县谈点事。他开车到某县宾馆后，李某在宾馆门口等他，到了楼上一个房间，有一个坐在沙发上的男的，李某介绍那人是他舅朱某的律师，姓接。说有些事要跟他交代。律师问他在检察院是怎么证明给朱某送钱的情况，他说的和在检察院的证词一样。李某拿出一张收条，他看是原来他写给朱某的10万元钱的收条复印件。这笔钱实际上朱某没给他，律师问他就这张收条可愿意出庭作证，他觉得他舅和舅妈对他不错，就表示愿意出庭作证。接着，律师就跟他说，在庭上就说这张收条是朱某在南京看病结束后还给他的10万元，他同意后就开车回去了。

他以前在检察机关供述，因承揽某县水利工程给朱某送钱是事实。给朱某打这张10万元的收条，是因为亲戚关系，他也干了某县水利工程，以后还要靠朱某关照。

4. 李某乙证言证明，今年正月十五后的一天，李某打电话给他，说朱某的律师来了，让他帮忙给朱某的事作个证明，他坐朱某某的车到宾馆，在一个房间里，有一个男子，李某介绍是朱某的律师，姓接。当时，房间里有李某、接律师和他，接律师问了他三个问题，一是朱某在水利局当局长时，有没有到省里跑项目花钱。他说跑过项目，应该花钱，但是他不知道怎么花的，花多少钱。二是关于局里的招待费问题。接律师问他朱某是否付钱了，他当时说没有印象了，李某让他帮帮忙，他只好说好像有这回事，具体多少钱记不清了。三是局里招待用酒的问题，接待用酒是不是用朱某本人或者是亲戚的，他说好像有这回事。接律师问他可愿意出庭作证，他当时没说话。接律师说你作假证也没有事，不会连累你的，李某也在旁边让他给朱某帮个忙。他感到不出庭作证有碍于情面，就同意出庭作证。接律师吩咐他到庭上就这样说，又让他写一份证明材料，内容就是上面的三个方面。写过之后，接律师就拿走了。

律师问他的几个问题，他都不好回答，基本上都是按照律师的意思说的。当时李某也在旁边，他只能这样说。朱某到省市跑项目，具体怎么花钱，花多少钱，是不会跟他说的。局里的招待费都是统一结算的，朱某不会自己掏钱结算。招待用酒肯定也得给钱，谁也不会把个人的酒无偿给单位作招待用。

5. 朱某甲证言证明，今年2月中旬的一天下午，他在家接到李某的电话，说朱某的律师想找他了解朱某从他那拿字画的情况。时间不长，朱某的儿子开车把他接到地税大楼对面的一家宾馆，李某把他带到宾馆楼上的一个房间。房间里坐着一个男的，李某介绍是朱某的律师，姓接。律师问他朱某从他那拿多少字画，干什么用的。他正想着，律师又问拿字画是不是到省里跑项目的，李某说请他帮忙作证，看到这个情况，他就说是的。律师又问这些字画值不少钱吧，老朱说过给过你百十万元左右。他知道律师这样问的意思，就是想帮朱某。他看李某可怜的样子，就说是的。他跟律师说的，都是按照律师的意思说的。律师让他写证词，他按律师的要求写了一份证明，接律师当时就拿走了，并给他说到时出庭作证，按照律师的意思到庭上说。实际朱某只给他几万元。

6. 李某证言证明，她和朱某是夫妻关系。接某是她儿子朱某某为朱某请的辩护律师。2012年2月的一天，接某打电话给她，让她把一些人找来，接某说是取证，但她和接某都知道是打算把那些给朱某行贿的人叫一起打个招呼，让这些人在以后开庭时作虚假供述，写虚假收条的事。目的就是想减少朱某受贿的钱，少判。当时是在她家北边的一家宾馆见的面，那些人都是接某让她找的，具体哪些人记不清了，那些人到了之后，接某分别单独谈话，不清楚谈话内容。接某在某县看守所给朱某递信的事她不知道。

7. 王某某证言证明，他是某律师事务所实习律师。接某是主任。他跟接某去某县大概两次，是去检察院联系会见朱某，随后去看守所会见朱某。还跟接某去某县一次，接某说找那个案件中的几个证人调查取证。住在某县朱某家附近的一家宾馆五楼，接主任住506，他住511，朱某家人开的是512。接某在自己房间见的什么人，他不在场，他在他的房间等接某通知。

三、被告人供述

被告人接某在侦查阶段供述，朱某家人找他给朱某作辩护。他前后共会见朱某五六次，到2月28日是最后一次。2月15日左右，案件起诉到法院后，他到县法院，找到案件承办人，办好手续后看了案卷，熟悉了案件的详细内容。回到事务所后，他把起诉书拿给朱某某等人看，对有几笔证据不是很充分，说给朱某家人听了。第一笔是孙某转的80万元，卷宗里没有转账凭证，朱某说有这一笔，但没有 80 万元这么多，他就跟朱某某等人说这个证据欠缺；第二笔是一个姓胡的给了朱某和李某 60 万元，卷宗里没有姓胡的证言材料，他就说没有行贿人陈述，不能认定这笔；还有朱某单位的职工逢年过节给朱某送的现金和购物卡，他说是人情来往，不一定能认定为受贿；还有朱某某结婚时收的礼金，是礼尚往来，早晚要还的，也不一定能认定为受贿。这些能去掉的话，能减少 100 多万元。

应朱某家人邀请，他到某县，找到一些案件的证人，就受贿案件中的一些情节询问了证人，又让证人写了一些书面材料，后来提供给法院。当时他和朱某某、李某乙在酒店的房间里谈话时，朱某的老婆、儿子、女儿在场，但中间也有人进出，记不清了。他去某县带的实习律师王某某，住在旁边的房间，在谈话过程中，王某某都不在场。他向卖字画的老板朱某甲了解朱某有没有在朱某甲那购买过字画，买多少、用途。他把朱某甲写好的内容为朱某买过多少字画、用途的字条收下后，后来把复印件提供给法院了。他向李某乙了解，朱某说局里有些开支是把费用交给李某乙去结账的，还有一些酒交给李某乙卖的，水利局没付清账，酒钱是朱某先垫付的，还有跑项目，李某乙也知道这事。李某乙说的和朱某说得差不多，接过朱某给的钱去结账，但不知是什么钱。卖酒也有这回事，但数量、钱数、是否结账不清楚。跑项目也有这事，但怎么跑的，具体细节不清楚。他让李某乙到时出庭作证。他向李某甲了解，李某甲给朱某打的 10 万元收条的事。李某甲说打了收条，已收到 10 万元，他让李某甲到法庭作证。

2 月 28 日，他到某县看守所会见朱某，十几分钟后，朱某某打电话说，到看守所了。在看守所的院子里，朱某某让他把一封信交给朱某，朱某某把信递给他，他到会见室打开信看了下，内容是关于朱某受贿的几笔金额，告诉朱某有证据的可以承认，没有证据的坚决不能承认。朱某大概看了一下，就装在上衣袄里面的口袋里了。朱某把写好的辩解给他，他到办公室看后发现作用不大，就撕掉扔进垃圾桶了。

被告人接某当庭供认其私自递交朱某某写给朱某的有关案情信件的犯罪事实。

关于被告人接某及其辩护人提出接某没有引诱证人作虚假证明，行为不构成辩护人伪造证据罪的辩解和辩护意见。

经查：被告人接某身为执业律师，其外出调查取证，不应当在当事人亲属在场的情况下询问证人。且被告人接某与本所实习律师王某某为调查取证同住一个宾馆，并没有安排王某某参与此项工作。李某甲证言证明被告人接某在向其询问关于其打给朱某的一张 10 万元的收条时，让其出庭作证说这张 10 万元的收条是朱某在南京看病结束后还的，实际上朱某没有还这笔钱。李某乙证言证明接某说朱某跑项目能不花钱，其回答应该花钱；接某问其朱某可付过局里的招待费和招待用酒的事，因李某提出让其帮忙，其回答好像有这事。其是按照律师的意思说的，而且接某让其到法庭上也按这样说，又让其写证明材料。朱某甲证言证明，接某向其了解朱某拿字画一事，接某说“这些字画要值不少钱吧，老朱说给过你百十万元”，实际上朱某任局长期间，从其处买字画，只给几万元。证人李某甲、李某乙、朱某甲均证明，因李某在场，碍于情面。上述证人李某甲、李某乙、朱某甲的证言能够证明被告人接某询问证人时，引诱证人作虚假证言。因此，被告人接某及其辩护人的辩解和辩护意见，法院不予采纳。

法院认为：被告人接某在担任朱某受贿一案的辩护人参与刑事诉讼期间，为使朱某的受贿数额降低，减轻朱某的罪责，故意采用诱导设问的方式，引诱证人违背事实，改变原有不利于朱某的证言，且以其辩护人的身份为朱某家人向朱某私自递交与案件有关的信件，妨害了刑事诉讼活动的正常进行，其行为已构成辩护人妨害作证罪，应依法惩处。鉴于被告人接某犯罪后能自动投案，如实供述主要犯罪事实，系自首，可依法予以从轻处罚。公诉机关指控被告人接某犯辩护人妨害作证罪事实存在，罪名成立。辩护人提出的合理的辩护意见，本院予以采纳。根据本案事实、情节和对于社会的危害程度，经本院审判委员会讨论决定，判决如下：

被告人接某犯辩护人妨害作证罪，判处有期徒刑八个月，宣告缓刑一年。

第二十六计　人既专一，则勇者不得独进，怯者不得独退

——询问证人、鉴定人、侦查人员的语言规范

孙子曰：《军政》曰：“言不相闻，故为之金鼓；视不相见，故为之旌旗。”夫金鼓旌旗者，所以一人之耳目也。人既专一，则勇者不得独进，怯者不得独退，此用众之法也。故夜战多火鼓，昼战多旌旗，所以变人之耳目也。[①]

《军政》说：“在战场上用语言来指挥，听不清或听不见，所以设置了金鼓；用动作来指挥，看不清或看不见，所以用旌旗。金鼓、旌旗，是用来统一士兵的

① 《孙子兵法》，陈曦译注，中华书局2011年版，第126页。

视听，统一作战行动的。既然士兵都服从统一指挥，那么勇敢的将士不会单独前进，胆怯的也不会独自退却。这就是指挥大军作战的方法。所以，夜间作战，要多处点火，频频击鼓；白天打仗要多处设置旌旗。这些是用来扰乱敌方的视听的。”

凡事需要规范，尤其是法庭上的交叉询问，由于属于“三方会话”（检察官、律师、证人）甚至“四方会谈”（检察官、律师、法官、证人），如果不讲规则、没有规范，就可能乱作一团，为什么现在有的法庭上控辩双方会为了询问证人的问题吵得不可开交？甚至出现当庭顶撞法官、拍桌子、摔话筒、被法官逐出法庭的乱象？有时候就是因为参加庭审的人员没有按照庭审规范进行，或者“言不相闻”“视不相见”，发生了误会，所以交叉询问需要统一视听。

对于法庭上交叉盘问证人的方法，这里简要讲解公诉人询问证人的用语规范。

1. 法庭调查阶段，公诉人要求证人到庭作证，应当表示：“请法庭传证人×××到庭。”申请时，应向法庭简单说明所传证人的证词对本案起到的证明作用。

证人到庭后，经审判长问明基本情况并办理有关手续后，首先由公诉人发问：“证人×××，现在你把你所知道的与本案有关的情况向法庭作连贯性陈述。”证人陈述完后，公诉人可就其证言中有遗漏、矛盾、模糊不清和有争议的内容，经审判长同意向证人发问：“证人×××，现在公诉人向你发问，你要如实向法庭作证。”发问完毕应当表示：“审判长，公诉人对证人×××的发问暂时到此。”

2. 如果证人推翻原证言，公诉人应当询问：“证人×××，你有否就本案中所知道的情况向公安机关（侦查机关）提供过证言？”证人回答后，公诉人问：“你当时提供的证言内容是什么？今天你为什么改变原来的证言？”并视情况对其改变证言的内容、改变的理由是否正当等进行发问。

3. 当被告人、证人对同一事实的陈述存在矛盾，需要对质时，公诉人应当表示：“刚才被告人×××的陈述和证人×××在（针对某一事实）所作的证言存在矛盾，需要对质，请法庭传证人×××到庭对质。”

4. 需要鉴定人到庭时，公诉人应当向法庭提出：“请法庭传鉴定人×××到庭。”经审判长许可后，公诉人可向鉴定人发问：“鉴定人×××，公诉人问你几个问题，请你回答。”发问完毕后，应当表示：“审判长，公诉人对鉴定人×××的发问暂时到此。”

5. 对于辩护人在询问证人时引诱证人改变证言或者作伪证时，公诉人应当表明："审判长，辩护人对证人×××进行诱导性（或提示性）询问，应当予以制止。"

6. 对于证人在辩护人取证时所作的证言与法庭所作的证言不一致时，辩护人提出异议或指责的，公诉人可表明："审判长，我国法律规定，证人对自己所作的证词，有提出补充或修正的权利。只要证人所作的证言是客观的，就不应当干涉或指责。"

7. 对辩护人在询问证人时使用人身攻击性语言的，公诉人应当表明："审判长，辩护人在询问证人时，有对证人进行人身攻击的语言。请审判长予以制止，以维护证人的合法权益，确保证人能客观地进行陈述。"

8. 公诉人在对证人进行询问时，态度不能生硬，语调要平和，一般在询问证人的基本情况后，可用"请"字开始转入正题。询问结束后应当表示："审判长，公诉人暂时询问到此。"为以后再询问留下后路。当证言或证据发生重大变化，又出乎公诉人预料时，一般情况不要与证人或辩护人发生正面顶撞和交锋，可以在后面的举证中运用证据证明该证言的虚假性，或者建议合议庭延期审理，寻求对策。

第一，询问出庭作证的证人，应当首先告知其要如实提供证言和有意作伪证或者隐匿罪证要负的法律责任，并遵循以下规则：

（1）发问应当采取一问一答形式，不得同时发问多个内容不同的问题。

（2）发问应当简洁、清楚。

（3）发问的内容应当与案件的事实相关。

（4）询问未成年的证人，应当根据未成年人的特点进行。

（5）不得以诱导方式提问。

（6）不得威胁证人。

（7）不得损害证人的人格尊严。

这些方法适用于对被告人、被害人、附带民事诉讼原告人和被告人、鉴定人的讯问、发问或者询问。

第二，证人出庭的，应由其连贯陈述经过并对其询问。证人不能连贯陈述的，公诉人也可以直接询问。

证人作出回答后，公诉人认为对案件事实和情节的认定有决定性或重大影响时可以暂停发问，将证人的证言及时固定，并要求法庭记录在案。

对未到庭证人的证言笔录，应当当庭宣读。对证人证言笔录存在疑问、确实需要证人出庭陈述的，公诉人应当要求延期审理，由人民法院通知证人到庭提供证言和接受质证。

宣读证人证言时，应当说明证人和本案的关系。

上述要求同样适用于被害人出庭、宣读被害人陈述笔录。

第三，鉴定意见、勘验笔录、检查笔录由鉴定人、勘验人、检查人本人宣读，公诉人可以根据需要对其发问，发问时适用对被害人、证人询问的相关要求。

鉴定人、勘验人、检查人未到庭的，公诉人应当当庭宣读鉴定意见、勘验笔录、检查笔录。宣读前，应对鉴定人、勘验人、检查人的身份、资质、与当事人及本案的关系作出说明，必要时提供证据予以证明。

第四，辩护方质疑公诉方出庭证人证言时，公诉人应根据证人陈述情况，针对证言中有争议的内容重点答辩。

证人当庭翻证的，公诉人应当问明理由，通过发问澄清事实。认为理由不成立的，应当宣读证人在翻证前提供的证言笔录，并结合相关证据予以驳斥。

第五，辩护人询问证人或被害人有下列情形之一的，公诉人应当及时提请审判长制止，必要时应当要求法庭对该项陈述或证言不予采纳：

（1）以诱导方式发问的。

（2）前提虚假，违背证据客观性原则的。

（3）意图使被害人、证人以推测或判断意见作为陈述或证言的。

（4）发问不明确，足以使被害人、证人产生误解的。

（5）发问内容与本案事实无关或重复发问的。

（6）对被害人、证人带有侮辱性发问的。

（7）其他违反法律规定的。

第六，对辩护方的出庭证人，一般采用反询问质疑方式，即针对其证言中的疑问从以下方面进行询问质证：

（1）证人与案件事实的关系。

（2）证人与被告人、被害人的关系。

（3）证言与其他证据的关系。

（4）证言的内容及其来源。

（5）证人感知案件事实时的环境、条件和精神状态。

（6）证人的感知力、记忆力和表达力。

（7）证人作证是否受到外界的干扰或影响。

（8）证人的年龄以及生理上、精神上是否有缺陷。

（9）证言前后是否矛盾。

辩护方证人未出庭的，对其证言应围绕取证主体是否为辩护律师、取证是否征得证人同意、是否告知证人权利、是否单独询问证人等方面质证。质证中应将证言与已经出示的证据材料对比分析，发现并否定虚假的证人证言。证人证言前后矛盾的，应否定其证明力；与案件事实无关的，应指出不能作为证据使用。

第七，对辩护方出示的鉴定意见和出庭的鉴定人，应从以下方面进行质证：

（1）鉴定人的资格。

（2）鉴定人与案件的关系。

（3）鉴定人与被告人、被害人的关系。

（4）鉴定人是否受到外界的干扰或影响。

（5）鉴定的依据和材料。

（6）鉴定的设备和方法。

（7）鉴定意见与其他证据的关系。

（8）鉴定意见是否有科学依据。

对于因专业技术性问题不能立即对有关鉴定意见发表质证意见的，应建议休庭，向专业技术人员咨询意见。必要时，可以进行重新鉴定。

第八，被告人、证人对同一事实的陈述存在矛盾需要对质的，公诉人可以建议法庭传唤有关被告人、证人同时到庭对质。

第九，辩护方质疑物证、书证、勘验、检查笔录、鉴定意见时，公诉人可以提请合议庭通知侦查人员，勘验、检查人员，勘验、检查活动的见证人、鉴定人出庭说明有关情况。有关人员到庭后，公诉人应对上述证据材料的可信性发表意见，如有异议，应与辩护方展开辩论。

第十，对辩护方出示的鉴定意见和出庭的鉴定人，必要时公诉人可以要求专业技术人员出庭，与辩护方提供的鉴定人对质。

第十一，在对质过程中，公诉人应突出证据之间的矛盾点发问，并适时运用其他证据揭露虚假的证据材料。

虽然这是对于公诉人庭审询问的要求，实际上作为辩护人同样也可以运用。

第二十七计　三军可夺气，将军可夺心

——如何询问出庭侦查人员

孙子曰：故三军可夺气，将军可夺心。是故朝气锐，昼气惰，暮气归。故善用兵者，避其锐气，击其惰归，此治气者也。以治待乱，以静待哗，此治心者也。以近待远，以佚待劳，以饱待饥，此治力者也。无邀正正之旗，无击堂堂之阵，此治变者也。[①]

孙子认为：对于敌方三军，可以挫伤其锐气，可使丧失其士气，对于敌方的将帅，可以动摇他的决心，可使其丧失斗志。所以，敌人早朝初至，其气必盛；陈兵至中午，则人力困倦而气亦怠惰；待至日暮，人心思归，其气益衰。善于用兵的人，敌之气锐则避之，趁其士气衰竭时才发起猛攻。这就是正确运用士气的原则。用治理严整的我军来对付军政混乱的敌军，用我镇定平稳的军心来对付军心躁动的敌人。这是掌握并运用军心的方法。以我就近进入战场而待长途奔袭之敌；以我从容稳定对仓促疲劳之敌；以我饱食之师对饥饿之敌。这是懂得并利用治己之力以困敌人之力。不要去迎击旗帜整齐、队伍统一的军队，不要去攻击阵容整肃、士气饱满的军队，这是懂得战场上的随机应变。

庭审中，控辩双方经常会对证据的合法性产生重大分歧，尤其是被告人审判前的供述，而在司法实践中，因被告人当庭翻供成本较低，一些被告人也基于希望逃避法律追究的动机，选择当庭翻供，其翻供的理由，基本上都是受到了刑讯逼供以及指供诱供。所以法官在审理案件过程中，经常会被是否启动非法证据排除程序、本案是否存在非法证据、被告人的翻供理由是否成立所困扰。而证明在案证据合法，恰恰又是公诉人的义务，由此辩护人就在被告人翻供的基础上，有了抗辩的理由和辩护的空间。为此，《最高人民法院、最高人民检察院、公安部、国家安全部、司法部关于办理刑事案件排除非法证据若干问题的规定》第七条第一款及第二款为解决这一问题作出规定，经审查，法庭对被告人审判前供述取得的合法性有疑问的，公诉人应当向法庭提供讯问笔录、原始的讯问过程录音录像或者其他证据，提请法庭通知讯问时其他在场人员或者其他证人出庭作证，仍不

① 《孙子兵法》，陈曦译注，中华书局2011年版，第129页。

能排除刑讯逼供嫌疑的，提请法庭通知讯问人员出庭作证，对该供述取得的合法性予以证明。公诉人当庭不能举证的，可以根据《刑事诉讼法》第二百零四条的规定，建议法庭延期审理。经依法通知，讯问人员或者其他人员应当出庭作证。由此，就有了侦查人员出庭作证，进而给控辩双方提出了一个新的课题：如何询问好侦查人员？这就要求检察官、律师首先分析侦查人员出庭作证的特点。应当说，侦查人员作为司法工作人员，他们的基本素质与普通证人相比是不同的，他们了解法律规定，一些人还是审讯专家，而他们来法庭上所回答的问题，正是他们的工作内容，所以对他们的询问，就有别于普通证人。一般来说，侦查人员出庭之初，都会有一定的傲气与戒心，他们对辩护人的问题或不屑回答，或予以辩驳甚至训斥。对此，辩护人不能着急、生气，而应当懂得“朝气锐，昼气惰，暮气归”的道理，要知道一个案件既然到了侦查人员出庭作证这个地步，一般地说，可能在案证据体系中，就会存在这样或者那样的瑕疵或者纰漏，这些问题，可能也正是侦查人员头疼的问题，他在出庭之后往往很难以回答。作为辩护人，就要紧紧抓住这些问题不放，从而采取兵法中“治气”之法，先从气势上击其锐气，在问话中让其解释一些工作上的失误、不规范甚至违法之处，使其锐气受挫，然后在一些漏洞性、无法自圆其说的问题上穷追猛打，使其无心恋战，实现“击其惰归”的目的。当然，作为公诉人，此时就要注意与侦查人员配合好，避免这一情况的发生。下面以潘某受贿案庭审中侦查人员出庭作证为例，谈谈对出庭侦查人员的询问技能。这是一个实训案例，检察官分别扮演公诉人、辩护人、出庭侦查人员进行训练，并由公诉人、辩护人分别制作询问提纲。

（案例37）潘某受贿案

一、案件事实

起诉书认定：2010年年底的一天，被告人潘某在担任某区人民医院院长期间，利用职务便利，为建筑包工头张某谋取利益，非法收受张某人民币8万元。

二、在案证据归纳如下

讯问笔录：讯问笔录形式完备，但讯问笔录中存在复制粘贴现象，甚至连错字处都一样的情况；最后一次讯问笔录显示提审时间很短，而笔录内容很长；提押证显示提审次数多于讯问笔录制作次数；被告人供述有反复，先是供述向张某受贿10万元，收受的是购物卡，后又改称是现金8万元，是用报纸包装的，后来翻供称没有收受上述8万元，法庭上也辩称没有收受。

审查起诉阶段审查同步录音录像（未当庭播放，但被告人当庭也说到这一情况）：侦查人员问话中有如果你不如实说，让你老婆也进来，因为其老婆也涉嫌共同受贿；如果如实说了可以取保候审，我们掌握你的其他事情也可以不再查；犯罪数额方面，问话中多次有“不对”“再想想”“还不对，某某已经交代”“你说的跟我们掌握的不一样”；讯问中有“我们已经拿到行贿人记录的账本”，而实际并无该账本；讯问时间上，有连夜讯问的情况（未超过12小时），被告人认为是不让睡觉、其自己也因心理压力大睡不着。

被告人辩解：审查起诉阶段即翻供称没有收受8万元，其有罪供述是侦查人员逼其承认的，当时在检察院的时候侦查人员连续几天（事实上检察机关办案未超办案时间）不让其睡觉，后来进看守所以后，侦查人员威胁如果不老实，就让其老婆也进来，要把他转到条件差的看守所里关押，说那边管理不规范，有牢头狱霸，经常出现关押人员被打的情况；后来将其转押到某县看守所，在所里劳动强度较大，且晚上总是在值班，睡眠不足，但没有人殴打他；有个同监室的李某来给其做工作，让其承认受贿事实，说通过关系可以帮其做做工作判缓刑。

检察院还让非本案办案人的其他检察人员来做思想工作，且未作录音录像，其在上述压力面前才违心承认受贿的事。对于犯罪数额，被告人认为是办案人员逼出来的，当时其说没有那么多，办案人员说不止这些，让其再想想，直到达到办案人员满意的数额。

办案说明中反映某次讯问中停电，无录音录像，但被告人反映当时被刑讯逼供，被告人当庭也如此辩解。

证人证言：行贿人张某证言，其证词提供于被告人第一次有罪供述之后，数额与被告人口供所认定一致，但存在被告人先前供述受贿10万元，其也供述行贿10万元，此后被告人改称8万元，其又改称8万元，且开始说是购物卡，后又改口说是现金的情况，称该现金系用报纸包装的。问其为什么前后不一，其称是记忆错误。此后对证人进行了同步录音录像，其证言稳定，未发生变化，审查起诉阶段也未变化，但未出庭作证。

书证：行贿人张某的银行对账单，证实2010年11月至12月，其银行账户上多次提取现金10万元、23万元、13万元；被告人潘某的银行账户查询，证实其在2011年2月存入现金3万元，2011年5月取出；房产交易记录证实，潘某于2011年5月购买商品房一处，首付50万元，讯问被告人该资金来源，其供述一部分是自己的积蓄，另有33万元是从自己姐姐处借来，其姐姐也证实确从其处借来，当时没有写借条。

对于这个案件，分别由两名公诉人、两名律师模拟法庭询问，制作了询问提纲，如下：

出庭侦查人员询问提纲

（公诉人使用1）

×检察官你好，我们是潘某受贿一案的公诉人，现就有关该案取证的合法性问题向你进行询问，根据《刑事诉讼法》第五十四条的规定，凡是伪造证据、隐匿证据或者毁灭证据的，必须受到法律追究；证人有意作伪证或者隐匿罪证应依法处理。所以希望你能如实回答问题。

总体：

1. 你是否是本案侦查阶段的承办人？

2. 你是否参与制作本案的讯问笔录？

3. 你参与制作的讯问笔录是否是在讯问被告人的基础上形成的？

4. 首次制作讯问笔录前是否对被告人进行权利义务告知？

5. 在案的讯问笔录是否都经过被告人核对并签字确认？

6. 办案过程中是否存在刑讯逼供等违法取证行为？

分述：

（一）针对讯问笔录瑕疵

1. 我们在审查本案时发现，部分笔录内容相同甚至连错别字都一样。那么，这两份笔录中的讯问内容是否确实向被告人讯问过？被告人的交代是否基本一致？

2. 为什么笔录上显示的时间很短但是笔录内容却很长？（可以承认是笔误，由同步录音录像补强，以同步录音录像时间为准）

3. 有讯问基础、内容真实、经被告人签字、形式完备，就是客观真实、具有证据效力的。证据瑕疵可由同步录音录像进行补强。

（二）关于被告人供述及证人证言的变化

1. 被告人曾供述受贿10万元，这个数额是谁先提出来的？侦查人员有无诱供？后被告人又供述受贿8万元，这个数额是怎么来的？（都是被告人自己供述的，不存在侦查人员诱供）

2. 为什么被告人供述发生变化后，证人证言也同时发生变化？是否存在侦查人员诱供？（因被告人供述发生变化，侦查人员必须再次向证人进行核实，证人回忆起是8万元，不存在侦查人员诱供）

被告人的有罪供述都是独立完成的，对受贿的金额、种类供述的变化反映了人记忆由模糊向清晰的转变，是符合人类记忆规律的。因被告人供述发生变化，侦查人员必须再次向证人进行核实，证人也逐渐清晰地回忆起当时行贿的情况，不存在侦查人员诱供。

（三）被告人当庭提出曾经连夜受审，请问

1. 办案人员是否违反《刑事诉讼法》的规定，对被告人超时讯问，即持续讯问超过12小时或者以连续传唤、拘传的形式变相拘禁被告人？

2. 在讯问过程中是否保证了被告人的饮食和必要的休息时间？如何保证？

3. 是否曾经不让被告人睡觉？

4. 被告人是否曾经主动提出需要休息、睡觉？

5. 被告人是否曾经提出因为心理压力大而睡不着？

6. 被告人的供述和辩解是否思路清晰？

对被告人的讯问程序合法，不存在疲劳审讯等变相刑讯的问题。

（四）针对被告人的辩解

1. 公诉人注意到，被告人的监管场所曾经发生变化，侦查人员能否解释一下？

2. 是否存在被告人辩解所称威胁将其转到条件差的看守所关押，让其监室内的室友和其他检查人员做其思想工作？

3. 办案说明中反映某次讯问中停电，在该次讯问中是否存在刑讯逼供行为？停电后有无继续讯问？该次讯问内容与之前笔录内容是否基本一致？是否有被告人签字捺印？

停电后，侦查人员立即停止讯问，未违反相关法律法规，停电前所做笔录有同步录音录像印证，内容真实有效；且案件审查起诉阶段没有发现侦查人员有刑讯逼供的行为，被告人当庭辩解没有依据，在案的笔录内容真实有效，具有证明力。

出庭侦查人员询问提纲

（公诉人使用2）

1. 就讯问笔录

请你说一下你的身份和职务。

你是否参与了被告人潘某受贿一案的侦查工作？

你在对被告人潘某进行讯问时是否有两名侦查人员在场？

是否在初次讯问时告知相关权利义务？

是否每次讯问均进行全程同步录音录像？

是否每次讯问均做到审录分离？

是否每次讯问时所制作的笔录均如实反映了被告人供述的内容？

其间，在讯问中有无严重侵害被告人潘某基本权利或者严重影响司法公正的违法侦讯行为？

比如，刑讯逼供、长时间冻、饿、晒、拷、催眠、服用药物等；比如，连续讯问超过 12 小时且未给予必要休息和饮食时间等行为。

是否每次讯问结束后均交由被告人阅读、核对并签字捺印予以确认？

（1）复制粘贴、错字一样。

是否依法讯问？是否真实记录被告人供述原意？是否交被告人阅读核对、签字捺印？是否有同步录音录像？

（2）最后一次讯问笔录显示提审时间很短，而笔录内容却很长。

被告人最后一次笔录时供述或者辩解的内容，在此前的提审中是否有过反映？说法是否基本一致？是否提交被告人阅读核对、签字捺印？是否有同步录音录像？

（3）提押证显示提审次数多于讯问笔录制作次数。

在提审但未制作讯问笔录的几次中，你有无对被告人潘某进行过实质性讯问？其有无就案件事实进行回答？（消极不说话）（另外做的几份讯问笔录是关于其他涉案人员的案件事实，涉密，所以没有在本案中入卷）

（4）对于被告人潘某就收受钱款的金额、包装方式等前后反复直至后来翻供称没有收受上述 8 万元钱款的情况。

（5）被告人辩称：犯罪数额是被逼出来的。

对于受贿事实，是被告人潘某，还是行贿人先予以交代？（被告人潘某）

你在制作讯问笔录时，对于被告人供述存在反复的内容是否如实记录？

其一开始供称是 10 万元购物卡，之后改口说是现金 8 万元的情况，对此，你们是否进行核实？（向行贿人进行了核实）

2. 就证人证言

在被告人潘某就自己受贿金额等事实作出不同供述后，你们找行贿人制作了与之相应的内容不同的笔录，是吗？（是的，因为我们有义务进行核实案件事实，如果我们只是追求查处犯罪金额，完全可以不就此事再找行贿人进行核实，只要就二人此前说法一致的 10 万元购物卡进行认定即可）

此外，你们还调取了哪些其他证据对此加以印证？（调取了行贿人 2010 年 11 月至 12 月的银行对账单，显示多次提取 8 万元以上的大额现金；调取了被告人潘某的银行账户，2011 年 2 月存入现金 3 万元；查潘某房屋交易记录，显示 2011 年

5 月购买住房，首付 50 万元，另外调取了行贿人所在公司财务人员应行贿人要求去银行取款的证言；行贿人向妻子告知此事，妻子的证言）

3. 就同步录音录像

（1）如果不老实，老婆也进来。

公诉人注意到，行贿人提及在送款和请托时，被告人潘某的妻子是否也有参与其中，这是否属实？（是的）

（2）那为何你们没有找潘某的妻子制作相关询问或者讯问笔录？（因为潘某如实交代了，其妻子参与程度不深，故没有查处）

（3）如果被告人潘某拒不供认，你们是否可能需要进一步传唤被告人潘某的妻子到案接受调查？（需要的）

（4）在侦查取证中，你们是否调取过行贿人就送钱事实记录的账本？（没有，这是我们与被告人潘某进行心理较量的侦讯策略。如果其客观上没有受贿事实，行贿人不会有相关账目）

（5）连夜讯问。

在侦查过程中，你们是否存在夜间讯问的情况？（有的，抓捕到案时就已经是晚上，由于传唤时间不超过 24 小时，所以我们要抓紧时间侦查）

中途是否不间断？是否有保障被告人必要的休息和饮食？（是的，有同步录音录像为证）

（6）如实交代可以办理取保候审。

通常对犯罪嫌疑人办理取保候审的条件请你说一下？（对犯罪事实予以供认，如实交代）

本案中，如果被告人潘某如实供述且口供稳定的情况下，有无可能办理取保候审？（有可能，法律规定可能判处有期徒刑以上刑罚，采取取保候审不致发生社会危险。但基于其后期翻供，担心取保后被告人与其他证人串供，伪造毁灭证据，影响侦查工作，故不进行取保）

4. 就被告人辩解的内容

（1）在被告人归案后，被告人先后被羁押在几处场所？

（2）辩护人提到，被告人说你们在讯问时说过不老实就要被转移羁押场所？是不是事实？（不是，我们没有这么说过，而且被告人被转移羁押场所后并未向被告人所说的被打的情况，有看守所健康检查记录）

5. 就办案说明

该次讯问笔录制作的地点在哪里？（看守所）

当时为何没有制作同步录音录像？（中途停电）

有无在讯问笔录中对此情况予以记录？（有）

笔录是否经被告人阅读核对？（是的，该份笔录还有被告人修改以及对多处修改地方的捺印，同时在阅读笔录的起始和结束的时间上均捺印了）

笔录是否经被告人签字确认？（是的）

对此公诉人也调取了看守所出入所体检记录，没有伤势记载。

出庭侦查人员询问提纲

（辩护人使用1）

1. 讯问笔录是否都如实记载？

2. （如实）既然是如实记载，为什么会存在复制粘贴的现象？你的意思是说，这几次笔录，被告人口供的遣词造句、段落结构、表达顺序、语气形容都完全一样，而且错别字都完全一样？

3. 连专业演员都不可能每次讲话都完全一样，但你制作的笔录反映出的内容却完全雷同，这有可能是如实记载的吗？不如实记载的笔录，就不具有证据资格，应当予以排除。退一步讲，至少也不符合证据的客观性，不应予以采信。

4. 最后一份笔录是在很短的时间内，记载了很长的内容，这是否是如实记载？

5. 每个人打字的速度确实不一样，那你能否当庭重新制作这份笔录，以证明你真的能在这么短的时间内记录这么长的内容？

6. 提押证上显示的提审次数多于笔录的次数，请问你们是在对被告人进行讯问制作笔录，还是安排了其他活动？（如果有笔录，为何没有入卷，如果是出所辨认、起赃等，请出示其他证据证明）被告人说，是你们安排了非办案人员来做所谓的思想工作，这是不是实情？

7. 你们在讯问过程中，有无逼供诱供现象？

8. 录像中显示，你们说掌握了账本，但事实上本案根本没有账本，这是采用欺骗手段侦查；你们威胁被告人说，不交代就要把他妻子也关进来，交代了就可以取保候审，这是采用威胁手段侦查，你认为这些侵犯被告人正当权利的手段，是合法的吗？

9. 被告人有无被转移羁押场所，为何被转移？是不是为了造成他的心理压力？

10. 根据《刑事诉讼法》第二条，被告人的正当权利同样受法律尊重和保护，在接受讯问时，他为自己辩解，纯属其合法权利，但却被侦查人员采用欺骗手段诱供，我们有理由相信，他是出于渴望取保候审，保护妻子的目的，才违心做出交代的。

11. 根据《人民检察院刑事诉讼规则》第一百九十条的规定，你们侦查职务犯罪案件的讯问，应当全程录音录像，本案中却有一段录像缺失，被告人恰好反映在此时遭受了刑讯逼供，请你讲一下录像和停电的具体情况。

12. 现有证据显示，你们讯问被告人的口供存在先价值10万元的购物卡，后改为8万元现金的现象，而你们在讯问被告人后又询问了证人，他也正好是先10万元购物卡，后改为8万元现金，两个人的步调惊人的一致。记错事情并不稀奇，但两个当事人同步记错钱款数额和形式，又同步回忆起来了，这样的事情，还正常吗？在行贿人证人如此不可靠的前提下，他又没有出庭作证，因此我们有理由相信证人证言也和被告人口供一样并不真实。

出庭侦查人员询问提纲

（辩护人使用2）

我们是潘某的辩护人，现有几个问题向你发问：

1. 请问你和本案及和潘某是什么关系？

2. 在本案的侦查过程中，你的侦查活动是否符合法律的规定？

3. 请问你每次提审潘某做了什么？都是在讯问吗？为什么有的讯问没有制作笔录？《人民检察院刑事诉讼规则》第一百八十八条规定："讯问犯罪嫌疑人，应当制作讯问笔录……"

4. 请问你讯问时制作的笔录都是忠实于讯问的原话吗？请你解释一下为什么最后一次讯问笔录显示提审时间很短，而相应的笔录内容却很长？

5. 请问潘某的情况符合取保候审的条件吗？那你为什么在讯问中承诺如果潘某说了可以取保候审，掌握的其他事情可以不再查？

6. 经查阅录音录像，发现你在讯问过程中多次在犯罪金额方面跟潘某说"不对，再想想，还不对，某某已经交代，你说的跟我们掌握的不一样"，请问你这是什么行为？你觉得这是诱供吗？

7. 请问某次讯问时停电这段时间，你和潘某在干什么？

8. 请问潘某供述在先还是张某的证言在先？你怎么看待潘某和张某的说法高度一致，就连改变说法的内容和顺序都一样？

9. 请问张某对潘某行贿有没有进行记录的账本？那你为什么在讯问中对潘某

说已经拿到行贿人记录的账本？（《人民检察院刑事诉讼规则》第一百八十七条规定“严禁刑讯逼供和以威胁、引诱、欺骗以及其他非法的方法获取供述”，你怎么理解这里所说的“威胁、引诱和欺骗”？）

10. 在对潘某的讯问过程中，你有无给潘某必要的休息调整时间？

11. 你认为潘某的认罪态度跟潘某老婆的强制措施有没有关系？

针对上面的控辩双方的询问提纲，给各位实训检察官讲解了侦查人员出庭作证中公诉人与侦查人员应当如何应对：

职务犯罪案件侦查人员出庭作证，是当前检察机关面临的一个新课题。具体表现在三个方面的“新”：第一对侦查人员来说是个新课题；第二对公诉人来说是个新课题；第三对公众来说也是个新课题。这个案例，就是为了明确侦查人员出庭作证的目的和意义，发现在出庭作证中存在的问题，并从这些问题当中找出对策。那么，根据前面大家的庭审模拟情况，我简单地做一总结。

首先，侦查人员出庭作证的意义。侦查人员出庭作证的意义何在？随着《刑事诉讼法》的修改，我们对证据的要求也越来越高，尤其是在证据合法性的问题上，已经成为一个证据可采性的关键问题。修改后的《刑事诉讼法》，对检察机关查办职务犯罪案件提出了新的更高的要求。大家知道检察机关承担证明责任以及证明不力的后果。证据合法有效需要通过相关的程序予以证明。《刑事诉讼法》专门设置了非法证据排除这样的程序，所以说很多时候，法庭之所以没有采信一个证据，并不是因为这个证据本身不真实或者不客观，而是因为它没有依法定的程序来采集获取，最后影响了司法公正。还有的时候检察机关也胜诉了，但是由于出庭作证活动开展得不理想，庭审效果不好。有的时候侦查人员也出庭了，但是被问得很狼狈，虽然最终他所举的证据没有被作为非法证据给排除，但是整体效果不好。《刑事诉讼法》用五条八款的形式，规定了非法证据排除规则，在非法证据排除规则当中，就规定了侦查人员或者其他人员出庭说明情况这种情形，所以引出我们的话题——侦查人员出庭作证要解决什么问题？为什么要侦查人员出庭作证来说明情况？要说明什么情况？答案是要回答破案过程、笔录形成过程、有没有非法证据。它的目的在于：（1）完善本案的证据体系；（2）能够证明这些证据是合法的。同时，侦查人员出庭还要展示检察机关良好的形象。

侦查人员出庭作证的法律依据有：《刑事诉讼法》第五十八条：法庭审理过程中，审判人员认为可能存在本法第五十六条规定的以非法方法收集证据情形的，应当对证据收集的合法性进行法庭调查。当事人及其辩护人、诉讼代理人有权申请人民法院对以非法方法收集的证据依法予以排除。申请排除以非法方法收集的证据的，应当提供相关线索或者材料。第五十九条：在对证据收集的合法性进行法庭调查的过程中，人民检察院应当对证据收集的合法性加以证明。现有证据材料不能证明证据收集的合法性的，人民检察院可以提请人民法院通知有关侦查人员或者其他人员出庭说明情况；人民法院可以通知有关侦查人员或者其他人员出庭说明情况。有关侦查人员或者其他人员也可以要求出庭说明情况。经人民法院通知，有关人员应当出庭。第六十条：对于经过法庭审理，确认或者不能排除存在本法第五十六条规定的以非法方法收集证据情形的，对有关证据应当予以排除。

其次，当前侦查人员出庭作证有哪些问题。应当说，我们讨论的这个案件大家都感觉难以回答，难在什么地方？证据有瑕疵，甚至证据有硬伤。有很多问题，公诉人难以问，侦查人员难以回答。而这些问题也是我们当前职务犯罪案件中常见的问题。那么，遇到这些问题怎么办？怎么应对？我们来看看侦查人员出庭，从侦查人员角度会遇到什么问题。第一个是“软”。侦查人员没有气势。侦查人员到了法庭上没气势了，声音也小了，好像变成了被告人一样。角色变了，变得他自己不知道该怎么回答。结果是“软”。第二个是“硬”。反过来了，过于强硬。过于强硬辩护人会说，你看看侦查人员，在法庭上都那么嚣张，可想而知，被告人在被关押的状态下，侦查人员会对他多么地凶！我们经常遇到这种情况。第三个是“僵”。僵就是僵硬，回答问题不知道及时应变，根据问话的情况、根据案件的情况，来实现我们出庭的效果。第四个是“虚”。虚的地方答非所问，回避问题，甚至说假话。第五个是“顶”。侦查人员跟法庭顶起来了，造成了僵局，效果不好。这个是侦查人员出庭作证当中从内容和形式方面来看经常会遇到的一些问题。那么，我们再看公诉人员在发问当中存在的问题。我想有三个方面，第一个是心虚不敢问。为什么心虚呀？大家拿到案例看了之后心虚。为什么？这个案件硬伤太多，有些东西不敢触碰，一碰，没有说好，完了，反而适得其反，心虚不敢问。第二个是放任不愿问。任由律师问，反正我有证据，到时候我还要举证。但是大家想一想，法庭讯问是公诉人开场最初的一个语言活动，因为除宣读起诉书外，讯问活动也是很重要的，决定了这一整场庭审你的气势和你最终的成败。别人对你的印象，别人对你的看法，是能够通过你的法庭讯问体现出来的。如果你放任不愿意去问，被别人牵着鼻子走，你这个整场的气势就丢了。第三个是技差不会问。这可能是最大的问题，尤其是我们公诉新手。法庭辩论我们现在都不怕了，因为我们都经过了训练，但是问话活动难度比较大，因为它是人与人之间的交流，你问了这句话，不知道他会如何回答，这就比较麻烦。同样在询问侦查人员当中也存在这个问题，就是公诉人在问话的时候发问方式不当，被反对或者抓住了把柄，说你这个问话方式有问题，或者是问得适得其反，问出反面效果，最后让别人感觉不问没有问题，一问全是问题，不懂如何发问，不懂发问技巧何在，不懂适时地制止不当发问。这些都是当前公诉人在向证人询问当中经常会出现的问题。那么，我想原因在于以下几个方面：第一个是缺乏应对。我们训练得少，我们见得少，这是一个新课题，所以我们缺乏技巧。第二个是侦查人员长期处于封闭式的工作活动当中，对开放公开的场合产生了角色冲突。第三个是公诉人对问“自己人”不适应。对于问其他证人比如行贿人，我们问得比较顺利，但一下子来了一个侦查人员，我问的方式、我的语气是不是有点重了，可能会有一定的顾虑。有些问题实际上我们审查起诉当中已经遇到了，但是拿到法庭上之后又是一种情况，所以针对这种情况公诉人比较为难。

再次，我们要说一说为什么会出现上述这些问题，侦查人员出庭作证当中有哪些原理，也就是我们在发问和出庭作证当中的几个基本原理。许多侦查人员不会回答问题或者公诉人不明白怎么问话，那是因为对于侦查人员出庭作证没有掌握好当时的基本原则。第一，法官不要求你当场驳倒被告人和辩护人。我们说这个证人可以在法庭上驳斥他，但是要求你坚定地说明你的证据是合法的，驳斥是辩论的事，你说的对还是我说的对，重要的是要听一听你这个人是不是心里发虚。我们经常听到有的法官说，这个证人一句实话都没有。哪怕我们看到这个证言的形式很完备，甚至得到其他证据的印证和相吻合，但法官心里对其有了这样一个印象，他在整个证据体系考量的时候，可能就排斥这样一份证言，古人有以五声听狱讼这样一种习惯，要听其音察言观色，通过察言观色感觉这个人有没有问题。第二，在两个人各执一词的时候，没有人可能直接作出判断，只能根据在案的证据进行判断，从而让法庭认为谁说得更加可信。我们经常说侦查人员作为证人出庭了，和被告人在法庭上两个人对质了，被告人说你打我了，侦查人员说我没打你，谁能判断谁说的是真的，谁说的是假的？无法判断，因为各执一词，一对一，那么我们只能通过在案其他证据以及他供述合不合乎情理、合不合乎逻辑来进行判断，最后来决定这个人说的是真的还是假的，不可能当庭决定，今天被告人在法庭上说你打他了，被刑讯逼供了，虽然你今天在法庭上说没有，但是我感觉你有，所以就有。所以有些问题其实在当庭是解决不了的。但是你一定要有一个坚定的态度，如果你态度不坚决，而是暧昧，那就可能让人质疑你答话的真实性。

第三，也是很重要的一点，工作有失误可以谅解，但说谎与掩饰不容谅解。这针对的是侦查人员。因为侦查人员是代表公权力查办刑事案件的，如果你在法庭上说谎，不仅仅是你个人在说谎，而且影响了你这个机关。如果有这种情况，从形象上来看，你已经输了一阵，你说了假话，别人无法谅解你，瑕疵证据不是非法证据。应当说在证人出庭作证中最重要的一个问题，而且对于我们检察机关来说，也是一个“撒手锏”。

法庭上的问话有这样三个原则，第一个是明知故问原则。其实大家都在明知故问，明明知道这个问题我问了他会怎么回答，我是带着问题去问的，不是随随便便问的，目的就是要得到我想要的答案。第二个是不回避问题原则。法庭上，有些问题你越回避越让人感觉你心虚，越心虚，越说明你有假。所以公诉人不要回避问题。侦查人员更不能回避问题，如果你回避问题，作虚假证言，给别人的感觉是你这个出庭作证失败了，你的可信度打了折扣，对你这个证据体系就会产生质疑和影响，所以作为侦查人员出庭，应当是解释清楚，作出令人信服的解释。第三个是立足于我原则。什么是立足于我？就是立足于自己，你不要被别人牵着鼻子走，这在询问和回答问题当中也是一个很重要的原则，立足于基本的在案证据。我这个证据体系是完备的，我的证据是合法的，我只要能够合理解释在案的证据，就可以实现出庭的目的。

最后，我们说侦查人员出庭作证的方法与技巧。在出庭作证前，无论是侦查人员还是公诉人，都应当找准案件的争议焦点，就是每个案件它都有问题点，那么这就是整个证据体系当中的软肋。我们看这个案件证据体系当中问题有没有？很多。要在出庭之前全面找出并准备好这些点。再就是要将准备的精力集中到问题上来，要解释好，不留漏洞。对于侦查人员来说还有出庭作证的方法与技巧。在作证当中一要找准角色定位。你就不能总是认为，我是审犯罪嫌疑人的，因而对作证有抵触情绪。角色要定位好，要进行角色定位转换，侦查活动与出庭作证活动是两个不同的司法活动，要注意区分。二要不说假话。法庭上说假话，而且明显的假话被辩护人揭穿，这种情况是很可怕的，很可能就此断送整个案件。三要有角色意识，注意转变答话方式，树立良好形象，实现最佳出庭效果。四要在作证当中不能回避问题，要解释清楚。有的侦查人员刻意回避问题，问题来了他老是回避，如说笔录复制粘贴的问题，侦查人员不承认，不承认这个问题是客观存在的，错都错得一样，你还说你没有复制粘贴？明显看出你在说假话回避问题。五要注意答话的语气、策略与技巧，侦查人员在法庭上要做到不愠不火、不卑不亢。具体来说，第一，公诉人已问的问题不再重复。这个问题辩护人又提了，他想从其他的侧面去提，但是我刚才说立足于我，就是这个意思。这个问题我刚才已经向公诉人回答得很清楚了，我可以不再重复。合议庭听了也会认为这个问题已经回答了，再回答内容肯定是一样的，所以不需要说了。第二，无关问题拒绝回答。这是证人的权利，写在《刑事诉讼法》里。第三，简单问话澄清之。什么叫简单问话？就是比如我问你，你这个笔录有没有复制粘贴？或者，你有没有说你不老实交代就让你老婆进来？你只要回答是或者不是。他想把问题简单化，因为他把问题简单化了，就好做文章了。这时你就要说，你这个问题问得太简单了，你不知道这里面还有背景，我说让你老婆进来，是有语境的。语境在哪里？我说话有前言有后语，对不对？你不能单独拿出来我这一句话来问我。我前面说你老婆涉嫌共同犯罪，或者我们需要找你老婆来配合，后面说她可能会涉嫌其他犯罪，如存在掩饰隐瞒犯罪所得等问题，可能需要配合我们调查，所以我有这句话，你如果说是或者不是，解释不清楚的。简单问题要澄清它，不能简单地说是或者不是。第四，复杂问话揭露之。什么是复杂问话？典型的复杂问话是，你停止打你的父亲了吗？这就是复杂问话。你停止打你的父亲了吗？就是说你一直在打，现在你停止了。这里面话里有话。对于这样的属于陷阱性的问题，大家要注意不要上了他的套。这个时候你就要揭露他，比如，你们在连夜审讯当中给他喝水了吗？他意思是说你们连天加夜在审讯，就给他喝了水，都没有给他休息的时间和饮食的时间。那你就要揭露他，说我不知道你说这话的依据是什么？我们的笔录里起止时间记得很清楚，我们同时有同步录音录像在案，能够证实我们在怎么做，你这个问话是没有道理的。还有就是要注意答话的态度和技巧，做到有理、有力、有节。

那么从公诉人角度来看，有这样几个问题。第一，要正视问题，寻找出路。公诉人在问话中不能回避问题，不能说这个问题我不敢问，笔录里有瑕疵，或者是提押的次数多，笔录的次数少，不敢问，回避了，但却让人家去问。这个时候你不能主动放弃。你要主动去把这个弯子转过来，抢在辩护人之前把这个问题先解决了。怎么转过来？这需要你的努力、你的技巧，要正视问题，寻找出路。第二，要弥补缺陷，证明证据的合法性。公诉人和侦查人员相比，需要明白什么叫非法证据？什么叫瑕疵证据？什么样的证据不能定案？《刑事诉讼法》明明规定得很清楚：使用刑讯逼供等非法手段取得的犯罪嫌疑人、被告人供述，和采用暴力、威胁手段获取的证人证言、被害人陈述，这是非法证据，而不是说只要有点毛病，就是非法证据。第三，要熟悉案件的软肋。你要知道这个案件的争议焦点在哪里，哪些问题辩护人必然要问，哪些问题辩护人可能会问，他问了之后会说什么话，你必须要知道。这些问题在法庭辩论中一定会出来的，为什么？我们的法庭调查是为法庭辩论服务的，法庭辩论当中那些问题，都是在前面打好基础之后，作为它的炮弹来打击你的。所以你要熟悉你这个案子的软肋，这个证据毛病在什么地方。再就是要知道哪些该问，哪些不该问。有些问题是不该问的，有些问题是必须问的，你要明白。比如在实践中，有的公诉人对于有些问题为什么第一轮问的时候比较简单，就是因为这个问题我现在不问，等着辩护人问。因为对于辩护人来说，他也许一开始没有注意到某个问题，你先把这个问题抛出来，提醒他了，这是案件证据当中的一个漏洞！一下子引起他的兴趣了，他拿出来做文章，反而对你不利。这个时候引而不发可能要比你先问了效果更好。这就是说该问不该问，要掌握一个度，就是不要把你自己认为比较薄弱的问题先抛出来。再就是讲究问话技巧，巧妙化解矛盾。这是公诉人语言的技巧，问话的技巧、答话的技巧、明知故问的艺术，需要我们在日常生活当中去训练。

第二十八计　围师遗阙，穷寇勿迫

——交叉询问大师们如何询问不同风格的证人

孙子曰：故用兵之法：高陵勿向，背丘勿逆，佯北勿从，锐卒勿攻，饵兵勿食，归师勿遏，围师遗阙，穷寇勿迫。此用兵之法也。①

孙子认为，用兵的原则是：对占据高地、背倚丘陵之敌，不要作正面仰攻；对于假装败逃之敌，不要跟踪追击；敌人的精锐部队不要强攻；敌人的诱饵之兵，不要贪食；对正在向本土撤退的部队不要去阻截；对被包围的敌军，要预留缺口；对于陷入绝境的敌人，不要过分逼迫，这些都是用兵的基本原则。

孙子认为，打仗的方法并不是一成不变的，而要根据敌人的情况、地形地势、战场态势变化等选择打法，比如“穷寇勿迫”也就是“穷寇莫追”，是因为注意不要逼他采取极端行为；“围师遗阙”是指给那些将败未败的人留条后路，待他斗志全无、无心恋战时再歼灭他；等等。询问证人、被害人、鉴定人、有专门知识

① 《孙子兵法》，陈曦译注，中华书局2011年版，第133页。

的人、侦查人员也是一样，要根据不同风格，选择询问方式方法，才能取得最佳的效果。下面，学习一下交叉询问大师们针对不同风格的证人所采取的询问方法：

人们说交叉询问是律师与证人的心理决斗，并且说审判中的首要问题就在于以戏剧性的令人无可置疑的姿态赢得这场决斗。

把握得当，交叉询问可以成为最锐利的法庭武器，可以用它一举挫败对手的论辩。剥夺对方证人在陪审团心目中的可信性，使自己的论点更加具有说服力。

以下是交叉询问中律师会遇到的**14**种常见的证人形象和一些特别的交叉询问技巧。

A. 撒谎的证人

一个证词不实的证人在经过法庭审查后仍未露馅，那他的撒谎技术可称得上是高超了。但笔者认为，这种人是所有证人中最容易对付的，一旦把他们的真相揭示在陪审团面前，那么，他对自己所造成的损害是很多讲真话的证人都无法抵消的。关于这一类证人，最著名的例子是“权利要求者”奥顿。他讲了一个非常美妙的故事，他如何遇到了海难，如何被人救起，如何被带到了澳大利亚，如何在丛林里生活，如何回归家园，如何又被那些知道男爵遗产应当属谁的人们认了出来。毫无疑问，他在整个故事里露出了不少明显的马脚，但是，是什么东西使他能够被不少人确信不疑呢？是人们相信这样的故事不是人的技巧所编造得出来的。如果不是后来揭示出了真实情况，这样谎话连篇的证词就可能在法庭上成立，并将抹杀真相。即使在这个家伙被揭穿、被认定是一个冒名顶替的骗子之后，仍然有成千上万的人相信奥顿的故事。然而，撒谎的证人并不总是能够把谎言编造得如此天衣无缝，在大多数案子中，只要有一些经验，就能用他自己的嘴推翻他自己的谎言。

如果证人提出了一个自身站得住脚的事件，那么把它与相应的事件加以联系比较。世界上的任何事情总是与其他事情有联系的，绝不可能存在孤立的事情。如果证人所说的是真话，那么，他所说的事实必定能够与许多其他事实对应得起来，他所说的那一事实绝对会导致或影响其他的事实。如果证人说的是假话，那么，无论他编造得多么巧妙，他所说的事情总会在细节上与其周围的环境对不上。任何东西都是整体的一部分。只要把证人想象出来的事件与有关的真实事件相比较，就能发现真相，因为想象出来的事件与其他存在的整体不相协调。有人可能会问：要是谎言所说的也能对得上周围的环境呢？这不可能，因为谎言不可能照顾到周围环境的所有细节。

在交叉提问时，当面对一个撒谎的证人，除了要把他的证言与相应环境比较以外，还要与其他证人的证言相比较。对于有经验的律师来说，证明一个编造事件的人越多，戳穿其谎言的可能性就越大。对于编造的事实，对方的所有证人可能在主要问题上都能回答一致。但是，提问越涉及细节，他们就越难保持一致。不过，在使用这种方法时要注意，在涉及某个重要证据时，不要向所有的证人提出同一个问题。如果通过你的提问，已使第二个证人矛盾于第一个证人，那么，就把这个问题放到一边，否则，如果当你再提到这一问题时，下一个证人就会猜出你的用意，他会专门确证第一个证人的证词，从而减弱了前两个证人自相矛盾的影响。

为了揭露对方证人的不实之词，律师应当就与证词有关的其他事情提问，并且以假装相信的态度鼓励他继续说下去，直至他产生自我矛盾。律师应多给这种证人几条线索，而后者为了自圆其说，往往要夸大其词，而这种夸大反而将暴露他的自我矛盾之处。曾有一个著名的案子，其中出现了预谋好的不在现场的伪证。被告被指控犯有盗窃罪，但是，一个爱尔兰籍的证人出庭作证说：在发生盗窃的那一刻，他和其他5个人与被告都在距犯罪现场几英里远的地方。如此，时间在此案中就成了关键性的因素。于是，律师问这个证人：他在那时如何确定确切的时间呢？证人回答说在他所待的屋子里有一个钟，他在来去的时候都看过这个钟。律师又叫这个证人看看法庭上的钟，让他回答现在几点了。这时证人紧盯着那个钟看了很长时间，然后说："谁认识那个怪家伙。"律师问："你不会看钟点？"证人答："不会。"更为奇特的是当向其他证人提出同一问题，在5个证人中只有一个人回答了（法庭的）钟上的时间。原来，这些证人并不会看钟点，所谓不在犯罪现场的时间是别人告诉他们，让他们在法庭上重复的。当然，不在犯罪现场的证据已经完全不能成立，被告被判了刑。

撒谎的证人往往与案中的一方有感情方面的牵扯。虽然他尽力掩盖这一点，但若是律师机警，是可以捕捉到这种情绪的。如果律师怀疑案中的某些事实涉及上述的感情，那么，律师就应把这个证人的注意力转移到这些事实上去。此时，这个证人的感情会不自觉地流露出来。请记住，如果想发现一个人的真实心理活动，必须注意他的嘴，所有其他表情都与嘴有关，对于一个敏锐的观察者来说，嘴的动作会泄露出一些情绪。只要律师能设法使陪审团注意到证人的这种情绪，那么这个证人的证言价值自然也就要大打折扣了。

不要对一个证人两次提出同一个问题。一旦得到想得到的回答，就马上转到别的问题上去。如果为了强调某个头号问题而重复它，反而会使证人意识到他说漏了什么，他很可能会再编出一些解释来弥补他的漏洞。绝不能给对方的证人挣扎出困境的机会，这种事情是对手的责任，而不是你的责任。

对于那些不懂得撒谎艺术的一般撒谎证人，事情就简单得多了。只要发现其证词中的漏洞，然后在此打入楔子，他的谎言也就完全崩溃了。但是，要注意，别把楔子打错了地方。

B. 无礼的证人

如果一个证人进入证人席时，带着一种俗称“老练”的表情，高昂着头，好像在说：“来吧，咱们较量较量。”那么，要与之打交道的必定是一个无礼的和专横的证人。这种证人已经下定决心简单而干练地回答提问，即只答“是”或“不是”，除此以外不多说一句。这类证人通常是一些妇女。来到证人席是为了向朋友炫耀，前一天晚上，她们肯定已经告诉朋友，她们将如何与对方律师斗法，并且自我感觉绝不亚于任何律师，但就是忘了她们要走上的是证人席。你必须击败这种证人，交叉提问是一场生死搏斗，而你必须从中获胜。

现在注意：当你站起来提问时，这类证人做的第一件事就是昂起她们的头，即使她们要与空手道冠军交手，也不会有如此坚定的表情。她们好像是把下巴放在了你的鼻尖上，以挑衅式的姿态表示：“来吧。”笔者不止一次地见到一些资历很老的律师居然对这类证人笑脸相迎！他们在对这类证人提问时，带着笑、摇着头、眨着眼，就像遇到了一位未发一言、仅用徽章便吓傻了歹徒的警察。这种姿态绝不值得模仿，也不会产生好的效果。

笔者也曾见过许多律师被这类证人击败。一句严厉的答复，其中再加上点俏皮话，就会使年轻律师被搞出个大红脸，使他们感到极端地不自在。有时，证人的无礼评论会引起一片笑声。在这些情况下，首先要尽力挺住，不要因此而垮下来，无论发生什么事情，要有决心在提问结束时成为胜利者。但是，必须保持平静而沉着的姿态，绝不回击这类证人（当然迫不得已时例外）。被人牵着反击只会暴露自己的弱点，这表明是证人而不是你在引导着交叉提问。与证人争吵不只是放弃了你作为提问者的优势地位，而且会给陪审团留下恶劣的印象。如此，你就不再是一个辩护律师，而降到一个普通争吵者的水平，而争吵对手还很可能让你消受不了。交叉提问并不是论证，在这当中要做的就是直接处理证据，要尽你所能地使有利于你方的证据成立并发挥更大的效力，而使不利于你方的证据不能成立或至少是减少其影响。你的论证应当留着对陪审团讲，而不是对证人讲，等到那时，这类证人即使有铁嘴钢牙也无法纠正或解释了。

在与这类证人打交道时，千万不要阻止这类证人说话，也不要企图让她退出证人席。律师应当做的是尽量把她保留在证人席上，并尽可能地激起她的亢奋，这种亢奋不久就必定会损害她本应为之服务的目的。与其压制这类无礼者的愤怒激情，倒不如给她一点小小的鼓励，后一种做法必定会比前一种为你带来更多的利益。此外，也获得了以后得以批评其证词的机会，通过你的平静态度与她的喧闹和狂躁行为对照，能够证明她的证词是多么没有价值。其证词本应产生的价值也随着这种比照而损失殆尽。要牢记，这种比照毫无例外地对听众具有惊人的影响。只要这种对照产生效果，这种效果总是有利于造成这种对照的辩护律师。

以下要谈谈向这类证人提问的方式。当与她交锋的时候，就好像她是一只凶猛的野兽，好像再进一步，她就可能把你扯碎。智取当然是最佳方式。可以肯定，只要这类证人认为一种回答对你有利，她就绝不会作出这种回答。有时，这类证人是如此的“亢奋”，以至她连对自己一方有利的回答也不肯作出，因为她害怕对方会利用这种回答。由此，非常有必要抓住有利的时机，如果允许她作出某种对你有利的暗示，从而引起听众的笑声，那么，她一定会处于胜利的狂喜之中；而当她处于胜利的兴奋之中时，正是提出问题的好机会。不过，这种提问不要显示其重要性，而好像只是为了转移对你不利的笑声而提出的。当她放松警惕的时候，如果提问巧妙，那么，在她还没有来得及考虑可能的后果以前，你所欲得到的回答就会从她那无礼的嘴中滑出。但是，一旦得到这个回答，就立即提出一个无关紧要的问题，无论是什么都行。这样，将从这类证人的胜利中谋求到你所需要的东西。

你会发现，对手已经预先为这种证人加上了笼头——诸如预先规定了不应说什么等。在交叉提问中，可以用以下的话来摘下这种笼头，让她自己去驰骋，“我能理解你这是在重复我朋友的话”，等等。如果在说这话的时候，再加上你自己的感情，那么，这必定足以使她冲破她方律师为她规定的限制。这样一来，你的对手在下一次交叉提问的时候，想必要给她加上更多的笼头了。

C. 固执的证人

固执的证人是与刚说过的那种证人相反的一种证人。他宁肯摇头也不肯说“不”。最多不过说：“你抓不住我。先生们，你们看看他，再看看我，我并不低于他。”他似乎总害怕作了伪证，似乎认为只有不停地点头或摇头才能安全。他总感到无论他说什么都不会有利于案子的胜诉。“智能寡言”永远是他恪守的信条。

那么，怎样与这种证人打交道呢？如果他说了什么对你方不利的证词，那当然不用理他，让他沉默好了，除非你想从他那儿找到有利于你方的东西。如果要对这种证人进行交叉提问，那么，必须谨慎，不要让证人认为你已经“抓住了他”。大多数情况中，证人都会有这种感觉。对这种证人比较适于采用循序渐进的方法。但要注意每次的提问千万不要过多，问一点答一点，答一点问一点，这样你会发现这些回答渐渐地就像一个套子套住了证人。如果能够稳妥地把握住这条线而不使它断掉，那么，证人会毫无知觉地提供你所需要的东西。事实上，即使在听到你对他的证词所作的总结时，他都不会发现这些东西是怎样从他自己嘴里滑出来的。

这类证人总是对一切抱有敌意，他们并非不诚实，而是因为他们认为你是一个危险的人物。但随着提问的进行，他会变得越来越胆大，尤其是如果你能向他证明你根本无意给他惹麻烦时，他会马上相信你。而要使他一直信任你的最好办法，就是使他适应你的提问。让他感到你的提问不过是些最简单的问题，甚至让他感到这些问题是如此的简单、如此的容易回答，以至于似乎大多数傻瓜都能问或回答。他会对第一个问题说，“确实是”；对第二个问题回答，“当然如此”；对第三个问题答道，“那毫无疑问”。此时，加进一个既不“当然”，也不“确实”的问题，就能得到你想获得的东西。这时，尽可以把他看作证人席上的一块坯料，只要运用智谋和技巧，就可以从中得到一些有用的东西，即使再微不足道，但对达到你的目的也很有用，也许你甚至可以获得在别处无法得到的东西。

这类证人或许是位年长者（一般来说是这样的），而且往往是人们向之求教正确道路的对象，他或许是此地“最老的住户”。那么，究竟什么是人类行为的动力呢？就是对正义的热爱，这一点在他孩提时期就知道，他父亲告诉他：“对的就是对的，没人能把错的变成对的。”自我感觉良好或自负，对他来说都表现为具有“了不起的记忆力”，这一点是他多年来一直向邻居们夸耀的。在这一带，他对过去的事情比任何男女老幼知道得都多。他把自私叫“正直与独立”，他认为，“独立的精神——即不关心任何人，人不负我，我亦不负人”。这些弱点都藏于他的盔甲之中，若不能一箭射中其中的某个弱点，那你最好收起弓袋，你永远也成不了好射手。如果求助于他的记忆力，赞美了他的“独立精神”，或者揭示出他自认为是自己最杰出标志的“正直与独立”的光彩，那么，他会回答你提出的任何问题。

D. 犹犹豫豫的证人

犹犹豫豫的证人或许是个非常谨慎和善于思考的人，再不然就是个骗子。这一点在进行交叉提问前就能觉察出来。在大多数案子中，这类证人总是在担心他的回答会对案子产生什么样的影响，而不在乎回答得是否合适。不要催促这种证人，让他自己好好考虑一下打算回答的问题，掂量一下回答的分量，权衡一下进一步的回答，而往往在他考虑了所有利弊之后，八成他回答的全都是错的。如果他要这样做了，就千万不要再提这个问题。之所以这样讲，是因为一些年轻的辩护律师在此时会换一种形式把这一问题再提一次。另外，给这类证人充分的时间倒会把他搞糊涂——如果他不是一个诚实的证人，他就会不知所措，不知该如何回答你的问题。他越是掂量来掂量去，越搞不清作出什么样的回答可能会有什么样的结果。与这类证人打交道要有耐心，节奏慢些是绝不会有危险的。因为他比你反应更快，如果最终不能把他置于一片未知之地的话，那么你所想的一切都在他的掌握之中。

但是，你在交叉提问时绝不能慢于证人的叙述，也不要假装慢吞吞的，拖泥带水的提问通常是不能切中要害的。对这类证人提问必须要以一般的速度进行，如果可能，要稍稍加快些速度进行提问，这样这类证人的犹豫就会变得更明显，而且更容易出现纰漏。

然而犹豫有时也许是出于过分拘泥于严谨、准确的愿望而造成的。在这类案子中，律师必须要慎重，仅仅是语言表达上的严谨并不会造成虚假叙述。

E. 神经质的证人

神经质的证人是最难对付的证人之一。问题还没有提完，他们就已一连蹦出两三个答案来，因此，他们经常是肯定与否定一块来。他们总是一口气说出“是”或“不是”，而后又接着说，“我不知道”“我相信是这样的”或者“我不认为如此”，这类证人通常喜欢做这样的回答，就像撒谎的证人和说真话的证人一样。这几种证人都喜好这种表达方法，但他们之所以这样做则是出自不同的角度和动机。

对这类奇特的证人必须小心谨慎地对待。要不时地鼓励他们，冲他们吼叫是毫无用处的。有些代理律师经常气急败坏地问出这类问题：“请问你究竟说的是什么意思?”“你怎么同时说是又说不是?”“难道你已经完全向那些先生们解释清楚了你的意思了吗?”这种做法可太糟了。而且“那些先生们”一般来说也不喜欢这种暗示的“奉承”。有些律师可能对此不甚了解，但事实提醒，这种提问的方式只会损害自己一方的利益。此外，对陪审团的责难和转弯抹角的奉承于恢复证人的决心和自信都不会产生什么影响，必须牢记这一点：你所流露出的一丁点儿倾向性都可能会带来无法估量的麻烦。要谨慎处理这类弱点，要不断鼓励和安抚证人，了解他究竟惧怕些什么。这种神经质的证人与其他证人一样，只有被提问与不被提问之分，如果你向他提问，那就不应当使他处于这样一种状态，在这种状态中，他的回答在陪审团的眼中一钱不值，而你只要用无礼的、不耐烦的态度对待他，就必然会使他处于这种状态。记住，无论证人的这种状况对你方有什么样的利益，也不要使他处在这种状态中。如果打算从这种证人那里获得对你有用的东西，就要尽量使证人平静，否则，就根本不要理睬他。

这类证人的头脑状况有点类似于这种情况：一只苍蝇，它正没头没脑乱撞的时候，却突然发现自己无可奈何地闯入了蜘蛛的营地。这是一种激动焦虑的状况，在焦虑中这个不幸的家伙还总想表现出一种谦卑的歉意。证人的精神状态是与其回答不可分割的一种证据。神经质的证人总能获得优惠的对待，陪审团也总是同情这类证人。因此你必须谨慎从事，不要冒犯这种同情，只要对这类证人使用严厉的语言和采取不客气的态度，就必定会冒犯这种同情。

F. 幽默的证人

大多是在富有戏剧性的案子中才遇见幽默的证人。而这种案子一般也愿意寻找这种证人，而且在大多数案子里，这种证人似乎也意识到人们在期待着他。尽管只要他想让人们笑，所有人就都会捧腹大笑起来，但他几乎从来没有说出过什么有用的东西。这种证人一般会受到普遍的欢迎，法官时常也会为他说点好话。这种证人是公众喜爱的角色，无论如何他都不能让热情的公众失望。如果他讲了件逗笑的事情，那么第二天的晨报准会刊载，而且这个戏剧化的事情也将会在早餐上被人们用来打牙祭。如果他的表演失败了，那他也就一败涂地了。所以，在他登上证人席时总是环顾一下整个法庭，似乎在说："前一个证人算不了什么，现在看我的吧。"

像大多数人一样，这种证人并不喜欢被人告知他的弱点就是虚夸。这种证人几乎不会故意说假话，而且也很少打算说错话。他一般对任何一方当事人都没有偏向。在大多数情况下，他是诉讼双方的朋友，尽管他可能在这个世界上处处碰壁，但他并不怨恨任何人。

假设他的行为是攻击性的，而你恰好是被攻击者的代理人，尽可以借助于他的善良本性，他几乎总会为你消除攻击的缘由。不断地让他发挥他那用之不竭的幽默感，而完全摒弃交叉提问的形式。对待他就像一位教师在放学后对待孩子们一样，你会发现，只要助他一臂之力，他将会跳到你的结论上来。他是那种喜欢夸张的证人的死对头，他那无尽的幽默感会减轻这个世界的烦恼，他会发现生活中的笑料，也会很好地利用这些笑料，不愉快的事情往往要由他来平息，但事件本身却又不是由他惹起的。

G. 狡猾的证人

狡猾的证人必须用狡猾的方式来对付。对这种证人用不着直来直去的提问。不过，比较起来，在陪审团面前还是直来直去的好。在表情、态度、语调和语言方面的诚实，若与这种证人的卑下和虚伪形成对照，便足以摧毁这种证人的证词。这是对付他那种粗劣手段的最好方式。任何被人认为是“狡猾的人”总不能隐瞒这一事实。实际上，他并不是一个精明的人，只是他自己认为精明而已。他总是假装在他说的话里还含有另外隐蔽的意思，似乎你那一方用什么方法也无法搞清。他自认是一个行骗老手，殊不知其骗术只骗得了自己。任何人都可以看出他想端出点他没有的东西，他不过是在假装知道许多他所不知道的东西。而这反而向陪审团表现出了他的真实品质。陪审团对这种证人的证词不会予以重视，在没有验证以前，不会相信他所说的东西。如果他与你方所述的事实或者信誉很好的证人证言相矛盾，陪审团不会相信他所说的一切。因此，对于这种证人，尽管让他自己去表演，他会尽情地以这种无赖的姿态发挥下去，一点也意识不到他所歪曲的东西没有一个人相信。

如果你似乎是无意地使这类证人被大家哄笑了一下，那他就会在掌握之中了，因为虚荣也是他行为的动机之一，尽管他为具有大多数人都鄙视的那些品质而自卑，但他也渴望让大家都认为他很聪明。如果他认为一个傻瓜嘲笑了他，他是绝对难以忍受的，他会大发脾气，而且他精心杜撰的故事以及那些无理的狡辩都会由于失去控制而暴露出来。但是，造成这种嘲笑的做法必须显得出于偶然，即由他自己造成而非由你强加于他的。笔者曾经见到过许多律师的这类成功表演，在他们当中，有的现已不在律师界共事了，有的仍在从业，这些事情都是很值得回味的。而且，不露痕迹地制造“偶然事件”，从而让这种证人当庭出丑，这总是件愉快的事情，并且也总是受到大家欢迎的。

狡猾的证人也知道维护其尊严，但这种尊严只限于他自己所认为的尊严。他是他自己的批评家，如果他当众被人贬低，他也会处于不利地位，就像伟大人物在众人面前突然失利一样。

H. 伪君子式的证人

“伪善之谈只是一种能够两面引申的谎言。”

伪君子式的证人不是最令人愉快的提问对象，但他也不是交叉提问中最难对付的证人。他似乎只是从最良好和纯洁的动机出发，他的愿望似乎是说真话而不带一点偏见的色彩。可惜的是他不能随心所欲地编排法庭，他自己不能成为仲裁者。

这真是一个“好人”，遗憾的是，你的责任要求你去盘问这个“好人”。他可能会给陪审团留下极为公道和极端公平的印象，实际上却在对你的当事人做着不公平的事情，这种说法似乎是对这种“好人”的侮辱，但却有着事实依据。如果你仔细观察这种家伙，就会发现每当他要撒一个弥天大谎时，他就退缩了。确信自己是一个诚实的人，这种信念是他性格的一部分。因此，当他面对一个谎言时，他并不敢正视这个谎言，他就像一个还未越过栅栏而在外窥测的偷猎者，如果某处的栅栏太低或者有了漏洞，他就可以悄悄地溜进去而无须硬闯进去。每当临近撒谎时，伪君子总会说：“我不能十分确定。”此时，他正在徘徊，看你能否拿出什么东西。如果你明确而坚定地说：“我设定我可以这样认为，案中的事实是如此……”他也会回答：“我想你可以这样认为。”这种提问方式能很好地应付这类证人。由此，这可以说是一种供你识别的标志，一旦这类证人“要想想”“不能肯定”“不太清楚”“只是假定”或“只是相信如此”等，那他必定在酝酿着一个弥天大谎。这种人自身便是一种谎言。这种证人的证词必须要加以仔细的盘问，从而发现他话中的真伪边缘在哪里。如果这种证词建立在虚伪之上，那这种虚伪一定也距真实不远；而若这种证词是基于真实，那这种真实必定距离虚伪也很近，有时在他的话中几乎分不清哪儿是真实哪儿是虚伪。他在真实与虚伪之间走着钢丝，只要用一个手指头就能打破他的平衡，他既可能倒向虚伪，也可能倒向真实。对付这类证人的最有效的方法就是以说服的语调和态度对待他，就好像他是一个非常高尚和善良的人，对他拳脚相加他也不会说一句谎似的。只要每次提问前都给予一点点几乎无法觉察的暗示，这种暗示当然是关于他不惜任何代价都要避免的伪证，这种精明使他绝不会拒绝你送到他面前的真实。

这种人非常笃定地相信德行。他的德行就是热情地崇拜他自己。每个人都说他是一个有道德的人，但是他的道德标准不是来自虔诚，而是出自彻头彻尾的怯懦。他是因为惧怕处罚而把罪恶隐藏在心里。

I. 半真半假的证人

最难对付的就是那种证词半真半假的证人，他增添某些事实的色彩，又减少另一些事实的色彩，最后形成对自己一方有利的局面。要在这类证人的证词中鉴别真假，从假中淘真，既要求才能，又要求耐性。即便是有经验的律师也时常被这类证人骗过，法官有时也难辨真伪。就像有些疾病在药典上找不出治疗方法一样，这类证人也不是用现成的方法就能对付得了的。对付这种证人需要综合的素质与技巧。机智、才能、耐性、直觉、判断力和经验，这些要素都必须发挥到极致，方能对付这类证人。必须记住，只有你自己知道这类证人的性质与品格还不够，你的职责至此只完成了一半。更为困难的是要使陪审团也看到这一点。陪审团的成员在对付狡猾的证人方面并没有受过专门的培训，所以，他们不会像你那样很快地觉察到欺骗与伪证。当一个有手腕的证人在作证时狡猾地把真假混杂在一起时，陪审团没那么容易把真与假区分开来。

如果能抓住其证词的某一部分，提示出它的不协调与不一致之处，那么，你就算前进了一大步，只要在任何地方揭示出证人的欺骗企图，也就近乎摧毁了他的全部证词。你必须仔细地观察整个叙述是否都彼此和谐，是否存在着真与假的不协调之处，是否整个系统的事实是自然组合在一起的，它们是否存在着正常的联系，彼此的因果关系是否对得上，并将这一切与其他证人的证词进行比较。如果发现同样的原因却造成了不同的结果，那其中必有虚假的成分。

一件事情的不可能性对于陪审团具有重大的意义。而当盘问半真半假的证人时，你总能发现这种不可能性，因为他的话中肯定有掺假的成分。只要揭示了这一点，陪审团也就会认为这个证人的证词是不值得信任的。关于这一点，在谈到其他类型的证人时，已经讲过多次了。

这类证人的证词总是预先经过精心的编造，所以，粗看上去这种证词总是合理的和完善的。但仔细检查，就会发觉它所叙述的诸多事实作为一个系统是不完整的，其中有着不合比例的断裂之处。因此，在整体上粗看是完整的时候，再逐一检查细节，找出其断裂之处，而返回来看，整体也就无法保持内在的统一了。

最高明的不是创造谎言的人，而是改编事实的人。一个完全编造出的谎言很少能达到其预期的目的，倒是那种扭曲事实的原来形式以适用于欺骗目的的谎言往往会奏效。将最小比例的谎言混入事实中的人才是最大的骗子。

J. 自信的证人

还有一种证人也许要提一下，这种证人就是“自信的证人”（这类证人一般来讲多是女性或者带有女性气质的人）。对这类证人一般很难使她收回她所讲过的任何话，而无论她所讲的话中包含着什么样的错误。但有时或许可以用稍示同意的办法以缓和与减少她以这种自信的态度所讲的一大堆话，这些话很可能都是自相矛盾的，或者同她以前所讲的话是相互矛盾的。如果对这种证人施法得当，那么她八成会对两三个不可能同时存在的事情同样地采取自信的肯定态度。她的这种不肯收回成命的态度是最糟糕证人的做法，把她所讲的一切引入自相矛盾的境地则是最好不过的了。

她之所以坚持这种态度并不是要避免说假话，而是要自我表现，她认为坚持己见是一种有能力的象征。如果是甲方提出让她作证人，她肯定会发誓说是乙方先动手打人的。她永远站在她所谓的“自己的一边”。千万不要向她证明她是错误的，这样只会把事情搞糟。像“那怎么可能呢?”这类问题只会引出她这样的回答：“我不知道怎么会这样的，但我知道确实是这样的。”

K. 半专业的证人

另一类型值得注意的是半专业的证人。实际上，这种人在任何方面都是一个半通。他一半是信教者，而另一半又是无神论者；他一半信奉戒酒主义，而另一半却浸在酒缸里；他一半诚实，一半撒谎；他的话可信，但他的体面也是相对的。

在印象中，这类证人一般是个瘦小的老头，他戴着眼镜，当他回答问题时不断地在空中挥舞着眼镜，而当他企图逃避回答时，又不时地把眼镜拿下戴上或戴上拿下。这种人好像面前总有个图表或计划要他审查，而实际上他只是个执行者。

这种人满肚子都是行话。如果你不对他进行交叉提问，他能够用这些行话再加上他那副眼镜去证明任何案子或反对任何当事人。他具有一个靠不住的证人所具有的全部品质——真实、虚伪、固执己见、机智、狡猾和彬彬有礼。你既不可能威胁这种人说假话，也不可能说服他说真话。

在交叉提问中，对这么一个自称是科学的证人而侃侃而谈的假行家，该怎样对付呢？固执己见是这种人的弱点，他们宁愿牺牲真相，也不愿放弃自己的观点。只要把他们引入这个陷阱，就能够轻易地捉住他们。

如果想指出这种证人根本未受过专业训练，因而他的意见是没有价值的，那你用的方法就大错而特错了。只因为一个人不具有正规知识而指责他，这种做法只能引起陪审团的厌恶。因为陪审团中总会有些正在自学或者自学成才的人。如果你指出这种证人是不正规的非专业人员，陪审团中的那些自学者们将感到这是对他们的侮辱。的确，无论从哪种角度看，这种方法都是荒谬的。证人向陪审团说什么，这与他从哪里获得的知识无关，如果他的证词是正确的和真实的，那么，即使他假充内行又有什么关系呢？如果他的证词是不正确的和虚假的，那他就算是个行家中的行家，也无法使证词真正成为正确或者真实的。

对付这种证人就要询问他具体事实。只有接触事实，才能测出他知道多少东西。当然，你如果对要提问的东西一无所知，那位行家会把你搞得晕头转向，而如果你确实把握了一些东西，那他的无知很快就会被揭示无遗。

L. 官方的证人

这种证人虽然从事着不同的职业，来自不同的部门并且外貌也各不相同，但有一个共同点，他们都与权力机关沾点边，都或多或少有点权。这种证人总是因此而有点不可一世，自我感觉极好。他们回答问题时很粗鲁，声音刺耳，就像是一个士官在训斥新兵似的。一些没有经验的律师有时还真被他们吓到了。

如何对付这种证人倒是一个问题。笔者的方法是——多往气球里打气，让它自我爆炸。要不断引导他，让他那种因自己的官职而飘飘然的意识不断地膨胀，直至他在证人席中那种飞扬跋扈、居高临下的姿态就如他审问犯人时的姿态一样，这样使他的态度超出一个证人所应有的态度，必然会招致陪审团的反感。这种证人往往在证词中苛求精确，因为他认为他的话都是权威，都应不加怀疑地被别人接受。应当鼓励他的这种趋向，假装就这些问题与他争论，使他越发苛求，以致超出作证的需要，这样，将使陪审团发现其不合比例之处，而当他越是自认为他的话被人奉为权威的时候，陪审团就越不相信他的话，因为陪审团认为他的话虽不是一种谎言，但是言过其实。

M. 警方的证人

任何处理刑事案件的律师都不得不与警方的证人打交道。对这类证人，首先要强调的是尽可能地不要与他们交锋。他们是一些非常危险的人物，因为他们是真正的专业证人，与他们相比，其他任何证人都无法称得上“专业”二字。他们对问题的回答一般都循规蹈矩。别想把他们诱入歧途，在这条道上他们已经磨炼过多年了。有时你还没有说到那，他们早已悟出了你的伎俩，而早就在那等着你了。也许在你还没出生的时候，他们就见识过你要的这种把戏了。如果不是极为老练的交叉提问者，那你提出的问题都早在他的预料之中了。

试着提点常规提问以外的问题，就会发现他好像傻了似的看着你，他搞不清楚你打算干什么。如果想从他那里搞点什么东西，就必须不断地把他搞糊涂。为了有效地对付警方的证人，提问一定要迅速。虽然这种证人为作证而受过专门训练，但他所受的训练仅仅是按照狭窄的规则进行的，他的思路受到了规则的限制，这就使他的思想受到了羁绊，而这种限制与羁绊就使他的思维来得较慢，而不可能跟上你提问的节奏。如果问他那天晚上是否天黑，而即使那天晚上天黑不黑与所涉及的问题毫无关系，他也要反复思量一下你为什么要提出这个问题，他回答了这个问题会有什么影响，等等。由于你精心选择的不着边际的提问，上述这种思想活动会不时地使他突然中断回答，而运用这种方式，就离你想达到的目的不远了。

对于案件，警察知道不少实情，但也有不少想当然的东西。对前者，你会发现很难对付，而最好注意不要过多引出后者，因为这可能使陪审团误把他所相信的东西当作事实。除了迫不得已，在任何情况下，都不要向这类证人提品行方面的问题。即使你的当事人有最佳的品行，由于警察在这方面有过高的标准，警方的证人也可能挑出毛病来。另外，对这类证人提“钓鱼式”的问题是非常危险的，这种证人会识破圈套并使你处于不利境地。

N. 说真话的证人

据说，在交叉提问中，说真话的证人是各类证人中最不好对付的一种。但笔者不敢苟同，说真话的证人倒是最好对付的一种证人。当说到“真”这个字的时候，并不是指这种证人的证词必然是真实的。如果情况真是这样，对其进行交叉提问也就是多此一举了。所谓说真话的人，是指这种证人确信自己的证词是真实的。这种证人之所以最好对付，是因为他不会含糊其词或故意撒谎。他的回答不会暗藏着其他意思，会保持一致并且没有保留。他希望告诉你他所知道的一切，他的信誉是可靠的。

在交叉提问中面对这类证人时，首先要搞清的事情就是他对正在调查的事情是否有强烈的偏见或偏好。一个证人带有偏见的真话可能和真正的事实有着极大的差距。例如，一个牧师作证说，他见到某两个人的行为趣味低级并且令人厌恶，这确实是他的真话，而当提问者问这两个人干了些什么时，他回答道：“那个男人吻了那个姑娘并且还握着她的手。”在这一问题上，首先要通过提问，让这类证人表明他在证词里的判断并非专对这一事实而发，而是对这一类事情的判断，另外，还要让陪审团意识到证人对事实的判断与证人对事实的描述之间存在着区别。

还要在交叉提问中验证这类证人的记忆力和准确程度。例如，在事发时证人处在什么位置，处于什么样的精神状态，他的精神在何种程度上集中于所发生的事情上，等等。这些问题都有助于陪审团判定证人的真话中有多少事实成分，以及证人的观察和叙述受到了哪些主、客观因素的影响。

有时，如果这类证人与一方当事人有密切的联系或友谊，他会下意识地为此事情加上某种色彩，在交叉提问中要特别加以注意。有时，这类证人太拘泥于实际语言而未能达意；有时，由于证人不知道前后的某些事实而在叙述结构上有很大的不同。在这些情况下，如果提问者对整个事情有了一个全面的了解，那对他将有很大帮助。①

当然，上述内容是英美国家交叉询问的方法与技巧，不论是国情、思维方式、审判制度、文化传统，都与我国存在一定的差异，仅供大家学习交叉询问技法时参考，至于更加适合自己、适合真实案件的交叉询问技巧，则需要每一位检察官、律师在实际工作中不断积累总结。

---

① 转引自林正编：《哈佛辩护》，改革出版社1999年版，第297～316页。

第十章　九变篇：公诉意见书、辩护词的制作与发表技能

《九变篇》是《孙子兵法》的第八篇，“九”，多的意思，“变”，改易、机变，这里指的是军事行动中灵活机动。本篇主要论述在作战过程中如何根据特殊情况，灵活变换战术以赢得战争的胜利，集中体现了孙子随机应变、灵活机动的作战指挥思想。孙子主张将帅应该根据五种不同的地理条件进行灵活指挥，并明确提出以“五不”为内容随机应变处置军事行动的基本原则。要求将帅必须做到全面、辩证地看问题，见利思害，见害思利，从而趋利避害，防患于未然。孙子还深刻地阐述了有备无患的备战思想，指出不能寄希望于敌人“不来”“不攻”，而应立足于自己做好充分的准备，具备坚强的实力。为了真正贯彻“九变”的灵活作战思想，孙子特别重视将帅队伍的建设，所以在本篇的结尾处，孙子语重心长地叮嘱做将帅的人：要防止自己性格上的“必死”“必生”“忿速”“廉洁”“爱民”五种缺陷，避免导致“覆军杀将”的五种危害。

在庭审中，法庭辩论被认为是难度最大的活动，尤其是对于公诉人来说，由于起诉内容的限制，公诉人在法庭上的意见是公开的、能够预测的，但辩护人的意见如何则比较难以预测。如一起交通肇事案件，公诉人从责任认定、量刑情节等方面进行了准备，但法庭上辩护人突然提出被告人的行为属于紧急避险的观点，让公诉人始料不及。如果公诉人对于紧急避险的概念不熟悉、对于交通事故过程中是否允许存在紧急避险缺乏研究，很可能对这一问题会不知如何答辩，庭审陷入被动。可见，法庭辩论难度之所以大，就是因为控辩双方对于对方会提出什么样的观点、以什么样的理论支撑自己的观点没有底，很容易陷入被动。《孙子兵法》讲了很多道理，究其核心，就是一个“变”字。战争本身就是一个动态的发展过程。战场上的形势是瞬息万变的，形势变了，自己也要变。法庭审理同样如此，庭审就如战场，无非就是变着法实现出庭策略。这就要求检察官、律师在法庭辩论中注重灵活机变，见利思害，见害思利，全面、辩证地看问题，运用“九变”原理打好法庭辩论仗。

第二十九计　城有所不攻，地有所不争

——公诉意见书与辩护词要懂得取舍

孙子曰：凡用兵之法，将受命于君，合军聚众。圮地无舍，衢地交合，绝地无留，围地则谋，死地则战，途有所不由，军有所不击，城有所不攻，地有所不争，君命有所不受。

故将通于九变之利者，知用兵矣；将不通于九变之利者，虽知地形，不能得地之利者矣；治兵不知九变之术，虽知五利，不能得人之用矣。①

孙子说：凡是用兵的法则，主将受领国君的命令，征集兵员编成军队，在“圮地”（难以通行之地）上不要驻止，在“衢地”（四通八达之地）上应结交诸侯，在“绝地”（交通、补给困难之地）上不可停留，遇到“围地”（四面地形险阻之地）要巧出奇谋，陷入“死地”就要殊死奋战。有的道路不宜通过，有的敌军不宜攻击，有的城邑不宜攻占，有的地方不宜争夺，不合乎上述“九变”的，即使是国君的命令，也可以不执行。

所以，将帅能通晓九变好处的，就懂得用兵了，将帅不通晓九变好处的，虽然知道地形情况，也不能得地利。指挥军队而不知道各种机变的方法，虽然知道“五利”，也不能充分发挥军队的战斗力。

法庭辩论中，无论是检察官还是律师，都要审时度势，根据案件的事实、证据、罪名、情节、社会影响程度、法庭上的情况态势，决定自己的指控或者辩护方法。如果不能审时度势，很可能会产生不良影响。例如，一起故意杀人案件，法庭上来了很多被害人家属，情绪也很激动，抱着被害人的遗像失声痛哭。辩护人没有考虑这一形势，在辩护词中大加指责被害人存在严重过错，“犯了不可原谅的错误”，是“死有余辜”。结果，当庭激怒了被害人家属，导致情绪失控，加之法庭上警力不足，场面难以控制，被害人家属将律师拖倒在地痛打。尽管打人者受到了法律制裁，但这种事例同样需要检察官、律师进行反思，如何根据信息及时判断在法庭上处于“五地”中的何“地”，如果法庭上都是被害人家属，那么对于律师来说就是处于“围地”，该运用计谋就要运用，如先对被害人的遭遇表示

① 《孙子兵法》，陈曦译注，中华书局2011年版，第139、144页。

同情，对死者表示哀悼，请求死者家属的原谅等，这样才不会招致不满与攻击；而对于检察官来说也是一样，如果法庭上坐满了被告人家属，本身对于检察机关查办被告人就怀有敌意，如果法庭上还把被告人说得一无是处而不是对他的功过进行客观的评价，也同样会招致不满甚至投诉。再如“衢地”，对于检察官、律师来说，法庭上双方其实并非绝对对立，如在多被告人、多辩护人的场合，有的辩护人就可以与公诉人“交合”，因为他的观点其实与公诉人是相同的，因此公诉人可以联合他的观点来对抗其他辩护人的观点；而律师也是一样，有时候法庭上真正的“敌人”并不是公诉人，而恰恰是同案其他被告人的辩护人，因为很可能他会将该被告人的罪责推给自己所代理的被告人，此时，辩护人就应当争取与公诉人联合，取得观点一致从而应对该辩护人。这一切，依靠的不是一成不变的控辩地位与关系，而是灵活机动地掌握法庭态势，根据自己所处的形势来决定策略。因此，检察官、律师在法庭辩论阶段，尤其是辩论开始发表公诉意见书、辩护词的时候，要懂得“九变”之术，要审时度势、要有取舍、要讲究策略。

一、公诉意见书、辩护词的性质

法庭调查结束后，控辩双方进入法庭辩论阶段。法庭辩论的程序是，先由公诉人发表公诉意见，再由被告人自行辩护，然后由辩护人发表辩护词，接着双方进行辩论。

其中，公诉意见书是公诉人在法庭上发表公诉主张、支持指控观点的重要法律文书，其主要内容是公诉人在法庭上就案件证据和案件情况集中发表的意见。公诉意见书在出席第一审法庭的公诉人就本案事实、证据、定罪量刑等问题集中发表公诉机关的意见而作综合性发言时适用，一般在法庭调查结束、法庭辩论开始时发表。

辩护词，是被告人及其辩护人在诉讼过程中根据事实和法律所提出的有利于被告人的材料和意见，部分或全部地对控诉的内容进行申述、辩解、反驳控诉，以证明被告人无罪、罪轻，或者提出应当减轻甚至免除刑事责任的文书。

发表公诉意见、发表辩护词是公诉人、辩护人一种特殊的法庭演讲，因而公诉意见书、辩护词就是法庭演讲词，同时，这种演讲是一种论辩性的演讲，因而公诉意见书、辩护词又是法庭论辩词。

二、公诉意见书、辩护词的意义

掌握公诉意见书和辩护词，需要了解公诉意见书、辩护词的意义，因为只有对它们的意义有所了解，才能准确把握如何运用公诉意见书和辩护词。

（一）公诉意见书是对指控的进一步明确和对起诉书的重要补充，辩护词则是对辩护观点的全面阐发

公诉意见书首先是对起诉书语言的阐发、补充与明确。起诉书是启动审判程序的法律文书，不可能像讲故事一样面面俱到、详细全面，对于定罪与适用法律方面，更是要用简练准确的法言法语去概括，这种高度概括的语言，有时需要用较通俗的语言加以阐述，才能使社会公众听懂。起诉书在结论部分一般不用大段篇幅论证所认定的行为为什么构成此罪而非彼罪，这就需要在法庭上通过公诉人的语言加以阐明。有时起诉书所载情况与当庭的情况有出入，可以在公诉意见书中纠正或补充，如起诉书认定了自首，而被告人当庭翻供的；起诉书认定为累犯，但经庭审查明后一犯罪行为判处不了有期徒刑以上刑罚的；等等。

辩护词则是对整个辩护观点的全面阐发与论述，是对前面辩护活动的总结与归纳。因与公诉人相比，辩护人不是审判活动的启动者，因此他们不像公诉人那样以起诉书作为依据，而是通过参与法庭上的一系列审理活动开展辩护工作，因而只有到了法庭辩论阶段，才有机会全面、系统地阐发自己的辩护观点，对前面的辩护活动进行一个总结与归纳，因而辩护词就是这一活动的具体体现。既然如此，辩护词就需要全面、准确、系统地对辩护观点予以阐发。

（二）公诉意见书、辩护词是对法庭调查的进一步总结和强化

公诉意见书、辩护词是公诉人、辩护人各自对法庭调查的总结和观点的强化。法庭审理活动是一个摆事实、讲道理的过程，所有案件的证据，都要经过法庭举证质证，才能作为认定案件的依据。而法庭调查活动往往是一个冗长繁杂的过程，一些证据甚至是重要证据在法庭质证中可能会存在较大争议，可能到了法庭调查结束时，许多对案件不熟悉的人会把前面的证据情况都忘了。因而，法庭调查的结果究竟如何，就需要进行归纳与总结，这样才能使法庭和旁听群众对法庭调查活动有一个充分全面的认识，对全案的证据体系和用证据所证明的案件事实感到

信服，这也是公诉意见书、辩护词所要解决的问题。

（三）公诉意见书、辩护词是对证据体系的论证

公诉意见书、辩护词不但要对法庭调查活动进行总结，更重要的是要对法庭调查之后案件的证据体系进行论证，以证明本案证据能否达到证明标准，能否认定起诉书所指控的事实，这在证据体系和证据标准有争议的案件庭审中尤为重要。只有双方将争议的焦点问题在各自意见中阐述清楚，才能使法庭更加充分地了解案件证据体系中存在的问题并作出准确判断，从而最终决定本案能否认定、如何认定。

（四）公诉意见书、辩护词是对案件定性与适用法律的说明、申辩与论证

一些案件在定性等适用法律问题上存在较大争议，如何支持或者反驳起诉书的指控观点，坚持控辩各方的意见，公诉意见书、辩护词中要展开论证，这种论证是必要的，也是必需的，如果检察官、律师对这一问题论证不力，而对方却能够从反面进行有力论证，那么法院在判决时，就很可能会采纳对方观点，不支持我方意见，对于检察官来说，许多无罪判决、改变定性的判决，除了案件本身的原因以外，往往都是公诉人在法庭上说理不力造成的；对于律师来说，为什么法官没有采纳辩护观点，也往往是律师说理不够、论证不力所致的。

（五）公诉意见书、辩护词是法庭辩论的先导与铺垫

公诉意见书、辩护词是对案件中可能存在的模糊、错误认识的驳斥。正本才能清源。一些存在争议的案件，如果公诉人、辩护人不把道理说清楚，往往为对方所乘，这时候就需要首先澄清模糊认识，批驳错误观点。公诉意见书虽然以立论性的语言为主，但也可以主动预设错误观点进行批驳，实现寓立于破，这一好处是直接将辩护人想要说的话先行批驳，给旁听人员一个先入为主的认识，从而对下面辩护人所作的论证产生怀疑。辩护词虽然以破为主，但同样可以破中有立，在反驳公诉方观点的同时，阐述自己的观点，让法庭了解辩护的思路、明确指控观点中存在的错误之处。但无论是检察官还是律师，无论是“寓立于破”还是“寓破于立”，都要讲究方法、讲究分寸，有时可以引而不发，点到为止，正所谓“涂有所不由，军有所不击，城有所不攻，地有所不争”，更全面的观点可留待答辩时展开，这样能够做到答辩有针对性且辩驳有力。

（六）公诉意见书、辩护词是法治教育的重要手段

公诉意见书是对犯罪行为的否定性评价、对正义的匡扶和对主流价值观的宣传与倡导。公诉意见书不但要指控犯罪，还要揭示犯罪的社会危害性、社会主义法治的必要性以及遵守法律与道德规范的重要性，倡导正确的世界观、人生观、价值观。

如一起因家庭纠纷引起的投毒杀人案件，被告人（女）经历坎坷，再婚后因家庭矛盾受到公婆及妯娌等的不公正对待甚至虐待，而投毒杀害了公婆及妯娌的孩子。辩护人在法庭上对被告人的不幸命运表示同情，进而大肆煽情，认为犯罪行为实属情有可原，此时公诉人应如何应对？就是要在对被告人的命运表示同情的同时，强调社会秩序的重要性，不幸的命运固然需要改变，但不能通过犯罪的方式，更不能因为自己不幸就滥杀无辜，将刚来到世间不谙世事的无辜孩子杀死。这就是对主流价值的倡导，是针对辩护人煽情所实施的“煽情对抗”。而辩护词同样能够起到宣传法治、教育群众的作用。有的律师认为，既然是为被告人代理案件，那么所谓的法治宣传就是没有必要的。实际上这种观点是错误的。司法公正往往通过个案展示给世人，因而作为法律人，律师同样有责任向群众宣传法治，尤其是“疑罪从无”“无罪推定”等观念，更需要由律师来宣传，这样才能逐步为大众所接受。

当然，上述问题并非每案都要面面俱到，要根据案件的具体情况灵活掌握，关键是预测好本案的争议焦点，分清公诉意见和辩护的侧重点。

三、公诉意见书、辩护词的基本特点与要求

公诉意见书、辩护词是公诉人、辩护人在法庭上就案件的事实证据和案件情况集中发表意见时的法庭演说，是公诉人在法庭上揭露犯罪、证实犯罪，或者辩护人在法庭上进行申辩，依法维护被告人合法权利以及宣传法治、教育群众所使用的专业工具。从形式上看，它们都是书面语言、口头语言、法律术语和文学性语言的有机结合，具有与一般语言所不同的社会功能，且有区别于其他法律语言的明显特征，从内容上看，它们都需要为自己的控辩观点服务。因此，作为一名检察官或者律师，只有掌握好公诉意见书、辩护词的语言与内容特点，才能合格地完成出庭任务，实现出庭目标，取得圆满的公诉或者辩护效果。公诉意见书、

辩护词的基本特点有以下几个。

（一）言简意赅，注意口语化

公诉意见书和辩护词作为有声语言，出口入耳，转瞬即逝，无法使听众看到文字。因此表述要言简意赅，上口入耳，一听就懂，便于记忆和理解。切不可把内容说得晦涩拗口，难以理解，或者是将句子说得太长，让人听着费劲。所以要尽量多用短句，少用长句，多用口语句，少用文言或书面语句。在词语方面，少用单音词，多用音意较强的双音词，达到加重语气、增强印象、通俗易懂的效果，如“曾”应用“曾经”，“并”应用“并且”。同时忌用同音异义的词，如“走进”和“走近”。少用简称，多用全称，如在多人多次犯罪且作案参与人员又相互交错的案件中，这一点在庭审过程中尤为重要。否则，不仅旁听群众不易分清，就是庭审人员也容易产生错觉。

（二）生动形象，语言多样化

公诉意见书、辩护词最大的特点，就是不但要用严谨、规范的法律术语评价案件事实，而且可以使用具有文学色彩的语言进行叙事陈情，甚至可以使用比喻、夸张等其他法律语言中忌讳出现的语言手法实现公诉、辩护的目的，因为语言只有入情入理才能使人心悦诚服，只有生动形象，才能使人听懂听清，具有说服力和感染力，以达到预期的发言效果。因此，公诉意见书、辩护词不仅要注重逻辑思维，还要注重形象思维。一般来说，公诉意见书、辩护词在运用证据来论证犯罪、阐明法律责任时，多用逻辑思维，一事一证，以证据论证事实。在揭露犯罪给社会造成的危害性，分析犯罪根源，或者阐明本案的前因，说明被告人具有从轻或者免除处罚的情节时，需要适当地运用形象思维和语法上的修辞方法。

（三）论证严密，讲究说理化

公诉意见书、辩护词既然是法庭辩论的先导，而法庭辩论本身又是个摆事实、讲道理的过程，因而公诉意见书、辩护词就要发挥先发制人的优势，先将自己的道理说清楚，让人感觉公诉或者辩护理由充分、公诉或者辩护事实不容置疑，因此公诉意见书、辩护词的论证要严密清晰，说理性强，让人能够接受。

（四）准确严谨，讲求规范化

准确是公诉意见书、辩护词最本质的特征，只有语言准确，才能具有较强的说服力。为了达到规范化的目标，首先要恰当使用法言法语，凡是需要用法律专业性术语表达的语言，不能用其他语言代替。如“被告人”不能说成“嫌疑人”“被告”，“强奸”不能说成“奸污”等。犯罪构成的特征，要有所解释，否则，旁听群众可能听不懂。其次用词要准确。不能任意夸大和缩小，特别是在涉及犯罪情节的地方，要客观地表述，做到无一事无证据，无一时无证据，不能任意地修饰等。

（五）表达自如，力求艺术化

公诉意见书、辩护词实际上是公诉人、辩护人的法庭演讲词，是借助有声语言和肢体语言的艺术，是面向听众，表明观点，阐明公诉、辩护主张的演讲活动，演讲是否镇定自若，语言是否流利顺畅，内容能否入耳入心，都将直接影响到公诉和辩护的效果。因此，在语言表达时要做到既不过于紧张和拘谨，显得手足无措；也不能居高临下，盛气凌人；更不能随随便便，失去严肃认真的态度。语言上，应做到有快有慢，快慢交替，即使慢，也要慢而不拖；即使快，也要让人听得清楚，表现出激情与理性。一般来说，在论证犯罪性质，说明事实时可慢一点，让法庭人员加深理解，并可稍加分析和理解；在论述犯罪过程或揭露犯罪行为时可稍快，同时还可稍加一点手势辅助，但切忌动作幅度太大或者手势太多，影响了有声语言的发挥。声音要洪亮，吐字要清晰，注意适当停顿和连接，使语言有节奏感。要做到声随情发，抑扬顿挫，刚柔并济。

（六）突出重点，争取策略化

在内容上，公诉意见书、辩护词要求“抓要点、留后手”。抓要点，就是要注意突出重点，解决法庭上需要重点解决的核心争议性问题，而不能太散，将一些无关紧要的内容也放进去，造成重点不突出，让人听不清指控或者辩护的要点；留后手，就是要有所保留，不要全面暴露己方的弱点与劣势，尤其是对方没有注意到或者在整个庭审过程中并没有提出的己方薄弱环节，不要主动提出，不要先行暴露，而要静观对方动态，等到对方提出这一问题时，再在辩论当中予以阐明，切忌自己去捅“马蜂窝”，将自己置于不利的境地，授人以柄。这方面对于辩护人来说尤为重要，因为辩护人的职责是根据事实与法律，提出被告人无罪、罪轻，存在从轻、减轻或者免除处罚的事实与理由，而没有指控的职责，因此一些可能对于被告人不利的事实与情节，就没有义务提出，也没有义务提醒公诉人和法庭注意。司法实践中，可能由于公诉人的疏忽或者水平能力的问题，对于一些被告人遗漏的犯罪事实、犯罪情节，公诉人没有认定并指控，此时辩护人没有义务提出，因此在法庭上对此就要注意避免“触碰”，除非对方提出我方进行申辩，否则要知道留后手，不暴露弱点与目标。

第三十计　智者之虑，必杂于利害

——公诉意见书、辩护词的制作与发表

孙子曰：是故智者之虑，必杂于利害。杂于利，而务可信也；杂于害，而患可解也。是故屈诸侯者以害，役诸侯者以业，趋诸侯者以利。故用兵之法，无恃其不来，恃吾有以待也；无恃其不攻，恃吾有所不可攻也。①

孙子认为，明智的将帅考虑问题，总是兼顾到利和害两个方面。在有利情况下考虑到不利的方面，事情就可以顺利进行；在不利情况下考虑到有利的方面，祸患就可以避免。所以说能使诸侯屈服的，是用诸侯最害怕的事情去威胁他；能役使诸侯的，是用危险的事情去困扰他；能使诸侯归附的，是用利益去引诱他。所以用兵的法则，不要寄希望于敌人不来打，而要依靠自己严阵以待，充分准备；不要寄希望于敌人不来进攻，而要依靠自己有使敌人无法攻破的充足力量和办法。

打仗既要考虑于己有利的方面，更要顾及于己不利的因素，法庭辩论也同样如此。不论是公诉意见书还是辩护词，都要从立与破两个方面入手论证问题，而不能只顾对自己有利的方面，不考虑于己不利的因素，从某方面来说，检察官、律师需要更多考虑的就是于己不利的因素，因为只有解决了它，发言才会有针对性，才能说服他人接受你的观点，而认为对方的观点是错误的。因此，在公诉意见书、辩护词的制作方法上，检察官、律师就要注意“杂于利害”，不要抱侥幸心理与希望对方想不到案件中某个关键性问题而不去认真准备，而是要把“害”的方面想明白、想出明确的招架方法，使对方无法攻破，从而从正反两个方面入手展开充分的论证。

---

① 《孙子兵法》，陈曦译注，中华书局2011年版，第146页。

一、公诉意见书、辩护词的基本格式

（一）公诉意见书的格式

人民检察院

公诉意见书

被 告 人×××

案　　由×××

起诉书号×××

审判长、审判员（人民陪审员）：

根据《刑事诉讼法》第一百八十九条、第一百九十八条和第二百零九条的规定，我（们）受×××人民检察院的指派，代表本院，以国家公诉人的身份，出席法庭支持公诉，并依法对刑事诉讼实行法律监督。现对本案证据和案件情况发表如下意见，请法庭注意。

……结合案情重点阐述以下问题：

1. 根据法庭调查的情况，概述法庭质证的情况、各证据的证明作用，并运用各证据之间的逻辑关系证明被告人的犯罪事实清楚，证据确实充分。

2. 根据被告人的犯罪事实，论证应适用的法律条款并提出定罪及从重、从轻、减轻处罚等意见。

3. 根据庭审情况，在揭露被告人犯罪行为社会危害性的基础上，做必要的法治宣传和教育工作。

综上所述，起诉书认定本案被告人×××的犯罪事实清楚，证据确实充分，依法应当认定被告人有罪，并建议____（提出量刑建议或从重、从轻、减轻处罚等意见）。

公诉人：

年　　月　　日当庭发表

公诉意见书制作说明：

1. 本文书是依照《刑事诉讼法》第一百八十九条、第一百九十八条、第二百零九条的规定制作。为公诉人在法庭上对证据和案件情况集中发表意见时使用。

2. 本文书集中表达公诉人意见，制作和发表时注意与答辩意见等法庭上公诉人发表的意见合理分工，各有侧重。

3. 本文书第三部分，可视情况决定是否制作。

（二）刑事辩护词的格式

关于__________（姓名）__________

（案由）一案的辩护词

审判长、审判员（人民陪审员）：

根据《刑事诉讼法》第三十三条第一款的规定，我受__________（主要犯罪嫌疑人或被告人姓名）____________________（案由）一案的犯罪嫌疑人__________的委托，担任他的辩护人，为他进行辩护。

在此之前，我研究了__________人民检察院对本案的起诉书，查阅了卷宗材料，会见了犯罪嫌疑人，走访了有关证人，并且对现场进行了勘查，获得了充分的事实材料和证据。

我认为起诉书在认定事实上有重大出入（或者事实不清、定性不当等）。理由如下：

____

____

____

____

____

综上所述，辩护人认为：____

____

根据《刑法》第____条第____款之规定，请求法庭对本案被告人宣告无罪或免除处罚或从轻、减轻处罚。

辩护人：__________

年　月　日

刑事辩护词的制作说明：

辩护词分序言、理由、结论三部分。序言部分，要说明辩护人出庭的合法身份和出庭任务，说明开庭前进行活动情况和对本案的基本看法。理由部分要针对起诉的控告，从可以从轻、减轻、免除处罚的情节和条件来辩护。结论部分，要提出结论性意见，以便使法庭成员明了辩护词的基本观点。辩护词的结构与写法：

1. 标题。可写“关于×××（人或单位）××××案的辩护词”。序言部分，交代辩护人的合法地位。同时简要说明辩护人事前进行了哪些工作，如查阅案卷，了解案情，同在押的被告会见或通信等（多限于律师）。在序言的最后，可概括说明辩护人对此案件的基本观点。如认为公诉人指控被告的犯罪事实不能成立或定罪不当，等等。

2. 辩护理由。这是“辩护词”的主体部分，从事实上、法律上、被告的认罪态度上提出辩护理由。具体可从分析公诉人所提出的被告的犯罪事实是否能成立等方面提出辩护理由；或者运用法律在定罪量刑上提出意见，针对起诉书中提出的罪名发表意见，犯罪情节方面主要包括法定的犯罪情节和酌定的犯罪情节，重点找出从轻、减轻或者免除处罚的理由与依据。要根据不同的具体案情，突出主要观点，不能不分主次，面面俱到，以防主要观点被冲淡。有的应从认定事实上进行辩护，有的应从适用法律上进行辩护，有的则应在适用刑罚方面有所侧重，或者应该从别的方面进行辩护。不管从哪个方面，都要突出主要观点。辩护词写得好坏，不在于篇幅长短，而在于所提出的观点是否清楚，是否有事实和法律依据。

3. 结论。归结辩护理由，提出有关判处被告的建议。

4. 写明辩护人姓名，并注明具体日期。

二、公诉意见书、辩护词的基本制作方法

根据上述格式要求，检察官、律师在具体进行公诉意见书、辩护词的制作时，可以用“起承转合”的方式掌握制作方法。起，就是阐述法律依据，提出提起与支持公诉的理由；承，就是对法庭调查的相关内容进行总结，对证据进行分析论证，对案件事实进行重申，对起诉书是否客观准确予以评说；转，就是阐明被告人行为的性质与社会危害性及追究刑事责任的必要性或者相反，阐明被告人行为没有社会危害性、不应当追究刑事责任的理由，论证被告人构成何罪名、为什么构成该罪，或者为什么不构成犯罪、为什么构成轻罪而不是重罪；合，就是综合

上述内容，提出被告人应当从重或者从轻、减轻或者免除处罚的量刑情节，要求法庭对被告人确认有罪并判处刑罚，或者要求法庭对被告人宣告无罪、判处较轻刑罚或免除刑罚。同时在此环节可以以案释法、以案思法，论述案件带给人们的启示，教育群众遵守宪法和法律。根据《最高人民法院、最高人民检察院、公安部、国家安全部、司法部关于规范量刑程序若干问题的意见》的要求，检察官、律师可以提出量刑建议，在量刑建议程序中，可以就此部分单独提出意见和建议。“起承转合”的制作方法，使公诉意见书、辩护词首尾呼应，结构严密，内容完整，令人信服。

公诉意见书、辩护词的制作要注意如下要求。

（一）要根据具体案情体现公诉意见书、辩护词的目的性

制作公诉意见书、辩护词，首先要明白公诉意见书、辩护词的作用是什么，在本案中应当如何发挥这一作用。因为不同的案件，公诉意见书、辩护词所起的作用并不相同，所以不能千篇一律。例如，不能拿一篇认罪案件的公诉意见书套用一篇不认罪案件的公诉意见书；不能用论证刑讯逼供的辩护词套用在一个认罪案件中；不能用一篇普通刑事案件的公诉意见书或者辩护词套用职务犯罪案件的公诉意见书或者辩护词等。这个问题不弄明白，公诉意见书、辩护词就会没有重点，不知所云。

（二）要掌握每个案件公诉意见书、辩护词的写作重点

孙子说：“昔之善战者，先为不可胜，以待敌之可胜。不可胜在己，可胜在敌。”[①] 意思是打仗首先要使自己先立于不败之地，然后再图胜敌。公诉意见书、辩护词也是如此，要先把自己案件的证据体系扎牢、厘清指控思路，让对方无隙可乘，然后再考虑驳斥对方的错误观点。刑事案件性质、种类、认罪态度、被告人的文化层次、证据状态各异，有的案件，争议焦点在证据方面，就要结合审查以及法庭调查的情况，对证据展开全面论证，论证现有证据具备证据资格、能够形成证据体系、能够达到定罪的证据标准。如果案件争议焦点在定性等法律适用方面，则要运用刑法理论，对案件事实进行详细分析，论证应当如何正确适用法律；如果案件争议焦点在量刑情节上，如有无自首立功、是否区分主从犯、有无

① 《孙子兵法》，陈曦译注，中华书局2011年版，第58页。

酌定处罚的情节等，就应当对这些情节进行论述，肯定或者否定其所具备的这些情节；如果案件的事实证据与适用法律都不存在问题，则可以法治教育为重点，从本案的社会危害性带给人们的启示，宣传倡导正确的价值取向，弘扬法治精神、教育群众等方面入手进行必要的法治宣传。所以，每个案件的控辩侧重点不同，写法也不应千篇一律。因此，写公诉意见书、辩护词之前，要先找准本案的问题所在，有的放矢。

（三）要准确预测对方的辩论方向

有些在检察官、律师看来可能是对方将在法庭上大做文章的问题，其实对方并没有注意到，而如果在公诉意见书、辩护词中先露痕迹着墨过多，反而会授人以柄，提醒了对方，招致对方的穷追猛打，效果不好；有些问题如果没有预测到位，公诉意见书、辩护词中没有说清说透，会使对方在辩论中有隙可乘，陷入被动。因此，在撰写公诉意见书、辩护词之前，检察官、律师就要对本案中存在的问题、对方可能会提出的观点进行深入分析，对庭审上的态势有一个较为准确的预判，在此基础上再行决定哪些问题该说、哪些问题该“藏”，从而实现自己的目标。

（四）要注意法庭旁听人员的情况

有的检察官、律师不注意旁听人员的情况，不根据旁听人员的情况及时调整公诉意见书和辩护词，因此往往出庭效果不好。旁听人员分几种类型，一是以被告人亲友为主的案件，此类案件一般社会关注不多，因而最为关心判决结果的是被告人的亲友；二是以被害人亲友为主的案件，此类案件一般是有被害人且被害人遭受人身伤亡的案件，如交通肇事、故意伤害、故意杀人、抢劫等，部分财产型案件因可能属于涉众型案件，如非法吸收公众存款、集资诈骗等，也会有大量被害人参与旁听，此类案件被害人亲属可能会情绪激动，甚至有打骂被告人及辩护人、冲击法庭的行为；三是社会公众广泛关注的案件，此类案件影响较大，旁听人员不仅包括当事人一方或双方的亲友，还有社会其他人员、媒体记者等，人员情况较为复杂；四是无旁听人员的案件，一般为不公开审理的案件或被告人在本地无亲友，亦无被害人参与的案件。旁听人员对庭审的影响也是不可忽视的，有的甚至可能左右庭审导向，事关庭审效果和检察官、律师的声誉，因而检察官、律师在法庭上要根据旁听人员的情况，及时调整指控和辩护策略。

（五）要讲究语言艺术，提高感染力

一篇高质量的公诉意见书或者辩护词，在某种意义上讲也是一篇好的文学作品，除指控证实犯罪或者辩驳指控观点、洗冤白谤外，还具有很强的说服力、感染力和教育力。反之，则会使旁听者感到空洞、乏味，也会给对方留下可钻的空隙，以致影响到庭审效果。公诉意见书、辩护词的语言首要的是准确和客观，能够如实地反映案件的真实情况，不能使用过分形容或夸张的辞藻，避免攻击性、侮辱性的语言，做到以理、以法服人，以情动人。否则，就会大大降低发言质量。公诉意见书、辩护词的语言必须合乎规范化要求，要注意法言法语的运用，表述要严谨，逻辑要严密，避免造成歧义。制作公诉意见书、辩护词除了要有理论深度以外，还要讲究语言技巧，力求达到态度鲜明、义正词严、感情充沛、入情入理、通俗易懂，深入浅出。语言的感染力是取得良好出庭效果的一个重要因素，为此，可以根据案件的具体情况，适当地进行文学性加工，如为了加重语气，可以选用“四字格”：

被告人刘某、朱某，与被害人秦某某素不相识，往日无冤、近日无仇，竟然受金某某指使，携带利器，先是砖砸，继而刀刺，滥杀无辜，致使被害人身中十余刀，当场死亡，犯罪手段残忍，犯罪后果严重。

对于一些需要渲染气氛的案件，可以使用对比、移觉、通感等修辞手法，烘托案件的氛围，如为了烘托被害人被害后的悲惨境遇，使用如下语言：

此时，北风卷集着鹅毛大雪扑打在身上，掩埋了顾某某的尸首……这是怎样凄惨的一幕！要知道，此时此刻，正值新春佳节，是普天同庆、充满欢乐的大喜日子啊！

对于一些具有警示教育意义的案件，可以引用格言警句、箴言诗句，发人深省，体现案件的教育警示意义，如针对某刑事案件，为教育广大群众，引用了《论语》中的句子：“往者不可谏，来者犹可追”，形象地说明了对犯罪行为的打击处理不是目的，而是教育广大群众知法守法，用语贴切形象，起到了教育作用。

使用大众化的语言，可以使合议庭组成人员及到庭旁听的群众明白地了解案件真相及法律规定的内涵，最终得出正确的结论，作出公正的判决。使用形象化的语言能够生动地反映案情的发展变化。为了使语言流畅、有气势，可以恰到好处地使用排比句、递进句、反诘句，可以使用对比的方法增强语言效果。对于那些能够认识到自己的罪行、如实供述和真诚悔过的被告人，在对其犯罪的社会危

害性进行分析评价的同时，也要对其认罪态度表示肯定，对于一些曾经对社会做过有益贡献的被告人，尤其是职务犯罪被告人，不宜采取“一棍子打死”的办法，只说其危害，不肯定其过去的成绩，让人产生不客观公正的感觉，当然，指控犯罪不是为被告人评功摆好，肯定要适度，并且要在对比、惋惜和否定的立场上进行，这样不但能反映出检察机关客观的态度，还能减少被告人及其亲属的对抗情绪，有利于被告人今后的改造。

如对一起案件，公诉人在公诉意见书中说道：

本案中，被告人王某某正是一个活生生的例子。从本质上说，王某某也是一名愿意尽心尽职为党和人民群众努力工作的人。当初他加入公务员队伍，也是满腔热血，抱着报效社会、造福群众的决心，辛辛苦苦、踏踏实实、兢兢业业地工作，他的工作成绩也得到了组织上的充分肯定，因此很早就走上了领导岗位。当此之时，他怀着更加强烈的工作责任心和荣誉感，将全部精力投入工作中，希望借此激励自己多做对人民群众有益的事，成为一名有益于人民的人。但是，正是因为没有好好把握住自己，在纷繁复杂的社会现象面前，在种种诱惑面前，他迷失了方向，发生了逆转，终因区区40万余元的非法利益，走上犯罪道路，把自己推上了被告席，丧失了自由，毁灭了前途，上不能为父母尽孝，下不能与妻儿团聚，普通人再平常不过的天伦之乐，再简单不过的平静生活，他也无权享受。如果说这就是犯罪的代价，那么这个代价实在太大了，大到让人难以背负。希望人人都能好好算清这笔人生账，不要得不偿失，不要迷失人生的方向。王某某受贿案案发以后，他的许多老领导、老同事、老朋友都十分痛心和震惊，以多种形式表达他们要求王某某真诚认罪悔罪的心情。这说明尽管王某某犯罪了，他的亲友并没有遗弃他，仍然愿意帮助他。往者不可谏，来者犹可追。希望王某某今天能够对自己的犯罪有清醒和充分的认识，好好改造，争取早日回归社会，成为对社会有用的新人。

总之，要通过公诉人、辩护人的发言，使控方或者辩方的观点和主张得到更多的理解和支持，使审判人员和旁听群众充分认识到被告人罪大恶极或者无罪、应罚当其罪，使真正犯罪被告人也能因此受到教育，深深悔罪。另外，通过检察官、律师情理交融的语言，可以唤起一些初犯、偶犯的良知，使他们迷途知返，放弃无理狡辩，认罪伏法，有益于取得良好的法庭效果，为辩论的成功奠定基础。

三、公诉意见书、辩护词的现场修改

公诉意见书、辩护词要紧密联系法庭调查情况，及时进行修改调整。对任何一起公诉案件，检察官、律师都不能脱离法庭调查，仅就案卷材料里的内容对证据和案件情况发表意见。所以，作为法庭辩论阶段检察官、律师的首轮发言，公诉意见书、辩护词中应对刚刚结束的法庭调查有一个简要的概括，对在法庭调查过程中经过当庭质证的证据加以综合性的说明，使合议庭及旁听人员形成对案件事实和证据的一个总体的、明确的、深刻的认识，为下一步进行全面分析论证案件、阐明自己的观点打下基础。公诉意见书、辩护词要根据法庭上的情况及时进行增删修改，不能一成不变。修改的内容主要包括以下几个方面。

（一）认罪态度

一些被告人在审查起诉阶段不认罪，到了法庭上却认罪了，尤其是一些投案自首的被告人，在审查起诉阶段翻供，起诉时依法不能认定自首，但却在一审法庭上如实供述，此时公诉人、辩护人就应当根据其在法庭上口供的变化，承认和肯定其自首情节的存在，同时提醒法庭注意其认罪态度的反复，将此也作为量刑时的情节去考虑。而有的被告人正相反，本来是投案自首的，到了法庭上却翻供，起诉书即使认定其构成自首，此时公诉人也应当根据其当庭态度，及时对起诉书认定的自首情节予以更正。

（二）证据的变化

一些案件出现了新情况、新证人等，如何立足原有的证据体系对这些新出现的证据进行评价，如何确定这些证据的取舍，检察官、律师要及时在公诉意见书、辩护词中表态，而不能照本宣科。

（三）内容的侧重点发生变化

如被告人本来不认罪，需要对证据体系进行论证，但法庭上被告人认罪了，此时就应当在简要说明证据体系的时候，侧重于法治宣传或说明行为的社会危害性，而辩护人可以提出被告人可以从轻处罚的意见；被告人本来认罪，当庭却翻供，公诉人就要在有准备的前提下使用第二套方案，没有准备的情况下及时将案件证据归纳出来，将对证据的论证作为公诉意见书的重点，将证据体系的论证、证人出庭后的证据小结作为公诉意见书的重点内容。辩护人则可以根据被告人的翻供情况，提出其翻供理由是否成立、本案翻供后证据的疑点何在、证据标准能否达到排除合理怀疑的程度等。

公诉意见书、辩护词的修改要注意掌握时机和方法。修改的具体时机与方法是：以公诉人为例，当被告人当庭翻供后，就要在辩护人向被告人发问的时候将原来被告人认罪的公诉意见书修改为被告人翻供的公诉意见书；对于法庭上证据发生变化的，可以在对方举证的间隙进行修改；再如出庭证人证言发生了变化，如果是与辩护人所准备的内容相反的，就要在证人出庭后修改，还有在公诉人、辩护人和被告人对证据进行质证时修改等。修改的方法，主要是根据法庭上发生的变化情况在原公诉意见书或者辩护词中增加或者删改，具体方法是迅速找到庭审变化所对应的内容，一边修改公诉意见书内的内容，一边兼顾正在进行的庭审中的其他内容，而不能顾此失彼。

四、公诉意见书、辩护词的发表

发表公诉意见书或者辩护词是一种特殊的法庭演讲，既然是演讲，演讲人就应当掌握演讲的主旨，达到演讲的预期目的。

（一）要合乎演讲的一般要求

公诉意见书、辩护词与其他庭审发言相比，最大的特点就是它是一种演讲活动，由于法庭辩论先是由公诉人发表公诉意见，再由辩护人发表辩护词，谁演讲得好，谁就可以达到先声夺人的效果，厘清模糊认识，辨明是非曲直，使人们对犯罪行为有一个正确的认识。因此，公诉意见书、辩护词的发表要合乎演讲的一般要求，一个检察官或者律师要像在进行演讲比赛一样安排自己发表公诉意见书、辩护词的活动。

（二）尽量脱稿或至少程序性内容脱稿，增强气势

这是对检察官、律师一种较高的要求。由于公诉意见书、辩护词是事先准备好的演讲稿，那么脱稿的可能性就是存在的。而由于它是一种有固定格式，特别是写法中有“起承转合”规律的文书，则对它的记忆也是相对比较容易的，特别

是当检察官、律师出庭经验逐渐丰富，对于公诉意见书、辩护词的发表有了一定的驾驭能力后，脱稿发表公诉意见书、辩护词就不是什么难事了。脱稿发表公诉意见书、辩护词的好处很多，首先是有气势。试想一个头也不敢抬、只敢照稿宣读公诉意见书、辩护词的检察官、律师，与一位脱稿发言的检察官、律师相比，气势一定完全不同。其次是脱稿后可以更好地运用肢体语言，使法庭演讲更加富有感染力和影响力。最后是脱稿发表公诉意见书、辩护词，可以使法庭和旁听人员感到检察官或者律师对案件了如指掌，对所述观点充满自信，从而对检察官或者律师的观点感觉可信，同时也展现出检察官、律师良好的形象。当然，如果不能全文脱稿，则至少在开头与结尾部分可以脱稿，因为这些部分大多数属于程式性语言，运用较多，容易记忆。

（三）演讲中要注意目光的使用

眼睛是心灵的窗户，目光在法庭演讲中的作用是十分重要的，检察官、律师在发表公诉意见书、辩护词的时候，尤其要注意目光的使用，如在总结法庭调查内容与结果、论证证据与案件事实、犯罪构成与被告人构成犯罪的理由或者被告人不构成犯罪的理由及要求法庭作出判决的部分，要面向合议庭；强调犯罪的社会危害性、对被告人的犯罪行为进行谴责时，要面向被告人；宣传法治、教育群众遵纪守法时，可以面向旁听人员；针对法庭调查阶段对方提出质证观点的问题以及认为本案被告人受到了冤屈时，可以面向对方。总之，检察官、律师在演讲中的目光要坚定有神，充满自信。

（四）要注意合理控制语音语调

发表公诉意见书、辩护词是公诉人代表国家进一步阐明指控犯罪的态度，或者辩护人依照法律维护被告人的合法权益、洗清被告人的冤屈的正义之举，因而应当义正词严，检察官、律师首先要做到声音洪亮，充满气势。要让法庭每个角落都能够听到自己的声音，但这种声音又不是直着嗓子喊出来的声音，而是用丹田气从胸腹腔缓缓推出的声音。其次语气要坚定，不拖泥带水，要有气韵、语言流畅，不带“嗯”“啊”“这个”“那个”“呃”“哦”等多余的语尾音。最后姿态要端正，身体要挺拔，充分显示出代表国家指控犯罪的威严。另外，在发言中，要注意语言的节奏，快慢要得体，要有抑扬顿挫和适时的停顿，可以营造威严的张力和严肃的气氛。

（五）恰当使用肢体语言，举止得当

公诉意见书、辩护词是有声语言与肢体语言的结合，肢体语言的运用在检察官、律师法庭发言中起着很重要的作用，肢体语言运用得好，能够给人以挥洒自如、潇洒有力的感觉，使人领略语言的魅力，体会检察官、律师的风采。但肢体语言的运用要得体有力，显示出检察官、律师的水平与涵养，手势不宜过多过密，不要用食指、中指、小指指点他人，手势不要过低或过高，也不要拿起钢笔等物指点对方等。

第三十一计　覆军杀将必以五危

——根据案件的特点制作公诉意见书和辩护词

孙子曰：故将有五危：必死，可杀也；必生，可虏也；忿速，可侮也；廉洁，可辱也；爱民，可烦也。凡此五者，将之过也，用兵之灾也。覆军杀将，必以五危，不可不察也。①

孙子认为，将帅有五种致命弱点：有勇无谋，只知死拼，就可能被敌诱杀；临阵畏怯，贪生怕死，就可能被敌俘虏；急躁易怒，一触即跳，就可能受敌凌辱而妄动；廉洁而爱好名声，过于自尊，就可能被敌侮辱而失去理智；溺爱民众，就可能被敌烦扰而陷于被动。这五点是将帅易犯的过失，是用兵的灾难。军队覆灭、将帅被杀，都是由于这五种致命弱点造成的，这是做将帅的人不可不充分注意的。

战争中将帅既要有知彼的能力，同时也要有知己的能力，这里的“知彼”“知己”，不仅指对敌我力量对比的了解，还包括对自己优势与劣势的掌握。在制作公诉意见书、辩护词时，每个检察官、律师都有自己的语言风格，有的人喜欢堆砌华丽的辞藻，有的人文风比较朴实；有的人喜欢激昂煽情，有的人喜欢理性平和；等等。但是无论哪种风格，都会存在自己的弱点，而且不一定适合所有的案件，因此，在制作公诉意见书、辩护词过程中，就应当根据案件的特点去确定一篇公诉意见书、辩护词的格调与风格，这样才不至于因“五危”而招致“覆军杀将”的危险。

---

① 《孙子兵法》，陈曦译注，中华书局2011年版，第150页。

一、公诉意见书制作过程示例

公诉意见书的制作，要根据具体案件的证据情况，合理运用与控制行文风格，使通篇为指控犯罪服务。

（案例38）现以金某某等三人故意杀人案为例，分析公诉意见书的制作和语言运用：

起诉书认定的案情：20××年11月，被告人金某某与被害人秦某某因工作上的关系产生矛盾，后于20××年9月再次发生冲突，被告人金某某遂产生报复秦某某的念头。20××年9月17日夜，被告人金某某打电话邀集被告人刘某、朱某，共同预谋报复秦某某，此间，金某某提出用刀捅秦某某。20××年9月18日4时许，被告人金某某骑摩托车带领被告人刘某、朱某窜至某小区门口路边等候秦某某，在秦某某从某小区大门出来前去上班时，被告人金某某指认了秦某某，被告人刘某和朱某上前先用砖块砸秦某某，秦某某反抗，二被告人又分别用折叠刀对秦某某的腹部、臀部、腿部连续捅刺十余刀，后乘被告人金某某驾驶的摩托车逃离现场。被害人秦某某被捅刺后当场死亡。经法医鉴定，被害人秦某某系左大腿刀刺伤致左侧股深动脉及股静脉破裂、急性失血性休克而死亡。

以本案为例，本案的公诉策略是：对有争议的证据作出说明，对案件定性进行论证，对犯罪的恶劣情节进行充分阐述。

本案的侧重点在三个方面：

第一，本案的证据以及据此认定的事实。本案的基本事实是清楚的，但在几个关键问题上，被告人的供述存在一定问题，且在法庭上仍试图将此问题搞乱，因而对这些关键问题必须加以论证，其中的核心问题是：三被告人在预谋时，金某某是否提出用刀捅刺被害人；在现场捅刺被害人后，对于捅刺的程度及可能造成的后果，三人有没有基本的认识，这集中表现在金某某在逃离现场时，有无问过："打得怎么样?"刘某回答："伤得挺重的。"这样一个关键情节。这些，就要结合本案现有的证据加以证明。现有的证据状况是：关于第一个问题，被告人刘某、朱某始终供认是金某某提出用刀捅刺被害人的，而本案也确实发生了刘某、朱某二人用刀捅刺被害人的情况，因而尽管被告人金某某不供认自己提出用刀一节，结合其邀集二人前来报复秦某某，三人预谋时没有说要赤手空拳殴打秦某某，到现场时除了刘某、朱某二人身边携带的刀之外没有携带其他凶器，报复秦某某时确实使用了刀，秦某某因刀刺伤而死亡等情节，完全可以证实在此问题上，金某某的供述是虚假的，得不到其他证据的支持且不合乎情理（既是报复，不可能没有提及使用凶器的问题，对此刘某、朱某二人都有供述，显然金某某的供述是虚假的）。

关于第二个问题，相对复杂一些，三名被告人在侦查阶段都做过供述，但现在金某某、刘某都推翻了原来的供述，只有朱某还能够保持原供，因而涉及一个证据判断与取舍的问题。辩护人可能会说，目前在法庭上关于此问题的说法是二比一，即金某某、刘某都说没有这回事，只有朱某说有，因此事实不清、证据不足。对于这一问题，应当从案发之初被告人供述比较稳定这点入手，随着时间的推移，被告人畏罪心理发生作用，通过对其当庭畏罪心理以及案件中证据情况分析金某某、刘某二人口供发生变化的原因，指出其原来供述但现在推翻没有合理的解释，而通过朱某的供述来看，这一情节确实是存在的，也完全符合当时的实际情况和情理，金某某既然是找二人来报复秦某某的，当然会关心报复的结果，不可能在刘某、朱某二人报复完之后，连结果也不过问，因而这一问话情节无论是从证据角度，还是从情理角度，都是真实可信的，相反金某某、刘某由于畏罪而不承认这一情节，事实证明他们的供述是虚假的。

第二，关于本案的定性。本案应当认定为故意伤害罪还是故意杀人罪，在检察机关审查起诉阶段就已经进行了反复考量，这也是本案最核心的争点。因为前面关于案件事实中的两个核心问题，也正是评价本案是否构成故意杀人罪的重要问题，据此，要对辩护人可能提出的问题进行充分的预测，越全面越具体越好。辩护人可能会从如下角度提出本案构成故意伤害罪的理由：其一，金某某与秦某某发生的矛盾，是工作中的一般矛盾，并没有将秦某某杀死的必要。尽管金某某与秦某某有矛盾，但这种矛盾是在工作中产生的请假与否、工资多少的问题，既不是杀父之仇，也不是夺妻之恨，没有其他严重的矛盾，因而金某某没有必要将秦某某置于死地。刘某、朱某更是与秦某某往日无冤、近日无仇，更没有杀人的动机。其二，金某某要求刘某、朱某只是“打”秦某某一顿，并没有说把他杀死，而刘某、朱某则受金某某邀集只是为了打秦某某一顿，也没有杀人的故意。其三，金某某不承认是其提出用刀捅秦某某的，即使按照刘某、朱某的说法，金某某充其量提出让二人向秦某某臀部捅两刀就行了，完全是一种伤害的故意，没有杀人故意，刘某、朱某也承认商量的目的就是报复一下，虽然提出用刀，但没有提出用刀杀死秦某某，就是给秦某某一个教训，既然是教训，当然没有杀死秦某某的故意。其四，金某某之所以让刘某、朱某二人报复秦某某而不亲自动手，就是因为怕被秦某某认出来，既然怕秦某某认出来，就说明他以后肯定还要和秦某某见面，既然能够见面，那么当然不可能怀着杀人的心理，如果是那样，他完全可以亲自去杀，说明没有杀人的故意。其五，从刘某、朱某打击的部位来看，都是非要害部位。按照正常人的常识，人体的躯干部位如心脏、肝脏等部位是要害部位，用刀捅能够致命，而臀部、腿属于非要害部位，正常人打小孩之所以打臀部，就是因为知道打这地方不会致命，本案中金某某即使说了用刀捅，要求也是向臀部、腿部等非要害部位捅，而刘某、朱某正是按照这一要求向这些非要害部位捅的，可见他们对于自己的行为危害程度是有节制的、避免死亡后果发生的，这些客观行为都反映出他们主观上根本没有杀人的故意，至于秦某某死亡这一结果，完全是出乎三人意料的。其六，从秦某某死亡的原因来看，直接原因是左大腿刀刺伤致左侧股深动脉及股静脉破裂，造成急性失血性休克，这种死亡结果，正是司法实践中认定故意伤害致人死亡的典型结果，由于身体健康受到侵害，造成死亡的后果。如果这种行为也认定为故意杀人罪，那么今后故意伤害（致人死亡）罪还怎么认定？将这种行为认定为故意杀人罪，显然是客观归罪，与《刑法》立法精神不符。其七，三人在对秦某某进行侵害后逃离现场时，即使存在金某某问伤得怎么样这样的情节，也说明金某某在内心深处还是认为秦某某只是受伤，并没有生命危险，即使有人回答：伤得挺重的，也是说伤得重，并没有说已经杀死了或者快死了，金某某也没有到秦某某身边去观察，无法得知其伤情究竟如何，其他二被告人也没有详细描述秦某某的伤情，据此判断三被告人属于不计后果、对秦某某死亡结果放任不管，显然要求太高。间接故意杀人罪与故意伤害罪的本质区别是对死亡结果是否会出现的判断，如果没有这个判断，就只能认定为故意伤害罪。因此，本案被告人主观上没有杀人的故意，客观上实施的是侵害被害人身体健康的行为，被害人死亡结果也是因为身体健康受到损伤，失血过多造成，与因为头部、心脏等要害部位受到打击直接致死存在本质区别，因此应当以故意伤害罪定罪处罚。

对于上述观点，应当以立为破，发挥公诉意见书先声夺人的优势，先行立论，占得先机，将道理说透，防止由于定性问题说理不透，辩护人又在辩护观点中阐述上述理由而混淆视听，影响指控效果，为此就要结合所预测的上述观点进行论证，立论中要含有破论，达到说理透彻的目的。具体理由是：犯罪动机是犯罪发生的原因，不是犯罪构成要件的必然内容。被告人与被害人矛盾的轻重，亲自动手还是指使他人动手，并不能必然得出其是伤害故意还是杀人故意的结论。在犯罪主观方面，三人的故意内容是一种概括的故意，而并不是明确的伤害故意。基于一种概括的故意实施行为，应当考察行为的认识因素、意志因素和犯罪结果才能得出正确的结论。本案中，从被告人的认识因素上看，为报复秦某某使用足以致人死亡的刀可能造成被害人死亡的结果，作为具有完全刑事责任能力的三被告人是能够认识到的，因为人是血肉之躯，即使向秦某某的腿部、臀部、肚子等部位捅刺，捅得重了也能够致命，这一点都是能够认识到的；从意志因素上看，在对秦某某连续砖砸、捅刺十余刀之后，秦某某当场倒地不能起来，而当时又是在4点多，路上行人稀少，其得不到及时救助就会死亡，三被告人也是明知的，却对其不闻不问，逃离现场，致使秦某某当场死亡，这完全符合间接故意杀人罪的构成特征。如果单从行为上还看不清他们的意志因素内容，那么在逃离现场时他们之间的对话，完全揭示了他们这一心态：金某某问被害人伤得怎么样，刘某说伤得挺重的，因此被告人金某某对他们共同行为的后果其实已经有了一个基本心理预期：伤得很重，又在4点多，他们不去救助而选择逃跑，被害人可能会死亡，而死与不死，都在其意志之内，金某某不需要再上前去确认，也能够说明他们在内心是能够认识与容忍这一死亡结果的。在这种情况下，如果发生死亡结果按照故意杀人罪定罪处罚，完全符合刑法理论和《刑法》第十四条中关于故意犯罪的规定；从客观行为上看，辩护人提出选择的部位和打击的力度，人身的致命部位并不像辩护人所说得那么绝对，具体到本案，向被害人腿部、臀部、肚子等部位捅刺会造成被害人失血过多而死亡，三被告人是能够判断到的；从打击力度上看，被害人身中十余刀，刀伤严重，当场倒地不起，进而死亡，这种打击力度如果还不重，不知道什么样的打击力度才算严重？可见他们的客观行为也完全符合故意杀人罪的构成特征，综上所述，无论是从犯罪的主观方面，还是从犯罪的客观方面，无论是从打击力度，还是从犯罪结果上看，三被告人的行为都符合故意杀人罪的构成要件特征，当然应当以故意杀人罪定罪处罚。

当然，对于上述预测的观点，需要贯彻“城有所不攻，地有所不争”的原则，不一定全部在公诉意见书中表述，可以留一部分放在辩护人辩护意见发表完毕后答辩时继续阐明，这样既可以保证公诉意见书自成体系，又能够保证在答辩时有针对性、答辩有力，且与公诉意见书相呼应，防止出现公诉意见书思路不清晰，答辩时没有思路或者简单重复公诉意见书内容的情况，这也是公诉新手经常犯的毛病，即有准备的公诉意见书发表得慷慨激昂，等到需要即席答辩时却没有针对性地自说自话或者无话可说的虎头蛇尾现象。

第三，关于本案的公诉策略。本案被害人亲属情绪较为激动，开庭时可能会有很多被害人亲友旁听，且被害人是因为工作管理上的原因而被杀害，值得同情，金某某指使他人杀人的犯罪动机恶劣，刘某、朱某滥杀无辜，无论是从法律层面还是从道德层面都应当受到严厉谴责，因而在公诉意见书中要借助被害人亲属的这种悲愤情绪，将价值取向分析好、渲染好，在犯罪情节方面，突出犯罪动机卑劣、手段残忍、后果严重，犯罪情节方面可以采取“四字格”语言方式进行表达，短促有力，表意清晰，如被告人金某某仅因与被害人在工作中产生矛盾，竟然指使他人并亲自带路指认，暗下毒手，将被害人杀死在居民小区门口，犯罪动机卑劣；被告人刘某、朱某，与被害人秦某某素不相识，往日无怨、近日无仇，竟然受金某某指使，携带利器，先是砖砸，继而刀刺，滥杀无辜，致使被害人身中十余刀，当场死亡，犯罪手段残忍，犯罪后果严重。对于被告人行为所造成的危害后果，除了对社会造成的恶劣影响以外，重点描述被害人亲属的感受，可以通过生与死的相隔、犯罪时间在一天中最美好的清晨、犯罪地点在被害人自己居住的小区门口，既是他每天经过的地方，也是亲属在他遇害前经过和遇害后仍要经过的地方，衬托生者对被害人死亡结果难以接受这一残酷现实，进而反映三被告人行为的社会危害程度，通过对社会危害性的渲染，激起人们对犯罪的痛恨。另外，可以通过本案三被告人不遵纪守法，结果走上犯罪道路，将要受到法律严惩为例，宣传法治，教育群众遵守国家法律，说明这既是对别人权利的尊重，同时也是保证自己享受幸福生活的重要义务，如此可以取得较好的庭审效果。

根据上述分析，制作公诉意见书如下：

某某省某某市人民检察院

公　诉　意　见　书

被告人：金某某、刘某、朱某

案由：故意杀人

起诉书号：某检刑诉［20××］　　号

审判长、审判员：

根据《刑事诉讼法》第一百八十九条、第一百九十八条和第二百零九条的规定，我们受某某省某某市人民检察院的指派，代表本院，以国家公诉人的身份，出席法庭，对本院提起公诉的被告人金某某、刘某、朱某故意杀人一案支持公诉，并依法对刑事诉讼活动实行法律监督。现在，公诉人对本案的证据和案件情况发表公诉意见如下，请法庭注意。

一、本案事实清楚，证据确实充分，起诉书对被告人金某某、刘某、朱某故意杀人犯罪事实的指控足以认定

在法庭调查阶段，公诉人依法讯问了被告人，向法庭出示了物证、书证、证人证言、鉴定意见、现场勘查笔录以及被告人金某某、刘某、朱某三人以往的供述等大量证据，这些证据，取证程序合法，证据内容客观真实，与案件具有密切的关联性，能够作为认定案件事实的依据。在今天的法庭上，三被告人当庭对本案的事实也作了供述，对于被告人金某某与被害人秦某某产生矛盾后，邀集被告人刘某、朱某共同报复秦某某，终致被害人秦某某当场死亡的基本事实供认不讳，其中，被告人朱某对本案的犯罪动机、预谋过程、犯罪分工、行为经过、逃离现场时的谈话都作了详细供述；被告人刘某对上述事实也基本作了供认，尽管关于逃离现场时金某某有没有问捅的结果，被告人刘某当庭供认说没有，但对此情节他过去作过多次供述，也得到了朱某以及被告人金某某本人以往供述的印证；被告人金某某对于是其提出用刀捅秦某某及逃离现场时问刘某、朱某两人捅得怎么样的情节当庭不供，但对起诉书认定的其他情节都作了供述，因此，在本案的案件事实认定方面，争议的焦点问题是金某某是否提出使用刀进行报复和在被告人刘某、朱某捅刺完秦某某之后逃离现场时，有没有问过伤得怎么样并得到伤得很重的答复。对此，本案证据都予以了证实。首先，关于是谁提出用刀捅秦某某的问题，被告人刘某、朱某始终供认是金某某提出用刀捅刺被害人的，而本案的事实也确是刘某、朱某二人用刀捅刺被害人的，因而尽管被告人金某某不供认自己提出用刀一节，结合其邀集二人前来报复秦某某，三人预谋时没有说到要赤手空拳殴打秦某某，到现场时除了刘某、朱某二人身边携带的刀之外没有携带其他凶器，报复秦某某时确实使用了刀，法医鉴定秦某某因刀刺伤而死亡等情节，以及被告人金某某在侦查阶段所作的供述中，也供认了看到刘某、朱某用刀向秦某某的腿部、臀部、肚子捅了五六刀等证据，这些都完全可以证实在这一问题上，金某某当庭关于自己没有提出用刀的供述是虚假的，他的这一说法，得不到其他证据的支持且不合乎情理，试想，金某某既因为想报复而邀集他人，又经过了预谋，就不可能在预谋时没有提及使用凶器的问题；到了现场之后，刘某、朱某确实使用了刀，对此刘某、朱某二人都有明确的供述，可见被告人金某某当庭就此问题

的供述显然是虚假的。

其次，关于逃离现场时，金某某的问话这一情节，尽管今天在法庭上金某某（和刘某）翻供说没有这回事，但被告人朱某对这一情节始终供述得十分清楚，而且被告人金某某、刘某也都曾经作过供认，即三被告人都曾经承认，在逃离现场时被告人金某某问过两人：人搞得怎么样？刘某回答：伤得挺重的。被告人金某某、刘某当庭之所以翻供，其实原因很简单，案发当初他们是如实供述的，但是随着时间的推移，被告人畏罪心理发生了作用，被告人金某某是本案的指使者，被告人刘某害怕承担罪责，他们都担心受到严惩，因而他们想极力回避这一情节。但是，关于这一情节毕竟三被告人都曾作过一致的供述，而且至今被告人朱某还保持着这一供述，因而他们在案发之初的供述是真实的，现在推翻原来的供述，根本没有任何合理的解释，这一情节，也完全符合当时的实际情况和情理，试想，被告人金某某既是找二人来报复，当然会对报复的结果关心，不可能在刘某、朱某二人报复完之后，连结果也不过问，因而这一问话情节无论是从证据角度，还是从情理角度，都是真实可信的，相反金某某、刘某由于畏罪而不承认这一情节，事实证明他们的供述是虚假的。

综上所述，公诉人认为，起诉书所认定的本案事实是清楚的，证据是确实充分的，在此不再赘述。

二、三被告人的行为构成故意杀人罪，应当依法予以惩处

首先，如起诉书所认定，被告人金某某在与秦某某产生矛盾后，一直怀恨在心，早在20××年11月，他就曾经纠集人报复秦某某未果。20××年9月，他与秦某某再次发生冲突后，他再次纠集了本案被告人刘某、朱某，并三人预谋使用刀这一致命凶器报复后，亲自带领二被告人来到犯罪现场，在指认了被害人秦某某后，二人上前先是砖砸，继而刀捅，终致被害人秦某某死亡。我国《刑法》第十四条第一款规定：“明知自己的行为会发生危害社会的结果，并且希望或者放任这种结果发生，因而构成犯罪的，是故意犯罪。”在本案中，被告人金某某、刘某、朱某明知自己的行为会造成被害人死亡的结果，而对这一结果的发生持放任态度，终致被害人秦某某死亡后果的发生，他们的行为符合我国《刑法》第十四条以及第二百三十二条的规定，应当以故意杀人罪定罪处罚。这一定性，可以从三被告人预谋和使用的凶器、打击的力度、行为后的态度、造成的结果等方面反映出来。虽然被告人预谋时先是提到了用木棍，但经预谋最终选择了使用足以致命的凶器——刀，作为作案工具，那么对于犯罪可能造成的后果，作为三名成年

人，都是有足够的认识的。其次，在具体实施侵害行为时，尽管被害人的创伤集中在大腿、臀部、腹部等处，但对着腿、臀部、腹部等处乱捅可以致命，三被告人也是应当明知的，因为这些部位尽管不如心脏、头部等部位薄弱，但用刀乱捅也会导致死亡，而被害人的尸检鉴定反映，被害人被捅刺达十余刀，被害人在被捅刺之后当场死亡，这些现象，都反映出被告人不计后果的主观心态，即十余刀捅刺之后会带来何种后果，行为人在所不计，属于“明知会发生被害人死亡后果”的情形。再次，三被告人实施这些行为后逃跑时，明知当时是凌晨，被害人又“被捅得挺重的”，在这样的环境下被害人得不到及时救助会出现死亡的结果，三人也应当明知，而被害人确实出现了这一后果，试想，三被告人有预谋地报复他人，在不计后果地对被害人捅刺十几刀，致被害人倒在血泊中后，明知被害人伤得很重，而在4点多得不到及时救助就会死亡的情况下仍扬长而去，他们对被害人死亡的结果完全明知而放任其发生，这种行为属于“放任被害人死亡后果发生”的情形，符合故意杀人罪的主观方面特征。最后，他们的行为造成了被害人死亡的后果，即他们的行为与犯罪结果之间存在刑法上的直接因果关系。

综上所述，三被告人的行为，无论是指使者金某某还是具体实施者刘某、朱某，都符合故意杀人罪的构成特征，都应当以故意杀人罪定罪处罚。

三、三被告人应当承担的刑事责任

《刑法》第二百三十二条规定，故意杀人的，处死刑、无期徒刑或者十年以上有期徒刑。被告人金某某、刘某、朱某明知自己的行为会造成被害人死亡的后果，而使用致命凶器杀害被害人，造成被害人死亡的严重后果，构成故意杀人罪，应当根据《刑法》第二百三十二条的规定依法惩处，其中被告人金某某是犯意发起者、犯罪行为策划者和指使者，被告人刘某、朱某是犯罪共同预谋者和积极实施者，对他们都应当依照《刑法》第二十五条第一款及第二十六条第一款、第四款的规定予以处罚。其中，被告人朱某能够全部供述自己和同案人的犯罪事实，认罪态度较好；被告人金某某作为本案犯罪的指使者，当庭对关键问题拒不供述，认罪态度不好；被告人刘某对部分情节的供述存在隐瞒现象，这些都请法庭在量刑时充分予以考虑。

四、本案的社会危害性以及带给人们的启示

被告人金某某、刘某、朱某故意杀人犯罪动机卑劣，犯罪手段残忍，犯罪后果严重，社会影响恶劣，应当依法予以严惩。本案是一起因工作矛盾而引发的故意杀人案件，被告人金某某仅因与被害人在工作中产生矛盾，竟然指使他人并亲自带路指认，暗下毒手，将被害人杀死在居民小区门口，犯罪动机卑劣；被告人刘某、朱某，与被害人秦某某素不相识，往日无冤、近日无仇，竟然受金某某指使，携带利器，先是砖砸，继而刀刺，滥杀无辜，致使被害人身中十余刀，当场死亡，犯罪手段残忍，犯罪后果严重。案发地点在居民小区门口，被害人的尸体就在当场，命案的发生，让居民们人心惶惶，严重破坏了社会秩序，造成了极为恶劣的社会影响。被害人秦某某，殁年40岁，上有老，下有小，案发当天早早出门去上班，也许还在计划着一天的工作，也许还带着惺忪困意没有完全醒来，却不料就在自己居住的小区门口惨遭杀害，身中十余刀，血流如注，喋血当场，命丧黄泉！被害人的妻儿老小，眼睁睁看着秦某某从家中走出上班，本指望他能够“高高兴兴上班去，平平安安回家来”，却不料这一别竟成永诀！秦某某的遇害，使这个家转瞬间失去了顶梁柱，一个幸福美满的家庭，竟然就在这么一个早晨，一个本该充满着生机、充满着希望、充满着活力的宁静的早晨，转瞬间倾覆！秦某某的家人肝肠寸断，眼泪哭干，却怎么也无法接受这样一个残酷的现实，怎么也难以面对秦某某那躺在晨曦中却已冰冷的尸首！案发现场，正是秦某某和他的家人每天都要经过的居民小区门口，而正是这个每天都要经过的门口，却成为秦某某家人心中永远的痛，让他们每天如何面对！这一切人间惨剧，都是三被告人无视国法、凶残至极一手所致！对于金某某等三被告人的犯罪行为，必须用严厉的刑罚手段予以制裁！本案带给人们的教训也是深刻的。三名被告人都是年轻人，正值人生中最美好的时光，本该安分守己，为社会做一些有益的事，经营好自己明天的美好生活，却因为小事不忍，杀害他人，在给别人带来不幸的同时，也以身试法，沦为犯罪分子，打碎了自己幸福的美梦。本案进一步昭示世人：法律不是嘲弄的对象，任何人如果不遵守法律，胆敢以身试法，就必将受到法律的严厉制裁。

审判长、审判员：综上所述，起诉书认定本案被告人金某某、刘某、朱某构成故意杀人罪的犯罪事实清楚，证据确实充分，依法应当认定三被告人有罪。请法庭以事实为依据，以法律为准绳，结合各被告人的犯罪情节和认罪态度，对三被告人作出公正的判决。

二、不同类型案件公诉意见书、辩护词的制作示例

公诉意见书、辩护词的制作，应当根据案件的不同特点、案件中争议的焦点

问题，突出重点地提出指控或者辩护意见，切忌千人一面、千篇一律。

（一）针对证据存在的问题提出意见的辩护词

1. 有关客观性证据方面存在问题的辩护词：

（案例39）审判长、审判员、人民陪审员：

××省××市××律师事务所依法接受本案被告人张××之亲属许××的委托，指派我担任张××的一审辩护人。接受委托后，我仔细查阅了全部案件材料，并会见了被告人，还进行了大量的调查取证工作。经过认真的调查和严密的分析，我认为，本案事实不清，存在诸多疑点，难以定案。现依法发表如下辩护意见：

一、关于本案中起诉书认定张××作案的证据

公诉人所列举的能够据以认定张××强奸杀人的证据主要有两个：一是××公安局对被害人和被告人所作的血型试验结论；二是被告人身上的伤痕。由于其他证据只能证明案件确实发生，但并不能证明是谁犯罪，因此，我仅就这两份证据的真实性和证明力，根据事实和法律提出如下看法。

关于血型试验结论。根据××公安局所制作的刑事科学鉴定书，死者血型为B型，阴道内精液为A型，犯罪嫌疑人张××血型为A型，唾液为A型，公诉人遂将此认定为张××强奸杀人的一条主要证据。对此，我作为辩护人认为，死者阴道内精液虽与犯罪嫌疑人张××同属一种血型，但并不能证明就是张××作的案。因为现代法医学认为血型鉴定毕竟不同于DNA、指纹鉴定，它只能作排除认定，而不能作同一认定。具体到本案来看，死者阴道内精液为A型，可以据此排除血型为B型、O型的人作案的可能性，但不能得出必然是张××作案的结论。

关于被告人身上的伤痕认定。根据公诉人提供的照片，张××的伤痕均在右侧，即右侧肩部、右耳后、右额和右手。这是与张××的供述相一致的。张××对此的解释是：案发第二天上午正值家里装修房子，他作为家中唯一的男子干体力活是无法推托的，由于肩挑、肩背和爬楼梯，造成了身体右部的多处划伤。按常理讲，犯罪嫌疑人或被告人的解释是有待核实分析的，但我们可以通过张××身上的伤痕形成时间来具体分析他的这一供述是否真实。按照公诉人发表的公诉词，张××是在××年××月××日××时许作的案，这也就是说，张××身上的伤应形成于此时，但问题的关键在于在案发当天，并没有人发现他有伤。因为案发当天下午，张××去单位值班，单位里的人并未看见他的脸上、额上有伤。张××单位的同事刘××和王××提供书面证词证明。并且，张××当天值完班

回家后，邻居也未曾见过其脸上、额上有伤。

二、关于本案中公诉书认定的张××的作案时间

无论是人民检察院的公诉书，还是公诉人在法庭上提出的公诉意见，都认定被告人张××是在××年××月××日××时许作的案。但当天××时左右，张××单位的同事刘××和王××以及门卫黄××都能证明张××在单位值班。这有刘××、王××和黄××提供的书面证词予以证明。而且，张××在单位值班时，所翻阅的报纸和所作的读书笔记也能证明张××在××月××日××时许不在作案现场。以上证据与张××本人的辩解相印证，证明了张××在××时许没有作案时间。

综上所述，辩护人认为本案事实不清，认定被告人张××作案的证据严重不足。因为事关人命，我认为人民法院在采证时不可不慎。我请求人民法院根据《刑事诉讼法》第××条第××款之规定，宣判被告人张××无罪。

辩护人：××律师

××年××月××日

2. 对于鉴定意见提出怀疑的辩护词：

（案例40）……本案足迹鉴定主要有以下问题：

（1）鉴定人主观因素太大，鉴定方法也只是简单的肉眼观察，完全靠主观判断，没有数、量、图、谱等定量综合分析。

（2）现场提取的足迹没有关于大小的说明，足迹鉴定也没对现场的足迹大小和马某某的足迹大小作比对，连最起码的大小都不作比较，何谈同一认定。试想大小不一样的两只脚，即便有相同的某些特征能认定是一个人的吗？

（3）鉴定人认为“赤足印与穿袜足印的本质特征是一致的”，但却忽视了袜子因不同材质和松紧度对脚型有不同束缚，因而穿不同的袜子留下的脚印是不同的。

（4）鉴定人认为“拇趾起脚低形成的宽带扫状痕迹具有特殊性，是同一认定的主要依据”。我们知道手指纹鉴定还要找出12条指纹和20处相同的特征，本案专家凭一处特征就武断地认定了被告人的样本与现场足迹相同。

（5）关于足迹鉴定，先后有不同的鉴定人进行了多次、多人鉴定，为何不见其他的鉴定意见？某县公安局在案发后在某大礼堂对全村16~52岁的男性和邻村的部分人都进行了足迹比对鉴定，最终根据足迹比对确定的嫌疑人不是张某某而是李某某，将李某某抓走后又释放，同时又以测谎结果将张某某抓走。而此时恰

好是公安局限期破案的最后期限。

（6）没有说明检材的提取和运送方法，也未对检材进行核定。在庭审中，本律师问鉴定人是否到过现场，鉴定人说没到过现场；本律师又问鉴定人是否见过原始检材，鉴定人说没有见过原始检材。没到过现场又没见过原始检材，凭借一张复原的塑料膜作出的结论是不准确的。

……

3. 证据合法性方面存在问题的辩护词：

（案例41）首先，经辩护人审查，从本案目前证据体系来看，主体证据仅有当事人双方的言词证据。就目前证据状况看，尽管双方以前交代过，但是现在被告人已经说明，以往的供述是在非正常的环境下违心作出的，而且案件的关键不能仅看当事人的交代，根据当事人交代能够找到相关的物证、书证才最关键。但是，本案的物证、书证在哪里呢？公诉人没有举出来。根据指控受贿罪的证据标准，认定犯罪事实应当有双方的陈述并有符合犯罪构成要件相关内容的证据予以印证，即要有行为人具备国家工作人员主体资格的证据、要有非法收受他人财物方面的证据、要有为他人谋取利益的证据，包括实际为他人谋取利益或者承诺为他人谋取利益、暗示为他人谋取利益之一内容的相关证据以及行、受贿款项的来源与去向相关书证。从本案证据来看，虽然有证明朱某某符合受贿罪主体资格的证据，但现在关于收受贿赂的问题形成了“一对一”的局面，又缺少收取具体财物方面的物证、书证，如反映朱某某收取的郑某某、陈某某、徐某某银行卡的来源与去向、行贿人从何处提取现金、受贿人收到现金后处置情况等方面的物证与书证；有部分可以证明当事人双方存在行、受贿行为原因与动机方面的书证，如工程方面的清单，尤其是有关王某某从事相关工程的书证，但其他行贿人承建工程的书证，只有目录，没有具体内容，究竟是否真实，公诉人没有证明；对于收受郑某某财物为其谋取利益的证据，则只有双方的供述，没有相关书证。因此，从严格证据标准以及司法实践中其他案件类似情况的经验教训来看，需要对相关的书证进行全面调取，以牢固证据体系，防止指控失利。

其次，根据辩护人认真核对侦查卷宗，侦查一卷提押证显示，在侦查活动中，侦查人员共提审朱某某10次，时间分别为：20××年3月30日14时5分至15时4分；4月4日9时15分至16时55分；4月12日13时50分至15时20分；5月15日10时30分至12时57分；6月14日（有涂改痕迹）9时15分至13时6分；6月15日9时30分至13时57分；7月12日9时至9时15分；9月12日10时25

分至10时41分；11月12日9时55分至15时41分；20××年1月11日13时50分至16时50分。而卷宗材料反映朱某某共有8次讯问笔录，其中第一次系谈话笔录（3月28日），不在看守所内形成，卷内20××年3月29日共有两次笔录，分别为当日13时35分至15时35分，当日15时45分至17时45分，也不在看守所内形成。在看守所内讯问笔录有6次，时间分别是20××年3月30日14时10分至15时10分、4月4日15时15分至16时30分、4月12日13时55分至15时15分、5月15日10时35分至12时45分、6月14日9时15分至13时15分，20××年1月11日14时至15时40分。因而，从提押证显示的讯问次数看，有部分讯问活动无讯问笔录、未在卷宗中反映（通过侦查一卷送达回证可以反映，4月12日、6月11日、7月12日、9月12日、11月12日，办案人员有向朱某某送达逮捕证、延长侦查羁押期限等事项的文书，应系送达时提押）。对于这一问题，被告人朱某某当庭指证没有做笔录的那几次，侦查人员对他使用了非法手段逼取口供。对此，公诉人没有作出合理解释，也没有其他证人或者同步录音录像证明侦查人员没有刑讯逼供，辩护人强烈怀疑这几次讯问的内容究竟是什么，如果不能证明证据的合法性，应当采信被告人当庭所陈述的内容，对于口供依法应当排除。

再次，我们认真审查了本案羁押期限的问题，发现根据侦查一卷反映，20××年11月12日，侦查机关以×重计（20××）6号重新计算侦查羁押期限决定书，以在侦查中发现朱某某另犯有贪污罪行为为由，于20××年11月12日起重新计算侦查羁押期限。而对于所发现的贪污罪行，起诉意见书并没有认定。既然已经需要延长羁押期限，我相信侦查机关一定掌握了确实充分的证据能够证明被告人朱某某确实存在新的重大犯罪事实。但是，从朱某某在相应时间段的供述来看（同一时间段最后一次讯问笔录为6月14日），根本没有贪污罪行方面的供述，卷宗材料对此也没有相应的说明。根据侦查人员的解释，朱某某曾供述其在担任某世纪城筹建办副主任、管委会常务副主任期间，为提高全体人员福利收入，有从其他单位套取现金进行私分的行为。但在对该私分情况进行调查后，发现朱某某等人虽然具有私分国有资产的事实，但数额相对较小，且都是在过年过节以福利、补贴的形式发放，情节显著轻微，危害不大，根据《刑法》第十三条但书规定，对该部分私分行为不作犯罪论处。除此之外，侦查机关没有其他合理解释。辩护人认为，如果重新计算侦查羁押期限的理由系该理由，则此情形应不具备重新计算侦查羁押期限的条件。因为《刑事诉讼法》第一百六十条第一款规定，“在侦查期间，发现犯罪嫌疑人另有重要罪行的，自发现之日起依照本法第一百五十六条的规定重新计算侦查羁押期限”。而所谓的“另有重要罪行的”，根据《人民检察院刑事诉讼规则》规定，“另有重要罪行是指与逮捕时的罪行不同种的重大犯罪和同种的将影响罪名认定、量刑档次的重大犯罪”。因而，对于20××年11月12日至次年1月11日这一时间段的羁押，完全就是变相对被告人朱某某超期羁押，其目的何在？就是通过这种方式逼取朱某某的口供。

最后，公诉人没有出示朱某某为郑某某具体谋取利益（在人事、年度工程计划、相关单位的协调以及局内牵头的重点工程项目等诸多事务中谋取利益）的相关书证，仅凭双方的口供，无法认定谋取利益的情况，对这一节的受贿数额应当予以扣除。

……

4. 对于事实证据与适用法律存在问题的综合辩护词：

（案例42）……对上述证据及本节事实、适用法律的分析：

（1）从现有证据看，辩护人认为，认定王某主观上具有收受詹某36910元贿赂款的故意，证据不足。王某主观上是否具有受贿该款的故意，关键在于谈价当天詹某是否说过只要其支付7万元现金，其余的钱都由他支付。对此情节，目前只有詹某一人的证言，在场另外三人章某、朱某、王某对此均予以否认，其他证人也不能证实当天的情况，且当时也不知该36910元的用途，对于该款，王某、朱某均在事后才知道。

（2）从情理上分析，在双方已经谈到打折，章某已经表示：“既然书记你开口了，那就7万元吧。”（朱某、詹某证言均证实有此情节，章某也证实）同意对家具款打7折的情况下，詹某再说“剩下的钱我们来处理”这句话也不合情理，因为既然打折，就不存在余款问题，章某既然已经给了书记“面子”，那么也就没有必要还要那余款3万元，否则书记的面子何在？对此章某说得也很清楚，其实是不需要给他这3万元的；再则詹某如果说了“我们”来处理，要么表示由他和朱某共同处理，要么表示由森防站处理，而朱某证实詹某根本没有让其共同处理，所以此话显然与当时现场的真实情形不符，因而詹某是否说了这句话，至少证据上存疑。

（3）在证据上存疑的情况下，认定王某主观上具有收受詹某36910元贿赂款的故意证据不足，其在事后才知道有这回事，不能作为认定其主观上有受贿故意的依据。

（4）《最高人民法院、最高人民检察院关于办理受贿刑事案件适用法律若干问题的意见》规定："国家工作人员利用职务上的便利为请托人谋取利益，以下列交易形式收受请托人财物的，以受贿论处：（1）以明显低于市场的价格向请托人购买房屋、汽车等物品的……"对此，最高人民法院、最高人民检察院的解读意见认为："由于实践中房屋、汽车等商品存在成本价、优惠价、市场价等多种价格，尤其是有些优惠价的幅度较大，因此，必须注意区分以低价购物形式实施的受贿行为与以优惠价格购物行为的界限。根据商品经营者事先设定的不针对特定人的各种优惠交易条件，以优惠价格购买商品的，不属于受贿。"本案中，如果王某明知该 7 折明显低于市场价，则属于以明显低于市场价购买商品的非法收受行为，差价部分可以作为非法收受予以认定，那么，该 7 折的折扣是否明显低于市场价，卷内无相关说明，辩护人在网上随机输入"实木家具打折"关键词，发现有下列帖子：房子已经装好了，装修不是很满意，所以打算买家具好好装饰下。去了几个家具城，感觉整体的价位差不多，大多数整房 10 万元左右，但是折扣不一样。大家对这个有经验吗？一般可以谈到多少折，我对欧某某的一款水曲柳的家具比较感兴趣，但是折扣好像只有 6.8 折，能不能谈到 5 折。

从这个随机的帖子看，家具打 7 折，应当不属于"明显低于市场价"的情形，当然具体价格情况各不相同，但在本案目前没有确实充分的证据证实 7 折属于明显低于市场价的情况下，只能认定王某 7 折购买家具不属于该种情形，因此，辩护人认为，认定该起 36910 元为王某利用职务上的便利受贿款，证据不足……

（二）针对被告人行为性质论证的辩护词

（案例 43）起诉书认定：20××年 9 月初，某石材某公司法人代表王某发获悉某村的村民，以某石材公司在开采石料过程中爆破影响某村村民的生活及房屋质量为由向有关政府部门举报，王某发获悉村民李某妹将要举报后，要求李某红去做李某妹的工作，并许诺不举报就给予一定的补偿。11 月 5 日，被告人李某妹以发短信的形式直接联系王某发，以要举报关停王某发所开的某石塘为要挟，向王某发索要 3 万元。同年 9 月底，王某发又获悉还有某村的村民在向有关政府部门举报，于是又委托他人去做某村村民王某安的工作，被告人李某妹的丈夫、被告人王某雪知道这一情况后，联系了王某安、李某流、李某旺、张某收（均另案处理）等人，并说服他们同王某发协商。10 月 10 日晚，被告人王某雪与王某安、李某流、李某旺、张某收等人同王某发协商好，以不去举报为由向王某发要 5 万元。10 月 11 日上午，被告人王某雪发短信给王某发，提出要 8 万元，否则之前商定的 5 万元作废，王某发被迫答应。当天晚上，王某发按照被告人王某雪的要求，把其中的 5 万元给了被告人王某雪、王某安、李某流、李某旺、张某收（每人 1 万元）。几天后，王某发将 1 万元交给了李某流。10 月 31 日，王某发将剩余的 2 万元交给了被告人王某雪。

针对上述指控，辩护人认真研究了在案证据，经过今天的法庭调查，认为本案的真实情况是这样的：

某石材公司系王某发于 20××年 12 月通过拍卖取得，从次年 2 月开始经营，用于开采石块并销售。20××年开始，某村村民开始到有关部门举报，认为某石材公司开采爆破引起的震动严重影响了村民的生活，并导致村民的住宅受损，村道被超载车辆压破，要求有关部门关停某石材公司，并赔偿村民的房屋损失、村道受损的损失及村民的精神损失。

因村民举报，某石材公司被安监局责令停业整顿 6 个月。20××年 9 月，某石塘重新开工。王某发得知被告人李某妹经常举报，便通过朋友李某红做李某妹的思想工作，让李某妹不要举报，表示愿意赔偿李某妹的损失。基于这一前提，李某妹多次发短信给王某发，表示要赔偿 3 万元，否则就继续举报。同年 9 月 5 日，王某发付给李某妹 3 万元，李某妹出具了收条，且两人约定：王某发表面上给李某红赔偿费交与李某妹作为补偿，事后李某妹再将此赔偿费还给王某发。后李某红交给李某妹赔偿费 5000 元，李某妹意欲将该款退还给王某发，但王某发未收，明确表示送给李某妹的小孩。

此后，被告人王某雪与王某安、李某流、李某旺、张某收等人仍继续向省安监局及区安监局进行举报，要求关停某石材公司。王某发通过朋友得知还有村民在举报后，又委托他人去做举报村民被告人王某雪等人的工作，被告人王某雪经与王某安、李某流、李某旺、张某收等人商量，认为王某发可能上面有人，举报效果不大，既然王某发主动找他们进行协商，就决定与王某发协商经济赔偿。后由王某雪与王某发电话联系约定见面地点。10 月 10 日晚，王某雪与王某安、李某流、李某旺、张某收等人同王某发协商，王某发提出给他们五人每人 1 万元，让他们不要再举报，王某雪一方当时表示默认。在回去的路上，李某流与王某雪讲每人 1 万元的话李某流是吃亏的，因为他家损失比较大，让王某雪再找王某发协商一下，看能否多赔一点。后王某雪打电话给王某发，表示要赔 8 万元，否则之前商定的赔 5 万元作废，王某发为了不再被举报而答应。10 月 11 日晚上，王某发按照王某雪的要求，把其中的5万元给了王某雪、王某安、李某流、李某旺、张某收（每人1万元）。几天以后，王某发将1万元交给了李某流。10月31日，王某发将剩余的2万元交给了王某雪。

王某安、李某旺、张某收只知道向王某发要5万元，其他的钱他们不知道。李某流只知道王某雪帮其向王某发多要了1万元，不知道王某雪还向王某发多要了2万元。李某妹从王某发处拿了3.5万元后，没有告诉其丈夫王某雪。

本案的各证据表明，被告人李某妹供述向王某发要钱的过程及在王某发主动托人与其联系赔偿事宜的情况下向王某发提出经济赔偿要求的事实，与王某发的陈述基本印证；被告人王某雪供述向王某发要钱的经过，与王某发的陈述及证人王某安、李某流、李某旺、张某收等人的证言相印证；王某雪供述的其在王某发主动托人与其联系赔偿事宜的情况下向王某发提出经济赔偿要求的事实，与被害人王某发及证人金某火等人的证言相印证；王某雪提出其与其他四名一同举报人员的房屋等受某石材公司爆破震动影响而造成损失的事实，有同案其他人的供述相印证，并有现场勘验照片印证，同时还有安全监察部门的材料、其他证人的证言相印证。以上证据可以证明辩护人所认定的案件事实。

公诉人认为被告人王某雪构成敲诈勒索罪，金额为8万元，李某妹构成敲诈勒索罪，数额为3.5万元。但辩护人认为：本案不是刑法上的敲诈勒索行为，而是民事上的赔偿法律关系。

根据我国刑法理论，敲诈勒索是指以非法占有为目的，使用威胁或者要挟的方法，强索公私财物数额较大的行为。本罪的主观方面具有非法占有的目的，客观方面表现为采用威胁或者要挟的方法，逼使被害人交出财物的行为。但在本案中，被告人王某雪、李某妹等人因为某石材公司非法采矿的爆破震动对其生活、居住造成了严重影响，试想每天生活在爆炸声中、房屋被爆炸共振造成墙体开裂、房屋倾斜，谁还能够淡定地生活？因而向有关部门举报要求关停某石材公司，其举报的目的并不光是经济赔偿，还要求关停某石材公司。后来是被害人主动托人与被告人李某妹协商，表示只要李某妹放弃举报，愿意对李某妹等人进行经济赔偿，虽然赔偿的数额是由李某妹提出的，但是王某发表示只要不是狮子大开口就会同意，也就是说3万元在王某发的接受范围内，说明赔偿数额是双方讨价还价的结果，不存在胁迫之说，更谈不上非法占有。后来的5000元虽然是作为赔偿款由中间人交给李某妹的，但是李某妹表示要还给王某发，并且王某发明确表示该部分钱送给李某妹的孩子，这说明5000元是王某发自愿给付的。在与王某雪等人协商的过程中，是王某发主动提出赔偿王某雪等人每人1万元的。王某雪等人为了维护自己的合法权益进行正常举报并不违法，且其举报时也并没有提出巨额索赔要求，因而其举报的行为并无不当，并不能将其举报行为看作一种要挟行为。在王某发答应赔偿王某雪等人每人1万元以后，王某雪又私下与王某发协商将赔偿款提高到8万元，原因是有人认为赔偿低了，虽然王某发因害怕王某雪等人举报而答应了王某雪的要求，但这仍然属于双方协商的内容，先5万元，后8万元，只要双方为各自的利益能够接受，就不是违法行为。综上所述，对于李某妹提出赔偿3万元，王某雪将5万元补偿提高到8万元的过程，辩护人认为这都是一种民事上的协商过程，并不能认定为敲诈勒索，因为李某妹、王某雪作为公民在权利受到侵害的情况下具有举报的权利，虽然其以举报作为要挟，但只要某石材公司合法经营，李某妹、王某雪等人的举报并不会导致某石材公司的利益受损，王某发也不必害怕村民举报。因此，辩护人认为王某发并不是在被逼无奈的情况下才答应李某妹、王某雪的条件的。王某发在权衡利弊后同意李某妹、王某雪的条件，辩护人认为这是一种民事上的协商过程，不是一种敲诈的行为。

辩护人认为王某雪、李某妹没有非法占有的目的。

从现有证据来看，不能证明王某雪、李某妹具有非法占有的目的。从现场勘查的情况来看，王某雪、李某妹的住宅确实存在多处裂缝，虽然现在没有机构对此进行鉴定以确定是否由某石材公司的爆破震动引起，但至少存在由某石材公司引起损害这种可能性；同时，由于有损害存在，进行适当赔偿也是正当的；至于赔偿多少金额，要么通过鉴定机构进行鉴定，要么通过民事协商解决，而本案中没有进行鉴定，而是通过协商解决，因此不能认定王某雪有非法占有的故意；即使以后通过鉴定机构鉴定王某雪家的损失没有达到3万元（因为王某雪实际拿到3万元），也不能认为王某雪有非法占有的故意，因为这是王某雪与王某发民事协商的结果。

此外，辩护人认真查阅了卷宗材料，发现根据案卷材料中公安机关出具的案发经过，是公安机关先找被告人调查了解情况，然后被害人王某发再向公安机关报案的。被害人王某发在交给被告人李某妹3.5万元、王某雪等人8万元后并没有报案，被告人王某雪等人也没有再为此事进行举报。这说明，本案发生并不自然，是由于其他因素的介入，才导致了所谓的被害人报案，实质上，本案就是民事纠纷，根本不存在敲诈勒索犯罪。

综上所述，辩护人认为：被告人李某妹以及同案人王某雪不构成敲诈勒索罪，应当依法宣告无罪。

（三）“一对一”证据案件公诉意见书的证据论证

无目击证人的投毒杀人、抢劫等案件由于属于隐秘型案件，往往见证人少，大多数情况下只有行为人双方，如被害人和犯罪嫌疑人二人在现场，此时双方行为如何，往往各执一词，难以判断真伪，为此，公诉人就要详细审查在案证据，通过对相关证据的分析决定采信谁的言词证据，进而决定该案能否认定。

遇到证据“一对一”情况下的强奸案件，很多公诉人就慌了手脚，认为双方的说法有可能对也可能不对，往往选择不定，甚至一些法官遇到此类案件也怕定错。其实对于这类案件，不用慌张，当然谨慎是需要的，但如果缩手缩脚那就会放纵犯罪。窍门是看谁的说法更加客观真实，更加符合常识、常理、常情。如张某某强奸案，被告人很狡猾，案发之后先是选择了“投案”，但到了公安机关之后又不说实话，说是双方自愿的，被害人要求他使用避孕套，所以不是强奸。对付这个案件该怎么办？来分析一下，边看报告边说。

（案例44）起诉意见书认定：某年10月5日18时许，犯罪嫌疑人张某某（男，45岁）在某酒店207包厢内吃饭，饭后，犯罪嫌疑人张某某在该酒店610房间内，趁被害人孟某红醉酒无力反抗之际，对其实施强奸。

本案的证据情况如下：

1. 物证、书证：

（1）调取证据通知书、证据清单：10月7日，从孟某红处调取10月5日孟某红所穿短裤一条。

（2）调取证据通知书、清单：从某酒店调取，10月5日21时13分至24时的监控录像，消费清单二份，长裤一条。短裤、长裤照片，长裤有撕破痕迹。注意，长裤是从宾馆服务员那里提取的，不是从被害人那里提取的。

（3）书证：某酒店610房间（某明所开）2008年10月6日消费清单二份（矿泉水、开心果、茉莉茶、薯片、毛巾、沐浴露、洗发露，共计121元）。根据该消费清单，未消费安全套，这个要注意。国内旅客住宿登记表，以某明的名字在某酒店610房间入住，时间为10月5日21：16至10月6日9：37。

（4）犯罪嫌疑人身份证明。

（5）门诊病历：孟某红妇科检查，外阴略红，无明显肿胀（时间10月8日）。

（6）案发经过一份：案发后被害人于10月7日报案，张某某于当晚到某派出所投案。

2. 视听资料：某大酒店监控录像

从监控录像中可以证实：（1）孟某红醉酒致不能走路，由他人背到房间的事实；（2）张某某及某朋友在10月5日21时13分将孟某红背往610房间，张某某的朋友在21时15分乘电梯离开；（3）张某某于23时50分乘电梯离开。注意时间间隔：21点15分朋友离开，23点50分张某某离开，他在房间里的时间是两小时35分钟。

3. 鉴定意见：法医学DNA鉴定书，证实被害人孟某红内裤上的精斑系张某某所留。

4. 被告人供述和辩解：

被告人张某某供述（时间：10月14日，地点：某某区看守所，侦查人员：傅某、瞿某某）：9月下旬的一天晚上，我、沈某某、阿东、沈某某的女朋友一起吃晚饭，饭后四个人到一个咖啡厅里喝茶，沈某某的女朋友帮我叫了一个女的，当时那个女的自称“孟某冰”，我们就认识了。当时我和孟某冰相互留了电话号码。后来我于10月4日晚上打电话给孟某冰，叫她出来吃晚饭，但她说在搬家，没出来。10月5日傍晚，我又打电话给她，要她一起吃晚饭，她说好的，并要我去某某村接她。我接她到某酒店207包厢内，一起吃饭的有蒋某、某明、某卫、蔡某某。除一人喝啤酒外，其他人都是喝白酒，其间孟某冰喝了七八两38度泸酒原浆，当场就醉了。饭吃好后，有人说喝醉了就在酒店开个房间，让她休息一下，蔡某某就把孟某冰背到610房间，之后他们都自己走了，我和孟某冰一起在房间里，本来我也想走，听见孟某冰在床上叫我说“哥，我要吐了”，我就从房间拿了一个垃圾桶帮她接住，吐好后，她说吐得难受，想要洗澡，就在房间里自己把衣裤都脱光了，一个人往浴室里走，我当时看她走路不稳，把她扶到了浴室，之后她就自己走进浴室打开水管洗澡，也没有管我站在边上。她在洗澡时，我就站在边上看她，她洗完澡后自己出来了，躺在另一张床上，并盖上了被子。这时我有点心动了，想同她发生性关系。于是我就去卫生间找安全套，没有找到。后来我在床头柜抽屉里拿了一盒安全套，我把安全套外包装拆开后，直接扔在床上了，我拿了一个安全套后，把另一个放在床对面的电视机柜上（这里要注意，是放在电视机柜上，不是藏起来，所以查房是能够看到的）。之后我就同她发生了性关系。

张某某10月8日1时10分的询问笔录（张某某的第一份笔录），其讲的发生性关系的经过与以上的供述一致，另外材料中还有如下内容：

她躺在床上吐了，弄得头发上都是呕吐物，她就到卫生间去洗了，我进去帮她弄了洗发水，洗好后我扶她出来到另一张床上睡下……我用浴巾擦了下身，看她已经睡着了，我就回去了。回去时已经23时多了。第二天6点多，孟某冰发短信给我说胃难受，并说裤子破了，叫我到某广场买条裤子，我就去了某广场，但是还没有开门。我又去小吃店买了蒸饺拿到房间。我叫她吃蒸饺，但是她不吃。我告诉她店门没有开，裤子没有买到。然后我又叫她到一楼吃早饭。吃完早饭后，我就到公司上班。到8点40分，我又到某广场，但是还没有开门，我就打电话给她，告诉她店门没有开，并叫她把房间退了。等我到酒店时她已经在退房了。我去上了个厕所，等我出来她已经退好房了。我们就一起上了车，我就把她送到某某村。她说要交房租了，要600元，我说只有500元，就给了她500元，她就拿了……发生完性关系后，我除了用浴巾擦下身外，没有用其他东西擦过。

审查逮捕阶段检察官于10月16日对犯罪嫌疑人张某某进行讯问，其辩解当晚孟某冰酒喝醉了，但其与孟某冰发生性关系时孟某冰的酒已经醒了。性关系发生以后，其还陪孟某冰聊了半小时，见孟某冰睡着了，其就回家了。在性关系发生以后，孟某冰还与一个叫金某的姐妹打了电话，让姐妹来陪她，他也接听了电话。张某某辩解10月7日孟某冰向他要2万元（新的说法），其称人在外面，孟某冰认为其骗她，就说要告其强奸，其让她告，后她就去报案了。

证实：张某某承认与孟某红发生了性关系。但张某某认为与孟某红发生性关系时孟某红的酒已醒了，孟某红是自愿与其发生性关系的。后来孟某红是因为向其要钱未果而报案的。

存在的问题：对发生性关系的经过，其与孟某红的陈述不一致。其否认孟某红让其找工作的事实，但孟某红陈述是因为让张某某帮其找工作才去吃晚饭的，另有证人也证实孟某红让张某某找工作的事实；其讲的发生关系时使用避孕套的事实，没有证据印证；其在公安机关均供述性关系发生完后，孟某红已睡着，在承办人提审时其又供述性关系发生完后与孟某红聊天半小时才离开，前后供述矛盾；其在公安机关没有供述过孟某红向其要2万元的事实，但在承办人提审时其又提出了这一新的辩解。

辨认笔录：辨认出被害人孟某红。

5. 被害人陈述：

被害人孟某红（女，21岁，无业）的陈述（时间：10月7日，地点：某派出所，侦查人员：张某、许某某）：我6月到某某地打工，原来在某酒店做了一个多月的餐饮部服务员，现在无业，暂住在某某村82号。张某某是通过一个网友介绍认识的。大约一个星期前，因为我没有找到工作，他就介绍了张某某给我，当时张某某答应给我找工作。有一天晚上张某某打电话给我叫我去喝咖啡，但我没有去。10月5日他打电话给我，叫我去吃饭，说是找工作的事我才答应去的，其余时间我们没有联系过。当时张某某带我到某酒店207房间吃饭，我们到的时候已经有四个男人在了，后来又来了两个，我们就开始吃饭，他们讲本地话我听不懂，张某某叫我一个个敬他们酒，我们都是喝白酒的，我喝了一斤多白酒（第二天张某某告诉我的），就喝醉了，在包厢里就吐掉了，但是吐得不多。当时我已经不能走路了，他们几个男的抬着我到电梯里，然后抬到了酒店的房间里，他们把我放到床上就出去了。张某某在房间里，我躺下后又开始吐了，吐在床上的被子上，我叫他帮我拿一杯水，他就给我拿了一杯水喝。后来把我抱到了另一张床上，我又在这张床的被子上吐了。他就过来脱我的裤子，我拼命拉住裤子，同时身体扭动不让他脱，他就死命拉住我的裤子往下脱，结果把我人也拖到地板上，才把我的裤子脱掉。在这个过程中还把我的裤子拉破了。然后他又强行把我的衣服拉起来脱掉。当时我在哭，他就一把抓住我的头发向后拉，然后恶狠狠地说：你再哭，我把你打死。我就不敢哭了。然后他把我抱到床上。我对他说我有艾滋病，我想这样骗他的话他可能会放弃强奸，但是他根本就不停。我又大声叫，他就去卫生间拿了一块毛巾塞到我嘴里。然后就强奸了我。这样大约有20分钟，后来我就不知道了，因为我晕过去了。后来我感觉有水在冲我，我就醒过来了，醒来之后，我发现我已经在卫生间的浴缸里了，他开了水龙头，水直接冲到我的头上、脸上。后来他又把我直接抱到了床上，身上都没有擦干。我当时头晕晕乎乎的，浑身一点力气也没有，就在床上睡着了。等到3点多我醒来时发现房间里只有我一个人，他不知道去哪里了。后我又睡着了，等我再次醒来时，天已经亮了，我就用热水洗了洗，穿衣服的时候发现我的裤子破了，就打电话给张某某，但他没有接。我给他发了信息，叫他帮我拿条裤子或大衣过来，我的裤子破了，没法穿。后来他就打电话过来，叫我先等一下，过了一会儿他来了，还带了一盒蒸饺给我，我没有吃，就放在房间里。我问他要裤子，他说你衣服这么长拉下去盖住就可以了。然后又叫我到餐厅吃饭，我就下去了。在餐厅他还对我说“你给我高兴点”，因为我当时看上去肯定是脸色很不好的。吃完早饭后他叫我到房间里，他去办事，过两个小时来接我。到了快10点钟的样子，他打电话给我叫我退房，他来了，我就去退房。在退房的时候，他就进来了，又上去了一下不知道干什么去了。后来我到他的车里，他又把退房的220元钱拿回去了，然后开车把我送到了某某村。到了那里，他看我脸色不好，拿出500元钱给我，但是我没有要。后来我打过他好几次电话，有几次他接的，有一次我叫他陪我去医院看看，他还骂我。后来我就说要报警，他就威胁我说我要是报警的话，他就不让我在那里住，还要对我见一次打一次。他除了抓我头发，没有打我，身上没有伤。

10月9日陈述：当时我还没有发现裤子破了（这次说法与上次不一样），是第二天早上起来穿裤子时发现的，我本来是想自己走的，发现裤子破了出不去，才叫他买裤子的。我想肯定是他拉我裤子的时候扯破的，因为其他时候是不可能破的。他有没有射精我不知道。因为开始他把我的腿抬起来强奸我，过了一会儿他又把我侧过来了，结果我的头就顶在靠墙的床板上，这样他强奸我的时候，我的头就一下一下地撞在床板上，本来我喝醉了酒就晕得很厉害，这样撞了之后，我就晕过去了，直到他用水冲我才醒。以前喝咖啡时他问过我租房要多少钱，我说要700元，他说贵了，还说可以帮我找一个便宜的，但就那么说说，也没有找。第二天我醒来后人很不舒服，我也不知道该怎么办，回到租的房后就睡了，醒来后身体还是不舒服，当时我就打电话给他，想叫他陪我去看一下，如果没有什么传染病，他再向我道歉，我也不想报警了，因为我也担心传出去的话对我的名声不好。但是他却骂我，还威胁我，说要让我在那里住不下去，我就报警了。（你平时能喝多少酒?）我平时不太喝酒的，偶尔喝一点点啤酒，酒量不好的。（你有没有向张某某要过钱?）我没有向张某某要过钱。

证实：其醉酒后，被张某某强奸。

存在的问题：其陈述的被强奸经过，与犯罪嫌疑人张某某的供述不一致；其没有及时报案。

辨认笔录：辨认出犯罪嫌疑人张某某。

6. 证人证言：

（1）证人蔡某某（男，35岁，某某园林管理处）的证言（时间：10月10日，地点：刑侦大队办公室，侦查人员：张某、赵某某）：证实10月5日傍晚张某某打电话叫其去某酒店吃饭，其到时包厢里有六个人已经在吃了，张某某旁边有一个女的，他们多数人喝白酒，只有一人喝啤酒，共喝了四瓶泸州老窖。张某某喝了七两左右，那女的也喝了七两左右（证明被害人确实喝了近一瓶白酒），女的喝醉了，坐在位置上时摔倒了，摔下去时还在墙壁上撞了一下头。后来一个叫某明的人去开了一间房间让这个女的去休息（与书证一致），开好房间后由其把这个女的背到房间，因为女的喝醉已不会走路。他们这些人都去房间里把那女的放到床上后就走了，房间里就留下张某某和那个女的（与监控录像、被害人陈述一致）。

（2）证人赵某平证言（时间：10月8日，地点：某酒店，侦查人员：刘某、陈某某）：证实其是某酒店服务员，负责客人退房后查房的。10月6日9点，其去610房间查房，当时房间里很脏乱，靠近卫生间的那张床上有黑色紧身裤，另一张床上棉被上有一摊黄色的污渍（与被害人陈述一致），黑色紧身裤后来拿到九楼客房中心去了（证实被害人没有保留）。当天610房间没有消费安全套（说明张某某消费了避孕套的供述不实），但消费了一些矿泉水和零食。

（3）证人王某玲证言（时间：10月8日，地点：某酒店，侦查人员：张某、赵某某）：证实其是某酒店保洁员，10月6日酒店610房间的保洁是其做的，当时房间里地上、垃圾桶、卫生间的马桶里都有呕吐物（没有发现避孕套），有一张床上也有，一床棉被上也有。其是14点多去做保洁工作的。

（4）证人蒋某辉证言（时间：10月7日，地点：某派出所，侦查人员：陈某某、徐某某）：证实10月5日晚上其在某酒店请某某电视公司的张经理吃饭，其叫了朋友余某某，张经理叫来了四个人，其中有一个女的。女的喝了一瓶左右的白酒喝醉了（与被害人陈述一致），已不会走路，其中一名男子将女的背到610房间，其余六人也一起去了房间，女的在床上躺下后，其余五人就出了房间各自回家，张经理留在房间里（与被害人陈述、监控录像一致）。

（5）证人沈某某证言（时间：10月10日，地点：某某公安刑大，侦查人员：张某、舒某某）：证实今年9月30日晚上，其和张某某、郑某某一起吃晚饭，饭后一起去某某咖啡厅坐了一会，张某某打电话又叫了他的两个朋友来坐了一会，在咖啡厅一直聊到22点就走了。两个姐妹一个是甘肃的，一个是四川的，后来来的两个女的中一个说要张某某帮忙介绍工作，张某某也答应了。

沈某某10月10日辨认笔录：证实让张某某找工作的女子是孟某红。

（6）证人吴某某证言（时间：10月13日，地点：某酒店，侦查人员：张某、赵某某）：证实其是某酒店客房中心的，10月6日，赵某平有一条黑色的裤子移交到其这里，是从610房间拿来的。其检查了一下，发现这条裤子被撕破了（与被害人陈述一致）。

（7）证人徐某京证言：证实10月5日有个男的给其打电话说其认识的孟某红

喝醉了，在某酒店里，让其过去，其说要上班没去。过几天听孟某红说那男的强奸了她，她报警了。

对于此案事实如何认定，公诉意见书应当从以下几个方面进行分析。

第一，由于强奸案中这种证据上“一对一”的特殊性，审查判断证据的真假、排除证据之间的矛盾就显得尤为重要。

强奸作为一种特殊犯罪，往往带有更为明显的隐蔽性，而带来的直接后果就是案发现场大多数情况下只有被告人和被害人二者，不存在第三方。基于这种特殊性，导致强奸案件在证据形式上大多只有被告人辩解或者供述、被害人陈述以及相应的鉴定意见。而鉴定意见作为一种科学鉴定材料，对于案件事实没有直接的证明力，只能证实案件事实中某一方面的情况，且现在大部分被告人往往并不否认发生性关系，而是辩解在没有违背妇女意志的情况下发生了性关系。因而在上述证据中，能够证明案件事实经过的只有被害人陈述和被告人供述或者辩解这两项直接证据，但是它们之间往往会存在矛盾。由于强奸案中这种证据上“一对一”的特殊性，审查判断证据的真假、排除证据之间的矛盾就显得尤为重要。本案的争议焦点就在于现有证据是否能够形成完整的证据链条，进而能否认定被告人张某某构成强奸罪。而导致产生争议的原因就在于证据与证据之间存在诸多矛盾和疑问之处。主要体现在以下几点：

1. 虽然本案事实可以确认双方确实发生了性关系，但被告人张某某在承认双方发生了性关系的同时供称双方是自愿的；而被害人称是张某某强行与其发生了性关系。

2. 张某某始终辩解称是被害人要求他使用避孕套发生的性关系，所以被害人是自愿的。此情节被害人予以否认。

3. 相关证人能够证实案发当天被害人确实喝了近一瓶白酒，而且喝醉了，监控录像及被害人也能证实这一情节，但被告人辩解称发生性关系的时候被害人酒醒了。

4. 检察机关对被告人进行讯问时，他的供述又有变化，称被害人不但酒醒了，双方还聊了天，之后他才离开。

5. 本案报案时间与案发间隔确实有两天，究竟被害人为何不及时报案，目前无证据证明。

6. 相关物证表明，被害人并没有保留被撕破的裤子，而是从宾馆服务员那里提取了该裤子，可以排除被害人刻意陷害犯罪嫌疑人。

7. 被告人称给了被害人500元，并且被害人在案发后向其要2万元，其不同意，所以被害人才告发他，被害人对此不承认，上述情节无其他证据证实任何一方所述属实。

本案中，被告人张某某是否系违背被害人的意志发生性关系，是认定构成强奸罪的核心问题。而上述这些证据之间，确实存在矛盾点，这些矛盾点如果不得到合理的排除，将直接导致无法判断被告人的辩解能否成立，这也是强奸罪案件中最典型的证据疑难问题，即仅有发生性关系的事实、被害人对被告人强奸的指证，被告人辩解系自愿的情况下，如何审查判断证据的问题。

第二，司法人员认定案件事实的过程，实质上就是对证据材料的审查判断和采信运用过程，必须遵守一定的审查判断原则，排除合理怀疑。

刑事案件是已经发生且无法再现的历史事件，因此办案人员查明案情的唯一途径只能是进行深入细致的调查研究，收集与案件有关的证据材料，继而对证据材料进行审查判断和理性推理，从而达到在认识上再现案件真实情况的目的。因此，证据是办案人员还原案件事实的唯一凭据，而能否正确地对这些证据进行审查、判断则会影响到司法认定事实与案件真实情况的差距。所以，从这个角度来看，司法人员认定案件事实的过程，实质上就是对证据材料的审查判断和运用过程。在审查证据中，应遵循如下原则：首先，必须审查每个证据本身是否真实可靠。如果证据本身不可靠，当然不可能得出正确的结论，这个规则对于审查各种证据都是普遍适用的。由于证据容易收集，所以，在办案中的证据数量较多，关系复杂，真假并存，这就需要对每个证据反复查证，以确定其真实性。从其被收集的过程进行审查，是否合法、及时、客观全面。其次，要审查证据形成的时间、地点和条件，审查在证据形成过程中可能影响其真实性的一切因素。例如，物证、书证有无伪造或变形变质的可能；证人是否因各种不良动机而提供伪证等。再次，必须审查各个证据之间是否互相衔接，互相协调一致，互相印证，形成一个完整的证据锁链。如果证据之间不相符合，互相脱节，互相矛盾，就应当通过进一步调查研究，查证清楚以后，才能确定其证明效力。最后，必须审查证据有无反证的可能性。所有的证据结合起来，对案件只能作出一个正确的结论。这种结论必须具有肯定性和真实性，并且排除了其他一切可能性。如果其中任何一个证据被反证推翻了，就要重新审查证据的证明力，研究整个证据链条，如果在同一案件中存在两种以上的可能性，并且各有一些证据，就要重新调查，认真研究，直到排除了错误的可能性，才能作出正确的结论。

第三，遵循上述审查判断原则，可以认定本案中，被告人张某某违背妇女意志，强奸被害人孟某红的事实。

在本案中，尽管被告人对自己的行为进行辩解，认为自己没有违背妇女意志，但从现有证据看，有下列情节可以认定其存在违背妇女意志的情形：

1. 张某某与被害人过去并不认识，接触也不密切，没有发生性关系的感情基础。张某某始终认为被害人叫“孟某冰”，连被害人的真实姓名都不知道，且年龄悬殊、以往无任何交往，没有恋爱或者婚外情的感情基础，被害人也非卖淫妇女，因此，双方不存在自愿发生性关系的感情基础。

2. 被害人案发当时的确处于醉酒状态。无论是被告人还是被害人以及证人都证实案发当天被害人确实喝醉了，站不住，被人背到房间，因而被害人所陈述的其处于醉酒状态，有事实依据，且得到了监控录像的印证，其陈述具有客观真实性，从张某某进房间到出房间的时间间隔为两个半小时，根据情理，被害人在大量证据证明其确实酒醉的情况下，不可能在如此短时间内酒醒，因而张某某的供述，尤其是发生性关系时被害人已经醒了、还与其聊天等情节显然具有虚假成分，其在被害人酒醉情况下与被害人发生性关系，本身就完全属于违背妇女意志的情形。至于此后被害人没有立即报案，那是被害人自己对于事态处理方式的选择问题，不影响此前犯罪嫌疑人行为性质的成立。

3. 对案件中一些细节的描述，被害人的说法更具真实性，而张某某明显是在编造谎言，企图逃脱罪责。首先，在有无使用避孕套等细节上，张某某供称他使用了避孕套，但现场提取物品中根本没有发现避孕套，相关证人也证实房间里没有消费该物品，如果像张某某供述的那样消费了避孕套，而且将另一个放在醒目位置电视机柜上，服务员在退房清理时不可能发现不了，因此，只能证明张某某对这一情节的供述是虚假的。他为什么要对这一细节撒谎？因为他认为这个情节很关键，关键之处在于他说是被害人要求他使用避孕套，而既然被害人说了要求他使用避孕套，就是同意与其发生性关系，因此他不是强奸。而现在证据证实这一细节供述的虚假，也证明他与被害人发生性关系时，被害人并没有同意。其次，张某某无法解释被害人裤子是如何破的，而被害人能够清楚地解释：是由于自己不愿意和张某某发生性关系，被张某某强行脱其裤子时撕破的。该裤子也是案发之后公安机关到宾馆提取到的，并非被害人刻意为陷害被告人而保留，可以排除被害人陷害被告人的可能。而对本案其他情节的说法，被害人的陈述都得到了其他证据的印证，如呕吐、退房时间，等等。现在还有一个问题就是被害人为什么没有在当天就报案，根据被害人的说法，她是又回去睡觉了，而后来在质问被告人时，张某某对她威胁才报警的，应当说，这一情况确实没有即时报案效果好，但是从证据推断，被害人并不是勒索被告人不成而报警，而且报警也是事发之后被害人的选择，对强奸行为本身并不影响，即使被害人经过思想斗争选择了报警，那也是她的权利。

综上所述，认定被告人张某某构成强奸罪证据充分，其只投案却不如实供述自己的犯罪事实，不是自首。这个案件最后法院采纳了公诉人的指控意见，以强奸罪判处张某某有期徒刑四年。

（四）公诉意见书、辩护词中的法庭教育

检察官、律师除了在法庭上履行指控、辩护职责以外，还有法庭教育的职责，因为公开开庭审理案件本身就是一个宣传法律的过程，通过具体的案件，可以让旁听人员更加直观地感受到法律的严肃性和犯罪的社会危害性，因此视检察官、律师法庭教育为不必要、认为是“作秀”的看法是错误的。

（案例45）下面是一起滥用职权、贪污、受贿案件公诉意见书的法庭教育内容：

……

本案带给我们的启示是深刻的。同为司法工作人员，我们在办理本案过程中，感到既震惊又痛心。今天站在法庭上的三名被告人，两名是从某大学毕业不久的高才生，一名是在部队服役多年转业不久的副处级调研员，他们本可以在自己的工作岗位上建功立业，为保一方平安作出自己的贡献，却在执法过程中贪图私利、中饱私囊、超越职权任意作为，走上了犯罪道路，究其原因，有三个方面的教训值得吸取：

第一，不正确的执法思想招致灾祸。有道是：物先自腐然后虫生。本案三名被告人之所以会犯罪，根本原因还在自身。不正确的执法思想，让他们偏离了正确的执法方向，对内心的贪欲不加遏制，利令智昏，铤而走险，自认为手段高明做得隐蔽，别人无法知晓，却最终无法逃脱法律的严厉制裁。正所谓贪欲带不来财富，却带来牢狱之灾，侥幸之事永远靠不住，世上没有不透风的墙。本案的事实再次昭示世人：不要心存侥幸，不要自作聪明，更不要肆意妄为，多少人自认聪明，却终究没有逃脱法律的制裁。如果等到那时，多么悔恨都已经晚了。

第二，不规范的执法行为贻害无穷。端正执法思想，规范执法行为，原本是

近年来从中央到地方，各级执法部门一再强调的大问题，但在本案中我们却看到，有多少不规范、不严谨、不合法的执法行为大行其道。从询问当事人、制作笔录，到扣押涉案款物、私分案件赃款，从冲击赌场看管涉案人员到最终对涉案人员的处理，几乎处处存在违规的情况，也正是因为这些没有按照规矩办事的行为，最终导致他们滥用了职权，走上了犯罪道路。事实证明，执法规范正如交通规则一样，是对我们执法的约束，更是执法者赖以自我保护的基本准则，超越它、违反它，必将受到它的惩罚，贻害无穷。

第三，不健康的执法环境害人不浅。本案被告人走上犯罪道路还有一个重要原因，就是认为身边的许多人都存在违法办案的情况，受他们影响，被利益驱动，互相攀比，认为别人做得我也做得，最终却滑入犯罪的泥潭不能自拔。的确，本案中上到派出所副所长，下到普通民警，涉案人员之多令人震惊，被告人周某在我们提审时就痛心地说：一个单位到了这个地步，早晚要出事，如果领导对我们要求严一些，出现违纪苗头的时候狠一些，我们也不至于落到今天这个地步！事实再次证明，严是爱，松是害，一个单位的风气，靠的是铁的纪律，一个单位的管理，靠的是正人先正己的风范，而不健康的执法环境，必然萌生出不健康的执法行为，害人祸己。

审判长、审判员：多年以来，我们广大公安民警服务民众、除暴安良，挥汗水，洒热血，几度风雨几度春秋，为千家万户的和谐美满发挥了不可替代的作用，涌现出一大批以任长霞为代表的公安英模，他们忠于党，忠于人民，忠于事业，忠于法律，他们的事迹催人泪下，感人至深，他们无愧于人民警察的光荣称号。然而，近年来也确有极少数执法人员，执法思想不端正，执法行为不规范，徇私枉法，滥用职权，破坏了政府形象，败坏了执法公信力，引发了广大群众的不满，为数虽然不多但危害甚为严重。对于他们，应当根据法律规定予以严惩，唯其如此，才能够挽回不良影响，维护政府形象。同时，通过本案，我们也应当深刻领会到：基层政法部门，工作在最前沿，接触着最基层，一举一动代表政府，也在广大群众的监督之下，希望每位执法人员能够通过本案得到启示，切记严格自律，规范执法，模范守法，莫给金盾抹黑，莫让警徽蒙尘……

第十一章　行军篇：法庭答辩的基本原理

《行军篇》是《孙子兵法》的第九篇，主要论述军队在不同的地理条件下如何行军作战、驻扎安营以及怎样根据不同情况观察判断敌情等问题，这里的“行军”不仅指军队的行进，“行”指军队的行军布阵，“军”指军队的驻扎安营。孙子认为，“处军相敌”是作战指挥中的重要问题。孙子指出在行军作战中，首先要将军队处置好，而“处军”的重要内容，便是要善于利用有利的地形，避开不利的地形。为此他列举了山地、江河、沼泽、平原四种地形的不同处军原则，并进而将利用地形的基本特点归纳为“凡军好高而恶下，贵阳而贱阴，养生而处实”。这是孙子对前人和当时利用地形经验的科学总结。在“处军”得宜的情况下，孙子强调“相敌”的积极性，即主张充分了解敌情，正确分析判断敌情。孙子还提出了一个重要的作战思想，即认为打仗并非兵力越多越好，关键在于能否集中兵力（并力），准确判断敌情（料敌），取胜于敌（取人）。反对少谋无虑、轻敌冒进。

《行军篇》对于决战法庭的启示意义在于，不论是检察官还是律师，首先对于法庭答辩的原理都要先行掌握，知其“所以然”之后，才能做到集中优势、准确寻找辩点、预测对方意图；然后才能在法庭上取胜。

第三十二计　处军相敌，必知其理

——法庭答辩的原理

孙子曰：凡处军、相敌：绝山依谷，视生处高，战隆无登，此处山之军也。绝水必远水；客绝水而来，勿迎之于水内，令半济而击之，利；欲战者，无附于水而迎客；视生处高，无迎水流，此处水上之军也。绝斥泽，惟亟去无留，若交军于斥泽之中，必依水草而背众树，此处斥泽之军也。平陆处易，而右背高，前

死后生，此处平陆之军也。凡此四军之利，黄帝之所以胜四帝也。[①]

孙子说，凡军队行军作战和观察判断敌情，应该注意：在通过山地时要靠近有水草的谷地；驻扎时，要选择“生地”，居高向阳；如果敌人占据高地，不要仰攻。这些是在山地地带行军作战的处置原则。横渡江河，要在离江河稍远的地方驻扎；如果敌军渡河前来进攻，不要在江河中迎击，而要乘他们部分已渡、部分半渡未渡时予以攻击，这样比较有利；如果要与敌军交战，那就不要靠近江河迎击他们；在江河地带驻扎，也要居高向阳，切勿在敌军下游低凹地驻扎或布阵。这些是在江河地带行军作战的处置原则。通过盐碱沼泽地带，要迅速离开，不宜停留；如在盐碱沼泽地带与敌军相遇，那就要占领有水草而背靠树林的地方。这些是在盐碱沼泽地带行军作战的处置原则。在平原地带驻军，要选择地势平坦的地方，最好背靠高处，前低后高。这些是在平原地带行军作战的处置原则。以上四种“处军”原则，是黄帝能够战胜“四帝”的重要原因。

《孙子兵法》的《行军篇》虽然说的是行军驻扎，但其根据不同情况观察判断敌情等问题，值得在庭审中学习借鉴，尤其是法庭辩论中的答辩部分，不论对于检察官还是律师，都属于“硬功夫”，都要非常重视，尤其是新手，一方面心向往之，对法庭辩论紧张兴奋；另一方面却往往不知如何上手，一筹莫展。这就更加需要学习掌握法庭答辩的原理，从而像熟悉军事地形一样熟悉法庭答辩的原理方法。

一、检察官、律师法庭答辩的意义

法庭答辩，是控辩双方在法庭调查基础上，就案件事实、证据和适用法律问题提出各自的意见并进行互相辩驳、论证的诉讼活动。刑事诉讼构架决定了控诉、辩护、审判三角诉讼关系格局，现代刑事诉讼制度，要求有指控就应当有辩护。由于公诉人与辩护人在刑事诉讼中所履行的职能及所扮演的角色不同，相互对抗成为必然。公诉人行使的是控诉职权，辩护人履行的是辩护职能，这种对抗性因诉讼职能不同使然。对抗增加了诉讼的透明度、公正性和说服力，为法官正确适用法律、公正裁判提供了重要的参考。因此，法庭答辩的意义在于以下几个方面。

---

① 《孙子兵法》，陈曦译注，中华书局2011年版，第154~155页。

（一）通过争辩明确案件争议焦点

对于一个案件如何审视、如何判断罪与非罪，需要兼听则明。如果没有对抗，则案件是否存在争议就难以判断，案件事实往往难以真正查清，这也会导致法官偏听偏信。争辩中对立双方提出的焦点问题，往往正是罪与非罪或者此罪与彼罪、重罪与轻罪的核心问题，法庭辩论的意义也就能够显现出来。

（二）通过争辩使争议焦点得以解决，或者提出解决方案

案件的争议焦点明确之后，控辩双方都会提出解决方案，如案件事实是否清楚，公诉人会通过举证质证阐明案件事实清楚、证据确实充分的理由，而辩护人则会提出不同的观点，认为证据没有达到这一标准，为此，双方都会据理力争，法庭对双方的意见是否采纳、如何采纳，就要看双方的辩论中谁的说理更加透彻、理由更加充分。

（三）通过争辩使错误观点得以辨明、模糊认识得以澄清

控辩双方观点孰是孰非，一方面依靠论辩技巧，另一方面依靠谁的道理更加正确。基于此，才有“道理不说不清，法理越辩越明”的激烈对抗，在论辩中正确观点才能得以显现，从而使证据的分析和判断更符合客观事实，使程序的疏漏和错误得以弥补和更正，使法律的适用更加准确全面，使具体的诉讼目的统一到根本目的上来。

（四）通过争辩宣传法律教育群众

法庭辩论本身是对法律正确理解的争辩，一些辩护人往往会使用似是而非的刑事法律理论来论证案件，试图为被告人开脱，如受贿罪中“收受他人财物为他人谋取利益”如何理解，有的辩护人提出必须要为行贿人谋取到利益才能够构成受贿罪，否则即使收钱再多也不符合《刑法》的规定，并且认为这是罪刑法定原则的体现。公诉人此时就应当解释清楚“为他人谋取利益”的内涵究竟为何，从而批驳错误观点，正确宣传法律规定。同样，辩护人也可以抓住公诉人的错误观点予以澄清，从而还原事物本来面目。因而，只有必要的辩论和有效的对抗，才能使法律的理解和适用更符合立法本意，从而使旁听群众对法律有正确的理解，而不是被误导。

由于公诉人与辩护人的诉讼主张不同，要赢得法官的支持，就必须在法庭上充分展示对法律的理解水平、对证据的分析判断能力、对自己主张的论证和对对手观点的反驳技巧。正是在相互激烈的对抗辩论中，检察官、律师才能不断发现自己辩论能力与水平的高低，从而取长补短，以提高自己的公诉、辩护能力和辩论水平。

二、检察官、律师法庭答辩的特点

（一）语言的辩驳性

这是法庭辩论语言最本质的特征。检察官、律师法庭辩论中的答辩语言，在法庭语言中属于一种特殊又重要的语言形式，因为与刑事诉讼活动中其他环节相比，检察官、律师法庭辩论的表现形式和侧重点不同，法庭辩论在语言形式上属于驳论，侧重点在于反驳对方观点，是“破中立”，即通过对对方观点的反驳实现己方观点的贯彻与加强，而其他环节的法律语言，基本上以立论为主。当然，这种辩驳性并不是说答辩语言只讲驳不讲立，而是在立论的基础上进行辩驳，在辩驳之中强调立论的正确性。语言的辩驳性，要求检察官、律师研究驳论的方法，掌握“破中立”的技巧。

（二）发言的即时性

法庭答辩是针对公诉人、辩护人所提出的问题，在法庭上即刻进行回答与辩驳，这种答辩，不给检察官、律师回去准备的机会，不给庭下讨论的时间，不给查找有关资料的时间，检察官、律师在对方发言后，都必须立即应答，发言具有即时性。发言的即时性，要求检察官、律师一方面庭前准备充分，另一方面对于没有预测到的问题，要有应变能力，能够即刻运用自己的知识储备和机敏的反应积极、有力应对对方的辩论。

（三）发言的多向性

法庭辩论的目的，是通过控辩双方的争论和辩驳，从而明确各方观点，批驳错误认识，实现通过争辩发现真相这一目标，在“事实胜于雄辩”的同时，“事实需要雄辩”。但这种辩论活动，其真实目的不是说服控辩对方，而是将道理说给法庭听，让法庭在聆听辩论的过程中辨别孰是孰非，让旁听人员通过双方的辩论判断谁的道理更能够站得住脚，因为在理论上，辩论双方都是不可说服的，一般情况下控辩双方很少在法庭上直接放弃自己的观点而接受对方的观点。因此，控辩双方的答辩语言就具有多向性，针对的是对方，而语言的内容则指向的是中立方和其他旁听者。语言的多向性，要求检察官、律师既不能自说自话，也不能认为辩论是对对方说的，而是要更加注意语言是说给法庭和旁听人员听，说得让他们能够信服这一基本事实。

（四）发言的交替性

法庭辩论的语言，不同于辩论会自由辩论的形式，而是一种完整式法庭发言，即不是你一言我一语的“自由辩论”，而是控辩双方的交替发言，由控辩双方完整表达完自己的意见后，再由对方进行有针对性的辩驳，这种交替发言尽管看上去不一定很精彩，但能够使控辩双方充分发表各自的意见，并将此意见表述得完整全面。发言的交替性，要求检察官、律师组织语言完整全面，不要只言片语，因为法庭上时间有限，发言次数有限，控辩双方都不可能无休止地一次又一次地发言，所以要掌握发言的密度，将语言信息尽可能多地融入一次发言中，又不宜太长；同时，由于发言的交替性，在对方发言时，控辩双方都要注意不要浪费时间，在倾听对方发言的同时，要利用好这一时间有序地进行下一轮的答辩准备，而不是只听不思考，满足于把对方说的话听明白。

（五）用语的针对性

法庭辩论必须针对对方的观点展开，对错误观点进行批驳，对正确观点予以肯定，针对性是其特征，有的放矢是其要求。法庭辩论不仅是对控辩双方观点的重申，更重要的是对于对方错误观点的反驳。如辩护人的辩护目的，一般是通过攻击控方的证据体系和适用法律等手段，达到阐述被告人无罪、罪轻和具有从轻、减轻或者免除处罚情节的目的，而一旦其使用的方法和所持的观点是错误的，公诉人就不能仅固守己方的观点，还要进一步批驳辩护人的观点，指出其错误之处，从而正本清源，还原事实本来面目。辩护人的答辩也是如此。而如果答辩没有针对性，就会使人感到稀里糊涂，不知道对方所持观点是否有错误、错误在何处，使答辩效果大打折扣。发言的针对性要求检察官、律师答辩针对对方的错误观点，不要只说自己的理，不辩别人的理。

（六）用语的简洁明快性

法庭辩论中的答辩语言，是针对对方所提出的观点进行的辩驳，为此，就要掌握好答辩用语的风格，要简洁明快，多用短句，听众不用费时间去琢磨就能够理解，少用长句，更不要长篇大论，喋喋不休。语言的简洁明快性，要求检察官、律师注意发言的语言风格，用最简洁的语言将观点说清楚。

（七）用语的通俗性

由于法庭辩论是说给别人听的，而不是简单的控辩双方之间的交流，因而辩论语言就要让别人能够听懂，要多使用音感较强的双音词，切忌故作高深、晦涩难懂；慎用那些口语表达时容易产生歧义的同音异义的字；少用人们不太熟悉的成语和文言词句；不能生造词汇，忌用方言土语和歇后语。语句的通俗性，要求多用口语，也就是要多用本地区的大众化语言，这样容易被人接受和理解，可以避免误解或产生歧义。

（八）用语的逻辑性

辩论用语要合乎逻辑，这是辩论的一般要求，任何一个人在辩论中，即使正在诡辩，都不会承认自己是在诡辩，而是极力坚持自己的观点与方法是合乎逻辑的。当然，只有真正合乎逻辑的语言方法，才能得出正确的辩论结论，因而，法庭辩论用语要合乎逻辑，没有逻辑性的答辩语言，是经不起批驳的。用语的逻辑性，要求检察官、律师在答辩中注意运用逻辑方法，遵循逻辑规律，不要犯逻辑错误，从而保证自己的论证经得起推敲，保证观点的正确性。

（九）用语的准确性

法庭辩论中，双方除了立足于自己的观点进行阐述以外，最重要的反驳方法就是对对方不准确、不严谨、不规范的语言和观点进行揭露和驳斥，因而辩论语言要严谨、准确，力求规范化。准确是法律语言最本质的特征，只有语言准确，才能产生较强的说服力。语言的准确性，要求检察官、律师在答辩中使用法言法语和规范性的语言，用语要严谨、逻辑要缜密，不给对方留空子，不要因语言上的疏漏失误影响案件的认定。

（十）表达的艺术性

法庭辩论是控辩双方思想的碰撞、综合素质的较量、对案件熟悉程度的比拼，同时也是双方语言艺术的检验与展现。尽管语言技巧并不是法庭辩论的决定性因素，但语言艺术的水平高低，却直接影响着控辩双方在法庭上的形象，尤其是公诉人，代表国家指控和证明犯罪，如果不讲究语言艺术，在法庭答辩中“有理说不出”，必然影响公诉效果，影响检察机关的良好形象，因而表达的艺术性，对于检察官、律师答辩语言来说也是十分重要的。表达的艺术性，要求在语言表达上注意修辞，讲求语言的文学艺术色彩，要使用生动形象的语言和各种论辩手法进行答辩，充分展现检察官、律师良好的素质和形象。

三、检察官、律师法庭答辩的难点

对于公诉人而言，可能感觉难度最大的就是出庭公诉工作；而出庭公诉工作中难度最大的，又数法庭辩论活动，尤其是对辩护人提出辩护意见的即席答辩。确实，法庭辩论是公诉工作的重点与难点，其之所以难，体现在如下几个方面。

（一）法庭辩论最终是知识储备的较量

法庭辩论之所以难，就是因为在法庭辩论中，控辩双方针对对方所提出的问题，无论是案件中的事实证据还是与案件相关的法律适用、社会生活常识，都需要当场调动自己的知识储备去应对，这种应对是即时的，不管控辩双方有无准备、准备得是否充分，也不管当场能否回答上来，都必须立即回答，由不得谁去庭下查找答案或者在法庭上翻找资料，这种即时的语言反应，对检察官和律师都提出了较高的要求。

（二）法庭辩论是语言的艺术，需要高超的语言技巧

法庭辩论不但要对与案件相关的法律、社会、科学知识非常熟悉，还要求检察官、律师有临场组织起语言进行流利顺畅应答的能力。有一些检察官、律师，尽管法律功底十分扎实，平时写文章能见功底，但却是“慢功夫”，或者是“茶壶里煮饺子——有货倒不出”，到了法庭上临场说不成句，临时的语言组织不起来，结果造成答辩失败，即使最终法院采纳了他的意见，但却没有赢得庭审效果。

（三）法庭上局面瞬息万变，对公诉人应变能力提出较高的要求

尽管在出庭之前检察官、律师大多数都能认真进行法庭预测，但法庭上总有一些情况难以预料，如被告人态度的变化、辩护人或者公诉人突然提出的证据、对方突然提出的观点等，这时对检察官、律师的应变能力提出了较高的要求，要求其能够抛开事先准备的材料，即席进行答辩，在这种情况下，检察官、律师既要思考法律知识，又要现场组织语言，对控辩双方提出的要求也就较高。

（四）谁掌握了法庭上的主动权，谁就占据了优势

尽管法庭审理活动由审判长指挥，但在法庭上由于公诉人承担着出示证据证明犯罪的任务，其在法庭上的活动相对比较主动积极，在这种情况下，就需要有一种控制场面的能力，要让法庭围绕着公诉人的思路运转，而不能让辩护人或被告人牵着鼻子走，这就需要公诉人使用语言对法庭上的场面进行控制，尤其是在法庭辩论阶段，要通过答辩化被动为主动，在驳斥辩护人错误观点的同时，还要让合议庭和旁听群众接受公诉人的正确观点，控制场面。而事实上庭审中往往因检察官、律师的水平、能力各异，表现出谁的水平高、控庭能力强，谁就占据主动、掌握优势，庭审效果就好。因此，在法庭上抢抓主动权，对控辩双方来说都是难点与重点。

（五）法庭上需要及时处理意外情况

司法实践中，法庭上经常会出现一些意想不到的问题，如有时会出现被告人及其亲属起哄和被害人亲属辱骂辩护人的情况等，这时需要检察官、律师及时作出应对。这虽然不是答辩问题，但也与答辩效果息息相关，需要检察官、律师妥善处理。

第三十三计　并力、料敌、取人

——庭审辩点的寻找技能

孙子曰：兵非益多也，惟无武进，足以并力、料敌、取人而已。夫惟无虑而易敌者，必擒于人。①

孙子认为：打仗不在于兵力越多越好，只要不轻敌冒进，并能集中兵力，正确判明敌情，也就足以战胜敌人了。那种无深谋远虑而又轻敌妄动的人，势必成为敌人的俘虏。

孙子强调“相敌”的重要性，主张充分了解敌情，正确分析判断敌情，进而从实战经验中概括出30余种侦察判断敌情的方法：“敌近而静者，恃其险也；远而挑战者，欲人之进也；其所居易者，利也。众树动者，来也；众草多障者，疑也；鸟起者，伏也；兽骇者，覆也；尘高而锐者，车来也；卑而广者，徒来也；散而条达者，樵采也；少而往来者，营军也。辞卑而益备者，进也；辞强而进驱者，退也；轻车先出，居其侧者，陈也；无约而请和者，谋也；奔走而陈兵车者，期也；半进半退者，诱也；杖而立者，饥也；汲而先饮者，渴也；见利而不进者，劳也；鸟集者，虚也；夜呼者，恐也；军扰者，将不重也；旌旗动者，乱也；吏怒者，倦也；粟马肉食，军无悬缻，不返其舍者，穷寇也；谆谆翕翕，徐与人言者，失众也；数赏者，窘也；数罚者，困也；先暴而后畏其众者，不精之至也；来委谢者，欲休息也。兵怒而相迎，久而不合，又不相去，必谨察之。”② 这些概括出的特点就是透过现象看本质，体现了孙子军事思想中的朴素辩证法思想。

庭审答辩活动是在法庭调查、发表公诉意见书与辩护词基础上针对对方意见所进行的反驳性发言，其特点正如前文所述，事先控辩双方都不清楚对方将要说什么、怎么说，对于他们的意见，都需要当场答辩、临场应变。由于法庭辩论形势瞬息万变，很多时候不可能知道对方会说什么，因此要实现有针对性地反驳对方观点，同时进一步阐明我方观点，难度是比较大的。但是，难道因此法庭答辩就无法做到针锋相对、有力回击、正本清源了吗？回答当然是否定的，因为虽然

---

① 《孙子兵法》，陈曦译注，中华书局2011年版，第169页。

② 《孙子兵法》，陈曦译注，中华书局2011年版，第162页。

不知道对方会说些什么，但是刑事案件的法庭答辩毕竟是有规律可循的，正如孙子提出了30多种侦察方法一样，说到底是通过对事物的观察，从而明确自己应当采取的方法与策略。庭审答辩的预测也是一样，可以通过对方的情况以及每个案件的具体情况，运用一般案件争议规律，去确定一个案件的“辩点”。

一、庭审答辩中的常见辩点及其应对

（一）辩护律师如何寻找法庭答辩辩点

一般来说，律师在刑事案件中，可以从以下方面入手寻找辩点：

一是被告人的基本情况。包括年龄、精神状态等自然身份情况，从而明确刑事责任年龄与能力。一些犯罪属于特殊主体，如职务犯罪案件，注意其是否符合主体资格，有的案件正是因为不符合主体资格，全案就是无罪案件，如玩忽职守、滥用职权案件，必须具有国家机关工作人员身份，如果不是正式职工，也必须是得到授权的人员，否则就是无罪；贪污、受贿、挪用公款案件，必须是从事公务的人员才具备构成犯罪条件，如果所从事的是劳务活动，则不能构成职务犯罪，挪用公款罪中的主体资格，与贪污罪的主体资格存在差异，尤其是贪污罪中这一部分人员，“受国家机关、国有公司、企业、事业单位、人民团体委托管理、经营国有财产的人员”等，要注意区分。

二是被指控的罪名，要注意对照犯罪构成要件，看有没有构成要件缺失的情况，如果没有，还要看有无排除犯罪性的情况，如正当防卫、紧急避险等。

三是被指控的犯罪事实及所认定的相关情节，有无事实不清、证据不足的情况；有无法定、酌定从轻、减轻、免除处罚的情节；有无情节认定错误的情况。

四是检察机关指控犯罪的理由是否成立。有时候检察机关对犯罪的指控理由不能成立，如盗窃案件中，将遗弃物当作被害人的财物；诈骗案件中，将经济纠纷当成了犯罪行为。

五是起诉书所适用的法律。有时起诉书适用法律错误，或者将“情节严重”“数额巨大”误认定为“情节特别严重”“数额特别巨大”，这时候就要严格对照标准提出纠正意见。

六是罪名的认定。司法实践中，检察机关将罪名认定错误的情况也比较常见，如将非法拘禁罪认定为敲诈勒索罪甚至绑架罪；将职务侵占罪认定为贪污罪；将抢夺罪认定为抢劫罪，有时此罪彼罪的问题实际上就是有罪与无罪的问题，如抢劫罪不需要数额标准，而抢夺罪则需要数额标准，如果将抢夺行为认定为抢劫罪，说不定由于数额没有达到抢夺罪的认定标准，那么就是无罪，这一点辩护人在寻找辩点时一定要多加注意。

七是被告人是否认罪，其自我辩解的理由是否成立。有时候，有的被告人认罪并不代表他确实实施了这一犯罪行为，可能基于其他考虑，如本身被指控的罪名就比较轻，其本身也没有正当职业，对于短时间坐牢也就接受了，或者担心不认罪会被长时间关押，急于早点判刑早点出去，也就不做辩解；有的被告人则前供后翻，口供反复，表现出比较纠结的性格与情绪，但其翻供理由却难以成立，此时律师就要分析口供策略，实现利益最大化。

八是对追诉时效的审查。有的案件已经过了追诉时效，但检察机关没有注意，这种情况，尤其是在法律修改前后、司法解释调整犯罪数额前后比较常见，律师在这个时候就要高度注意，说不定会遇到“捡漏”的情况。

九是对管辖的异议。有的案件存在地方保护，插手经济纠纷的情况，此时律师就要注意犯罪地究竟在哪里，本案审理的法院有没有管辖权，如果改变管辖之后对被告人是否有利；另外根据审级管辖，被告人能否被判处无期徒刑以上刑罚，有没有必要在中级法院审理，也是辩点之一。

十是案件发生的经过情况以及侦查机关如何调查形成本案的相关卷宗材料，是否存在由于其他人推卸责任而追究本案被告人的情况。

十一是追究被告人依据的法律法规生效的时间。有的案件可能存在法律法规溯及力的问题，或者是新的罪名刚刚实施，如危险驾驶罪，于 2011 年 5 月 1 日正式追究，此前的行为不构成犯罪；或者是由于法律的调整，根据从旧兼从轻的原则不能追究被告人的刑事责任，如行贿罪，关于“谋取不正当利益”概念，相关司法适用意见、司法解释前后发生过变化，那么在新的规定出台之前的行为，就应当考虑当时的司法解释有无规定，如果没有，就不能按照犯罪处理。

十二是案发经过。是被告人自首而案发，还是经人检举、举报、报案而案发，被告人有无自首、立功、检举揭发情节，案发是否自然，破案情况能否明确就是被告人实施的犯罪。实践证明，很多冤假错案的发生，首先就是由于在破案时侦查方向错了，结果错误地确定了犯罪嫌疑人，最终酿成错案。

十三是辩方经过调查取证所获取的证据及要证明的内容。辩护人在调查走访过程中取得了哪些证据，这些证据与在案证据相比，是否存在矛盾、是否能够证明被告人是被冤枉的，拿出这些证据后，整个证据体系是否存在合理怀疑。

十四是对被告人有利的证据与情节。包括被害人有没有过错、被告人犯罪情节与其他同类犯罪相比有没有可以原谅之处、主观罪过是否比较轻、认罪悔罪态度如何等。

十五是对被告人不利的方面以及如何应对。庭审中总有一些对被告人不利的事实、情节与证据，对此律师不能视而不见，也不能坐以待毙，而要对这些内容进行分析，如何化被动为主动：其一是能否否定这些内容。如公诉人指控被告人深夜抢劫，造成公众心理恐慌，对此辩护人就可以反驳，如果是光天化日之下抢劫，社会危害性会更大，因此深夜抢劫不是从重处罚的理由。其二是对于这些不利的情节被告人是如何认识的。如被告人选择在医院扒窃病人，这本身是个从重处罚的情节，但被告人已经深刻认识到错误，并且已经退回了全部赃款，这就可以化被动为主动。其三是对于这些不利的情节被告人有无弥补。如玩忽职守罪，尽管造成了巨大损失，但案发后被告人一直在积极弥补，说明其态度是积极的，希望通过自己的实际行动减少损失等，这些都可以作为辩点，从而为被告人寻找从轻处罚的出路。

十六是相关判例。根据案件指导的意见，最高人民法院发布的一些案例可以直接作为审判的依据，为此，辩护人可以在出庭前搜索一下类似案例，找出情节类似的案件是如何处理的、有没有对被告人有利的类似案例，如果有，可以向法庭提出，这种理由权威性比较高，也容易为法官所接受，作为辩点较为有力。

十七是认罪认罚非自愿。一般来说，被告人认罪认罚需要经过律师在场的当面具结，在保证被告人自愿的情况下由被告人与检察人员签署具结书。但也有的案件，在值班律师在场的情况下签署了具结书，案件起诉之后被告人又另行委托律师作为辩护人，对于审查起诉阶段认罪认罚具结的情况，辩护人未必掌握，尤其是被告人是否真实自愿认罪认罚、具结时真实情况究竟如何。此时，就可能存在被告人当庭认为当时认罪认罚并非出于自愿，或者对量刑建议存在异议的情况，这也是辩论的焦点问题。

事实证明，无论是检察官还是律师，尽管他们在法庭上的辩论观点千差万别，但也都是有规律可循的，通过出庭活动经验的积累，检察官、律师可以发现和找准对方的答辩规律，归纳总结出自己的答辩应对之策，这是成功完成法庭答辩任务的重要路径。总的来说，检察官、律师在法庭上提出的辩论观点，基本上都围绕着事实、证据、定性（适用法律）、情节这四个方面展开。为此，在法庭辩论中，检察官、律师要特别注意听取对方的第一轮法庭发言，用以对照自己的庭前预测内容，从其大量陈词中归纳出对方的基本观点，提炼出对方基本观点的核心和焦点，确定答辩的范围和重点，根据情况采取适当方法进行答辩，做到原则问题不放过，枝节问题不纠缠，无关问题不理会，避免被对方牵着鼻子走的不利局面，始终把握住辩论的主动权。

（二）辩护人经常提出哪些问题作为辩护意见

从公诉人的视角来看，辩护人提出辩护观点也是有规律可循的。

在犯罪事实方面，辩护人经常提出的问题是某一事实或全案事实不能成立，多起事实中某起事实不能认定。而在有关事实认定方面，辩护人的主要理由，一般都是证据不确实充分，因而事实与证据问题，往往是一个问题的两个方面。所以针对辩护人提出的事实问题，公诉人在答辩中，要运用证据来回答。公诉人要立足法庭调查过程中已经运用证据证明的事实，澄清辩护人造成的模糊认识。对于证据问题，公诉人要结合法庭举证质证的情况，对证据的可采性进行充分论证，尤其是辩护人根据非法证据排除规定提出的被告人供述及证人证言等的真实性问题，要根据程序法的规定论证透彻，重申证据体系的完整严密性。

辩护人以“证据有矛盾”为由提出的无罪辩护意见的应对。在言词证据存在一定矛盾的案件中，辩护人会抓住证据的矛盾点，以点击面，借以推翻罪名的成立。对此种辩护意见，公诉人在答辩时，一是要正视矛盾；二是要根据矛盾证据产生的原因或矛盾证据的影响力进行分析判断；三是要立足于证据体系。对属于提供言词证据的当事人因感受能力的不同而导致的矛盾，公诉人在正视矛盾存在的前提下，指明当事人因感受能力、记忆能力、表达能力等因素的不同，对同一案情表述不一致是正常的，并阐明这种不一致恰恰能体现当事人陈述情况是客观的，从另一侧面反映了侦查人员在收集证据过程中没有指供行为，收集证据程序是合法的，然后再结合证据体系，指明矛盾中一方的情况是符合客观实际的，且能得到其他证据印证，是可以采信的。对属于案件细节、枝节问题的矛盾，公诉人要指出这些矛盾只是存在于案件的细节、枝节方面，对本案的定罪量刑没有影响，而有关定罪量刑的案件事实的证据并不存在矛盾，不能因为细枝末节上的不一致而全盘否定，并综合全案证据情况，指出证明案件基本事实的证据能够形成证据体系，能够形成锁链，具有充足的证明力。

辩护人以“证据不足”为由提出的无罪辩护意见的应对。如在盗窃案中，辩护人抓住没有收集到部分物证这一点，以“捉贼拿赃”的传统观念，提出事实不清，证据不足，指控的罪名不能成立的辩护意见。对此，公诉人既要指出未能收集到该证据的客观原因，又要指明根据已经收集到的证据足以对被告人定罪量刑，并结合《刑事诉讼法》关于“事实清楚，证据确实充分”的相关规定，阐明本案的证据符合起诉、审判的证据条件。

在案件定性和法律适用方面，辩护人经常提出罪与非罪、此罪与彼罪的问题，这也是公诉人法庭答辩中的重点与难点问题，因为辩护人提出的定性问题，涉及案件如何正确适用法律，是公诉人必须答辩的。对于这类辩护或辩解意见，公诉人应紧紧围绕犯罪构成要件，运用法学理论加以论证。

辩护人以“不符合构成要件”为由提出的无罪辩护意见的应对。在身份犯罪中，辩护人往往抓住被告人身份复杂这一点，提出被告人不具有该罪的身份，因而指控的罪名不成立。在强奸案中，辩护人以被告人使用的暴力、胁迫手段轻微，或以被害人没有反抗，或反抗不明显为由，将强奸辩解成通奸，不构成犯罪。在受贿案中，辩护人以被告人未利用职务之便，或以没有为他人谋取利益为由，推翻罪名的成立。对此种辩护意见，公诉人应以刑法条文、司法解释的规定论证构成该罪的要件作为大前提，再以本案的具体事实为小前提，论证本案的案件事实符合该罪的构成要件，得出指控罪名成立的论点。

在被告人量刑情节方面，辩护人往往根据案件情况提出被告人具有从犯、自首、立功、防卫过当、过失犯罪、初犯、偶犯、被诱骗或胁迫参与犯罪，被害人有过错，犯罪动机值得同情，认罪、悔罪态度好、积极退赃等情况，其中，辩护人提出的自首、从犯等问题，经常是似是而非的，公诉人应当仔细辨别清楚，及时予以回应，以正视听。

辩护人以“被害人存在过错”为由提出从轻处理的辩护意见的应对。在故意伤害、故意杀人案件中，辩护人往往强调被害人有过错，从而要求减轻被告人责任。对此类辩护意见，公诉人如果采取回避的态度，就会给人造成默认的印象，如果为被害人开脱，则容易使被告人产生逆反心理，让听众觉得公诉人不客观，甚至觉得有些强词夺理。公诉人只有客观地承认被害人的过错，把问题彻底暴露出来，让人们了解案情真相才是上策，然后再根据案件的具体情况论证能否从轻、减轻处罚。

辩护人以“被告人在单位的‘功绩’”为由提出从轻处理的辩护意见的应对。对此种辩护意见，公诉人应持客观的态度，既要指明“功”是“功”、“过”是“过”，不能以“功”代“过”，有功受奖，有过受罚，奖罚分明的国家政策，又要阐明不能以“功绩”折抵犯罪应受刑罚处罚的刑法规定，指明适用刑法上平等的原则。公诉人还可用曾经有功于人民，但因犯罪而受刑事处罚的案例作例证，论证罪、责、刑相适应是刑法的原则，赏罚分明是党的政策。

（三）部分法庭辩论中控辩双方常见问题与答辩要点

1. 互殴案件中的辩护人提出正当防卫的辩解。

答辩要点：（1）根据《刑法》规定，正当防卫是对于正在进行的不法侵害采取的制止行为，其前提条件之一是要有不法侵害存在。在相互斗殴的场合，因双方都有不法侵害的故意，客观上也实施了侵害对方的行为。因此，双方都不具备正当防卫的主观条件，不存在正当防卫的前提。

（2）在司法实践中，判断某一行为属于互殴还是正当防卫，可以从行为人主观上的认识因素和意志因素两个方面来进行。从认识因素来说，互殴行为一般多具有预谋性，行为人对互殴的时间、地点、相对人比较明确，有相对具体的计划，为之作出充分准备，并很可能携带互殴所需凶器等。而正当防卫行为多具有突发性，侵害事件突然发生，行为人对该侵害事件发生的时间、地点以及相对人事先并不明知，为了保护自己的合法权益，被迫采取措施进行抵御或者反击。从意志因素来说，互殴行为具有主动性和不法侵害性，互殴行为人主观上都有侵害对方的故意，在侵害对方的故意意图支配下，其行为往往表现出明显的主动性，斗殴双方一般会主动地采取促使其侵害意图达成的多种措施以使对方遭受侵害，并积极追求或放任对方伤害结果的发生。正当防卫行为则具有被动性和防卫性。在突遭他人不法侵害的情况下，防卫人没有选择的余地，只能被动地采取措施，加入到事件中。其可能被动地防御，也可能主动地反击，但不管以何种方式，行为人的主观目的在于制止不法侵害，保护合法权益，行为表现出防卫性和一定的节制性。

2. 辩护人以被告人行为没有杀人动机为由，将故意杀人定性辩解为故意伤害犯罪。

答辩要点：犯罪动机和主观故意并不能等同，两者虽有联系但更有区别。犯罪动机是指刺激犯罪人实施犯罪行为的内心起因，相同的动机作用在不同人身上可以诱发不同犯罪行为，动机与行为之间具有递进性，但不具有对合性，因此不是刑法评判此罪与彼罪的依据，只是量刑评价依据之一，因此，以动机来否定行为性质本身不具有客观性。

3. 被告人或辩护人以本案属于民间纠纷引发为由，要求从轻处罚或者认为不构成聚众斗殴、寻衅滋事罪。

答辩要点：司法实践中的民间矛盾，是指公民个人之间在日常生产、生活中，对生活琐事、债权债务、相邻关系等民事关系或民事交往中发生的纠纷，因处理不当而引发的矛盾，具有以下三个特点：一是矛盾主体相对固定，一般仅限于具有特定民事关系或民事交往的双方之间，如婚姻家庭纠纷一般只发生在有婚姻家庭关系的成员之间；邻里纠纷一般只发生在土地、房屋有相邻关系的公民之间；其他民事纠纷也是基于有民事关系或民事交往的主体之间。因此，因民间矛盾引发的犯罪案件中，被告人与被害人之间，一般都相互认识。二是矛盾的引发原因复杂琐碎，有的是矛盾主体在共同生活中因生活习惯、情感表达方式、为人处世方式等有差异而引起；有的是因矛盾主体之间互有成见，相互攀比、诋毁等；有的是因债权、债务纠纷处理不当等。总之，日常生产、生活中的诸多琐碎事情均可能成为引发民间矛盾的原因之一。三是从矛盾产生到激化有较长时间的积累演变过程。民间矛盾在生产、生活中比比皆是，但大多数矛盾，都会随着时间的推移、空间的转移或矛盾主体之间的相互协商、谅解，从而淡化或根除，只有极少部分的民间矛盾，因矛盾主体之间互不妥协让步，经长时间积累演变，越发激烈、突出，最终激化，导致矛盾主体一方甚至双方采用暴力手段予以解决，从而引发刑事犯罪案件。

本案中情况不属于民间纠纷……（结合案情具体分析）

4. 辩护人以被告人没有杀人预谋为由，将间接故意杀人辩解为故意伤害犯罪。

答辩要点：行为人属于间接故意杀人还是故意伤害致死，关键是区分主观故意内容。间接故意是指行为人明知自己行为会发生危害社会后果而放任危害后果发生的心理态度。我国刑法坚持主客观相一致原则来定罪量刑，可以从本案被告人的行为来分析其认识因素和意志因素：一是行凶凶器……二是打击部位……三是行凶力度和频率……四是行为后果……五是对作案后果的态度……（结合案发原因，作案的环境、工具、打击部位及强度和对后果的态度等进行论证分析）因此，被告人行为主观上有杀人故意，客观上是杀人行为，根据《刑法》规定构成故意杀人罪。

5. 辩护人以强奸案件中被害人反抗不强烈或者有条件逃跑而不逃跑为由认为不构成强奸罪。

答辩要点：强奸罪的本质构成是违背妇女意志与妇女发生性关系的行为，而违背妇女意志的表现形式，不仅表现为使用暴力制伏、捆绑、按住手脚逼其就范，也包括对其实施精神强制使其不敢反抗、不能反抗的情形，只要被害人在这种情况下被迫发生性关系，就符合强奸罪的构成条件。司法实践中，许多被害人由于性格懦弱或者社会经历简单、社会经验不足，或者由于陷于孤立无援的境地而不敢反抗，被迫与被告人发生性关系的行为，只要是违背其意志的，都符合强奸罪的构成特征，并不要求被害人在所有情况下都强烈反抗才成立违背妇女意志。

6. 被告人经司法机关盘问即交代自己的罪行，要求认定自首。

答辩要点：形迹可疑是指有关组织或者司法机关在没有任何证据表明被盘问人可能涉嫌某项犯罪的情况下，仅因为被盘问人表现不正常，神色慌张，行踪诡异，而使有关组织或者司法机关对其产生怀疑。有犯罪嫌疑是指司法机关掌握一定的线索或者证据，说明该人可能涉嫌某项犯罪。区分形迹可疑与犯罪嫌疑，主要看在盘问时对被盘问人的怀疑是否有具体的依据与刑事犯罪相联系。如在被盘问人身上发现有疑似与犯罪有关的赃物、凶器、可疑血迹等，应当认为有犯罪嫌疑。就本案的情况而言……（结合案情、证据进行论证）

7. 被告人以作案后没有立即逃离作案现场，被出警公安人员在现场附近抓获为由，要求认定自首。

答辩要点：被告人在作案后没有及时逃离现场，被接警后赶赴现场的公安民警当场抓获。要区分情况进行答辩：（1）被告人无能力逃跑或无逃跑可能，如被被害人堵截、被围观群众围困，或者醉酒、受伤无法逃走的，虽然在现场被抓获，但如果没有事先报警等主动投案表示的，不符合自首的主动性，依法不能成立自首；（2）被告人有能力逃跑或有逃离可能，而被告人滞留在现场附近被抓获归案，如果作案后被告人没有自己报警或委托他人报警以及不知道警察会来的，不符合投案的主动性，依法不能成立自首。对于被告人没有逃离现场的行为，客观上有利于案件的查办，被告人如果如实供述、具有愿意接受司法机关依法处理的行为，可以作为酌定从轻情节考虑，结合案件的其他情节综合考虑决定量刑；（3）被告人有能力逃跑或有逃离可能，明知警察会来而滞留在现场附近被抓获归案，应当认定为自首。

8. 被告人如实供述同案犯的共同犯罪事实，提供同案犯的通信联系方式等，公安机关根据这些情况抓获同案犯的，要求认定构成立功。

答辩要点：关于提供同案犯情况是否构成立功问题，认定被告人协助司法机关抓获同案犯是否构成立功，应当根据被告人在抓获同案犯中是否确实起到了协助作用来判定。被告人如实供述自己的犯罪事实应当包括共同犯罪中同案犯的基本情况，包括同案犯姓名、住址、体貌特征、联络方式等信息。只有被告人提供了不为有关机关掌握或者有关机关按照正常工作程序无法掌握的同案犯藏匿的线索的，应认定为立功。提供的线索应该是有关机关按照正常工作程序无法掌握的线索。现实生活中，手机等通信工具已经非常普遍，罪犯供述所知的同案犯时，作为侦查人员自然应该问及手机等联系方式，被告人如实回答同案犯相关通信信息，应属于如实供述所知同案犯的基本内容。公安机关在此基础上，确定并抓获同案罪犯的，对供述同案犯手机号码等情况的被告人，尚不能作为提供线索协助抓捕而构成立功（但可以认为供述态度较好，酌情予以从宽）。

9. 被告人或辩护人以被害人行为有明显过错或对矛盾激化负有直接责任为由，要求对被告人从轻处罚。

答辩要点：根据司法实践，所谓“明显过错”，是指从法律规定、道德要求上综合考量，矛盾的产生系被害人一方有违法行为或违背社会伦理道德、善良风俗的行为。如婚恋关系中被害人以维系恋爱关系为由长期索要行为人钱财；或在分手之后长期骚扰、纠缠行为人；对行为人隐瞒真相、同时与其他异性发生性关系等。所谓“对矛盾激化负有直接责任”，是指被害人一方在矛盾产生之初并无明显过错，但是在处理矛盾的过程中，采取不恰当的方式方法，直接激化、加剧了矛盾，刺激了行为人的犯罪心理，如被害人在争执过程中图口舌之快，言语上辱骂、挑拨、刺激行为人等。通常，此类案件很难查清引发矛盾的根本原因，双方当事人对案件起因都无明显过错或者都有一定过错，但在矛盾发生后，由于被害人对矛盾处理的方式不当而激怒行为人，从而引发故意杀人案件。此种情况，虽然不能认定被害人对案件发生有明显过错，但应当认定其对矛盾激化负有直接责任。

综上，本案的案情不符合上述情形……（结合案情具体分析）

10. 辩护人以被告人行为不合常理而提出推断被告人系精神病人的辩护意见，由此要求进行精神病鉴定或者重新鉴定。

答辩要点：（1）刑法上所称的精神病是指辨认和控制能力削弱的情形。医学上对精神病的界定，指的是有心理功能障碍，并且严重地干扰到正常生活；现代立法上称之为“精神障碍”；从理论上讲，现实中存在的一些变态心理、人格障碍等，都属于大概念的精神病范畴，但如果没有达到完全丧失或部分丧失辨认和控制能力的程度，就不属于刑法所指的精神病范畴。（2）被告人是否属于精神病人，本案已经有司法鉴定意见，且鉴定主体、鉴定程序、鉴定方法均符合法定要求，应当予以采信。(3) 案件事实表明，被告人作案动机明确，思维、意识清晰，行为活动、自我保护意识正常，没有精神病的行为症状，辩护人仅以“正常人不可能如此作案”等解释存在精神病可能，显然缺乏说服力，不存在需要（重新）鉴定的充分理由。

11. 辩护人对“多因一果”的案件，对犯罪行为和危害后果之间的因果关系进行辩解。

答辩要点：(1) 根据刑法中因果关系的通说，在先前行为和危害后果之间只要不存在介入因素，就不能否认二者之间存在因果关系。如果存在介入因素，就要考虑介入因素是否切断了原来的因果关系。本案中的原因行为就是被告人的犯罪行为，辩护人所提的……都属于介入因素，这些介入因素没有切断犯罪行为与危害后果的因果关系；(2)（在伤害案件中）从本案被害人的受伤（死亡）原因看，导致被害人受伤（死亡）的原因是被告人的加害行为，被告人行为与被害人受伤（死亡）之间具有直接的、必然的因果关系。法医鉴定意见表明被害人受伤（死亡）原因是遭受严重暴力侵害，导致被害人身体损伤（分析损伤部位、创口、结果），正是其加害行为，直接导致了本案危害后果的发生；(3)（若辩护人将救治不及时等原因作为死亡主要原因辩解）根据医院治疗记录反映，被害人被送到医院后及时进行了相应性救治，但受到相关医疗技术和水平的限制，对本案损伤如此严重的被害人，负责救治医院的医疗技术也回天乏术。从治疗记录看，医院不存在延误救治的情况，已尽到了人道主义救助责任，对本案被害人死亡结果的发生不负有责任。

12. 同案多罪名、多事实的案件中，各犯罪事实之间应作为相互影响量刑的情节考虑，辩护人采取偷换概念的方法，就被告人此前未接受过刑事处罚的事实而提出初犯、偶犯的辩护意见。

答辩要点：必须明确“未接受过刑事处罚”与“初犯”“偶犯”是完全不同的概念。“初犯”指的是初次实施犯罪行为的人，不是初次接受刑事审判的人；“偶犯”指的是基于一定客观原因而偶然实施犯罪行为的人，同样不是初次接受刑事审判的人。相反，本案中，被告人多次实施犯罪行为，不论犯罪行为的性质异同，均足以反映其对法纪的藐视，体现了很大的人身危险性，当然，更谈不上是法律意义上的“初犯”“偶犯”。

二、控辩双方寻找辩点示例

理论是灰色的，生命之树常青。尽管前文列举出了诸多寻找辩点的方法，但可能很多人一遇到具体案件，就不知如何下手去寻找辩点。为此，特举出案例，试从控辩双方如何运用好手中的事实证据方面，谈谈抓辩点的基本方法。

司法实践中，所有案件的辩点确定，都是控辩双方带着案件的事实证据和法律适用方面的问题去寻找的，其中对于证据的运用尤其重要。办案中，检察官、律师应当运用综合分析方法对在案证据进行分析，找出案件中存在的辩点。证据综合分析法，就是把各单个证据串联起来，形成证据整体，构筑证据体系，对全体证据进行归纳概括。综合分析是以单个证据的叠加，堆积起整个犯罪构成的脉络和体系，说明在整个犯罪构成要件中，证实每一个犯罪构成要件事实的证据都确实充分，无懈可击。这一部分可以作为法庭上公诉意见书、辩护词中对证据的分析基础，也是综合归纳能力的体现。对证据分析论证，应当具有逻辑性，论证思路要清晰，论证理由要严密，可以先对各个证据进行分析，然后运用证据理论，从法理、情理、道理的角度，阐述证据的可采性以及证据体系的严密性，这是证据综合分析的技巧。

（案例46）下面就一起强奸疑案，重点进行证据综合分析：

一、起诉意见书认定的犯罪事实与意见

2013年2月23日凌晨，犯罪嫌疑人蒋某某在某某市某区某某街某KTV女厕所内，趁被害人李某某醉酒后意识模糊之际，违背其意志，对其实施强奸。

犯罪嫌疑人蒋某某的行为涉嫌强奸罪。

问题：

是否能认定蒋某某构成强奸罪；

控辩双方如何找出为我所用的辩点。

二、争议的事实及证据

（一）案件事实

经审查，2013年2月22日晚，被害人李某某在某某市某区某路某酒吧喝酒，与酒吧营销员赵某某相识。23日凌晨，李某某与赵某某一起去某区某路旁的一家酒吧喝酒，两人共喝了4瓶啤酒。当日两三点，在李某某的坚持下，两人又去某区某某街某KTVA08包厢唱歌，其间两人共喝了12瓶小瓶装啤酒。因赵某某觉得被害人李某某酒后太闹对其反感，在李某某挽留后仍执意离开。

当日5时许，被害人李某某至旁边的A03包厢抢话筒唱歌、脱外套、砸酒瓶。后该包厢内客人将KTV领班、犯罪嫌疑人蒋某某叫来处理此事，因见李某某酒气很重，蒋某某将其扶至洗手间。扶到洗手间走廊后，监控录像显示，李某某疑似摔倒在卫生间门口，蒋某某将其扶起后挥手示意李某某自行进入卫生间，李某某上前与其说了些什么，蒋某某再次将其推开，后两人进入洗手间。此后，二人在洗手间内发生性关系。18分钟后，犯罪嫌疑人蒋某某先从洗手间内出来去了二楼，两三秒后，被害人李某某跟随其后从洗手间内出来。

被害人李某某出来后，服务员陈某将其扶到A17包厢门口，李某某又将陈某拉入包厢搂抱，陈某遂离开。之后李某某跑到A03包厢，与里面的客人说被该KTV的一个男服务员拉到洗手间强奸了，明天要报警。十几分钟后，李某某至大厅吵闹五分钟后踢门离开。

2月23日15时11分，被害人李某某至某派出所报案。同日19时30分，某KTV经理党某某电话通知犯罪嫌疑人蒋某某到单位上班，公安机关在该处将蒋某某抓获。

（二）在案的证据及控辩双方的辩点分析

1. 物证、书证

（1）抓获经过（来源：某派出所，特征：原件，提取和保存方式：书面）

证明：2013年2月23日15时11分许，某派出所接到被害人李某某报案，称其于当日凌晨在某KTV厕所内被人强奸，经调看案发时段的监控录像发现该KTV服务员蒋某某有重大嫌疑。当日19时30分许，办案民警至该KTV，由该店经理党某某电话通知犯罪嫌疑人蒋某某到单位上班，后将其传唤到派出所讯问。

控方：本案案发自然，被害人没有陷害被告人蒋某某的意图，说明被告人确实存在违背妇女意志的情况。而违背妇女意志，是强奸罪的本质特征。

辩方：报案时间与案发时间间隔了十几个小时，这段时间发生了什么；被害人有没有与他人商量过；为什么不在被性侵后立即报警？这些都存在疑问，并不能得出案发自然的结论。

（2）户籍证明（来源：某派出所，特征：原件，提取和保存方式：书面）

证明：犯罪嫌疑人蒋某某的身份情况。

（3）前科证明（来源：××派出所，特征：原件，提取和保存方式：书面）

证明：犯罪嫌疑人蒋某某在该辖区内暂未发现违法犯罪记录。

辩方：被告人没有前科，说明他本来是一个守法公民，如果不是被害人引诱，他不可能主动实施强奸行为。

（4）急诊报告单（来源：××医院，特征：原件，提取和保存方式：书面）

证明：李某某的血清乙醇测定结果为28，大于参考值10，临床诊断为头晕。

控方：证实被害人当晚处于醉酒状态，而不是伪装出来的，因而被害人关于自己醉酒的陈述真实可信，被告人正是利用妇女醉酒之机与其发生性关系，这符合强奸罪的构成特征。

辩方：不否认被害人当晚处于醉酒状态，但是醉酒程度不能确定，说明被害人并非毫无意识、毫无反抗能力。

（5）情况说明（来源：某派出所，特征：原件，提取和保存方式：书面）

证明：2013年2月23日，被害人李某某去某派出所报案称其在某KTV被强奸。被害人李某某在案发时处于严重醉酒状态，无法辨认犯罪嫌疑人。

控方：虽然无法辨认出被告人，但双方发生性关系客观存在，因而不影响案件事实的认定，反过来说明被害人案发时确实处于醉酒状态，同时又进一步证明被害人不是有预谋地想陷害被告人。

2. DNA鉴定书（来源：某某市公安司法鉴定中心，特征：原件，提取和保存方式：书面）

证明：受害人李某某内裤检出人精斑和李某某左乳拭子检出的DNA，均支持为犯罪嫌疑人蒋某某所留。李某某阴道拭子人精斑检验均为阴性反应，均未检出DNA。

控方：稳定的客观性证据，足以证明被告人确实与被害人发生了性关系。

辩方：阴道内未检出精斑，因而有无奸入、是否既遂无法通过客观性证据确认；内裤上检出精斑等说明双方确有亲密接触及性行为，但不能就此判断是在违背妇女意志前提下实施。

3. 视听资料（来源：某派出所，特征：原件，提取和保存方式：光盘，卷外）

证明：通道19的监控录像，2013年2月23日5时35分31秒始，犯罪嫌疑人蒋某某双手架着李某某向洗手间走去，5时35分56秒在洗手间门口似有纠缠，蒋某某松开她。有一男子和保洁员围观，被蒋某某劝开。蒋某某在洗手间门口站了一会儿，用手指着洗手间门，示意李某某进去，并与其说了几句后将其推向洗手间，自己站在原地不动。5时36分50秒二人进入洗手间。5时54分25秒蒋某某从洗手间出来，步伐适中，神态无异常。两三秒后，李某某随后出来，边走边系外套的带子，还与周围围观的人讲话。两人在洗手间期间有人在门口抽烟，也有人从洗手间门口经过，还有人去卫生间，都未出现异样反应。通道18的监控录像，2013年2月23日6时4分8秒始，李某某在大厅叫骂，从体态手势情况看，情绪激动，步态不稳，且与工作人员有肢体冲突，现场工作人员有好几人，李某某于6时9分6秒踢开大门离开。

控方：监控录像显示，被告人确实进入女厕所；确实存在乘人之危的情况；确实明知被害人已经醉酒、无法正常表达自己的意志与要求；被告人在这种情况下与被害人发生的性关系，完全是利用了被害人醉酒这一特殊身体状态；发生性关系之后，蒋某某迅速逃脱，明显是做了亏心事之后想迅速摆脱的样子，说明他也知道自己与被害人发生性关系对方不是自愿的，担心被害人回头告发他，所以迅速离开；而被害人的表现恰恰证明，被害人发现自己被性侵之后立刻反应强烈，又因为确实处于醉酒状态而无法找到被告人，只能向周边人员诉说求助，这正反映了她正常的心态。如果是自愿的，她不可能当着那么多人的面宣称自己被强奸，但由于处于醉酒状态，她又无法像正常人那样选择立刻报警，所以才在回住处休息并酒醒之后报警。因而本案发生自然，而且监控录像客观地记录了上述情节。

辩方：监控录像表明，双方在发生性关系之后均神态自若，不能反映出被害人有被强制的情况；是被害人主动要求被告人进入女厕所，被告人为此还十分犹豫，但由于被害人强烈要求，他为了帮助被害人才进入女厕所；从周边人员的反应来看，根本看不出双方在洗手间内发生了什么，如果被告人使用暴力手段实施强奸行为，洗手间有那么多人进进出出，必然会在监控录像中有所反映，但我们根本看不到这一情况，说明双方发生性关系是在自愿的情况下进行的。

4. 证人证言

（1）证人陈某（男，17岁，某KTV工作人员）

笔录摘要：2013年2月23日3时许，我看到一个女的和一个男的一起去洗手间，这个女的应该喝多了，走路在摇晃。我再看到这个女的是5时许，当时A03包厢按服务铃，我就过去了，看到我前面见的这个女的正在砸酒瓶，包厢里的其他人让我把她拉出去，说不认识这个人。我把这个女的扶到A01包厢门口，这个女的就躺在地上不动了，她自己在地上爬，爬到VIP包厢对面的一个吧台，靠在上面，这个女的醉了，嘴里喊着宝贝。后来这个女的冲进A03包厢，脱了外套，抢话筒唱歌，唱了几句就把话筒扔了。这个女的被保安扶到大厅后，就躺在大厅骂人。我叫领班蒋某某来处理此事，蒋某某把这个女的扶到A12包厢，问这个女的是否要回家。这个女的就说要去洗手间，蒋某某扶她去洗手间，扶到洗手间走廊时让她自己进去，这个女的不愿意，叫了几声，把蒋某某拉进洗手间。我在洗手间外站了大概一分钟就离开去了大厅。过了大概5分钟，我用前台电话打给蒋某某，他没接，过了一分钟蒋某某从洗手间的走廊到了大厅后直接去了二楼，又过了两三秒，这个女的出来了。我就扶她到A17包厢门口，这个女的把我拉到包厢里面，亲我，然后抱着我，我看情况不对就跑掉了。之后这个女的又跑到A03包厢闹，说她被某KTV里面的一个男服务员拉到洗手间强奸了，客人就笑了，这个女的就说你们某KTV完蛋了，明天就报警，这个女的又跑到大厅闹，我就说了她几句，我还报警了，让警察来处理这个事情。这个女的闹了一会就走了，蒋某某看到这个女的走了就打电话报警说闹事的人走了，不用来了。我确定这个女的喝醉了，因为她走路摇晃，站不稳，在地上爬而且说话语无伦次，我闻到她嘴里有吐了的味道。蒋某某和这个女的进女洗手间到出来用了10分钟，她从卫生间出来的时候没有什么异常。

证明：2013年2月23日5时许，有一个女的喝多了，走路不稳行为异常。犯罪嫌疑人蒋某某接到服务员陈某的电话后将其扶到洗手间门口，被其拉入洗手间内。两人在洗手间逗留约18分钟，该女子晚于蒋某某两三秒走出洗手间，无任何异样。后陈某扶该女子到A17包厢门口，被其拉入该包厢又亲又抱。在陈某离开后，该女子进入A03包厢，声称自己被某KTV的一男性服务员拉到洗手间发生性关系。

存在的问题：其证言说其报警了，但卷内无该报警记录。

控方：通过陈某证言可知，当晚所有人都知道被害人已经醉酒，无法正常表达自己的意志；同时明确证明被告人在此情况下将被害人带进洗手间，并在里面逗留约18分钟，有足够的作案时间；此外，从被害人事后的表现来看，被害人当着那么多人的面宣称自己被强奸，要告发某KTV，说明被害人确实是不愿意与他人发生性关系的。

辩方：陈某证言能够证实，是被害人强烈要求被告人扶她上洗手间，被告人躲避不了，只好根据她的要求照办。因此，被告人在被该女强行拉进洗手间、强行要求发生性关系的情况下与被害人发生性关系，怎么可以得出被告人构成强奸罪的结论呢？

（2）证人姚某某（女，52岁，某KTV工作人员）

证明：2013年2月23日3点多，A08包厢有一个女的喝多了，到处跑到处骂人，一个人在包厢里叫。大家不敢跟她说话。后来她跑到A03包厢喝酒，但A03客人说不认识她。这个女的又哭又笑，领导想把她拉出去，她就往地板上一躺，还大声叫骂，后来姚某某在一楼厕所门口看到过她，她叫着要上厕所吐，然后坐在厕所门口地板上。姚某某看到服务员领班蒋某某在女厕所门口扶她，叫她自己去上厕所，之后姚某某去搞卫生了，其他情况不清楚。后来这个女的在大厅里大吵大闹，她在 A08 包厢和 A03 包厢都喝过酒。

存在的问题：姚某某的证言与其在监控录像中的行为有不符之处，根据录像反映，她对该女子的活动还是比较关注的，尤其是在蒋某某与李某某进入卫生间之后，其有在远处观察、向他人指点等动作，并非如其所述去搞卫生不清楚。

控方：姚某某的证言反映出被害人确实已经醉酒，无法正常表达自己的意志，对此可以说当晚在场人都能够判断，作为领班的被告人蒋某某也不难判断，他是在明知被害人处于醉酒状态、无法正常表达自己的意志时趁机与其发生性关系，显然属于违背妇女意志；同时通过女保洁员姚某某就在厕所旁边这一事实，也反映出蒋某某有强奸的故意，因为如果没有强奸的故意，作为女人的姚某某就在旁边目击，他完全可以把这种上厕所的事交给女人去办，而他却不避讳，不顾男女有别，扶被害人上厕所，本身就存在乘人之危的心理，事后的事实也确实证明了被告人的这一心态。

辩方：姚某某的证言反映出，被害人当晚举止轻浮、随便搂抱男人，让人误解她有可能自愿与他人发生性关系；被告人也是在帮助被害人，而不是乘人之危；结合监控录像，可以反映出厕所周边有很多人，如果是强奸，那么包括姚某某在内的人都能够发现，而对此所有人都不能反映出被告人有强奸的行为，因此不能认定被告人存在违背妇女意志的情况存在。

（3）证人赵某某（男，22 岁，某酒吧营销人员）

笔录摘要：2013 年 2 月 22 日晚上，我在某路酒吧工作，是一名营销员。那天中途我认识了李某某，当时她和另外一男一女在酒吧喝酒，李某某喝的是洋酒，一种威士忌。到 23 日凌晨，她和我们（还有一个男的在中途下车）一起去了某路旁边一家酒吧喝酒，我们喝的是大瓶的啤酒，有四瓶，她喝得比我多。当时我看见她有喝多的感觉，人很兴奋。喝到两三点的时候，她提出要去唱歌，我建议她回去睡觉，但她坚持要去唱歌，我就陪她去了某 KTV 唱歌，就我们两个人，在唱歌的时候我们又一起喝了 12 瓶啤酒（酒吧里喝的啤酒，小瓶的）。我发现李某某喝酒后特别能“闹”，所以最后我有点反感，付了 158 元钱自己回家了。她本意是想让我继续陪她的，因为她太“闹”了，我对她有点反感所以就说要走，最后她同意我走，所以说我走的时候她是知道的。我总感觉，在我走的时候她已经喝多了。那天她可能对我有意思，所以就一直纠缠着我，不让我走。

证明：被害人李某某在去某KTV前喝了酒，且酒后很兴奋。在某KTV时亦喝了啤酒，酒后很“闹”，且一直纠缠赵某某，赵某某走的时候她是有意识的。

控方：说明被害人当天确实处于醉酒状态，无法正确表达自己的真实意志。

辩方：赵某某的证言再次证明，所谓的被害人酒后很“闹”，只是由于赵某某借故逃离，被害人无法发泄，所以才会有当晚的种种举动，最终找到了被告人。

5. 被害人的报案情况及陈述

被害人李某某（女，22岁，住某某市某区××园96号，J2p. 5）

笔录摘要：2013年2月22日21时许，我和一男性朋友在某路某酒吧喝了两瓶洋酒，在1时许，和这个在某酒吧认识的男性朋友到某路和某里交叉口的一家饭店吃饭，其间我又喝了两瓶啤酒，在3时左右我们又到某某街某KTV唱歌，当时我们点了十多瓶啤酒，最后只剩了没几瓶。我朋友在4点多先离开了，我就留在包厢里喝了一会儿酒，又到隔壁包厢去玩了一会，等隔壁包厢的人也走了我就去了厕所。我不记得是如何去厕所的，不知道什么时候我有意识感觉我的裤子没穿好，我回头看到一个男的正在我身后强奸我，后来我也不记得怎样了，看到那男的穿好裤子出去了，我也稍微整理了一下衣物追出去，但是没追上。发现被强奸时我没有呼救，我不清楚当时厕所里有无其他人，也不记得被强奸时的动作状态。我被强奸的时候，曾经有点意识，然后扭头发现背后正站着个男的在强奸我，这个男的我以前没有看到过，他穿着某KTV的工作服，上身穿白色衬衫，外面套个马甲。我意识当中该男子的生殖器在我的阴道里，但是我不记得该男子有无射精及强奸的时间有多长。后来我到某KTV一楼大厅去说理，但是没人理会我，因为我当时喝多了就直接打车回家睡觉，直到14点多醒来打电话报警。

（你喝了多少酒？）我和三个朋友在某酒吧喝了2瓶洋酒，兑了8瓶软饮，在饭店我自己喝了2瓶啤酒，后来我和男性朋友在某KTV喝了10瓶啤酒。

（你有没有喝醉？）我喝酒了，意识有点模糊。

（你被强奸时衣物状况是怎样的？）我当时上衣是穿好的，裤子被脱到小腿处。

（你平时做什么工作的？）过年前我一直在酒吧做煽动酒吧气氛的工作，过年回家，2月10日再回某地，现在暂时没有出去工作。

（你为什么现在才来报案？）因为当时喝了太多酒，没有力气，意识也不是很清楚，只想睡觉，我就自己打车回去睡觉了，到了15时11分许，我睡醒想起来自己被强奸了，就马上报案了。

证明：2013 年 2 月 23 日 3 时许，被害人李某某与一个当晚在酒吧认识的男性朋友喝了酒之后去某 KTV 唱歌喝酒。4 时多，李某某在朋友离开后去厕所，因喝酒而意识模糊，有意识时发现正被身后一男子强奸，无呼救，具体强奸的过程记不清楚。事发后，被害人李某某自行打车回家，于当日下午睡醒后报案。

存在的问题：其所陈述的内容与监控录像显示的内容不一致，尤其是在进洗手间前后的动作、反应、与蒋某某间的身体接触情况等，以及出洗手间之后的表现，都与其陈述有出入，也与证人证言反映的情况不吻合，其陈述只有裤子脱下，也与 DNA 检验报告中从其左乳提取到蒋某某的 DNA 情况不符。

控方：尽管被害人不能清楚表明整个案发情况，但她对于自己被强奸的情节有基本的叙述，而且证实其确实在醉酒没有意识的情况下被人性侵，尽管她没有呼救也没有当场报警，但对于为什么会出现这种情况，其解释是合理的，也就是由于酒实在喝得太多，无法抗拒、无法正常表达自己的意志，所以在酒醒之后才报警，这些都完全符合正常情理，说明被害人的陈述是客观真实的，而且对于被告人特征的描述也是客观的，只看到被告人穿着服务员的工作服，不知道是谁，说明被害人并无陷害被告人的预谋与行为。

辩方：被害人的陈述与监控录像这一客观性证据所反映的内容明显不符，是她自己要求被告人扶她进洗手间，而且既然能够看到被告人正在强奸她，那么至少完全有能力表示不自愿或者反抗，因为她并非处于孤立无援的房间，而是在人来人往的卫生间里，只要稍微有一点反抗，就完全能够得到帮助。而且所谓被强奸时有一点意识，发现自己正在被强奸这个说法完全违反情理，所谓整理好衣物之后追出去的说法，也与监控录像反映的内容完全不同，录像里反映出被害人是边整理衣物边出去，而且神态自然，根本没有追的意思。可见，被害人是故意隐瞒自己自愿与被告人发生性关系的情节的。

6. 被告人的供述和辩解

被告人蒋某某在侦查阶段共有 5 次讯问笔录，均承认与李某某发生过性关系，但否认强奸的事实，认为是双方自愿发生的性行为。

（1）被告人蒋某某于 2013 年 2 月 23 日依法所作的供述（时间：21：45～23：02，地点：某某市公安局某区分局刑事侦查大队，讯问人：刘××、张××，特征：原件）

笔录摘要：我是某某街某 KTV 的领班，2013 年 2 月 23 日 5 时许，A03 包厢的客人投诉有陌生女子在他们包厢里面唱歌，我去了以后一看是 A08 包厢的女客人，我知道A08包厢的其他客人已经离开了，我看到那个女的喝多了，劝她离开A03包厢不要影响其他客人，我把她扶到了A16包厢门口，她因为喝多了就趴到了地上，而且说自己的手机钱包在A03包厢里，我就叫服务员陈某帮她到包厢里将她的衣服手机拿给她，这个女的穿好衣服以后就说要上洗手间，我看她已经摇摇晃晃走不稳了，怕她摔倒就扶着她到了女洗手间门口，她又因为实在是醉得很厉害瘫坐在地上站不起来，这个时候有其他人来围观，我对他们说没事并让他们先离开了，就在这个时候，因为我也喝了半瓶多红酒，就对她有点想法，然后我就把她扶进了右手边最外面的女厕所蹲坑，到了单间里面我扶着她并把厕所的门关上，她就蹲下去脱了裤子小便，我本来想走的，但是她的手始终拉着我的衣服，我就没有离开等她，她小便完以后站起来裤子都没穿就抱着我，然后又转过去说“我要！我要！”，我就脱了自己的裤子，从后面抱着她和她发生了性关系，然后我穿好了自己的裤子，她也穿好了自己的裤子，问我是不是喜欢她，我说我有女朋友，她就问我是不是不想负责任，还打了我一巴掌，说她不是好欺负的，我就马上离开厕所了，她就追出来大喊大叫有人强奸她，还在店内闹了一会儿，后来就自己离开了。

（和你发生性关系的女子喝了多少酒？）我不清楚，但是我看她已经喝多了，走路也走不稳，应该是喝醉了，不然也不会在厕所里和我发生性关系。

（你和她发生性关系时她有没有反抗？）她没有反抗也没有呼救，她因为喝醉了才会和我发生性关系的，我想她如果没有喝醉也不会这么做。

（你为什么要和她发生性关系？）我当时是因为喝了酒，对她也有点想法，但是我没有想过用暴力去强迫她发生性关系，就是看她喝多了。

证明：2013年2月23日5时许，被告人蒋某某明知被害人李某某处于醉酒状态，还产生与其发生性关系的想法，后在李某某的引诱下与其在某KTV女洗手间发生性关系。

（2）被告人蒋某某于2013年6月7日依法所作的供述（时间：14：32～15：40，地点：某某市某区人民检察院，讯问人：×××、××，特征：原件，卷外）

被告人在审查起诉阶段所供述的事实与在侦查阶段的基本相符，对细节有了更具体的描述，以下仅摘录公安机关未问及的部分。

笔录摘要：（是谁关的厕所门？）是我关的门。门是朝里的，她先进去之后，因为我是扶着她的，所以她就拉着我也进去了。因为厕所的隔间比较小，所以我必须要关上门才会有两个人的空间，但我没有锁门。

（李某某在上厕所，你为什么不出来，而是选择把门关上留在里面？）因为她拉着我不让我出来，她用手把门推住。她蹲下来小便的时候没有把门推住，但是我看她已经在小便了就想等她小便完再扶她出去。

（你是何时想要和李某某发生性关系的?）是她抱着我之后。她小便完之后没穿裤子就直接站起来抱住我，说“我要我要”，还发出“嗯嗯”的声音，然后就把臀部对着我。因为我也喝了酒，这个时候就有想法了。我觉得她说了这两句话，还抱着我，所以她是有意识的，我也喝酒了，所以当时没多想就跟她发生性关系了，现在想来很后悔。

（李某某的左乳检测出你的DNA，这是怎么回事?）她抱着我的时候，我就亲了她的乳房，然后她说“我要我要”就转过身去了。就是在她抱着我的时候，我产生了跟她发生关系的想法。

（你觉得她当时有没有把你当成别人?）没有。

（你为什么会认为她想敲诈一笔?）因为我的上一级胡小某说那天晚上我们发生关系之前他看到她去了好几个包厢玩，还经常抱着其他男的。

（你是否接受刑事和解?）一万元之内我愿意赔偿她，我觉得我没有强奸她，但是这个事情发生了也对她造成了伤害，所以愿意赔偿她。

证明：犯罪嫌疑人蒋某某因被被害人李某某拉住进入厕所间，在李某某抱住他后产生与其发生性关系的想法。蒋某某认为李某某虽醉酒，但当时是有意识的，且李某某在与其发生性关系前搂抱过多名男性。

控方：从被告人的供述可以看出，被告人明知被害人已经烂醉，无法进行正常的、准确的意思表达，在这个时候，他的义务是帮助她摆脱困境，而不是乘人之危与她发生性关系；从被告人关于性关系发生的细节描述看，所谓的被害人主动要求一节，一方面不符合常理，另一方面即使这时被害人有此举动，被告人也应当明知这是醉酒的人无意识的行为，不可能是真实的意思表示，所以不应当与其发生性关系，如果发生了，当然属于利用被害人不知反抗与其发生性关系，同样属于违背妇女意志的强奸行为；而且从被害人的表现也可以反映出被告人违背了她的意志，也就是发生性关系之后被害人立刻打了被告人，并且向别人声称自己被强奸了，如果如被告人理解是被害人自愿的，那么被害人也不可能有这样的举动，这些情节正好与其他证据能够互相印证，证实了被害人上述举动是自然的而不是伪装出来的、案发也是自然的而不是事先安排好的。以上种种表现都充分表明，被告人的行为是违背了妇女意志的强奸行为。

辩方：首先，辩护人认为被告人的供述是可信的，其核心内容在于，发生性关系的当时，被告人有没有意识到自己是违背妇女意志的强奸行为？辩护人认为被告人根本意识不到，因为一方面被害人当晚举止轻浮、有可能自愿与他人发生性关系的表现向被告人传递了一个信息，就是这个人可以随便与别人发生性关系；另一方面被害人强行把被告人拉进洗手间、要求发生性关系的举动又再次向被告人证实：被害人确实是在喝酒的情况下寻求刺激，所以才以这种方式与他发生性关系，因此，从认识因素上看，被告人所认识到的是被害人自愿与其发生性关系；从意志因素上看，既然你情我愿，当然可以和她发生性关系。其次，在发生性关系的时候，如果没有被害人的主动配合，在卫生间隔间狭小的空间里，双方能否完成这么高难度的动作？显然不行，而且，如果被害人表现出一点不情愿、一点反抗的举动，被告人一定不可能继续将强奸行为完成下去，因为外面人来人往，里面毕竟狭小，稍有反抗，立刻暴露在光天化日之下，所以，双方行动配合默契无疑。至于性关系发生之后女方的表现，那是被告人无法控制的，所以我们只能对发生性关系当时的情况进行法律评价，也就是此时被告人有没有违背妇女意志。答案是否定的。当然，被告人不是一个道德水准高的人，没有做到坐怀不乱，但对此我们只能用道德去评价他，而不能用刑法来责难他。因此，作为法律人，我们只能根据犯罪构成要件去对一个行为进行客观评价，而不能凭推测去判断发生性关系当时被害人是怎么想的、究竟要求被告人与其发生性关系是真还是假，更不能站在道德高地上把这些行为当作强奸犯罪去处理。因此，被告人的行为不构成强奸罪。

控辩双方对证据的分析论证：

1. 被告人是否具有强奸的犯意

被告人蒋某某在侦查阶段曾供述说在洗手间门口就已产生与被害人李某某发生性关系的想法，但讯问录像显示该供述是在公安机关办案人员的强力指导下勉强作出的。证人陈某、姚某某的证言以及被告人蒋某某在洗手间门口时让被害人李某某自己入内，后被其拉入洗手间内，现场监控录像也印证了这一说法，可见被告人蒋某某与被害人李某某发生性关系的意图在洗手间门口时还未产生。因此本案并非有预谋的强奸。但对于被害人李某某是醉酒的人，蒋某某应当是有认识的，其对此也是承认的，本案其他证人也能够证实这一情节。

因此，控方的立足点在于，尽管被告人不是有预谋的强奸，但其是在被害人明显处于醉酒状态、无法正常表达自己的意志情况下乘人之危与她发生性关系，属于趁妇女醉酒、不知反抗而与其发生性关系的行为，符合违背妇女意志的构成条件。

辩方的立足点在于，被告人的供述与证人证言、监控录像等完全能够印证被告人供述的真实性，那就是尽管被害人表现出醉态，但她能够向被告人传递自己希望与其发生性关系的信息，而且被告人明显没有使用暴力手段实施强奸行为，双方行为是配合的，因此不是强奸行为。

2. 被害人李某某是否丧失意识和行为能力

被害人李某某在案发当晚饮酒确实较多，但是否是她所陈述的丧失意识，现有证据控辩双方争议较大，控方认为从监控录像上看其有摔倒、走路不稳、瘫倒在他人身上、随意指点他人的表现，醉态是明显的，但同时也有独立行走、似乎较清醒的表现，但至少表明其对身体的控制能力减弱，且这一行为显然不是伪装出来的。被害人李某某的陈述表明其能记得案发当日在强奸之前与别人喝酒的具体情况，自己去过其他包厢并上厕所的情况，强奸之后在大厅骂人以及自行回家的情况，但对于在洗手间发生性关系的过程，其称当有意识的时候才发现身后有一个男的在对其实施性侵犯，辩方认为这样选择性的记忆方式有违常理，可能对事实有所隐瞒。另外，辩护人认为，被害人从洗手间出来时，是独自一人在无人搀扶的情况下走出来的，在大厅也能独立行走，并未丧失行为能力。因此，被害人李某某在发生性关系时是否完全丧失意识存有疑点，但控方认为双方性关系发生当时被害人处在醉酒状态应当无疑。

3. 性关系的发生是否违背被害人李某某的意志

控方认为，在性关系发生前，证人陈某、姚某某的证言证实被害人李某某在进入洗手间之前嘴里喊着“宝贝”等字眼，证人赵某某的证言证实李某某当晚对其“有意思”，处于醉酒状态。

辩方认为，在性关系发生时，鉴定意见证实被害人李某某左乳有被告人蒋某某的DNA，蒋某某的供述也证实了其亲吻过李某某的乳房，在未使用暴力、胁迫等手段的情况下，若只是利用被害人李某某酒醉身体无力，在狭小的洗手间隔间里很难完成上述行为。而且，如果如被害人陈述的她已经丧失了意识，那么就是烂醉如泥，如果是这样，她就根本不可能与被告人配合，性关系根本无法完成，所以被害人这一陈述显然是虚假的。监控录像显示，二人在洗手间期间，洗手间门口有人员出入，他们也并未发现洗手间内有异样，符合蒋某某辩称的在发生性关系时李某某没有呼救的说法，李某某在整个过程中确实没有反抗、呼救等活动。

辩护人认为：在性关系发生后，某KTV现场监控录像证实，蒋某某与李某某相继从卫生间里出来，蒋某某若无其事地迅速走过，李某某跟随其后，边走边系外套上的腰带，似乎还与旁边的人说话（似在骂两个路过的人），当时有三个人，其中两个人在其身后指点并笑，似乎在说其行为不正常，与其自己陈述的从洗手间出来追蒋某某不符。证人陈某的证言证实在李某某从洗手间出来后，其上前搀扶，李某某还把其拉入包厢又亲又抱。该事实表明被害人李某某并没有因在一分钟前被“强奸”而受到身体和精神的创伤。此外，在发生性关系后，被害人李某某在有精力和意识在大厅里吵闹的情况下，并没有选择第一时间报案而是回家睡觉，这似乎也不符合一个正常的违背其意志而被强奸的人的行为规律。

辩护人认为，本案尚有部分证据不足。监控录像上反映的情况还显示，本案尚有相关证据没有收集到案：一是中心现场的情况没有进行勘查并制作现场勘查笔录。本案中心现场位于该KTV卫生间的一个隔间内，现场状况如何、案发后有无痕迹物证，均因未作现场勘查而无从得知，审查起诉阶段检察官到现场实地查看并拍摄了现场照片，但未形成书面材料，没有证据效力。二是监控录像上反映，当天在卫生间周边有多名该KTV的工作人员，包括保洁员、保安、服务员，这些人实际上对卫生间发生的事情是比较关注的，有多人曾驻足观望、等待、对里面进行指点，说明这些人虽然没有进卫生间查看，但对在里面是否会发生什么事情是关注的，表明大家对被害人确实醉酒、蒋某某将其扶入卫生间时间较长的情况也比较关心，而现有证据只有陈某、姚某某的证言，且对当时的情况陈述得不是非常完整客观。三是事后被害人曾在大门口较长时间吵闹，现场也有很多服务员，但公安机关未对这些证人进行询问。

结论：控辩双方的观点总结

公诉人认为蒋某某的行为构成强奸罪的理由是：

1. 现有证据可以证实，被害人在案发当天确有醉酒状态，行为举止明显与正常人不同，如随意搂抱异性、让异性陪其上厕所而不知回避等，对于这种情况，正常人对其处于醉酒状态是能够判断的，这从围观与帮助她的人明显感觉她行为怪异、对其有指点、议论行为上也可以反映出来。在这一状态下与其发生性关系，行为人应当认识到被害人的所有行为可能不是其真实意思的表示，即使存在如蒋某某所供述的被害人向其说“我要，我要”的情节，这一举动也应当是在醉酒失控状态下的、非真实意思的反映。

2. 从被告人蒋某某的职责来看，其是KTV的服务员，负有在客人需要帮助时及时提供帮助的职责，而其之所以帮助李某某，也是职责使然。在这一职责义务的要求下，其应当知道对客人采取积极有效的帮助行为，而不应当乘人之危与其发生性关系。

3. 从当天现场的实际情况看，在李某某要求蒋某某扶她上厕所的时候，旁边就有女保洁员姚某某在场，尽管姚某某有上前观看又退回的表现，但蒋某某如果不存邪念，完全有条件也有责任让姚某某扶被害人到女厕所，而不是由自己扶其进卫生间并且将隔间的门关上，将两人关在卫生间隔间内，让李某某小便。

4. 根据被告人蒋某某的供述，其之所以与被害人发生性关系，还有一个原因是自己也喝多了，有这种想法，说明对于趁被害人酒醉之机与其发生性关系，其存在主观上的故意，而且这种主观故意是不以被害人同意与否为条件的。

5. 从监控录像上反映，两人相继从卫生间出来后，蒋某某在前迅速离开了，李某某紧随其后，虽然看不出有追赶的情况，但作为本来对李某某进行救助的人，蒋某某的行为不符合救助的常理，明显表现出迅速离开现场、摆脱被害人的情状，这与被害人陈述的内容能够吻合。

6. 如何理解被害人事后在大厅里吵闹的情况，公诉人认为，首先这种情况说明被害人确实仍然处于醉酒状态，其次也反映出其与被告人发生性关系这一行为完全是在违背其意志的情况下发生的，否则其不可能如此声张，这也是其意识到自己被强奸后的本能反应。

7. 本案案发比较自然，不存在被害人为敲诈被告人而故意设圈套陷害的可能性。

综上所述，本案证据尽管相对单薄，但现有基本证据可以认定被告人蒋某某存在趁妇女酒醉之机违背其意志与其发生性关系的行为，其行为构成强奸罪。

辩护人认为本案事实不清、证据不足，不能认定蒋某某构成强奸罪的理由是：

1. 从案件证据形式上看，证明本案的核心内容即二人是在何种情况下发生性关系的，目前只有二人的口供，没有其他目击证人的证言及其他客观性证据印证，而对于此情节二人各执一词，无法判断谁的陈述更加可信。本案存在一个重要的问题，就是案件发生地点在卫生间的封闭隔间内，现场没有其他目击证人，且被害人不存在呼救、抗拒等行为，如果被害人不配合，则二人发生性关系的活动无法顺利完成。因而二人发生性关系的具体活动究竟如何，只有二人的说法，且被害人陈述其对该情节意识不清，无法作出准确判断。

2. 按照被告人蒋某某的供述，被害人是在小便之后主动要求与其发生性关系的，结合被害人此前的种种举动，被告人完全有理由相信被害人这一邀请是真实的，也是迫切的，最多也只能理解为蒋某某可能有误解，误认为被害人对自己有好感而主动要求与其发生性关系，因此其辩解是合乎情理的。

3. 从在案证据看，能够认定是被害人主动要求与蒋某某发生性关系，而不是蒋某某蓄意与被害人发生性关系。被害人是自己喝醉，而不是蒋某某主动将其灌醉，然后趁被害人酒醉之机与其发生性关系，在此情况下认定被告人蒋某某构成强奸罪显然依据不足。

4. 按照公诉人的看法，被告人是在明知被害人不能正确表达自己真实意志的情况下与其发生性关系。但辩护人认为，在当时的情况下，能否要求蒋某某对被害人是否能够真实表达自己的自由意志有十分清楚明确的认识、确知其在这种精神状态下不可能作出真实的意思表示，至少在本案证据上是存在疑问的。

上述控辩双方对于案件辩点的寻找只能说是管中窥豹，实际上每个案件都存在一些控辩双方都可以利用的证据或者理由，因此，检察官、律师就要结合各个具体案件的情况，寻找于己有利的辩点，明确对方的立足点，并非谁手上的证据理由越多越好，而是能不能说到点子上，能不能击中要害，这正是孙子所说的“兵非益多也，惟无武进，足以并力、料敌、取人而已”。[①] 能够将手中的事实与理由“并力”成为有力的依据，然后了解对方答辩的要点，自然能够实现知己知彼的目的，从而在法庭答辩中一击必中，占据上风。

三、检察官、律师归纳辩点的方法

那么，重要的问题是，怎么归纳辩点呢？这是答辩提纲的核心内容。归纳辩点的诀窍如下：

第一，根据阅卷情况归纳辩点。检察官、律师在阅卷中会遇到很多问题，如证据的取舍、事实的认定、法律的适用、定罪与否、此罪与彼罪的区分、量刑情节的轻重等，这些问题，每一个都可能成为法庭辩论中的激烈辩点，因此检察官、律师在办案中就要注意及时归纳总结，对于所认定的事实与情节要做好辩论的准备。一个职务犯罪案件，公诉人在审查起诉过程中就会遇到很多问题，如证据欠缺，证据之间存在矛盾，是定贪污罪还是挪用公款罪，是定受贿罪还是非国家工作人员受贿罪，是普通违纪还是犯罪行为，等等。公诉人怎么想的，辩护人一样会这么想，公诉人提出不能定罪的话，一样会被辩护人拿到法庭上来说，这些就是最直接的辩点，找到了，该怎么答辩也就知道了：当初是谁说服了定罪的？是

① 《孙子兵法》，陈曦译注，中华书局2011年版，第169页。

自己，还是师父、领导，他们是怎么说的？把他们的理由复述一下，看看有没有漏洞，这就是一个很好的答辩提纲。

第二，根据提审会见情况确定辩点。审查起诉阶段的讯问犯罪嫌疑人、律师会见，既是核实证据听取辩解的过程，也是深入了解犯罪嫌疑人心理动态、认罪态度以及在法庭上会作何辩解的过程，此时犯罪嫌疑人的辩解，往往就是其在法庭上的辩解或辩护人辩护的内容，因而检察官应当通过讯问活动，确定被告人及其辩护人的辩护观点。律师则可以根据被告人的自我意愿，结合案件事实证据情况，确定这个案件的辩点。如一个职务犯罪案件的被告人，他在检察官提审的时候怎么说，一般情况下他是经过深思熟虑的，那么法庭上他基本上会这么说，他的辩解就是辩点所在。

第三，通过互相交换意见发现辩点。根据《刑事诉讼法》的规定，人民检察院审查起诉，应当听取犯罪嫌疑人委托的人的意见。而在审查起诉阶段，犯罪嫌疑人的律师往往会去检察机关阅卷、提出律师意见，这是公诉人掌握辩护观点最好的机会，同时辩护人也可以向检察官了解案件的进展情况、认定罪名情况等。因此，检察官要做好律师的接待工作，认真听取辩护观点，正确的观点在定案时客观地予以采纳，而不正确的观点，可能正是法庭辩论中的辩论焦点，应当掌握。

第四，针对案件争议问题确定辩点。检察官在确定案件起诉与不起诉、以何种罪名起诉以及如何采信证据时，往往存在一定的争议，而即使案件在最终确定起诉之后，这些争议焦点也仍然存在，而且也可能就是法庭辩论中的辩论焦点，这种情况在很多案件中都比较突出，有的案件甚至是经过请示以后确定的，既然定下来要起诉，公诉人或赞同此观点，或反对此观点，但作为受指派出庭公诉的人员，必须坚持起诉书所持观点，因而对辩论焦点也应当有所准备。

第五，针对起诉书认定的事实情节确定辩点。起诉书是代表公诉机关启动审判程序的法律文书，也是公诉人在法庭上表明观点、指控犯罪的依据，公诉人出庭支持公诉所支持的正是起诉书的观点，而辩护人对案件所提出的异议也是针对起诉书，因此，检察官和律师都要对起诉书所认定的每项内容进行详细研究，从中找出双方可能有争议的地方，也就是辩点所在。所以检察官、律师在准备答辩提纲的时候，要把起诉书多看几遍，看看里面有没有能够挑出毛病的地方，也就是辩论的焦点所在。

第十二章 地形篇、九地篇：法庭答辩要根据案件、对象的不同而灵活应变

《地形篇》是《孙子兵法》的第十篇，集中论述了利用地形的重要性以及军队在种种地形条件下进行作战的基本原则；《九地篇》是《孙子兵法》的第十一篇，“九地”指的是九种不同的战略地形。《九地篇》主要论述军队在九种不同战略地形下进行作战的基本指导原则，特别强调要根据在不同作战地区官兵所产生的不同心理状态，来制定切合实际的战略战术，确保战争的胜利。首先，孙子从“地形者，兵之助也”这一认识高度出发，强调将帅研究、利用地形的重要性，认为这与战争的胜负有着直接的关系，“料敌制胜，计险厄远近，上将之道也”。[①] 孙子还论述了军队由于将帅指挥失当而导致失败的六种情况——“六败”，细致剖析了“六败”的原因。孙子从战备态势上，概括了九种不同作战地区的特点，指出它们对官兵心理状态所产生的影响，并提出具体灵活的应变措施，以充分发挥军队的战斗力。孙子进一步强调了贯穿于其思想体系中的一些作战原则，如发现敌人弱点、争取主动、避实击虚、迅速行动、集中兵力等，并把它们同地理条件的特点结合起来。

这两篇兵法对于庭审的指导意义是，进行庭审答辩首先要了解哪些是有利因素，哪些是不利因素，哪些问题可能是导致“六败”的原因，如何去避免，又如何根据不同的案件、不同的对手确定自己的答辩策略，从而实现立于不败之地的目标。

---

① 《孙子兵法》，陈曦译注，中华书局2011年版，第183页。

第三十四计　知彼知己，胜乃不殆

——检察官、律师法庭答辩的问题与应对

孙子曰：知吾卒之可以击，而不知敌之不可击，胜之半也；知敌之可击，而不知吾卒之不可以击，胜之半也；知敌之可击，知吾卒之可以击，而不知地形之不可以战，胜之半也。故知兵者，动而不迷，举而不穷。故曰：知彼知己，胜乃不殆；知天知地，胜乃不穷。[①]

孙子在分析了导致失败的各种因素以及如何凭借地形之利取胜的道理之后总结说：只了解我军能打，而不了解敌军不可以打，取胜的可能性只有一半；只了解敌军可以打，而不了解我军不能打，取胜的可能性也只有一半；了解敌军可以打，也了解我军能打，而不了解地形条件不可以打，取胜的把握仍然只有一半。所以，真正懂得用兵的将帅，他行动起来，目的明确而不迷误，他所采取的措施变化无穷而不呆板。所以说：了解敌方，了解我方，就能必胜不败；了解天时，了解地利，胜利就不可穷尽了。

庭审中法庭答辩永远是针锋相对而不可能是自说自话的，有人认为法庭答辩就是要说你自己想说的内容，但这与法庭答辩的宗旨相悖。与法庭上的首轮辩论相比，一般的情况下首轮辩论是控辩双方各自阐明立场与观点，此时可以只针对案件的具体情况进行发言，不需要直接反驳对方观点，但法庭答辩环节则不同，因为这一环节是针对双方争议焦点，反驳对方错误观点，进一步阐明自己观点正确性的，因而此轮辩论的关键就是有针对性，而司法实践中却常常有人言不及义、自说自话，让人感觉其答辩不知所云。因此，不论是对于检察官还是律师来说，都先要“知己”，即认识到当前法庭答辩中自己存在的问题。

一、当前检察官、律师法庭答辩中存在的问题

正是由于法庭辩论尤其是答辩活动需要临场应变，难度较大，在司法实践中，检察官、律师在出庭活动中最为薄弱，也最容易出现问题的环节，无疑是法庭答

① 《孙子兵法》，陈曦译注，中华书局2011年版，第186页。

辩。当前检察官、律师在法庭答辩中表现不佳、经常出现的问题有以下几种情形：

一是慢。有的人由于出庭能力不够、思维不够活跃、语言组织能力不行，在法庭上反应迟钝，对于对方的辩论意见不能及时听懂听清，没有立即领会对方所提出的核心辩论观点，从而不能作出快速反应，结果或者半天不知如何应答，慢慢腾腾，让人感觉底气不足；或者干脆乱答一气，答非所问，没有针对性。

二是断。有的检察官、律师驾驭语言的能力差，答辩中语言不流利顺畅，表达跟不上思维，结果出现答辩语言断断续续、结结巴巴或较长时间不知该选择哪个词表达出自己的意思，沉默冷场的情况，或者多余的语气词过多，充斥在发言之中，“哼哼哈哈”“这个那个”的语气助词甚至淹没了主要的发言内容。

三是乱。有的检察官、律师在答辩中思维混乱，头绪纷繁，层次不清，对对方提出的相关理论问题应对不上，结果越答越慌，乱了阵脚，答辩缺乏逻辑性。有的检察官、律师不能冷静沉着地应对法庭上出现的意外变故，对于没有预料到的问题束手无策、慌了手脚，造成答辩时语无伦次。

四是散。有的检察官、律师在答辩中被对方牵着鼻子走，完全失去主动，对方提出什么问题，就答什么问题，事无巨细一概答辩，面面俱到，四面出击，结果答辩重点不突出，主次不分，在一些多被告人、多辩护人的庭审中，答辩冗长重复，散乱无边。

五是软。有的检察官、律师答辩没有针对性，态度不坚决，观点不鲜明，应当严正驳斥的不去驳斥，答辩用语缺乏气势，答辩语言软弱无力，造成庭审局面为对方所控，法庭上出现“一边倒”的被动局面。

六是抗。有的检察官、律师片面地认为在法庭上就是要“厉害”一点，一定要把对方驳倒才算是胜诉，因此在答辩时斗气思想严重，不能冷静对待辩论，或者答辩受情绪控制，发泄情绪，或强词夺理，不惜强辩、诡辩，牵强附会，或粗暴打断对方发言，或有一点挫败就暴跳如雷，没有风度，影响形象。有的人好胜心切，在法庭上将一些不属于本案认定的事实、不是自己辩护范围内的内容也乱说一气，搞人身攻击，甚至在法庭上大吵大闹，丧失了风度，或者将一些没有证据证明的事实也作为争胜的筹码和辩论的依据，却不知这种做法反而授人以柄，使人对答辩者的人格产生怀疑，影响形象。

七是僵。有的检察官、律师虽然已经形成了自己的答辩风格，但却不能根据法庭上的具体情况以及对手的答辩风格及时调整辩风，答辩风格只知义正词严、声色俱厉，不知和风细雨、润物无声。其实，在现代刑事诉讼模式中，控辩双方的出庭风格都应当从传统的慷慨激昂式转向现代的理性平和式。许多人，尤其是公诉人，由于长期以来受传统职权主义诉讼模式的影响，在出庭公诉中没有改变高高在上、居高临下的出庭心态，认为自己代表国家、代表正义、代表公平，而辩护人代表个人、代表私利，公诉人是犯罪的打击者、正义的维护者、广大人民群众利益的代表者，而辩护人是“拿人钱财，替人消灾”，因而在出庭风格上仍坚持或倡导传统的气势咄咄逼人、言语慷慨激昂的角色定位。其实，综观世界各国，现代刑事诉讼庭审方式越来越要求控辩平等，理性平和、以理服人、以证制人的出庭风格更有助于法官查明事实、分清责任、正确裁判。因此，检察官、律师在法庭辩论中都应当保持客观、公正、理性、平和的风格，体现审慎、中立、谦抑、持衡的特质，同时还应当根据对方的辩风，及时调整自己的答辩风格，不能僵化不灵。

上述问题的存在，直接影响检察官、律师出庭的法律效果，影响指控或者辩护的成败。因此，掌握一定的答辩技巧，对不同性质的辩护观点采用不同的答辩策略，无疑是非常必要的。

二、法庭答辩的一般要点

法庭答辩的一般要点，可以概括为：立、备、听、思、变、对。

立，就是在法庭辩论中，首先要立足于我，守住阵地。许多检察官、律师之所以在法庭上被对方牵着鼻子走，没有了自己的主见和观点，就是忘记了自己的庭审要点或者职责。公诉人也好，辩护人也罢，他们在法庭上都有各自的职责，公诉人的庭审职责，是立足于案件的事实和证据指控犯罪，辩护人则是根据事实和法律，提出被告人无罪、罪轻、从轻、减轻或者免除处罚的意见和依据。这些是检察官、律师出席法庭活动的根本，只要这一根本立得住，其他问题就是次要的、枝节性的。因此，在答辩中一定要注意紧紧围绕自己所掌握的核心问题，不要偏离主题，对于对方所提出的非核心问题，可以采取“你辩你的，我说我的”的方法，不为其所惑，不为其所乘。

备，就是要做好庭前预测，充分准备。检察官、律师的法庭答辩应当进行充分的庭前准备，不可轻敌。“凡事预则立，不预则废”，出庭活动应有备而来，而不是仓促上阵。检察官、律师在开庭前都应熟悉案件情况，拟好答辩提纲，为答辩做好准备，打好基础：

（1）熟悉与案件有关的情况。一是熟悉案情；二是熟悉证据，熟悉各证据证实的内容及证据间的关系；三是熟悉与案件有关的法律、司法解释、党的政策、行政法规，掌握定性、量刑的依据；四是了解和熟悉与案件有关的专业知识。

（2）拟好答辩提纲。首先要在庭审前根据预测的情况拟好答辩提纲；其次要在法庭调查阶段修正好答辩提纲，在法庭调查阶段，应当注意庭审动态，注意被告人口供的变化，公诉人讯问、询问情况，辩护人对被告人、证人发问的内容，以及对方出示的和请求出示的证据、公诉、辩护意见等情况，根据这些庭审情况推断出控辩双方争议的问题，然后再及时调整、修正庭前预测的答辩提纲。在法庭答辩中，要在做好庭前准备的基础上，坚持客观公正的立场，运用准确的论据，选择有针对性的答辩角度、范围，注意语言艺术性，同时针对不同的辩论理由、意见进行有效的答辩，才能提高法庭答辩效果。

听，就是对对方的发言要认真倾听，听出门道。法庭辩论中，没有听，就没有说，因为答辩必须有针对性，连对方的意思都没有搞懂，谈何辩驳？一些人不懂听的技巧，认为只要把对方的观点原原本本记下来就可以了，或者只要说自己准备好的就行了，结果在答辩时不是没有针对性，就是只能依记录逐条批驳，造成答辩散乱，这就是没有掌握听的技巧，没有听出“门道”。其实对方的答辩观点再多，也是可以归纳的，如围绕着证据问题，控辩双方都可能会提数个问题，但这些问题可以归纳为一个证据方面的大问题。围绕着定性问题，双方也会提出很多问题，但归根结底还是一个如何认定案件性质的问题。对公诉人来说，即使多名辩护人对多名被告人提出的辩护观点，其中也必然有重合之处，公诉人听的重要任务，并不仅在于记住辩护人都说了什么，而在于归纳他们的总体观点和论证方法。只有将辩护人的观点归纳清楚，答辩中才能做到干脆利落。所以，对于听的技巧，要注意“合并同类项”，将同类内容合并起来，所需要答辩的内容就简单明了了许多，就不会犯条理不清、面面俱到却又面面不到的毛病。

思，就是在聆听对方发言时必须集中精力，迅速思考，找出对策。由于答辩活动具有即时性，对于对方的观点容不得庭上过多准备，那么除了庭前全面预测之外，检察官、律师就要有迅速思考的能力，这一能力的培养，除了靠平时的积累之外，还要锻炼能够“一心二用”的能力和“急思”能力，即在继续听对方发表辩论意见的同时，能够迅速对他前面提出的观点进行及时总结提炼，作出答辩准备，这时，就要求检察官、律师听与思结合，不能顾此失彼。

“听”与“思”是法庭答辩中最重要的方法，尤其是在对方提出了始料不及的新观点且检察官、律师又在庭前没有准备的情况下，边听边思、听思结合、迅速作出判断与组织好答辩语言，对于做好庭审即席答辩至关重要。听与思相结合的方法，可以采取表格归纳法，检察官、律师需要准备一张纸、一支笔，记观点，找对策，在对方发言时记下其观点，在对应侧写出应对语言：

听（记观点）

对方观点：

1. ……

2. ……

思（组织答辩语言）

答辩要点：

1. ……

2. ……

将对方的观点写在左边，将答辩要点写在对应的右边，适合简单的答辩问题。对方的观点比较多或者被告人、辩护人人数比较多，观点比较分散时，需要使用归纳的方法，如下：

听（记观点）

对方观点：

1. ……

2. ……

3. ……

4. ……

5. ……

6. ……

思（组织答辩语言）

答辩要点：

1. 对方的1、2、3点归纳为一个问题：关于本案的证据……

2. 对方的4、5、6点归纳为一个问题：关于适用法律……

变，就是要提高自己的应变能力，在预测对方观点的同时，遇到法庭上出现的新变化，要能够及时应变，掌握主动。司法实践中，无论庭前预测做得如何充分，在实际庭审中，总是有一些问题不能预测，这是因为人的思想和思维方式是发展变化的，法庭审理又是一个动态的过程，一些不可预测的因素介入其中，增加了法庭上的变数。因此，对于法庭上可能出现的变化，首先要有思想准备，不要错误地认为所有活动都在预测之中；其次遇到了变化要沉着冷静，而不能慌乱紧张，要以放松的心态、积极的态度去应对，立足于案件的基本事实证据，机动灵活地处理庭上变化。当然，这种沉着冷静，是以心中有数为基础的，即对于对方提出的问题，至少要有自己的基本看法和观点，能够针锋相对地予以回击，这就要靠检察官、律师平时多多思考、积累了。

对，就是要根据对方的风格，针锋相对地调整运用答辩语言，有力地应对，有效地实现答辩效果。检察官、律师在形成自己的答辩风格的同时，在法庭上需要根据不同的对手、不同的辩论风格，有针对性地运用辩论技巧。每个检察官或者律师都有自己的庭审语言风格，这是成熟的表现。同时，在形成自己风格的前提下，检察官、律师还应当根据法庭上对手的辩风、态度、语言风格适当调整自己的语言风格，而不能一成不变。

当然，要达到上述要求，检察官、律师要努力成为刑事业务的“专家”和相关联知识的“杂家”。一方面，除了精通刑法、刑事诉讼法及其司法解释之外，对其他相关法律知识如民商法、行政法、刑事侦查、法医学等，也要有相当的学习和了解；另一方面，除具备系统、扎实的法律专业知识外，还应当掌握其他如自然科学、社会学、经济学、哲学、口才学、逻辑学、心理学等多学科知识；此外，还应当时刻把握党和国家的大政方针、工作大局，关注刑事政策和策略的发展变化。检察官、律师不仅要发挥自己的智慧，还要灵活运用政策和策略，随时准备应对各种变化与挑战。为此，只有不断加强知识储备、信息储备、能力训练，才能做好法庭辩论工作。

三、法庭答辩能力的修炼方法

有些新人律师独立办案有几年，大大小小的法庭也出席了几十次，但总是感觉在法庭答辩阶段缺了点什么，找不到“感觉”，尤其是遇到一些大案、要案，在出庭之后总感觉离自己想象的差了些什么，但又说不清楚缺什么。

这种法庭答辩缺的是“效果”，不够“出彩”。

总体来看，出庭活动没有问题，从发问到质证到发表辩护词再到法庭辩论，“套路”已经形成，程序也很熟悉，从完成任务的角度来看，已经没有什么问题了，做个“办案机器”基本够格了。但是，律师不应当只满足于做个办案机器，而是要做有血有肉有激情有思想的人，尤其是要做一名优秀的律师，必须讲究出庭效果，要“出彩”。而“效果”是综合的，包括一个律师的仪容仪表、精神风貌、语音语调、思维方式、应变能力等，不一而足。那么，法庭答辩怎么出效果，律师该怎么表现？

到了法庭辩论阶段，所有证据都已经举完了、质证完了，明白的法官其实对案件已经弄清楚了，能不能定，差哪些东西，辩护观点对不对路，案件能定到什么程度，其实他们基本有数了；不明白的法官，给他辩论一通，可能他会越听越糊涂。所以说，法庭答辩的效果在哪里？主要在语言表现形式。这里不是说法庭辩论没有用，法庭辩论很有用，重申辩护观点，驳斥错误指控，把控辩双方的观点进一步亮明，使法官兼听则明……但是，大部分情况下，法庭也好，旁听人员也好，是看律师能否振振有词、言之凿凿，这当然是针对公诉人的公诉意见，而不是自说自话。所以，律师法庭答辩要出效果，记住下面六句话：庄重严肃，沉着镇定，语言流畅，语音洪亮，语调铿锵，有始有终。

开庭审判活动是运用国家公权力查明案件事实、惩罚犯罪、洗清冤屈的严肃活动，自然要神态庄重严肃，但也不是要求始终板着脸，法庭上适度的幽默也是可以的。律师在法庭上的姿态就是要沉着冷静，充满自信，“泰山崩于前而色不变”，这种姿态，给人一种对正义的信心。答辩的语言要有力度和气势，“气势”二字怎么来？不是靠吼，靠的是声音洪亮，使全场能够听见；靠的是语言流利顺畅，不结巴，不“嗯嗯啊啊”；靠的是语言抑扬顿挫，该停顿的时候要停顿，不要轻易把话语滑过去，该放慢节奏的时候放慢节奏，加重语气表示强调，该慷慨有力的时候语调要激昂起来，这叫气势。另外，答辩要让人感觉在辩护词之外又发表了一篇演讲，所以要有头有尾、善始善终，窍门就在于要有开场白和结束语，这样才会让人感觉你的答辩完整有力，思维缜密，滴水不漏，但要注意短小精悍，切中要害。这里就有一个重要的问题：要争取脱稿。因为照稿去念没有问题，可以把庭审答辩应付过去，但气势和效果出不来，肢体语言也用不上，如果遇上的公诉人是老江湖，脱稿，正眼看着律师发言，又有手势又有眼神，一比较，律师的形象就打了折扣，所以庭审答辩脱稿很重要。说了这么多，其实关键的还是两个字“积累”。说的内容从哪里来？不是脑袋里凭空飞出来的，说的是刑事法理论，说的是法理道理情理，这些东西靠平时多读书多思考；公诉人提出的理论问题熟不熟悉，决定说话的时候结不结巴，因为熟悉的东西不需要太多的思考和组织语言，脱口而出；总结辩点熟不熟练，决定答辩是不知所云，还是短小精悍、恰到好处，枪枪命中要害。

所以庭审答辩效果最关键的表现可以再浓缩为："脱稿、沉着、精到。"做到这些要加强训练。有以下几个办法：

修炼一：掌握"破中立"的技巧。律师的法庭答辩，既然是一种对公诉意见的辩驳，就应当符合驳论文的一般特点。答辩的辩驳性，要求律师认真研究驳论的方法，掌握"破中立"的技巧。驳论，是就一定的事件和问题发表议论，揭露和驳斥错误的见解或主张。

驳斥错误的论点有三种形式：

一是驳论点，就是直接驳斥对方的论点。先举出对方的错误论点，然后用正确的道理和确凿的事实直接加以驳斥，揭示出谎言同事实、谬论与真理之间的矛盾。方法上，也可以首先证明与论敌的论点相对立的论点是正确的，以此来证明论敌的论点是错误的。

二是驳论据，通过批驳对方的论据来驳倒对方的论点。论据是论点的根据，是证明论点的。错误的论点，往往是建立在虚假的论据之上的，论据驳倒了，论点也就站不住脚了。

三是驳论证方法，通过批驳对方的论证过程的谬误（驳其论证）来驳倒对方的论点。驳倒了对方论证中的关键问题，也就把谬论驳倒了。如是间接故意还是过失，公诉人的观点是被告人"应当预见自己的行为会发生危害社会的结果，却放任这种后果发生"，所以是间接故意，但他的论证方法错了，为什么？因为他的大前提错误，应当预见这种认识因素恰恰是过于自信的过失犯罪行为的构成条件，而间接故意犯罪的认识因素要求的是"明知自己的行为会发生危害社会的结果"。这么一说，大家都明白他论证方法错了，结论当然也就错了。

议论虽有立论、驳论两种方式，但两者不是完全分开的。驳和立是辩证的统一。在立论性的文章中，有时也要批驳错误论点；在驳论性的文章中，也要在批驳错误论点的同时，阐明正确的观点。因此，立论和驳论在议论文中常常是结合起来使用的。

律师在答辩中所使用的语言，就应当运用驳论文的一般方法，符合驳论的要求，才能收到有力辩驳对方错误观点的良好效果。

修炼二：组织好答辩提纲语言，实现法庭答辩的语言准备。如同演员必须熟记角色台词，教师必须熟悉教案一样，律师庭前虽然不用像演员一样背台词，但却应当像一个优秀的教师，对于案件事实、性质、情节等内容及法律规定都需要烂熟于心、开口便来，这样到了法庭上才能底气十足、思路清晰。为此，律师在庭前需要撰写预测较为全面的答辩提纲，同时可以根据案件复杂程度进行自我演练，在心中默想自己法庭上的活动和语言的组织，从而做到语言流畅、表达准确。

修炼三：控制好答辩的语言，循序渐进开展脱稿答辩语言训练。在实际庭审中，律师要控制好答辩语言，实现语言为辩护活动服务。律师在法庭答辩中语言控制的基本要求是应当在答辩中沉着冷静、观点明确、说理透彻、表达流畅、语言犀利、挥洒自如，语言富有感染力和艺术性、大气磅礴或鞭辟入里。要达到这些要求，需要律师加强语言控制方面的积累与训练。对于新手来说，可以通过以下几个步骤进行尝试和训练：

第一步，写好“发言稿”。这是菜鸟级律师的入门方法，针对的是那些离不开稿子的小律师。有的人一离开稿子就会“晕庭”，头脑一片空白，对于有这种毛病的律师，可以将答辩提纲尽量写得详细一些，用写“发言稿”的形式去写，就是将过渡性的语言和答辩的内容全部写进提纲里，如：

刚才，辩护人认真聆听了公诉人的公诉意见，其中，对于被告人在共同犯罪中所起的作用和所处的地位问题，提出了不同的观点，认为被告人系主犯，现在辩护人对这一问题作一简要答辩……审判长，辩护人暂时答辩到此。

写“发言稿”的好处是，可以帮助新手克服初上法庭的紧张情绪，对于公诉人提出的问题，只要没有超出预测内容，完全可以照本宣科地将发言稿念一遍，顺利将庭审答辩应对过去，从而给自己今后的庭审树立信心，为以后的进一步提高创造条件。试想如果没有这种信心，在法庭上被老公诉人打击了几次，就越发害怕上庭，越发要“晕庭”了，所以信心还是很重要的。随着出庭次数的增多、“发言稿”撰写和宣读次数的增加，有些共性问题就可以熟练掌握甚至能够背下来，这时即使脱开“发言稿”，新手在答辩时也能够像模像样了。

第二步，“菜鸟升级版”，胆子慢慢大起来的律师适用。压缩“发言稿”内容，把“发言稿”写得简略一些，一些可以临时组织起来的过渡性、程序性语言可以不再写进“发言稿”，而在法庭上直接说出来。对于答辩中的核心问题，尤其是争议较大的问题，作为准备的重点详细写清。这时律师在法庭答辩中，除了“念”的成分以外，开始有了“说”的成分，就可以显得从容不迫许多。

第三步，“菜鸟放飞版”，能够应付中等水平庭审的律师适用。只列提纲，大胆锻炼脱稿论辩。在对法庭辩论进一步熟悉以后，律师逐渐掌握了法庭辩论的部分规律，对于答辩提纲中的一些内容，不用照念也能够说得较为完整，这时就要大胆尝试脱稿答辩，在撰写答辩提纲时，有意识地只写答辩要点，而不去把语言全部组织好，留待法庭上临时组织语言。对这种做法新手可能在一开始不太习惯或者紧张，但经历了这一段，答辩水平将会迈上一个新台阶。

第四步，“菜鸟变身雄鹰版”，对于比较优秀的律师适用。答辩提纲在头脑里，或能根据庭审情况迅速打好腹稿，对较为简单的案件不需要撰写答辩提纲也能够顺利答辩。随着出庭经验的积累以及对答辩提纲和语言组织的进一步熟练，律师的答辩水平进一步提高，对于一般简单案件随时可以总结归纳出对方的辩点与应对语言，在法庭上也基本能够应对自如。此时律师可以刻意培养自己在答辩的同时，适当地使用肢体语言对答辩语言加以帮助，形成答辩语言的气势。

第五步，“大咖版”，优秀的律师适用。熟练地将肢体语言与有声语言相结合，使法庭答辩变成答辩的语言艺术。此时律师可以熟练地脱稿进行答辩，并得体地使用肢体语言，要注意在答辩过程中与听众的交流，尤其是法官和旁听人员，这种交流可以是使用疑问、反问、设问句的交流，也可以是一种目光、眼神、神态的交流，只有这种交流实现了，律师的语言控制目的才可以说是基本实现了。

第六步，“大神版”，大师级律师的境界。注重加强语言的艺术性，形成成熟的律师法庭答辩的语言风格，使答辩进入艺术境界。可以根据个人的爱好与知识结构逐步形成一个律师的个人语言风格，如有的律师善于论理，有的律师善于解释法律，有的律师爱好哲学，语言富有哲理，有的律师文学功底较深，语言富有艺术性，这些就是律师的语言风格。而一个优秀的律师，正是形成了自己语言风格的人。

修炼四：说好答辩的开场白和结束语，使答辩活动首尾呼应。“有始有终”说的就是这个。答辩的开场白虽然不是答辩的具体内容，但开场开得好，会给人精神一振的感觉，尤其是当对方的公诉意见发表完之后，或气势正盛，或混淆视听时，开场白更加重要。

如对面公诉人一味采用煽情策略，不讲案件实质内容，面向旁听席哗众取宠，甚至博得了旁听人员的掌声时，在答辩时就可以先以此为切入点展开辩论：

刚才，辩护人认真听取了公诉人的公诉意见。辩护人认为：一场严肃的法庭辩论，应当有一个严肃认真的态度。法庭开庭审理案件的过程，是一个摆事实、讲道理的过程，所以要多一些理性，少一些煽情，要讲案件的实质，不能只讲一些情绪化的话语，尤其是代表国家指控犯罪的公诉人，更不应当用主观臆测的方式一味指责被告人；同时我们的法庭发言应当面对法庭陈述理由，而不要面对观众煽动情绪，这才是理性平和、解决问题的真诚态度。辩护人希望我们控辩双方都能够遵守这一法庭上的基本规则。下面，辩护人针对公诉人提出的指控观点作以下答辩……

这是开场白。同样，结束语说得好，也可以起到画龙点睛的作用，强调辩护主张，总结辩论结果，强化庭审效果。但律师要注意的是结束语的时机，一般庭审中，第一轮是控辩双方各自发表公诉、辩护意见，第二轮是双方辩论，时间允许的情况下，审判长会安排第三轮辩论，此轮辩论一般是结辩，因为通过前两轮的辩论，案件的争议焦点与控辩双方的观点已经阐明，律师就要注意将结束语放在此轮；而有些案件可能因为时间关系，整个庭审已经开了很长时间，或者在第一轮辩论中双方观点就已经很清楚，审判长就可能只安排两轮辩论，这时律师就要注意灵活掌握，及时将结束语放进这一轮：

审判长，辩护人关于本案的辩护意见发表完毕。辩护人认为，通过刚才的法庭辩论，本案……（争议焦点问题及辩护观点的正确性总结），辩护人坚持认为，本案事实不清，证据不足，请法庭以事实为依据、以法律为准绳，本着客观公正、实事求是的态度，审慎对待被告人自己的无罪辩解和辩护人的辩护意见，依法宣告被告人无罪。辩护人答辩完毕。

修炼五：设计好律师的形象，促进答辩语言的效果。法庭答辩的效果，不仅要通过有声语言传递出来，还要通过辩护人的形象传递出来。如果一名律师在法庭上站没站相，坐没坐相，东倒西歪，用语不文明甚至恶语伤人，或者不能控制自己的情绪，气愤时暴跳如雷，激动时泪如雨下、泣不成声，即使辩论水平再高，也不能实现良好的法庭答辩效果。所以，律师在训练庭审语言艺术的同时，还要加强非语言论辩因素的学习训练。这些因素，除了肢体语言等要素之外，还要注意以下几个内容：

第一，控制语速，吐字清晰。有了好的辩论内容，还要有好的表达方式。律师在庭审辩论时，应做到口齿清楚，发音准确，音调和谐，快慢适度。力争达到声调上的抑扬顿挫，以提高论辩感染效果。

第二，善于入情入理。语言可以伤人，也可以感人。用辩论语言伤人，对于律师职责来说是不道德的。但律师的辩论语言以情感人，则是可取的。使用这一语言情感时，必须注意这几个问题：

（1）具体案件的辩论语言感情色彩，要有与案情相适应的基调。

（2）绝不能带有当事人的感情色彩。古人说过，“莫将私意入公门”。律师虽然是被告人的代理人，但作为法律人有独立人格与工作态度。语言的情感就是经过理智处理的辩论情感、法律语言情感。

(3) 情感措辞应是发而不露、放而不纵、委婉、曲折、含蓄的中性语言。律师在法庭上更要像一名"说书人"，是个评价者，虽然在说中带感情，但绝不将"书"中的情感带到自己身上，使自己变成当事人。

第三，善于设计形象。律师要注意营造设计自己的法庭形象，以配合辩论语言。一般来说，律师的法庭形象应当是不卑不亢、不瘟不火、威而不怒、理性平和，理性而不流于平淡，激情而不失却风度。只有将有声语言与肢体语言、身体姿态与形象设计融为一体，才能体现出律师法庭辩论中高超的表达能力。为此，律师在答辩中要柔中有刚，绵里藏针，举止大方。在庭审辩论中要有风度，有气魄，不卑不亢，不趾高气扬。在辩论得势时，不忘乎所以，轻视对方；在失利时，不惊慌失措，手忙脚乱。发言必须权衡，切不可轻率发表无准备、无水平的言辞。要善于控制情绪，在庭审中可能遇到事先没有预料到或已预料到的非正常的阻碍、干扰、发难等情况，甚至是公诉人或者被害人的挑衅行为，这时就要求律师控制自己的情绪，怒而不暴跳如雷，惊却能声色不露，即席采取有效措施，平息、安定、排除意外，做到应变自如，稳中求胜。

第三十五计　并敌一向，千里杀将

——如何根据不同的案件、不同的对手确定自己的答辩风格

孙子曰：投之亡地然后存，陷之死地然后生。夫众陷于害，然后能为胜败。故为兵之事，在于顺详敌之意，并敌一向，千里杀将，此谓巧能成事者也。是故政举之日，夷关折符，无通其使；厉于廊庙之上，以诛其事。敌人开阖，必亟入之。先其所爱，微与之期。践墨随敌，以决战事。是故始如处女，敌人开户，后如脱兔，敌不及拒。[①]

孙子认为，把士卒投入危地然后才能保存，使士卒陷入死地然后才能得生。士卒陷于危险的境地，然后才能力争胜利。因此指挥作战，在于假装顺从敌人意图，一旦有机可乘，便集中兵力指向敌人一点。这样，即使长驱千里，也可擒杀

---

① 《孙子兵法》，陈曦译注，中华书局 2011 年版，第 214～215 页。

敌将。这就是所谓巧妙能成大事的意思。因此，当决定战争行动的时候，就要封锁关口，销毁通行符证，停止与敌国的使节往来，在庙堂上反复计议，研究决定作战大计。一旦发现敌人有机可乘，就要伺机而动。首先夺取敌人最紧要的地方，而不要同敌人约期交战。实施计划要随着敌情的变化而不断加以改变，以求战争的胜利。所以，战争开始要像处女一样沉静，不露声色，使敌人放松戒备，战争展开之后，要像脱兔一样迅速行动，使敌人来不及抵抗。

孙子主张因敌变化而取胜，因此才要求“顺详敌之意，并敌一向，千里杀将，此谓巧能成事者也”。[①] 取胜的诀窍不在于力敌，而在于智取，在于因势利导，随机应变。法庭答辩也是如此，要根据案件不同的性质、不同的证据状况、被告人不同的态度，根据对手的不同辩论风格决定自己的答辩风格，而不是僵化不灵、一成不变。

一、如何根据辩护人的不同风格确定答辩策略要诀

公诉人不能因为不适应辩护人的风格而导致庭审效果不好。当然，出庭也是有诀窍的，那就是要研究辩护人的辩护风格，掌握规律，找到对付的方法。《孙子兵法》说：“水因地而制流，兵因敌而制胜。故兵无常势，水无常形，能因敌变化而取胜者，谓之神。”[②] 出庭公诉中，公诉人就是要根据辩护人的不同而选择答辩方法策略。

一个优秀的公诉人，应当是形成了自己风格的公诉人，但这种风格，不应当是一个僵化的模式，比如说理性平和型的公诉人就只会平铺直叙地讲道理，而没有慷慨激昂的时候。公诉人的风格应当是平时的总体表现，不代表他的风格绝对不可以改变。在具体法庭辩论中，公诉人就是要根据辩护人的不同风格特点，有针对性地选择攻击方式，而不要固守风格，一成不变，只采取一种答辩模式。可以说，没有个性的公诉人不是一个好的公诉人，因为他还不够成熟，没有形成自己的公诉风格；而只有一种风格的公诉人不是一个优秀的公诉人，因为他没有掌握如何应对不同辩护人的技巧。因为在具体法庭辩论中，如果只用一种风格进行答辩，可能会不对路，公诉效果不好，如公诉人的风格比较理性，擅长用娓娓道来的语言风格支持公诉，却忽然遇到了一个今天这样的律师，或者喜欢煽情或者

① 《孙子兵法》，陈曦译注，中华书局2011年版，第215页。
② 《孙子兵法》，陈曦译注，中华书局2011年版，第111页。

说话慷慨激昂的辩护人，这个时候你如果还是用原来的语言风格，那么在气势上就显得弱了些，给人一种“受气”的感觉，庭审效果不好。所以，公诉人最好能够把自己培养成“全攻全守型”的公诉人，把自己的语言风格塑造成“嬉笑怒骂皆成文章”，才能做到“百炼钢成绕指柔”。

一般来说，辩护人特别是辩护律师，是受被告人的委托为他进行辩护的，本身跟案件处理结果没有直接利害关系。由他的身份和职责所决定，辩护律师不可能站在控方的立场上，提出对被告人不利的意见和主张。另外，受他作为法律工作者的职业道德和执业纪律所约束，辩护律师大多不会故意违背事实和法律强行进行无理辩护。由于辩护律师对法律知识相对熟悉，出庭经验相对丰富，因而往往比较善于在辩论中抓住公诉人的薄弱环节和失误，辩论观点比较明确、系统和有针对性，语言表达能力较强，善于运用各种辩论策略和技巧，应当作为公诉人辩论的重点对象。为此，公诉人就要对辩护人的风格类型进行分析，研究掌握不同辩护人的语言风格并采取相应对策。在此总结一下不同风格的辩护人和应对他们的办法。

一是理性平和型。这类辩护人的风格是稳健理性，庭审中一般不会说出格的话、做出格的举动，对待案件态度认真严谨，善于发现案件中存在的证据与法律问题，提出的问题比较理性中肯，即使是提出有争议的观点，也能够合理地提出依据并阐明，逻辑严密。他们的特点是非常认真，你没有注意到的细节问题，他会投入大量精力去研究，说句老实话，这类律师也是公诉人学习的榜样。有时一些工作态度不够认真的公诉人，就会“栽”在这类辩护人手里。对待这样的辩护人，公诉人对付的窍门是，首先一定要注重案件的细节，这个非常重要。对自己的案件一定要进行认真的审视与准备，特别是一些虽然不起眼却对定罪量刑有影响的问题，尤其要加以注意，“先为不可胜”。其次在法庭答辩的语言风格上，公诉人要注重说理与论证，有时可以采取预先答辩法，就是预测到他可能会提出的合乎事实、法律的问题，预先在公诉意见书里加以阐述和肯定，争取主动，对于他可能会提出案件事实和适用法律方面的问题，会影响法庭视听的，也要预先在公诉意见书中论证清楚，从而澄清模糊认识，发挥公诉意见书先声夺人的优势。

二是高傲自满型。这类辩护人对自己的执业素质和辩论水平一般是很自信的，或者担任过领导职务，或者在当地有一定的知名度，有过比较辉煌的胜诉经历，有一定的辩护实力和经验，往往不把公诉人，尤其是年轻的公诉人放在眼里，对合议庭不够尊重。这类辩护人的弱点是太需要别人的尊重，稍有触动可能会失去风度；凭经验辩护，自以为是，对一些新的法律、司法解释了解掌握不够等。对待这样的辩护人的窍门是，一方面要充分重视他的实力，另一方面也不要被他吓倒，不敢大胆跟他交锋，在策略的选择上，公诉人可以在一些细节方面挫其傲气，打击他的优越感。如他在举证阶段质证完毕后，公诉人对他的质证进行反质证，然后准备继续举证的时候，他沉不住气了，认为需要发表对公诉人的反驳意见，而打断公诉人的举证活动时，可以提醒他遵守法庭纪律：

今天这里是庄严的法庭，每个人都应当遵守法庭纪律，辩护人作为资深律师，更应当懂得和遵守法庭纪律。希望辩护人能够服从法庭的指挥。现在公诉人根据审判长的要求继续举证……

在一些具体问题上新的法律法规已经取代了旧的规定，而他仍然凭经验适用旧的规定时，公诉人可以说：

……关于这一问题，最高司法机关已经有了新的解释（规定），公诉人希望辩护人在对本案进行辩护时，本着对当事人认真负责的态度，仔细学习研究这些规定，不要仅凭经验办事。经验是可贵的，但是经验主义就是不可取的了。

三是激昂煽情型。这类辩护人在法庭上情绪比较高涨，富有激情，语言有气势，喜欢使用一些有煽动性的语言，或夸大被害人的过错，或渲染被告人的可宽恕之处，所提出的辩护观点，因为基本上是从有利于被告人的角度出发，往往带有片面性。例如，在法和情存在一定冲突的情况下，会脱离法律的明文规定，片面从情理、道德的角度提出对被告人有利的主张；为了增强辩护的效果，有时采取不合理的夸张、推理、类比等手法，虚张声势，语言表达上也可能比较激烈，甚至可能出现有损司法机关形象和威信的攻击性措辞；辩护的形式不是面向合议庭陈述事实和理由，而是面向旁听群众发表演讲，煽动旁听人员情绪；法庭表现会出现旁听人员，尤其是被告人的亲友在他的煽情下鼓掌起哄，甚至在庭后攻击合议庭、公诉人。对于这种类型的辩护人，窍门是一定要在气势上把他压倒，要么直接通过更加有力的答辩压倒他的嚣张气焰，要么通过理性的引导挫其锐气，因而可以采取两种应对方式，其一是煽情对抗，其二是诉诸理性。如果公诉人对自己演讲能力和表达水平、语言气势有信心，可以跟他来个“煽情对抗”，针对辩护人提出的观点，使用激昂的语言针锋相对地予以驳斥，如辩护人一味强调情理道德，公诉人就要强调法律对于维护社会秩序的重要意义，以及情理道德与法律之间的关系，从而用“大道理”规范辩护人提出的“小道理”。如辩护人片面强调被害人行为的过错，可以在驳斥辩护人发言片面性的同时，强调被告人使用犯罪手段解决纠纷与矛盾，践踏法律，害人害己；如辩护人片面渲染被告人的行为可以理解与宽恕，那么就可以通过形象地描述被害人受害后的惨状、犯罪对于社会秩序的破坏等揭露犯罪的危害程度，倡导社会主流价值观，对抗他的无理煽情。如果公诉人认为没有必要与辩护人进行煽情对抗，那也可以采取理性的方式，先指出辩护人发言的方式与庭审目的不符，挫其锐气，把他的话题拉回到案件本身的事实、证据和适用法律上来，再对他辩护意见中非理性和错误的观点进行批驳，达到“挫其锐，解其纷”的目的。还有一种方法也比较管用，那就是用幽默来对付煽情。听完辩护人慷慨激昂的发言之后，对他发言中的常识问题错误轻轻点出来，其效果是使他那篇长篇大论的发言成了一个笑话，煽情的效果立刻被化解得无影无踪了。

四是虚与应付型。这类辩护人责任心不强，对于案件材料不熟悉、不研究，基本靠在法庭上应付几句交差，但有时却大言欺人，稍微不注意就会被他蒙蔽。对付这类辩护人的窍门，可以通过在举证质证中观察他对案件的熟悉程度，必要时点出他不负责任的态度，挫其气焰。如一个挪用公款案的庭审，辩护人在辩护时，就不是围绕案件事实证据来谈犯罪构成和量刑情节，而是使用煽情的手法大谈被告人将公款挪给他人使用是出于好心、没有社会危害性。辩护人对案件根本没有进行认真研究，甚至连被告人的名字都弄错了。公诉人在答辩的时候就可以毫不客气：

首先纠正一下辩护人的一个错误，被告人叫某某，而不叫某某某。作为法律人，对案件应当有认真负责的态度，而作为收取了当事人高额律师费用的辩护人，更应当对当事人认真负责。但是，我们遗憾地看到，辩护人连自己当事人的名字都弄错了，这不是一个严肃认真和负责任的态度，希望辩护人在今后的工作中注意。下面公诉人就辩护人提出的观点作一简要答辩……

五是咬文嚼字型。这类辩护人喜欢挑毛病，对起诉书认定的事实、措辞造句方面爱挑小毛病，纠缠于个别字词的含义；对于卷宗材料中语意模糊的证据故意弄乱其含义，企图乱中取胜。对付这类辩护人的窍门是，如果他故意曲解字词的含义，应当严正指出句子的真实含义，将辩论拉到正题上来；如果起诉书或相关文书确有字词上的疏漏与错误，可以当庭予以纠正，进而说明这种错漏并不影响案件事实的成立，引导法庭辩论回到案件事实证据上来。

六是强加于人型。此类辩护人不顾法庭调查中证据的情况，直接将自己的观点加之于辩论中，如法庭调查阶段明明根据证据证明被告人是在作虚假供述，辩护人却仍然设定被告人的供述是客观真实的；法庭调查阶段已经证实某份证据是虚假的，或其所举的证据是非法取得，不能作证据使用，他却在法庭辩论中仍然用其作为认定案件事实的依据，强加于人。对于此类辩护人，对付的窍门是要立即揭露他强加于人的本质，正本清源，以正视听：

关于本案××证据能否作为认定案件事实的依据，在法庭调查阶段控辩双方已经完全论证清楚，该证据取证形式不合法，不具有客观真实性，不能作为本案定案的依据。然而，辩护人置这一基本事实于不顾，仍然使用这个材料作为论据，以支持自己的观点，显然是不客观、不严肃的。在论据虚假的前提下，只能得出错误的结论。因此，辩护人的辩护观点是不正确的，提请法庭不予采纳。

七是强词夺理型。此类辩护人喜欢抓住某些枝节问题做文章，只要对被告人有利，无论怎样牵强附会都硬往被告人具备从轻处罚情节或者无罪上拉，如受贿案件中会提出所收受的贿赂是他的劳务费、贪污的公款是他应得的报酬等。对付此类辩护人，窍门是要坚持强调案件的基本事实以及《刑法》所规定的犯罪构成，必要时可以使用归谬法驳斥他的错误观点，因为在强词夺理的方法之中，荒谬的问题会很多，稍加总结就可以发现。例如，律师在质证的时候言之凿凿地说：公诉人宣读的证人证言，都是跟被害人熟悉的人，根据《刑事诉讼法》规定，凡是与案件有利害关系的人，都不能作为证人，所以这些证人的证言应当排除，不能作证据使用！如果这样规定，那么被害人的陈述效力是与证人证言一样的，岂不是所有被害人陈述都不是证据了吗，那刑事诉讼法还把被害人陈述作为各类证据干什么？此时公诉人可以这样答辩：

首先需要纠正辩护人的错误观点，刑事诉讼法上根本没有辩护人所说的规定，希望辩护人在法庭上不要发表错误观点误导群众；其次如果按照辩护人的逻辑，那么与案件最有利害关系的人其一是被告人本人，其二是被害人，是不是这两种人所说的内容都不能作为证据使用、不能作为定案的依据呢，那么法律为什么还要把这两类证据作为最重要的证据形式呢？辩护人的观点显然是错误的！

八是攻其一点型。此类辩护人只要事实、证据、适用法律的任何一个环节存在问题，就可能抓住不放，通过否定一点，不及其余来否定全部事实证据。如发现侦查卷宗中讯问、询问笔录存在雷同问话现象，就指责侦查人员编造证据、指供诱供，进而否定全案证据。对于此类辩护人，窍门是可以首先说明他所否定的证据能否得到其他证据的印证，进而说明这份证据在整个证据体系中的作用，如果是关键证据，则通过其能够得到其他证据的印证来证实它的客观真实性；如果存在瑕疵，那么可以举司法解释来说明瑕疵证据的运用原则，只要能够补正或者作出合理解释，并非一概排除；如果不是关键证据，那么可以说明即使这个证据不作为定案的依据，仍然有大量证据可以证明本案的事实，同时还要对辩护人这种否定部分就此否定整体的态度予以驳斥，说明这种态度不是客观的、辩证的，对于查明案件事实这一控辩双方的共同的目标是背离的。

九是学术理论型。这类辩护人一般学历比较高，有的本人就是高校教师，对于刑事法理论比较熟悉，对于一些前沿性的问题有所涉猎，在辩护中往往爱谈理论，甚至将一些有争议的理论拿来作为辩护的理论依据，提出有利于被告人的观点。由于此类辩护人可能是知名学者，或者对理论相对熟悉，甚至是公诉人的大学教师，一些公诉人会发怵。对于此类辩护人，辩论的窍门是要立足于案件的基本事实，运用通说以及司法实践相应对，最好找几个指导案例来，在对刑法理论中的分歧略加说明之后，强调最高司法机关统一规定的重要意义，进而指出学理解释或理解与司法实践之间的差距，以正视听。

十是“死磕”型。这类辩护人上来就申请整个合议庭回避，申请整个法院回避，然后申请证人出庭，证人出庭之后发现证人的证言对他们不利，又申请后面的证人不要再出庭，然后说证人是本单位职工，跟案件有利害关系，这种证人的证言法律规定不能采信等。有人归纳了“正常律师转向‘死磕派律师’之秘籍”，其中“秘籍之八”：“进入法院开庭阶段，不论有什么理由首先申请合议庭全体回避，不回避就是不依法审判，要是真的回避了，上来的合议庭继续申请回避，该方法一直用到不能再用为止。此外，在当事人认罪的情况下，也不能做有罪辩护，无罪辩护那是肯定的。什么鉴定报告，口供，书证、物证、证人证言、视听材料等，统一口径，统统不认。理由就是证据来源不合法，具体哪里不合法不用说，反正说不合法就不合法。而自己提供的某一个鸡毛蒜皮的证据，如被告人在家是个大孝子、对于儿子是个好爸爸、对于老婆是个好老公等的证明材料，就马上号称发现了足以改变定性、被告人无罪的关键证据。到了法庭辩论时间，要多煽情就多煽情，如‘杀人者父亲’等，和案件八竿子打不着的话尽管说，要是法官制止发言就是非法剥夺辩护权利。”这当然不是所有这类律师的做派，但也绝非杜撰。这种类型的辩护人经常使用的“撒手锏”就是程序问题，有时候也非常值得重视，比如他们会下功夫把所有讯问笔录的起始时间、提押与还押时间都核对清楚，从中找漏洞，看看有没有还押时间没有填写、讯问笔录只有开始时间没有结束时间等，找出来干吗？说侦查人员没有依法定时间讯问，有刑讯逼供的情况；

比如会故意歪曲法律规定，把存在利害关系的陈述、证言说成是不能采信的证据，用一些似是而非的概念、观点来误导旁听群众，不懂的旁听人员听着就以为是真的。所以对待这种辩护人首先最大的问题就是要有耐心，不着急，更不要被他的话气得上火，一定要气定神闲，然后在他说脏话、拍桌子的时候严厉打击他一下，要求法庭严明法庭纪律，不准他有出格的活动。这种人少了这些出格的行为之后，一些招法就比较难发挥出来了；还有就是掌握原则性，当他攻击检察机关、司法机关的时候，必须指出他没有依据、罔顾事实证据肆意攻击司法机关，完全背离了摆事实、讲道理的法庭审理原则，背离了法律人的基本准则，要求他实事求是回到审理案件上来；更重要的是，公诉人在审查阶段就要注意完善案件证据，要比他还细致，如果有疏漏，一定要想好解决对策，对于这种人切记不要在法庭上说明显的假话，对于存在的瑕疵该承认的要承认，但是要把法律规定讲清楚；再有就是一定要对程序规定比他还要熟悉，当他混淆概念的时候立即指出，让他没有忽悠的空间，同时对他故意歪曲法律的做法要严肃指出，这是为了达到目的不择手段、不讲职业道德、违背法律人基本准则的行为。总之，对这部分人，对付的窍门就是充分准备、严守底线、刚柔相济、寸理必争、有理有节、耐心应对。

当然，这里虽然说的是各种律师的风格与对策，但反过来，如果作为律师怎么应对不同风格的公诉人，道理也是一样的。例如，公诉人一般不会“死磕”，但以势压人、不讲道理、自以为是的有没有？如果换位思考，站在律师的角度看检察官的辩风，一样也可以找出毛病、思考对策。

要在一次又一次庭审中去观察、思考、分析、总结各种规律，并且随时换位思考，寻找别人的长处，发现自己的不足，从而不断丰富自己的法庭经验，这样遇到什么样风格的辩护人，多大牌的律师，又有什么可害怕的呢？

二、答辩提纲的调整修改方法

尽管检察官、律师在庭审前都会对辩点进行预测并制定答辩提纲，但由于法庭上形势瞬息万变，难免会出现各种意料不到的情形，为此，检察官、律师就要随机应变，及时根据法庭上的变化调整答辩提纲。答辩提纲的当庭调整方法如下。

（一）通过当庭讯问、发问被告人的情况调整答辩提纲

尽管被告人在开庭之前都会多次进行供述，但是法庭上的辩论焦点，只能围

绕被告人当庭所作的供述展开，因为这种供述正是其当庭的辩解，已经由当初的预测变成了现实，它是当然的辩论焦点，所以检察官、律师如果在此之前没有预测到被告人当庭所作的辩解或者预测得不够全面，此时就应当根据其当庭的辩解，及时修改调整答辩提纲，使法庭答辩有的放矢。

（二）通过对方的发问情况调整答辩提纲

有的公诉人或者辩护人向被告人讯问、发问某个问题时，其指控或者辩护观点其实就已经隐含其间，如在一起故意杀人案件中，辩护人问被告人：你当初让刘某他们去报复时，是让他们把被害人杀死，还是只是打一顿教训一下？这一问话的言外之意，是被告人究竟有没有杀人的故意，如果没有杀人的故意，那就不能认定为故意杀人罪。那么，通过这句问话，公诉人就可以判断：辩护人在法庭辩论阶段，其辩护观点就可能是本案的定性是故意伤害罪而非故意杀人罪，此前如果没有很好地准备，那么对答辩提纲就要做及时的调整。

（三）通过对方的质证意见调整答辩提纲

在法庭举证质证环节，凡是对方提出异议的证据，必然也是其在辩论意见中所要提出的辩论焦点问题，这些辩论，可能在质证阶段就已经展开，但在法庭辩论中，控辩双方一定还会将其作为各自观点的支撑。因此，对于这些问题，如果答辩提纲中没有预测到，也应当及时进行修改、调整、充实。

（四）通过对方举证内容调整答辩提纲

法庭辩论阶段各方的观点，依据的一定是法庭调查阶段他们举证所主张的内容，如辩护人在法庭上所举的证据，必然是其答辩的证据基础，同时也是公诉人必须答辩的问题。这些证据本身是否具有可采性、所证明的事实是否真实、能否对案件本身产生影响，都应当作为答辩内容。因此，要通过对方的举证，找准其辩论意见，及时调整答辩方向。

（五）根据证人出庭作证情况调整答辩提纲

根据《刑事诉讼法》规定以及以审判为中心的诉讼制度改革的要求，今后证人、被害人、鉴定人、有专门知识的人、侦查人员出庭作证的情况将越来越普遍，证人出庭，无论是控方所提出的证人，还是辩方所提出的证人，都会使法庭审理活动增加许多变数，致使证据的许多内容在法庭上发生突变，使庭前预测难度增加。因此，有证人出庭的案件，除了加强庭前预测之外，对于证人出庭后发生的变化或未预测到的意外情况，检察官、律师都必须及时予以调整，根据证人出庭的情况修改完善答辩提纲。

三、公诉人答辩提纲制作示例

答辩提纲是对庭审情况的预测，也是对辩点的归纳和答辩语言的组织，其制作方法因人而异、因案而异，总体要求是预测准确、答辩内容全面、重点突出。

（案例47）下面就金某某等三人故意杀人一案答辩提纲的制作做一示例，尽管是从公诉人的角度制作答辩提纲，实际上也可以看出本案辩护人应当如何准备庭审答辩内容。

起诉书认定的事实：20××年11月，被告人金某某与被害人秦某某因工作上的关系产生矛盾，后于20××年9月再次发生冲突，被告人金某某遂产生报复秦某某的念头。9月17日夜，被告人金某某打电话邀集被告人刘某、朱某，共同预谋报复秦某某，此间，金某某提出用刀捅秦某某。20××年9月18日4时许，被告人金某某骑摩托车带领被告人刘某、朱某窜至某小区门口路边等候秦某某，在秦某某从某小区大门出来前去上班时，被告人金某某指认了秦某某，被告人刘某和朱某上前先用砖块砸秦某某，秦某某反抗，二被告人又分别用折叠刀对秦某某的腹部、臀部、腿部连续捅刺十余刀，后乘被告人金某某驾驶的摩托车逃离现场。被害人秦某某被捅刺后当场死亡。经法医鉴定，被害人秦某某系左大腿根部刀刺伤致左侧股深动脉及股静脉破裂、急性失血性休克而死亡。

一、辩点预测：

本案的辩点有三：

1. 关于案件事实与证据问题。起诉书认定被告人金某某提议使用刀，且在举证中公诉人认为三被告人在离开现场时，金某某问：打得怎么样，刘某回答：伤得挺重的。据此认定三人对被害人死亡结果存在认识，因而定性为故意杀人罪。金某某及其辩护人提议使用刀一节金某某当庭不供认，因而不能认定；被告人金某某、刘某因当庭不供认逃离现场的情节，当庭会对此情节的认定提出异议。

2. 关于本案的定性问题。本案应当认定为故意伤害罪还是故意杀人罪，在检察机关审查起诉阶段就已经进行了反复考量，这也是本案最核心的争点。前面事实与证据的争议，本质上是为本案的定性服务的，也是评价本案是否构成故意杀人罪的重要问题。因此，辩护意见肯定会围绕本案的定性问题展开。此外，金某某及其辩护人会不会提出刘某、朱某的行为系实行过限的问题，认为金某某一直供认说仅具有报复伤害的故意，刘某、朱某也供述金某某只是说用刀捅刺臀部来教训秦某某，其到现场之后没有亲自动手，因而刘某、朱某将秦某某捅死的行为超出了他的意志，只能承担故意伤害的责任，而不能承担故意杀人的责任。

3. 关于犯罪情节及各被告人在共同犯罪中的地位与作用的问题。金某某的辩护人可能会提出刘某、朱某的行为系实行过限，金某某不能承担故意杀人的责任；刘某、朱某的辩护人会提出两人系本案从犯；三被告人的辩护人都会提出三人认罪态度较好，能够供述本案的基本事实；金某某的辩护人可能还会提出秦某某管理工作中态度粗暴，有一定过错等。

因此，公诉人在答辩时，不需要对每个辩护人提出的每个辩护观点都作答辩，只要将这三大点答辩到位，就能够实现答辩目的，驳斥辩护人的错误观点。

二、辩护人的辩护观点及语言组织预测

1. 金某某或其辩护人提出：三被告人在预谋时，并不是金某某提出用刀捅刺被害人，理由是金某某自己没有供述，也不是金某某提供了刀，作案工具实际上是刘某、朱某自己带的，在预谋时没有拿出来，在去现场时也没有证据证实金某某知道他们带刀，到现场之后金某某也没有参与直接实施行为，不知道二人是如何打的，直到二人在现场用了刀，金某某才知道，因此，金某某对使用刀报复秦某某的事，根本就不知道。

2. 金某某、刘某的辩护人提出：在现场捅刺被害人后，对于捅刺的程度及可能造成的后果，三人有没有基本的认识，这集中表现在金某某在逃离现场时，有无问过："打得怎么样?"刘某回答："伤得挺重的。"这样一个关键情节。三名被告人虽然在侦查阶段都作过供述，但现在金某某、刘某都推翻了原来的供述，只有朱某还能够保持原供，目前在法庭上关于此问题的说法是二比一，即金某某、刘某都说没有这回事，只有朱某说有，因此这一情节上证据存在矛盾，由于形成了供述二比一的局面，又没有其他证据能够印证，因此属于只有被告人供述，没有其他证据的情形，事实不清、证据不足。

3. 三被告人的辩护人都会提出关于本案的定性问题，认为本案应定为故意伤害罪，不是故意杀人罪，并从如下角度提出本案构成故意伤害罪的理由：

第一，金某某与秦某某发生的矛盾，是工作中的一般矛盾，并没有将秦某某杀死的必要。尽管金某某与秦某某有矛盾，但这种矛盾是在工作中产生的请假与否、工资多少的问题，既不是杀父之仇，也不是夺妻之恨，更没有其他严重的矛盾，因而金某某没有必要将秦某某置于死地。刘某、朱某更是与秦某某往日无冤、近日无仇，没有杀人的动机。

第二，金某某要求刘某、朱某来只是“打”秦某某一顿，并没有说把秦某某杀死，而刘某、朱某则受金某某邀集，只是为了把秦某某打一顿，也没有杀人的故意。

第三，金某某不承认是其提出用刀捅秦某某的，即使按照刘某、朱某的说法，金某某充其量提出让二人向臀部上捅两刀就行了，完全是一种伤害的故意，没有杀人的故意；刘某、朱某也承认商量的目的就是报复一下，虽然提出用刀，但没有提出用刀杀死秦某某，只是想给秦某某一个教训，既然是教训，当然没有杀死秦某某的故意。

第四，金某某之所以让刘某、朱某二人报复秦某某而不亲自动手，是因为怕被秦某某认出来，既然怕被秦某某认出来，就说明他以后肯定还要和秦某某见面，既然能够见面，那么当然不可能怀着杀人的心理，如果不是那样，他完全可以亲自去杀，说明金某某没有杀人的故意。

第五，从刘某、朱某打击的部位来看，都是非要害部位。按照正常人的常识，人体的躯干部位如心脏、肝脏等是要害部位，用刀捅能够致命，而臀部、腿属于非要害部位，正常人打小孩之所以打臀部，就是因为知道打这地方不会致命，本案中金某某即使说了用刀捅，要求也是向臀部腿部等非要害部位捅，而刘某、朱某正是按照这一要求向这些非要害部位捅的，可见他们对于自己的行为危害程度是有节制的、避免死亡后果发生的，这些客观行为都反映出他们主观上根本没有杀人的故意，至于秦某某死亡这一结果，完全是出乎三人意料的。

第六，从秦某某死亡的原因来看，直接原因是左大腿根部动脉及静脉破裂，造成急性失血性休克，这种死亡结果，正是司法实践中认定故意伤害致人死亡的典型结果，由于身体健康受到侵害，造成死亡的后果。如果将这种行为也认定为故意杀人罪，那么今后故意伤害（致人死亡）罪还怎么认定？将这种行为认定为故意杀人罪，显然是客观归罪，与刑法立法精神不符。

第七，三人在对秦某某进行侵害后逃离现场时，即使存在金某某问伤得怎么样这样的情节，也说明金某某在内心深处还是认为秦某某只是受伤，并没有生命危险，即使有人回答：伤得挺重的，也是说伤得重，并没有说已经杀死了或者快死了，金某某也没有到秦某某身边去观察，无法得知其伤情究竟如何，其他二被告人也没有详细描述秦某某的伤情，据此判断三被告人属于不计后果、对秦某某死亡结果放任不管，显然要求太高。间接故意杀人罪与故意伤害罪的本质区别是对死亡结果是否会出现的判断，如果没有这个判断，就只能认定为故意伤害罪。因此，本案被告人主观上没有杀人的故意，客观上实施的是侵害被害人身体健康的行为，被害人死亡结果也是因为身体健康受到损伤，失血过多，与因为头部、心脏等要害部位受到打击直接致死存在本质区别，应当以故意伤害罪定罪处罚。

4. 刘某、朱某的辩护人提出，二人在共同犯罪中系从犯，因为二人不是犯意的发起者，而是受金某某的纠集和指挥，只是一般参与，因此不应当适用《刑法》第二十六条第一款、第四款，应当从轻处罚。

5. 金某某的辩护人提出，刘某、朱某的行为系实行过限行为，超出了金某某最初的指使故意，金某某只是要二人殴打一下，没有想将其杀死。

对此，公诉人答辩对策如下：

刚才，公诉人认真听取了辩护人的辩护意见，各辩护人对本案的证据运用、案件事实的认定、适用法律以及量刑情节等问题发表了辩护意见，下面，公诉人综合辩护人的观点（或针对这些意见），作一简要答辩。

第一，关于本案的事实与证据问题。

关于本案的事实与证据，公诉人在举证阶段已经归纳得很清楚，既然辩护人再次提出这一问题，公诉人对此再次重申：首先，关于被告人金某某有没有提议使用刀的问题，被告人刘某、朱某始终供认是金某某提出用刀捅刺被害人的，而本案的事实也确实是刘某、朱某二人用刀捅刺被害人，金某某在以往的供述中也明确供认，他看到两人用刀在被害人的腿、臀部、肚子上捅了十余刀，因而尽管被告人金某某当庭仍不供认自己提出用刀一节，结合其邀集二人前来报复秦某某，三人预谋时没有说到要赤手空拳殴打秦某某，到现场时除了刘某、朱某二人身边携带的刀之外没有携带其他凶器，报复秦某某时确实使用了刀，秦某某因刀刺伤而死亡等情节，完全可以证实在此问题上，金某某当庭的供述是虚假的，得不到其他证据的支持且不合乎情理，因此起诉书认定的这一情节，事实清楚，证据充分，足以认定。

其次，被告人金某某在与其他两被告人逃离现场时如何问话、被告人刘某如何回答的问题，三被告人以往都作了非常清楚的回答，即金某某问：人打得怎么样？刘某回答：伤得挺重的。这一情节，在三被告人案发之初对案件的所有情节都记得很清楚的情况下，都作了如实供述，互相能够印证，也得到了案件中法医鉴定、被害人死亡这些基本事实的印证，完全可以成立。部分被告人关于此情节的口供之所以发生了改变，是因为随着时间的推移，被告人畏罪心理发生作用，他们担心供认了这一情节，会暴露他们行为的危害程度，在定性处理上会对他们产生不利，因而才选择当庭推翻原供述。但是，他们推翻原供述既作不出合理的解释，也与原来的供述相矛盾，又与客观实际不符，也得不到其他证据的印证，相反，他们原来的供述既能够得到始终没有变化的被告人朱某的供述印证，又完全符合当时的实际情况和情理，金某某既是找二人来报复，当然会对报复的结果关心，不可能在刘某、朱某二人报复完之后，连结果也不过问，因而这一问话情节无论是从证据角度，还是从情理角度，都是真实可信的，相反，金某某、刘某由于畏罪心理而不承认这一情节，事实证明他们的供述是虚假的。

在这里，公诉人需要强调的是，上述两个情节的认定，尽管是以被告人的供述为主，但绝对不是仅有被告人的供述，没有其他证据，具体体现在：关于使用刀作为作案凶器一节，被告人刘某、朱某在作案中确实使用了刀，被害人也正是因遭受刀刺而死亡，这些都足以作为印证被告人供述的证据；关于逃离现场时金某某问话一节，除了被告人的供述以外，法医鉴定证实被害人的伤情确实如刘某所说非常严重，其所发生的死亡结果，也能够印证这一情节，因此不是只有被告人供述，没有其他证据。

第二，关于本案的定性问题。

本案应当认定为故意杀人罪还是故意伤害罪，关键的问题不在于犯罪动机如何。犯罪动机只是犯罪发生的动因，不是犯罪构成要件的必然内容。被告人与被害人矛盾的轻重，亲自动手还是指使他人动手，并不能必然得出其是伤害的故意还是杀人的故意的结论。本案中，在犯罪主观方面，三被告人的故意内容是一种概括的故意，而并不是明确的伤害故意。根据刑法理论，基于一种概括的故意实施的侵害行为，应当考察行为的认识因素、意志因素和犯罪结果才能得出正确的结论。在本案中，从被告人的认识因素上看，为报复秦某某选择使用足以致人死亡的刀可能造成被害人死亡的结果，作为具有完全刑事责任能力的三被告人是能够认识到的，因为人是血肉之躯，即使向秦某某的腿部、臀部、肚子等部位捅刺，捅得重了也能够致命，这一点都是能够认识到的，刑法理论中规定的“明知”，也正是对犯罪后果发生的可能性的认识，即只要明知后果可能发生即可，不需要明知后果必然发生。因此，以打击的部位作为判断故意内容的唯一标准是不全面准确的，还要看侵害的力度和实际后果究竟如何。从意志因素上看，在对秦某某进行砖砸、连续捅刺十余刀之后，秦某某当场倒地不能起来，而当时又是在 4 点，路上行人稀少，其得不到及时救助就会死亡，三被告人也是明知的，但却对其不闻不问，逃离现场，致使秦某某当场死亡，体现了他们对犯罪后果所持的放任态度，这完全符合间接故意杀人罪意志因素的构成特征。如果说，单从具体行为上还看不清他们的意志因素内容，那么在逃离现场时他们之间的对话，完全揭示了他们这一心态：金某某问被害人伤得怎么样，刘某说伤得挺重的。因此，被告人金某某对他们共同行为的后果其实已经有了一个基本心理预期：伤得很重，又在 4 点，他们不去救助而选择逃跑，被害人可能会死亡。而死与不死，都在其意志之内，金某某不需要再上前去确认，也能够说明他们在内心是能够认识与容忍这一死亡结果的。在这种情况下，如果发生死亡结果按照故意杀人罪定罪处罚，完全符合刑法理论和《刑法》第十四条中关于故意犯罪的规定。从客观行为上看，辩护人提出选择的部位和打击的力度，人身的致命部位并不像辩护人所说的那么绝对，具体到本案，向被害人腿部、臀部、肚子等部位捅刺会造成被害人失血过多而死亡，三被告人是能够判断到的；从打击力度上看，被害人身中十余刀，刀伤严重，当场倒地不起，进而死亡，这种打击力度如果还不重，不知道什么样的打击力度才算严重？可见他们的客观行为也完全符合故意杀人罪的构成特征，综上所述，无论从犯罪的主观方面，还是从犯罪的客观方面，无论是从打击力度，还是从犯罪结果上看，三被告人的行为都符合故意杀人罪的构成要件特征，当然应当以故意杀人罪定罪处罚。本案是一起共同犯罪案件，在本案中，三被告人基于概括的故意共同实施了故意杀人的行为，那么被告人金某某的行为当然也构成故意杀人罪，尽管他并没有亲自动手实施具体杀人行为，被告人刘某、朱某的行为与结果都在他的意志之内，在这种情况下，不存在实行过限的问题，因此不能将他的行为认定为故意伤害罪。

第三，关于犯罪情节及各被告人在共同犯罪中的地位与作用问题。

起诉书认定三被告人都是本案的主犯。根据刑法共同犯罪理论，犯意的发起者、犯罪行为的策划者、犯罪行为的组织者、指挥者、犯罪行为的积极实施者、犯罪结果的主要责任者，都是共同犯罪中的主犯，而且，共同犯罪中的主从犯并非对合关系，有主犯就必须有从犯，一个共同犯罪案件中，共同犯罪人可以都是主犯，这要看他们在共同犯罪中具体扮演的角色和所起的作用。在本案中，被告人金某某是犯意发起者、犯罪人员的纠集者、犯罪行为的指使者，当然是主犯，而被告人刘某、朱某不但参与了共同预谋，而且积极实施犯罪行为，并且是造成被害人死亡的直接责任者，同样符合主犯的构成条件，因而对他们都应当按照《刑法》第二十六条第一款、第四款的规定予以处罚，而不能将他们当成从犯去处理。当然，他们的参与程度有所侧重，存在一定的差异，但这种差异是量上的差异而不是本质的差异，这种差异已经在被告人的排序中体现了，可以在量刑时予以考虑。关于各被告人的认罪态度和犯罪的社会危害性，公诉人在公诉意见书中已经阐述得十分清楚，不再重复。（关于被害人是否存在过错的问题，公诉人认为，被害人秦某某是因为在管理上坚持原则遭到了报复，并非个人原因，因而不仅不存在过错，反而反映了被告人金某某犯罪动机卑劣，被告人刘某、朱某无视国法滥杀无辜，这些应当作为从重处罚的情节予以考虑，而不是有从轻情节）

审判长，针对辩护人提出的辩护观点，公诉人暂时答辩到此。

第二轮辩护人如果仍然纠缠定性问题，主要理由应当还是打击部位与对死亡结果能否预见上。

第二轮答辩意见：要害部位的理解，辩护人提出用刀捅臀部等部位不是要害部位，因而没有杀人的故意，只有伤害的故意。

答辩要点：对于行为人主观方面的理解，尤其是具体到本案中对人身要害部位的理解，不应当局限于一点，要全面观察其客观行为，以确定其犯罪的主观方面内容，因为主观方面是通过客观行为表现出来的。本案中大部分创伤尽管集中在腿部、臀部，但腹部这一即使辩护人也承认的要害部位也有创伤，而且最重要的是从打击力度和创伤情况看，失血过多会致命，这是三被告人都能认识到的，而从当时犯罪现场时间、地点等环境看，被告人逃离时完全能够意识到，被害人可能因得不到救助而死亡，而对这一死亡结果，三被告人持听之任之的态度，对此，金某某问另外两被告人：伤得怎么样？刘某的回答是：伤得挺厉害的。厉害到什么程度，会不会发生死亡结果，结合当时现场的情况，是能够认识的，可见，对于这样的结果，三被告人并非毫无认识，而是有充分的认识的；而意志因素上，对死亡结果的发生，他们持漠然置之的态度。因此，被告人是存在杀人的故意的。

针对金某某指使他人，而不亲自动手一节，辩护人提出：金某某之所以没有亲自殴打秦某某，是怕秦某某认出来，既然怕秦某某认出来，当然是不想把他打死，不然就没有必要怕被认出来。而刘某、朱某听命于金某某，金某某在目的明确的情况下要他们报复，还是对行为严重程度有限制的，是伤害故意。

答辩要点：刚才公诉人已经反复论证了本案犯罪故意的内容究竟是什么，对此公诉人不再重复，对于金某某不亲自动手的问题，公诉人认为他之所以不亲自殴打秦某某，原因是多方面的，并不一定只有辩护人和被告人说的一种情形，而不论是亲自动手，还是指使他人动手，都不影响本案的基本事实：①指使他人殴打；②使用凶器刀会造成何种后果；③其也到了现场，对现场局面有控制能力而不加控制；④在对秦某某实施不法侵害之后，明知秦某某伤得很重，在凌晨行人稀少的环境下得不到救助会死亡，而对这一结果持放任态度，因而金某某是否亲手实施具体报复行为，不影响全案故意杀人定性的认定。至于行为之初是否怕被认出来以后会受到法律追究，这种心态其实是很复杂的，可以是怕被秦某某认出来，也可以是怕被其他人认出来，他的最根本的目的还是逃避法律追究，而不能据此作为判断其想不想把秦某某杀死的标准。

关于被告人刘某、朱某的犯罪情节问题，辩护人可能再次提出两人的行为有节制，特别是朱某的辩护人提出朱某只捅了两刀，明显没有杀人的故意。

答辩要点：本案是共同犯罪案件，根据共同犯罪的处罚基本原则，部分实行全部责任，由于共同犯罪行为相互依存，彼此支持，因而三人的行为都是全案的有机组成部分，不能机械分割，更不能因为朱某只捅了两刀就将其认定为另一种犯罪性质，这既不符合当时被告人的心理态度，也与共同犯罪的处罚原则相违背，因此，三人的行为都构成故意杀人罪。至于在共同犯罪中所起的作用问题，公诉人在前面已经分析得很清楚，不再重复。

审判长：鉴于被告人及其辩护人没有提出新的辩护观点，公诉人答辩完毕。公诉人坚持认为，本案事实清楚，证据充分，定性准确，适用法律适当，请法庭以事实为依据，以法律为准绳，结合三被告人的犯罪情节和认罪态度，作出公正的判决。

备用答辩内容：辩护人如提出杀人形式的问题，从杀人的形式上看，杀人的形式不限于谋杀，临时起意的杀人、放任后果的杀人、斗殴过程中的杀人都可以构成故意杀人罪，因而不能因为预谋时仅说用刀捅臀部几下就绝对排除杀人的故意，而是要全面分析使用的凶器、打击的部位及力度、打击后的态度、造成的后果，然后进行客观全面的评价，得出一个准确的结论。从故意的内容上分：故意分为确定故意和未必故意（概括故意）两种形式，基于概括的故意实施犯罪行为，如果造成了与确定故意相同的后果，应当与确定故意同样定罪，而不应当降格处理。本案各被告人的心理态度，就是一种概括故意。

四、几类重点案件的答辩策略

（一）受贿案件答辩提纲制作示例（公诉人用）

受贿案件的答辩重点，一般在于事实与证据，但就法律适用问题的争议也经常存在，如受贿行为与礼尚往来的区别、如何理解利用职务上的便利、如何掌握为他人谋取利益的标准，等等。如蒋某某受贿一案的答辩提纲：

（案例48）审判长、人民陪审员：

刚才公诉人认真地听取了被告人蒋某某和被告人辩护人的辩护意见。其主要观点是本案中的部分受贿犯罪事实是否成立以及是否具有自首的法定从轻或减轻的量刑情节问题。

公诉人先就其中的主要问题作以下答辩：

1. 辩护人（如）提出被告人收受他人财物不是为了为他人谋取利益，纯属逢年过节时亲友之间的馈赠，因而不是贿赂。

答辩：本案中，蒋某某收受他人财物的行为，既有别于正常的礼尚往来，也有别于普通的违纪行为，是一种受贿犯罪行为。礼尚往来者，投桃报李，“投之以木桃，报之以琼瑶”，具有礼物价值间的相当性，而蒋某某似乎没有报以更多的回报，或者说，他是用权力作为回报，而非本人的财物；普通的违纪行为，一般是少量财物，或者没有具体请托事项而收取财物。要全面、宏观地看行贿人行贿的目的、要求，应当承认，本案中行贿人大部分不是为了某个单一请托事项向蒋某某行贿，而一般是在逢年过节时给予蒋某某财物，但由于蒋某某在某县、某市所担任的职务和在机关中所产生的影响，导致这些人对于蒋某某的具体需要是长期的、经常性的，因而通过逢年过节或蒋某某生病时给予其财物的形式仅仅是一种行贿手段，与为某一单个请托事项向蒋某某行贿并无本质上的区分，并不影响蒋某某受贿罪的构成。

行贿的情形，无非这样几种：为某一件事一次行贿，这是典型的权钱交易；为某件事多次行贿；行贿一次解决多个问题；先提出请托事项，事成之后再行贿；不专门为某一件事单独行贿，而是在平时或借某种名目（如逢年过节）行贿，进行“感情投资”，而在有事时不再单独行贿。这种做法虽然更加隐蔽，不那么赤裸裸，但它无非是行贿的一种手段，在温情脉脉的人情面纱下掩盖的，仍然还是权钱交易的实质。

2. 辩护人提出被告人蒋某某不具体分管征地、环保等工作，在担任某市委组织部副部长后也不具体分管干部，因而不具有利用职务上的便利为他人谋取利益的构成情节。

答辩：第一，从事实层面上看，利用职务上的便利，既包括利用本人职务上主管、负责、承办某项公共事务的职权，也包括利用职务上的隶属、制约关系的其他国家工作人员的职权。担任单位领导职务的国家工作人员通过不属于自己主管的下级部门的国家工作人员为他人谋取利益的，应当认定为利用职务上的便利为他人谋取利益。为他人谋取利益，包括承诺为他人谋取利益、实际谋取利益和谋取利益成功和不成功等阶段，只要具备其中一个环节的行为，就可以成立“为他人谋取利益”。本案中，有些行贿人在给予蒋某某以财物时，虽然当时没有具体的请托事项，但却是为了投蒋某某所好，谋求今后在职务提升、企业发展、帮助其他亲友谋求升迁等方面的利益，或者是蒋某某谋利在前，行贿人报答在后。蒋某某在收受这些财物时，对此也是明知的，而且事实上许多行贿人在事先或事后也要求蒋某某为其谋取了利益。根据被告人蒋某某的供述，其不论是在担任某县委常委、组织部长、县委副书记，还是在担任中共某市委组织部副部长期间，“对全县的工作都有一定的领导权，全县重要的事项，都要经过县常委会讨论，作为常委，我也是领导集体的一分子，因而也是下面各个局、乡、镇的领导；作为组织部长，是管理干部的，下面各个局、镇、乡的领导干部是归组织部管理的，对下面各个局的领导是有制约作用的；作为县委副书记，在负责分管工作的同时，协助县委书记做好县里的全面工作，对县里各项工作都有一定的决策权，对下面各个局也是有制约的。某市委组织部主要是代表某市委管县委常委这一层次的干部，对某县委及县政府的领导有一定的制约作用。我们是某县组织部上级隶属机关，所以也是某县各部、委、局的上级领导机关。我在某市委组织部任副部长，虽然不直接分管干部，但干部任免活动，都要召开部委会议讨论的，我有权发表自己的意见，并影响决策。作为组织部的副部长，也是部里领导集体的一分子”。因而，其完全具备直接利用职务上的便利为他人谋取利益和利用自己职务上形成的便利条件为他人谋取利益的条件，而大部分行贿人之所以向其行贿，并不是要求其直接为自己解决职务升迁的问题，而是看重其担任重要领导职务、其职权形成了重要影响。因而，被告人蒋某某的行为符合受贿罪的构成特征，应当以受贿罪定罪处罚。

第二，从宪法依据上看，被告人蒋某某无论是作为县委常委、县委副书记、组织部长，还是作为某市委组织部副部长，按照他自己的说法，都具有领导权，所以属于“担任领导职务的国家工作人员”。他可以不具体主管某项工作，但他对各项工作的领导职权是绝对没有疑问的。

第三，从立法精神上看，《刑法》之所以规定受贿罪，就是为了防止公权力的滥用，杜绝权钱交易，这是对任何一个行使公权力的人都普遍适用的，担任领导职务的更不例外。

第四，从价值取向上看，对于担任领导职务的人员非法收受他人财物的行为，必须要以法律手段予以制裁。

第五，从司法认定标准来看，为了澄清模糊认识，最高人民法院在《全国法院审理经济犯罪案件工作座谈会纪要》中，就受贿罪中“利用职务上的便利”的认定问题规定：《刑法》第三百八十五条第一款规定的“利用职务上的便利”，既包括利用本人职务上主管、负责、承办某项公共事务的职权，也包括利用职务上有隶属、制约关系的其他国家工作人员的职权。担任单位领导职务的国家工作人员通过不属于自己主管的下级部门的国家工作人员的职务为他人谋取利益的，应当认定为“利用职务上的便利”为他人谋取利益。被告人蒋某某在某县是县委常委，属于某县的领导人，在某市委组织部任副部长时，由于其对某县、某市干部人事安排仍然有决策权，存在利用本部门、本系统中与自己有隶属、制约关系的国家工作人员的职务行为，二者之间存在管理体制上的隶属、制约关系，带有指挥、命令、下级不敢不从的性质，因而他的行为，属于直接利用本人的职务便利为他人谋取利益的情形。

从司法实践来看，近年来我国司法机关处理了大批类似案件，最高人民法院也通过人民法院公报和刑事审判参考等媒介公布了此类职务犯罪案件，这些案件的处理，也都是以受贿罪定罪处罚的。因此，根据“同等情况同等对待”这一司法公正的精神，对本案也应当以受贿罪定罪处罚。

3. 辩护人提出本案大部分事实中并无蒋某某向有关部门打招呼的证据，可见蒋某某没有为他人谋取利益。

答辩：根据《全国法院审理经济犯罪案件工作座谈会纪要》，“为他人谋取利益”，包括承诺、实施、实现三个阶段的行为。只要具有其中一个阶段的行为，如国家工作人员收受他人财物时，根据他人提出的具体请托事项，承诺为他人谋取利益的，就具备了为他人谋取利益的要件。明知他人有具体请托事项而收受财物的，视为承诺为他人谋取利益。本案中，被告人蒋某某对于他人给予其财物的目的是什么，心中是很明确的（求财、求官），而其既有先收钱后办事的情况，又有以默示的形式承诺为他人谋取利益的情况，因而，他的行为完全符合为他人谋取利益的构成条件。

辩护人对此又提出本案行贿人在给予财物时，没有提出具体请托事项，因而不属于“明知他人有具体请托事项”的情形。

答辩：这里有一个如何认识“具体请托事项”的问题。公诉人认为，不能片面地将“具体”理解为“单个”或“某一个”，如提拔某人为副局长，与在提拔时“关照”某人，虽然后者并不明确，但仍然是具体的。同样，在近期提拔某人，与在今后适当的时候提拔某人，也同样是具体的。这种情况，也同样适用于在经商、办企业、从事工程中现实的办具体事和今后有事时提供帮助。在本案中，所有的行贿人都有求于蒋某某，或为官，或为财，或为“摆平”某一件事，这些要求，不论是眼前的，还是今后的，都是需要蒋某某予以现实关照解决的，因而是具体的，对此，双方都是心知肚明的，因而，我们不能因为某一行贿人没有在送钱时赤裸裸地提出某项要求，就否认其请托事项的具体性。而且，如前所述，行贿的方式和手法多种多样，我们不能要求每个行贿人必须在每次行贿时都明确提出请托事项，否则过期作废，因此，蒋某某的行为属于“视为承诺为他人谋取利益”的行为，是“为他人谋取利益”。

4. 关于被告人蒋某某供认了检察机关没有掌握的大量受贿事实，具有自首情节。

不是自首：同种罪质，仅是可以酌情予以从轻处罚。

5. 关于本案被告人蒋某某受贿犯罪的情节问题。

（视辩方的意见而定，如果辩方提出被告人的受贿犯罪情节一般，或提出虽然受贿数额特别巨大，但情节一般时，必须予以驳斥）

公诉人认为，辩护人的该辩护意见与本案被告人的受贿犯罪事实不符。

首先，被告人的受贿数额特别巨大，已经达到50余万元，其中有数额巨大的美元、港币、人民币；其次，被告人受贿时间长、次数较多；再次，被告人的身份特殊，造成的社会影响特别恶劣；最后，其还具有索贿的情节，应当根据规定从重处罚。

6. 蒋某某为他人谋取的都是正当的利益，主观恶性较小，可以从轻、减轻处罚。

答辩：《刑法》规定的受贿罪构成条件，只要是谋取利益就构成受贿条件，而谋取的利益是否正当在所不问，因为该罪侵害的客体主要是国家工作人员职务行为的廉洁性，而受财行为本身已经对此产生侵害，因而不能因为其谋取的利益正当就认为可以从轻、减轻处罚，对此法律既无规定，也与法理不符，况且，一方面，蒋某某大量谋取利益的行为违反了程序规定，表面看似乎是正当的，但在为请托人谋取利益的同时，是对其他同等条件的人的不公正与不正当，因而很难说其是正当利益；另一方面，蒋某某还有索贿的情节，因而不属于从轻情节。

7. 关于被告人的认罪态度和退赃等问题。

被告人蒋某某在侦查阶段交代态度较好，总的来说，被告人蒋某某在侦查阶段能够主动、积极退赃，并且在家人的配合下，已经退清全部赃款。（今天当庭能够认罪，可以酌情予以从轻处罚）

（二）证据有瑕疵、零口供案件答辩提纲制作示例

证据体系不够稳定、证据有瑕疵、法庭上证据发生变化的情况，在办案中也是时有发生的。这种情况下，如何做好法庭辩论，发挥公诉语言的作用，使公诉语言为指控犯罪服务呢？其关键还是在于完善证据体系，在此基础上，要结合证据原理对证据体系进行论证，通过论证澄清事实，驳斥错误观点，强调指控的正确性。如胡某某盗窃案：

（案例 49）某公安分局起诉意见书认定犯罪嫌疑人胡某某自两年内先后使用技术开锁的手段实施入户盗窃作案 8 起，其中 20 × × 年 10 月中下旬在某省两个地区共入户盗窃作案 7 起，20 × × 年 8 月 21 日在某区入户盗窃后，被当场抓获。犯罪嫌疑人胡某某归案后，在公安机关侦查、预审阶段没有做任何供述，并坚决否认在被抓获之前去过案发的地区，公安机关用以证明其 20 × × 年间实施盗窃犯罪的证据主要包括在当时的案发现场提取的可疑指纹，经指纹识别系统鉴别均系胡某某所遗留；现场勘验材料；被害人陈述；价格鉴定意见书等，但被害人没有见到犯罪嫌疑人，又无其他人证。胡某某在审查起诉阶段对 20 × × 年的参与实施盗窃情况仍予以否认，对自己的指纹为何遗留在案发现场不做合理解释，对案发期间的行踪没有交代。

犯罪嫌疑人胡某某是一个有反侦查能力的惯犯，在没有其口供的情况下，定案的关键在于现有证据能否相互印证，形成证据体系，这就对证据的收集、审查提出了较高的要求。而在案证据也确实存在瑕疵：由于发案在前，两年时间没有破案，公安机关将现场勘查材料及所提取的物证均存放在技术部门，没有形成原

始的现场勘查笔录，后来根据指纹比对破案后，补办整理出的勘查笔录，落款时间为抓获当年8月，而不是案发当时的时间；案发当时也没有指纹鉴定意见（因犯罪对象不明，没有同一认定的条件）；部分现场勘查不规范，见证人签名等比较随意、不完整等。

本案起诉后，某区人民法院依法公开审理，被告人胡某某当庭表示除其在某区行窃被当场抓获这次外，其从未到过某区、某县；辩护人做无罪辩护，对勘验材料的真实性、指纹鉴定意见的证明力、价格鉴定意见的客观性均提出质疑，并当庭要求传唤三名证人出庭作证，又提交了五份证人证言，均证实20××年10月间，胡某某在老家收购棉花，没有作案时间。公诉人就五份证人证言的来源、形式及内容的合法性提出了质疑，并通过对被告人胡某某的讯问及对证人的询问，揭露了证人系受他人指使作虚假陈述，同时提出，鉴于本案关键证据存在瑕疵，建议法庭延期审理。根据庭审中出现的新情况，公诉人就勘验材料的形成、指纹鉴定书所存瑕疵问题要求公安机关做出补强，对涉嫌作伪证包庇犯罪嫌疑人的证人建议公安机关立案调查。

此后，某区人民法院第二次开庭审理本案，公诉人向法庭提交了情况说明、证人证言等证据，控辩双方争议的焦点集中在勘验笔录的真实性及指纹鉴定意见的证明力方面。为了排除现有证据的矛盾，寻求本案的补强证据，公诉人再次建议延期审理，并在此期间，就勘验笔录及鉴定意见存在的瑕疵调查走访了公安机关参与现场勘查、提取物证、参与指纹鉴定的鉴定人，了解了现场勘验、鉴定的程序并制作了询问笔录，从公安机关直接调取了公安机关存档的《刑事案件（现场勘验）登记表》、指纹卡、照片底片、现场草图等原始勘验材料，又提取了证实20××年10月间胡某某不在老家收购棉花的证人证言，以及上次庭审中前来作伪证人员系胡某某的兄弟收买来作伪证的证据、胡某某涉案的其他盗窃案件同案犯的口供证明胡某某参与盗窃的技术开锁手段，使本案定案证据形成更加完整的证据体系。

在第三次庭审中，公诉人当庭出示了上述证据材料，发表了补充公诉意见，进行了法庭辩论，有力指控了犯罪，法院据此对全案证据予以采纳，对胡某某以盗窃罪作出了判决。

如何使公诉语言为指控犯罪服务，公诉人在法庭辩论中运用证据理论、结合案件具体情况，进行了有力的论证：

审判长、审判员：

胡某某盗窃一案，历经三次法庭审理，可谓一波三折。关于本案争议的焦点问题，在前两次庭审当中已经十分明确，即被告人胡某某有没有进入本案中的前七个犯罪现场作案、公安机关提取的指纹是否具有证明作用、指纹鉴定意见是否客观真实，在刑事诉讼中，我们应如何正确对待瑕疵证据？

第一，我们来看胡某某除了作案时被现场抓获的那起事实以外，是不是像他所说的那样，根本没有来过某区或者某县呢？对于这个问题，首先，我们需要强调的是指纹证据的作用。指纹鉴定起源于19世纪末20世纪初的犯罪学和法医学。人的指纹由于生物学上的原因，存在个体差异，具有唯一性，目前世界上尚未发现不同的人拥有相同的指纹；同时，指纹的这种唯一性不会随时间环境的变化而改变。司法实践中，大量的刑事案件，正是通过指纹鉴定得以破获，大量狡诈的犯罪分子，也正是通过指纹证据被法律锁定并受到应有的惩处。本案得以破获的经过是：20××年8月21日，被告人胡某某在实施盗窃犯罪时，被当场抓获。公安机关在抓获胡某某后，按照有关办案规定，提取了他的全部指纹，录入计算机远程自动比对系统按惯例进行比对。结果，公安机关发现过去尚未破获的七起盗窃案件中，在犯罪现场所提取并存档保留的指纹里，有被告人胡某某的指纹。经过认真的鉴定，对其指纹进行了同一认定，进而认定了本案的8起犯罪事实。这是本案的一个最基本的事实，既有原始报案记录和被害人的陈述，又有公安机关技术部门进入现场进行勘查的最原始勘查登记材料予以证实，完全可以排除公安机关办案单位人为编造案件事实和伪造证据陷害被告人胡某某的可能性。因此，我们完全可以断定：是被告人胡某某在编造虚假供述企图逃避法律制裁。如果说，胡某某能够证明其曾经因某种合法事由去过犯罪现场，那我们倒要慎重考虑是不是有什么其他原因使他的指纹留在了现场，但根据他的辩解，他根本没有去过那里，那么在排除了别人将他的指纹或者手指硬按在现场的可能性之后，剩下的唯一答案就是：胡某某在说谎，其说谎的目的，就是掩盖他参与盗窃犯罪的事实，逃避法律追究。其次，我们来看案发情况。起诉书所指控的所有案件，案发都是相当自然的，即被害人一发现自己家中被盗，便立即报警，公安机关也立即赶到现场进行了勘查，并没有一起案件是在时隔多年之后被害人才报案、公安机关才去现场的。在这种情况下，根据司法规律，其一，案发现场没有经过破坏，现场所反映的情况真实客观；其二，现场痕迹最有价值，能够据此发现犯罪线索；其三，被害人当时对损失情况的反映真实可信。最后，从现场指纹的提取情况看，原始的现场勘查材料清楚地反映出，本案并非像辩护人所说的那样只提取了一枚指纹，而这枚指纹恰恰就是胡某某的。根据现场勘查人员的说明以及原始现场勘查材料，对于每个现场，公安人员都提取了多枚指纹，并将这些指纹录入指纹识别系统进行比对，由于指纹库中过去尚没有胡某某等人的指纹资料，所以当时指纹识别系统尚不能识别指纹的归属，而当胡某某被抓获，他的指纹资料被录入指纹识别系统后，公安人员发现了以往指纹库中他的指纹与其信息可以形成同一认定，这完全符合事物发现的一般规律。

第二，公安机关在犯罪现场提取的指纹具有证明作用。首先，关于本案指纹，我们刚才已经强调了其客观真实性，即这些指纹确实是从犯罪现场提取的，是客观地出现在案发现场，并由公安人员客观地、没有使用任何造假手段提取的，对此，有现场照片，有所提取并按规定存档的指纹样品原件，有现场勘查的原始记录内容在卷，被害人、见证人也都能够证明这些内容。其次，这些指纹与案件具有关联性，它出现在第一时间的案发现场，不是事后被人放在那里；它不是被害人或者有合法事由进入被害人家中的人的指纹；它与盗窃行为本身密切相关，换言之，就是实施盗窃行为的人所遗留。最后，这些指纹证据不是非法证据，其被提取的本身，是在被害人报案、公安机关接警后指令技术人员依法勘查现场、技术人员到现场后按照规程合法提取，而不是靠使用暴力逼取或者栽赃陷害留置在那里，因而其具备合法性。具备了上述条件，本案的所有指纹证据，完全具有证据资格，足以作为认定案件的依据，具有证明作用。

第三，公安机关根据所提取的指纹，对照被告人胡某某的指纹所进行的同一认定行为，符合法定要求，由此得出的鉴定意见客观真实。根据指纹的特征得出的鉴定意见足以确认，被告人胡某某就是实施盗窃犯罪行为的人。

第四，我们如何认识和对待瑕疵证据。由于刑事诉讼活动本身是对已经发生的历史进行有限的再现，它属于人类的认识活动，因而在这一活动中发生误差在所难免。任何一个案件，都会或多或少地存在一些误差，这一点，可以说包括辩护人在内都不会反对，因为这是客观事实，也是客观规律，是不以人的意志为转移的。这样，我们也就比较容易解释为什么会出现瑕疵证据，也就是在形式或内容上存在一定误差或者失误的证据，比如因为人的记忆品质、记忆能力上存在个体差异，对同样的事实，所证明的内容有差异，遇到这种情况的证人证言，我们如何对待？是不是全部当作虚假证据否定它们，不作为认定案件的依据？当然不是。我们的刑事诉讼规则也好，司法解释也好，都规定了在这种情况下，要合理地排除矛盾，在矛盾得到合理的解释与排除后，瑕疵证据就可以作为定案的依据。这就是补强证据规则。也就是说，对于瑕疵证据，只要有相应的补强证据对其进行说明，就可以作为定案的依据，而不是全盘否定和弃置不用，因为其与非法证据是不同的。在我国《刑事诉讼法》中只规定了一种情形的证据是非法证据，那就是第五十六条所规定的刑讯逼供和采用暴力、威胁等非法方法以及其他类似方法收集的证据。非法证据应当重新调查取证，而瑕疵证据可以补强，这是两种类型证据的区别。在本案中，我们注意到，辩护人历次的辩护词中，都认为本案的现场勘查笔录存在瑕疵，是瑕疵证据。客观地说，本案的现场勘查笔录确实在形式与内容上存在瑕疵，即在一些词句表述上有误差、落款时间上可能会使人产生误解、签名形式上存在变通方式等，这些辩护人都已提及。如果不搞清出现这些问题的原因，对这些证据能否作为定案的依据，人们当然会心存疑虑。对此，公诉机关两次建议延期审理，目的就是寻求补强证据，排除合理怀疑。在补充侦查中，我们走访询问了现场勘查人员，要求他们对现场勘查情况以及所出现的问题进行了说明，调取了原始的勘查记录材料，据此，公诉人认为，这些补强证据达到了合理释明瑕疵证据的补强程度，这些证据相互结合，形成了更加完整的证据体系，证明方向一致，证据指向唯一，足以证明本案的事实。审判长、审判员，规则不是一成不变的，规则设置的目的是实现价值的需要，而因为我们的价值取向不是鼓励犯罪而是打击犯罪，所以对于瑕疵证据我们不该抛弃它，而应当对其进行合理的补强之后，作为认定案件的根据。

此外，对于辩护人提出盗窃价值的问题，公诉人认为，首先，对一些没有实物的被盗物品，鉴定机关并没有进行核价认定，而是根据办案机关提供的资料，对能够估价的物品进行了估价；其次，被告人胡某某对于自己的犯罪事实始终作虚假供述，甚至在自己的指纹遗留在犯罪现场的情况下仍不供述，可见其供述是虚假的，而根据前述分析，被害人在案发后立即报案并进行了客观的陈述，其真实可靠性强，在这种情况下，我们当然应当采信被害人的陈述，胡某某违反《刑事诉讼法》关于被告人应当如实供述自己犯罪事实的义务，当然应当承担对其不利的后果。

审判长、审判员，《刑事诉讼法》第二条规定，我国刑事诉讼法的任务，是保证准确、及时地查明犯罪事实，正确应用法律，惩罚犯罪分子，保障无罪的人不受刑事追究，教育公民自觉遵守法律，积极同犯罪行为作斗争，维护社会主义法制，尊重和保障人权，保护公民的人身权利、财产权利、民主权利和其他权利，保障社会主义建设事业的顺利进行。在本案的办理过程中，我们深切地感受到，被告人胡某某属于那种犯罪经验丰富、反侦查能力强、主观恶性大、人身危险性严重的犯罪人，这反映在其所使用的盗窃犯罪手段、干扰办案和对抗侦查、审查、审判方法以及犯罪和逃跑过程中的一系列活动上。尽管其在外地流窜作案的相关事实正在查证当中，致使检察机关现在尚无法对其追加起诉，但其一旦返回社会，重新犯罪和进行重大刑事犯罪活动的可能性极大，因此，对于像被告人胡某某这样的犯罪分子，必须根据“轻轻重重”的刑事政策，从重处罚，以实现《刑法》特殊预防的效果。对此，建议法庭在对其量刑时予以充分考虑。

本案法庭辩论中，公诉人之所以能够理直气壮，就是因为已经掌握了第一手的证据：将现场提取的指纹样本直接带到法庭上，将现场勘查的原始状态进行了“还原”，同时还揭穿了证人所作伪证，并论证了瑕疵证据的特点以及经过补正后的运用规律。在此基础上，公诉语言的杀伤力得到了充分的体现与发挥。

（三）被告人翻供案件答辩提纲制作示例

被告人翻供案件的答辩提纲，要围绕揭露被告人翻供的理由不合理、被告人有罪供述能够与其他证据相印证、其他证据能够支持被告人所作有罪供述展开论述。如潘某某受贿案，起诉书认定：

（案例50）被告人潘某某在先后担任某区第五人民医院、某区第三人民医院副院长期间，利用其分管后勤、基建工作的职务便利，在基础设施建设、维修过程中，为他人谋取利益，先后多次非法收受建筑包工头贺某某、洪某某、沈某某所送的现金、银行卡等财物，共计价值人民币306000元。

对上述事实，被告人潘某某先是供认，后又翻供，翻供的理由是侦查人员逼其承认部分事实、部分事实是他自己胡乱编造的。而案件中行贿人与受贿人在受贿的形式是现金还是银行卡的问题上，又确实存在供、证反复的情况。在法庭上，被告人继续坚持不供认此受贿事实，辩护人也提出被告人的有罪供述不能采信。对此，公诉人答辩：

1. 关于潘某某的口供。潘某某供述说，对于收受沈某某贿赂一节，是他自己编造的。但是，这一说法，从证据理论上说，既与他以往的有罪供述不一致，也得不到行贿人沈某某口供的印证，对于这一节的供述为什么出现了反复，二人都有了十分明确且合理的解释，而潘某某当庭的供述得不到其他任何证据的印证，不足采信。从事理上说，沈某某在无资质承包医院工程期间，向其他医院领导行贿，这些事实已经被查清，而且对于应某某等人，有的法院已经作出有罪判决，而与工程最具直接关系的负责人潘某某，沈某某向其行贿的情节显然不会是其刻意捏造诬陷。从情理上说，人都是理性的动物，潘某某供述关于向沈某某受贿25万元的事实，是他自己编造出来的。试想，如果没有这一事实，在办案人员毫无线索的情况下，作为一名心理咨询专家，潘某某不可能像他自己说的那样，有意编造一个自己向沈某某受贿的事实去试探办案人员，而作为行贿人的沈某某更不可能如潘某某所说，恰恰向他行贿25万元。当然，有关25万元是现金还是银行卡，二人在供述中有所反复。但是，这只是受贿形式的反复，既不能就此否认受贿这一事实，也不能否认受贿的数额。对于为什么会出现口供上的反复，行贿人沈某某、受贿人潘某某都作出了合理的解释，也就是因为其开始的时候感到说直接受贿了25万元是现金比较“难听”，沈某某说：“在我看来，送银行卡比送现金要好听点，送现金是赤裸裸的，送卡可能性质上要轻一些，所以我就说送给潘某某的是银行卡了。”对此，潘某某也有过类似的解释。因此，无论是从法理还是从情理，无论是从事实还是从逻辑层面，被告人潘某某有关向沈某某受贿25万元现金的事实方面的翻供，完全没有理由，不能作为认定案件的依据。

需要强调的是，被告人潘某某翻供的理由是不成立的。本案是在检察机关在查办其他人受贿犯罪事实时发现，而在接触潘某某时，检察机关并没有向其了解收受沈某某贿赂一节。潘某某在被刑事拘留后，当天就在看守所供述了收受沈某某贿赂的事实。在此过程中，办案人员既没有对他刑讯逼供，也没有诱导、暗示他供述沈某某行贿的事实，这一点，潘某某自己以及看守所的体表检查单都可以证明。而在这样的情况下作出的供述，又得到了行贿人的印证，无论事后潘某某再用什么理由去推翻，都是苍白无力的。

2. 有关25万元财产来源。尽管公诉人没有直接证明在潘某某家庭财产中，哪一笔是这25万元，但这并不代表潘某某就根本没有受贿25万元这一事实。公诉人举出证据证实的是潘某某家庭中的财产收入和支出的部分情况，仅从现有的这些证据，足以证明的事实是潘某某有超出25万元的财产，因为财产的收入与支出是动态的，公诉人提供的证据，证实潘某某至少具有超过这一数量的财产。而沈某某的支出情况也表明，他至少有行贿25万元的能力。虽然上述证据不能孤立地证明某一具体事实，但是作为证据链上的一条，它能够起到证明作用。

（四）强奸案件出庭语言艺术

此类案件被告人往往抵赖或不承认违背妇女意志，而案件证据一般较单薄，甚至会出现一对一的情况，因而要重点立足物证和情理，以是否违背妇女意志为核心内容加以阐述，拨开迷雾，直指本质。尤其是当前一些强奸案件，往往被害人反抗程度并不强烈，或者双方发生性关系时被害人反抗并不强烈，如何判断和证明行为人确系违背妇女意志，就要结合案件的具体情况进行论证。

例如，戴某某强奸案（犯罪事实部分见举证提纲）：

（案例51）审判长、人民陪审员：

刚才公诉人认真地听取了被告人戴某某及其辩护人的辩护意见，针对被告人的辩解和辩护人的辩护意见，公诉人现就主要问题作以下答辩：

1. 关于本案的事实与证据。（辩护人提出本案事实不清、证据不足，不能认定被告人有罪）尽管被告人戴某某不供认自己是在违背妇女意志的情况下与被害人发生性关系，但本案相关证据足以证明这一基本情节。

本案中，戴某某对其与被害人庄某发生性关系的事实供认不讳，但辩解是在被害人自愿的基础上实施的行为。其辩解与被害人庄某陈述、证人陈某某证言等其他证据不符，存在矛盾，不合逻辑。被害人庄某的陈述证实了被告人采用扣留其身份证、留其手机等方式进行胁迫，将其带至某区某园×幢×单元×室并对其使用语言、电击器威胁等手段，在违背其意愿的情况下强行与其发生性关系，后被害人庄某发短信给男友段某进行报警的经过。该事实有证人刘某某的证言，证实被害人庄某因怕被被告人戴某某带走，而手机又被嫌疑人扣留，即向刘某某求助，要求其代为报警的事实；证人段某的证言证实被害人庄某要其报警，并发短信称被告人要用电击器威胁她的事实；证人陈某某的证言则证实被告人戴某某让陈某某发短信将被害人庄某约至某咖啡馆，见面后索要了庄某的身份证，并将其带至某园×幢×单元×室的事实经过。该些证言及现场勘验记录、庄某发给男友的短信内容、照片等证据能相互印证，证实被告人戴某某违背妇女的意志，使用扣押身份证、用电击器等威胁手段对被害人庄某实施强奸的事实。各证据能形成完整的证据链，足以证实，起诉书对本案事实的认定是客观准确的。

2. 关于本案的定性问题。（辩护人提出双方的性关系是在自愿的情况下发生，不符合强奸罪的构成特征）强奸罪的本质构成条件是违背妇女意志，使用暴力、胁迫或者其他手段与妇女发生性关系。因此，在双方发生性关系的前提下，只要证明该性行为是在违背妇女意志的情况下发生的，就可以认定构成强奸罪。本案中，能证明被告人违背妇女意志的理由如下：

（1）被害人庄某并无与戴某某自愿发生关系的基础。案发时，被害人庄某已有固定男友段某在交往，根据其陈述“感觉这个人（戴某某）不好，不想再和他往来”“那次发生冲突后，戴某某打过三四次电话给我，但我每次都挂掉或关机，没有接过他电话，也没有回过短信。那次冲突后到3月9日中间，我们也没有见过面”。根据被告人戴某某的供述也是“到今年1月，我们吵了一架，后来她（庄某）不愿意见我，不接我电话了”。因此，虽然之前二人发生过几次性关系（被害人自愿与否暂且不论），但在本案案发时二人并非情人关系或普通男女朋友关系，被害人始终陈述不喜欢戴某某，不存在与戴某某自愿发生性关系的感情基础。且案发当日被害人庄某系被骗出来与被告人戴某某见面。被告人戴某某的供述和陈某某的证言中都提到，是戴某某让陈某某发短信把庄某约出来，且隐瞒了一起见面的还有戴某某。而庄某一直以为是与姓张的客户在互发信息，见面的目的也只是让姓张的客户给自己晚上的场子订位，并不知道约见背后其实是戴某某的意志，与戴某某的见面其实是基于上当受骗，而非其自愿。

（2）辩护人提出被害人在当天没有强烈的反抗表示，对被告人行为是一种默许或者是半推半就，因而不是强奸行为。公诉人认为，被害人虽然未采取明显反抗手段，但是案件中多处情节均能反映出发生性关系是违背妇女意志的。一是被害人在某酒楼吃饭时曾借上厕所找机会报警，在手机被戴某某扣留无法随身携带的情况下，她找到饭店服务员刘某某（实为酒楼老板的妹妹）请求帮忙打电话报警，但因刘某某坚持让庄某自己去收银台打电话，而庄某害怕自己报警被戴某某和陈某某发现而未果，这一事实有被害人庄某陈述和证人刘某某证言能相互印证。二是庄某在与戴某某见面后至被带回家发生性关系前，一直在采取迂回婉转的方式与戴某某周旋，如谎称自己还没吃饭伺机寻找机会报警，又如谎称自己肚子疼，想至少支开一个人去买药，借机逃脱，但均未成功。关于被害人提出吃饭和肚子不舒服的事实，嫌疑人供述、被害人陈述和证人陈某某的证言三人说法一致。三是戴某某在与庄某见面后，扣留了她的身份证，并交给陈某某去复印，尽管嫌疑人予以否认，辩解说是好奇拿来看一下并马上还给被害人，但庄某的陈述和陈某某的证言能互相印证，身份证的扣押对庄某造成一种控制胁迫，使其不敢逃走，不敢随意违抗戴某某的意志。四是被害人与被告人曾经在1月4日因纠纷在某演艺吧打过架，因为戴某某是男性，力气大，在打架中占上风，导致庄某头部、脸部有皮外伤。且打架时陈某某也在场，尽管陈某某参与殴打庄某只有被害人一人的说法，戴某某和陈某某都对其予以否认，但陈某某毕竟是戴某某的朋友，是站在戴某某这边的。打架事件给庄某造成心理阴影，因此当3月9日陈某某与戴某某一起出现在庄某面前时，无疑已经对其造成一种精神强制和巨大的威慑。某演艺吧打架的事实在被告人供述和被害人陈述中都能得到印证。当案发日，庄某面对曾经对她大打出手的戴某某和陈某某两名男性，本能地有一种畏惧感，害怕会再次挨打，因此不敢公然反抗，只是一路伺机逃跑，而在被告人面前始终装得比较顺从，这种无奈的心态也是符合常理的。五是本案案发自然，案发后被害人报案非常及时，被害人趁戴某某熟睡，立即发短信给其男友段某要求帮助报警求救，该事实有被害人陈述、证人段某的证言及物证短信照片能互相印证。及时报案反映出被害人与戴某某发生性关系是违背其主观意志的。且庄某发短信求助时因害怕被戴某某发现，特地发一条删一条，而且要求男友段某让警方千万不要拉警报，避免引起戴某某的警觉和怀疑，这些情节都能印证其对被告人的一种恐惧和胆怯的心理，也符合情理。

（3）在受到精神强制的情况下，被害人反抗与否或反抗激烈程度并不是认定强奸罪的必要条件，行为人的行为手段也不是判断是否违背妇女意志的唯一标准。结合本案，首先，本案被害人并不是没有反抗，而只是基于对被告人的恐惧心理以及被害人的个性，不敢强烈反抗，只能始终采用迂回的方式与被告人周旋，在全案中多次伺机脱逃或报警，但因客观不具备条件和主观胆怯心理，几次均未成功。其次，本案中被告人戴某某与证人陈某某曾经与被害人打架造成被害人受伤，给被害人留下巨大的心理阴影，使其面对戴某某、陈某某二人时有一种本能恐慌，而被告人采用的扣押身份证、语言辱骂、电击器威胁等胁迫手段，对被害人足以造成精神强制，足以使被害人达到明显难以反抗、不敢反抗的程度。

（4）被告人指称被害人敲诈不成而报复缺乏相应证据印证。被告人辩解称因与被害人有经济纠纷，一是以前承诺过给庄某10000元，后来只兑现2000元，引起庄某不满；二是认为过年前和庄某打架，造成庄某怀恨在心；三是指称庄某曾在去年12月9日二人第一次发生性关系后发短信跟他要20000元。但这些辩解缺乏其他证据支持，且与认定本案的强奸行为并无关联。被告人及其辩护人提出的这一观点，是一种主观臆测，不具有说服力。

3. 辩护人提出没有给被害人造成伤害，犯罪情节较轻。公诉人认为，强奸罪本身就是严重暴力犯罪，它给被害人造成的，不仅仅是身体的伤害，更多的是精神上的损害。被告人多次被判处过刑罚，系累犯，而且因犯强奸罪被判过刑，仍然不思悔改，继续犯罪，反映出他的主观恶性是深重的，在案发后，他一直不认罪，不履行被告人如实供述的义务，因此不具备任何从轻处罚的条件，应当对他从重处罚。

再如，被告人洪某某强奸案，辩护人以证据不足为由提出无罪辩护意见。本案中，被告人、被害人都存在前后口供不一致的情况，辩护人抓住这个大做文章，但公诉人结合全案证据体系、被害人前后发生变化的原因进行了答辩，反驳了辩护人的观点，法院最终做了有罪判决：

（案例52）本案中，被告人洪某某时供时翻，在5月15日的笔录中辩称陈某某与其发生性关系系自愿，但5月30日在公安机关做的最后一份笔录中承认了当时与陈某某发生性关系陈某某应该是不愿意的。被害人陈某某5月15日在公安机关做的两份笔录中均陈述系被强迫，被强迫具体表现在第一次发生性关系时衣服被洪某某强制脱光，其要跑出房间被洪某某拉回，对其进行威胁，而后洪某某强行与其发生性关系；之后其裸体跑出房间，洪某某将其拉回后到早上又第二次与其发生了性关系。但后来5月30日陈某某在检察机关所做笔录中口气就放软了，称也没愿意不愿意，实际上是不愿意的。5月30日公安机关再次为陈某某做笔录时，陈某某称因为洪某某的朋友一直找她烦她，她又想洪某某要多坐十多年牢怪可怜的才这么说的，事实上是5月15日在公安机关的那两次笔录交代最接近事情真相。另外还有证人吴某某、张某某、陈甲、陈乙、李某证言，伤势检验意见等证据可以佐证。根据现有证据，公诉人认为，虽然洪某某的供述及被害人的陈述有部分反复，但现有总体证据可以证实如下事实：

首先，洪某某与陈某某在案发当时已经不再是情人或正常朋友关系，洪某某将陈某某带到某宾馆401房间，是违背陈某某的意志的，尽管陈某某的反抗不是十分强烈；其次，洪某某与陈某某在发生性关系的当时，陈某某是不情愿的，尽管案发后陈某某对洪某某有怜悯之心，担心洪某某被重判，但洪某某本身的行为符合强奸罪的构成特征；最后，从陈某某当晚呼救、不愿随洪某某去某街道等行为，在宾馆401房间多次试图出去并于5点钟左右赤裸身体逃出房间及案发后立即报警这一系列行为表现来看，洪某某的行为是违背其意志、不被陈某某接受的。因而，尽管洪某某辩解其在15日早晨对陈某某说最后发生一次性关系就分手，陈某某应该是愿意的，但他的这一行为本身也是一种欺骗行为，因为他在事后又说还会来找陈某某，因而这一行为仍然属于违背妇女意志的行为。强奸罪的本质是违背妇女意志以暴力胁迫手段与妇女发生性关系，综合上述证据，公诉人认为，足以认定被告人洪某某构成强奸罪。

（五）被告人翻供案件的辩护提纲

（案例53）起诉书认定：1月16日晚，被告人王某某在某制品厂办公室内，趁无人之际，采用钥匙开锁的方式，打开办公桌抽屉，窃得被害人常某某放在抽屉内的现金人民币20000元。

案发后，公安机关从被告人王某某处扣押现金人民币14900元，后发还给被害人。

在案的证据归纳如下：

（1）被害人常某某的陈述

我开了一家制品厂。前几天，我从银行取了3万元现金，取出来之后我将现金放在我厂里办公室里的办公桌右侧的第二个抽屉里，现金是用一个黑色的某银行的塑料袋装起来的，我平时都是上锁的。前天晚上，我发工人的工资，当时我厂里的王某某、李某某在场，我从抽屉里拿出了那个装钱的塑料袋，从塑料袋里拿了1万元现金发工资。之后，我把剩下的2万元现金仍然用那个塑料袋装好，锁到同一个抽屉里。昨天17时许，我还打开过那个抽屉的，那2万元还在（2万元都是100元面值的，分为2刀）。但是到了今天11点30分，我再次打开抽屉，发现我的2万元现金连同那个塑料袋都不见了。我怀疑是我们厂里的员工王某某偷的，第一，我从抽屉里拿钱发工资的时候，他在场，知道我把2万元放在那里的。第二，办公室的门窗都没有被撬侵入的痕迹，我放钱的抽屉的锁也没有被撬过的痕迹。第三，这点最重要，昨天晚上，我、王某某、李某某三个人在办公室里看电视，当时我是坐在办公桌那里的，李某某坐在办公桌前面的那张椅子上，王某某坐在沙发上，19时30分许，我离开办公室去泡茶，我的钥匙挂在裤腰带上，我觉得不方便，就把我的那串钥匙放在了办公桌上，我想还有两个人在办公室里，应该没事情的。我是到工人的宿舍里面去泡茶的，等我刚倒好茶准备回办公室的时候，李某某也走到了宿舍这里，我问他怎么不看了，他说他累了先睡觉了。之后我回到办公室，发现王某某已经不坐在沙发上了，而是坐在了办公桌前面的那张椅子上了。我看到我的钥匙还是放在办公桌上，我就把钥匙挂回到我的裤腰带上。那个王某某看了一集多电视剧，第二集没有看完就回宿舍去睡觉了。但是，他看那个电视剧比较着迷，平时每晚都要看完三集才会去睡觉的。我现在分析，只有王某某单独留在办公室过，也只有他有机会接触到那串钥匙，因为那串钥匙我不离身的，我都是挂在裤腰带上的。从李某某离开办公室到我回到办公室，王某某单独留在办公室的时间大约有5分钟，因为我和李某某在宿舍那里还闲聊了几句话。办公室现场都是完好的，门窗、抽屉锁也都是完好的，没有被破坏、翻动的痕迹。

1 月 21 日笔录：王某某平时是住在我们厂的宿舍里的，我们厂的宿舍是一排平房，王某某住在其中一间，是他一个人住一个房间的。我前几天刚发给工人今年的工资，发给王某某的是 14000 元工资，应该还在他身上。（存在问题：承办人核实时，被害人陈述发工资实际是在 1 月 15 日晚上，总计发给王某某 2700 余元，当时王某某从身边拿出 12000 元给其看，说是结余下来的，其让王某某放好带回去）

3 月 13 日笔录：被盗的 2 万元是我案发前几天从某银行里取出来的，当时取出来 3 万元现金，我发工资用掉了 1 万元，剩下了 2 万元，这 2 万元都是 100 元面值，都是用银行里的白色纸条捆扎着。钱是用某银行的黑色塑料袋包起来，塑料袋上应该是有“某银行”字样的。我的钱放在第二个抽屉里。1 月 16 日 17 时许，我打开抽屉看到钱还在那里。那串钥匙没有离开过我的身上，就是那天晚上看电视的时候，我去泡茶时拿下来过。

8 月 29 日补充笔录：王某某是前年到我厂里上班的，每个月的工资都有 3000 元左右，我都是按时发放的。我和王某某的关系一般，但没有纠纷、过节。王某某平时吃穿费用很节省。从我发现钱被偷报警到警察到王某某房间搜查的这段时间里，没有人进入过那个房间。我是在 1 月 8 日或 9 日从中国农业银行新安某支行取了 4 万元现金，当时我先交了 5000 多元电费，另外付货款付了不到 5000 元。后来我将 3 万元用一个某银行的黑色塑料袋包好放在我的办公室抽屉里。到发工资那天，我拿出 3 万元，给李某某、王某某发工资用了 4000 多元，之后我将不到 6000 元放在身上，将 2 万元重新包好放在抽屉里，这个过程王某某都是看到的，他是站在我旁边。我的存款是存在三个银行的，分别是某银行、中国农业银行、中国邮政储蓄银行，报案的时候说是从中国农业银行取款，当时记错了。平时我那串钥匙都是不离身的，案发那次是因为在看电视，我要从办公桌抽屉里拿香烟，我的香烟是整条买的、是锁在抽屉里的，拿好香烟锁好抽屉之后，我把钥匙放在桌子上，后来去倒水就没有再把钥匙挂在身上。我倒完水回来挂好钥匙到发现钱少期间，我的办公室没有人进来过。王某某指认现场后，我也组织工人去找过，但是没有找到钱。王某某在当地有一个侄子、一个侄女，他们两个曾到过我厂里。王某某被抓之后，大约是 1 月 18 日，王某某当地的那个侄女带了两个女的到我厂里来找过我，其中一个自称是王某某的外甥女，她一定要塞给我 2 万元，让我把这件事私了，当时我不要那个钱。

（2）证人李某某的证言

1 月 16 日 18 时 10 分左右，我和工友王某某及老板常某某三个人一起坐在制品厂办公室看电视聊天，看了一会儿后刚好是新闻联播播放，我老板就起身到外面倒茶去了，这时就剩下我们两个人了，我看了六七分钟的样子，感觉身体比较吃力，就打算睡觉去了，当我起身到老板的房间门口时，刚好碰到老板，我与他聊了几句，然后就到自己的房间里睡觉了。到了今天11点30分许，我看到厂里的狗被关在老板的房间里，我就跑到老板的办公室门口，叫他把钥匙拿来，我把关在房间里的狗放出来，没等我说完，他叫了一声，说是放在办公室抽屉内的2万元现金不见了，后来老板就报警了。今天下午，民警来到我们厂里王某某的宿舍进行搜查，我在场见证的，我看到民警在王某某宿舍里的垃圾桶里搜到了一只黑色的塑料袋，上面有“某银行”字样。我是大概19时35分离开老板办公室的，老板大概是19时30分离开办公室去倒茶的，当时老板出去的时候，办公室就我和王某某。我走掉之后，办公室就剩下王某某一个人。王某某就住在厂里的宿舍里的，他独自住一个房间。

（3）证人宋某的证言

1月17日，王某某拿着行李打车到其侄女宋某敏的住处，准备第二天回老家。王某某没有银行卡。王某某于当天下午曾说回厂里去拿行李。

（4）现场勘查笔录、照片

证实：现场勘查时间1月17日12时50分至13时20分，地点某制品厂办公室，现场大门开启，门锁完好，办公桌抽屉锁完好。

（5）搜查笔录及照片、扣押物品清单

证实：1月17日14时30分至15时05分，某市公安局侦查人员倪某某、潘某某在李某某的见证下，对犯罪嫌疑人王某某位于某制品厂内的宿舍进行搜查，在宿舍内床边的垃圾桶发现一只黑色的塑料袋，袋上标有“某银行”字样。

1月17日22时30分至23时13分，某公安局侦查人员倪某某、潘某某在吴某的见证下，对犯罪嫌疑人王某某的侄女宋某敏的租房进行搜查，未发现可疑物品。

（6）辨认笔录及照片

证实：1月20日16时35分至16时45分，犯罪嫌疑人王某某在某派出所民警倪某某、潘某某的带领和见证人吴某的见证下辨认出某制品厂的办公室为其盗窃作案地点，某制品厂围墙外面的茶园是其藏匿窃得现金的地方，但民警在茶园内并未发现可疑物品，对现场进行拍照予以固定。

（7）某市公安局扣押、发还物品清单、照片

证实：1月17日，某派出所民警倪某某、潘某某在见证人李某某的见证下从

犯罪嫌疑人王某某处扣押人民币 14900 元，1 月 22 日发还给常某某。

（8）协助查询财产通知书

证实：犯罪嫌疑人王某某在中国建筑银行、中国储蓄银行、中国工业银行、中国银行、某银行无开户记录，在中国农业银行有开户，但该年 1 月无交易记录。

（9）中国农业银行借记卡明细对账单

证实：常某某于 1 月 8 日从中国农业银行某支行取款 4 万元。

（10）被告人王某某的供述和辩解

被告人王某某在卷共有七次讯问笔录，前二次讯问笔录不交代盗窃的事实，第三、四次交代自己盗窃的事实，后翻供，不承认盗窃的事实。

第一、二次讯问笔录：我单独留在办公室有五六分钟，我就是在看电视……我坐在沙发上感到臀部痛，就换了一个位置……（平时的时候，你都是要看完 3 集电视剧才会去睡觉的，为什么第二集看到一半就去睡觉了？）沉默……我在厂里的宿舍是一个人住的。我没有银行卡，从来不去银行。当民警问其宿舍垃圾桶的塑料袋时，其表示不知道，不解释，反正其没有拿老板的钱。其不知道老板的现金放在哪里。其身边的 14900 元现金是前段时间老板发给其今年的工资。

第三、四次笔录承认盗窃的事实，其中第三次讯问笔录供述：这时，我头脑发昏了，我看到老板的钥匙放在办公桌上，我知道老板的钱是放在办公桌抽屉里的，我就想从老板的抽屉里偷点钱。于是，我站起来，拿了办公桌上我老板的钥匙，然后用钥匙打开了办公桌第二个抽屉。我看到抽屉里有一个黑色的塑料袋，里面好像包着什么东西。我想可能是钱，于是，我就拿了那个黑色的塑料袋，把那袋东西藏到了我的外套的内口袋里。然后，我再把抽屉锁好，并把那串钥匙放到办公桌上同一个位置。接着，我坐到了李某某原先坐的椅子上，之后老板回到了办公室。我看到第二集没有放完就站起来回宿舍睡觉了，因为我的心情比较激动。我回到宿舍之后，关上门，然后拿出了那包东西，打开塑料袋一看，发现里面有 2 刀人民币现金，我没数，我估计有 2 万元钱。当时，我又害怕又激动。当晚，我不敢把钱放在身边或者房间里，我先用一个白色的小蛇皮袋把现金包起来，再用一个大的蛇皮袋把外面包起来。然后把钱藏到了厂里卫生间外面的痰盂下面，那个包钱的黑色的塑料袋子被我扔到了我的宿舍垃圾桶里。那天晚上，我睡在自己宿舍里。第二天 4 点多，天还没有亮，我就起来了。我到卫生间去上了个厕所，然后把痰盂下面的钱拿出来，带着钱来到了某村对面的那个教堂外面的畈田里，那些田里都种着茶叶树，我就把那个装有现金的蛇皮袋放到了其中的一棵茶叶树下面，然后我还摘了一些藤叶将蛇皮袋盖起来，我可以带你们去找的。我是打算过完春节再回来拿的。

第四次讯问笔录供述：1月16日17点左右，我在厂里的宿舍里吃了晚饭，吃的是方便面。18点左右，我来到了厂里老板的办公室里看电视，当时有三个人看电视的，我坐在沙发上，老板是坐在办公桌里面的，李某某坐在办公桌前面的椅子上的。19点多，我们老板离开办公室去泡茶，当时我看到他把挂在裤腰带上的钥匙拿下来放在了办公桌上。过了一会儿，李某某也走出了办公室，好像去睡觉了。这时，我就头脑发昏了，看到老板的钥匙，就想从老板的办公桌里偷点钱用用。我站起来，拿了老板放在办公桌上的钥匙打开了办公桌的抽屉，好像是第二个抽屉，我看到抽屉里面有一个黑色塑料袋，好像装着什么东西。我就把那个袋子拿了出来，藏到了我的外套口袋里，当时我还不知道袋子里是什么东西。之后，我把抽屉锁好，把钥匙放回到办公桌上。然后，我坐到了办公桌前面的椅子上，继续看电视。过了一会儿，老板回到了办公室，他没有发现什么情况，把办公桌上的钥匙挂回裤腰带上。之后，我们两个继续看电视，我看到21点左右，就离开办公室去睡觉了。当时老板还问我，怎么这么早就睡觉了。我回到房间，拿出了那个黑色塑料袋，发现里面有2刀现金，都是100元面值的，我没有数，我估计有2万元。我先用一个白色的蛇皮袋把两刀钱包好，然后外面再包一个白色的蛇皮袋，我把钱放在床上，那个包钱的黑色塑料袋被我扔到了房间的垃圾桶里。那天晚上，我一直睡不着，很害怕，到了4点多，我就起床了。我把钱拿到了厂里厕所那里，我一开始想把钱放在厕所外面的痰盂下面，后来想想不太好，我就拿着钱，来到了厂厕所外面的茶园里。我把钱放在了其中一棵茶树下面，之后我就又返回房间去睡觉了，当时，我想过完春节之后再去拿那个钱。我偷了2刀现金，都是100元面值的，2刀钱都是用一条白色的纸扎起来的，具体有多少我没有数过，我估计有2万元，钱是用一只黑色的塑料袋包着的。（你到底把偷来的钱放在什么地方了?）我把钱藏到了我们厂厕所外面的畈田里，就是我昨天带你们去过的那个茶园。（那为什么你带着我们在茶园找了一个下午，也没有找到那些钱?）我也不知道，可能已经过了两三天了，估计被别人拿走了。（你昨天为什么说把钱放在某村对面的教堂外面的茶园里，那里根本就没有茶园?）昨天我是骗你的，我真的是把钱放在我们厂厕所外面的茶园里的一棵茶树下面的。因为我平时看到老板的钱都是在办公桌的抽屉里拿的。我知道错了，我想叫家属凑钱赔给我们老板。

第五次笔录后开始翻供，不承认偷了老板的2万元，并且对侦查人员的讯问，基本上保持沉默，重复讲自己没有偷钱：我坐在办公室都没有动过，就是看电视。我那个垃圾桶就没有那个袋子，我也不知道是哪里来的。2月25日笔录：我不想坐牢，我会叫家属凑钱还我老板2万元的。

公诉人当庭讯问被告人王某某时，其表示公安侦查人员没有刑讯逼供，问其在公安机关为什么有二次有罪供述，而且具体详细，并且带领侦查人员指认了现场，其表示供述是公安人员写的，现场也是他们让其指认的，名字是其签的。在其房内搜查出来的“某银行”的塑料袋不是自己的，方便面的袋子是自己的。其在被害人常某某的厂里干了三年了，平时都是住在厂里的，过年的时候回老家。工资好点的月份4500元一个月，差一点的月份2000~3000元，工资是每个月15日按时发放，没有拖欠一分钱。其跟老板的关系很好，老板对其也是很好的。其离异，有一个女儿在老家，其跟老板的老婆没有什么关系，话都没有说过。

（11）户籍证明

证实：王某某的身份情况。

（12）抓获经过

证实：王某某系被抓获归案。

（13）情况说明

证实：1月17日14时30分许，民警对王某某位于某制品厂内的宿舍进行搜查时，王某某还未到位，无法在场。故在该厂员工李某某的见证下，对王某某的宿舍进行搜查。

本案中，涉案的黑色塑料袋已进行痕迹物证的提取工作，但因物证自身状态和技术条件所限，暂时无法提取相关痕迹物证。

公诉人当庭的指控意见认为：

综合本案，可以确认以下事实：（1）被告人王某某否认公安机关侦查人员存在刑讯逼供，本案可排除公安机关侦查人员刑讯逼供。从案卷材料来看，被告人供述经历从不供述到供述再到翻供的过程，王某某翻供后辩解称是侦查人员写好后让其签字的。公诉人认为，被告人王某某的该辩解难以成立。被告人王某某的二次有罪供述详细、具体，如果不是亲自作案是很难说出、写出这样的作案过程的；如果侦查人员有意写好供述让其签字，为什么是从不供述到供述再到翻供的过程，显然一直供述对侦查人员办案更有利，而且被告人翻供后还曾供述让家人凑钱还给被害人。王某某指认现场有照片固定，看不出受到胁迫的因素在内，而且公诉人在后期走访现场过程中还了解到两个情况，一是王某某提出到现场指认时，不要与被害人（老板）见面，因此，侦查人员有意让被害人回避；二是王某某提出藏匿现金的地点在茶园（案发地附近），并且其亲自一片一片寻找现金。因此，本案基本可排除侦查人员写好让其签字的可能性。（2）本案存在冤假错案的可能性有两种，一是有盗窃事实发生，但非王某某所为；二是盗窃事实没有发生，被害人报假案。从本案来看，被害人报假案的目的无非有两个，一是图财，意图通过司法机关骗钱；二是报复，设套陷害王某某。图财，图谁的财？王某某吗？从前年至今，被告人王某某一直在被害人处打工，被害人也每月结清王某某的工资，二人之间无任何个人恩怨，从犯罪嫌疑人王某某的供述中可以看出老板常某某一直待其不错，而且常某某在中国农业银行账户中本身就有二十几万元的存款，因此，被害人图王某某的财、设套陷害、报复王某某的可能性基本不存在，因此可排除被害人报假案。那么存在盗窃事实时，可否认定被告人王某某作案？公诉人认为，认定被告人构成犯罪的理由如下：（1）先有被害人报案，陈述了失窃的时间、地点，失窃的财物，以及怀疑的对象为被告人王某某等。（2）根据现场勘查，门锁完好，办公桌抽屉锁完好，因此可推定为熟人使用钥匙作案。（3）在被害人报案失窃的时间段内，只有被告人王某某与李某某在办公室内，然而李某某先离开办公室。由此可得出，要么是被告人王某某与李某某同时在办公室内时，二人中的一人盗窃或二人共同盗窃；或者是李某某离开后，被告人王某某一人盗窃。结合本案，无论是李某某还是被告人王某某，均未讲到二人在一起时发生的盗窃，因此，可推断出是李某某离开后发生的盗窃，系王某某所为。（4）在被告人王某某的房内，查获被害人装钱的塑料袋，而且该塑料袋压在方便面袋下面，可以确认该塑料袋形成于方便面袋之前，王某某没有银行交易的记录，何来的该塑料袋？而且侦查人员开始讯问其该塑料袋时，其表示不知道、不解释。后期翻供过程中其表示其垃圾桶内没有该塑料袋，不知道垃圾袋是从哪里来的。可见其辩解前后供述矛盾。（5）盗窃现场与被害人倒水地点相距20米左右，被告人王某某单独留在房内有几分钟时间，王某某开始坐的沙发位置距离放现金的抽屉只有2米左右，而且抽屉钥匙虽然是一串，但抽屉钥匙易于识别，因此，被告人王某某有充分的作案时间。（6）被告人王某某的有罪供述，具体、客观，并且带领侦查人员指认了犯罪现场，承办人讯问其时其供述公安民警没有刑讯逼供，其供述应予以采信。其翻供的辩解不符合常理，也不客观。而且后期翻供中其表示不想坐牢，让家属筹钱归还2万元。另外，公诉人在讯问过程中，对其问一些核心问题时，其均用其没有偷来回避，却不陈述理由。（7）被告人王某某交代的赃款去向，侦查人员未能查获，但可能存在两种情况，一是从1月17日凌晨藏匿到1月20日指认现场期间，赃款被其他人捡走；二是王某某在有意隐瞒。（8）结合被告人与被害人的关系，因此，排除被害人陷害的可能性。（9）虽然被害人的陈述前后有不一的地方，但这些矛盾并非实质问题。（10）被告人王某某离开时，带走了锅碗瓢盆，是否说明不想回来？综上，可认定被告人王某某实施了盗窃行为。

辩护人答辩提纲：

1. 从本案的证据情况来看：（1）本案被告人供述经历了先不供述再到供述后又翻供的过程。其中，在第一次讯问笔录不供述，在第三、四次讯问笔录供述盗窃事实，指认现场在未查获赃款后翻供。（2）本案赃款去向不明。（3）本案未能提取到有价值的痕迹物证，包括装钱的塑料袋的痕迹物证、办公桌抽屉的痕迹物证。

2. 本案证据中存在的问题是：（1）被告人王某某的二次有罪供述，侦查机关未能提供同步录音录像佐证；（2）赃款去向不明；（3）本案在作案现场及塑料袋上未能提取到痕迹物证。

3. 根据上述证据情况，辩护人认为：

认定被告人构成盗窃罪证据不足。首先，本案没有任何客观性证据。无论是赃款、现场痕迹还是从被告人房间里搜查到的所谓装钱的塑料袋，都无法与被告人建立联系。尽管被害人报案声称他的2万元现金失窃，但对于这2万元现金是否存在，既没有相应的物证在案，也没有任何一名目击证人能够证实被害人确实拥有2万元。我们用善良的态度来相信被害人并没有撒谎，但是这2万元真的是被他人盗走了吗？其实目前仅有被害人一人的陈述，并没有其他任何证据予以证明。其次，我们并没有说被害人是在陷害被告人，也相信被害人并无陷害被告人的动机与目的，但被害人在报案后怀疑被告人其本身也是一种推测，就是因为被告人没有继续看电视，就声称他有犯罪嫌疑，请问，这种怀疑与推测有事实和法律依据吗？没有，根本没有！最后，可以说，目前本案所有认定被告人构成盗窃罪的依据，就是被告人的口供，而且这一口供还完全是前后矛盾的。第一，被告人的口供始终不稳定。被告人在案共有七次口供，加上今天当庭的供述，共有八次口供，先是根本不承认自己盗窃的事实，后来承认了两次，此后就再也不承认自己存在盗窃的事实，说明被告人供述一直不稳定。公诉人认定其构成盗窃罪的依据就是他曾经做过有罪供述，如果不是他干的，为什么还要承认是自己干的呢？我们要知道，在司法实践中，这种明明不是自己干的，却承认是自己干的，最终导致错案的情况还少吗？所以说，哪怕被告人曾经做过有罪供述，我们也应当对他的供述进行认真分析，看他的供述可信度究竟如何。第二，本案中，被告人确实做过两次有罪供述，那么这两次有罪供述的可信度又如何呢？我们再来看，被告人承认他是用钥匙打开了被害人办公桌抽屉，偷了钱之后又把钥匙放到了桌子上。但是，无论在办公桌上、抽屉上还是钥匙上，根本就没有被告人的指纹；被告人供述说他把钱埋到了教堂对面的茶树下面，但是根据他认罪时候指认现场的情况，根本就没有找到所谓的现金，也没有人能够证实他确实去了茶树下，而且，我们也没有看到公诉人能够举出茶树下有挖土埋钱痕迹的证据！这些说明什么？说明被告人的有罪供述，得不到任何可信的证据印证，完全是虚假的，至于公诉人说到的翻供理由不成立的问题，辩护人认为，作为公诉人，首先应当证明被告人的辩解不成立，而不是相反地去要求被告人证明他翻供的理由不成立！第三，公诉人认为最有力的证据就是在被告人房间里提取到的塑料袋。辩护人不否认塑料袋是某银行的，但这个塑料袋是不是被害人装钱用的塑料袋？没有任何鉴定能够证实，而且银行的这种塑料袋可以说千千万万，我们怎么就那么武断地认定，这个塑料袋就一定是被害人的那个塑料袋？没有任何理由，没有任何依据，完全就是主观臆测！辩护人认为作为种类物的塑料袋与本案没有关联性，不能作为认定案件的依据。至于公诉人提出被告人说要赔偿的事，我相信被告人是出于息事宁人的考虑，不愿意受冤枉去坐牢，所以才出此下策。综合上述分析，辩护人认为，如果我们客观地对待本案的证据，不带着先入为主、主观臆断的观点，就必然得出本案事实不清、证据不足的结论。本案所有证据体系，全部建立在被告人有罪供述的基础上，现在被告人供述前后矛盾，如果排除了他的供述，本案全部事实就都不能够认定！刑事诉讼法要求，认定案件应当事实清楚、证据确实充分、能够排除合理怀疑。但是我们看到，本案根本无法排除合理怀疑，因此，辩护人认为：被告人王某某无罪！

第十三章　火攻篇、用间篇：检察官、律师在庭审中如何准确掌握信息与借力

《火攻篇》是《孙子兵法》的第十二篇，主要论述火攻的种类、条件、实施方法以及火发后的应变措施等问题。《用间篇》是《孙子兵法》的第十三篇，主要论述在战争中使用间谍的重要性，以及间谍的种类、特点、使用方式。这两篇，是孙子对战争如何借助自然力、如何准确运用信息的思考。在《火攻篇》中，孙子提出了以火助攻，提高战斗力的方法，即利用纵火所引起的敌情变化，及时指挥军队发起攻击，以扩大战果。有时候，一支队伍的力量并不强大，但是如果借助了外力，就可能打败强大于己的对手，所以在战争中借助外力以强己势很重要。

这两篇兵法给我们庭审活动的启示是，庭审活动绝不是孤立的法律活动，它一样会受到外界的影响，为此，我们就必须考虑如何借助外界的力量帮助我们取得庭审胜利，或者排除外界的干扰取得庭审成功；同时还要充分注意关注舆情动态对案件的影响，不要因舆论的影响导致司法不公的后果出现，这不论是对于检察官还是对于律师来说，都是十分重要的原则。

第三十六计　佐攻、先知，取胜之道

——检察官、律师要善于掌控信息、借助外力

孙子曰：故以火佐攻者明，以水佐攻者强；水可以绝，不可以夺。

夫战胜攻取，而不修其功者，凶，命曰“费留”。故曰：明主虑之，良将修之，非利不动，非得不用，非危不战。主不可以怒而兴师，将不可以愠而致战；合于利而动，不合于利而止。怒可以复喜，愠可以复悦，亡国不可以复存，死者

不可以复生。故明君慎之，良将警之，此安国全军之道也。[①]

孙子认为，用火来辅助进攻的，明显地容易取胜；用水来辅助进攻的，攻势可以加强。水可以断绝敌人的联系，却不能烧毁敌人的蓄积。凡打了胜仗，攻取了土地、城池，而不能够巩固胜利，是危险的，这就叫作“费留”。因此，明智的国君一定要慎重地考虑这个问题，优秀的将帅必须认真处理这个问题，不是对国家有利，就不要采取军事行动，没有取胜的把握，就不要随便用兵，不到危急紧迫之时，就不要轻易开战。国君不可凭一时的恼怒而兴兵打仗，将帅不可凭一时的怨愤而与敌交战。符合国家利益就行动，不符合国家利益就停止。恼怒可以重新欢喜，怨愤可以重新高兴，国亡了就不能再存，人死了就不能再活。所以明智的国君对战争问题一定要慎重，良好的将帅对战争问题一定要警惕，这是安定国家和保全军队的关键！

战争的胜负与自己所掌握的关于双方的信息的多少有着密切的关系。所谓“知己知彼，百战不殆”讲的就是这个道理。如要知道自己国土的大小、物产的多少、兵力的多少、势力的强弱、胜利的把握如何，还要知道军队的战斗力如何，还要知道君主与民众是否团结一致，还要了解关于战争准备得怎么样了等。同时还要彻底地了解对方的其他情况，比如两军对峙，要摸清楚对方的军事布置，或者分析敌人的计划，知道敌人的长处和短处；挑逗敌人，借以侦察敌人的活动规律；佯动一下，判断敌人的设防情况；小规模的较量，知道敌人的虚实所在。从某个角度来说，军事力量对抗的胜负一定受到双方占有信息多少的影响，谁占据信息上的优势，谁赢得战争胜利的可能性就大，谁的军事攻击能力就相对变大。谁失去了这些信息上的优势，谁的军事攻击能力就相对变小。尽可能地掌握更多的军事情报，是可以在不增加物质力量的前提下提高军队战斗力的重要方法。

庭审中，检察官、律师也同样要懂得掌控案件信息，准确判断案件走向，引导舆论理性看待案件处理。要懂得借助外力对案件的良好影响，使案件走向健康、理性的结果，而不是受到不良影响，产生不可预期的不良后果。为此，检察官、律师要注意做到以下几个方面。

一、要准确收集案件相关信息，做到心中有数

一个刑事案件发生在社会中，案件不论大小，总会在一定范围内产生一定的

---

① 《孙子兵法》，陈曦译注，中华书局 2011 年版，第 224、225 页。

影响，而一些具有重大影响的案件自不必说。因此，不论是检察官还是律师，对于这些信息都要及时收集，尤其是一些重大敏感案件，更要充分注意社情动态和舆情动态对案件产生的影响，而不能只顾低头办案，不顾抬头看路。事实证明，一些案件检察官或者律师之所以在庭审中处处被动，就是因为旁听人员或者舆论“一边倒”，不站在我方一边，结果造成了怎么说都被说成无理狡辩，怎么办都会招致“吐槽”。此外，信息工作不仅会对庭审活动产生影响，也会对案件的最终处理产生影响，有的案件中，检察官、律师尽管自我感觉在法庭上的表现不错，但却在别人眼中、在网络圈里被描绘成另外一种形象，其原因就是对舆论没有充分关注，对于公众提出的疑问没有充分回应，使人产生了误解。如此看来，庭审之前收集信息，庭审上充分回应，把公众疑问作为解释说理的重点在法庭上充分阐述清楚，就可以收到良好的效果。

与此同时，在注意收集信息情报的基础上，还要注意防止自己需要保密的信息被他人获取，用以制造舆论并产生不利影响，在这一方面，无论是检察官还是律师，也都是有教训可以吸取的。所以说，自己有了最佳的方案，还要注意保守秘密，防止信息被他人获取，产生不良社会效果。

二、要正确引导舆论

（一）检察官、律师要提高对面向公众交流重要性的认识

当代社会，新闻媒体掌握和传递信息越来越迅速，已成为引导社会舆论的重要力量，直接而广泛地影响着人们的思想和行为，影响着经济、政治、文化和社会的运行。因此，维护社会和谐稳定，必须加强舆论引导工作。舆论引导工作是统一思想、凝聚力量的有力工具，是化解矛盾、维护稳定的有效手段。正确的舆论导向，表现在政治原则问题上，就是立场坚定、旗帜鲜明，唱响时代主旋律；表现在思想认识问题上，就是讲究方法、注意策略，摆事实讲道理，说服不压服；表现在社会热点问题上，就是主动引导、加强防控，把握好引导的时机、节奏和力度；表现在特殊敏感问题上，就是严守规程、审慎从事，特别是要慎重对待、稳妥把握涉及群众利益和情绪、影响人们心理和社会稳定的重大问题；表现在具体工作问题上，就是注意加大正面宣传力度，维护社会大局稳定，形成积极健康的舆论氛围。检察官、律师在与公众对话交流中，就要根据上述这些原则和方法，积极引导公众和舆论，尤其是要提高与媒体沟通交流的能力。

（二）要着力提高“四个能力”

检察官、律师在面对舆论信息源进行交流活动中，一要提高面对媒体记者的能力，尽量减少与记者的矛盾与冲突；二要提高面对采访的能力，以平等、谦逊、积极的心态接受采访，在采访中，要表现出自信、真诚和自然；三要准备好应答尖锐性、刺激性的问题，在有限的时间里将最有价值的信息、公众最需要的信息传递出来；四要提高应对负面报道的能力，通过与媒体人员的交流寻找解决问题的方法，静下心来查找问题，努力改进工作，与媒体合作。

（三）面对公众与媒体，要注意发布重大案情或者观点时的语言艺术

检察官、律师作为了解案件情况的办案人员参与案情发布，主要是参与一些具有一定社会影响的个案信息的发布，所发布的案情信息，具有权威性和可靠性，这就要注意：一是不能擅自发布办案信息。尤其是检察官，要处理好检察独立与舆论监督之间的关系，最重要的是遵守办案纪律，保守办案秘密，没有得到指令，不得擅自披露办案信息。二是要统一发布口径。其中，检察机关的信息披露应当由统一的部门被授权的人员发布，对外发布的口径要一致，对于案件中需要保守的国家秘密、商业秘密、案情信息、个人隐私，要保守秘密不得外泄。律师也同样要注意对上述信息的保护。三是注意语言方式方法。对于公众提出的问题，回答时态度要诚恳严肃，但不能说一些让人难以接受的话，如：“这个问题你没有资格问!”“这是我们的办案秘密，你不准随意打听!”也不能因为要保密而不说实话，因为假话说出去之后，案件的真实情况最终还要公之于众，如果此时所说的话不真实，即使是因为办案的需要，也会影响到检察机关的公信力或者律师的良好形象。为此，就要掌握“实话虚说”的技巧，说话掌握分寸，对于一些需要回避的敏感或需要保密的问题，要及时、委婉地加以回避，如：“这个案件最终如何处理，还要严格按照刑事诉讼法的规定，看事实和证据。”“具体的受贿数额，我们一定会严格按照法律规定调查清楚。”“应当对哪些人追究刑事责任，关键看他们的行为是否构成犯罪。”“我们的辩护意见还需要经过认真研究才能得出。”“这个事情还需要征得当事人同意才能公开。”等，做到“真话不全说，假话全不说”。有时一些看似“真实的废话”，至少可以保证检察官或者律师在今后的工作中有退路，无论案情如何发展，都不会因为发布了虚假信息而造成不良影响。

（四）临时接受采访时要慎言

有的律师喜欢通过接受采访获取知名度，这无可厚非，但一定要看场合、看具体案件情况。即使检察官、律师在法庭开庭审理之后当庭接受采访时，也要慎言慎行，与案件无关的问题不要随意回答，所回答的问题要根据法庭当庭查明的事实证据来应答，不要对判决的结果进行主观臆测，不要凭个人兴趣评论，更不要对出庭的情况、法庭上各方的表现评头论足。

（五）要注意塑造良好的媒体形象

检察官、律师的媒体形象，也是公众形象的重要组成部分，包括检察官、律师的理念、思想、道德、品质、行为等，需要在平时加强自身修养，注意自己的一言一行、一举一动。在接受采访时，尽量做到语言恰如其分，举止大方适度，观念与时俱进。

（六）要注意网络舆情

今天，网络已经改变了传统的新闻传播方式，在当今这个开放、互动、共享的信息时代，每个公民既是受众，也是传播者，但是由于缺乏媒介的基础知识和基本技能、缺乏对媒介信息的解读和批判能力，人们对现有的媒介资源无法正确、合理、充分地利用，以致假新闻泛滥、信息误读、资源浪费，甚至产生很大的副作用。因此，面对无孔不入的媒体，公民的媒介素养，尤其是公职人员和政府官员的媒介素养都有待提高。检察官、律师都应当加强学习，具备一定的媒体基础知识和应对网络媒体的能力，对于一些敏感案件，要多观察网络舆情，同时使用各种手段正确引导网络舆论。如在一些公众关注的案件中，对于公众关心的信息，应该尽早地说，准确地说，全面地说，反复地说，打消公众的质疑，满足公众知情权，正确引导舆论，千万不能漠视公众舆论而不闻不问，否则会导致事态扩大，影响恶化，造成不良影响。如果经查有严重失实和恶意中伤的报道，应有理有节地坚决反击，同时要讲求方法和艺术，在沟通、理解的基础上解决问题。当然，这里相关信息的发布，对检察官来说，往往是有组织的发布和公开，而不是检察官擅自的行为，检察官应当根据组织的安排，组织好语言，将正确真实的信息传达给公众，这样才能真正收到良好的社会效果。对于律师来说，很多律师注册了自己的社交账号，有的律师在网上的知名度还很高。但无论如何，需要注意的是，尤其是对于自己正在办理的案件，应当保守职业秘密、尊重当事人意愿、维护当事人利益，既不要擅自发布，也不要为了博人眼球、扩大自己的知名度而发布一些对自己出庭不利、对当事人最终处理不利、对当事人个人信息保护不利的信息，更不要为了获得公众支持而将未决案件上网制造舆情企图给司法机关“施压”，甚至将一些不实之词上传网络企图“绑架”法院作出对被告人有利的判决，这些都是既违反职业道德，又要受到法律追究的行为，律师应当极力避免。

三、使用合法正当的方法“借力”

兵法要求战争中借助外力发起攻击、扩大战果。庭审活动同样需要借助外力的支持。如一起贩卖毒品案件，被告人是一名妇女，其丈夫因犯贩卖毒品罪已经被判处重刑，其还有一个刚上小学的儿子。如果她被判刑，则她的儿子将衣食无着。因此，她坚决不认罪。为了做好她的工作，检察官积极联系当地政府，解决被告人儿子的生活、入学、抚养问题，得到了地方政府的支持，最终解决了上述问题。被告人得知这一消息后十分感动，表示真诚认罪悔罪，希望通过自己当庭的认罪坦白争取得到从轻处理，早日回归社会，早日回到儿子身边。这一案件的成功办理，正是由于检察官懂得合法“借力”，最终取得良好的法律和社会效果。

检察官、律师在庭审中需要借力的主要途径有：

一是借助政府的支持。这是检察官、律师最重要的借力途径。不论是检察官还是律师，在办案中存在困难的时候只要提出的理由合法正当，一定能够得到法庭的重视，如果需要政府支持的，也一定可以得到助力与支持。有时候，律师甚至可以通过检察官寻求政府的支持，共同处理好惩罚与教育、感化、挽救的关系，这在未成年人犯罪案件中表现得尤为明显，因而律师们可以在辩护中予以关注。

二是借助社会舆论的支持。一些案件社会广泛关注，检察官、律师可以适时向社会公众介绍案件的动态，争取舆论的支持。

三是借助监督的力量支持。一些案件可能存在外界干扰，不能得到公正处理，为此，检察官、律师可以寻求监督部门的支持，从而最终得到健康、公正的处理。

四是借助社会的支持。阳光是最好的防腐剂，一些案件的处理结果之所以令群众不满意，影响司法公信力，就是因为存在暗箱操作的情况，司法不公开不公正。因此，对于一些案件的处理，检察官、律师可以寻求社会公众的关注与支持，从而防止案件被少数人操纵，最终造成司法不公。

当然，“借力”必须合法正当，既不能胡乱借力，更不能走歪门邪道，下面的情况检察官、律师都应当引起高度注意：

一是不要走邪路。有的律师希望通过一些非法手段搞“勾兑”来“借力”，这种做法既违反职业道德也存在高度的职业风险，既不保险也不牢靠，最终必然招致于己不利的后果。如某律师在诉讼中向某法院副院长行贿，最终法官被判处受贿罪，律师被判处行贿罪，其结果是得不偿失，身败名裂。

二是不要借邪力。有的律师一看胜诉无望，就喜欢借邪力，通过自媒体发布一些不实信息，煽动不明真相的网友“吐槽”，引发不实的舆情压力，或者将一些不应当上传网络的内容公之于众，甚至将他人隐私也违规上传，结果是害人害己。

三是不要煽动当事人无理举报。有的律师认为司法机关就害怕举报，举报级别越高越管用，因而在达不到自己目的的时候，就向案件当事人散布一些不实之词，妄图通过这种“借力”实现自己的目的，结果造成当事人长期无理举报，引发新的矛盾。

四是不要有恃无恐。有的律师出庭爱带上记者，借此来给法庭施加压力。要知道记者同样也有职业规范，不可能进行不实报道，这种动辄以记者在身边为由向法官、检察官施加压力的方法最终可能成了拙劣的表演，不但于案件处理无益，反而可能弄巧成拙，为公众所不齿。

五是不要违反办案纪律。尤其是检察官，办案、接受采访、发布信息都有纪律规定，一些案件信息，尤其是未决在办的案件信息，禁止擅自发布。有的检察官因为在网上看到对于手中在办案件的评说受到了“刺激”，或者与对方互相谩骂，或者将案件的情况擅自发布到网上，这都是违反办案纪律的情况，是需要坚决杜绝的。正确的做法，应当将网络舆情的情况向组织报告，也可以向组织提出自己的意见建议，建议组织以单位的名义澄清事实，引导舆论，从而理性对待网络舆情。

后　记

本书可以称作我的“转型之作”或者叫“跨界之作”吧。因为在此之前，我写作的空间很狭窄，在已经出版的两本书、已经写完还未出版的六本书中，所有写作内容，都只是关于检察机关公诉业务的，而这本书，当然也包含了大量公诉业务内容，居然“大胆”到跨入了辩护的领地，以至于我的一个律师同学说我，你们公诉人学得太出色了，我们辩护的空间就窄了。实际上我知道，律师朋友们的空间，刑事辩护的领域，永远如广阔的天空和浩瀚的海洋，我也只是站在海边远远眺望的一个孩子，仰之弥高，俯之弥深，钻之弥坚，进之弥促。

在二十六年的公诉生涯中，我也接触了大量辩护人，与他们庭下交流、庭上交锋，虽然律师的风格各异、水平参差，但我觉得，可以在他们身上学到很多自己所不具备的东西，比如对一个我认为事实清楚、证据确凿的案件，律师们总是能够发现证据中存在的问题；又如一些法律适用问题，我可能只是用一个单向的眼光去分析判断，但律师总是能从不同的视角发掘出我们都意想不到的问题，这些问题，或直接影响案件的走向，或启发我们的思路，但在我看来，都是有用的。慢慢地，我也经常在办案中，学着律师朋友的思路去看问题、去思考问题，果然有了很大的收获和意外的惊喜。

有人说，办案时间越长，“胆子越小”，这个胆量，我感觉确实与思路相关，但是胆小对于公诉人来说，倒也并非是件坏事，实际上所谓的“胆小”，就是对每个案件的谨慎，相信这是每一名公诉人都需要具备的基本素质。公诉工作干得时间越长，我相信公诉人受律师们的影响也就越大，也就越能够听进去律师的意见，我对此有着深刻的体会。以前，我总觉得公诉人需要胆大一些，不要过多听律师的意见，因为毕竟他们是为被告人说话的，而且是收取了费用为他们服务的。但当你经历过几次案件质量的“险情”之后，也许你会有所转变，尤其是对于律师的不同意见，你会多出几分耐心去倾听，这份耐心当中，包含着的，就是一种人生的阅历、岁月的打磨和职业的历练。

经常这么在办案中“双手互搏”，我也或多或少学会了一点律师的辩护思路，有时候会用到法庭上去揣测一个辩护人的想法，往往还真猜准了！于是有时在讲课或者讨论中，我也就常常会去模仿律师们的思路与方法，尤其在给我们的年轻公诉人培训中，我会安排一些模拟对抗，这些实训还真的起到了一定的效果。为此，我也常想：是不是找个机会，写一本书，把控辩双方对一个案件的看法，都摆出来供大家参考呢？这样可以使检察官和律师做到知己知彼，是不是能够在今后的工作中，更好地立足自己的观点、预测对方的观点，从而使自己在法庭活动中占据优势呢？这个机会，终于在今年来了。

本来，中国法制出版社陈兴老师征求我的意见，问我可不可以写一本关于公诉人出庭公诉的书，我也应承了下来。但在列提纲的时候，原先有过的念头突然扑面而来，把提纲列了一下，感觉还比较满意，于是把想法也告诉了陈兴老师，没想到陈兴老师挺支持，于是我也就任性地开始了这部“跨界”之作。

我从八岁开始练武术，长大后也一直勤练不辍，大学时有幸拜在武术家、中央警卫团格斗新技总教官蒋浩泉先生门下学习拳击、散打、传统武术。蒋先生早年毕业于中央国术馆（现已解散），在20世纪40年代就打败过多国拳击、格斗专家，被誉为“亚洲拳王”，在蒋师的悉心教育下，我们几位师兄弟进步很快，后来被蒋师称作蒋门“四小杰”。蒋师不但教我们技术动作，还指导我们学习技击的战略战术，尤其要求我们重视对《孙子兵法》的学习研究。正是从那个时候起，我对《孙子兵法》就反复研读，细心揣摩，把它用在打法上。毕业后开始从事公诉工作，激烈的法庭对抗，也使我思考兵法在庭审中的运用问题，有时候偶有所得，也往往乐以忘忧。此次赶上写庭审，而且要把控辩双方的策略战术都进行分析，我感觉正好可以给兵法的学习做一总结，也正好可以检验自己对兵法的理解有没有长进。因此，在书稿提纲中，我把兵法内容也写了进去，陈兴老师审阅之后颇为首肯，并给我起了一个书名的副标题——检察官、律师庭审制胜14计。因为当时提纲中只写了14项内容。随着写作的深入，我索性根据《孙子兵法》的十三篇主旨，用以指导庭审活动全程，结果内容也就越写越多，最终完成的，不再是“14计”，而是大家耳熟能详的“36计”了。这就是本书书名的由来。当然，今天回头再来看全书的内容，感觉还是公诉技能方面所占比例多了一些，这也是职业习惯与熟悉程度使然。书中不但列举了大量我自己办理的案件，还收集了国内外一些比较有影响的控辩案例，同时借鉴、引用了一些知名律师对于刑事辩护的心得体会，其实写作的过程，也就是我学习、反思、充实、修正的过程，对于这些律师朋友的真知灼见，我也深受启发，深得教益，在此表示感谢。

2016年是我的“本命年”。这一年里，我完成了八本书的写作（其中中国检察出版社约稿的《公诉技能传习录》共六册，另与师兄合作完成了一本拳击著作《中西合璧拳击训练法》，加上本书），本书也是我今年最后完成的一部著作，就算是为我即将到来的知天命之年“献礼”吧，毕竟年近半百，吾生行休。这几年来，为了完成写作任务，几乎把所有的业余时间都放在写作上，写作已经成为一种生活方式。每个周末，我照样会像正常上班一样准时起床、晨练、早餐、泡茶、开始写作；即使午休，也会在下午上班时间起床继续写作，从来没有睡过一个懒觉，如是者两年多。写作既然成了一种常态，必然会少了娱乐，少做家务，亏欠了家人，亏欠了朋友，但却得到了单位领导、同事、朋友、父母亲人的默默支持与无私援助，令我感激涕零，在此表达谢意恐怕太矫情，但如果不说那是没心没肺，所以必须表达自己深深的谢意，向所有关心、关注、关爱、关怀我的人，致以最诚挚的谢意。

总有个心愿是待书写完之后好好陪陪父母亲人，好好与朋友们相聚，但是书总是一本又一本在写，愿景总不能兑现。总算在今年国庆节前后挤出了一点时间，休探亲假时陪着父母回了趟山东老家，看了看自己出生的那间老屋，还有门前那条记忆中的小河、村边记忆中的那座北山。看到父母饶有兴致的样子，我突然在想，陪伴是最好的礼物。作为子女的我们愿望其实很简单，能陪着父母慢慢变老，能陪着孩子慢慢成长。然而生活又总让我们奔忙不休，忘记来路，迷失归路。子在川上曰："逝者如斯夫，不舍昼夜。"总在感慨时间都去哪儿了，我想，停下奔波的脚步，好好陪一陪自己的家人、朋友，我们才不会因浮躁，而停下脚步，什么时候都不晚，因为当下这一刻，永远都是我们最年轻的时候。以此，迎接新的一年的到来。

桑 涛

2016 年岁末于杭州

修订后记

离2016年12月搁笔写完《决战法庭》已逾五年，这五年对我来说是“变”的五年，除了若干法律规定发生变化以外，也是我工作轨迹变动较大的五年。五年来，我的工作岗位发生了很大的变化，先后担任杭州市人民检察院公诉二处副处长、未成年人检察处处长、第一检察部主任、检察委员会专职委员，2021年11月根据组织安排赴杭州市富阳区人民检察院任党组书记、检察长。这几年，我办理和指导了一批有重大影响的案件，带队辅导了杭州地区参加全国、全省优秀公诉人、未成年人检察业务竞赛选手，也参与了杭州检察教育培训“实案实训”品牌的创建工作，在干中学，在学中干，积累了经验，也增添了教训，丰富了人生经历。

尽管工作内容在发生改变，但依然不改的，仍然是对检察工作，尤其是公诉工作的热爱。感悟之一，要终身学习。五年来新的法律、法规、司法解释、司法规范性文件不断出台，真有一日不学习，就要跟不上的感觉。感悟之二，世上唯一不变的，就是“变化”。实际上，从事司法工作的同人都能感受到这一点，无论是刑法、刑事诉讼法的大修改，抑或认罪认罚从宽制度带来的检律关系重塑、庭审方式改变，其影响都是深远的，都需要我们去不断适应。听从变化，适应变化，完善自我，这是我们唯一能做的。感悟之三，江山代有才人出，长江后浪推前浪。无论是检察官法官队伍，还是律师队伍里，今天都在涌现出大批优秀的“新人”，让我们这些“老人”对我们的事业、对我们的后辈更加充满信心。把我们知道的告诉他们，把我们的经验教训告诉他们，让他们多走捷径少走弯路，是我们的责任。自信人生二百年，会当水击三千里；千秋邈矣独留我，百战归来再读书。是为记。

桑　涛

二〇二二年六月于杭州富阳

图书在版编目（CIP）数据

决战法庭：检察官、律师庭审制胜36计/桑涛著．—北京：中国法制出版社，2022.9
（司法实务技能培养丛书）
ISBN 978-7-5216-2834-0

Ⅰ．①决… Ⅱ．①桑… Ⅲ．①审判-研究-中国
Ⅳ．①D925.04

中国版本图书馆CIP数据核字（2022）第148913号

责任编辑：韩璐玮（hanluwei666@163.com）　　封面设计：李宁

决战法庭：检察官、律师庭审制胜36计
JUEZHAN FATING：JIANCHAGUAN、LÜSHI TINGSHEN ZHISHENG 36 JI

著者/桑涛
经销/新华书店
印刷/三河市紫恒印装有限公司
开本/730毫米×1030毫米　16开　　印张/36.25　字数/534千
版次/2022年9月第1版　　2022年9月第1次印刷

中国法制出版社出版
书号ISBN 978-7-5216-2834-0　　定价：128.00元

北京市西城区西便门西里甲16号西便门办公区
邮政编码：100053　　传真：010-63141600
网址：http://www.zgfzs.com　　**编辑部电话：010-63141790**
市场营销部电话：010-63141612　　**印务部电话：010-63141606**

（如有印装质量问题，请与本社印务部联系。）